Studien zur christlichen Religions- und Kulturgeschichte

Band 25

Herausgegeben von
Mariano Delgado und Volker Leppin

David Neuhold

Mission und Kirche, Geld und Nation

Vier Perspektiven auf Léon G. Dehon,
Gründer der Herz-Jesu-Priester

Schwabe Verlag | Kohlhammer

Publiziert mit Unterstützung von:

Deutsche Ordensprovinz der Dehonianer (Herz-Jesu-Priester)
Hochschulrat der Universität Freiburg Schweiz
Diözese Graz-Seckau
Bistum Regensburg
Bistum Basel

MIX
Papier aus verantwor-
tungsvollen Quellen
FSC® C083411

Bibliografische Information der Deutschen Nationalbibliothek
Die Deutsche Nationalbibliothek verzeichnet diese Publikation in der Deutschen
Nationalbibliografie; detaillierte bibliografische Daten sind im Internet über
http://dnb.dnb.de abrufbar.

Abbildung Umschlag: Bildquelle aus dem Fotoarchiv Dehon Rom
Umschlaggestaltung: icona basel gmbh, Basel
Druck: CPI books GmbH, Leck
Printed in Germany
ISBN Printausgabe 978-3-7965-3919-0 (Schwabe)
ISBN Printausgabe 978-3-17-036398-4 (Kohlhammer)
ISBN eBook (PDF) 978-3-7965-3939-8 (Schwabe)
Das eBook ist seitenidentisch mit der gedruckten Ausgabe und erlaubt Volltextsuche.
Zudem sind Inhaltsverzeichnis und Überschriften verlinkt.

rights@schwabe.ch
www.schwabeverlag.ch

INHALTSVERZEICHNIS

Vorbemerkung

Die Prozedur eines Habilitationsverfahrens ist etwas aufwändig und zeitintensiv. Deswegen ist es angebracht, dem nachfolgenden Vorwort der 2017 eingereichten Habilitationsschrift ein paar weitere Zeilen voran zu stellen, – es ist nun ja mehr als ein Jahr vergangen. Am 23. März 2018 kam das Verfahren insofern zum Abschluss, als dass ich an der Universität Freiburg meinen Habilitations- bzw. Probevortrag halten durfte und mir nachfolgend die *venia legendi* für das Fach Mittlere und Neuere Kirchengeschichte zugesprochen wurde. Es war ein sehr schöner Anlass, woran mehr als 120 Personen teilnahmen.

Drei Zensoren haben davor meine Schrift begutachtet. Den Professoren Mariano Delgado und Helmut Zander von der hiesigen Theologischen Fakultät der Universität Freiburg/Schweiz, zu deren Lehrkörper ich mich nun zählen darf, sei ebenso gedankt wie Professor Markus Ries von der Universität Luzern. Alle drei haben die Arbeit studiert und sich mit ihrer historischen und theologischen Expertise eingebracht. Mit wohlwollenden Gutachten bedacht steht damit der Publikation vorliegender Kapitel nichts mehr entgegen.

Freilich wurde die Arbeit in der Zwischenzeit ein klein wenig erweitert, um dem ursprünglichen Projektauftrag stärker Genüge zu tun: Es handelt sich um das erste Kapitel, das interne Spannungen in der Kongregation etwas freilegt und einem ersten, speziellen Missionsprojekt in einem kolonialen und muslimisch geprägten Umfeld nachgeht. Nachdem sich ein grosses Biografieprojekt als nicht gangbar und weniger sinnvoll zeigte, habe ich mich mit den Verantwortlichen von Seiten der Kongregation der Herz-Jesu-Priester und dem Betreuerteam darauf verständigt, mich in fünf Bereichen bzw. Zugängen Dehon zu nähern. Eine spezifische Auswahl wurde getroffen. Den im Projekt so bezeichneten «Ellipsen» bzw. «Zwiebelschalen» rund um Dehon, die seine Rezeption nach dessen Tod, seine entstehende Kongregation, seine konkret-verfasste Kirche, seine wirtschaftliche und nationale Einbindung beleuchten, konnten als für Dehon entscheidende und einschneidende biografische Konturierungen realisiert werden. Die Frage der Rezeption floss in die Einleitung ein, den anderen Aspekten wurden eigene Kapitel gewidmet. Es sind die vier Hauptteile der Arbeit, die vier im Titel genannten Perspektiven – nachfolgend auch als Blicke bezeichnet.

Ich gebe noch zu bedenken, dass die Arbeit in ein wenig mehr als zwei Jahren Nettoarbeitszeit entstanden ist und sie für mich eine grosse Herausforderung, bisweilen eine Last, dargestellt hat. Umso glücklicher bin ich nun, dass das Projekt zu einem Abschluss kommt. Nochmals danke ich allen, die schon vor einem Jahr im Vorwort angeführt und mit Dank bedacht wurden, möchte aber mit Mariano Delgado und Volker Leppin (Universität Tübingen) den Reihenherausgebern sowie den Verantwortlichen beim Schwabe-Verlag im Speziellen danken. Ich nenne hier nur Thomas Hirt und Lena Gfeller. Dass meine Schrift in die mir gut vertrauten Reihe «Studien zur christlichen Religions- und Kulturgeschichte» Aufnahme findet, freut mich besonders.

Der Provinz der Herz-Jesu-Priester in Deutschland gilt am Schluss besonderer Dank wegen der Bereitstellung des nötigen Druckkostenzuschusses. P. Heinz Lau als Provinzial sei dabei stellvertretend für die ganze Gemeinschaft der Herz-Jesu-Priester genannt. Dazu gilt der Dank meinem Heimatbistum Graz-Seckau mit Bischof Wilhelm Krautwaschl, dem Bistum Regensburg mit Bischof Rudolf Voderholzer, dem Bistum Basel und dem Hochschulrat der Universität Freiburg, die ebenso den Druck, die Erstellung der Druckvorstufe und das Lektorat tatkräftig finanziell unterstützten. Last, but not least sei Bettina Blatter und meinem Vater Leopold Neuhold für das Schlusslektorat und die Letztkontrolle von Herzen gedankt. Allein hätte ich die Arbeit niemals umsetzen können.

Sankt Jakob, 25. Juli 2018   David Neuhold

Vorwort

Vorliegende Arbeit war von Beginn an ein Wagnis und ein sehr dynamischer Prozess. Viele Menschen haben mit viel Wohlwollen an ihr mitgewirkt, obwohl allein der Autor sie schlussendlich zu verantworten hat.

Am Anfang des Drittmittelprojekts an der Universität Freiburg stand die Idee einer historisch-kritischen Biografie des Kongregationsgründers Léon Gustave Dehon (1843-1925). Das Ursprungsprojekt wurde aber aus verschiedenen Gründen modifiziert. Einerseits waren es Fragen der Machbarkeit und Sinnhaftigkeit, andererseits inhaltliche und perspektivisch-methodische Zweifel: Ist die Idee, dass ein Mann ein vollständiges Buch über das Leben eines anderen Mannes produziert, nicht doch ein Produkt, sagen wir es, des 19. Jahrhunderts? Und weniger allgemein bezweifelt – denn ich will nicht die Sinnhaftigkeit von Biografien im Allgemeinen hinterfragen – macht dies in Bezug auf Dehon Sinn, zu dem schon unzählige Biografien verfasst wurden? So mündet nun das «Projekt Dehon», wie es strukturell benannt wurde und ich es auch immer selbst bezeichnete, in die vorliegenden Seiten. Es ist das Endprodukt dieses Weges, ohne dass dieser darin aufgehen würde: Denn in den letzten vier Jahren (seit März 2014) sind auch andere Nebenprodukte des an der Universität Freiburg durch die Kongregation der Herz-Jesu-Priester zu 60% finanzierten Projekts hervorgegangen, sei es über Meetings, Tagungen, Kolloquien und Treffen bzw. Begegnungen verschiedenster Art, sei es über Vorträge, Präsentationen oder kleinere Artikel, die aus der Beschäftigung mit dem Kongregationsgründer Dehon entstanden sind.

Ein Vorwort ohne Dank ist kein eigentliches Vorwort. Das hat das Genus so an sich. Und das ist gut so. Wenn ich mich der Biografie versagt habe, dann möchte ich es beim Dank – aus Überzeugung – nicht so handhaben. Die Dankbarkeit ist Ausdruck dafür, dass wir Menschen in Gemeinschaft leben und wirken. Ich denke, dass dies auch P. Dehon, mit dem ich mich so lange beschäftigte, so gesehen hat. Er hat eine neue Gemeinschaft, eine neue, moderne Gesellschaft gegründet, und oftmals seine Dankbarkeit den Menschen und Gott gegenüber bekundet. Und für ihn ist, wie für mich, die Familie die Keimzelle der Gesellschaft. Deshalb danke ich zuvorderst meinen Eltern, meiner Mutter Margarete und meinem Vater Leopold – ihm besonders auch für sein Mitdenken und seine reichen Korrekturvorschläge –, meinen Geschwistern Susanna, Mirjam und Tobias, all meinen Schwägerinnen und Schwagern, meinen Schwiegereltern, meiner Frau Andrea und meinen Kindern Jakob und Noemi. Sie alle haben mich immer unterstützt, auch inhaltlich, und mir diesen Weg ermöglicht, der manchmal etwas Chaotisches und Vages an sich hatte. Jedenfalls ist ihnen allen nun P. Dehon ein Begriff.

Dann gilt der Dank der Kongregation der Herz-Jesu-Priester, die den Mut aufbrachten, mir diese Studie anzuvertrauen. Ich habe mich dabei mit meinen «beschränkten» Fähigkeiten so frei gefühlt, dass ich nun nicht weiss, ob ich wirklich einen Beitrag leisten konnte, der tatsächlich hilfreich ist. Für das freundschaftliche Vertrauen und die mannigfachen Hilfestellungen danke ich jedenfalls den Patres John van den Hengel, Claude Siebenaler, Rafael Gonçalves da Costa, Stefan Tertünte, Juan José Arnaiz Ecker, Józef Golonka, José Carlos Briñon, Aquilino Mielgo Domínguez und Heiner Wilmer. Die Kongregation kann auf ein starkes intellektuelles und spirituelles Potenzial zurückgreifen.

Von Seiten der universitären Betreuergruppe möchte ich Prof. Mariano Delgado und Prof. Franziska Metzger meinen besonderen Dank aussprechen. Sie haben sehr gewissenhaft und nahe den Weg des Projekts verfolgt und mich vielfältig unterstützt. Ihre beiden Namen sollen auch stellvertretend für viele andere Personen stehen, mit denen ich mich an der Universität in Sachen «Projekt Dehon» ausgetauscht habe und deren Namen hier anzuführen den Rahmen sprengen würde. Trotzdem sei noch mit Séverine Décaillet, Mirjam Kromer und Paul Oberholzer der engere Kollegenkreis erwähnt und verdankt. Meine Frau wurde zwar schon genannt, aber gar nichts spricht dagegen, sie nochmals zu nennen: Ihr möchte ich diese Arbeit auch widmen. Sie begleitet mich schon mehr als mein halbes Leben auf dieser Erde und ich liebe sie sehr: Andrea.

So hoffe ich, dass den Leserinnen und Lesern dieses Buches das ein oder andere gefällt, die jeweiligen Horizonte erweitert oder einen guten Anstoss in welche Richtung auch immer bietet. Ohne ein gewisses Wohlwollen dem Autor gegenüber wird das nicht der Fall sein. Diese Arbeit hat die Absicht, ausgewählte Facetten des Lebens und der historischen Gestalt Léon Dehons, der in einer speziellen historischen Konstellation ein Gespür für Religion als Transzendenz und Kirche als Gemeinschaft entwickelte, auszuleuchten. Wenn dabei dem einen oder anderen das Schattenseitige nun zu stark betont sein würde, dann ist das wohl den spezifischen Fragestellungen und der Ausrichtung auf Konflikt- und Problemzonen geschuldet. An dieser Stelle wird kein vollständiges Bild entworfen, eher dazu Anstoss gegeben, die Forschungen weiter zu treiben. Ganz konkret möchte ich zu einer Kollektivbiografie anregen. Nicht nur, dass es einen Dehon in Gemeinschaft auszuleuchten gilt, dies sollte auch gemeinschaftlich, in einem Team, umgesetzt werden können. Solches Vorgehen fehlt in der universitären Geistesgeschichte manchmal schmerzlich.

Die Kirchengeschichte bzw. die Religionsgeschichte sind sehr bereichernde Betätigungsfelder. Hier stösst man auf zentrale Fragen der Menschen, hier kratzt man an der Oberfläche – trotz aller Banalität und Normalität, die daselbst anzutreffen sind. Gerade der Ort der Kirche als Gemeinschaftraum und Ort der Dankbarkeit hat heute einen schwierigen und dynamischen Stand, er befindet sich in voller Transformation. Er war Dehon wichtig, er ist es, in anderer Weise, auch mir. So schliesse ich dieses Vorwort bewusst mit einem liturgischen Datum.

Fronleichnam, 15. Juni 2017   David Neuhold

Der «Blick» und der «Konflikt» – gewählte Herangehensweise an Dehon. Eine Hinführung

Es ist unbestritten, dass Dehon auf vielen Wegen und mittels unterschiedlicher Zugänge historisch angegangen werden kann. Die Gegenwart ist komplex, umso mehr das Vergangene. Das gilt selbst dann, wenn uns eine vermeintliche zeitliche Distanz hilft, die Dinge zu ordnen, klarer zu sehen, und wenn dazu, wie in diesem Fall, genügend Quellenmaterial vorhanden ist. Aber das Vergangene ist ein Fass ohne Boden. Und alle bereits vorliegenden Arbeiten und die grundlegenden Archive, und seien sie noch so fett bestückt, sind nur eine «Auswahl», wie wir wissen.[1] Es gibt überall blinde Flecken und grosse Lücken. Im nun vorliegenden, hier interessierenden Fall wird das zum Beispiel deutlich, als nach dem Tod Dehons, in den Anhörungen im Vorfeld des eigentlichen Seligsprechungsprozesses, von Dehon nahestehenden Personen auf unzählige Briefe verwiesen wird, die es damals und heute nicht mehr gibt – sei es, dass sie aktiv vernichtet wurden oder etwa die Kriegswirren nicht überstanden, sei es, unspektakulärer, dass sie simpel verschwunden oder nicht mehr auffindbar sind.

Diese Arbeit hat daher von Vorneherein einen zurückhaltenden, vorsichtigen, ja bescheidenen Anspruch. Dazu sind die bestehenden Arbeiten zu Dehon, also die Sekundärliteratur, schwer überschaubar. Das Vorgelegte hat das Ziel, in vier Anläufen mehrere «Blicke» auf die Figur Dehons, eines Mannes an der Schwelle des 19. zum 20. Jahrhundert, und sein näheres Umfeld zu werfen. Dieser ordnende «Blick» stellt sich zugleich unter das historiografische Gesetz der Revidierbarkeit, der Vorläufigkeit. Das historische Auge muss sich dessen bewusst sein, dass die Dinge in der Zukunft nicht nur anders gesehen werden können, sondern bestimmt auch anders gesehen werden (müssen). Die nun hier präsentierte Arbeit möchte aber dennoch, nun schon mal etwas unbescheidener dem Anspruch nach, einen wesentlichen und neuen Beitrag zu Dehons Einordnung liefern, der so noch nicht zum Vorschein kam. Worin ist der neue Blick im Vergleich zu dem zu sehen, was bisher zu Dehon geschrieben und angedacht wurde? Es sind wohl in erster Linie die konkreten Fragestellungen, die Neues erschliessen bzw. schon Bekanntes bekräftigen.

Der Autor dieser Arbeit hat Dehon als historische Figur vor dem Beginn der nunmehr erstellten Arbeit nicht gekannt; sowenig wie der Leser bzw. die Leserin von Dehon nach diesen zwei Absätzen erfahren hat. Er hat sich also in den letzten vier Jahren mit einer historischen Person und deren Umfeld befasst, welche ihm vorerst gleichsam fremd war. Das liegt hauptsächlich an der Welt der im

---

[1] Vgl. Martin Lengwiler, Praxisbuch Geschichte. Einführung in die historischen Methoden (UTB 3393), Zürich 2011, 38, 39: «Archive sind nicht nur Orte der Erinnerung, sondern auch Motoren des Vergessens, indem sie eine Selektionsleistung zwischen aufbewahrenswerten und belanglosen, kassationswürdigen Akten vornehmen.»

19. Jahrhundert entstandenen französischen Kongregationen, die dem Schreiber dieser Zeilen bis anhin nicht vertraut war.

Handelt es sich also um einen Aussenblick, um ein distanziertes Vorgehen? Ja und Nein zugleich. Nein, weil grössere Distanzen eines Autors bzw. einer Autorin zum gestellten Thema durchaus möglich sind. Ja, weil, trotz aller Nähe innerhalb einer Religions- bzw. Konfessionsgemeinschaft, enorme Pluralität und frappante Diversität bestehen. Daher kann durchaus gefragt werden, so der leise Verdacht des Autors, der sich beim Anfertigen dieser Arbeit erhärtete, ob sich in einer Religionsgemeinschaft, die sich nach wie vor grösstenteils von der «Kindertaufe» her rekrutiert, nicht irgendwie die ganze anthropologische und ideologische Vielfalt der Menschheit spiegelt? Dies zu behaupten ist zwar vermessen, zu gewagt und heute wahrscheinlich politisch nicht mehr korrekt, zudem entspricht es nicht der dem Christentum eigenen Vorstellung, eine bewusste und gezielte Entscheidungsoption zu sein, aber würde andererseits das berühmte Diktum Adolf von Harnacks ausbuchstabieren. Dieser grosse Historiker hat im Plädoyer einer Christentumsgeschichte als Religionsgeschichte, könnte man sagen, einmal sinngemäss gemeint, wer eine Religion kenne, kenne eigentlich alle.[2] Und er fügte in seiner nach wie vor interessanten Rektoratsrede 1901, also zu Lebzeiten Dehons, hinzu:

> «Nehmen Sie z.B. den abendländischen Katholizismus mit seinen mittelalterlichen Nebenschößlingen und überschauen Sie ihn in der ganzen Breite seiner Entwicklung. Sie werden finden, daß es kaum eine religiöse Lehre, kaum einen religiösen Ritus gibt, so viele ihrer in der Geschichte aufgetaucht sind, die dort keine Parallelen haben. Weiter, Sie werden keine religiöse Stimmung entdecken, von der demütigen und zartesten Hingebung an das Heilige bis zur herrschsüchtigen Leidenschaft, die nicht dort ihre Vertreter, ja sogar ihre Anweisungen und Vorschriften hat.»

Und der Protestant Von Harnack fügt hinzu: «Die ganze Religionsgeschichte in der Sukzession ihrer Erscheinungen ist auf katholischem Boden gleichsam repetiert und unifiziert; aus dem Nacheinander ist ein Nebeneinander geworden.»[3]

---

[2] Adolf von Harnack, Die Aufgabe der theologischen Fakultäten und die allgemeine Religionsgeschichte, Rektoratsrede vom 3. August 1901, in: Adolf von Harnack, Reden und Aufsätze, 2. Band, Giessen 1904, 161-184, hier das Diktum, auf das Christentum bezogen, 168: «Wer diese Religion nicht kennt, kennt keine, und wer sie samt ihrer Geschichte kennt, kennt alle.»

[3] Von Harnack, Aufgabe, 170. Was hier von Von Harnack eingefordert wird, nämlich ein Eigengewicht der Religion im öffentlichen Raum, besonders an den Universitäten, davon konnte Dehon in religiöser Hinsicht, gerade im Sommer 1901 von der restriktiven französischen Assoziations- bzw. Kongregationsgesetzgebung betroffen, nur «träumen». Von Harnacks Rede durchzieht ein Überlegenheitsanspruch des protestantischen, die Bibel und Christus ins Zentrum stellenden Christentums, das nicht nur von der modernen Wissenschaft, sondern auch von der Mission her angefragt scheint. Harnack ist aber realistisch und optimistisch zugleich: Die theologischen Fakultäten sollen bleiben, weil sie praktisch eine Funktion erfüllen, nämlich kirchliche Akteure auszubilden, und nicht alle Religionen (in religionsgeschichtlichen Fakultäten) verantwortet und seriöser Weise zugleich studiert werden könnten. Somit ist diese Rede bis heute von Interesse, auch deshalb weil sie ein Plädoyer für eine Frömmigkeitsgeschichte (Faktum des Christentums als «lebendiger Religion») abliefert – und etwa Lourdes als Beispiel genannt wird (ebd., 171-172).

Kurzum: Vieles, was wir in dieser vorerst französischen Religions- und Kulturgeschichte des ausgehenden 19. Jahrhunderts antreffen, ist nicht nur heute auch für Katholikinnen und Katholiken fremd, skurril, vielleicht sogar abstrus, sondern war es schon in der Zeit anderen Mitgliedern der Religionsgemeinschaft selbst. Das werden wir sehen. Blicken wir etwa fokussierter auf die Zeit des ausgehenden 19. Jahrhunderts und das katholische Umfeld Dehons in Frankreich zurück, so bemerken wir, dass sich die engagierten Katholiken im Spannungsfeld zwischen politischen, religiösen, nationalen und gesellschaftlichen Optionen nicht auf einen Nenner bringen liessen, sie nicht im Geringsten mit einer Stimme sprechen konnten und wollten. Ein Zoom in die institutionellen Zusammenhänge zeigt bei aller Kohärenz der so genannten «Pianischen Epoche» doch ein buntes Bild einer streitenden Kirche, einer *ecclesia militans*, auch und vor allem im Inneren. Mit Von Harnack wurde diese Vielfalt im Katholizismus bereits angedeutet, aber gehen wir darüber hinaus: Aussen und Innen sind mit Blick auf den Katholizismus – damals wie heute – hochgradig konstruierte, fluide Räume: Wer gehört dazu, wer nicht? Das ist dabei die zentrale Frage. Wir werden dies etwa konkret sehen, wenn es um die oftmals polemische Kritik an der Herz-Jesu-Frömmigkeit geht. Kritik und Unverständnis ähnelten sich inner- und ausserhalb der Kirche. Nicht nur, dass es also die Vielfalt im Inneren gab und gibt, sie ist zudem komplex mit Strömungen nach Aussen verschränkt. Es ist gar nicht einfach, mit den Kategorien der Distanz bzw. von «Aussen» und «Innen» umzugehen.

Von einem Aussenblick kann für diese Arbeit jedoch zu Recht deshalb gesprochen werden, weil sie sich nicht in einem Memoria-Funktionsraum der Kongregation der Herz-Jesu-Priester abspielt, die das Gedächtnis und Vermächtnis Dehons bis heute lebendig und kreativ weiterführt. Es gibt einen Raum, in dem nicht nur über Dehon gesprochen wird, sondern genauso mit ihm, einen Ort, an dem Dehons (nicht nur textuelles) Vermächtnis prospektiv angeeignet und weitergetragen wird, gerade im beeindruckenden sozialen Engagement oder auf einer stärker kontemplativen Ebene. So ist festzuhalten und vorauszuschicken, dass diese Arbeit zwar im Rahmen eines finanzierten Drittmittelprojekts zustande gekommen ist, doch geschah dies im Umfeld universitärer Freiheit, wofür die strukturellen Rahmenbedingungen wie indirekte Finanzierung und unabhängiges Betreuungsteam Zeugnis ablegen. Lassen wir nochmals Von Harnack sprechen:

> «Man kann wohl in der Politik zwischen Freiheit und Zwang einen Mittelweg ausfindig machen, indem man bald diesen, bald jene walten und aus diesem Zickzack eine Art mittlere Marschroute entstehen lässt; aber in Bezug auf die Frage, ob man die Erkenntnis frei lassen soll oder nicht, gibt es kein mittleres Verfahren; denn sie ist schon in Banden geschlagen, wo auch nur der Schein einer Bevormundung entsteht.»[4]

---

[4]   Von Harnack, Aufgabe, 175.

Die Arbeit, ohne Bevormundung «unpolitisch» sowie «frei» konzipiert und erstellt, ist also nicht mit einer Anwendungsabsicht versehen. Es handelt sich in dieser Hinsicht um einen klaren Aussenblick. Eine anfängliche Zielformulierung hielt fest, dass die Arbeit als Endprodukt vielmehr, im Idealfall, eine akzeptierte akademische Qualifikationsarbeit sein sollte. Die nun fertig gestellte Arbeit soll so Dehon nicht den Weg zu einer noch in einer weiten Ferne liegenden Heiligsprechung ebnen, sie dient zudem nicht einer Modellbiografie für die Novizenausbildung, wie es solche auch schon gab. Noch weniger bemüht sie sich um die Nachzeichnung eines modellhaften einzigartigen Lebensbildes oder um die «Auferbauung» am christlichen Leben interessierter Personengruppen. Sie will darum keinen providentiellen Siegeszug oder einen triumphalen Aufstieg einer für die Kirchengeschichte noch relativ jungen Ordensgemeinschaft nachzeichnen. Das ist heute *common sense* in der Historikerzunft.

Das Vorgelegte möchte andererseits aber ferner keine Episode einer vermeintlichen Kriminalgeschichte, des Verfalls und Bedeutungsverlustes des Christentums liefern oder etwa einer Geschichte des der Moderne zum Durchbruch verhelfenden republikanisch-französischen Rechtsstaates um die letzte Jahrhundertwende apologetisch in die Hände spielen und/oder darin die Welt der Kongregationen als ein letztes Aufbäumen einer untergehenden Welt verstehen.[5] Alles das hätte sich gegebenenfalls auch gut und gerne realisieren lassen können. Sollte vorliegende Arbeit eine zielgerichtete und absichtsvolle Anwendung in die eine oder andere nun erwähnte Richtung erfahren, sollte sie mit einer solchen tendenziellen, apologetischen oder hagiografischen oder aber modernisierungstheoretischen Folie belegt werden, so ist das nicht die Grundintention des Autors gewesen; der freilich um die Eigendynamik der Rezeption weiss und darum, dass nie ganz vorurteils- und ideologiefrei gearbeitet werden kann. Voraussetzungen in diesem Bereich auszumachen, auch in dieser Arbeit, ist denn immer ein Leichtes.

Verstärkte Rechenschaft muss in diesen Prolegomena darüber abgelegt werden, in welchem Umfeld der Blick auf Dehon geworfen wird. Es ist ein aus einem universitären Bereich geworfener Blick, der sich «zweckfrei» verhält. Die Arbeit entstand in einem wohlhabenden, pluralen und offenen Koordinatensystem einer europäischen Nachkriegsordnung, die, wie es scheint, nun im zweiten Jahrzehnt des 21. Jahrhunderts grösseren Transformationen unterliegt und in der der Faktor Religion, trotz neuerer politischer Tendenzen, eher randständig ist. Religion in seiner christlich-traditionellen Form ist aus Europa als prägendes kulturelles System in vielen Beziehungen ausgewandert, ja sogar der religiöse

---

[5] Vgl. dazu Internationale Theologische Kommission, Erinnern und Versöhnen. Die Kirche und die Verfehlungen in ihrer Vergangenheit (Neue Kriterien 2), ins Deutsche übertragen und herausgegeben von Gerhard Ludwig Müller, Einsiedeln ²2000, 70: «Was man auf jeden Fall vermeiden muss, ist die fruchtlose Diskussion gegenseitiger Einseitigkeiten: auf der einen Seite eine Art von Apologetik, die alles und jedes, was in der Kirchengeschichte vorgefallen ist, um jeden Preis zu rechtfertigen versucht, auf der anderen Seite eine Beschuldigungsattitüde, die jedes Ereignis, jedes Wort und jede Handlung, ob gerechtfertigt oder nicht, benutzt, um die Kirche auf die Anklagebank zu verweisen.»

Pluralismus sowie die Religionsfreiheit sind – folgt man der weniger optimistischen Analyse Michael Rüeggs –, subtil angefragt und gefährdet. Vieles arbeitet laut Rüegg, der zu einem gelassenen Umgang mit Religion aufruft, unter dem Deckmantel der wissenschaftlichen Modernisierung auf die Überwindung von Religion allgemein hin.[6] Mit diesen Strömungen war auch schon Dehon konfrontiert. Er hatte aber andere Antworten, als viele von uns heute geben würden. Wenn Dehon den religiösen Pluralismus oder die gewichtige Trennung von Macht und Moral nicht vollständig mittragen konnte, so war ihm doch das wichtig, was Rüegg andeutet, wenn er meint, dass Religion, Freiheit und Person zusammenhängen und dass Religion den Menschen zu etwas macht, das ihn über den modernen Zahlen- und Warencharakter hinaus verweist.

Wie wird der vom Autor angestrebte Blick auf Dehon nun systematisch geordnet? Wie lauten die Fragestellungen, denen dann eher «positivistisch», nahe am Quellenmaterial, nachgegangen werden soll? Es handelt sich um ein, dem ersten Anschein nach, sich auf Detailfragen fokussiertes, in quellenbasierten Tiefenbohrungen gewonnenes Bündel an historischen Stichproben. Vier Zugänge eröffnen ein detaillierteres und geschärftes Behandeln von Phänomenen, die sich (1) im Innenraum der Kongregation der ersten Generation und zugleich in deren Mission, (2) im institutionellen Binnenraum der katholischen Kirche und ihrer in der Zeit vorherrschenden Normen, (3) im Umfeld von Wirtschaft und Religion rund um die vorletzte Jahrhundertwende und (4) im Spannungsfeld von Religion, Nation und Politik im europäischen, speziell aber im spannungsgeladenen französischen Kontext abspielen. Vier Kreise oder Ellipsen sind es, die da gezogen werden und Frageräume abstecken. Dabei spielt der Aspekt der Konfliktivität eine prioritäre Rolle. Die ersehenen Reibungsflächen erlauben es dann, Dehon in den vier Zugängen und Feldern konkreter und gezielter einzuordnen.

Für Dehon als Person in Sachen Konflikt muss jedoch festgehalten werden, was sein Grossneffe Henri Malézieux-Dehon in einer Befragung nach Dehons Tod zu Papier brachte: Sein Grossonkel, P. Dehon, hätte keine persönlichen Feinde gehabt, sondern eher Gegner seiner Aktivitäten und Initiativen.[7] Dehon selbst schien den Konflikt, die Auseinandersetzung, nicht zu suchen, eher zu meiden, sah aber realistisch, dass diesem zentralen Grunddatum des menschli-

---

[6]   Vgl. Michael Rüegg, Krise der Freiheit. Religion und westliche Welt. Plädoyer für ein gelassenes Verhältnis, Basel 2016, z.B. 10, wo Rüegg seine zentrale These (als «Behauptung») entwirft: «Wer Religion verteidigt, verteidigt unsere Freiheit. Und umgekehrt: Wer gegen Religion ist, ist gegen Freiheit. Freilich ist es nicht so einfach. Entscheidend ist, dass man zwischen *persönlicher Überzeugung* und *politischer Macht* unterscheidet. Für religiöse Menschen heißt das, dass sie sich von der Idee des Gottesstaates loslösen; für nicht nichtreligiöse Menschen, dass sie keine religionsfreie Gesellschaft anstreben. Beide Lager müssen *aushalten*, dass sie ihre persönliche Überzeugung nicht zu einem Maßstab für alle Menschen machen können.» (Hervorhebung im Zitat).

[7]   Congregatio de Causis Sanctorum, Mechlinien. Seu Suessionen. Canonizationis Servi Dei Leonis Ioannis a S. Corde Iesu Dehon Sacerdotis Fundatoris Congregationis Sacerdotum a S. Corde Iesu (1843-1925). Positio super Fama Sanctitatis et super Virtutibus, Voll II. Summarium, Roma 1990 (später: Positio II. Summarium), 7. aber auch in späterer Folge.

chen Lebens nicht gänzlich ausgewichen werden kann. Das gilt auch und wohl besonders für und innerhalb religiöser Gemeinschaften, wo eine gewisse Nähe herrscht. Dehon war eher harmoniebedürftig und versuchte, Probleme hinzunehmen und zu überwinden, im Speziellen dann, wenn es um die Zukunftsfähigkeit der Kongregation ging.[8]

Konflikte waren, wie es zu zeigen gelten wird, öfters implizit, manchmal auch explizit Realität. Sie sind nicht wegzudenken, und Dehon bot auch Anlass dafür. Konfliktivität ist zudem, das sei vorausgeschickt, in dieser Arbeit nicht als ein pejoratives Konzept zu verstehen. Der Konflikt kann, bei passenden Rahmenbedingungen, sein kreatives Moment entfalten und Neues hervorbringen.[9]

1.1 Die Blickfelder der Arbeit – vier gezielte Tiefenbohrungen

Die Kongregation als Dehons zentrales Projekt, dem er vieles unterordnete, bereitet den ersten Beobachtungsraum vorliegender Arbeit. Es war ein langer Weg für Dehon, bis eine Festigung der Gemeinschaft im Inneren wie nach Aussen erreicht wurde – es gab heftige Geburtswehen. Das erste Blickfeld der Arbeit führt uns hinein in die frühe Missions- und Ausbreitungsgeschichte der Kongregation und stellt uns ein «gescheitertes Projekt» im nordafrikanischen Kontext vor Augen, wo sich koloniale mit religiösen Bemühungen kreuzten. Mehr aber als Mission und Kolonialismus beschäftigt sich das erste Blickfeld mit der Verzahnung von Konsolidierung im Inneren und der Tendenz hin zu Gründungen von «Stützpunkten» ausserhalb des Herkunftsgebiets. Geraten in den nachfolgenden Kapiteln der Arbeit in immer grösser werdenden Kreisen Kirche, Wirtschaft und insbesondere die französische Gesellschaft in den Blick, so ist es hier die Kongregation der Herz-Jesu-Priester in einem Nukleus der ersten Zeit.

Vor allem Mitte der 1890er Jahre herrschte rund um Dehon eine konfliktive Situation. In den Generalkapiteln von 1893 und 1896 wurde der Superior in Frage gestellt. Ein bissiges Memorandum von 1897, von Seiten mehrerer Patres der Kongregation unterzeichnet, fordert ihn dazu auf, das Institut zu spalten. Das Gründungscharisma wurde eingeklagt, weil man mit Dehon nicht mehr zufrieden war. Unter viel Einsatz konnte Dehon sich am Ruder seines Instituts halten. Wir werden uns ansehen, wie Dehon dies handhabt, wobei eine spezifische Niederlassung der nordfranzösischen Kongregation ausgewählt wurde. Verschleppte Konflikte in der Heimat ebenso wie schwierige Konstellation im Missionsgeschehen kennzeichnen die Gründung der Herz-Jesu-Pfarrei im Maghreb.

Dass Dehon selbst den Maghreb bereiste, war kein Nachteil für die Gründung dieser Niederlassung inmitten des kolonialen Kontexts. Grosse Hoffnungen kamen dem Projekt zu, welches über ein vielfältiges und spannungsreiches Koordi

---

[8]	Vgl. P. Demont im Prozess zu Malines/Mechelen, Positio II. Summarium, 140, zudem Brief Dehons an P. Matthäus G. Kusters (1866-1944), 05.01.1919, in: ADR B 74/1, Inv. Nr. 969.06.

[9]	Fritz B. Simon, Einführung in die Systemtheorie des Konflikts, Heidelberg 2010, v.a. 95.

natensystem innerhalb und ausserhalb der Kongregation gegründet wurde. Bevor die Herz-Jesu-Pfarrei dem Bistum zugeschrieben wurde und die beteiligten Patres allesamt den Orden verliessen, kam es zu heftigen Auseinandersetzungen, in welchen Dehons Führungsqualitäten, wie schon Jahre zuvor im Umfeld der Generalkapitel, bestritten wurden. Dem näher nachzugehen und bisher weniger betrachtete Verknüpfungen zu beleuchten, ist Anliegen der ersten historischen Tiefenbohrung, welche in einen «intimen» Bereich der Kongregation vor ihrer Konsolidierung hineinführt. Dazu erlaubt uns der erste Zugang, Dehon sowohl in seiner Fremdwahrnehmung als auch als Akteur an der Spitze seines Instituts zu charakterisieren.

Die katholische Kirche als normierende, gestaltgebende Institution in einer spezifischen historischen Konstellation bildet den zweiten Betrachtungsraum dieser Arbeit. Es ist ein institutionengeschichtlicher Zugang, der dabei angestrebt wird. In der innerinstitutionellen Beschäftigung mit und Verortung von Dehon tun sich verschiedene Konfliktfelder auf, die näher betrachtet werden. Sie haben sowohl eng mit der Person Dehons, seinem Lebenslauf, als auch mit dem von ihm gegründeten Institut zu tun. Wir werden noch sehen, dass beide, Person und Struktur, sich oft auf interessante Weise amalgamieren. Zwischen (Nord-)Frankreich und Rom, zwischen Welt- und Ordensklerus, zwischen altangestammtem Ordensleben und dem der neuen, in der Zeit Dehons auch kirchlich nicht ganz fassbaren Welt der Kongregationen eröffnet sich ein aus heutiger Sicht interessantes, ja brisantes Spannungsfeld, das dann von verschiedenen Verwerfungen überlagert ist, nicht zuletzt von politischen Optionen, die in der Zeit staatspolitisch zwischen Monarchie und Republik oszillieren und eng mit der sozialen Frage verbunden sind, welche ihrerseits wiederum unterschiedliche Beurteilung fand.

Dehon ist eine der römischen Kirche, sowohl in der Selbst- als auch in der Fremdzuschreibung, sehr eng verbundene Gestalt. Da gibt es wenig Zweifel. Dehon reflektiert diese Bezüge selbst, nennt sie explizit, ist für dieses Gravitationszentrum dankbar. Mehr als er diese kritisch durchleuchten hätte können oder wollen, wird er selbst – für ihn wohl etwas überraschend – von diesem System der Kirche auf lokaler wie auch internationaler Ebene herausgefordert werden. Denn Dehon dachte eher daran, dass er mit der französischen Republik Probleme bekommen werde als mit seiner eigenen Kirche. Selbst stark ekklesiozentrisch orientiert, manchmal dazu bereit, Gott, Kirche und Priestertum schnell kurz zu schliessen, auf jeden Fall von einem kräftigen, über Exerzitien eingeübten ignatianischen «sentire cum ecclesia» geprägt, ist er, der durchaus die Kirche als «Lösung vieler Probleme» postulieren konnte, einer, der innerhalb des Systems, das ihm Heimat war, viel Kritik einstecken musste.

In den 1880er Jahren wurde er sogar in einen Prozess beim Heiligen Offizium, der höchsten kirchlichen Behörde, involviert. Später wird er als modernistisch angesehen, in die Ecke der «Neuerer» gestellt. Aber Dehons Aktivismus, seine Zielstrebigkeit und sein unternehmerischer, kluger Geist ermöglichen ihm, einen

Aufstieg im römischen System unter Leo XIII. zu erleben. Als Gutachter einer römischen Behörde überwindet er quasi seine eigene Vorgeschichte, bringt sie auf
eine neue Ebene. Letztlich zeigt dies die relative Milde und Durchlässigkeit des
Systems «Kirche», unter der entscheidenden Bedingung, dass man sich ihm «hin-
geben» konnte. Trotzdem werden für die Ernennung Dehons zum Gutachter der
Indexkongregation und auch in Folge Anfragen, Kritik und Zurückweisung, vorrangig von Seiten frankophoner Kirchenvertreter, nicht fehlen – er wird eine Figur
bleiben, an der man sich reibt, und das gilt auch noch im 21. Jahrhundert.[10]

Die theoretische Frage nach dem Zinswucher steckt unter anderem das dritte
Kapitel ab. Der die Moderne dynamisierende Faktor Geld kommt da ins Spiel.
Was vordergründig als enger, spezifischer Blickwinkel erscheint, erweist sich bei
näherem Betrachten und bei gezielter (geistes-)geschichtlicher Einordnung als
sehr aussagekräftig: Die Verhältnisbestimmung von Wirtschaft und Religion
wird in der Frage ebenso ausgelotet, wie dabei der Zusammenhang zwischen historischen Entwicklungen und den für Dehon gegenwärtigen Gegebenheiten reflektiert wird. Denn nicht nur krude, antiliberale, manchmal antisemitisch sich
gebärdende Kapitalismuskritik ist da in die Debatte und die Diskussionen um
Zins und Reichtum hinein verwoben, sondern auch der Bezug zur Geschichte
moraltheologischer Anschauungen und ethischer Konzeptionen zwischen Deontologie und Teleologie. Dazu gesellt sich die pragmatische Haltung zu für Dehon
neueren wirtschaftlichen Entwicklungen.

Aber auch der eigene Umgang mit Geld findet schemenhafte Nachzeichnung,
etwas, was im Aufbau einer neuen Kongregation nicht ganz unwesentlich war.
Das Ganze ist in einem doppelten Sinne in eine politische Realität eingebettet,
engagiert sich Dehon einerseits besonders in den ausgehenden 1890er Jahre in
der so bezeichneten «Zweiten Christdemokratie», die dem christlichen populus
(«le peuple») grosse Aufmerksamkeit zukommen lässt und es politisch und wirtschaftlich unter klerikaler Obhut zu emanzipieren trachtet. Andererseits aber
zeigt sich gerade die Dritte Französische Republik im radikalen «Combismus»[11]
auch in wirtschaftlicher-finanzieller Hinsicht als antiklerikal bzw. spezieller den
Kongregationen gegenüber abgeneigt, intolerant und illiberal. Kapital und Geld
hatten dabei katalytische Funktion im politischen Prozess. Es lockte, vordergründig, die «Milliarde der Kongregationen», ihr grosser Besitz. In diesem Kapitel
soll dann die Bedeutung ökonomischer Gesichtspunkte hervorgehoben werden,
die oftmals vernachlässigt wurde und wird. Diesem dringenden Postulat Abhilfe
zu schaffen, kann dabei freilich nur ansatzhaft nachgegangen werden. Es verbleibt auf ganzer Linie ein Desiderat künftiger Forschungen.[12]

---

[10] Vgl. dazu Kapitel II.
[11] Émile Combes (1835-1921) verfolgte als französischer Premierminister eine strikt laizistische und
      antiklerikale Linie. Als ehemaliger Priesteramtskandidat wandte er sich der Freimaurerei zu.
[12] Vgl. dazu Kapitel III.

Mehr wurde dafür schon zum vierten Bereich gesagt, der in der Arbeit in den Blick gerät. Mit der französischen Trikolore, einem bis heute nationalen und zivilreligiösen Signet par excellence, kommt im letzten Kapitel der Arbeit ein Symbol im Prozess seines Entstehens und seiner normativen Festlegung in den Blick. Wie soll die französische Nationalflagge denn nun aussehen, so fragte man sich im 19. Jahrhundert? Was heute gefestigt und geklärt ist, war zur Zeit Dehons im Fluss, in einer Phase der Gärung. Es ist sehr aufschlussreich, den Blick Dehons auf dieses später national normierte, geschützte und aufgeladene Symbol und seine Farben inmitten der politischen Optionen und Brüche seiner Zeit nachzuzeichnen, seinen diesbezüglichen Wandlungen und Konjunkturen nachzugehen – denn auch Dehon war sich etwas unsicher und nahm, bei aller Konstanz, unterschiedliche Positionen ein.

Der Kongregationsgründer engagierte sich zwar nicht in erster Linie parteipolitisch – das kam für ihn als Priester, und stärker als Ordensmann, letztendlich nicht in Frage –, aber er partizipierte auf einer hintergründigen, grundlegenden Ebene, die immer wieder als *sozialer* Bereich betitelt wurde. Es darf aber nicht vergessen lassen, dass trotzdem eine klare kirchliche und gesellschaftliche Option mitgegeben war. Diese artikulierte sich durchaus sehr politisch und umfasste eine starke nationale Prägung, nämlich die Idee eines «christlichen Frankreichs» als der ältesten Tochter der Kirche. Dehon war seiner französischen Heimat, obwohl aus einem geografischen Randbereich stammend und mit einer starken Romausrichtung hinterlegt, sehr verbunden. Frankreich als manchmal mystische, heilsgeschichtlich relevante, andermal sogar messianisch-personale Grösse fesselte ihn zeitlebens. Diese nationale Befindlichkeit wird Dehon besonders dann umtreiben und beschäftigen, als sich weitere Provinzen in der Kongregation (rund um 1910) auch ausserhalb Frankreichs ausbilden und mit dem Ersten Weltkrieg, den Dehon im wahrsten Sinne des Wortes hautnah erlebte, das nationale Element im europäischen Kontext seine trennende, zerstörerische und mörderische Seite offenbart.[13]

Die Kombination der vier Bereiche, die ideengeschichtlich und biografisch auf Dehon hin ausgerichtet sind, zeigt uns Dehon als eine aktive und unternehmungsfreudige Gestalt, die über breite Sicherheitsgurte angeschnallt in einer Religionsgemeinschaft beheimatet ihre Gestaltungsräume ausschöpft und nach vorne blickt; einen Akteur, der einen festen, optimistischen Willen und eine sehr ausgeprägte praktische Urteilskraft an den Tag legt, politische, soziale, gesellschaftliche und religiöse Fragen mitzugestalten – eher denn einen Theologen, Ordensmann, Priester oder spirituellen Autor und Wegbegleiter. Weil auf letztere genannte Aspekte schon öfter fokussiert wurde, nimmt sich der Autor nun vorrangig der vorher genannten institutionellen, ökonomischen und nationalen Wahrnehmungsperspektiven an, ohne dass substantiell das eine natürlich vom anderen getrennt werden könnte.

---

[13]   Vgl. dazu Kapitel IV.

Bevor diese Blickfelder der Arbeit aber entfaltet werden, soll nun eine aus-
führlichere historische Hinführung einen Vorspann liefern. Diese setzt nach Dehons Ableben ein und schlägt so die Brücke zur hier vorliegenden Arbeit, indem
sie einige Aspekte in der Rezeptions- und Wirkungsgeschichte von 1925 an ab-
steckt. Sie zeigt uns etwas von der Komplexität des «Dehon'schen Nachlebens»
in biografischen Zugängen. Dazu findet sich im Anschluss eine kurze Orientierung zu Dehons Vita, die als allgemeiner Einstieg und als eine grundlegende
Orientierung gedacht ist. Darauf folgend, und als letzter Schritt dieser Hinführung, wird ein kleiner Abschnitt vorgelegt, der Dehon in die katholische (Denk-)
Welt seiner Zeit einzuschreiben und ihn – über biografische Teilaspekte hinaus –
allgemeiner zu charakterisieren versucht.

1.2 Wie ist es zur Arbeit gekommen?
Seligsprechungsverfahren und Geschichtsschreibung

Im weitesten Sinne ist die vorliegende Arbeit eine Folge eines steinigen, nicht
geradlinigen und 2005 nicht zum Abschluss gekommenen Seligsprechungsprozesses.[14] Obwohl diese Zeilen nicht direkt mit der kirchlichen Causa zu tun
haben, stehen sie doch in einem gewissen Zusammenhang mit diesem rechtlich-
religiösen Vorgang, der Dehon der Ehre der Altäre zuführen sollte. So wie geschichtliche Abklärungen und Vergewisserungen integraler Bestandteil eines Ka-
nonisierungsprozesses beziehungsweise seiner Vorstufen sind, als Arbeits- und
Entscheidungsgrundlage für theologische Beurteilung dienen – oder aber auch
als Illustrationen im Rahmen einer Hagiografie –, so hat der 2005, im letzten
Moment angehaltene Seligsprechungsprozess Dehons für die Kongregation einen
bestimmten, ja historischen Einschnitt in ihre Geschichte und die der Dehon-Re-
zeption bedeutet. Er hat zu neuen historischen und kritischeren Abklärungen herausgefordert, als dies anderenorts vielleicht der Fall ist (und war).

Somit offenbart sich auch der seit den Bollandisten[15] und ihrer *Acta Sanctorum* evidente Zusammenhang von Selig- und Heiligsprechungsverfahren und
geschichtlicher Arbeit bzw. Historiografie. Dabei ist dieser Vorgang, der zuallererst für die Kongregation, also einer begrenzten, obschon mehr als 2.200 Personen umfassenden Gruppe innerhalb der katholischen Kirche, bedeutsam ist, in
enger Weise mit dem Gesamt der katholischen Kirche als lebendiger Glaubensgemeinschaft verknüpft, die beständig daran ist, die Geschichte zu vergegenwär-
tigen bzw. auch aufzuarbeiten und sich mit der Vergangenheit über Traditions-
bildung in ein lebendiges Verhältnis zu setzen. Die Bilder von Heiligen und auch
Seligen (auf den Altären und Abbildungen aller Art) sind dafür eine gute Pro-
jektionsfläche, sie weisen besonders und beispielhaft auf den für diese Religions-

---

[14]   Vgl. Claude Siebenaler, Il Processo di Beatificazione del Padre Dehon. Prospetto storico sullo
      svolgimento della causa, in: Dehoniana 33 (2004), Nr. 1, 73-81.
[15]   Vgl. Bernard Joassart, Art. Bollandisten, in: LThK³, Bd. 2 (Sonderausgabe 2009), 561-562.

gemeinschaft wichtigen Bezug zur Geschichte hin. Der Antisemitismus-Vorwurf, der den Prozess Dehons zu Beginn des Pontifikats Benedikts XVI. stoppte, ist darüber hinaus aufschlussreiches Zeugnis dafür, dass der Kreis der Betroffenen und Involvierten den engeren Bereich der katholischen Welt neuerdings überschreitet, und zeigt auf, dass in der geschichtlichen Behandlung und Beurteilung Fragen sich in den Vordergrund drängen können, die lange Zeit anders oder mehr noch: als unbedeutend eingestuft wurden.[16]

Die Seligsprechungsprozedur, die nach den Wirren des II. Weltkriegs zwei Jahrzehnte nach Dehons Ableben ihren eigentlichen, ersten Anfang nahm, um noch Zeitzeugen beiziehen zu können, ist schon an und für sich ein historisch interessantes, weil einen langen Zeitraum umfassendes Phänomen. Aber sie ist in unserem Fall darüber hinausgehend relevant, weil mit dieser Prozedur Material gesammelt wurde, durchtränkt von der hier in den Fokus gerückten «Konflikt-Perspektive». In diesem Prozess kamen denn bereits inmitten eines engeren Personenkreises Verwerfungen und Misstöne zum Vorschein, die es absolut nicht erlauben, von einem glatten Verfahren im Stile eines «santo subito» zu sprechen. Denn dem auch in anderen Gemeinschaften verständlicherweise gehegten Wunsch nach Hervorhebung, Festhalten und Auszeichnung des Ursprungs mischten sich schon seit Beginn der Abklärungen gewisse grobkörnige Schwierigkeiten bei, die Prozesse reflektieren, die wir im ersten Kapitel abarbeiten werden. Der grobe Sand im Getriebe dieses Memoria-Prozesses stammt aus unterschiedlichen Gruben, wohl aber hauptsächlich daher, dass bestimmte Personen(-gruppen) innerhalb der Kongregation sich schwer taten, ein von ihnen kultiviertes Heiligenbild auf Dehon umzumünzen. Dazu kommt, wie John van den Hengel es nachweist, dass die Gründungsgestalt Dehon bis zum II. Vatikanum nicht unbedingt hundertprozentig umfassend die Kongregation prägte, sondern eher andere Gestalten wie der erste, einflussreiche Novizenmeister der Gesellschaft, André Prévot (1843-1913).[17]

Der Aspekt innergemeinschaftlicher Uneinigkeit ist in diesen Vorgängen also nicht gering zu schätzen. Die Auseinandersetzung mit dem Gründervater ist ein die Kongregation mitgestaltendes Element. Es beschäftigte sie weit über das Ableben Dehons hinaus, oszillierte sodann in der Namensgebung des religiösen Instituts zwischen Herz-Jesu-Priestern und Dehonianern nach, es schied die

---

[16] Vgl. dazu, als «wissenschaftliche Antwort» auf die Ereignisse von 2005, den Sammelband: Yves Ledure, Antisemitismo cristiano? Il caso di Leone Dehon, Bologna 2009, darin v.a. die Beiträge von Jean-Marie Mayeur, Leone Dehon e l'antisemitismo (87-91), sowie Paul Airiau, Le fonti testuali del pensiero giudeofobico di p. Dehon (93-106, v.a. als Resümee in Sachen Antisemitismus, 106: «P. Dehon non è quindi originale. Non è assolutamente all'origine dell'antisemitismo e della giudeofobia, è solo la cassa di risonanza di altri autori che cita più o meno rigorosamente [...]. Come altri autori, respira l'aria del tempo, integrando nel suo pensiero sociale intransigente una nova dimensione, attinta a un magma complesso dal quale espelle solo il razzismo biologico»).

[17] Vgl. John van den Hengel, André Prévot and Léon Dehon, in: Dehoniana 43 (2014), Nr. 2, 53-92, dazu, etwas diametral zum erstgenannten Beitrag, Heiner Wilmer, L'attualità inattesa di André Prévot. Gesuita verso il mondo, certosino interiormente, in: Dehoniana 43 (2014), Nr. 2, 11-52.

Geister – bei intensiver Beschäftigung, wie es scheint, umso mehr. Musste die Kongregation sich schon zu Dehons Lebzeiten mit dem auch umstrittenen Generaloberen «auf Lebenszeit», seinen Wandlungen und seinen Akzentsetzungen auseinandersetzen, so umso mehr nach seinem Tod, als neue Umstände und Kontexte immer wieder neue Fragen aufwarfen und Altes nachgekaut wurde, ohne immer verdaut zu werden.

Die innerkongregationale Beschäftigung mit dem «Stifter» manifestiert sich sowohl auf einer spirituellen, inspiratorischen Ebene als auch in einer institutionellen, funktionellen Hinsicht, sei es (1) in der Sammlung von für Dehon relevantem Material, wozu schon Dehons Nachfolger kurz nach seinem Tod aufrief, sei es (2) in der Befragung von Zeitzeugen und der historischen Nachforschung in einer Art *oral-history* im Vorfeld der eigentlich kanonischen Prozedur der Seligsprechung, sei es (3) im Prozess der fortgeschrittenen Archivierung des gesammelten Materials sowie in der Bündelung und Herausgabe seines umfangreichen Patch-Work-Œuvres – neuerdings im Vorgang der Aufarbeitung, Darstellung und Bereitstellung von Dehon betreffenden und ihn als geschichtliches Phänomen auf einer Materialebene festhaltenden Zugängen. Dehon beschäftigt im wahrsten Sinne des Wortes diejenigen, die sich seinem Institut angeschlossen haben – wie auch immer sie den Weg in das Institut gefunden haben mögen. Weniger beschäftigt Dehon zurzeit die wissenschaftliche Welt bzw. die historischen Forschungen. Die vorher genannte Aufarbeitung kann aber gerade ein Mittel dafür sein, diese in Zukunft anzuregen, indem Grundlagen dafür geschaffen werden.

Analog zum schon bei Dehon ausgeprägten historischen Bewusstsein, in dem Sinne, dass Geschichte als normierend, wesentlich und gestaltgebend angesehen wird – wie das in anderer Form auch bei Von Harnack der Fall ist – und Geschichte deshalb für die Gemeinschaft bedeutsam ist (und sein wird), wächst auch in der jungen Kongregation der Wunsch nach einer Biografie des Gründers, ganz dem Geist der Zeit und der katholischen Welt mit seiner primären Ausrichtung auf Personen und Köpfe («Personprinzip») geschuldet. Es ist dies aber auch ein allgemeiner Zug der Zeit, weit über den Katholizismus hinaus. So formte sich kurz nach Dehons Ableben im Jahre 1925 umgehend das Bewustein der Notwendigkeit, zumindest aber der Zweckmässigkeit, heraus, Dehon im Bild festzuhalten, einen Blick auf ihn normativ zu setzen, ihn in einem tendenziell hagiografisch ausgerichteten Zugang erst zur eigentlich historischen Gründungsfigur werden zu lassen. Diese wollte er ja auch selbst sein. Greifen wir für einen ersten rezeptionsgeschichtlichen Zugang einige Beispiele von Biografien heraus. Es seien mit den Patres Ducamp, Kanters und Haas vorerst drei Zugänge aus der Feder von Kongregationsmitgliedern unterschiedlicher Herkunft ins Auge gefasst.

1.2.1 Frühe biografische Schritte in Richtung Dehon sowie erste «Misstöne»

Der zweite Generalobere der Gesellschaft, mehr oder weniger von Dehon selbst dazu auserkoren und für die leitende Funktion aufgebaut, setzte hierfür einen starken Akzent: Joseph Philippe (1877-1956) oblag die schwere Aufgabe, sozusagen das Charisma des Anfangs zu institutionalisieren. Mit eigenen biografischen Notizen zu Dehon trug er skizzenhaft dazu bei, andererseits dadurch, dass er das Projekt einer Grossbiografie im Raum der Kongregation förderte. Er war von 1926-1935 Generalsuperior der Herz-Jesu-Priester, bevor Philippe dann 1935 bis zu seinem Lebensende Bischof seiner Heimatdiözese Luxemburg wurde. Sein damaliger Mitbruder Augustin Ducamp wurde von ihm mit einer biografischen Studie beauftragt. Ducamp kannte Dehon, wie Philippe, selbst noch gut; er wird jedoch später aufgrund von Unstimmigkeiten in einer französischen Niederlassung die Kongregation verlassen, säkularisiert als Weltpriester weiter wirken und von einem späteren Generalsuperior als einer eingeschätzt werden, der oft nur das Schlechte an anderen Menschen sieht und etwas selbstverliebt auftritt.[18] Aber das soll hier keine weitere Rolle spielen.

Die Dokumente, die im Archiv in Rom zu Ducamp vorhanden sind, zeigen etwas von der Systematik und Anlage dieses umfassenden biografischen Projekts, das Ducamp dann in nur einigen Monaten umsetzen konnte. Die über 700-seitige, detaillierte Studie – im Dokumentarstil gehalten – des zu diesem Zeitpunkt als Novizenmeister tätigen Ducamp erscheint 1936 unter dem Titel *Le Père Dehon et son œuvre.*[19] Freilich war er nicht der erste, der eine biografische Skizze vorlegte, war Dehon ja schon mehr als ein Jahrzehnt tot. Aber es war eine, die in Form und Umfang sichtlich Massstäbe setzte, anregend wirkte und weitgehend wohlwollend aufgenommen wurde.[20]

Nehmen wir im Anschluss eine doch interessante Reaktion heraus: So schrieb an Ducamp im rezeptiven Nachgang dieser wuchtigen Biografie ein französischer Mitbruder – zu einem Zeitpunkt, als zweitgenannter selbst an ein Porträt Dehons gehen wollte:

> «Mit Gewinn lese ich immer wieder Ihr grosses Werk über Dehon [Très Bon Père], um mich exakt in die [passende] Tonlage zu versetzen, und es stellt mir dann einen grossartigen Rahmen für die Studie bereit, welcher ich zur Zeit nachgehe. Ich frage mich, wohin ich mich denn aktuell wenden könnte, wenn ich nicht Ihre so gewissenhafte Arbeit zu unserem Gründer zur Verfügung hätte. Unsere altehrwürdigen Väter haben uns nicht wirklich etwas hinterlassen, und wir, die Jüngsten, wir fühlen uns ein wenig wie Schiffbrüchige vor dieser Leere.»[21]

---

[18]   Vgl. dazu die Einschätzung des Generalsuperiors in einem Brief an den für Säkularisierungen zuständigen Kardinal, 17. August 1938, S. 3, in Personaldossier Ducamps abgelegt, im ADR.

[19]   Vgl. dazu Augustin Ducamp, Le Père Dehon et son œuvre, Paris/Bruges 1936.

[20]   Vgl. dazu das reichhaltige Material im Personaldossier Ducamps im ADR. Neben Gratulationsadressen zum Buch von Bischöfen und selbst dem belgischen König finden sich dort unzählige Briefe in verschiedenen Sprachen von innerhalb und ausserhalb der Kongregation zu dieser als ersten und als sehr gewichtig wahrgenommenen Biografie.

[21]   «Je lis et relis avec profit votre grand ouvrage sur le Très Bon Père pour me mettre exactement dans le ton et il me fournira un magnifique cadre pour l'étude que je poursuis actuellement. Je me demande à quoi je pourrais, actuellement aussi, recourir si je n'avais pas votre si consciencieux travail sur notre fondateur. Nos anciens Pères ne nous ont vraiment rien laissés et nous, les plus jeunes, nous nous sentons comme désemparés devant ce vide.» Pater Charles Scheltienne ist in

Ein längst fälliger, endlich umgesetzter Orientierungsrahmen also, den Ducamp geliefert habe, der dann aber für Pater Charles Scheltienne (1908-1947),
von dem die Zeilen stammen, neue Desiderate hervorruft. Man ist irgendwie mit
Ducamps Opus nicht zufrieden, die synthetische Kraft fehlt dem Werk vielleicht
zu sehr. Scheltienne ist hier nicht allein, denn generell kann der Ruf nach einer
klärenden Biografie als *cantus firmus* für die Zeitspanne der 90 Jahre gelten, die
nun nach Dehons Tod verstrichen ist. Scheltienne fügt seiner projektierten, aber
später offensichtlich nicht vollendeten Arbeit – womöglich auch, weil er in jungen Jahren, Ende dreissig, sein Leben lassen musste – einen interessanten und
vielsagenden Motivationsgrund für eine solche zu erstellende Arbeit bei. Es geht
dem Hausoberen der Schule Saint-Clément, die als für die Kongregation wichtige Institution der ersten Stunde eine regelrechte Odyssee erlebte, um die Fest-
schreibung der (nationalen) Ursprünge. So schreibt Scheltienne an Ducamp:

> «Ich glaube, dass unsere französische Provinz eine dringende und vorrangige Pflicht
> hat, die sie angesichts der ganzen Kongregation zu erfüllen hat, so wir es wollen, dass
> der Geist Dehons [Très Bon Père] in seiner ganzen ursprünglichen Reinheit weiter-
> wirkt. Ich war in Deutschland, dort konnte ich das feststellen, was aus unserem spe-
> zifischen Geist wurde, nachdem er durch deutsche Intelligenz, weder mit Klarheit,
> noch mit Finesse, gefiltert wurde. Wir sind gehalten, ein Erbe zu retten.»[22]

Es geht somit um Deutungshoheiten, die ausgesprochen nationale Färbungen
aufweisen und auch als Symptom dafür gelten können, dass die Kongregation zu
diesem Zeitpunkt dem französischen Kontext bereits entwachsen ist; und sich
stärker niederländisch (bzw. im weitesten Sinne «deutsch») zeigt – abgesehen
davon, dass die Missionsunternehmungen die Kongregation zunehmend neu positionieren und internationalisieren. Aber kehren wir nochmals in die 1930er
Jahre zurück, in die Zeit vor Ducamps Arbeit.

Der niederländische Ordensmann Charles Kanters (1874-1944) legte schon
1930 eine erste biografische Schraffierung zu Dehon vor. Er könnte einer von den
altehrwürdigen Vätern sein, von denen Scheltienne sprach, die eigentlich nichts
bzw. eine Leere hinterlassen haben. Trotzdem es sich auch bei dieser Schrift um
ein «Auftragswerk» des zweiten Generaloberen der Gemeinschaft P. Philippe – zu
Handen des kurz darauf als Novizenmeister in Brugelette amtenden Kanters –

---

jungen Jahren im Paris der unmittelbaren Nachkriegszeit verstorben, und wollte sichtlich, wie aus
den Briefen an Ducamp hervorgeht, ein eigenes Lebensbild Dehons erstellen. Vgl. Brief Scheltiennes an Ducamp, ohne Datum [zwischen 1942-1947], 2 Seiten, in: ADR, Personalbestände,
Dossier «Ducamp, Augustinus 1882».

22 «Je crois que notre Province française a un devoir urgent et primordial à remplir vis-à-vis de
toute la Congrégation si nous voulons que l'esprit du Très Bon Père se transmette dans toute sa
pureté originelle. Etant en Allemagne, j'ai pu constater ce que devenait notre esprit spécial après
avoir filtré par ces intelligences germaniques avec clarté ni finesse. Nous avons un patrimoine à
sauver.» Ebd., ADR, Dossier «Ducamp, Augustinus 1882», auf der 2. Seite seines Schreibens an
Ducamp hält dieser fest: «Dans mon étude, je veux justement dégager son [Dehons, DN] origina-
lité, sa vocation spéciale, sa grâce personnelle, ce par quoi il se distingue de tous les autres fonda-
teurs, son message auprès de nous, en somme ce qui restera toujours et ne lui sera jamais enlevé.»

handelte, wurde darin Dehon doch durchaus kritisch betrachtet. Diese Skizze entspricht wohl nicht dem Geschmack Scheltiennes, der sie im vorherigen Brief nicht als orientierende Grösse erwähnte. Und auch im später folgenden Seligsprechungsprozess, präziser gesagt in den Voruntersuchungen, distanziert sich der eine oder andere Dehon hochschätzende Pater von der Darstellung Kanters.[23]

Mit diesem ersten biografischen Versuch waren somit viele nicht zufrieden. Generell wäre die zunächst vage These weiter zu untersuchen, dass die Lebensbilder Dehons aus den 1930er Jahren eine grössere kritische Distanz aufweisen als etwa die späteren nach dem Krieg und dem Konzil vorgelegten. Könnte es sein, das mit grösserem zeitlichem Abstand und mit dem Ableben der Zeitzeugen sich eine unkritischere und weichzeichnendere Historiografie durchsetzt? Zumindest wurde für den Seligsprechungsprozess immer wieder die Frage aufgeworfen, warum es zwei Jahrzehnte brauchte, einen ersten «Informationsprozess» aufzugleisen – andererseits forderte gerade das formale Reglement des Ablaufes in einer so genannten Causa eine genügend grosse zeitliche Distanz. Die Dinge und Sichtweisen sollten reifen. Daneben gibt es die schon erwähnten unterschiedlichen kulturellen Nuancen. Ohne Stereotypen bedienen zu wollen, ist der deutschsprachige Raum in mancher Hinsicht wohl kritischer, kühler und distanzierter als der lateinisch-romanische, worauf oben indirekt auch Scheltienne anspielen dürfte. Ein befragter Pater führte so etwa im Informationsprozess nach dem Zweiten Weltkrieg aus, dass das Bedürfnis nach einer Seligsprechung in Italien wohl grösser wäre als in Holland.

Ein wenig davon zeigt sich nun am Beispiel des Niederländer Kanters, der schon am Generalkapitel der Kongregation von 1902 (vgl. Abbildung 1) teilnahm und daher als Mitglied, wenn nicht der ersten, so doch der zweiten Stunde, gelten kann. Kanters artikuliert so manche, freilich abgeschwächte Reserve in Bezug auf Dehon. Bei ihm, wie in den Akten des Seligsprechungsprozesses gut nachzulesen ist, kann eine kritische, ja distanzierte Haltung Dehon gegenüber eruiert werden: Ein Heiliger ist Dehon für Kanters keineswegs gewesen. So sei Dehon, den der 1874 geborene und 1944 verstorbene Kanters noch gut kannte,[24]

---

[23] Z.B. von einem Mitbruder formulierte Kritik an Kanters (S. 9 der Notizen P. Jacques, interne Nummerierung 4, Documenta Secreta B: «Sortie contre le P. Kanters premier biographe du P.D. alors que jadis on lui attribue d'avoir raconté la mort du P.D. un peu comme celle d'une vielle bête qui meurt...»). Es wurde also in diesem, von P. Jacques festgehaltenen Statement beanstandet, dass Kanters die Umstände des Todes von Dehon im August 1925 wenig pietätsvoll dargestellt habe; an andere Stelle der Notizen zu von Jacques initiierten Gesprächen zeigt sich, dass Kanters Kritik an Dehon schon zu Lebzeiten gegeben war und es zu der einen oder anderen kleineren Konfrontation der beiden kam. (S 11, Bericht Jacques, in: Documenta Secreta B, interne Nummerierung 4): Ein Pater, der Dehon als einen Heiligen erachtet, wird in seinen Aussagen, die eine Begegnung von Dehon und Kanters wiedergeben, so protokolliert: «Pointe d'amour propre assez sensible dans une discussion à Bruxelles après la où le P. Kanters avait été peu respectueux. Réponse légitime du P.D. mais pointe d'amour propre, reprise avant la fin du repas pourtant.»

[24] Vgl. dazu den Brief Dehons aus Rom an P. Falleur, nach der Priesterweihe Kanters in Rom, 09.05.1898, in: ADR B 20/2 (Inv. Nr. 291. 37): «P. Charles Kanters a dit sa première messe ce matin, il nous édifie.» Theodor Stanislas Falleur lebte von 1857-1934, von 1888 an war er Ökonom.

in seinen Antworten manchmal lebendig und in seinen Bemerkungen spitz gewesen – «chose qu'il faut attribuer à son tempérament nerveux».[25] Laut Kanters
«öffentlicher» Buch-Darstellung wusste Dehon dies aber sofort wieder gutzu-
machen – so fügte es der Biograf gleich abschwächend hinzu. Aber die Einschätzung Kanters bleibt und kann damit nicht ganz getilgt werden: Dehon muss nicht
unbedingt kanonisiert werden. Nicht nur darin, also in der Analyse von Dehons
Sprechgewohnheiten und Humor, verschafft sich eine Kultur der genauen gegenseitigen Beobachtung innerhalb der Kongregation ihren Ausdruck, die, hier 1930
angedeutet, vor allem im Seligsprechungsprozess dann quasi perfektioniert wird.
Dort werden zwei Jahrzehnte später liturgische Gesten, Essens- und Kleidungs-
gewohnheiten, Körperhaltungen und Bewegungs- und Sprachmuster sowie gra-
phologisch ausgewertete Schriftproben Dehons forensisch zur Debatte stehen.

Aber bleiben wir vorerst noch kurz bei der Lebensskizze Kanters, gerade mal
fünf Jahre nach Dehons Tod erstellt. Drei Seiten dieser sind da mit der Überschrift versehen: «Pas de roses sans épines».[26] Dieser kurze Abschnitt beschäftigt
sich unter anderem mit einer Sache, die schwer auf Dehon lastete. Die «vielen
Austritte» aus der Kongregation, also Dornen für Dehon selbst, seien die schat-
tigen Seiten des Erfolgslaufes, welcher Dehons Leben auszeichnet. Kanters deutet an, dass es profunde Probleme gab, die zu dieser Entwicklung, die die Kongregation schwächte, führten, und man könnte sich denken, dass Dehon selbst,
dem Kanters gleichsam ein kleines Schuldbekenntnis in den Mund legt, auch
seinen Anteil an diesen institutionellen und personellen Problemen des Anfangs
trug.[27] Daneben klingt in diesem kleinen Abschnitt etwas nach, das dann in anderen Zusammenhängen an Gewichtung gewinnt: Die vorgebliche bzw. wahrgenommene Bevorzugung einzelner Mitglieder der Kongregation durch den Ordensgründer steht da, nicht gerade als ehrender Lorbeerkranz, mit im Raum.[28]
Dass so vom Schmerz die Rede ist, den Dehon aufgrund des frühen Todes seines
Generalassistenten verspürte, verbleibt also ambivalent. Ist, so könnte man den
Abschnitt etwas gegen den Strich lesen, gerade Dehon keineswegs eine Rose
ohne Dornen gewesen? Gewiss, Kanters ist hier in seiner Skizze durchaus unein-
deutig. Das wurde später atmosphärisch nicht anders wahrgenommen.

---

[25] Vgl. Charles Kanters, Le T.R.P. Leon Dehon. Fondateur de la Congrégation des Prêtres du Cœur
    de Jésus. Esquisse biographique, Brugelette 1930, hier zitiert nach 2. Auflage 1932, 35.

[26] Kanters, Le T.R.P. Leon Dehon, 72-74.

[27] Vgl. dazu Kapitel I, die Ziffern 2.6 und 2.7.

[28] Es zeigt sich in den Befragungen aber, dass Dehon selbst um gewisse Vorwürfe wusste, und
    ihnen mit einer religiösen Immunisierungsstrategie entgegen kam: «Quand on avait l'air de lui
    reprocher ses faveurs à certains disait: si vous vous scandalisez de cela vous seriez comme le
    frère de l'enfant prodigue.» (S. 7 der Synthese Jacques', in: Documenta Secreta B, interne Num-
    merierung Dokument Nr. 3).

Zumindest versagt Kanters sich einer kruden Hagiografie,[29] gerade weil er neben Dehon die kollektive Dimension der Gesellschaft, seiner Kongregation, herausstellt. Er baut jene in die biografische Skizze Dehons ein, die vor dem Gründer verstorben sind und welche als Säulen der Kongregation zudem schon im Himmel eine Phalanx gleichwie fürbittender Figuren darstellten. Das wird später Ducamp analog so konzipieren, man könnte schon von «kollektiven Stifterbiografien» sprechen. Die Kongregation sei also breit aufgestellt, über eine Einzelfigur hinaus ist sie ein Kollektiv, schon von Anfang an, und dazu weist sie über enge nationale Grenzen hinaus. Dehon ist nicht alles, sondern eher eine nüchterne Gründungsfigur.

Bleiben wir noch in deutschsprachigen Gefilden, die, wie wir sahen, wegen ihres vermeintlich «spezifischen Geistes» nicht alle zu schätzen wussten. In die unmittelbare Nachkriegszeit fällt eine Studie des in Köln geborenen Herz-Jesu-Priesters Johannes Haas (1909-1956). Mitte vierzig und kurz vor seinem Tod hat er das Lebensbild *P. Leo Dehon. Sein soziales Wirken. Sein Sühnen* 1954 im Verlag Herder in Freiburg herausgegeben. Haas gehört schon einer Generation an, die wie Scheltienne nach 1900 geboren ist, aber auf der anderen Seite des Rheins. Obwohl er in seiner Studie Dehon als einen «männlichen», an Rom orientierten, beinahe «flämischen» (stärker denn französischen), antisozialistischen und antikommunistischen Protagonisten mit herausragenden Fähigkeiten stilisiert und zu einem «Mann» der sozialen, praktischen Tat macht, bleibt doch nicht verborgen, dass Dehon ihm ansatzweise doch ein wenig zu emotional bzw. sentimental veranlagt gewesen war.[30]

Haas, der für sein deutschsprachiges Leserpublikum erkennbar darum bemüht ist, die in manchen Aspekten sperrige Herz-Jesu-Devotion aufzuschlüsseln und sie seinen Adressaten nahezubringen,[31] sie dazu als Interpretament aber auch auf Dehon rückwirkend biografisch anzuwenden versteht,[32] windet sich förmlich, als er nachzuweisen versucht, warum es dieses neue Institut denn gebraucht habe.[33]

---

[29] Kanters, Le T.R.P. Leon Dehon, 78: «Parfois, nous sommes peut-être un peu pressés pour canoniser… ». Obgleich Kanters das zu bedenken gibt, als er P. André Prévot behandelt, den er stark hervorhebt, so ist diese «methodische» Notiz bei Kanters im Werk breiter spürbar.

[30] Vgl. Johannes Haas, P. Leo Dehon. Sein soziales Wirken. Sein Sühnen, Freiburg i. Br. 1954, z.B. 24, 35. Der Gender-Aspekt spielt bei Haas, für den Jesus Christus der erste Männerseelsorger gewesen ist (ebd., 57), und der ein spezifisches Frauenbild internalisiert hat (ebd., 54), eine grosse Rolle, insofern Haas die sozialen Geschlechterrollen stark auseinander hält und klare Vorstellungen von einer Dichotomie der Geschlechter portiert.

[31] Z.B. Haas, Dehon, 99. Klärung der Bezeichnung «Victim»/«Schlachtopfer» und eines eigenen Gelübdes sowie etwaiger Einwände: «P. Dehon hat sicher diese Form des Schlachtopfergelübdes gewählt, die sich im Rahmen der Klugheit hält und nicht die zukünftigen Leiden oder gar die ausdrückliche Bitte um Leiden zum Gegenstand seines Gelübdes macht [...].» (ebd., 99).

[32] Haas, Dehon, 28, oder 31, lange vor der Gründung des Instituts Ende der 1860er Jahre in Rom: «Fast scheint es, als wäre Leo Dehon schon damals ein Herz-Jesu-Priester gewesen.»

[33] Haas, Dehon, 83: «Wie immer bei solchen Neugründungen ist es bei dem Schritt, den Abbé Dehon tun wird – und den er uns so weit wie möglich erklären will –, nicht so sehr eine zwingende Logik, die den Ausschlag gibt und vor der der nüchterne Verstand sich beugt, sondern das Unmessbare und Unbegreifliche, mit dem die göttliche Gnade das Herz, den ganzen Menschen

So übt sich Haas auch in einer gewissen Distanznahme – die wohl deutlichste im ganzen Buch – zum noch jungen Ordensgründer Dehon und seinem Hang zum Übernatürlichen: «Man kann P. Dehon in diesem Fall wohl nicht ganz freisprechen von einer gewissen Schwäche für diese Art, dem Willen Gottes zu begegnen und dann danach zu handeln.»[34] Geradeso lautet das diplomatische Fazit. Die Sache wird uns später vor allem im Kapitel II noch beschäftigen.

Obgleich Haas letztendlich nirgends Gefahr läuft, vollumfänglich vom apologetischen und hagiografischen Weg abzukommen, ist er also an gewissen Punkten, die, weil seit den Ursprüngen umstritten, innerkirchlich nicht ganz belanglos sind, kritisch aufgestellt. Er reflektiert zudem zentrale Fragen zum Selbstverständnis eines Instituts, das auf seine Gründergestalt zurückblickt. Seine Biografie zeigt so auf, dass das Soziale, das Haas nicht nur in der Jugendarbeit wichtig ist, ursprünglich in der Gründung der Herz-Jesu-Priester keine spezifische Rolle gespielt hat, aber doch ohne Probleme aufgepfropft, mit der herrschenden Spiritualität «mühelos verbunden»[35] werden konnte und kann.

Des Weiteren reflektiert Haas auch das Verhältnis von Lebensstil und Grundhaltung einer Stifterfigur mit dem späteren Charakter und der Ausbreitung (s)einer Kongregation. «Zugleich drückt er [Dehon, DN] durch sein Leben seinem Institut so etwas wie eine Familienphysiognomie auf»[36], schreibt da Haas. Ontogenese fliesst und wirkt in die Phylogenese ein, würde da der Biologe sagen. Damit spricht Haas dann auch schon eine wichtige Dimension in der Rezeption an, die weit über eine positivistische Geschichtsschreibung im Rahmen einer Aufzählung von Daten und einer Schilderung von historischen Abläufen hinausreicht, ohne dies dann vertieft durchzudenken, etwa dort, wo Dehon selbst schon historisch daran arbeitete, um der Rezeption bzw. seiner eigenen Tradition zu- und vorzuarbeiten.

Es soll an dieser Stelle, nachdem die biografischen Bilder der Patres Kanters und Ducamp gestreift wurden, bei diesen wenigen Anmerkungen zum durchaus interessanten und aufschlussreichen Opus Haas' bleiben. Haas' Werk fällt schon in die Periode des laufenden Seligsprechungsprozesses, spielt aber mit seinen Einschätzungen in diesem dann keine wesentliche Rolle. Kurz zusammengefasst: Hatte Kanters allgemein Mühe mit Dehons Leitungs- und Führungsqualitäten und bekundete Haas seine Bedenken mit manchen persönlichen Facetten der Person Dehons, insbesondere in jungen Jahren, so ist das Unbehagen bei Ducamp

---

packt und zum Neuen hindrängt.» Schon weiter vorne hat Haas in seiner Biografie implizit die Frage thematisiert, dass Ordensstand und Kanonisierung zusammenhängen können. (ebd., 23). Sah also Dehon die Ordensgründung auch als einen Weg zur eigenen Selig- bzw. Heiligsprechung?

[34] Vgl. Haas, Dehon, 113, bei dem es dann im Anschluss heisst: «Bot diese Neigung [Dehons, DN] trotz der Verwarnung nicht dennoch für P. Captier den Nährboden, auf dem das mystizistische Unkraut weiter gedeihen konnte?» P. Haas bringt Bischof Thibaudier in der Sache, die in dieser Arbeit in einem eigenen Kapitel behandelt wird, viel Verständnis entgegen. Zu P. Captier und Dehon auch mehr im Kapitel II, Ziffer 3.2.1.

[35] Vgl. Haas, Dehon, 128.

[36] Haas, Dehon, 138.

nun weniger erkenntlich geworden – ausser, dass man in der Rezeption mit Ducamp und seinem Werk selbst nicht so ganz zufrieden schien. Das liegt wahrscheinlich auch daran, dass im Hintergrund, eher im Privaten, Ducamp Dehon gegenüber einige bedenkliche Elemente geltend machte, die aber nicht direkt in sein schriftliches Oeuvre einflossen.[37] Insgesamt zeigt sich uns so ein innerkongregational doch auch «angefragter» bzw. «umstrittener» Dehon.

1.2.2 Durchwachsene Einschätzungen kurz nach dem II. Weltkrieg – die Patres d'Herbigny SJ und Gengler SCJ

In den Unterlagen der *Documenta Secreta* des Postulationsarchivs der Herz-Jesu-Priester in Rom, die es erlauben, streckenweise das Untersuchungsverfahren und die -ergebnisse des damit in den Jahren nach dem II. Weltkrieg beauftragten P. Jules Jacques (1904-1981) nachzuzeichnen, finden sich wertvolle Einschätzungen, Wahrnehmungen und Blicke auf Dehon. Sie sind für die Erstellung eines Gesamtbildes von Dehon sehr nützlich – so brüchig, weil subjektiv, diese auch immer sein mögen. Dazu muss bedacht werden, wie P. Jacques später selber eingestehen wird, dass sie die je eigene Handschrift Jacques', also des Untersuchenden, tragen. Gerade dort ist das aus über 200 Interviews gewonnene Material relevant, wo es darum geht, den innerkongregationalen Verwerfungen und Dissonanzen nachzuspüren. Diese kennen wir nun schon ein wenig. Aber auch dort, wo stärkere Blicke von aussen eingewoben werden, ist das Interviewmaterial aussagekräftig. Nehmen wir einfach zwei dichte Statements als exemplarische Beispiele heraus, die den Blick auf Dehon in seiner Rezeptionsgeschichte vertiefen – einmal von einer Aussen-, einmal stärker von einer Innenperspektive her.

Beginnen wir mit einer bekannten Figur in der Kirchengeschichte des 20. Jahrhunderts, einem Jesuiten: Michel d'Herbigny (1880-1957). Sein Name steht für die intensive Versuche der katholischen Kirche, nach der Oktoberrevolution in Russland wieder stärker Fuss zu fassen.[38] Zum Zeitpunkt, als d'Herbigny Dehon im belgischen Enghien angetroffen hatte, unterrichtete der Jesuit ebendort. Es war die Zeit des Ersten Weltkrieges. Dehon wurde aus seiner Heimatstadt St. Quentin deportiert. D'Herbigny selbst, aus einer bekannten katholischen Familie in Lille, musste wegen des Krieges seinen Versuch abblasen, in Belgien eine Art Auslandspriesterseminar für russische Katholiken aufzubauen. Später wird d'Herbigny diese Mission in anderer Form in Rom weiterführen. Eine geheime

---

[37]   Vgl. dazu Personaldossier Ducamps im ADR, handschriftliche Vorlage eines Briefes (ohne Datum, Antwort auf das Schreiben P. Jacques' vom 15.09.1946). Ducamp gibt dabei zu Papier, dass er als Sekretär Dehons einigen Anteil an dessen Schrifttum in der Zeit nach 1900 hätte und dass für ihn klar scheint, dass die Kongregation als Werk nicht ausschliesslich auf Dehon zurückgehe, sondern ferner aus anderen Wurzeln und Quellen schöpfe.

[38]   Vgl. Laura Pettinaroli, Mgr Michel D'Herbigny. Parcours d'un prélat français dans la curie romaine (1922-1939), in: Jacques Prévotat (Hg.), Pie XI et la France. L'apport des archives du pontificat de Pie XI à la connaissance des rapports entre le Saint-Siège et la France (Collection de l'école française de Rome 438), Rom 2010, 103-131.

Delegation führt ihn 1926 nach Russland, die aber auffliegt und damit scheitert. Ab den 1930er Jahren ist d'Herbigny gehalten, sich nach Belgien und später nach Mons im Département Gers zurückzuziehen. Er durfte eigentlich keine Kontakte zur Aussenwelt, ausser in einem engeren Kreis und im Umfeld der Familie, pflegen. P. Jacques gelang es jedoch, mit ihm in Verbindung zu treten und ihn zu Dehon zu befragen. Der Eindruck, den d'Herbigny von Dehon gewonnen hat, bezieht sich auf eine kurze Zeitspanne während des Jahres 1917.

Damals fand Dehon nach der deutschen Zwangsdeportation bei den Jesuiten in Belgien Unterschlupf, bevor er dann von den deutschen Behörden repatriiert, also ins nicht besetzte Frankreich zurückgeschickt, wurde. Wie es scheint, kümmerte sich d'Herbigny um Dehon, der nach einem Sturz im Gefolge der Deportation schwer verletzt in Enghien bei den Jesuiten ankam. Es ist in der Folge kein weiterer Kontakt von Dehon zu d'Herbigny bekannt bzw. aktenkundig. Jacques notiert für sein Interview mit P. d'Herbigny aus der Gesellschaft Jesu:

> «Lernte P. Dehon in Enghien während des Krieges kennen. P.D. war in der Stadt, wo er [d'Herbigny, DN] sich selbst mit russischen Studenten befand. [...] [d'Herbigny] hatte eine grosse Verehrung für ihn [...] In der Freizeit sprach Dehon bereitwillig vom Konzil [I. Vatikanum, DN]. Er tat dies mit einer perfekten Intelligenz und Luzidität; wobei er ziemlich oft seine Zunge unter schelmischem Lächeln nach vorne schob.»[39]

Andererseits und noch immer beobachtungsscharf scheinen auch kritischere, distanzierte Einschätzungen des Jesuiten und ehemaligen Geheimbischofs für Russland durch, ohne dass die Handschrift Jacques', des nicht immer neutralen Beobachters und Kommentators, dabei in der Analyse völlig vergessen werden dürfte: «Ohne ins Exzesshafte einer apokalyptischen Geisteshaltung gefallen zu sein, legte P. Dehon darauf Wert», so die Notizen zu den Aussagen d'Herbignys, «dass alles das, was man erlebte, Anmahnung und Strafe war; allerdings hatte er ein grosses Vertrauen in die Barmherzigkeit Gottes.» So die abwägende Beobachtung und Einschätzung, die d'Herbigny (nach dem II. Weltkrieg) von sich gab. Jacques wird selber stärker zum Erzähler und Interpreten, wenn er weiter fährt:

> «Das eine oder andere Mal war d'Herbigny nicht mit Dehons Aussagen einverstanden, er erachtete diese diskussionswürdig, nicht zufriedenstellend [...] d'Herbigny fragte Dehon zur Herz-Jesu-Verehrung; P.D. hat ihn in jener Sache ein wenig enttäuscht; vielleicht lag es an der Bescheidenheit von seiner Seite. P.D. sprach sich stark dafür aus, diese Frömmigkeit zur Geltung zu bringen: Die Hölle ist entfesselt.

---

[39] Documenta Secreta B, Oranges Kuvert mit Aufschrift «Inchiesta del Rev. P. Jacques sul venerato Padre Dehon», Kollektion, Ordnungspunkt 4: «Notes sur les dépositions recueillies au cours de mon enquête ... (P. Jacques) (foglio 20)», dort Seite 3 der gesammelten und von Jacques, hier im Telegrammstil, verschriftlichten Aussagen zu P. Dehon: «A connu P.D. à Enghien pendant la guerre. P.D. fut dans la ville où il se trouvait avec des étudiants russes. [...] avait grande vénération pour lui. [...] P.D. en récréation parlait volontiers Du concile du Vatican. Il le faisait avec une intelligence et une lucidité parfaite; poussant sa langue bien souvent en avant avec de petits sourires malicieux.»

Die Welt, Ausgeburt des Satans. Idee: Trotz meiner Feinde werde ich herrschen. Der Augenzeuge hätte es vorgezogen, dass er [Dehon, DN] ihm [d'Herbigny, DN] weniger von der äusserlichen Ausstrahlung des Herzens-Jesu gesprochen hätte, sondern vom inneren Leben mit Unserem Herren, von der Ermutigung, welche diese Frömmigkeit bereit stellt, die Prüfungen des Lebens zu ertragen...»[40]

D'Herbigny habe angefügt, dass er an verschiedenen Orten vernommen hätte, dass Dehon umstritten gewesen wäre, ohne etwa Konkreteres zu dessen Absetzung als Schuldirektor Mitte der 1890er Jahre gehört zu haben. Zu diesem Punkt in der Biografie Dehons, der als veranlasster Schritt des Bischofs zu Spekulationen Anlass gab, betreibt Jacques spezielle Nachforschungen.[41] Nun, das diplomatische und vage gehaltene Resümee des Jesuiten D'Herbigny, dass er nicht sagen könne, ob P. Dehon einer Seligsprechung würdig sei, komplettiert seine Aussage, die am Beginn des Gespräches fiel. Jene besagte, dass seine Stellungnahme nur unkonkret sein könne und dass D'Herbigny in einem künftigen kirchenrechtlichen Prozess nicht beigezogen werden möchte.

Es ist ein punktueller Eindruck, der hier präsentiert wurde. Aber die Beobachtung der konkreten Geschichtsinterpretation Dehons darf als scharf bezeichnet werden, wenn in Rechnung gestellt wird, wie stark der Krieg bei Dehon als eigentliche Strafe Gottes wahrgenommen wurde. Daneben wird eine Erwartungshaltung offenkundig, der Dehon, bei aller Wertschätzung, die ihm durch d'Herbigny als nordfranzösischem Landsmann zuteilwurde, nicht ganz nachkommen konnte. Es mangelte, so könnte gesagt werden, für den Jesuiten im Blick auf Dehon an bestimmtem Tiefgang, einer gewissen Profundität – dies kommt freilich P. Jacques sehr entgegen, der dem Seligsprechungsprozess gegenüber skeptisch eingestellt ist. Was eine Kanonisierung anbelangt, verhält sich der interviewte d'Herbigny, der unter Pius XI. über beste diplomatische Kontakte in Frankreich verfügte, vage, wendig, nichtssagend. Schade, dass d'Herbigny in einem späteren Prozess nicht mehr befragt wurde – was wegen der Rahmenbedingungen zudem wohl auch nicht möglich gewesen wäre: D'Herbigny lebte im «inneren» Exil, und 1957 verstorben hatte er am grösseren, zweiten Anhörungsprozess der Diözese Soissons (1961) nicht mehr teilnehmen können.

Nicht alle sind im Hinblick auf eine in Zukunft mögliche Seligsprechung so vorsichtig wie d'Herbigny. Es gibt da ein breites Spektrum in der Einschätzung, das nicht unbedingt mit der Gestalt Dehons zu tun hat. Gewiss ist nämlich

---

[40] Documenta Secreta B, Oranges Kuvert, Abschnitt 4, Seite 3: «Sans tomber dans les excès d'un esprit apocalyptique P.D. insistait sur ce que tout ce que l'on vivait était avertissement, châtiment; toutefois il avait grande confiance dans la miséricorde de Dieu. L'une ou l'autre fois, Dherb. n'était pas d'accord avec les dires du P.D., les trouvant discutables, non satisfaisants. [...] Dherb. l'a interrogé sur la dévotion au S.C. P.D. l'a un peu déçu là; il se peut que c'était modestie de sa part. P.D. a plutôt argué pour faire valoir cette dévotion: l'enfer est déchain[é]. Monde, suppôt de Satan. Idée: Je régnerai malgré les ennemis. Témoin eût préféré qu'on lui parle moins du rayonnement extérieur du S.C. mais de l'intimité avec N.S., du courage que cette dévotion donne pour supporter les épreuves etc...»

[41] Vgl. dazu Ziffer 1.3.3 in dieser Hinführung.

richtig, was ein Pater in einer Befragung zu Papier gibt, dass nämlich die zentrale Frage in der Sache doch darin bestehe, wie Heiligkeit konzipiert und verstanden werde.[42] Daran hat sich bis zum heutigen Tag nichts geändert, auch nicht 2005, als der Prozess gestoppt wurde. Auffällig dabei ist, dass gerade Menschen mit hohen religiösen Ansprüchen und solche, die eher abseits des Katholizismus stehen, oft ein kongruentes Modell von Heiligkeit, im Sinne des Ausserordentlichen bzw. Besonderen vertreten. Es finden sich so Personen, die sich recht dezidiert gegen eine Seligsprechungsprozedur aussprechen, manche, die ihre Entscheidung «einem Wunder» überlassen oder besser diesem unterordnen würden sowie solche, wie etwa P. Nikolaus Gengler (1875-1947), die Dehon historisch überzeugend einbetten und vielleicht gerade dadurch schillernd, ambivalent und in vielen bunten sowie zugleich geerdeten, wenig abgehobenen Facetten zeigen.

Gengler war seit 1894 Mitglied der Kongregation der Herz-Jesu-Priester. Von 1919-1926 amtete er sogar als Generalrat der Herz-Jesu-Priester, war also im höchsten Leitungsgremium des Instituts vertreten. Dort präsentierte er auf dem 7. Generalkapitel (vgl. Abbildung 1) den neuen CIC 1917, 1918 in Kraft getreten, in seinen Auswirkungen auf die Kongregation. Das zeigt seine unbestrittene rechtliche Kompetenz. Gengler wäre selbst – folgen wir den Notizen P. Jacques' – zu Dehons Lebzeiten eher nicht auf die Idee gekommen, in Dehon einen Heiligen zu sehen. Der historisch und kirchenrechtlich versierte Luxemburger Pater bietet einige Erklärungsmuster für Konflikte und Auseinandersetzungen, mit denen Dehon sich immer wieder konfrontiert sah: So sei Dehon, weil aristokratischer Herkunft, anfänglich wie selbstverständlich Royalist gewesen, später aber, nach dem Ralliement unter Leo XIII., in eine ganz andere Richtung gegangen, sodass er sich wie zwischen zwei Wasserläufen aufgehalten habe: «In Konsequenz hat er [Dehon, DN] sowohl in der Kongregation als auch ausserhalb an Sympathien eingebüsst.»[43] Der Wandel macht nicht nur beliebt.

Damit spricht Gengler etwas an, das in den historischen Dokumenten zu Dehon innerhalb der Kongregation bis heute wenig fassbar ist, aber doch eine wesentliche Rolle gespielt haben dürfte: Die Frage, ob Frankreich eine Republik oder eine Monarchie sein sollte, teilte so nicht nur die politisch engagierten französischen Katholiken weltanschaulich allgemein in verschiedene Lager, sondern ist auch als *cleavage*, also als eine Bruchlinie in der Gemeinschaft der Herz-Jesu-Priester selbst anzusehen. Staatsform-Diskussionen polarisierten, obwohl eine lehramtliche Neutralität in Sachen Staatsformen proklamiert worden war. Oder gerade deswegen? Manchmal kann man sich nicht des Eindrucks erwehren, dass politische Dispositionen grössere Gräben darstellen als theologische Optionen.

---

[42] P. Paulus (Augustinus) Jacquemin (Documenta Secreta B, ebd., S. 8): «Question dépendant toute de la manière de concevoir la sainteté.» P. Jacquemin lebte von 1875-1964.

[43] P. Gengler (ebd., S. 10): «A perdu en conséquence des sympathies et dans la Congr. et à l'extérieur. Se souvient des sorties de son professeur de morale contre le P.D.» Diese «Ausfälle» des Moraltheologieprofessors von Gengler datieren auf die Zeit der 1890er Jahre zurück.

Gerade die Herz-Jesu-Frömmigkeit stand dazu in einem eminent aufgeladenen politischen Kontext. Laut Gengler hätte es Dehon darüber hinaus am nötigen Führungs- und Organisationstalent für die Gemeinschaft gefehlt – diese Schlagseite kennen wir bereits von Kanters. Gengler spezifiziert aber: Dehon hätte einfach gewissen Personen zu viel Vertrauen entgegengebracht. Mit dieser Einschätzung ist er nicht allein, ein Zuviel der «bonté» wird angeprangert. Dazu ist bei Gengler von Dehons «optimisme excessif» die Rede. Diese Haltung sei nicht vorteilhaft gewesen. Bemerkenswert ist dabei, dass die optimistische Grundeinstellung Dehons sowohl von ihm gegenüber skeptischen als auch von solchen Zeitzeugen zugestanden und attribuiert wurde, die ihn als eine grosse und wichtige, ja heiligmässige Gestalt erachten. Dadurch wird diese Grundeinstellung Dehons in Jacques' Befragung von mehreren Seiten befestigt, wie dies etwa auch für Dehons schelmischen Humor zutrifft, auf den oftmals, wiederum zwiespältig, angespielt wird. Jener wird von den einen als geistvoll und erfrischend, von anderen dagegen als verletzend empfunden. Gengler spricht vom «sel gaulois chez le P.D.» und bringt als Beispiel, dass Dehon einmal bemerkte, dass es nicht so schlimm gewesen sei, als jemand sich auf einen Stuhl setzen wollte, und anstelle die Sitzgelegenheit zu treffen auf den Boden plumpste: Das Uhrenglas des Besagten sei doch noch heil geblieben.

Hinsichtlich der Kongregation gab Gengler in seinem Statement, das P. Jacques niederschrieb, noch zu bedenken, dass Dehon sich zeitweise wohl zu stark von ihr abgewendet habe. Für die franziskanischen Drittordenskongresse der 1890er Jahre hätte Dehon mehr Zeit und Energie aufgewendet als mancher Franziskaner selbst, so Gengler.[44] Durch seine Abwesenheit aufgrund der später erfolgten Reisen hätte Dehon darüber hinaus eine Art Vakuum in der Führung der Gemeinschaft zugelassen, welches dann in Kombination mit dem problematischen Faktum, dass Dehon selbst gewisse Mitglieder der Gesellschaft gezielt herausgehoben und bevorzugt habe, unweigerlich zu Schwierigkeiten geführt habe. Dies sei bei der Weltumrundung 1910/1911 der Fall gewesen, als die Niederlassung in Clairefontaine – welcher Gengler besonders verbunden war und wo er dann verstarb – eine ernste Krise erlebte.[45]

Es ist keinesfalls so, dass Gengler in Dehon nicht auch den asketischen Ordensmann, den gründlich Gebildeten und den im Umgang mit den Brüdern einfachen und unkomplizierten Menschen sah, aber, drücken wir es so aus: Für eine

---

[44] Dazu vgl. im Detail dann das «Wirtschaftskapitel» dieser Arbeit, Kapitel III.

[45] P. Gengler (ebd., S. 10): «Voyage du P.D. autour du monde. 6 mois d'absence. C'est pendant ce temps qu'il y eut le cas de P. Glod à Clairefontaine. Ce Père avait capté la confiance du P.A. et du P.D. Or un médecin d'Arlon qui l'avait connu comme élève le considérait comme un hystérique. On a dû le déposer de son rectorat à Clairefont. C'est le P.A. qui le fit. Il faut louer sa conscience en cette affaire. Mais le P.D. n'était pas content... et il croyait faussement que ce qui avait été fait sans lui pendant son voyage n'était pas canonique. Finalement il dût se rendre qu'en l'occurrence l'assistant général était son vicaire et agissait validement. D'ailleurs les Pères de Clairef. disaient: s'il rentre ici par la grde [grande] porte; nous sortons définitivement de la Congr.»

Seligsprechung ist dies Gengler letztendlich wohl zu wenig. Er bleibt hier sachlich auf dem Boden, wenig euphorisierend. Insofern zweifelt Gengler noch mehr als der Jesuit d'Herbigny an einem seligen Dehon, obwohl, oder gerade weil Gengler seit 1894, also einer brenzligen Zeit, Mitglied Dehons Kongregation war und ihn aus der Nähe kannte. Im Unterschied zu d'Herbigny, der nur einen kurzen persönlichen Blick auf Dehons Biografie werfen konnte, stand hier Gengler ein breiteres biografisches und zeitgenössisches Spektrum zur Beobachtung und Einschätzung bereit. Man wird daher sagen dürfen, dass die analytische Fähigkeit d'Herbignys – trotz punktuellen Kontakts – als überzeugend einzustufen ist. Der Durchgang des IV. Kapitels dieser Arbeit wird dies bestätigen, insofern dort in einer spezifischen Fragestellung der Wirkung und Wahrnehmung des Krieges auf Dehon nachgegangen wird. Gengler wiederum deckt in dem mit ihm geführten Interview, analytisch dicht und an grossen Linien durchexerziert, einen längeren Zeitraum ab. Soviel zu zwei Einschätzungen zu Dehon, die ungefähr 20 Jahre nach dessen Tod dokumentiert wurden.

1.2.3 Nachwirkung und Anstösse Dehons – nur innerhalb der Kongregation?

Es scheint offen auf der Hand zu liegen: Rezeption und Wirkung Dehons sind in erster Linie im Rahmen der Kongregation selbst zu verorten. Hier wird die Erinnerung an ihn zentral wachgehalten, hier wirkt er als Ideengeber und inspirierende spirituelle Gestalt. Auch historiografisch ist das der Fall, denn immer wieder sind im Kontext der Kongregation neue Anläufe für biografische Werke in unterschiedlichen Sprachen unternommen worden, um so Dehon ins Bild zu bringen bzw. einer Leserschaft zu präsentieren. Nach den oben angesprochenen, zeitnah nach Dehons Tod erschienenen Biografien ragen in den zahlreichen, neueren Studien etwa diejenigen von Henri Dorresteijn (1959), Giuseppe Manzoni (1989) und Yves Ledure (2005) im historiografischen Strom heraus.

Die Kongregation war dazu seit dem Ableben Dehons bemüht, primäre Quellen zu Dehon zu sichern und diese in vielfältiger Form aufzubereiten und einem breiten Publikum anzubieten. Dazu diente mit der *Dehoniana* ab 1972 das Medium einer Zeitschrift als Vermittlerin. Sie ist schon im Namen eng an den Kongregationsgründer angebunden, blieb bis Mitte der 1990er Jahre in fünf Sprachen, danach mehrsprachig erscheinend, und nahm sich auch, letztlich durch das Konzil angestossen, der Gründergestalt Dehons und seines Charismas an – und tut dies weiterhin. Obwohl Dehon ein für seine Zeit unzweifelhaft wichtiger Akteur der katholischen Kirche gewesen ist, blieb die Beschäftigung mit ihm – in der Ausleuchtung seiner verschiedensten Lebensphasen und -konstellationen – das «Hauptgeschäft» der von ihm gegründeten Gemeinschaft.

Wie schon angedeutet leitete das Konzil eine neue Beschäftigung mit Dehon ein, weil es die Ordensgemeinschaften dazu aufrief, sich stärker und bewusster mit dem Ursprungscharisma zu befassen. An die Wurzeln zurückzugehen, das war eine der Dynamiken dieses geschichtlich sensiblen Konzils. In Kombination mit einer wachsenden Wertschätzung für demokratische, soziale und partizipative Muster kam es zu einem Aufbruch inmitten der Phase einer krisenhaften Situation. Innerhalb der Kongregation der Herz-Jesu-Priester kam das über die CIRIS-Befragung[46] gut zum Ausdruck, welche gerade in dieser Phase von Krise und Unterscheidung 1970-1972 umgesetzt wurde. Von Rom aus wurden die Patres angehalten, ihrer Meinung Ausdruck zu verleihen. Damit im Zusammenhang steht, dass die Gründerfigur P. Dehons in diesen Prozessen in ein neues Licht gerückt wurde, weil die Herz-Jesu-Frömmigkeit sich mit einem radikalen Bruch in ihrem Selbstverständnis konfrontiert sah und in eine Identitätskrise schlitterte. Dehon in seinem sozial-politischen oder biblisch-spirituellen Farbschattierungen zu rezipieren, schien nunmehr attraktiver. Ein solches Anliegen wurde auch in der *Dehoniana* umgesetzt.

Dass Dehon aber über die Kongregation hinaus auch in seiner Religionsgemeinschaft bedeutende Akzente verbuchen konnte, zeigt seine Tätigkeit an der Indexkongregation, die noch in dieser Schrift vertieft behandelt werden wird. Insbesondere seine wichtige Vorarbeit zur kirchlichen Verurteilung der *Action Française* ragt aus heutiger Sicht heraus. Diese mündete dann kirchengeschichtlich in die für das 20. Jahrhundert einmalige Aktion der Zurücklegung der Kardinalswürde durch Louis Billot (1846-1931). Dehon ist, als Sozialkatholik und Christdemokrat, ein wichtiger Exponent im französischen Katholizismus. Dabei erweist sich Dehons Einfluss und Wirken aber eher hintergründig, subkutan und vorbereitend, in der zweiten Reihe angesiedelt – er zeigt sich als ein Vernetzer und Impulsgeber. Das gilt zudem auch dort, wo er Anregungen für das Missionsgeschehen lieferte. Darin ist z.B. der Wunsch zur Förderung des einheimischen Klerus bedeutsam; etwas, das später Benedikt XV. stark machen wird. Solche Anregungen legte Dehon etwa Girolamo Kardinal Gotti (1834-1916) als Präfekten der *Propaganda Fide* vor. Zuletzt kann nicht vernachlässigt werden, dass Dehon der sozialen Dimension der Ausbildung in Klerikerbildungsinstitutionen, von denen ihm wichtig war, dass sie in kirchlicher Hand blieben, bedeutende Impulse gab. Ihm war das «Arbeiterpriestertum» im weitesten Sinne des Wortes ein Anliegen. Wurde all das rezipiert bzw. gewürdigt?

Dehons Einsatz im gärenden Feld der christlichen Demokratie weist einen historischen Nachhall auf, der im französischen historiografischen Kontext in der Aufarbeitung eng mit Jean-Marie Mayeur (1933-2013) verknüpft ist. Mayeur hat als bedeutende Gestalt und Doyen der französischen Religions- bzw. Christentumsgeschichte sich aber eher auf einen Abbé Lemire (1853-1928), den im Kontext der Christlichen Demokratie wohl wichtigeren, originelleren und «moderneren» *abbé démocrate*, denn etwa auf einen Dehon fokussiert. Mayeurs bis heute stark rezipierte Dissertation zu Jules Lemire datiert auf das Schwellenjahr 1968. Das Postulat Émile Poulats (1920-2014) von 1981, eine zu Mayeurs Lemire-Studie analoge Biografie für Dehon umzusetzen, verlief letztendlich im

---

[46] Vgl. dazu die reichhaltigen Materialien von 1970-1972 in: ADR CG 26.

Sande oder wurde gar nicht erst aufgenommen.[47] Irgendwie nicht ganz ohne Grund hatte Lemire politikhistorisch gesehen im Vergleich zu Dehon – beide kannten sich gut – ein ganz anderes Format.[48] Dessen Wirkradien sind breiter, seine Politik gewagter und zukunftsweisender, als Priesterpolitiker stand er dazu stärker im politischen Rampenlicht.

Lemire ist über einen engeren Kreis katholischer Exponenten anschlussfähig und zudem, gerade in seiner Zeit, moderner, die Trennung von Sphären, z.B. Politik und Religion, oder wie Rüegg es nennt: die Trennung von Macht und Moral[49] bzw. auch Devotion, anerkennend. Bei dieser Einschätzung kann und darf nicht ausser Acht gelassen werden, dass Dehons Herzblut und Einsatz seiner Kongregation galt und nicht der christlichen Demokratie, die er nur für begrenzte Zeit aktiv unterstützen konnte. In der Kongregation bleibt Dehon diachron konstant eingeschrieben und «aufgehoben», und er wird, wie könnte es auch anders sein, in diesem sich weiterentwickelnden, sich internationalisierenden Institut unterschiedlich gesehen, in seinen unterschiedlichen Aspekten und Facetten rezipiert, gestern wie heute. Das ist bei Lemire so nicht der Fall, er ist heute stärker musealisiert. Den einen ist Dehon nun zu vielseitig, zu unorganisiert, zu aristokratisch, zu abgehoben, zu aktiv oder zu leichtgläubig, den anderen ist er ein sozial-engagierter moderner Apostel, eine vorbildliche Priestergestalt mit spirituellem Tiefgang, ein dynamischer, taktisch kluger und mutiger Unternehmer, ein antikapitalistischer, im Kampf gegen die strukturelle Armut engagierter Kirchenmann oder einer, der sich wegweisend gegen die politisch extreme Rechte wandte. Und das alles spielt sich vorrangig in den vier Wänden der Kongregation ab.

Ein tiefergehender Konsens zeichnet(e) sich nicht ab. Dehon scheidet irgendwie die Geister, insbesondere dort, wo mit spezifischen Erwartungen an ihn herangegangen wird. Und gerade in den Bereich des sozialen Engagements, dem

---

[47] Émile Poulat, Rez. zu Œuvres Sociales, in: Archives de Sciences Sociales des Religions 26 (1981), Nr. 52/2, 220: «Il [Dehon, DN] mériterait une étude analogue à celle que J.M. Mayeur a consacré à l'abbé Lemire qui fut son contemporain [...], où sa pensée sociale serait mise en relation avec sa spiritualité, le règne social du Sacré-Cœur, et celle-ci comparée, entre autres, à l'esprit alors véhiculé à Paray-le-Monial par le P. Drevon, jésuite, et ce curieux baron de Sarachaga, chez qui se combinait hermétisme et millénarisme.» Zu Victor Drevon SJ (1820-1880) und Alexis de Sarachaga (1840-1918) in diesem Umfeld: Giacomo Martina, Rez. zu Daniele Menozzi, Sacro Cuore. Un culto tra devozione interiore e restaurazione cristiana della società, in: Rivista di storia della Chiesa in Italia 56 (2002), Nr. 1, 204-207, hier 205, zur «Société du règne social de Jésus.»

[48] Vgl. dazu für die Geschichte des Sozialkatholizismus in Frankreich ein älteres Werk, wo Dehon an einer Stelle erwähnt wird: Georges Hoog, Histoire du catholicisme social en France, 1871-1931. De l'encyclique «Rerum Novarum» à l'encyclique «Quadragesimo anno», Paris 1946, 69 (Erwähnung Dehons im Zusammenhang mit dem Kongress von 1895 in St. Quentin).

[49] Rüegg, Krise der Freiheit, passim, auch 69: «Mit seinen rund 1,2 Milliarden Gläubigen stellt der Katholizismus die weltweit größte Masse dar. [...] Dass es heute [nach dem II. Vatikanum und dem Dekret zur Religionsfreiheit, DN] keinen katholischen Staat mehr gibt, der die Welt terrorisiert und allen Menschen seinen Glauben aufzwingen will, ist kein Zufall. Es ist, um es zu wiederholen, die Trennung zwischen Kaiser und Gott, zwischen Macht und Moral.» Dabei, die Bereiche scheidend, wie wir noch sehen werden, ging ein Lemire für seine Zeit markant weiter als ein Dehon dies konnte, vgl. Kapitel IV.

letztlich neuerdings für Kirchen und Religionsgemeinschaften zentralen Aushängeschild als vermittelbare Messlatte in einer pluralen Gesellschaft und breit und allgemein anerkannt, mischte sich in jüngerer Zeit der Antisemitismusvorwurf. Jener, ohne Zweifel berechtigt, wird selbst wiederum unterschiedlich gewichtet und bewertet – weil er letztlich nicht konstitutiv für Dehons Engagement und Weltsicht ist. Es könnte aber sein, dass selbst diese Aussage nicht unwidersprochen bleibt.

Auf solche Reibeflächen und Brüche hin fokussiert diese Arbeit, aber sie geht darin nicht auf. Dehon ist eine vielseitige Figur, die schwer zu greifen ist. Er hat an vielen Punkten seiner eigenen Rezeption vorausgegriffen, wie etwa in den autobiografischen Werken, aber auch im spirituellen Schriftgut. Nicht nur hier sind HistorikerInnen zu einer Hermeneutik des Verdachts aufgerufen oder angehalten, in einer Weise vorzugehen, sodass wir die Geschichte Dehons nicht «secundum Dehon» anfertigen, sondern auch Aussenperspektiven, Kontextualisierungen sowie Quellen beiziehen, die nicht in erster Linie der Memoria-Bildung, also der Kreierung eines bestimmten Bildes, dienen. Andererseits müssen gewisse Quellen, wie vorher die ersten Biografien, neu gekämmt und ein wenig gegen den Strich gebürstet werden. Wir werden also keinen abgerundeten Dehon finden, kein glattes Bild entwerfen können. Gerade deswegen wird nun auch ein fragmentierter Zugang gewählt.

1.3 Dehons Lebensstationen – Ein Überblick

Es sei den folgenden Hauptkapiteln des Buches nochmals vorausgeschickt: Die vorliegende Arbeit hat nicht den Anspruch, eine vollständige Biografie ersetzen zu können, sondern sie liefert eher eine biografische Konturierung. Sie setzt bestehende Arbeiten voraus, die eine erdrückende Material- und Perspektivenfülle beibringen und die nicht ersetzt werden müssen. Nun folgt in aller Kürze, zur allgemeinen Orientierung des Lesers und der Leserin, Dehons sehr gestrafftes Curriculum Vitae. Bewusst wird dabei auf einen umfangreichen Fussnotenapparat verzichtet. Daran schliesst ein Absatz, der sich der Einordung Dehons innerhalb des geistigen Horizonts seiner Zeit annimmt. Das ist nötig, weil gerade im nun abgeschlossenen Textteil der Hinführung manche persönliche Charakterisierungen und Sichtweisen auf Dehon geboten wurden. Diese gilt es darin noch zu vertiefen und über einen allgemeinen historiografischen Raster zu ergänzen.

1.3.1 Die ersten drei Jahrzehnte – Kindheit, Jugend
und die Zeit des Studiums (1843-1871)

Familie, Kirche und Rom könnten drei Schlagworte sein, die Dehons erste Lebensphase in genannter, aufsteigender Reihenfolge besonders kennzeichnen. Es ist der Mitte des 19. Jahrhunderts angesiedelte Zeitraum, für den der heutige Betrachter über am wenigsten Material zu Dehons Leben verfügt und für den man im Rückblick am stärksten auf Dehons Selbstzeugnisse angewiesen ist. Klar scheint, dass in diesem Zeitabschnitt für Dehon Vieles grundgelegt wurde. In den ersten drei Lebensjahrzehnten erhält Dehon die Möglichkeit einer fundierten und gediegenen Ausbildung an unterschiedlichen Orten (Schule etwa in Hazebrouck in Französisch-Flandern, wo auch Lemire sein wird, Studien in Paris und Rom) und in verschiedensten Bereichen und Disziplinen (Jus und Theologie sowie Kirchenrecht). Die Eltern, dem nordfranzösischen Landadel zugehörig, begütert und u.a. auf die Zucht von Rennpferden spezialisiert, verhalfen Dehon aber nicht nur zu einer breiten Bildung, sondern legen mit der ihrem Sohn ermöglichten Reisetätigkeit und Mobilität einen Grundstein für Dehons auch später und bis ans Lebensende ausgeprägte Sehnsucht, in die Ferne zu schweifen und die Welt kennen zu lernen – Neugier und Offenheit eingeschlossen. Trotzdem gewinnt man den Eindruck, dass Dehon seine ländliche und aristokratische Prägung nie ganz ablegt.

In seinen biografischen Notizen schreibt Dehon seinen Eltern klassisch bürgerliche Rollen zu – der getaufte, aber nichtpraktizierende Vater als Wirtschaftsmann, der dem *respect humain* folge, wie daneben die fromme Mutter, die aus der Herz-Jesu-Frömmigkeit schöpft und sich so in der Ausrichtung auf das *surnaturel* teilweise der Welt versagen kann. Ebenso versucht Dehon, Rom und Paris als Orte des Studiums vergleichend bzw. kontrastierend gegenüberzustellen; wobei sich die Widersprüche dann im ersten Fall aufheben, als der Vater zur Kirche zurückfindet, also «konvertiert» und schliesslich einwilligt, dass Dehon eine kirchliche Laufbahn wählt, sich die Spannungen im zweiten Fall für Dehon aber eher verstärken werden, weil Frankreich, für Dehon gallikanisch infiltriert, das päpstliche Rom dem italienischen Einheitsstaat ausliefert. Das ist für Dehon ein grobes «heilsgeschichtliches» Vergehen, zugleich ein Schock.

Im Mittelpunkt seines eigenen Koordinatensystems steht zunehmend die katholische Kirche (Priesterweihe im Dezember 1868 in Rom), mit der er fühlt und in die er hineinwächst. Das romantische, sakrale, anti-liberale und defensive Weltgefühl, das in der katholischen Kirche unter Pius IX. herrscht, kommt Dehon entgegen. Es prägt ihn nachhaltig, ohne dass Dehon später darin aufgehen würde. Dehon findet in der katholischen Kirche eine Heimat, gerade auch über das I. Vatikanum und dessen ausdrucksstarke «politisch-symbolische» Positionierung. Als junger Konzilsstenograf an der Versammlung teilnehmend, gilt dort Dehons ganze Sympathie den Infallibilisten, also der Konzilsmehrheit. Diese besiegelte mit der letztlich neuen, unerhörten Idee einen Konfrontationskurs und verhalf – trotzdem, oder gerade deshalb – dem Papsttum zu einer leuchtenden Apotheose unter modernen Vorzeichen im letzten Drittel des 19. Jahrhunderts.

Der Dekan der Sorbonne Henri-Louis-Charles Maret (1805-1884) oder der österreichisch-kroatische Bischof und Politiker Josip Juraj Strossmeyer (1815-1905) als Vertreter der Konzilsminorität kommen bei Dehon weniger gut an – sie sind ihm einfach gallikanisch oder josephinistisch, aus seiner Sicht zu wenig modern, sich an Überkommenes klammernd! Bischöfe wie Charles-Louis Gay (1815-1892) oder Gaspar Mermillod (1824-1892) stehen Dehon hier näher.

Obwohl Dehon weniger ultramontan ist, als er es selbst gerne hätte – ist er doch letztlich organisatorisch und spirituell besonders von einem spezifisch französischen Katholizismus mitgeprägt –, so ist seine einem Papalismus verschriebene Rombindung unbestritten stark, auch über die ihn formierende Studienzeit im engeren Sinne hinaus. Die Päpste, von denen er zu Lebzeiten die allermeisten persönlich gut kennt, sind für ihn zentrale Orientierungsmarke und referentielle Bestätigungsinstanz.

1.3.2 Der Aufbau von etwas Neuem: Heimatdiözese
und Kongregationsgründung (1871-1893)

Nach seiner Rückkehr aus Rom engagierte sich der frischgebackene Priester in seiner heimatlichen Diözese Soissons, konkret in der von der industriellen Revolution und ihrem Pauperismus gebeutelten Stadt St. Quentin im Nordosten Frankreichs. Als junger Vikar versuchte Dehon mit finanzieller Unterstützung aus seinem Heimathaus neue Initiativen zu ergreifen, die abseits herkömmlicher kirchlich-pastoraler Formen anzutreffen sind. Dabei war er beispielsweise in der Jugendarbeit federführend tätig, aber auch in der Organisation von Verbänden von Arbeitern und Arbeitgebern. Kirche formte sich in republikanisch-demokratischem Umfeld zunehmend in Vereinen, Verbänden und Zusammenschlüssen aller Art aus. Generell bildete sich so eine neue kirchliche Organisationsform aus, die Dehon einerseits prägte, andererseits mitgestaltete.

Zugleich erlosch Dehons Wunsch nach einem vertieften religiösen (Ordens-) Leben nicht, den er aus seiner römischen Zeit im Gepäck mittrug. Nachdem Dehon über die Gründung einer Schule (1877) ein feste Einbindung vor Ort und in die Diözese verwirklichen konnte, begann er zeitgleich auf der Suche nach religiöser Intensivierung und Perfektion – wie er selber dies biografisch nachzeichnet – mit dem Aufbau eines eigenen Instituts. Dehon konnte oder wollte den Einladungen, sich anderen Ordensgemeinschaften wie den Jesuiten, Spiritanern oder den Assumptionisten anzuschliessen, nicht folgen. Dies ist nicht zuletzt Ausdruck der von ihm an den Tag gelegten Individualität.

Daneben schlug er Angebote aus, eine akademische Laufbahn an der Universität Lille einzuschlagen, für die er, mit mehrfachen Doktoraten ausgestattet, nur zu gut disponiert gewesen wäre. Bildung und Erziehung waren ihm zeitlebens wichtige Anliegen, aber persönlich doch «zu wenig». Im Aufbau und in der Weiterentwicklung seines eigenen Instituts entstand jedoch ein latenter, wohl nicht vorhersehbarer, langanhaltender Konfliktherd mit dem Diözesanklerus und den Bischöfen vor Ort, mit dem es aber, zumindest unter Bischof Thibaudier, nie zu einem eigentlichen Bruch gekommen ist. Das alles vollzieht sich in einem für die katholische Kirche zunehmend als schwierig wahrgenommenem Umfeld und wird dadurch angeheizt, dass die Kongregationen – als politischer Faktor – zu-

nehmend einen schweren Stand in Frankreich besitzen und zum politisch-nationalen Zankapfel werden. Ende der 1870er Jahre gab sich der Ortsordinarius
jedenfalls zufrieden, weil über die Gründung der Schule St. Jean, um die herum
die von Dehon etablierte Gruppe von Priestern sich vorerst formierte, etwas «für
ihn» abfiel, nämlich die Errichtung einer freien privaten Schule in kirchlicher
Trägerschaft. Schule und Kongregation hängen somit eng zusammen, sind für
Dehon wie eine Zwillingsgeburt der späten 1870er Jahre: «Das Existieren beider
war eng miteinander verbunden; jedes Institut war für das je andere Schutz und
Grund des Daseins zugleich»[50], so formulierte es Biograf Dorresteijn. Die Wege
beider Institutionen trennen sich aber allmählich. Augenfällig als Dehon 1892/
1896 als Superior von St. Jean zurücktreten muss. Obwohl die Immobilie St.
Jean in St. Quentin Dehons Privatbesitz verbleibt, wird 1913, nach den Tren-
nungsgesetzen, eine Alumni-Trägergesellschaft errichtet, die sich verantwortlich
der Schule annimmt. Das Gebäude, das im Krieg totale Zerstörung erfährt, wird
später dann gänzlich einer diözesanen Trägerschaft übereignet, ist und bleibt
aber als seine eigene Gründung Dehon bis zum Tode ein Herzensanliegen.

Bald wurde klar, dass Dehons Bestrebungen über den engeren Bereich der
kleinen, strukturschwachen, ja «armen» nordfranzösischen Diözese Soissons
hinaus ragen. Der engagierte Priester, der schon etwas von der Welt gesehen
hatte, liess sich nicht leicht einzäunen. Dehons Vorstellungen und Pläne für eine
neue, moderne Ordensgemeinschaft, denen er konsequent und zielstrebig, aber
nicht engstirnig nachging, kreuzten sich mit Ideen, die die kirchlichen Auto-
ritäten vor Ort entwickelten. Politisch-gesellschaftliche Umstände favorisierten
den Wunsch Dehons, nach neuen Horizonten und Ufern Ausschau zu halten.
1880 wurden die Jesuiten aus Frankreich ausgewiesen, eine Art Menetekel.
Unter anderem kamen so London und Fribourg/Schweiz als Fluchtorte für die
Herz-Jesu-Priester in den Blick. Aber in Sittard, in den Niederlanden, fand sich
dann endlich dieses «zweite» Standbein, in «deutschen Landen»; ein Standort,
der für die weitere Entwicklung und Ausdehnung der Kongregation wichtig werden sollte. Es ist daneben offensichtlich, dass Dehon und sein Bischof in dieser
Epoche der wahrgenommenen Unsicherheit divergierende spirituelle Ideen und
kirchliche Weltsichten verfolgten. Wir werden davon noch lesen. Der Prozess
beim Heiligen Offizium im Jahre 1883 ist eine sprudelnde Quelle mit hochwer-
tigem Anschauungsmaterial dafür, dass ein Bischof sowie ein Ordensoberer (*in
statu nascendi*, müsste man sagen) verschiedene funktionelle Rollen einnehmen,
aber auch, dass mit der diözesanen Abnabelung starke Wehen verbunden sein
können.

Trotz widriger Umstände trieb Dehon das Projekt einer Ordensgründung unbeirrt voran, war dabei organisatorisch und personell zu manchem Kompromiss
sowie zu manchem Umweg gezwungen. Dehon sieht sich mehrmals damit kon-

---

[50] Henri Dorresteijn, Vie et Personnalité du Père Dehon, Malines 1959, 86: «Leurs deux existences
étaient intimement mêlées; chaque institution était pour l'autre un abri ou une raison d'être.»

frontiert, dass sich seine Idee vielleicht nicht verwirklichen lassen kann, bleibt aber am Ball. Neben den personellen Zugängen vor Ort, die sein Ordensinstitut stärkten, beispielsweise aus dem Diözesanklerus von Soissons wie etwa ein Adrian Rasset (1843-1905), Dehons treuer Freund und ein für ihn in der Kongregation als Generalassistent wichtiger Halt, oder auch der Eintritt des Finanzbeamten Joseph Matthias Legrand (1849-1925), traten mit Prévot und Claude Barnabé Charcosset (1848-1912) zwei Priesterfiguren aus dem südlichen Frankreich dem Werk bei, die ideell aus dem Umfeld der «Priesterreparationsbewegung» Caroline Liogers (1825-1883) stammten. Das Institut nahm somit überregionale Formen an und steht daneben als winziges Puzzleteil in einem breiteren kirchen- und kulturgeschichtlichen Kontext aufblühender Frömmigkeit und Spiritualität.

Weiten wir nämlich den Blickwinkel, zumindest auf Frankreich und Italien hin, ist festzuhalten, dass die Etablierung dieser Kongregation nur einen Kieselstein im breiten Strom der Herz-Jesu-Frömmigkeit des 19. Jahrhunderts darstellt. Angefacht durch die Seligsprechung Margareta Maria Alacoques (1647-1690) im Jahre 1864 kam es zu strukturellen Neuformierungen, vor allem am Ende des 19. Jahrhunderts. Diese lassen geradezu an eine Art Explosion institutionalisierter Herz-Jesu-Frömmigkeit denken, die irgendwie in Leos XIII. Enzyklika *Annum Sacrum* mündet. Dabei ist St. Quentin nur eine Nische im ganzen Geschehen. Die dortigen Herz-Jesu Priester trugen den Zusatz «von St. Quentin», um so klar unterschieden werden zu können – was aber letztlich nie richtig «funktionierte». Die Namensverwirrung ist bis heute gegeben. In seiner institutionengeschichtlich interessanten, umstrittenen Neuetablierung einer religiösen Gesellschaft[51] ist Dehon also nicht allein. Er versucht dabei, verschiedene, nationale und internationale, Aufbrüche zu vereinen, wie auch mit anderen Werken, Instituten und Netzen in enger Verbindung zu verbleiben.

Ein für Dehon und die Kongregation wichtiges Datum war der 25. Februar 1888. Mit diesem Tag wurde deutlich, dass die Kongregation – aus römischer Sicht – nach den unruhigen ersten Zeiten auf dem richtigen Weg war. Als Vorstufe zu einer juridischen Vollanerkennung eines Instituts wurde grob das Ziel und der Zweck der Kongregation vom Papst selbst goutiert und belobigt. Deshalb nennt sich dieser zwar informelle, aber deswegen nicht weniger wichtige Schritt in der Form eines päpstlichen Breves *decretum laudis*. Das Lob vollzog sich in, im wahrsten Sinne des Wortes, «rosigen» Bildern, die einerseits etwas über das allgemeine kirchliche Befinden aussagen und andererseits auf breite und positive Rezeption innerhalb des Instituts stossen.

Als Ansporn und Motivation war dieser von Leo XIII. verantwortete Schritt denn nun wohl auch für Dehon gedacht, den er persönlich kannte: «Inmitten der

---

[51] Jean Séguy, Le thème apocalyptique dans les ordres religieux, in: Jean Séguy, Conflit et utopie, ou réformer l'Eglise. Parcours wébérien en douze essais, Paris 1999, 185-207, vgl. dazu besonders Kapitel I.

Disteln und Dornen dieses Jahrhunderts ist die fromme Gesellschaft der Herz-Jesu-Priester als eine formschöne und wohlduftende Rose hervorgesprossen...»,
so der Auftakt des Breves. Und so haben wir erneut das romantische Bild der Rose, mit dem schon Kanters in seiner Biografie spielte.[52] Als Dehon sich in einer Audienz im Herbst 1888 bei Leo XIII. für diesen Akt bedankte, formulierte der Papst an Dehon den Auftrag, dass er seine päpstlichen Lehrschreiben in Frankreich verbreiten sollte. Die Anerkennung ist somit nicht «gratis», geschweige denn vollumfänglich abgeschlossen. Dehon musste sich weiterhin anstrengen. Er wurde zu einem ultramontanen Werkzeug, denn das Anerkennungssystem mit seinen vielen, obgleich fluiden Stufen war noch nicht fertig beschritten.

Wenn wir Dehons Vita ab den 1880er Jahren als Bemühen um die offizielle römische «Anerkennung» seines Werkes lesen wollen, wofür vieles spricht, sehen wir, welche Umwege Dehon dabei in Kauf nimmt und welch enormer Einsatz von ihm erfordert wurde, diesen innerinstitutionellen Konsolidierungsprozess voranzubringen und ihn schliesslich unter Leos Nachfolger auf dem Stuhle Petri abzuschliessen. Diese Prioritätensetzung Dehons ist der Grund dafür, dass Dehon nicht jene Akzente setzte, die er sonst vielleicht hätte umsetzen können, sei das in der Politik, in der Wissenschaft oder in anderen Bereichen.

Es ist gewiss eine gerade psychologisierende Verkürzung, Dehons Leben nur unter dem Gesichtspunkt der «römischen Anerkennung» zu betrachten. Aber vieles spricht für die Annahme, dass es sich dabei um einen roten Faden handelt, vielleicht sogar über den Tod hinaus: So müsste die Frage gestellt werden, ob nicht gerade die Etablierung seiner Kongregation schlussendlich von Dehon vielleicht als ein Weg zur Kanonisierung mitgedacht wurde und vice versa die Kongregation nach seinem Ableben das Bestreben um die «römische Anerkennung» Dehons darin weiterführte. Der Gedanke kann hier nicht weiter verfolgt werden, bleibt aber per se interessant. Eines ist sicher: Rom bot für das Anerkennungsprozedere ein komplexes, letztlich in der Zeit noch unausgegorenes, aber an die gesellschaftlichen Verhältnisse adaptiertes[53] Anreiz- und Belohnungssystem mit Zuckerbrot und Peitsche.

Dehon nicht so günstig gestimmte Akteure, z.B. aus dem altehrwürdigen Dominikanerorden, hatten mit den sichtlich vertrackten Anfängen, die im Prozess von 1883/1884 dokumentiert werden, in der Form eines kirchenpolitischen Argu-

---

[52] Vgl. Ziffer 1.2.1 in dieser Hinführung.
[53] Vgl. Patrick Braun, Einleitung. Die religiösen Kongregationen im 19. und 20. Jahrhundert, in: Helvetia Sacra. Abteilung 8, Band 2, Basel 1998, hier v.a. 32-42, in denen die rechtliche Einbindung der Kongregationen, parallel zu den schon länger bestehenden Ordensgemeinschaften, in das Kirchenrecht im Verlaufe des 19. und 20. Jahrhunderts nachgezeichnet wird. Dabei können die Kongregationen als den spezifischen kirchlichen Bedürfnissen und gegebenen gesellschaftlichen Umständen verpflichtete Weiterentwicklung der Form aus den alten Orden angesehen werden, wie das auch im Falle Dehons und seiner Kongregation gut erkenntlich ist. Es gibt hier grosse Kontinuitäten und Referenzen. Die kirchenrechtliche Entwicklung hebt die Unterschiede mit dem CIC 1983 weitgehend auf, ohne die je eigenen spezifischen Profile der religiösen Gemeinschaften («Eigenrecht») zu verwischen. (vgl. dazu, ebd., 40-42).

ments einen kraftvollen Pfeil im Köcher. Nach dem wurde zumindest immer wieder einmal, sei es tastend, sei es energischer, gegriffen. So war für Dehon grosser Einsatz erforderlich. Das soziale, innerkirchliche und missionarische Engagement Dehons und seiner Kongregation kann also bis 1906 funktionell hintergründig so gelesen werden, die Anerkennungsbestrebungen voran zu treiben – die von kirchlichen Exponenten, sowohl von Kurienbehörden als auch von Bischöfen, manchmal bewusst hinausgeschoben werden. Dabei werden zwar Momente der «Reifung» und des «klugen Abwartens» geltend gemacht. Aber es ist augenfällig, dass sich dahinter gerade fundamentale Opposition verbarg, die sich nur diplomatisch einkleidete. Von dieser konfliktiven Opposition spricht das vorliegende Werk noch an der einen oder anderen Stelle.

Neben diesem, nun als indirekt zu bezeichnenden Engagement darf die alltägliche Knochenarbeit nicht beiseitegelassen werden, die dieser Weg zur Anerkennung erforderte. Das lässt sich insbesondere an der Korrespondenz Dehons mit römischen Behörden sowie Instanzen seiner Heimatdiözese ablesen. Der von Dehon dann seit 1888 immer wieder hervorgehobene Bezug zum Papst(tum), nämlich in seiner Heimat die päpstliche Lehre zu vertreten und unter das Volk zu bringen, kann – entgegen vieler Stimmen innerhalb der Kongregation zu Dehons Lebenszeit bzw. in der unmittelbaren Folge seines Ablebens, die darin eine Art Devianz vom oder ein Surrogat zum «wahren» Ordensleben sahen – als Einsatz für seine Kongregation interpretiert werden und als Weg, obschon nicht auf einer gerade Linie, dieses Ziel zu erreichen. Durch dieses sozialpolitische Engagement Dehons festigte sich seine eigene Position nicht nur in Frankreich wesentlich, schlussendlich gilt das bis heute auch für die Kongregation selbst, die davon profitiert.

	1	2	3	4	5	6	7	8	9
	1886 11.-16. September	1888 16.-24. August	1893 6.-7. September	1896 31. August - 1. September	1899 14.-15. September	1902 11.-12. September	1908 15.-16. September	1919 29.-31. Juli	1926 19.-27. Januar
	St. Quentin Schule St. Jean FR	St. Quentin Schule St. Jean FR	Fourdrain Schloss Fourdrain FR	St. Quentin Sacré Coeur FR	St. Quentin Sacré Coeur R	Louvain BE	Louvain BE	Heer Maastricht NL	Rom IT
	8 Kapitulare	6 Kapitulare	18 Kapitulare (2 geladene abwesend)	23 Kapitulare	21 Kapitulare (5 geladene abwesend)	23 Kapitulare	31 Kapitulare	14 Kapitulare	19 Teilnehmer
	8 Sessionen	2 Sessionen	3 Sessionen	7 Sessionen	4 Sessionen	2 Sessionen	4 Sessionen	5 Sessionen	
	10 Seiten Protokoll	3 Seiten Protokoll	4 Seiten Protokoll	6 Seiten Protokoll	12 Seiten Protokoll	5 Seiten Protokoll	9 Seiten Protokoll	8 Seiten Protokoll	
	Häuser als Strukturelement der Kongregation; Liturgie- und Kleiderordnung; religiöse Praxis; Bf. Thibaudier anwesend (Rede); Zweck der Gesellschaft: «Immolation»; Festlegungsprozesse, Aufbau	Ausserordentl. Kapitel wegen *decretum laudis*; Wahlen: Superior auf Lebenszeit; Diskussion zu Gehorsam und Opfergelübde; Fusionsabsicht Ecuador; Aufschwung und Frage nach Alleinstellungsmerkmal	Generalassistent und Superiorenwahl, Dehon «überlebt» als Gen., P. Rasset Ass.; Einfluss Bf. Duval; Standorte – Rom (ja) und Paris (nein); Memoria-Bildung (Bezug Dehons auf Ansprache von Bf. Thibaudier, 1. Kapitel: «Grosse Zukunft!»)	Erstes Grosskapitel; Zusammensetzung des Kapitels umstritten; Dehon bleibt Superior, aber Gegenwind; P. Blancal und sein Ruf ad fontes, «pensée primitive» sowie Reformen; «Krisenkapitel»	Rede Dehons zum Auftakt: Aufschwung, Internationalisierung!; Richtungsabstimmung: u Frage v. Provinzen und Generalat in Rom; Pädagogik, Beichtfrage, Charakterformung usw.; Konsolidierung sowie «Selbstabschliessung»	Erstmals ausserhalb Frankreichs; Etablierung eines Rates in Brüssel, neben Generalrat; Nationale Befindlichkeiten werden sichtbar, Konstitutionen und Regeln überarbeitet; Wenig Aufgaben für das Kapitel?	«Einberufungsbriefe - Vorbereitung; Anciennitätsprinzip beschworen, weil Generationenablöse; Provinzialisierung, Bedeutung der Mission, 1906 Anerkennung; «Inszenierung» und Memorialdiskurs	Eigentlich 1914; Neutrales Land (NL) und Totengedenken/Gefallene; P. Philippe Sekretär; Neuumschreibung von Mission (CIC 1917); «congrégation mixte» - Vermächtnis Dehons	Tod Dehons; Wahl Philippes; Audienz bei Papst Pius XI.; Verankerung in Rom

Abbildung 1: Die acht Generalkapitel zur Zeit Dehons, wobei Zeit, Ort, Zahl der Teilnehmer sowie abgehaltene Sitzungseinheiten (Dokumentationsumfang) und einige zentrale Themen/Charakterisierungen angegeben sind.[54] Sie zeigen etwas von den bewegten, manchmal sogar turbulenten Anfängen der Kongregation. Das «Gründungskapitel» 1886 steht unter Leitung Bf. Thibaudiers. 1888 findet das Kapitel im Schwung des *decretum laudis* statt, mit der Absicht z.B. nach Ecuador auszugreifen. Diese positive Dynamik bricht sich aber schon wieder in den Kapiteln von 1893 und 1896, als das Werk vor einer Zerreissprobe («anni neri» nach M. Denis) steht und Dehon als Person stark zur Diskussion steht, im Speziellen auch durch Bf. Duval. Trotzdem verlaufen die Kapitel laut Dehon dann relativ ruhig. P. Bernard Germain Blancal (1826-1905) gibt sich trotzdem prononciert kritisch. 1899 hat sich die Kongregation sichtlich wieder erholt, man sieht sich im allgemeinen Aufschwung der Herz-Jesu-Frömmigkeit bestätigt. Sonst gibt es erstaunlich wenig Impulse von Aussen, die einfliessen. Dehons Position ist gefestigt. Im 6. Generalkapitel 1902 wird evident, dass die Kongregation, die in ihrer Führungsspitze schon ausserhalb Frankreichs im Generalkapitel in Louvain tagt, konsolidiert ist. Dehon setzt einen «Konsultivrat» durch, der Akteure aus verschiedenen Regionen einbindet. Der nach oben zeigende Trend erweist sich – nach der römischen Anerkennung 1906 – auch im 7. Generalkapitel, das zu einer stärkeren Ausdifferenzierung führt (Kreierung von Provinzen, mit 16 Stimmen dafür, also einer äusserst knappen Mehrheit bei 31 Kapitularen. Ein starker Einfluss der «Jugend» zeigt sich auf diesem Kapitel, 21 Teilnehmer sind unter 35 Jahren: Generationen- und Nationenkonflikt?). Grundsätzlich gebiert sich eine Dynamik, die vor allem durch den Krieg in Frage gestellt (8. Generalkapitel war 1914 geplant, nach schon abgehaltenen Provinzialkapiteln) und auf eine harte Probe gestellt wird. Bewusst lädt Dehon die Kapitulare im Sommer 1919 in die neutralen Niederlande, auch um Unstimmigkeiten und Spaltungen vorab entgegenzutreten. P. Philippe wird Generalsekretär und «designierter» Nachfolger. Missionsfeld und -aufgabe werden neu umschrieben, aber auch festgehalten, dass die Kongregation nicht nur apostolisch ausgerichtet sein kann, ihr Proprium ist woanders («congrégation mixte»). Das 9. Generalkapitel tagt dann, nach dem Ableben Dehons, erstmals in Rom (Protokolle sind nicht mehr in Französisch, sondern Latein!). Dort werden später alle weiteren Generalkapitel abgehalten. Die zentrale Verankerung in der ewigen Stadt, die Dehon selbst energisch betrieb, darf nun als abgeschlossen gelten. Detaillierte Information zu diesen Kapiteln unter Dehon liefert Marcel Denis im Gründungsjahr der *Dehoniana*, nämlich 1972.[55]

In unmittelbarer Folge des ermutigenden päpstlichen Breves von 1888 ging ein ausserordentliches Generalkapitel über die Bühne. Dehon wurde dabei zum Generaloberen auf Lebenszeit gewählt, was sich aber bereits im nächsten Kapitel von 1893 schon ein wenig anders zeigte: Dehons Demission wurde dort nur knapp abgelehnt. Und auch 1896 war von der Aufbruchsstimmung von 1888 nicht mehr viel zu spüren. Für diesen Zeitraum rund um die beiden Kapitel, der für Dehon als äusserst schwierige Zeit angesehen werden kann,[56] haben erste kongregationsinterne Biografien viele Fragen offen gelassen. Dies war wohl auch ein Grund dafür, dass im Seligsprechungsverfahren für diese Periode sehr fokussiert nähere Nachforschungen betrieben werden mussten. Nur ein Beispiel dafür: Der auf eine personal-spirituelle Biografie abzielende, aber durchaus auch kritische niederländische Biograf Dehons, Pater Henri Dorresteijn, kann im zehnten Kapitel seines Dehon'schen Lebensbildes, das die Jahre 1888-1893 in al-

---

[54] Vgl. dazu dem Inhalt und der Form (Aufmachung, Protokollstil, Unterschriften usw...) nach äusserst interessant: AG SCJ/Rom, Signatur 3-D-1, Aufschrift (Cap. Gen. I-IX, 1886-1926, Acta originalia), Inv. Nr. 800 und folgende.

[55] Vgl. Marcel Denis, Costituzioni SCJ e Capitoli Generali durante la vita del P. Fondatore, in: Dehoniana 1 (1972), Nr. 1, 35-40; 1 (1972), Nr. 2, 45-54; 1 (1972), Nr. 3, 21-33.

[56] Vgl. dazu Kapitel II dieser Arbeit.

ler Kürze umschreibt, eigentlich nicht erklären, warum es zu den, nach 1883/ 1884, erneut aufziehenden «Nouvelles Tempêtes»[57] gekommen ist.

Obschon Dorresteijn mit dem Episkopatswechsel 1889 in Soissons einen zentralen Wendepunkt in Dehons Leben nennt – der neue Bischof Jean-Baptiste Théodore Duval (1889-1897) und Dehon harmonierten weniger gut –, gewinnt man bei der Lektüre doch den Eindruck, Dehon hätte viele Schritte rein aus eigenem, selbstbestimmten Antrieb vollzogen; wobei dann unklar bleibt, was eigentlich im Hintergrund der Vorgänge und Neuorientierungen steht.[58] Hier wurde dann im Seligsprechungsprozess auf verschiedenen Ebenen genauer nachgehakt, gefragt, warum Dehon gewisse Funktionen, z.b. in der Schule St. Jean, abgegeben habe, warum etwa weitere Fusionspläne an ihn, sogar noch von Bf. Thibaudier, herangetragen wurden oder warum es zu handfesten Richtungsänderungen in seinem Lebenslauf gekommen sein könnte.

Kehren wir aber von dieser rezeptionsgeschichtlich-historiografischen Episode in die Zeit selbst zurück: Der allgemeine Aufschwung bzw. Aufbruch Ende der 1880er Jahre zeigte sich vor allem im Bestreben, eine erste «Missionsaufgabe», oder sagen wir besser: ein Apostolat in der Ferne zu übernehmen. Am 10. November 1888 war es mit Ecuador soweit. Zwei Patres brachen nach Übersee auf, in das «Herz-Jesu-Land» Ecuador – ein Projekt, das scheiterte. 1889 startete Dehon eine Niederlassung in Clairefontaine, welcher auch ein P. Gengler später verbunden sein wird, an der belgisch-luxemburgischen Grenze. Das Haus sollte dann für die Auswanderersoolaorge nach Lateinamerika an grosser Bedeutung gewinnen. Dieses Feld der Mission im weitesten Sinne, etwa in Brasilien, war deutlich von mehr Erfolg gekrönt, was bis heute nachwirkt.

1.3.3 Ein Jahrzehnt als Scharnierstelle – soziales und politisches Engagement im französischen Kontext (1893-1903)

Jene ein Jahrzehnt umfassende Phase in Dehons Leben ist unter anderem geprägt von seiner Hinwendung zu Demokratie und Republik. Der Anstoss dazu kam über die Ralliement-Politik Leos XIII., die eine gewisse Abkehr von der Monarchie als in katholischen Augen bester Staatsform beinhaltete. Obwohl eigentlich eine Neutralität, eine bestimmte Indifferenz hinsichtlich der Staatsformen doktrinär verbrieft wurde, blieb es strammen konservativen Legitimisten nicht verborgen, dass es zum Beispiel mit der Christlichen Demokratie rund um die *abbés démocrates*, denen Dehon zuzurechnen ist, zu einer doch wesentlichen Akzentverschiebung kam.

Fragen, ob Dehon sich zu einem vollumfänglichen Demokraten wandelte, sind letztendlich schwierig zu beantworten.[59] Lehnt er einerseits zunehmend die

---

[57] Vgl. Dorresteijn, Vie, 132-141.
[58] Dorresteijn, Vie, v.a. 141, letzter Absatz.
[59] Berücksichtigt müsste hier zudem wohl seine eigene «Lebenspraxis» werden. In seiner grundsätzlich demokratisch aufgebauten Kongregation liess er sich zum Generalsuperior auf Lebens-

Hoffnung auf eine politische, monarchische Rettergestalt ab, so verbleibt, wie es scheint, immer auch eine Restfaszination für pyramidale Ordnungen. Jedenfalls wurde nicht nur ihm die Kategorie des Volkes, «le peuple», zu einer entscheidenden Grösse, die – unter kirchlicher Perspektivierung – sein politisches und soziales Engagement bestimmt. Dehon betätigte sich in den zehn Jahren, die hier etwas beliebig als drittes Segment in Dehons Leben abgesteckt werden, als Publizist, Organisator, Vernetzer und praktisch-orientierter Intellektueller, der etwas bewegen wollte. 1903 wird er die Tätigkeit an seiner 1889 in, wenn nicht abgrenzender so doch problematisierender, Erinnerung an die Französische Revolution gegründete Zeitschrift *Le règne* einstellen. Sie hatte zwischenzeitlich einen Leserkreis von 1200 Personen. Aber nicht nur in diesem eigenen Presseprodukt setzte Dehon Akzente, sondern darüber hinaus in anderen Presseorganen und Zeitschriften, ganz zu schweigen von seinen sozialkatholischen grösseren Werken wie dem *Manuel social chrétien* (1894/5), dem *Catéchisme social* (1898), und der *Rénovation sociale chrétienne* (1900), die die Systematik seines von Leo XIII. beeinflussten Denkens dokumentierten und als Mittel zur Hebung und Aneignung der katholischen Soziallehre gedacht waren.

Nicht allen war dieses «Neue» recht – auf einer lokalen nordfranzösischen Ebene sei hier nur der in Cambrai wirkende Priester-Essayist Henri Delassus (1836-1921) genannt. Auf der anderen Seite erfuhr Dehon viel Anerkennung und Unterstützung. Als Beispiel sei Dehons Freund Léon Harmel (1829-1925) angeführt. Dem katholischen Industriellen war wie Dehon das soziale, besser «sozictale»[60] Anliegen – wobei zweiteres einen breiteren und umfassenderen Ansatz meint – wichtig. Die sozialpolitischen Wege mit einem François René de La Tour du Pin (1834-1924) trennten sich in dieser Zeit, weil sich zeigte, dass es nicht gelang, Katholiken mit unterschiedlichen staats- bzw. verfassungspolitischen Optionen auf dem sozialen Feld zu versöhnen. Ein gewichtiges Gegenbild, gegen das sich Katholiken gemeinsam stemmten, war der sich generierende

zeit wählen. Dass dies angefragt wurde, zeigten die Generalkapitel Mitte der 1890er Jahre, ohne dass freilich seine Kontrahenten aber darin ein «Demokratiedefizit» gesehen hätten. Aber Dehons Beteuerung, dass dies, die Funktion auf Lebenszeit auszufüllen, ein Zugeständnis Roms an Kongregationsgründer gewesen sei und das sich bei Jesuiten und Dominikanern ähnlich verhalte, beweist, dass er sich zu rechtfertigen hatte und wusste. Es lässt sich daneben zeigen, dass Dehon sich jeweils geschickt und klug auf Wahlen hin vorbereitete. Oft waren gestellte Fragen, auf deren Hintergrund Entscheidungen gefällt wurden, an den Generalkapiteln wohlweislich ausgewählt. Andererseits gab es viele knappe Entscheidungen, die danach nicht umgestürzt, also respektiert, wurden. Das weist das demokratische Selbstverständnis dieser kirchlichen Institutionen deutlich aus. Alles hängt daran, wie Demokratie definiert wird. Valentin Zsifkovits stellte in diesem Kontext die interessante Frage, ob die Kirche eine Demokratie eigener Art sei? Vgl. Valentin Zsifkovits, Die Kirche, eine Demokratie eigener Art? (Schriften des Instituts für Christliche Sozialwissenschaften 37), Münster 1997.

[60] Vgl. zu dieser wichtigen Begriffsbildung: Yves Ledure, Pensée sociale et projet fondateur chez Léon Dehon, in: Revue de sciences religieuses 84 (2010), Nr. 3, 325-340, hier 325, denn das Anliegen Dehons ging über das «Soziale» (als Hilfestellung) hinaus, es drängte zu den Wurzelgründen, und wurde darin politisch (ebd., 325, FN 3). Das heisst nicht, dass bei Dehon und Harmel nicht weiterhin ein starker paternalistischer Zug beobachtbar wäre; vgl. dazu Ziffer 5.2 am Schluss.

Staatsabsolutismus. Eine Antwort lautete hier: subsidiärer Korporatismus, ein die Familie ins Zentrum stellendes gesellschaftliches System, freie solidarische Initiative anstelle des liberalen, rein auf Individuen abzielenden Etatismus.

Schwierig einzuschätzen bleibt es, wie schon angezeigt, ob Dehons Engagement in diesem Bereich einen Eigenstand besitzt. Solche Assoziationen kamen schon einem P. Haas. Ist nicht eher davon auszugehen, dass dieses Engagement im Letzten gerade zentral dazu diente, die Anerkennung der Kongregation zu ermöglichen? Freilich schliesst das eine das andere nicht aus. Sehen wir uns etwa die Generalkapitel unter Dehon an, ist aber festzuhalten, dass in ihnen nie soziale oder «sozietale» Fragen behandelt wurden.

Jedenfalls ging Dehon als Person in diesem Jahrzehnt, obwohl ein wenig abgedrängt, in die «soziale» Offensive. Er war vom Heimatbischof ebenso kritisch angefragt, wie er innerhalb der Kongregation umstritten war. Ab 1893 wird er sich stärker dieses Bereiches annehmen, der ihn scheinbar von den näheren und zentraleren Aufgaben und Funktionszusammenhängen seines Instituts entfernte. Wenn dies so von Kritikern in den eigenen Reihen aufgefasst wurde, was deutlich um die Generalkapitel von 1893 sowie dann nochmals prägnant von 1896 artikuliert wurde, wo eine gemeinsame Basis mit der Gründergestalt von gewisser Seite in Abrede gestellt wurde, so zeigt sich in einer Langzeitbetrachtung, dass dieser initiative Wandel Dehons seiner Institution doch viele Vorteile brachte und gerade das soziale Engagement, wie es hier genannt werden soll, Dehons Ansehen hob, seine Ausstrahlung stärkte und so indirekt zur Anerkennung der Kongregation ganz wesentlich beitrug. Damit soll nicht ausgesagt werden, dass Dehon sein soziales Interesse rein instrumentalisiert hätte. Denn seine strukturellen Reformideen weisen schon auf die Studienzeiten in Paris, wo er sich in Vinzenz-Vereinen engagierte, oder in die 1870er Jahre zurück, als Dehon Jugendzentren gründete und sich dazu einer Schulgründung verschrieb; also Momente, die vor die Zeit der eigentlichen Kongregationsgründung zurückreichen, andererseits aber nicht diese politische Ausrichtung verbuchen können.

Mit Dehons Teilnahme an den wichtigen, nationalen Klerikerkongressen von 1896 und 1900 ist ein für diesen biografischen Zeitraum weiterer, wesentlicher Punkt von Dehons öffentlicher Wirksamkeit benannt. Dabei zeigte sich Dehon als eine für den französischen Katholizismus wichtige Priestergestalt, die über diese Form eines spezifischen «Kongregationalismus» einen differenzierteren Ultramontanismus auslebt, als dies Dehon sich selbst zugestanden hätte. Sind die Klerikertreffen einerseits Produkt der neuen nationalen (Versammlungs- und Presse-)Freiheiten, so sind sie andererseits auch eine Konkurrenz zu bestimmten bischöflichen Ansprüchen, auf jeden Fall sind sie aber auch gallikanisch getünchte Standes-Veranstaltungen. Das zeigt der an historischer Erinnerung und politischer Memoria-Bildung ausgerichtete Kongress von Reims. In ihm wird zentral das christliche Frankreich gefeiert und seiner vermeintlichen Gründung von 486 gedacht. Die 1500-Jahr-Feier des christlichen Frankreichs wurde über die Idee der Taufe einer ganzen Nation zelebriert. Für Dehon, der die Eröffnungsrede hielt und zeitlebens den Gallikanismus verwarf, schliessen sich Rom und die *fille aînée de l'église* natürlich nicht aus, sondern bedingen einander. Die Klerusversammlungen sollten den Konkordatsbischöfen zu denken geben, also jenen Bischöfen, die vom Staat ernannt wurden.

Diese Periode gehört trotz restaurativer und kulturpessimistischer Tendenzen wohl zu den produktivsten Phasen in Dehons Biografie. So mancher Biograf sah 1897 als das ruhm- und wirkungsreichste Jahr in Dehons Leben. Um dieses Jahr verdichtet offenbart sich uns ein in seiner Weise moderner Dehon, der neue Mittel nützt und auf verschiedenen Ebenen Neuland betritt. Diese Offenheit für das Neue bewies Dehon auch in seiner mit April 1897 beginnenden ersten Phase seiner Gutachtertätigkeit an der Römischen Indexkongregation, wo Dehon beispielsweise, wenn zwar indirekt, so doch neuere pastorale Methoden in Pariser Grossstadtpfarreien stützt, oder eben darin, dass er für die Kongregation neue aussereuropäische Projekte – trotz Bedenken des Generalrates – in Angriff nahm. Dabei setzte die 1897 startende, unter (belgisch-)kolonialen Vorzeichen stehende Kongomission eine neue Wegmarkierung für die Kongregation. Sie hält ein grosses, institutionelles Entwicklungspotential für das noch junge Institut bereit, obwohl die Errichtung eines ersten Stützpunktes für diese zentralafrikanische Aufgabe in Tunis für die Kongregation knapp vor 1900 scheitern wird.

Am Ende dieses letztendlich willkürlich gewählten Dezenniums in Dehons Leben steht die Nichtanerkennung der Kongregation(en) im französisch republikanischen Kontext. Sie besiegelte einen Schlussstrich. Mit 1901 beginnend findet sich so eine Phase des intensiven Bruchs, der Diskontinuität nicht nur für Dehons Institut. Die Republik gebärdete sich antiklerikal, die Kongregationen standen in Frankreich pars pro toto für Rom, für eine ausländische Macht. Die Enteignungsprozesse unter Combes kulminieren in Dehons Wahrnehmung in der Trennung von Kirche und Staat in Frankreich von 1905. Zwei Jahre davor verlegte Dehon den Hauptsitz der Kongregation nach Brüssel, womit sich dann ein neues (internationales) Bezugsnetz auftut. Rom als Zentrale blieb ihm kirchlicherseits versagt, ein Antrag, das Generalat in die ewige Stadt zu verlegen, wurde abgelehnt.

Generell zeichnet sich ein über die Lebenszeit Dehons hinausragender Ablösungsprozess vom französischen Mutterboden ab, obgleich andererseits Dehon schon seit den 1860er Jahren Rom als seine zweite Heimat ansprechen konnte, und somit nicht auf seine heimatliche Scholle im strengen Sinne fixiert war. Er bewegte sich elegant zwischen den Welten hin und her und konnte so von den staatlichen Behörden schon mal als «römischer Domherr» angesprochen werden.

1903 verstarb Leo XIII., der – nach Pius IX. – in vielerlei Hinsicht Dehons Weltanschauung mitprägte, nicht nur im Gefolge von *Rerum Novarum* (1891), sondern auch z.B. schon früher über *Humanum Generis* (1884), um eine zweite Enzyklika zu nennen. Diese skizzierte ein motivierendes, aufbauschendes Kampfesszenario, das die katholische Welt in einen apokalyptischen Kampf mit dem

Freimaurertum eingeschrieben sah. Eine Vorstellung Leos XIII., die Dehon bisweilen fesselte, anspornte, aber auch beeinträchtigte. Nicht dass Dehon den späteren Päpsten weniger gut gesinnt sein wird – wobei dann doch einige Distanzen zu Pius X. ersichtlich werden. Der frankophile, von Österreich verhinderte, im gleichen Jahr wie Dehon geborene Mariano Rampolla (1843-1913) wäre Dehon als Nachfolger Leo XIII. wohl lieber gewesen. Leo XIII. aber war als der der Moderne, insbesondere der Bildung und dem Studium gegenüber besonders aufgeschlossene Papst mit Sicherheit jener Pontifex, der Dehon am nachhaltigsten beeinflusst hat. Und das fällt mit einer sehr aktiven und produktiven Phase Dehons zwischen dem 50. und 60. Lebensjahr zusammen.

1.3.4 Ein Dezennium voller Aufbruch und Mobilität – Reisetätigkeit und Internationalisierung (1903-1914)

Zweimal hat Dehon im Zeitraum von 1903-1914, also seiner ersten Brüsseler Zeit, das Weihnachtsfest ausserhalb Europas gefeiert: 1906 in Rio de Janeiro auf seiner Südamerika-Reise, 1910 in Pogor, südlich von Jakarta in Indonesien, im Rahmen seiner Weltumrundung. Dabei war er nicht mehr der Jüngste. Paradoxerweise hat ihm so die Nicht-Anerkennung der Kongregation in Frankreich und die damit verbundene politisch-rechtliche Entwurzelung im französischen Umfeld neue Horizonte ermöglicht – trotzdem er sehr darauf erpicht war, in St. Quentin seinen Besitz zu verteidigen bzw. die Folgen der Konfiszierung zu minimieren, um institutionell einen Fuss in seiner Heimat behalten zu können. Das deshalb, weil er die Prozesse nicht als irreversibel ansah. Diese Reisen gingen über das Dreieck St. Quentin, Brüssel (wo sich das Mutterhaus der Kongregation seit 1903 befand) und Rom hinaus, wie die beiden oben erwähnten grossen Ausflüge nach Übersee verdeutlichen.

Dehons persönliche Reisetätigkeit war in der Kongregation (organisatorisch wie auch finanziell) nicht unumstritten. Sie machte Anfang des Jahrhunderts jedoch auch deutlich, wie fest er selbst nun im Sattel der Kongregationsführung sass. Damit einher ging eine rapide Internationalisierung der mit vielen jungen Kräften ausgestatteten Kongregation. Dies trifft für die europäische Ebene ebenso zu wie, kolonial damit eng verknüpft, darüber hinausgehend: Verschiedene europäische Provinzen und Regionen hatten je eigene, unterschiedliche Missionsprojekte. Das ursprünglich stark französisch geprägte, primär auf innere Volks- bzw. Diözesanmission ausgerichtete «Reparations»-Werk (zur Priester-Besserung) wandelte sich zu einem regelrechten Missionsinstitut mit weltweitem Ausgriff. Dehon konnte so seine, wohl auch oft an der Oberfläche verbleibende, der heutigen akademischen Mobilität ähnelnde Reiseleidenschaft, die ihn seit jungen Jahren prägte, in die neue Missionssituation der Kongregation hineinflechten und fruchtbar machen.

Seine Beobachtungen, die er dabei schriftlich festhält und die gemäss seinem Biografen Manzoni nichts wesentlich Neues über Dehons Person hergeben,[61] legen davon Zeugnis ab, dass mit der Reisetätigkeit auch ein institutionelles, kirchliches Anliegen verfolgt wurde. Dabei werden manchmal interessanterweise Dekadenzvorstellungen in Bezug auf Europa (und insbesondere Frankreich) mit neuen aussereuropäischen Hoffnungsräumen für die katholische Kirche fernab der gewohnten Scholle kontrastiert. So bringt Dehon dem unternehmerischen aufstrebenden «american way of life» grosse Wertschätzung entgegen, er prophezeit Brasilien eine grosse Zukunft, aber er kann überdies etwa Japan, das ihm nicht gerade als die «gelbe Gefahr» für Europa erscheint, eine weltpolitische Schlüsselrolle zuschreiben. Diese müsse für die Mission genützt werden können.

Zwischen den beiden grossen Reisen unternahm 1907 Dehon eine kleinere nach Moskau und Helsinki, um dort weitere «Missionsmöglichkeiten» auszuloten. In Russland beeindruckte ihn vor allem, wie Religion in der Öffentlichkeit gelebt werden konnte – die Kontrastfolie Frankreich verbleibt abgleichend im Hintergrund, wo die Republik im Begriff war, den öffentlichen Raum von religiöser Symbolik zu säubern, zu säkularisieren. Es kann festgehalten werden, dass Dehon sich bemühte, mit seinen Reisen grobe, unbehauene Grundsteine für die weitere Verbreitung der Kongregation zu legen, sei es direkt in dem Sinne, dass er konkrete Initiativen veranlasste, sei es einfach mittels seiner Notizen, die in dem Sinne: «Der General war dort» ihre Wirkkraft erhalten oder, auf einer noch bescheideneren Ebene, über den regen Postkartenverkehr «nach Hause», der nicht zuletzt für ein solches missionarisches Engagement in der Kongregation motivieren konnte. Mit seinem 70. Lebensjahr vollendet Dehon mehr oder weniger seine grosse Reisetätigkeit. Trotzdem wird sein Leben weiterhin, gerade im hohen Alter, sehr bewegt bleiben.

Internationalisierung bzw. Weltkirche ist in der katholischen Welt in ambivalenter Weise auch für diesen Zeitraum mit einem konkreten Ort verbunden, nämlich Rom. Das ist schon deutlich geworden. Es gilt verstärkt für die Lebenszeit Dehons, in der man den Untergang des Kirchenstaats sah, und um die «Römische Frage» rang, welche erst 1929 gelöst werden wird. Für den Zeitraum unter Pius X., der innerkirchlich vom (Anti-)Modernismusstreit durchtränkt ist, war Dehon als Gutachter der Indexkongregation in Rom tätig. Dabei ist sein Aufgabengebiet dort eher für den französischen Raum abgesteckt, worin Dehon Akzente gegen liberale Ränder des Katholizismus setzte und manchmal die Frage gestellt werden darf, ob er wirklich als ein für seine Aufgabe punktgenau befähigter Theologe angesehen werden kann.

Die Palette der zu zensurierenden Werke ist durchaus reichhaltig, ja umfassend. Jedenfalls nahm Dehon diese Aufgabe sehr ernst und penibel genau, war aber auch gar nicht traurig, als diese Pflicht wegfallen wird. Andererseits steht

---

[61] Giuseppe Manzoni, Leone Dehon e il suo messaggio, Bologna 1989, 431: «[...] le notizie [...] non aggiungono nulla di essenziale alla conoscenza che già abbiamo di p. Dehon.»

Dehon in Rom wegen seiner Kongregation mit verschiedenen römischen Instanzen und Behörden, unter anderem wegen der Missionstätigkeit z.b. in Finnland mit dem anderenorts berühmt-berüchtigten Umberto Benigni (1862-1934) in Kontakt, oder aber aufgrund der Anerkennung und Weiterentwicklung der Kongregation mit dem schon erwähnten Kardinal Gotti oder den Frankreich-Kenner Domenico Kardinal Ferrata (1847-1914), dem er im Mai 1906, kurz vor der Anerkennung, als Präfekten der römischen Kongregation für die Bischöfe und Religiosen einen eindrücklich drängenden und bittenden Brief zukommen lässt. Dehon schrieb an den vormaligen Nuntius in Paris:

> «Sie haben mir zu verstehen gegeben, dass wir in Rom Feinde haben, die uns in niederträchtiger Weise verunglimpfen, indem sie uns als Visionäre und so weiter sehen. Sie werden vielleicht auf Glauben beim Heiligen Stuhl stossen. Also, so wird man uns zunichtemachen oder uns die Anerkennung verweigern, was auf das Gleiche hinaus läuft. Wenn das geschehen muss, so bitte ich Ihre Eminenz, dies so schnell als möglich umzusetzen. Sie müssen meine Seelenqual verstehen. Wie kann ich allen zulächeln und alle meine Werke ermutigen? Je länger man zuwartet, desto umfangreicher ist das zu zerstörende Gebäude, desto grösser wird der Skandal sein. [...] Seit 23 Jahren bin ich im Würgegriff der Inquisition.» [62]

Kurz darauf, nach diesen eingehenden Zeilen wird die Kongregation anerkannt, das «Gebäude der Kongregation» muss nicht niedergerissen werden.

Auch ausserhalb Roms, in heimatlicheren Gefilden, stand nach 1903 Dehons Bemühen im Zentrum, für eine gute Zukunft zu sorgen. Die ersten Säulen der Kongregation, wie Rasset, werden zu dieser Zeit sterben. Das hält Dehon einen Spiegel vor Augen. Dehon sucht gezielt nach Figuren, die seine Nachfolge antreten könnten, und baut diese auf, so etwa Pater Adrian Guillaume (1886-1915), der in einer engen Beziehung zu Dehon stehend, aber mit schwacher Gesundheit ausgestattet, jung sterben wird. Neben der Rekrutierung von Nachwuchs als personeller-quantitativer Grundsteinlegung ist ein Bestreben Dehons zu ersehen, eine Art spirituelles Grundfundament anzufertigen. Wobei aber andererseits nicht vergessen werden darf, dass ein P. André Prévot, der bis 1913 über 500 Novizen auf dem ersten Weg in der Kongregation begleitet hat, einen wohl ungleich grösseren Einfluss ausübte. [63] Dem rigoristischer und asketischer ausgerichteten Prévot gegenüber grenzte sich Dehon auch nuanciert und subtil ab. Dehon trat dazu in dieser Phase als viel gefragter Redner und Exerzitienmeister auf, prä-

---

[62] Brief Dehons an Domenico Card. Ferrata, 06.05.1906, in: B 105/3.2, Inv. Nr. 01157.25: «Vous m'avez appris que nous avons à Rome des ennemis qui nous calomnient odieusement, en nous prenant pour visionnaires et le reste. Ils obtiendront peut-être crédit auprès du Saint-Siège. Alors, on nous détruira ou l'on nous refusera l'approbation, ce qui revient au même. Si cela doit se faire, je prie Votre Eminence de le faire le plus vite possible. Vous devez comprendre mon angoisse. Comment puis-je sourire à tout mon monde et encourager toutes mes œuvres? Plus on attendra, plus l'édifice à détruire sera considérable, plus le scandale sera grand. [...] Il y a vingt-trois ans que je suis sous les griffes de l'inquisition.»

[63] Vgl. dazu Van den Hengel, André Prévot and Léon Dehon und Wilmer, L'attualità inattesa di André Prévot.

zisierte zudem in Schriften und Korrespondenzen, gerade mit P. Adrian Guillaume, prospektiv seine Positionen und Anschauungen. Freilich ist das ein unabgeschlossener, wenig mechanischer Prozess, wie die Rezeptionsgeschichte einer letztlich doch sehr offenen Spiritualität zeigt: Wie nun Reparation, Hingabe, Aufopferung, Herz-Jesu-Devotion usw. genau verstanden werden sollen, darüber lässt sich gut streiten.

Von verschiedenen Autoren wird nun Dehons letzter Lebensabschnitt als einer hervorgehoben, der stärker von einer Innerlichkeitsfacette sowie einer Weiterentwicklung seiner Spiritualität gekennzeichnet gewesen sei. Manchmal ist dies wohl als «idealistische» biografische Stilisierung zu sehen, tritt Dehon doch in den Herbst seines Lebens ein. Die Vorstellungen der Lebensjahreszeiten drängen sich auf. Reife und Ernte werden so zu mächtigen Bildern. Diese Zuschreibung, so plausibel sie sein mag, muss dennoch hinterfragt werden – wie eine Einteilung seiner Schriften in soziale und spirituelle Arbeiten, welche nicht zuletzt die Biografen der Kongregation vorangetrieben haben. So wissen wir heute, dass gerade vor dem Krieg sich Dehon in einer für seine Zeit und erste biografische Zugänge noch nicht sichtbaren «politischen» Mission betätigte, die da hiess, die *Action Française* als immanentistische, die Kirche vereinnahmende Bewegung (ohne Moral und Mitleid) kirchlicherseits zurückzubinden, was Pius X. – aus anderen Gründen – hinauszögerte. Gerade das war für Dehon, der eine holistische Weltsicht pflegte, wohl auch zugleich eine spirituelle Aufgabe.

1.3.5 Der grosse Krieg und letzte Lebensjahre (1914-1925) – Herbst und Reife eines langen Lebens

Irgendwie gewinnt man den Eindruck, dass Dehon den Krieg, der für die Historikerzunft von heute eine grosse Zäsur darstellt und als Urkatastrophe des 20. Jahrhunderts angesehen wird, nicht wirklich heraufkommen sah. Zumindest wurde er von den sich überschlagenden Ereignissen überrascht. Als der Krieg dann (sehr) konkret für Dehon in all seiner Härte erfahrbar wurde, erlebte das Ereignis durch ihn keine «Überbewertung»: Eher stoisch, als einem natürlichen-historischen Geschehen, begegnete Dehon vorerst dieser nationalen Auseinandersetzung. Es war nicht der erste Krieg, den Dehon erlebte. Zuallererst ging er sehr ruhig mit Situationen um, wo andere schlicht die Nerven verloren. Angst und Panik sind, sei es weil Okkupatoren ins Mutterhaus eindrangen oder man sich mitten im Bombenhagel befand, sehr gut nachvollziehbar. In seiner Heimatstadt verbrachte Dehon in der *Maison du Sacré-Cœur* dreissig penible Monate inmitten der von deutschen Truppen okkupierten Zone. Er war stark eingeschränkt, für kurze Wege benötigte er einen Passierschein. In dieser Zeit hatte er eindrückliche Notizen verfasst, die nicht nur eine Menge über den grausamen Krieg, vielmehr auch über den Schreiber selbst aussagen. Nach einer Phase in seinem Leben, die, wie wir es sahen, von grosser Reise- und Organisationstätigkeit geprägt war, von vielen Kontakten und Begegnungen, von Networking und Leitungsmassnahmen in einer jugendlichen Kongregation mit neuen und schon zahlreichen Häusern, personellen und finanziellen Problemen usw., war Dehons Leben nun empfindlich «reduziert», «ruhiggestellt» in einem gewissen Sinne.

Er selbst, der die Geschichtsverläufe providentiell, von Gott her getragen und kontrolliert, einschätzte, war in seiner Heimat festgezurrt, weitgehend vom Kontakt zur Aussenwelt abgeschnitten. Dehon konnte sich sichtlich ohne grössere Probleme auf diese Situation einstellen. Adaptionsfähigkeit könnte als eine Konstante für sein langes Leben angesehen werden. Die Kriegszeit war eine Zeitspanne, in der ihn die Beschäftigung mit Fragen der Nation nochmals intensiver fesselte, die Frage nach Vergangenheit, Gegenwart und Zukunft Frankreichs. «La grande nation» drohte in der herkömmlichen Form zumindest in der ersten Kriegsphase, wie es den Anschein hatte, wegen der raschen deutschen Vorstösse unterzugehen. Das beschäftigte Dehon, der wie viele andere gerade der politischen «union sacrée», einem nationalen Schulterschluss, verpflichtet war, sehr. Ist es das, die einfache Geschichtskonzeption Dehons, die dem Jesuiten d'Herbigny 1917 an Dehon auffiel?

Daneben erwies sich für Dehon im Kriegsgebiet, dass gerade der Katholizismus Möglichkeiten transnationaler lokaler Zusammenarbeit bereithält.[64] Nationale Grenzen konnten konfessionelle Bande nicht ganz beiseiteschieben, im Speziellen dann, als es sogar die eigene Kongregation betraf. Deutsche Patres, wie Franz Wolfgang Demont (1880-1964), besuchten Dehon und wollten ihn aus dem Kriegsgebiet schaffen. Das konnte erst Ende 1917 umgesetzt werden. Am Silvestertag dieses Jahres trifft Dehon in seinem geliebten Rom ein und logiert dort an seinem früheren Studienort Santa Chiara, im französischen Seminar, unweit des Pantheons. Dehons Heimat selbst wurde völlig verwüstet, was ihn, als er nach dem Krieg nach Hause zurückkehrt, zutiefst schockieren wird. Die anfänglich geschilderte Ruhe wandelt sich dabei in tiefste Bestürzung, als er seine Heimatstadt mitsamt der für ihn wichtigen Bauten an der Wiege der Kongregation in Schutt und Asche vorfand.

Mit dem 8. Generalkapitel der Kongregation (1919) und dem Versuch Dehons, in Rom in seiner letzten Lebensphase baulich-architektonische Akzente umzusetzen, benennen Dehons Biografen zwei Felder, die seine letzten Lebensjahre charakterisieren. In der ewigen Stadt traf Dehon einen alten Bekannten auf dem Stuhle Petri wieder: Benedikt XV., den er schon kennengelernt hatte, bevor

---

[64] Hier sei nur der aus der Sächsischen Provinz stammende Franziskanerpater Raymund Dreiling (1879-1956) benannt, zu dem Dehon während der deutschen Okkupation in St. Quentin einen guten Kontakt pflegte, vgl. Gerhard Lindemann, Von der Novemberrevolution bis zum Zweiten Vatikanischen Konzil (1918-1962), in: Joachim Schmiedl (Hg.), Geschichte der Sächsischen Franziskanerprovinz, Band 3: Vom Kulturkampf bis zum Anfang des 21. Jahrhunderts. Redaktion und Register Gunhild Roth, Paderborn 2010, 289-619, v.a. 322-323, hier 323 zu Dreiling: «Nur die Nachahmung der Liebe des Franziskus, ‹seiner rücksichtslosen Selbstüberwindung und seiner unerbittlichen Weltentsagung› könne die Menschheit retten. Zudem rief Dreiling zu einer intensiven Unterstützung des Dritten Ordens auf.» Ein Grund, warum die beiden einen guten Draht zueinander hatten?

dieser Erzbischof von Bologna wurde. Diesen Pontifex bat Dehon, einen Altar zur Ehren Margareta Marias – sie wird 1920 heiliggesprochen – im Petersdom umzusetzen, aber noch wichtiger: Er sprach mit dem Papst über ein zentrales Haus der Kongregation in Rom, das in einem neuen Quartier entstehend mit einer besonderen Kirche versehen werden sollte. Das Projekt des «Tempio di Cristo Re» («Basilica del Sacro Cuore di Cristo Re») beschäftigte Dehon in seinen letzten Lebensjahren intensiv. Dafür die nötigen Mittel aufzutreiben, gestaltete sich als äusserst schwierig und wurde gelegentlich als Tick eines alten Mannes abgetan. Ein analoges Projekt zu dem auf dem Montmartre in Paris im Zentrum der katholischen Kirche ist dabei Dehons expliziter Wunsch, den er mit P. Octavio Gasparri (1884-1929), einem italienischen Mitbruder, teilt. Das Fundraising, das Dehon von Brüssel aus bis in den Sommer 1925 hinein unternahm, führte jedoch nicht dazu, dass sein letztes grosses Projekt zu Lebzeiten umgesetzt werden konnte. Erheblich modifiziert wird der Bau erst 1934 inauguriert.

Erfolgreicher war Dehon im 8. Generalkapitel, das nach den Kriegswirren in Heer in der Nähe Maastrichts auf niederländisch-neutralem Terrain durchgeführt wird. Der internationalen Kommunität bleibt eine Spaltung im Sommer 1919 erspart. Der Krieg konnte sich zumindest hier in seinen zerstörerischen Folgen nicht auswirken. Zudem wurde P. Philippe zum Generalsekretär und somit implizit zum Nachfolger auserkoren. Dieser vollzieht dann harmonisch den Übergang in die Zeit nach Dehon. Der Stifter der Kongregation verstirbt am 12. August 1925 in Brüssel. P. Philippe setzt kurz darauf, wie oben schon ausgeführt, erste Schritte zu einer Memoriabildung in Sachen Dehon – Dehons Kongregation, sein Lebensprojekt, zählt zu diesem Zeitpunkt weit über 700 Mitglieder.

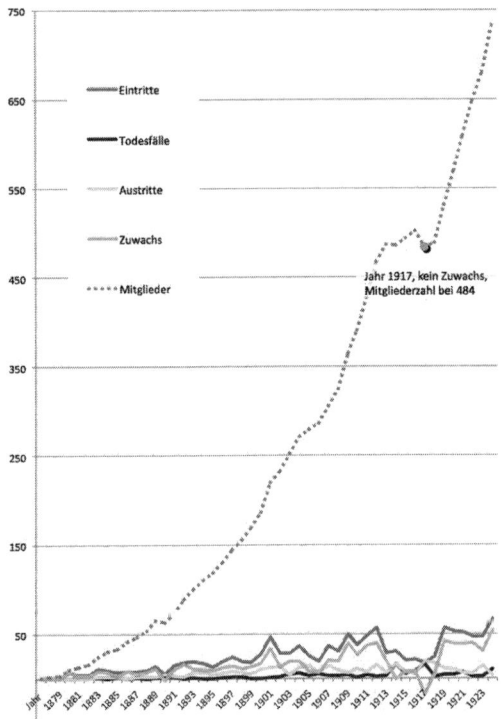

Abbildung 2: Mitgliederstatistik von 1878-1925, nach statistischem Material von Bernard J. Rosinski SCJ. Als Dehons Kongregation Ende 1883 wegen des Prozesses vor dem Heiligen Offizium aufgelöst werden sollte, hatte die Kongregation gerade mal 16 Mitglieder. Etwa zehn Jahre später, zwischen den für Dehon schwierigen Generalkapiteln, also Ende 1894, überschritt die Kongregation erstmals die Grenze von 100 Mitgliedern. Danach zeigt sich quantitativ eine florierende Entwicklung.[65]

---

[65]   Vgl. Bernard J. Rosinski, The First 125 Years: A Statistical Study of SCJ Membership (1878-2003), in: Dehoniana 36 (2007) 67-86.

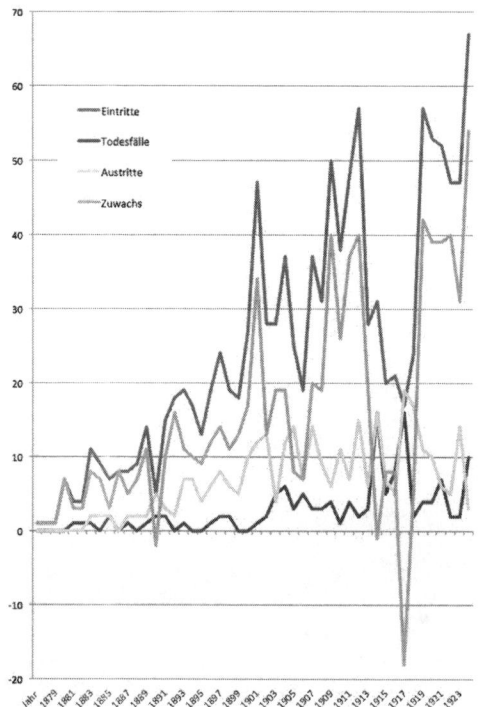

Abbildung 3: Vor (zwischen 1910 und 1913) sowie nach dem Krieg (im Zeitraum von 1920-1925) ist ein beachtlicher Mitgliederzuwachs zu verzeichnen. Durch die Verunsicherung der Nicht-Anerkennung der Kongregation erklärt sich die beachtliche Austrittswelle nach 1901, die Dehon ein wenig verbitterte; weniger war das dann der Fall, als Ähnliches im Krieg geschah. Denn auch in diesem Zeitraum sind die Austrittszahlen hoch. Der Krieg schlägt sich in «eindrücklicher» Weise in den obigen Statistiken nieder, weil viele Tote zu beklagen sind. Ein auffallender Peak an Todesfällen offenbart sich zudem um 1905, wo die Patres der ersten Generation in die Jahre kommen. U.a. stirbt P. Rasset. Aber auch einige Missionare fanden den Tod, was Dehon sehr nahe geht. Zugleich wird ein Generationenwechsel ersichtlich, deutlich am Generalkapitel von 1908 ablesbar. Dort sprach Dehon nicht ohne Grund über die «Ehrfurcht vor dem Alter». Am Ende von Dehons Sterbejahr 1925 zählt die von ihm gegründete Institution, wie schon gesagt, stolze 734 Mitglieder.

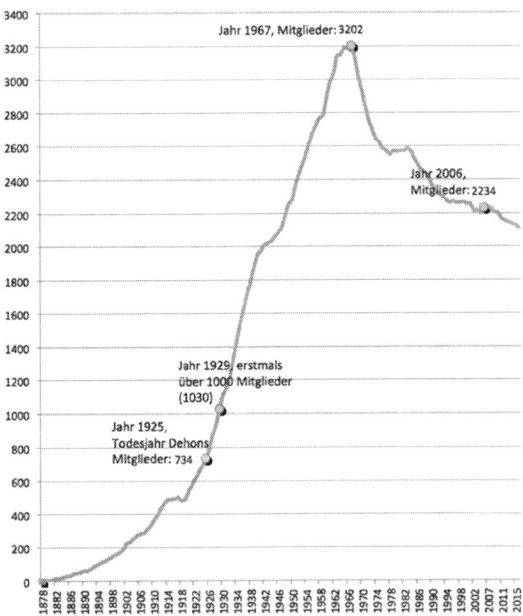

Abbildung 4: Die Entwicklung der Mitgliederzahl der Kongregation seit ihrer Gründung bis hin zum Jahre 2016. Das Zahlenmaterial von P. Rosinski wurde mittels Zahlenmaterial aus den Jahresberichten der Kongregation, von 2003 an, ergänzt. Ein Peak der Mitgliederzahlen zeigt sich im Zeitraum von Mitte 1950 bis Mitte 1980. In diesem Zeitraum zählt die Kongregation mehr als 2500 Personen. Seit dem Jahre 2000 sind die Zahlen bei leicht fallender Tendenz stabil. Eine detaillierte Analyse des Zahlenmaterials würde eine deutliche Verlagerung der Gewichte in den aussereuropäischen Raum zeigen können.

1.4 Einordnung in die katholische Denkwelt – erste Vorbemerkungen für ein grobes Koordinatensystem

Bevor nun in die einzelnen Kapitel und die mit ihnen verknüpften Detailfragen einzusteigen ist, die einen Dehon in manchen Konflikten seiner Zeit zeigen, kann noch der Frage nachgegangen sein, wie Dehon als intellektuelle Figur in seine Welt und Zeit einzuordnen ist. Dabei geht es um eine gewisse Wertung der Originalität seines Denkens und um die Frage nach der Fähigkeit Dehons, geistige Marksteine und Impulse im Sinne einer Meinungsführerschaft setzen zu können. Diese werden vermeintlich «grossen Gestalten» im Rahmen einer Intellektuellengeschichte zugeschrieben. Jene Frage hat auch immer wieder Kongregationsmitglieder umgetrieben, Biografen hin oder her. Sie wird hier nicht das erste Mal aufgeworfen. Nachgeborene Institutsmitglieder mussten dann manchmal zu einer für sie eher enttäuschenden Antwort vorstossen.

Eher als ein systematischer Denker ist Dehon ein aufgeschlossener, an praktischen Lösungen interessierter Organisator, der beharrlich gewissen Ideen – die traditionell bestimmt sind – folgt. Vielleicht ist es die falsche Fragestellung, ihn unter die Spitzen einer Denkwelt einordnen zu wollen. Dort wollte er selbst nicht sein. Und das war keiner falschen Bescheidenheit geschuldet. Dehon lehnte es ganz gezielt ab, den universitären, intellektuellen Weg einzuschlagen, wo er seinen unbestritten breit ausgebildeten Geist hätte verfeinern können. Er kümmerte sich dagegen um einen praktischen, neuartigen Institutionalisierungsprozess, der ihn anspornte und zutiefst herausforderte. Die «unwissenschaftliche» und «unintellektuelle» Idee eines neuen Ordens prägte seine zweite Lebenshälfte. Anfangs euphorisch, wurde er schnell rückgebunden, verkirchlicht, eingezäunt. Wenn er 1893 oder 1896 als Superior abgewählt worden wäre, hätte er wohl die Gemeinschaft verlassen. Dann wäre er vielleicht als Priesterpolitiker oder Universitätsprofessor in Pension gegangen und zu Ruhm gelangt. Oder wäre er in den Jesuitenorden eingetreten? Wir wissen es nicht. Die Was-wäre-wenn-Frage ist unhistorisch, aber deswegen nicht weniger interessant.

In einem schwierigen Umfeld sind Dehon auf seinem Weg auch glückliche Umstände zu Hilfe gekommen. Trotzdem ist sein prozedurales, manchmal taktisches Geschick nicht weniger beachtlich und beeindruckend. Dehon weiss sich an verschiedenen Punkten sehr wohl zu helfen, was manch einer ihm dann übel nimmt oder als krude Strategie ankreidet. Aus diesem einfachen Grund, wegen des Aufbaus seiner Kongregation, wegen seiner «praktischen Urteilskraft» fehlte es ihm schlicht an der Musse, sich in diversen Fragen der Zeit zu vertiefen, die seine Epoche und den Katholizismus selbst umtrieben. Er vermochte hierin auch kein Autodidakt sein, wie das sein Vikarskollege aus St. Quentiner Zeit und späterer Bischof Mignot war.

Dehon orientiert sich zeitlebens an katholischen, meist französischen Gestalten, die konservativ, integristisch, aber auch aufgeschlossen und ganzheitlich ticken. Gemeinsam ist diesen Gestalten die händeringende Auseinandersetzung mit der Französischen Revolution als «the great demarcation»[66] und ihren Folgen. Hier ist geistesgeschichtlich an die restaurativen Kräfte Joseph de Maistres (1753-1821) zu denken, im politischen Bereich an Jakob Balmes (1810-1848) sowie Donoso Cortés (1809-1853), die Dehon beeinflussen, weiter an einen Hugues Félicité Robert de Lamennais (1782-1854) – «vor seinem Fall», wie Dehon sagt – oder an einen Jean Baptiste Henri Lacordaire (1802-1861), ohne einen Antoine Frédéric Ozanam (1813-1853) zu vergessen.

Aber Dehon hat nicht einen Autor, den er besonders heranziehen würde. Er agiert eklektisch, sprunghaft. Letzten Endes ist er nicht einer Schule zuzuordnen, sondern steht eigenständig da. Vieles bleibt bei Dehon, der nichtsdestotrotz als ein scharfer Denker zu bezeichnen ist, bei Anspielungen. Er, der verbinden

---

[66] Vgl. Rafe Blaufarb, The Great Demarcation. The French Revolution and the Invention of Modern Property, Oxford 2016.

möchte, verliert sich manchmal in Versatzstücken. In seinem Korrespondenz-korpus finden wir keinen tiefgehenden theologischen oder philosophischen Aus-tausch. Dehons kompilatorischer Stil in den publizierten Werken ist dabei viel-sagend. Durchaus «modern» liebt er das Zitathafte, das Sublime, die Anspielung, das Assoziative, was ihn dann auch schwer einordnen lässt. Er sammelt aktuelle Meldungen aus Zeitungsartikeln, mit denen er in seiner publizistischen Tätigkeit weiterarbeitet. In historischen Lektüre-Durchgängen häuft er Material an, liefert dabei oft gewagte diachrone Stichwortketten, die apologetisch orientiert sind und einem Zweck dienen.

Dehon ist kein Systematiker. Wir werden dies ein wenig in der Analyse seiner Tätigkeit an der Indexkongregation sehen. Gewiss, er hat Prinzipien, aber er ist zu oft ein Tendenzleser, als dass er in die Tiefe gehen könnte. Sein manchmal dualistisches Weltbild bestärkt dieses Moment. Dehon erweist sich eher als ein Vermittler, ein Transmitter, ein Divulgator, ein Anwender oder als ein Pädagoge, der Impulse und Schlagworte gibt, ohne eine eigene «Ideen-Welt» zu generieren. Das ist kein abschwächendes, pejoratives Urteil. Denn er versteht es durchaus, an gewissen, für ihn wichtigen Punkten profund vorzugehen, wie in der Zins(ver-bots)frage noch zu ersehen sein wird. Dort findet er dann auch Rezeption, als es um die Weiterentwicklung der katholischen, neuthomistischen Moraltheologie geht. Aber das ist wiederum eine eher praktische moraltheologische, anwendungs-bezogene Frage.

Dem Liberalismus als dominanter Geistesströmung der Eliten seiner Zeit ge-genüber ist Dehon skeptisch, ja sogar prononciert ablehnend. Besonders drückt sich das später gegenüber der theologischen und kirchlichen Variante aus. Frei-heit in Übermass ist ihm, wie einem Lacordaire, zersetzend, dient den Starken und führt in die Revolution. Es brauche Orientierungspunkte und Regelwerk. Das hindert ihn, der eigentlich antirevolutionär ausgerichtet ist, nicht daran, aus liberalen Quellen zu schöpfen und selbst die Freiheit zu betonen. Wir werden in der Zinsfrage sehen können, dass die Dinge, wenn ins Detail gegangen wird, sehr komplex gelagert sind. Dehon ist darin durchwegs freiheitsorientiert, wie auch dort, wo es darum geht, Freiheit für die Kirche oder kirchliche Institutionen («li-bertas ecclesiae») einzuklagen. Wenn Emiel Lamberts in der politischen Frei-heitsforderung für die Kirche eine volle bzw. allgemeine von einer privilegierten unterscheidet, so muss Dehon dem Pol der privilegierten Freiheit zugerechnet werden, in dem Sinne, dass die Kirche einen bevorzugten Platz einfordern darf. Dabei ist Dehons Liberalität «gebremst».[67]

---

[67] Emiel Lamberts, The Struggle with Leviathan. Social Responses to the Omnipotence of the State, 1815-1965, Leuven 2016, 133: «Both movements [the ultramontanes and the liberal catholics, DN] in fact were striving for the same goal: to strengthen the autonomy of the Church, which im-plied resisting State omnipotence. But they differed in their strategies, largely because of their di-vergent concepts of freedom: the ultramontanes clung to a privileged freedom, while the liberal Catholics resolutely accepted general freedom.» Der katholische Liberalismus, auf den Lamberts sich hier bezieht ist derjenige von Charles de Montalembert (1810-1870). Dessen Freiheitsruf für

Jacques Gadille wiederum benennt für Dehons Lebenszeit mit dem wissenschaftlichen Rationalismus eine wichtige Strömung. Dieser trat mit einem starken Anspruch auf und wollte weit über die philosophischen Studierstuben hinaus reichen:

> «Der Erfolg der experimentellen Medizin sowie die aus wissenschaftlicher Forschung hervorgegangenen Techniken legten die Grundlage für die immer stärker um sich greifende Überzeugung, der Rationalismus sei der Schlüssel zur Zukunft des Menschen und zu dessen künftigem Glück.»[68]

Diese rationalistische, zukunftsorientierte Weltsicht, die Offenbarung und die Tradition hintanstellend oder sogar ganz vernachlässigend, teilte Dehon nicht. In Dehons Lebenszeit wurde etwa auch der Fall «Galileo Galilei» festgeschrieben, der eine dichotome bürgerliche Weltsicht präsentiert und Emanzipation insinuiert. Aberglaube träfe auf Wissenschaftlichkeit, Galilei gilt als Apostel einer neuen Weltsicht. Dehon stellte sich gegen ein solches Weltverständnis. Er war mit den Bischöfen Louis-Eduard Pie (1815-1880) und Gay dazu bereit, auch dem Übernatürlichen, dem Mysteriösen, einen Raum einzugestehen. Ein Mittel, gegen den modernen materialistischen Rationalismus anzugehen, sahen katholische Akteure in der Hebung der katholischen Literatur, Ästhetik und Publizistik – welche ihrerseits wiederum stark aus der Bibel und den spirituellen Schriften schöpfte. Mit Maurice Barrès (1862-1923) sei hier nur ein Name genannt, der für Dehon ein bedeutender, nationalkatholischer Orientierungspunkt war. Dehon war von der «Konversionswelle» einiger Intellektueller, wie etwa Barrès oder Joris-Karl Huysmans (1848-1907), angetan, die die bürgerlichen Werte und ihre Doppelmoral geisselten und sich «die Sehnsucht nach Heiligkeit, das Lob der monastischen Selbstaufopferung und die Mediation des Hereinbrechens des Übernatürlichen in den Gang der Geschichte an heiligen Orten»[69] zu eigen machten.

Im innerkatholischen Modernismusstreit wiederum ist Dehon eindeutig verortet; womöglich auch deswegen, weil er selbst eines sozialen Modernismus verdächtigt wurde und dazu über seine mystischen und erfahrungsbezogenen Ansätze weitere Angriffsflächen bot, die den Touch des Neuen bzw. Gefährlichen in sich trugen. So war er angehalten, seine «Rechtgläubigkeit» zu demonstrieren. Diese war ihm schon einmal abgesprochen worden. Systematische Offenbarungs-, Inspirations- und Bibelkritik – wobei er eine Hauptfigur der Auseinandersetzung, P. Marie-Joseph Lagrange (1855-1938), geschickt umschiffte – und die Auflösung des Christentums hinein in eine komparative Religionsgeschichte lehnte Dehon ab. Nicht nur hierin ist er vom eingangs zitierten Adolf von

---

die Kirche schätzte Dehon, wie dessen Werk «Die Mönche des Abendlandes» (fr. 1860, in sieben Bänden). Weniger gefiel Dehon Montalemberts «gallikanische» Unterstützung der Konzilsminderheit am Vorabend des I. Vatikanums.

[68] Jacques Gadille, Theologie und Spiritualität in der katholischen Welt, in: Die Geschichte des Christentums, Bd. 11 (Liberalismus, Industrialisierung, Expansion Europas), Freiburg i. Br. 1997, 335-352, hier 335.

[69] Gadille, Theologie und Spiritualität, 344, auf 348 wird Bezug zu Dehon genommen.

Harnack vielleicht gar nicht so weit entfernt. Einerseits kann Dehon am Rande
einer neuscholastischen, sprachlich und gedanklich juridisch orientierten theologischen Strömung zugerechnet werden, die er als in seinen Augen «solide»
Schultheologie, z.b. die *theologia moralis* über Antonio Ballerini (1805-1881),
in Rom sich aneignen konnte, und die später ins soziale Schrifttum Dehons eingeflossen ist. Andererseits sieht Dehon eine Ausdifferenzierung, eine Komplexität und lässt sich vom konkreten Neuen ansprechen, also gibt wiederum einer Erfahrungsdimension und der aktuellen Situation Raum, die dann grosses Gewicht
für sich beanspruchen kann. Die Klerikerkongresse 1895-1900 in St. Quentin,
Reims und Bourges sind ein gutes Beispiel dafür. Dehon ist einem sozialpolitisch
engagierten Katholizismus verpflichtet, der sich gegen einen Etatismus, Individua-
lismus, Sozialismus und Kollektivismus sowie Elitismus stemmt, um einer kirch-
lich-kreativen Restauration Platz zu schaffen. Der Blick ist dabei nicht nur rückwärtsgewandt – gerade der positive Blick Dehons auf die für die katholische Kirche nicht schlechten, ja «vorteilhaften» amerikanischen Verhältnisse zeigt das. Den
technischen Innovationen gegenüber zeigte sich Dehon auch sehr aufgeschlossen.

Die in dieser Arbeit herangezogene «Konflikt-Perspektive» lädt nun noch dazu ein, zu fragen, ob Dehon wegen origineller Thesen ins Kreuzfeuer der Kritik
geraten ist. Das ist weniger der Fall. Es sind eher Haltungen, die stören, Dispositionen und Initiativen, die aufregen. Wenn, dann ist es das, was er getan oder un-
terlassen hat, dann ist es sein Engagement, das kritisiert wird. Oder es sind die
grösseren Zusammenhänge (z.B. Christdemokratie, Neugründung von religiösen
Gesellschaften), in denen er steht und die da trocken abgelehnt werden. Aber es
sind weniger die von ihm selber ins Zentrum gerückte eigene Person oder von
ihm transportierten theologischen oder soziologischen Thesen, die Ablehnung
finden. Letztendlich ist Dehon denn auch wenig greifbar, weil er starke Refe-
renzsysteme aufbaut (z.B. zu Leo XIII.), sich wandelt, sich dauernd in einer
gewissen Bewegung befindet, Erfahrungen hoch wertet, den Humor liebt und
nicht streng auf Systematik aus ist.

Auffallend ist schliesslich, dass Dehon in einer recht abgeschlossenen Welt
verbleibt, was sein Denken und Schreiben anbelangt. Es gibt für ihn ein recht
klares Innen und Aussen. Die Reisetätigkeit ist darin letztendlich kein echtes
Korrektiv. Er kennt den Pluralismus der Welt, liebt aber doch den Sicherheit ver-
mittelnden Integralismus seiner Kirche und gibt sich papalistisch.[70] Dehon ist
ekklesiozentrisch veranlagt, er ist aber auch, wie Pius X., ein «konservativer Reformer», nicht zuletzt in seiner je eigenen Kirchenkritik, die nicht gering eingeschätzt werden darf. Sein Koordinatensystem ist und bleibt die Kirche, welche
für ihn als eine freie, internationale und primär mystische Grösse zu verstehen ist,
die sich nahe an ihrem Stifter auszurichten hat. Das christozentrische Moment,
über die Herz-Jesu-Frömmigkeit vermittelt und bestärkt, ist ihm darin zentral.

---

[70] Vgl. Bernd Moeller, Geschichte des Christentums in Grundzügen (UTB 905), Göttingen [10]2011,
       335-347.

Kapitel I

Dehon in seiner Kongregation und deren Mission – Die Niederlassung in Tunis, innerkongregationale Reibeflächen und Dehon als Superior

Die Herz-Jesu-Priester wurden im Jahre 1878 von Pater Dehon gegründet. Zu diesem Zeitpunkt war eher die innere Mission in Frankreich Ziel und Zweck der Gesellschaft. Diese bezeichnete sich damals noch als Oblaten vom heiligen Herzen Jesu. Die ursprüngliche Intention einer Rechristianisierung Frankreichs wird sich so modifizieren. Sie erfährt eine bedeutende Weiterung, ja eine Richtungsänderung: Vom Strom europäischer und kirchlicher Expansion mitgerissen, werden der Generalobere Dehon und die junge Gesellschaft – ohne starke eigene «Missionstheorie» – von einer Dynamik erfasst, in deren Gefolge dann die Kongregation im 20. Jahrhundert umfänglich den Charakter einer internationalen Missionsgesellschaft annehmen wird. Dabei steht die Kongregation in einem grösseren kirchlichen Kontext, der eine ähnliche, ja parallele und für sie katalysierende Entwicklung nimmt. 1878 ist das Todesjahr von Pius IX., der nach seinem über 30 Jahre andauernden, bewegten Pontifikat weltkirchlich gesehen eine neue kirchlich-institutionelle Organisationsstruktur innerhalb und ausserhalb Europas aus der Taufe hob. Der Verlust des Kirchenstaats war ein kräftiger Motor für diesen Prozess der Neuorientierung. Jene neue Organisationsform von Kirche werden Leo XIII. und seine Nachfolger, insbesondere Benedikt XV., systematisch weiterentwickeln: Sich selbst als in die Enge getrieben erachtend und seiner weltlichen Herrschaft beraubt, greift das römische Papsttum weit aus und stützt dabei auch zentral die internationalen Missionsbestrebungen. Die römische Frage, von 1870-1929 virulent, schuf eine neue Dynamik, in die auch unweigerlich die junge Kongregation eingezeichnet war und die Dehon als deren Oberen prägte.

Nicht alle Initiativen der jungen Kongregation waren aber – aus einer unternehmerischen und buchhalterischen Sicht heraus – von Erfolg gekrönt. Das trifft schon für das erste Missionsprojekt im «Herz-Jesu-Land» Ecuador zu, wie noch zu zeigen ist. Ecuador ist, das kommt hinzu, kein klassisches Missionsland für die so genannte «Heidenmission». Lateinamerika war schon über portugiesische und spanische koloniale Initiativen mit dem Christentum konfrontiert. Im 19. Jahrhundert wurden jedoch die römischen Bestrebungen in Lateinamerika verstärkt. Man spricht von Romanisierung.[1] Die Kongregationen dienten hier als

---

[1]   Vgl. dazu Klaus Koschorke/Frieder Ludwig/Mariano Delgado (Hg.), Aussereuropäische Christentumsgeschichte. Asien, Afrika, Lateinamerika (Kirchen- und Theologiegeschichte in Quellen 6), Neukirchen ²2006, 271-278.

Instrument einer intendierten «Neuchristianisierung» unter ultramontanen Vorzeichen. Mission wurde also in einem weiten Sinne verstanden, beinahe als allgemeine Projektbezeichnung, als Gründung einer neuen Niederlassung, wo auch immer. Sie diente grundsätzlich der Weiterentwicklung des Instituts der Herz-Jesu-Priester. Dies wird hier im ersten Kapitel, in dem im Fall Tunis das Missionsgeschehen eher den Charakter von Ausländerseelsorge annimmt, begrifflich ebenso gehandhabt: Mission wird als Konzept breit gefasst. Solches wurde schon anfänglich über die Rede von der «Inneren Mission»[2] präludiert. Die Ecuadormission wiederum, die in einem bereits christlich geprägten Land aufgegleist für die Kongregation mit grossen, fast euphorischen Hoffnungen verknüpft war, musste von ihr aufgegeben werden. Politisch-revolutionäre Umstände in Südamerika am Ende des 19. Jahrhunderts erforderten dies. Diese Mission scheiterte, wie später andere, z.b. eine intendierte Niederlassung in Nazareth, wo es bei der Akquirierung eines Grundstücks bleibt.[3] Die Expansion hin nach Ecuador war deswegen aber nicht weniger wirksam und wirkkräftig. Das gilt ganz konkret deshalb, weil Ecuador-Missionare der ersten Stunde, wie Emile Gabriel Grison (1860-1942) und François Sebastien Miquet (geb. 1860),[4] in spätere Missionsanstrengungen weiter eingebunden sein werden und auf ihre Erfahrungen bauen können. Das Personal wird an anderen Orten «missionarisch» weiter verwendet werden, gleichsam verschoben. Wird der erste, Grison, zu einer veritablen Galionsfigur der Kongregation, so wird der zweite, Miquet, die Kongregation im Zwist verlassen. Miquet, der sich mit Dehon überwarf, liess sich säkularisieren und amtete danach als Weltpriester der Diözese Karthago. Die so oftmals erhobene Rede von Erfolg bzw. Misserfolg führt uns dazu, noch die eine oder andere konzeptionelle Vorabklärung vorzunehmen.

2.1 Erfolg und Misserfolg in der Mission

Es spricht einiges dafür, das Ecuador-Projekt als ein «gescheitertes» anzusehen. Gleiches gilt für ein späteres Missionsprojekt, nämlich die Gründung einer Niederlassung, welche im vorliegenden Kapitel nun zentral unter die Lupe genommen wird: Tunis. Die Gründe für das Scheitern in Tunis waren aber unterschiedlich zu jenem in Ecuador gelagert. Im Fall Tunis finden sich Ursachen bis tief in den Kern des Instituts hinein. Das gilt es hier auch aufzuzeigen.

---

[2]　Vgl. dazu Dehons Schrift «Nos congrès» von 1897, wo er sich auf Johann Heinrich Wichern (1808-1881), dem wirkmächtigen Begründer der im deutsche Sprachraum gewichtigen Bewegung der «Inneren Mission» bezog.

[3]　Vgl. noch auszuwertende Unterlagen in ADR B 99/3B, aus denen hervorgeht, dass 1897/98 ein Grundstück angekauft wurde, das dann lange nicht genutzt werden konnte, aber noch 1919 im Besitz Dehons war.

[4]　Vgl. dazu P. Miquets Brief an P. Dehon, 10.12.1889, aus Bahia de Caraquez, in: ADR B 104/3, Inv. Nr. 1153.55, später 1890 auch in Dehons Zeitschrift RCJ abgedruckt.

«Scheitern»[5] und «Erfolg»[6] sind ohne Zweifel normative und insbesondere perspektivische sowie parteiische Kategorien: Parteiisch deswegen, denn was für die einen ein «Scheitern» sein konnte, galt womöglich für andere als «Erfolg». Perspektivisch ist eine solche Analysekategorie deshalb, weil die Feststellung von Erfolg und Scheitern immer eine Frage des Blickwinkels und der Rahmung ist. So müsste aus heutiger Sicht gefragt werden, ob die frühen «Missionen» der Kongregation in Frankreich und den Niederlanden nicht auch in der einen oder anderen Weise gescheitert sind. Bei den genannten Ländern handelt es sich quasi um die Ursprungsgebiete der Kongregation, was ihre Ausbreitung und Wirkungsfelder angeht. Normativ-wertend sind Zuschreibungen von Erfolg und Scheitern allemal, gerade weil sie sich mit Anschuldigungen, Vorwürfen und Zuschreibungen diverser Defizite beliebig kombinieren lassen. Wenn all das bedacht wird, spricht aber wenig dagegen, diese Konzepte historiografisch reflektiert zu verwenden. Historiografisch ist diese Begriffswahl damit gerechtfertigt, weil die Beteiligten in der Situation durchaus ähnliche Wertungen tätigten. So schrieb der Kongregationsgründer Anfang 1899 an den Generalökonomen, dass zwei Niederlassungen ihm besondere Sorgen machen: «Ich sah es bereits kommen, dass das Jahr schwierig werden würde. Tunis und Lille haben uns viel Unbehagen bereitet.»[7] Den Gründen dieses Unbehagens als Vorboten späteren Scheiterns und Misserfolgs nachzugehen, ist eine zentrale Absicht des im Folgenden Präsentierten.

Der Untertitel des Kapitels möchte deutlich machen, dass es ein weiteres Ziel dieser Zeilen ist, einen besonderen Blick auf P. Dehon in einer Konfliktsituation zu werfen. Freilich handelt es sich nur um einen sehr exemplarischen Fall, jedoch unter speziell brenzligen Zeitumständen. Dehon war als Superior zu dieser Zeit heftig angefragt. Es gab gravierende, interne Konflikte, die sich auch in Tunis bemerkbar machten. Als Oberer der Gemeinschaft nahm nun Dehon im Gründungsgeschehen der nordafrikanischen Niederlassung «von Amts wegen» eine wichtige Rolle ein; wobei sich aber gerade auch das Multipolare, das Kollektive und Dezentrale des neuen Instituts der Herz-Jesu-Priester zeigte. Denn Dehon ist im Gründungsgeschehen von Tunis beileibe nicht die einzige wichtige Figur. Er ist nur einer unter vielen. Es treten verschiedenste Akteure nebenein-

---

[5] Vgl. dazu auch NQT 26/81, wo in einer Fussnote zum autobiografischen Text Dehons davon die Rede ist, dass das «œuvre de Tunis, qui commençait sous d'heureux auspices, échoua», also «scheiterte»; dazu Henri Dorresteijn, Vie et personnalité du Père Dehon, Malines 1959, 184; er spricht von einem «échec».

[6] Es wäre interessant und aufschlussreich zugleich, Dehons erhaltenen Textkorpus nach dem Terminus «succès» zu durchforsten, also zu fragen, wie und in welchem Zusammenhang er diesen Begriff verwendet. Nur als ein Beispiel: An P. Wilhelm Th. Govaart, den späteren, dritten Generalsuperior der Kongregation (1935-1953), schreibt Dehon in einer typischen Art spiritueller Interpretation: «Tout a été conduit par la Providence dans l'Œuvre. Les épreuves comme les succès viennent de Dieu.» Brief von P. Dehon an P. Govaart, 22.05.1921, in: ADR B 22/8, Inv. Nr. 458. 01.

[7] Brief P. Dehons an P. Falleur, 17.02.1899, in: ADR B 20/2, Inv. Nr. 291.61: «Je prévoyais que l'année serait dure. Tunis et Lille nous ont mis dans la gêne.»

ander und miteinander auf. Dazu kommt, wie angedeutet: Ohne Unterstützung von Seiten bestimmter Kongregationsmitglieder hätte er sich in dieser Zeit nicht einmal an der Spitze des Instituts halten können. Seine Leitungs- und Führungskompetenz wurde zutiefst in Frage gestellt.

Unter Hinzunahme des schon in der Einleitung skizzierten Ansatzes gerät das Konfliktive auch in diesem Kapitel besonders zur Darstellung.[8] Wir werden mit innerkongregationalen Vorwürfen an Dehon konfrontiert, wir sehen etwas von Dehons konsequenter Art und dessen konkretem Einsatz für eine von ihm als richtig erkannte Sache und werden abschliessend – ohne in eine psychologisierende Falle zu tappen – Dehon als weder nachtragend noch rückwärtsorientiert charakterisieren können. Was das im Detail heisst, wird sich zeigen. Neben diesen prosopografischen Schraffierungen, die Dehon im Kontext seiner Kongregation situieren und auch biografisch etwas vom Dissens und den Spannungen im Institut aufzeigen, steht die Betrachtung struktureller Rahmenbedingungen. Gerade das Beispiel von Tunis zeigt, wie sehr sich bekannte Konfliktlagen aus der Heimatdiözese Soissons in der einen oder anderen Form anderswo ähnlich gelagert zeigen und gleichsam als Strukturkonstante für die Phase des ersten Aufbaus der Kongregation gelten können. Eine innerkirchliche Differenzierung, diejenige zwischen Ordens- und Weltklerus, birgt gerade in der Zeit vor 1900, einer veritablen Gründerzeit modernen Ordenslebens, sowie einer geschichtlichen Phase mit starkem missionarischem Geist innerhalb der katholischen Welt, enormen Sprengstoff. Weltkirchliche bzw. internationale Ordensstrukturen und solche diözesaner Art, die lokale Ortskirchen ausbilden und prägen, stehen sich dabei nicht immer reibungslos gegenüber. Es kam zu grossen Spannungen und Auseinandersetzungen, die aber nach Möglichkeit nicht in der Öffentlichkeit ausgetragen wurden. Daneben wird in diesem Kapitel ein starker Schwerpunkt auf interkulturelle und interreligiöse Wahrnehmungsmuster Dehons in Nordafrika gelegt, die im Vorfeld der Niederlassung festgestellt werden können und das «Tunis-Ereignis» sowie Dehon selbst weiter ausleuchten. Tunis als Ort gibt den roten Faden des Niedergelegten ab – die gescheiterte Niederlassung hält das Kapitel zusammen.

2.2 Kolonialer und kirchlicher Kontext Tunesiens – das zerrissene Frankreich

1878 war nicht nur das Jahr, in dem Pius IX. verstarb und in dem von Dehon die Kongregation der Herz-Jesu-Priester gegründet wurde sowie erste Mitglieder ihre Profess ablegten; 1878 fand auch in der Hauptstadt des Deutschen Reiches der sogenannte Berliner Kongress statt. Obwohl der Balkan und der «kranke Mann am Bosporus», d.h. das Osmanische Reich, in dessen Fokus standen,

---

[8] Zum Verständnis von «Konflikt» vgl. besonders Kapitel II, Ziffer 3.3. und die dortige Bezugnahme auf Fritz B. Simon, der in seiner Systemtheorie dem Konflikt viel Positives zuschreibt: Fritz B. Simon, Einführung in die Systemtheorie des Konflikts, Heidelberg 2010.

setzte der Kongress für die europäischen Kolonialgelüste und ihre Arrondierungen neue Massstäbe.[9] Vertreter des Deutschen Reiches, Grossbritanniens, Frankreichs, Österreich-Ungarns, Russlands und des Osmanischen Reiches selbst nahmen an dieser von Otto von Bismarck (1815-1898) einberufenen Versammlung teil. Für Bismarck war der Kongress ein riesiger Erfolg auf der diplomatischen Bühne.

Im Nachgang dieses Treffens europäischer Mächte wurde deutlich, dass Frankreich seine Besitzansprüche auf Tunesien – aus dem Nachlass des Osmanischen Reiches gewissermassen – durchsetzen konnte. Bereits 1830 hatte das koloniale Frankreich in Algerien Fuss gefasst. Es wurde annektiert. Gegen von Italien formulierte Begehrlichkeiten und mit britischer und deutscher Duldung – und dadurch von deutscher Seite gezielt von der Annexion Elsass-Lothringens ablenkend – vermochte es Frankreich nun 1878 weiters, seinen Zugriff auf Tunesien sicherzustellen. Der so bezeichnete imperialistische, auch für die katholischen Missionen bedeutende Wettlauf um Afrika hatte begonnen. 1881 «besetzten» französische Truppen nach nur wenigen Wochen Einsatz in Tunesien neuralgische Punkte. Einfälle plündernder Gruppen von dort in das ins französische Empire einverleibte Algerien lieferten den optimalen Vorwand für diese Unternehmung, welche vor Ort 1883 im französisch-tunesischen Abkommen von La Marsa mündete. Frankreich fügte sich somit Tunesien in sein Kolonialreich ein. Das vollzog sich ohne Annexion, sondern über die Etablierung eines Protektorats unter Beibehaltung des lokalen Herrschers/Beys. Frankreich setzte insbesondere mit dem Eisenbahnbau, in der landwirtschaftlichen Erschliessung, im Bergbau und im Bildungssystem, wo Französisch als Schulsprache fixiert wurde, starke kolonialistisch-kulturelle Akzente. Innenpolitisch zeigte diese Entwicklung der Grande Nation einen lang ersehnten Aufschwung nach der traumatischen Niederlage im Deutsch-Französischen Krieg (1870/1871) an. Es kam zu einer Festigung der jungen III. Französischen Republik unter Jules Ferry (1823-1893) – jenem Ferry, der insbesondere von katholischen Exponenten seiner Zeit wenig geliebt war. Dehon reihte ihn als Freimaurer, der den Jesuiten und Ordensgemeinschaften sowie der katholischen Sekundarschule gegenüber kämpferisch negativ positioniert war, in die Reihen der «Armee des Antichristen»[10] ein. Er lag damit auf der Linie Papst Leos XIII., der sich den Kampf gegen das Freimaurertum in seiner Regierungszeit auf die Fahnen schrieb.

Die auf dem Parkett der Diplomatie schon angesprochene koloniale europäische Konkurrenz verschaffte sich in der Migrationspolitik beredten Ausdruck. Der Fall trat sodann ein, als das französische Protektorat in Tunesien gefestigt war: Von Frankreich aus wurde eine aktive Besiedelungspolitik für den Maghreb

---

[9] Vgl. Klaus Hildebrand, Europäisches Zentrum, überseeische Peripherie und neue Welt. Über den Wandel des Staatensystems. Zwischen dem Berliner Kongress (1878) und dem Pariser Frieden (1919/20), in: Historische Zeitschrift 249/1 (1989) 53-94.

[10] Léon Dehon, Armée de l'Antéchrist, in: RCJ, März 1895, 105-115; April 1895, 157-166 (hier REV 8031017).

verfolgt, um zuvorderst italienischer Präsenz und Zuwanderung etwas entgegenhalten zu können. Im Frühjahr 1900 hat so ein gewisser Jules Saurin eine Vor-
tragstournee in Marseille, Lyon, Lille, Roubaix, Nancy, Le Havre, Amiens und
Dehons näherer Heimat St. Quentin abgehalten; schwerpunktmässig in den
Hauts-de-France also, die gerade auch als Ausgangsregion für das katholische
Missionswesen von Bedeutung waren. Es lag Saurin daran, auswanderungs-
willige (Nord-)Franzosen anzusprechen und sie zu motivieren, den Schritt über
das Mittelmeer zu wagen. Sie sollten in Tunesien ein neues Glück suchen. Der
Titel seiner Ausführungen lautete: «Die sizilianische Invasion und die französische Besiedelung Tunesiens». Saurins Vortrag und dessen Publikation wurden
vom «Comité du peuplement français» unterstützt. Diesem gehörte Weihbischof
Jean-Joseph Tournier (1842-1924) in Tunis an. Auf ihn werden wir in diesem
Kapitel noch stossen. In seinem Referat beschwor Saurin in nationalistischer Ma-
nier die Idee, dass jedes grosse Volk einer grossen Aufgabe bedürfe. Dieser
müsse es seine ganze Kraft widmen. Die grosse nationale Aufgabe Frankreichs
seiner Zeit sei, in kolonialer Hinsicht, ohne Zweifel in Afrika auf der Achse vom
Kongo her bis zum Mittelmeer angesiedelt.[11] Diese Achse wird auch für die
Herz-Jesu-Priester wichtig.

Die Entwicklung des «notre grand empire en Afrique» sei gerade in Tunesien
gefährdet, so Saurin im Jahre 1900, weil dort nur gerade 20.000 Franzosen
80.000 Italienern als Kolonisten gegenüberstünden. Und diese Italiener hätten
einen weitaus grösseren Drang, sich Grund und Boden anzueignen. Die Land-
wirtschaft macht für Saurin die grundlegende Substanz und quasi entscheidende
«Subsistenz» eines Landes aus: «Im Schatten der französischen Fahne, unter
dem Schutz unserer Truppen und unserer Gendarmen, entwickeln sie [die Italiener, DN] sich in der Tat wunderbar. Die Etikette verbleibt französisch, aber das
Innere wird zunehmend italienisch.»[12] So lautete die artikulierte Sorge Saurins.
Für den italienischen Patrioten werde Tunesien daneben zu dem, was für die
Franzosen Elsass-Lothringen darstelle. Trotz nationaler Vereinbarung von 1896,
in der Italien das französische Protektorat anerkannte, denke man immer sehn-
süchtig an Tunesien und hätte es gerne als italienischen Besitz. In gleicher Weise
dächten die Franzosen immer an das verlorene Elsass-Lothringen und wollten es
für sich zurück haben. Dem sich nun in starker Weise zeigenden italienischen
Einfluss in Tunesien gelte es nach Saurin entgegenzuhalten. Nicht nur dem französischem Staat obliege diese Pflicht, sondern jeder einzelne sei dazu aufgefordert («par l'initiative privée»), so Saurin in seiner Rede. Vor allem die fleissige
Bauernschaft und robuste Landbevölkerung werden deswegen angehalten, aus

---

[11] Vgl. Jules Saurin, L'invasion sicilienne et le peuplement français de la Tunisie. Conférence faite
     par M. Jules Saurin en Mars et Avril 1900 à Marseille, Lyon, Lille, Roubaix, Nancy, Le Havre,
     Amiens et St-Quentin, Paris/Lille, o.J. [1900], 4.
[12] Saurin, L'invasion sicilienne, 4: «A l'ombre du drapeau français, sous la protection de nos
     troupes et de nos gendarmes, ils [die Italiener, DN] développent en effet à merveille. L'étiquette
     reste française, mais l'intérieur devient italien.»

nationalem Interesse den Schritt in die Fremde zu wagen – einen Schritt, den Saurin als Person selbst bereits 1887 setzte.[13]

Bei Dehon herrscht eine andere, gelassenere Haltung vor: Als Katholik mit starker Rombindung sind ihm die Italiener nicht so sehr ein Dorn im Auge, wie dies bei Saurin der Fall ist. Eher noch sieht Dehon in ihnen und den Maltesern in religiöser Hinsicht einen Ansporn für seine religiös trägen Landsleute: «Es gibt da viele Malteser und Italiener. [...] Sie bringen den Glauben ihrer Länder dahin, und die Franzosen werden nachfolgen.»[14] Trotzdem aber muss eine kolonialistische Grundstimmung, die sich in einer innereuropäischen Rivalität ausbuchstabiert, in Betracht gezogen werden. Sie ist eine Hintergrundmusik, der sich dann Dehon nicht vollumfänglich entziehen kann. Seine französischen Wurzeln verleugnet Dehon nicht, nationale Signaturen und Einfärbungen waren gegeben.

An den kolonialen Staat trug Saurin die Forderung nach passender Infrastruktur heran, um Immigration zu begünstigen. Daher seien attraktive Zentren in noch zu kultivierenden ruralen Gebieten, im flachen Land also, anzulegen. Die institutionelle Dreiheit Post-Schule-Kirche scheint ihm dabei unabdingbar:

«Die Kirche ist ebenso wichtig wie die Schule. Der Franzose kennt kein Dorf ohne Kirche. Die am stärksten Indifferenten, manchmal sogar die der Religion am feindlichsten Gesinnten, sind glücklich, wenn ihre Kinder getauft werden, und sind froh zu sehen, dass ihre Frauen die Kirche besuchen und dass ihre Kinder die Erstkommunion feiern.»[15]

Dabei spricht ein unverdächtiger Zeitzeuge, ein eher Aussenstehender, die so genannte Feminisierung des Katholizismus im 19. Jahrhundert an, mit der auch Dehon in starker Weise rang und die ihm vom Elternhaus her vertraut war. Dazu gibt Saurin in seinem kolonialen Traktat zu bedenken, dass die praktizierenden Katholiken in Frankreich die höchste Geburtenrate hätten... Der Faktor der Religion ist also im kolonialen Kontext sehr ernst zu nehmen: Ohne Kirchturm und Glocken würden Sprosse aus diesen kinderreichen (nordfranzösischen) Familien wohl nicht gerne und bereitwillig nach Tunesien aufbrechen. Und nicht zuletzt betreibt Saurin koloniale Religions- und Kulturpolitik, wenn er den Zuhörern – an seinen primären Konkurrenzdiskurs anknüpfend – zu bedenken gibt: «Und ist schliesslich die Kirche nicht, gemeinsam mit der Schule, das geeignetste Mittel der Assimilation angesichts der Italiener?»[16]

---

[13] Vgl. J. Letaconnoux, Rez. zu Jules Saurin. Le peuplement français en Tunisie, 1910, in: Revue d'histoire moderne et contemporaine 15 (1911) 3, 371-372, hier 371.

[14] «Il y a là beaucoup de Maltais et d'Italiens [...] Ils apportent là la foi de leurs pays, et les Français suivront.» in: CHR 1898/108. Und dazu übt Dehon auch Kritik an (spezifischen) Franzosen, vgl. NQT 7/121 (72r).

[15] Saurin, L'invasion sicilienne, 21: «L'église est aussi nécessaire que l'école. Le Français ne conçoit pas un village sans église. Les plus indifférents, parfois même les plus hostiles à la religion, sont heureux de faire baptiser leurs enfants, de voir leurs femmes fréquenter l'église, leurs filles faire leur première communion.»

[16] Saurin, L'invasion sicilienne, 21: «Enfin, l'église, ne serait-elle pas avec l'école le meilleur moyen d'assimilation en face des Italiens?»

Schlussendlich beschwört Saurin die französische Nation und ihren historischen Expansionswillen. Dieser reiche von der Zeit der Kreuzzüge bis zum politischen und militärischen Revolutionsexport rund um 1800. Gleichzeitig gibt Saurin die jüngsten Niederlagen Frankreichs zu bedenken, aber auch das Potenzial, das durchaus vorhanden sei und welches sich gut und gerne in einem verstärkten Engagement in der Kolonialpolitik artikulieren könnte und dürfte. Ganz ähnliche Denkmuster – gewiss primär auf einem religiösen Feld – prägten Dehon. Koloniales Handeln könnte ganz unproblematisch die Zerrissenheit der Nation überwinden und noch dazu für Saurin sogar Toleranz hervorbringen: «Frankreich wird an der zivilen Zwietracht untergehen, sofern es kein Derivat für die verschlingende Aktivität findet, welche die besten seiner Kinder antreibt.»[17] Ohne geringsten Zweifel an die zeitgenössische Dreyfus-Affäre anknüpfend – die Rede wurde ja 1900 publiziert – spricht der Redner seine Zuhörer direkt an:

> «Wenn Sie Ihr Heimatland lieben, so lenken Sie sein Augenmerk auf die Festigung und das Erblühen unseres Kolonialreiches. Das wird das einzige Mittel unseres Heils sein. Seien wir je länger je mehr respektvoll gegenüber den politischen Meinungen unserer Gegner, versuchen wir nicht, jenen mit Gewalt unsere Art und Weise, die Dinge zu sehen, aufzuerlegen.»[18]

Der Kolonialismus dient quasi als Blitzableiter. Die im Kolonialismus zum Vorschein kommende Asymmetrie gerät bei Saurin klar ans Tageslicht, weil an keiner Stelle seiner Rede ausführlicher auf die Bevölkerung Tunesiens eingegangen wird. Kolonialismus bedient – neben seiner Funktion im europäischen plurinationalen Kontext – einen inneren nationalen, französischen Zweck. Ist dies nun analog dazu zu sehen, dass christliche Mission oft inneren kirchlichen Zwecken, Funktionen und Absichten diente? Das wäre nun an dieser Stelle und für die Beschäftigung mit Dehon unsere Frage: Half Mission der Kongregation im Inneren, z. B. in der Überwindung von Konflikten? Dass der innere Faktor im Missionsgeschehen bedeutsam ist, kann kaum bestritten werden. Saurin jedenfalls ignorierte die Einwohner Tunesiens in seiner Rede, obwohl er selbst schon mehr als 10 Jahre dort lebte. Zumindest sind jene aber, wenden wir es aus einer heutigen Sicht ins «Positive», kein Gegenüber. Die Kontrastfolie gibt Saurin eindeutig die italienisch-stämmige Bevölkerung in Tunesien ab, die bisweilen sogar als die koloniale Gefahr betrachtet wird. Dehons Gegenüber sind hingegen in diesem Kontext in erster Linie die religiös «laschen» Franzosen.

Haltungen wie jene von Saurin färbten unabwendbar auf die katholische Kirche im französischen Protektorat Tunesiens ab, oder andersrum: waren auch in ihr zu finden. Die katholische Kirche wurde zu dieser Zeit zu einer Institution

---

[17] Saurin, L'invasion sicilienne, 24: «La France périra dans les discordes civiles, si elle ne trouve pas un dérivatif pour l'activité dévorante qui anime les meilleures de ses enfants.»

[18] Saurin, L'invasion sicilienne, 24: «Si vous aimez votre pays, dirigez son attention vers la constitution et la mise en valeur de notre empire colonial. Ce sera notre seul moyen de salut. Soyons de plus en plus respecteux des opinions politiques de nos adversaires, n'essayons pas de leur imposer notre manière de voir par la force.»

unter kolonialen Vorzeichen.[19] Erst unter Frankreichs Schutz und Schirm erlebte die katholische Kirche einen regelrecht fulminanten Aufstieg im Maghreb. Als eine Vereinbarung zwischen Frankreich und dem Heiligen Stuhl 1893 fixierte, dass der Erzbischofssitz von Tunis bzw. Karthago immer einem französischer Prälaten zukommen solle – bei gleichzeitiger Subventionierung jenes kirchlichen Funktionsträgers durch das französische Mutterland –, verliessen 16 italienische Priester aus Protest diesem Schulterschluss zwischen Rom und Paris gegenüber das französische Protektorat Tunesien.[20]

Eine wichtige Gestalt der katholischen Kirche in Tunesien war ganz zu Beginn dieser Ära Charles Martial Kardinal Lavigerie (1825-1892).[21] Seine Wirkung reichte etwa über den republikanischen «Toast von Alger» oder die Antisklavereibewegung weit über die Grenzen des französischen Protektorats hinaus. Dehon nannte ihn einen «grand cardinal». Lavigerie liess die Kathedrale von Tunis mit ihren stolzen 4.000 Plätzen erbauen, was Dehon heilsgeschichtlich wichtig erachtete: für die anstehende Konversion Afrikas.[22] Aber auch Schulen und Spitäler liess Lavigerie erbauen. Zudem gleiste er den Ausbau weiterer kirchlicher Infrastruktur im Pfarreiwesen auf. Die Erzdiözese Tunis-Karthago hatte sodann 80 Jahre Bestand, von 1884 bis 1964. Formell wurde das altkirchliche Bistum Karthago unter Lavigerie wiederhergestellt – hatte doch die Kirche in dieser Region eine reiche und lange Tradition. Dieser Schritt wurde nicht überall als freundlicher Akt angesehen. Der Eucharistische Weltkongress von 1930 in Tunis, triumphalistisch begangen, galt später in Tunesien den Einheimischen als «nationale Schande».

Das Bistum musste dann in den 1960er Jahren im Rahmen der Dekolonisation wieder einem Apostolischen Vikariat weichen. Der erste Staatspräsident nach der Unabhängigkeit, Habib Bourguiba (1903-2000, Präsident zwischen 1957-1987), legte grossen Wert und Nachdruck drauf, die historische Bezeichnung der «Diözese Karthago» zu tilgen.[23] Die katholische Kirche wurde im Vorgang der Dekolonisierung, trotz Konkordatsabschlusses, materiell stark in Mitleidenschaft gezogen («un brusque et massif appauvrissement»[24]). Mehr als 100 Kirchen wur-

---

[19] Vgl. dazu Maria Chiara Cugusi, Una testimonianza silenziosa. Storia della Chiesa cattolica in Tunisia dal Trattato del Bardo alla «rivoluzione dei gelsomini». Prefazione di Patrizia Manduchi, Ariccia 2016.

[20] Vgl. Fulvio Grazzini, L'Église en Tunisie, in: Henri Teissier, Histoire des chrétiens d'Afrique du Nord. Libye, Tunisie, Algérie, Maroc, Paris 1991, 139-142, 140.

[21] Vgl. François Renault, Le Cardinal Lavigerie. 1825-1892. L'Église, l'Afrique et la France, Paris 1992, v.a. 424-446.

[22] Ein Echo Dehons auf dieses als wichtig wahrgenommene Ereignis, d.h. die Einweihung der Kathedrale in: CHR 1890/108-110: «Tous les journaux ont décrit la consécration solennelle de la nouvelle cathédrale de Carthage. C'est plus qu'une église, c'est une cité chrétienne qui se relève pour redevenir la métropole de l'Afrique convertie.»

[23] Vgl. Alexander Hollerbach, Die neuere Entwicklung des Konkordatsrechts, in: Jahrbuch des öffentlichen Rechts der Gegenwart, Neue Folge 17 (1968) 118-163, hier 155.

[24] Vgl. L'église en Tunisie, in: Annuaire de l'Afrique du Nord 1964 3 (1965) 63-71; auch Hollerbach, Die neuere Entwicklung, 155.

den enteignet, darunter die Herz-Jesu-Kirche der Hauptstadt. Tausende meist französisch-stämmige Personen (katholischer Provenienz) verliessen in den Jahren nach der Unabhängigkeit das Land. Ähnlich waren die Verhältnisse in Algerien, wo 1960 noch über eine Million Katholiken gezählt worden waren. Dazu kam, dass mit dem innerkirchlichen Aggiornamento und dem neuen Konkordat von 1964/65 in Tunesien die katholische Kirche ihre Ansprüche selbst stark zurücknahm. Das Selbstbestimmungsrecht der Völker erlangte neues Gewicht in der katholischen Doktrin. Der *modus vivendi* vom 9. Juli 1964, zwischen dem Hl. Stuhl und Tunesien abgeschlossen, der die katholische Kirche als juridische Person anerkannte, war und ist einzigartig in seiner Form in den Maghreb-Staaten und darüber hinaus in der sogenannten islamischen Welt.[25]

Kehren wir, nach diesem rahmenden Exkurs, zurück in die Zeit Dehons, die am Anfang der kolonialistischen Epoche liegt: In das Episkopat von Lavigeries Nachfolger als Oberhirten, Barthélemy Clément Combes' (1839-1922) fällt die versuchte Neugründung einer Niederlassung durch die Herz-Jesu-Priester in Tunis. Combes residierte von 1893-1908 als Erzbischof von Karthago in Nordafrika und war Nachfolger eines französischen Militärs, welcher sich im Maghreb im Kontext des kolonialen Frankreichs einen Namen machte. Dies festzuhalten, liess Dehon sich nicht nehmen. Was vorher mit der Initiative Saurins schon breiter angedeutet werden sollte, ist, dass viele Strukturen der katholischen Kirche in Tunesien in dieser Zeit eigentlich rein der Ausländerseelsorge[26] dienten; unbesehen der Frage, ob Franzosen im Protektorat Tunesien als «Ausländer» angesehen werden sollten oder nicht. Obwohl die Freiheit zur Mission dort eher als etwa in Algerien gegeben war, wo islamische Institutionen seit den 1830er Jahren speziellen Schutz erfuhren, so war auch in Tunesien die Kirche doch in erster Linie eine europäisch geprägte Institution – ohne primäre Missionsabsicht in Bezug auf die Muslime. Es handelte sich bei der katholischen Kirche um keine einheimische Grösse. Nichtsdestotrotz finden wir nicht nur bei Lavigerie mit dessen Gründung der Weissen Väter die Vorstellung, den Maghreb in ein grösseres afrikanisches «Missionsprojekt» einzubinden. Spuren solcher Ideen sind auch bei Dehon auszumachen, aber eher in schwacher Art und Weise. Bevor darauf, u.a. auf Islamwahrnehmung und Missionsverständnis bei Dehon einzugehen ist, gilt es noch aufzuzeigen, dass die Herz-Jesu-Priester in den 1890er Jahren ein besonderer Missionsschub auszeichnete. Die Grenzen des französischen Mutterlands zu überschreiten war eine existentielle Notwendigkeit.

---

[25] Vgl. dazu Henri Sanson, Statut de l'église catholique au Maghreb, in: Annuaire de l'Afrique du Nord 1979 18 (1980) 381-390, der aber auch die Facette des «sous la protection de l'État», der sich im Fall Tunesiens als islamischer versteht und als solcher verfassungsmässig im Artikel 1 festgelegt ist, betont (ebd., 390).

[26] Jüngste Arbeiten dazu werden von Juan José Arnaiz Ecker SCJ in Rom vorangetrieben.

2.3 Die Niederlassung in Tunis – eine «echte Mission» mit kurzer Lebensdauer

Im «Elenchus domorum», also dem Verzeichnis der Häuser, aus dem Jahre 1898 wird Tunis/Karthago als Niederlassung der Kongregation geführt. Die Errichtung der Niederlassung ist auf den 1. Juni 1898 datiert. Häuser und Mitglieder sind das zentrale Rückgrat der Kongregation als Netzwerk. Aber schon 1900 wird das (Pfarr-)Haus in Tunis nicht mehr als eigener Eintrag geführt. Dem Projekt, welches der dort ansässige Bischof kurz davor ein «si louable dessin»[27] genannt hatte, war also nur eine kurze Lebensdauer beschieden. 1897 hatte ein Herz-Jesu-Priester, P. Felix Dupland, mit einem pensionierten Diözesanpriester des nordfranzösischen Bistums Beauvais eine Nordafrika-Reise unternommen. Ob die Tour der beiden auf den Spuren P. Dehons erfolgte, der einige Zeit davor dorthin gereist war, das wissen wir nicht. Jedenfalls besuchten die zwei französischen Kleriker zeitlich nach Dehon Tunis und beschlossen nach Unterredungen mit den Verantwortlichen vor Ort, eine Pfarrei zu gründen. Ein Bedarf zu einer solchen Stiftung war gegeben, die kirchliche Infrastruktur war noch dünn gesät. Ebenso war der Ruf nach neuen kirchlichen Orten und Räumen da – sowohl innerhalb als auch eher ausserhalb des engeren kirchlichen Umfelds. Das wurde vorher bei Saurin deutlich, der in einem kolonialen Koordinatensystem der katholischen Kirche, zuvorderst in der Form als kulturelles und symbolisches Bauwerk, eine wichtige Rolle zuschrieb. Die Kirche war dazu da, französische Zuwanderung schmackhaft zu machen sowie die französische Präsenz zu stärken. Anders als im Mutterland war sie hier gefragt.

Im Mai 1898 konnte so eine Lokalität am Rande der historischen Altstadt von Tunis angeschafft werden. Es handelte sich um einen ehemaligen Pferdestall, welcher später als Omnibus-Remise genutzt wurde. Der Ort wurde der Grundstein für die Herz-Jesu-Pfarrei der Stadt Tunis, näherhin des Gotteshauses. Über zwei Generationen, also mehr als 60 Jahre, wird die Lokalität gute Dienste leisten. Einige Zeit vor dem Mai 1898 hatte der zuständige Erzbischof von Tunis grünes Licht für das Projekt gegeben. Der Generalrat der Herz-Jesu-Priester willigte ein, bei der Stiftung der Pfarrei mit von der Partie zu sein. Das lokale Bistum, der finanzkräftige Sponsor und Ritter vom Heiligen Grab Abbé Jean Boucher sowie die Kongregation waren so das verantwortliche Dreigestirn im Hintergrund dieser neuen Pfarrei, die genanntes Kirchengebäude und Pfarrhaus umfasst.

Aber schon nach kurzer Zeit kam es zu einem Zerwürfnis zwischen P. Dupland, dem Dehon eindeutig zweideutig eine «conscience large»[28] attestiert, Monsignore Combes, also dem Erzbischof vor Ort, und dem Gönnerpriester, Financier Boucher. Letzterer hatte sich sichtlich nicht davor gescheut, grössere Summen in das für ihn vielversprechende Projekt im Maghreb zu investieren.

---

[27] Vgl. ADR B 104/3, Inv. Nr. 1153.74, Brief des Erzbischofs von Karthago, Combes an P. Dehon, 01.05.1899, Briefschluss.

[28] Vgl. NQT 29/60.

Der zuständige Weihbischof Tournier setzte aber Pater Dupland ab, als dieser sich unbotmässig verhielt und dazu Schwierigkeiten mit dem örtlichen Klerus aufgekommen waren. Neben Problemen rund um Gehorsam und Einordnung gab es auch finanzielle Unstimmigkeiten und Divergenzen. Auf P. Dupland, welcher alsbald nach Südfrankreich (Marsanne) zurückkehrte, folgte als Pfarreiverantwortlicher aus den Reihen der Kongregation François Sebastien Miquet. P. Joseph Blanc und P. Melchior Goerke waren weitere Patres vor Ort in Tunis, die vom französischen Mutterland her ausgesandt wurden. Mit der Personalrochade Dupland-Miquet konnte vorerst ein Zerwürfnis der beteiligten Institutionen abgewendet werden. Auch P. Blanc schrieb Ende 1898, dass er sich mit P. Dupland überworfen hätte und sich mit ihm nicht mehr verständigen könne.[29] Es wird aber nur kurz Ruhe einkehren. Der grosse Eklat aller beteiligten Institutionen im vorher skizzierten Dreieck erfolgte zu einem späteren Zeitpunkt, ein Jahr später. In die allgemein euphorische Aufbruchsstimmung mischten sich jedoch schon früh pessimistisch graue Untertöne. So meldete zum Beispiel P. Blanc noch 1898 an seinen Superior Dehon, dass man von Seiten der Kongregation wohl nie einen Fuss in die korrupte und moralisch zweifelhafte Gesellschaft Tunesiens hätte setzen sollen.[30] Von diesem Inkulturationsschock erholte sich Blanc später, denn er wurde Priester der Diözese Tunis.

Trotz allem wird im April 1899 dann die Pfarreikirche offiziell eingeweiht. Das Bauwerk, mit dem man vorerst wenig zufrieden war, diente einem gemeindepastoralen, pfarreilichen Zweck. Die Herz-Jesu-Pfarrei sollte eine Vorzeige-Pfarrei für «Ausländerseelsorge» werden. Dass eine Herz-Jesu-Kirche bzw. im besten Fall ein Tempel à la Montmartre zu errichten sei, war neben Tunis auch früher in Quito und dann in Rom für Dehon ein Thema. Jene Kirche in Tunis wurde so weniger als eine Stätte für Gemeinschafts- bzw. Ordensleben konzipiert, sondern war zur Verbesserung diözesankirchlicher Struktur und Betreuung vorgesehen. Diese, nennen wir sie Hybridität an der Scharnierstelle zwischen Ordens- und Diözesanbereichen, wird im Fall Tunis zu einem Konflikt führen. Wa-

---

[29] Vgl. Brief P. Blancs an P. Dehon, 06.12.1898, in: ADR B 99/3A, Inv. Nr. 1139.57, wo er sich über P. Dupland beschwert. 10 Tage später heisst es bei ihm über denselben Pater: «Ce cher Père se lamente sur sa pauvreté, mais j'ai la conviction qu'il a de grands et larges bas de laine remplis de belles pièces d'or. Ne riez pas, je vous en prie!!» (Brief P. Blancs an P. Dehon, 16.12.1898, in: ADR B 99/3A, Inv. Nr. 1139.60, 1-2). Laut P. Blanc hätte sich Dupland eine teure Uhr in Tunis gekauft, sie sei kein Erbstück: «L'horloge n'est pas un bien patrimonial du Père, puisqu'il l'a acheté ici, en ma présence, pour la somme de 125fr.» (ebd., 2).

[30] Vgl. Brief P. Blancs an P. Dehon, 31.12.1898, in: ADR B 99/3A, Inv. Nr. 1139.65: «Il y a du bien à faire, je répète ce que vous savez. Mais expérience faite, il y a le revers de la médaille. Les Maltais à Malte sont sans doute très religieux, mais ici quoique assistant encore un peu à la Messe, ils ne fréquentent guère les sacrements. Le gain avant tout. La plupart des Italiens ont quitté leur pays pour échapper à la justice, à la misère et vivre plus à leur aise en concubinage ou en adultère. Nous commençons à connaître les bas-fonds de cette société. Ceci ne serait encore que peu de choses, si ces chrétiens n'étaient en rapports quotidiens avec les Arabes gâtés et les Juives et Juifs plus corrompus encore. C'est inouï, on ne peut faire un pas sans être témoins de scènes qui nous obligent à fermer les yeux et ce sont des enfants de 3, 4, 5 ans! C'est pire que dans l'Amérique du Sud. Nous n'aurions jamais dû mettre le pied en Tunisie.»

ren es in diesem Fall einerseits zuvorderst Ordensleute, die die Pfarrei mit aufzubauen halfen, so waren diese andererseits dem Bischof unterstellt – ein regelrechter Spagat, der nicht hielt.

Dehon schrieb in seiner Zeitschrift *Le Règne* 1899, dass etwa 10.000 Katholiken 50.000 Muslimen in diesem Pfarrsprengel der Stadt Tunis gegenüber stünden. Auf dem Territorium der Pfarrei Bab-el-Khadra war somit 1/6 der Bevölkerung katholisch. Noch etwas zu der doch interessanten Religionsstatistik: Zwar wurde von den französischen Kolonialbehörden Zählungen der europäischen Bevölkerung vorgenommen, die Zahl der angestammten autochthonen Tunesier wurde dagegen nur grob abgeschätzt. Für ganz Tunesien wurden für 1906 folgende Zahlen kolportiert: Circa 129.000 Europäer, davon 34.610 Franzosen, 81. 156 Italiener sowie 13.129 Europäer anderer Nationalitäten standen ungefähr 1,7 Millionen muslimischen Tunesiern und dazu circa 64.000 jüdischen Tunesier gegenüber.[31] Die Herz-Jesu-Pfarrei war also, Dehons Zahlenangabe folgend, in diesem Kontext kein kleines Projekt. Aufgrund der europäischen Zuwanderung bestand ein Bedarf an Kirchen, nicht nur am flachen Land, sondern auch in der Hauptstadt selbst. Dabei wurde das kirchliche Personal in starker Weise von Orden und Kongregationen her rekrutiert. So trug die tunesische Lokalkirche über die Zeit der französischen Kolonisation hinaus den Charakter einer Kirche, die von Ordensfrauen und Ordensmännern getragen wurde. Wenn das bis heute der Fall ist, so haben die Herz-Jesu-Priester aber keine grossen Fussabdrücke hinterlassen.[32]

1899 nun wurde also P. Miquet zum Pfarrer der neuen Herz-Jesu-Pfarrei bestellt. Dazu wurde P. Blanc als dessen Vikar eingesetzt. Miquet stammte aus Savoyen, aus La Rochette in der Diözese Chambéry. Tunesien war nicht seine erste Missionsdestination, was schon kurz Erwähnung fand. Bis zum abrupten Ende unter der «Liberalen Revolution» von Eloy Alfaro (1842-1912) war Miquet in Ecuador als Missionar tätig, dann in Nordbrasilien. In Tunis fand er sein drittes grosses Tätigkeitsfeld ausserhalb des französischen Mutterlandes. Nur mehr für eine kurze Zeit jedoch stand Miquet im Dienste der Kongregation, denn er wird bald darauf eine Entscheidung treffen, die ihn kirchlich gesehen in einen anderen Stand bringt und ihn der stabilitas loci zuführt.

Wir kennen die facettenreiche Ansprache P. Miquets zu seiner Installation als Pfarrer der Herz-Jesu-Pfarrei in Tunis, denn P. Dehon hat dessen Ansprache zu Hause verbreitet und vermarktet. Es war der Ostermontag dieses letzten Jahres des 19. Jahrhunderts. Viele Katholiken unterschiedlicher nationaler Herkunft hatten sich versammelt, schrieb die Bistumszeitung von Chambéry, auf die Dehon rekurrierte. Unter ihnen waren hauptsächlich Italiener, Franzosen und Malteser. Zu einem Anlass, welcher «ein erfreuliches Datum in der Geschichte der afrikanischen Kirche darstelle und der reiche Früchte des Heils und des Segens

---

[31] Vgl. Paul Sebag, Histoire des Juifs de Tunisie: des origines à nos jours, Paris 1991, 136, 137.
[32] Cugusi, Una testimonianza silenziosa, passim.

vorherzusagen scheine»[33], versammelte sich so laut Medienbericht eine grosse Menge. Einer Ansprache des Primas Africae, also des Tuniser Erzbischofs, vor der Messe folgte nach dem religiösen Akt die Rede des neu installierten Pfarrers Miquet aus den Reihen der Herz-Jesu-Priester.

Von der Kanzel der neu errichteten Kirche, welche aber nur ein Provisorium und Platzhalter für einen noch zu errichtenden Herz-Jesu-Tempel sei, legte Pater Miquet sein Priesterbild dar. Dabei zeichnete er sich in ein System von Verantwortlichkeit gegenüber dem Bischof vor Ort ein und dankte dem anwesenden Gönnerpriester Boucher etwas überschwänglich. Auffallend an der Rede Miquets ist, dass er seine eigene Kongregation eher aussen vor liess. Er sprach zwar von den Vorgesetzen, die ihn hierher geschickt hätten, und zudem erwähnte er seine Mitbrüder bzw. flocht daneben die Herz-Jesu-Frömmigkeit in seine Rede ein, aber dass er Mitglied einer Kongregation war, das wurde wenn nur schwach beleuchtet. Dehons Kongregation wurde nur implizit benannt, der Superior namentlich überhaupt nicht. Wir kennen die Rede freilich nur aus einer Abschrift in Dehons hauseigener Zeitschrift. Da ist die Einbettung in die Kongregation natürlich evident, sie ist eine Selbstverständlichkeit. Miquets Rede aber lässt eine gewisse Distanz spüren, obwohl dies vielleicht gar nicht so intendiert gewesen war und sich Miquet von der Kanzel herab zu Recht auf die Situation vor Ort fokussierte und die Lokalkirche selbst – die ja ihren kühlenden Schatten auf Afrika insgesamt werfen sollte! Die Beobachtung einer spezifischen Kongregationsferne wird noch von Wichtigkeit sein, wenn der weitere Verlauf des Geschehens beachtet wird. Zugegeben, es handelt sich um eine Beobachtung ex post. Dehon und Miquet gehen ja noch im selben Jahr getrennte Wege; der Pfarrer der Herz-Jesu-Pfarrei in Tunis wird sich erfolgreich im August 1900 von seinen Ordensgelübden entbinden lassen.

Insgesamt geben die Archivbestände in Rom nicht wirklich viel in Bezug auf die kurzlebige Niederlassung in Tunis her.[34] Aus der ersten Zeit der Pfarrei findet sich ein Bettelbrief des Erzbischofs Combes an Dehon. Auch dieser wird in Dehons eigener Zeitschrift *Le Règne* verwertet. Das zeigt die Wichtigkeit und Wertschätzung diesem Projekt gegenüber an. Der Nachfolger des grossen Lavigerie appellierte da an ein breites Publikum, jene neue, vielversprechende Gründung im Maghreb tatkräftig zu unterstützen. Es heisst da von Seiten des Bischofs:

«Als ich am Ostermontag die Einweihung Ihrer provisorischen Kapelle auf dem Gelände der alten Ställe und der Remise der Omnibus-Gesellschaft vorgenommen habe, sind meine Gedanken zeitweise in den Stall von Bethlehem geschweift. Wenn auch der Erretter der Welt, der in einer Krippe erschienen ist, sich mit einem

---

[33]   Vgl. CHR 1899/168-184, hier 169: «cet événement qui marque une date heureuse dans l'histoire de l'Église africaine et semble présager des fruits abondants de salut et de bénédiction».

[34]   Leider wurde eine Anfrage um Archivrecherche bzw. -öffnung in Tunis im August 2017, welche durch den Generaloberen der Herz-Jesu-Priester erfolgte, nicht beantwortet. Dies könnte auch mit der schwierigen Situation der katholischen Kirche vor Ort zu tun haben.

derartigen Unterschlupf begnügen könnte, so kann unsere Frömmigkeit sich damit nicht zufrieden geben. Das gilt besonders für Tunis, das stolz ist auf die schönen Minarette der unzähligen und opulenten Moscheen.»[35]

Combes beglückwünscht in diesem offenen Brief Dehon dazu, dass seine Kongregation die Mühen und Strapazen des Aufbaus einer Kirche bzw. einer Pfarrei übernommen hat. Zugleich appelliert der Ortsordinarius von Tunis an das Spendergewissen der in Nordfrankreich zu Hause Gebliebenen. Am Rande des arabischen Viertels gelegen würde dieser christliche Ort einen zentralen Beitrag zum stets wachsenden europäischen Teil der Stadt leisten. Wir werden noch sehen, dass Dehon das europäische Tunis auf seiner Reise als einen ambivalenten Ort wahrnimmt, wo die «deux Frances» miteinander ringen. Die Kirche als Bauwerk ist in einem solchen Ringen ein wichtiges Element. Der Erzbischof legte nun dar, dass aufgrund anstehender Arbeiten an der zu vollendenden Kathedrale seine Ressourcen ausgeschöpft seien und bittet daher um Mithilfe vom Mutterland aus. Zudem sei die Diözese mit anderen Baustellen in der Régence beschäftigt und ausgelastet. Trotz bekundeter Geldnot zeichnet sich das Schreiben in eine Dynamik des Aufschwungs und der hoffnungsvollen Aussicht für die künftigen Dinge ein. Dabei wäre der Generalsuperior Dehon, an den das Schreiben geht, in Bezug auf die Herz-Jesu-Kirche stark auf sich allein gestellt:

«Das Werk ist somit ganz Ihrem Eifer und der Liebe der Gläubigen anvertraut. Und wenn die Armut der Gemeindemitglieder es verunmöglicht, eine so große Aufgabe zu stemmen, wird sie, wie ich hoffe, von der Großzügigkeit der Christen aus dem Mutterland unterstützt werden.»[36]

Und die etwaigen Gönner dürfen dabei versichert sein, dass sie eine Gegenleistung für ihre Grosszügigkeit erhalten:

«Für alle, die Ihrem Ruf folgen werden, für alle diejenigen, die, gemäss ihren Möglichkeiten, Euch ein Opfer senden werden, egal wie klein die Hilfestellung ist, bitte ich Sie, sie in die tägliche Erinnerung in das Gebet zum Heiligsten Herzen Jesu einzubinden.»[37]

---

[35] ADR B 104/3, Inv. Nr. 1153.74, Brief des Bischofs von Karthago, Combes an Dehon, 01.05. 1899: «En célébrant, le lundi de Pâques, l'inauguration de votre chapelle provisoire, aménagée dans l'emplacement des anciennes écuries et remises de la Compagnie des Omnibus, ma pensée revenait, par moments, à l'étable de Bethléem. Si le Sauveur du monde, qui a fait son apparition dans une crèche, veut bien se contenter d'un pareil abri, notre piété ne peut s'en accommoder longuement, surtout à Tunis, fière des superbes minarets de ses innombrables et opulentes mosquées.»

[36] ADR B 104/3, Inv. Nr. 1153.74, Brief des Erzbischofs von Karthago, Combes an Dehon, 01.05.1899: «L'œuvre est donc entièrement confiée à votre zèle et à la charité des fidèles; et si la pauvreté de vos paroissiens est insuffisante à remplir une aussi grande tâche, elle sera, je l'espère, secondée par la générosité des chrétiens de la mère-patrie.»

[37] ADR B 104/3, Inv. Nr. 1153.74, Brief des Erzbischofs von Karthago, Combes an Dehon, 01.05.1899: «Pour tous ceux qui répondront à votre appel, pour tous ceux qui, selon leurs moyens, vous enverront une offrande, un secours si minime soit-il, je vous demande d'établir le souvenir quotidien de la prière au Sacré-Cœur de Jésus.»

Was an diesem bischöflichen Schreiben neben frommer Rhetorik und missionarischer Dynamik interessant für den Fortgang dieses Kapitels ist, ist dabei Folgendes: Der Bischof schreibt der Kongregation mehr oder weniger die volle Verantwortung für die Herz-Jesu-Pfarrei zu. Ist es nur ein blanker rhetorischer Akt? Denn das wird sich nämlich später, in einem kirchenrechtlichen Prozess vor römischen Instanzen, ganz anders zeigen. Der Bischof beansprucht dann die Pfarrei allein für sich. Er tut das dann mit grosser Vehemenz – Dehon ähnlich.

Schon kurz nach der feierlichen Einweihung der Kirche und diversen Bettelbriefaktionen ersuchen die beiden verantwortlichen Patres um eine Dispens von ihren Gelübde an. Miquet und Blanc gehen auf Distanz zu ihrer Gemeinschaft, wobei Miquet dies ausgeprägter tut, Blanc hingegen zaghafter. Später, nach weiteren Missionsstationen im Kongo, wird sich der 1873 in Düsseldorf geborene Goerke von der Kongregation abwenden. Goerke tritt 1905 in ein Trappistenkloster ein. Die Distanznahme, vor allem der ersten beiden genannten Patres, vollzog sich ein wenig aus heiterem Himmel. So erlebte es jedenfalls auch Dehon. Trotz schwieriger Vorgeschichten, die unschwer auszumachen sind, kann sich der Generalsuperior das Verhalten nicht recht erklären. Wo liegen nun die Ursachen für diese Entfremdung?

Zuallererst darf der Faktor der strukturellen Unsicherheit nicht vernachlässigt werden, der auf den Akteuren im Maghreb lastete. War einerseits die Kongregation noch nicht kirchenrechtlich vollständig anerkannt, so gab es andererseits im französisch-politischen Kontext eine zunehmend rigoristische Politik gegenüber den vermeintlich national-illoyalen Kongregationen. Nur mehr der Weltklerus wurde in diesem politisch-utilitaristischen Weltbild als legitim erachtet, vielleicht noch die Missionare ausgenommen. Daneben rechnete man mancherorts mit der Möglichkeit einer nicht allzu fernen «Dekolonialisierung», d.h. dass die Franzosen ausser Landes geworfen werden könnten. Gönnerpriester Boucher deutete jedenfalls solches an. Weil aber Miquet und Blanc in Tunis verblieben, kann diese Sorge eine nicht allzu grosse Rolle gespielt haben. Beide sahen im Maghreb eine Zukunft für sich. Es ist aber klar, dass der Weltklerus eine sicherere Position innehatte. Über die genauen Gründe des Sich-Auseinanderlebens kann aber nur spekuliert werden. Es kommt auf jeden Fall zum Bruch der Patres mit Dehon. Härter fällt dieser mit Pfarrer Miquet aus als mit Vikar Blanc und später mit Goerke aus, welcher noch einige Zeit für die Kongregation im Kongo tätig sein wird. Ein späteres Unterkapitel geht dem Fragenkomplex vertieft nach, wobei dann der Fokus auf schon längere Zeit hindurch gärende Prozesse gelegt werden wird.

Pater Sébastien, mit bürgerlichem Namen François, wird 26 Jahre lang Pfarrer in Tunis bleiben. Die 1899 provisorisch errichtete und später erweiterte Kirche Sacré-Cœur diente lange Zeit als Pfarreikirche. Miquet avancierte zu einer Institution. 1956 sieht sich das Gebäude vom jungen, entkolonialisierten tunesischen Staat beschlagnahmt und profanen Zwecken zugeführt. Danach diente sie

als Polizeistation an der Place Ali Balhouene, und noch heute wartet die ehemalige Kirche auf eine (neue) Funktion, welche laut Konkordat eine soziale und
kulturelle sein sollte.

Abbildungen 5 und 6: Die 1899 errichtete (und bis 1928 ständig erweiterte) Herz-Jesu-Kirche, links
in den 1950er Jahren noch zu Zeiten des französischen Protektorats (alte Postkarte, Eigenbestand),
rechts davon eine Aufnahme jüngerer Zeit aus maps.google.com. Die zeitgenössische Aufnahme
zeigt, dass das Turmkreuz abgenommen wurde. Nach der Unabhängigkeit Tunesiens wurde die Kirche in ein Polizeikommissariat umgewandelt. Es war somit kein Gebäude, das über das Konkordat
1964/65 als Besitz für die katholische Kirche gesichert werden konnte. Am Aufbau der Kirche mitsamt Pfarrei waren die Herz-Jesu-Priester massgeblich beteiligt. P. Sébastien Miquet amtete hier als
Pfarrer, 1920 erwähnt Dehon Miquet, den Groll früherer Zeit hinter sich lassend, in einem Brief an
einen befreundeten Geistlichen als «curé de l'église du Sacré-Cœur».[38]

Bevor nun in späterer Folge den Spannungen in der Kongregation jener Zeit
weiter nachgegangen werden wird und das Ende der Geschichte der Niederlassung in Tunis ins Blickfeld gerät, gilt es, diesen exemplarischen Fall in eine
breitere Missionsgeschichte der Frühzeit der Kongregation einzuschreiben sowie
dann Dehons eigene Reisenotizen im Maghreb unter die Lupe zu nehmen.
Zweitere sind eine einzigartige Möglichkeit, in Dehons Wahrnehmungswelt
einzudringen. Im Blick auf den Anderen eröffnet sich das Eigene. Fremd- und
Eigenwahrnehmung gehen eng zusammen. Nach diesem zweifachen Durchgang,
der einerseits die Kongregation der ersten Stunde in ihrem Expansionswillen
greifbarer macht und zugleich Dehon prosopografisch konturiert – wobei Tunis

---

[38] Vgl. Brief Dehons an Abbé Brochard, 13.02.1920, in: ADR B 20.7.12, Inv. Nr. 308.18. In der *La
Tunisie catholique. Bulletin hebdomadaire* 3 (1923) 300 wird Miquet als Ehrenpräsident des
Cercle Pie X in Tunis selbst genannt.

das verbindende Kettenglied ist –, treten wir dann noch tiefer in die Konflikt-geschichte, die diese Niederlassung umrahmt, ein. Die Konflikte rund um Tunis sind einerseits in eine longue durée der Gründungsphase der Kongregation ein-geschrieben. Andererseits zeigen sie allgemein strukturelle Problemfelder auf.

2.4 Expansion und Mission einer jungen Kongregation: Lateinamerika und Afrika

Zwei grosse Missionsprojekte sollten die ersten Jahre der Kongregation be-sonders prägen – sieht man einmal von Brasilien ab, wo Arbeiter- und Industrie-seelsorge anfänglich wichtig waren. Zuerst kamen die Anden Südamerikas in den Blick, zweitens die Regenwälder am mächtigen Kongo-Fluss. In die so be-zeichnete ehemalige «Herz-Jesu-Republik» Ecuador, welche sich seit der Ermor-dung ihres Präsidenten Gabriel Garcia Moreno (geb. 1821, Präsident von 1859-1865, dann 1869-1875) im Jahre 1875 in einer Situation der Instabilität befand, wurden bereits 1888 Patres der Kongregation geschickt.[39] Moreno wurde von Dehon 1889 als «Märtyrer des Heiligen Herzens Jesu» bezeichnet.[40]

Ecuador war die erste Mission der Kongregation. Einerseits sollten die Patres dort in der «Heidenmission» und Eingeborenen-Seelsorge in abgelegenen Ge-bieten eingesetzt werden, andererseits war angedacht, dass sie das Projekt der Fusion mit einer weiteren Kongregation, nämlich dem Institut von Julio Mato-velle (1852-1929) unter dem Namen «Oblaten von der Göttlichen Liebe», voran-trieben. Die Kongregation der Herz-Jesu-Priester stand trotz römischer Laudátio, sprich: Teil- bzw. Erstanerkennung, noch auf wackeligen Beinen. Expansion war angesagt, um überleben zu können: Geografische und strukturelle Expansion sollten sich ergänzen. Das Vorhaben der Fusion der beiden Kongregationen scheiterte aber ebenso wie die Idee, in Quito mitzuhelfen, eine Herz-Jesu-Basi-lika nach dem Pariser Vorbild Montmartre zu errichten. Am Bau einer solchen Kirche hätten Herz-Jesu-Priester mitwirken sollen. Die Ausweisung der Herz-

---

[39] Vgl. dazu Dehons Notizen in CHR 1889/7: «L'Équateur, la république du Sacré Cœur a subi de rudes épreuves après la mort du martyr du Sacré Cœur, García Moreno. Le président Borrero et le dictateur Vintimilla l'avaient ramené en peu d'années au radicalisme en passant par l'étape néces-saire du libéralisme. La nation du Sacré Cœur s'est relevée à temps. Elle a renversé Vintimilla, elle a décrété l'érection de l'église nationale du Sacré Cœur et repris avec le président Carmano les traditions de García Moreno. Elle a depuis peu de mois un président nouveau. Huit ou neuf années de séjour aux États-Unis et en Europe ont dû l'imprégner malgré lui de quelques idées libérales, mais sa haute intelligence saura bientôt, nous en avons la confiance, se dégager de toute compromission avec l'erreur et il travaillera efficacement avec son peuple au règne du Sacré Cœur.» In Dehons späteren Notizen in RCJ lässt sich die Verschlechterung des politischen Klimas und der Situation für die katholische Kirche im Lande erkennen, dazu: CHR 1896/12, noch gesteigerter in CHR 1901/129, wo erwähnt wird, dass u.a. ehemalige Ordensleute für die laizistische Politik zuständig seien.

[40] CHR 1889/7; vgl. dazu auch die Notiz «Dieu ne meurt pas» (in: EXT 8035191), die auf einen Ausspruch Morenos zurückgeführt wird und 1903 den Märtyrertod Morenos mit dem Los der Kongregationen, die in Frankreich verunmöglicht würden, parallelisiert.

Jesu-Priester, unter anderem von Pater Grison und Pater Miquet, erfolgte im Juni 1896. In diesem Jahr wurde in Ecuador das 1863 durch den klerikal-konservativen Moreno mit Rom unter Pius IX. abgeschlossene Konkordat aufgekündigt. Ein Laizismus nach französischem Vorbild begann sich durchzusetzen. Dieser mündete 1904 in die definitive Trennung von Kirche und Staat und hatte die Ausweisung und Enteignung der Orden und Kongregationen zur Folge.[41] Die Parallelen zu französischen Verhältnissen sind hier also durchaus gegeben. Der aus Ecuador ausgewiesene Herz-Jesu-Priester Gabriel Grison spielte dann auch im zweiten missionarischen Grossprojekt der Kongregation eine, wenn nicht *die* entscheidende Rolle. Nicht mehr Amerika, sondern Afrika stand nun im Blickfeld. Nach Vorgesprächen in Rom Anfang 1897, insbesondere mit Kardinal Mieczyslaw Lédochowski (1822-1902) von der Propaganda Fide, schickte Generalsuperior Dehon am 6. Juli 1897 Pater Grison und einen deutschen Mitbruder vom Hafen Antwerpens aus in den Kongo. Grison, aus der nordfranzösischen Diözese Verdun stammend und «la figure missionnaire par excellence»[42] der Herz-Jesu-Priester, war so nur ein knappes Jahr in Europa verblieben, um dann wieder nach neuen Ufern aufzubrechen. Nach dreimonatiger Schiffreise kamen die beiden Afrika-Missionare im September 1897 in Kisangani an. Im selben Jahr erkundigte sich P. Dupland in Tunis. So arbeitete die Kongregation an der «französischen Nord-Süd-Achse» im Wettlauf um Afrika.

Das genaue Datum der Aussendung vom belgischen Hafen Antwerpen aus, also der 6. Juli 1897, wurde mit Bedacht genannt. Es handelte sich exakt um den Tag, an dem Dehon gewichtige interne Post erhielt. Weiter unten wird entfaltet, worum es sich handelte. Es war jedenfalls starker Tobak für Dehon. Wenn Dehon später davon sprechen wird, dass der «Kongo die Kongregation gerettet hat», dann ist auch diese Verschränkung von Innen, wo es gewaltig brodelte, und Aussen, wo es vorwärts – in unbekannte Weiten – ging, im Hinterkopf zu behalten. Das für Dehon «schöne»[43] Kongo-Projekt erwies sich auf vielen Ebenen als «Erfolg», als «Rettung», sei es (1) finanziell wegen des «attraktiven» kolonialen belgischen Kontextes, sei es (2) innerkirchlich in Hinblick auf die Anerkennung und Positionierung in Rom selbst, sei es (3) auf der Ebene der innerkongregationalen Weiterentwicklung oder des «Marketings»: Dabei liess sich ein oftmals martialisches, halsbrecherisches Unternehmen wie die Kongomission im

---

[41] Vgl. Segundo E. Moreno-Yánez/Thomas Schreijäck, Ecuador, in: Kirche und Katholizismus seit 1945, Bd. 6: Lateinamerika und Karibik, hg. von Johannes Meier/Veit Straßner, Paderborn 2009, 323-338, hier 324-327.

[42] Vgl. Joseph Kuate, La théologie missionnaire chez le Père Dehon, unveröffentlichtes Dokument, S. 2.

[43] Über einen sehr grossen Zeitraum spricht P. Dehon vom Kongo als einer «schönen» und «lieben» Mission, vgl. «la belle mission» in einem Brief an P. Falleur (16.01.1901, in: ADR B 20/4.1, Inv. Nr. 294.21), ebenso an den belgischen Kardinal Mercier (13.07.1904, in: ADR B 16/1, Inv. Nr. 114.06), später an seinen Heimatbischof Péchenard (31.08.1911, in: ADR B 24/15.3, Inv. Nr. 515.54). Selbst im Todesjahr fällt die Begrifflichkeit in Briefen an Vertraute noch öfters. Das alles zeigt die enorme Bedeutung dieser Mission für Dehon und zugleich die Kongregation.

binnenkirchlichen, je eigenen Raum, gut an den Mann bringen. Mission war attraktiv und spendenwirksam. Über Mission konnte Personal rekrutiert werden. Für viele Missionare endete die Reise insbesondere in den Kongo jedoch abrupt. Aufgrund der herrschenden klimatischen und hygienischen Verhältnisse mussten sie jäh ihr Leben lassen. Das gab insbesondere Dehon zeitweilig sehr zu denken. Ist das als Indiz zu werten, dass Dehon der Mission gegenüber auch gewisse innere Vorbehalte hatte? Auf jeden Fall hatte er seine Kongregation nicht als Missionsgesellschaft gegründet. Von solchen gab es im 19. Jahrhundert zuvorderst in Frankreich en masse. Pater Grison war im Kongo ein langes Leben beschieden. Bis 1942 konnte er der Mission am oberen Kongo, an den Stanley-Falls, seinen Stempel aufdrücken. Seine Wirkung war enorm. Im so genannten Simba-Aufstand von 1960 wurden 29 Herz-Jesu-Priester als dessen Nachfolger in diesem Missionsgebiet kaltblütig ermordet. 1980 besuchte Johannes Paul II. auf einer seiner unzähligen Pastoralvisiten die erste Wirkungsstätte P. Grisons. Dadurch wurde innerkirchlich die Bedeutung seiner Person – auch für die Kongregation – nochmals deutlich unterstrichen, eines Akteurs, der auf ein erstes, «gescheitertes» Missionsprojekt zurückblicken musste. Zehn Jahre nach seiner Aussendung in den Kongo, im Jahre 1908, wurde Grison zum ersten Bischof aus den Reihen der Kongregation der Herz-Jesu-Priester geweiht. Das stellte nach der römischen Approbation von 1906 einen weiteren bedeutsamen «politischen» Schritt hin zur kirchlichen Vollanerkennung dar, die erst nach dem Ersten Weltkrieg 1923 über die Bühne gehen wird. Über den «Umweg» der Mission wurde so innerkirchlich gepunktet.[44]

Das für dieses Kapitel zentrale Tunis-Projekt wurde als Puzzlestein in das Gesamt der Kongomission integriert, obgleich nur am Rande. Auf halbem Weg in das geografische Herz Afrikas war für die maghrebinische Niederlassung nahe an Europa gedacht, dass sie als Posten der «Akklimatisierung» oder konkreter als Krankenstation zurückkehrender Missionare dienen könne. In Dehons Worten hört sich das so an:

> «Diese Niederlassung wäre eine Etappe für unsere Missionen in den Kongo, eine Klima-Station, sodass hier unsere Missionare, die krank zurückkehren, sich erholen. Zu gleicher Zeit sollte die Niederlassung als Pfarrei für ein neues Quartier in Tunis dienen.»[45]

---

[44]   Vgl. dazu David Neuhold/Stefan Tertünte, Mission als Konsolidierungs- und Profilierungsfaktor einer jungen Kongregation. Zu den Anfängen der Missionstätigkeit der Herz-Jesu-Priester, in: Michael Sievernich/Mariano Delgado/Klaus Vellguth (Hg.), 100 Jahre IIMF, St. Ottilien 2016, 256-267.

[45]   So beschreibt Dehon das ursprüngliche Projekt zu Handen Roms, vgl. Déductions présentées par l'Institut des Prêtres du S. Cœur sur le litige existant avec deux religieux sécularisés à Tunis; Material mit am 18.03.1977 vom Archivar erstellten hilfreichen Überblick, in: ADR B 99/3A: «Cette maison serait une étape pour nos missions du Congo, une station climatérique pour y reposer nos missionnaires qui reviendraient malades. Ce serait en même temps une paroisse pour un quartier neuf de Tunis.»

In dieser Art und Weise umschreibt der Superior das Projekt zum Zeitpunkt, als es in Rom zu einem Rechtsstreit um die Niederlassung gekommen ist. Nicht nur allein die pastorale, pfarreibezogene Arbeit hätte so im Mittelpunkt gestanden, sondern Tunis wäre zudem logistisch in das grössere Missionsgeschehen eingebettet gewesen. Ob für Dehon jener Aspekt des missionarischen Stützpunktes eine wirklich entscheidende Rolle spielte, lässt sich nicht abschliessend beurteilen. Dazu war der Niederlassung in Tunis wohl auch eine zu kurze Zeit beschieden. Es finden sich heute in den Quellenbeständen keine weitergehenden Reflexionen von Seiten des Superiors bzw. der Generalleitung, die uns da im Detail weiterhelfen könnten und einen grösseren Plan offenbaren. Dehons oben zitierte Aussage ist dazu ein wenig apologetisch konnotiert. Denn er will mit dieser Aussage dadurch punkten, dass er an die Adresse Roms den Missionscharakter seines Instituts besonders betont. Das steht in einem grösseren kirchlichen Kontext.

Allgemein gilt, dass Missionsprojekte der Herz-Jesu-Priester wie die Ecuadors, des Kongos u. a. etwas «Zufälliges» in ihrer Genese an sich haben. Auch im Fall von Tunis wird dies klar ersichtlich. Es stecken zumindest für diese erste Phase der Kongregationsgeschichte keine grossflächigen Pläne und Entwürfe hinter den jeweiligen Missionsunternehmen. Eher handelte es sich um spontane, «zufällige» Projekte im Umfeld des «charismatischen Anfangs». Die Unternehmungen waren dem Kairos, also der günstigen Stunde einer spezifischen Personenkonstellation oder einer konkreten Anfrage geschuldet. Wie Joseph Kuate es treffend hervorstrich, wurden die Herz-Jesu-Priester ursprünglich so nicht als Missionsinstitut, sondern als «œuvre du diocèse de Soissons»[46] ins Leben gerufen. Und dieses expandierte.

Expansion und Ausbreitung standen jedoch intern zur Diskussion, gerade auch wegen dieser Zufälligkeit. Eine Gruppe aus dem Institut Dehons kritisierte dessen nimmermüdes, etwas chaotisches Expansionsbestreben in aller Härte. Sie taten dies im Kernbereich der noch jungen Kongregation. Wir haben es nicht etwa mit Randphänomenen zu tun. Sowohl personelle Fragen als auch strukturelle Überlegungen wurden in Einwürfen an Dehon schlagend gemacht. Ähnlich gelagerte Kritik findet sich auch bei den Bischöfen, die Dehons Unternehmergeist und Aktivismus in erster Linie aus eigenen Interessen heraus kritisierten und dann rückbinden wollten. Wir werden das im zweiten Kapitel genauer ersehen. Dehon forderte sich selbst, aber auch sein Umfeld.

In diesem Kontext besonders brisant ist ein Mémoire von sieben Patres. Es datiert auf den 6. Juli 1897 und hat Dehon zu einer Aufteilung der Kongregation aufgefordert. Knapp über hundert Mitglieder zählte die Gemeinschaft zu diesem Zeitpunkt. Diesen Schritt setzten die Patres eigenem Bekunden nach, weil in ihren Augen die ursprüngliche Ausrichtung der religiösen Gemeinschaft verloren

---

[46] Kuate, La théologie missionnaire chez le Père Dehon, S. 1.

gegangen sei. Das Mémoire als eigentliche Denk- und Abrechnungsschrift,[47] zentral für dieses Kapitel, wird später in seiner ganzen Breite erneut aufgegriffen. Zwei der sieben darin sehr kritischen Patres finden wir später in der Niederlassung in Tunis wieder. Ist das ein Zufall? Dem Bekunden der kritischen Stimmen zu Folge sollte in der Kongregation Qualität vor Quantität stehen. Dehon hätte einen anderen Weg eingeschlagen als den anfangs von ihm skizzierten, die «innere» Ausrichtung vernachlässigt und zu vieles zu schnell und unprofessionell angepackt.

Wenn vorher am Beispiel des Kongo kurz koloniale Verstrickungen angedeutet wurden, so gilt es doch im Hinterkopf zu haben, was Klaus Schatz zum Wiederaufschwung der katholischen missionarischen Aktivität im 19. Jahrhundert schreibt:

> «Der neue missionarische Frühling [...] ist in erster Linie ein Teilaspekt der umfassenden religiösen Erneuerungsbewegung des Katholizismus. Er hat eigenständige religiöse Wurzeln und ist keineswegs als Begleitphänomen des europäischen Kolonialismus zu sehen, wenn auch die Mission in Mentalitäten, Methoden und politischen Optionen vielfältige Verbindungen mit dem ‹Kolonialismus› einging und die Missionare an den Einstellungen und Vorurteilen ihrer Zeitgenossen partizipierten.»[48]

So wurde gerade die Kongregation der Herz-Jesu-Priester gegründet, ohne die Mission «ad gentes» vorerst speziell ins Auge zu fassen. Dieser Aspekt kam erst später hinzu, wurde aus der zentralen Herz-Jesu-Frömmigkeit heraus «entwickelt». Erst nach und nach wurde die Mission konstitutiv – was an der Person Dehons selbst gut nachvollzogen werden kann –, und auf lange Sicht überlebenswichtig.

Wie Schatz zeigt, war mit 1820 der Tiefpunkt des «katholischen Missionswerkes» erreicht. Gerade 300 Missionare fanden sich zu diesem Zeitpunkt in der «Heidenmission». Die 1773 erfolgte Aufhebung des Jesuitenordens hatte in jener Hinsicht gravierende Spuren hinterlassen. Beginnend mit Papst Gregor XVI. (reg. 1831-1846), der selbst vor seinem Pontifikat als Ordensmann die Propaganda Fide geleitet hatte, vollzog sich ein allmählicher Aufschwung. Jener lässt sich an der spezifischen Zuteilung von Missionsgebieten an Ordens- und Missionsgesellschaften festmachen, die nunmehr praktiziert wurde. Auch die Herz-Jesu-Priester werden sich um klar umschriebene Territorien bemühen. Die bürokratische Effizienz wurde gesteigert, die Welt katholisch neu vermessen. Im 19. Jahrhundert entstanden dann im kirchlichen Raum 18 grössere Gemeinschaften, die sich anders als die Herz-Jesu-Priester ausschliesslich und von Beginn an der Mission verschrieben; wobei «Frankreich das Zentrum missionarischer Impulse»[49] war und darin vor allem die Heimat Dehons, also Nordfrankreich, eine missionarische Vorreiterrolle spielte. Als Dehon seine Kongregation ins Leben

---

[47] Vgl. dazu Schreiben in ADR B 48/4, Inv. Nr. 787.11.
[48] Klaus Schatz, Kirchengeschichte der Neuzeit (Leitfaden Theologie 20), Düsseldorf 1989, 62.
[49] Schatz, Kirchengeschichte, 64.

rief, waren zwei Drittel der Missionare und drei Viertel der Missionsschwestern und Missionsbrüder gebürtige Französinnen und Franzosen. Global gesehen waren Frankreich und das katholische Christentum eng miteinander verknüpft. Um 1900 gab es beispielsweise 6.500 katholische Priester in der Mission, wobei 4.500 – wie Gabriel Grison und Sébastien Miquet – aus Frankreich stammten. Damit handelt es sich also um einen zwanzigfach höheren Wert als der oben für 1820 angegebene von 300 Priestern.

Wie Claude Prudhomme seinerseits zeigt, war die Idee, «les droits de Dieu» durch das katholische Frankreich weltweit zu verbreiten, ein entscheidender Hintergrund dieser Explosion missionarischen Wirkens katholischer Provenienz. Diametral stand dieses Konzept dem laikalen Revolutionsexport und darin insbesondere dem Konzept der Menschenrechte gegenüber. Die Menschenrechte zu hinterfragen bzw. zu ergänzen, war ein implizites Ziel dieser starken Strömung.[50] Kirchliche Gemeinwesen zu errichten, die im Heimatland gerade ihren Untergang fanden, war ein weiteres idearisches Anliegen dieser Bewegung, in Dehons Worten: «Die Missionen trösten die Kirche in der Traurigkeit, die sie in Europa erfährt.»[51] Die missionarische Kompensationstheorie des 16. Jahrhunderts, die die Kirche quasi personifizierte, erfuhr eine Wiederbelebung und liess sich beispielsweise mit dem oben schon erwähnten «Wettlauf um Afrika» als Konzept gut kombinieren: Was zu Hause verloren war, das sollte anderswo an Boden gut gemacht werden. Erst in den letzten beiden Jahrzehnten des 19. Jahrhunderts, also ab 1880, setzte dann die «systematische Missionierung des Inneren Afrikas»[52] ein, welche dann für die Herz-Jesu-Priester bedeutsam wurde.

Bevor wir nun im folgenden Unterkapitel nochmals auf den afrikanischen Kontinent wechseln, sollen in einem tabellarischen Überblick die Missionsprojekte der Herz-Jesu-Priester in der Lebenszeit Dehons zur Darstellung gelangen. Dabei bieten der Beitrag Adrian Borsts und dessen Angaben die Grundlage.[53]

Jahr (Start-Ende)	Land
1888-1896	Ecuador
1893-	Nordbrasilien
1897-	Kongo
1898-1900	Tunesien
1903-	Südbrasilien
1904-	Böhmen
1907-	Finnland

[50] Vgl. Claude Prudhomme, Mission chrétiennes et colonisation (XVIe-XXe siècle), Paris 2004, 116. P. Dehon spricht in seinen publizistischen Texten sehr oft von den «droits de Dieu».

[51] Schreiben P. Dehons im Rahmen seiner Weltumrundung, am Tag des hl. Franz Xaver, zwischen Formosa und Manila, an P. Kusters, 03.12.1910, in: ADR B 74/4, Inv. Nr. 972.63: «Les missions consolent l'Eglise des tristesses qu'elle éprouve en Europe.»

[52] Schatz, Kirchengeschichte, 65.

[53] Vgl. Adrian Borst, Storia delle missioni Dehoniane, in: Documenta XX, Septima Conferentia Generalis, Rom 2007 [apud Curiam Generalem Congregationis Sacerdotum a Sacro Corde Jesu], 207-219, hier 209.

1910-	Kanada
1911-	Schweden
1912-	Kamerun
1919-	Spanien
1920-	Dänemark
1923-	Südafrika
1923-	Vereinigte Staaten/Süddakota
1923-	Indonesien
1923-	Norwegen
1923	Afghanistan

Schema 1: «Missionen» der ersten Zeit der Kongregation der Herz-Jesu-Priester bzw. Länder, in welche die Kongregation «missionarisch» expandierte; darunter interessanterweise auch Spanien, wohin deutsche Patres nach deren Ausweisung aus Kamerun mit dem Ende des Ersten Weltkrieg verschlagen wurden und wo sie dann verblieben.

In dieser Aufstellung der Missionsdestinationen sticht hervor, dass sich Länder aus allen Erdteilen unter den Dehonianischen Missionsprojekten der ersten Stunde finden lassen. Asien war freilich anfänglich weniger abgedeckt, aber es sind darin ebenso europäische bzw. westliche Länder mit protestantischer Prägung stark vertreten. Auch dorthin Missionare auszusenden, war für Dehon angezeigt. Daneben sah er einen missionarischen Wettlauf mit dem Islam im Gange. Schon 1897 spielte Dehon auf die Religions- bzw. Konfessionskonkurrenz an, sowohl im Hinblick auf den Protestantismus als auch auf den Islam. In einem Schreiben an die Propaganda Fide motivierte er das Kongoprojekt über den Aspekt missionarischer Dringlichkeit.[54]

Besonders gilt es noch darauf hinzuweisen, dass 1923 in Rom, also zu Lebzeiten Dehons, angedacht wurde, zwei oder drei holländische Patres der Herz-Jesu-Priester «unterschwellig» nach Afghanistan zu senden. Der Kongregation wurde eine solche under-cover-Mission von der Propaganda Fide zugetraut. Das galt als besonderes Vertrauenszeichen an die Adresse der nun vollständig approbierten Kongregation. Mehr als eine im strengen Sinne religiöse Mission hätte dies nach den Angaben des zuständigen Prokurators der Kongregation, P. Ottavio Gasparri, eine diplomatische Erkundungsmission sein sollen. Das übte sichtlich einen besonderen Reiz auf ihn, aber auch auf Dehon aus.[55] Alles war sub secreto. Aus dem Unternehmen wurde aber letztendlich nichts.

Nach Dehons Tod wurden längere Zeit keine neuen Missionsprojekte ins Auge gefasst. Es ging den Verantwortungsträger nun darum, das Werk zu konsolidieren, war doch 1925 die Kongregation bereits in 20 Ländern und an mehr als 110 Orten vertreten. Ein Viertel aller Kongregationsmitglieder war zum Zeit-

---

[54] Brief P. Dehons an die Propaganda Fide, 07.10.1897, in: ADR B 24/12, Inv. Nr. 507.03: «Les protestants sont déjà là et les arabes y tiennent des écoles. Si nous laissons ces populations passer au mahométisme, elles deviendront inconvertissables.»

[55] Briefe Ottavio Gasparris an Dehon im März/April 1923 (in: ADR B 98/2, wo von einer «mission confidencielle» die Rede ist, die, Rom, genauer die Kommission der Kardinäle innerhalb der Propaganda Fide, dem niederländischen Zweig der Kongregation als eine diplomatische Erkundungsmission im Blick auf eine etwaige Schulgründung in Afghanistan anvertrauen würde).

punkt des Todes von Pater Dehon als Missionare tätig. Das ist vielsagend. Dehons hohe Schlagzahl in der Neugründung von Niederlassungen wurde, wie gesagt, nicht weitergeführt. Ein Grund neben dem erwähnten Aspekt der Konsolidierung ist zweifellos in der grassierenden Weltwirtschaftskrise zu suchen. Für globale Unternehmungen fehlten einfach die Ressourcen. Erst 1935 wird dann England als wiederum protestantisch geprägtes Land ins Auge gefasst und dort eine Mission umgesetzt. Dabei spielte eine Rolle, dass Dehon schon in den 1880er Jahren auf der Insel Erkundungen für eine mögliche Expansion durchgeführt hatte, was damals durch die restriktive Ordenspolitik von Jules Ferry mitveranlasst wurde. Insgesamt erlangten im breiteren Kontext der Kongregation die holländische und italienische Provinz im zweiten Drittel des 20. Jahrhunderts für Missionsprojekte zunehmend stärkere Bedeutung. Dazu kamen die Missionsbemühungen der deutschen Herz-Jesu-Priester in Südafrika, Kamerun, Südbrasilien, den USA und Böhmen. Eine Ablösung vom französischen Ursprungskontext und eine generelle Verlagerung verschafften sich mit dieser für die Missionen wichtigen Ortsverlagerung beredten Ausdruck. Die Missionen waren Unternehmungen der jeweiligen Provinzen.

Kommen wir aber nochmals auf die 1890er Jahre zurück. Mit Ecuador und Tunesien taten sich zwei Missionsunternehmungen auf, die «gescheitert» sind. Beiden Niederlassungen war keine lange Lebensdauer beschieden. Waren im ersten Fall politische Umstände entscheidend für den Rückzug, so im zweiten Fall stärker interne Auseinandersetzungen und Unstimmigkeiten. Das nun folgende Kapitel kontextualisiert das nordafrikanische Unternehmen der Herz-Jesu-Priester breiter und erweitert die Perspektive auf Wahrnehmungs- und Einschätzungsmuster des Ordensoberen im Vorfeld der Gründung. Dabei kommt die Gründerfigur stärker zum Vorschein, nachdem sie vorerst in diesem Kapitel eher im Hintergrund verblieb. Um Dehon soll es in dieser Abhandlung ja auch zentral gehen. Borst schreibt von Dehon, dass in der Kongregationsgeschichtsschreibung immer auch ausgesagt werden sollte und wollte, wie «missionarisch» er als Ordensstifter denn gewesen sei. Borst selbst sieht das – wohl zu Recht – nüchterner. Ohne Dehons missionarischen Geist leugnen zu wollen, weist Borst darauf hin, dass der Kongregationsstifter pragmatisch orientiert gewesen sei, dass er also immer die Weiterentwicklung der Kongregation als solche im Blick hatte sowie deren je grössere Freiheitsräume.[56] Und eine markante Form der Freiheit ist unbestritten die Mobilität, der Ortswechsel sowie die transnationale Vernetzung, nach dem jesuitischen Motto: Die Welt ist unser Haus.

---

[56] Borst, Storia delle missioni Dehoniane, 214: «Ma notiamo qui che padre Dehon aveva una mente pratica. Credo che abbia avuto anche delle motivazioni meno spirituali. Certamente aveva un ideale missionario, un ideale per diffondere il Regno di Dio, per predicare la Buona Novella a tutte le genti, ma non era un idealista puro.»

2.5 Dehon und (Nord-)Afrika – ein Abstecher vor Ostern 1894

Es fällt auf, dass Dehon einige Jahre vor der Gründung einer Niederlassung seines Instituts in Tunis den Maghreb besuchte. Er kannte also den «Schauplatz» Tunis. Dehon besuchte die Stadt, in der später eine neue Kommunität aufgebaut werden wird. Es lässt sich jedoch kein direkter Zusammenhang zwischen Reise und Niederlassungsgründung in den Quellen nachweisen. Aber man könnte sich durchaus vorstellen, dass Dehons eigene Beobachtungen vor Ort, wenn nicht den Boden dafür geebnet, so ihn doch dazu veranlasst haben, dem Projekt gegenüber jedenfalls nicht abgeneigt zu sein.

Im März 1894 verbrachte Dehon freilich nur einige Stunden in Tunis. Es war eine kurze und etwas hastige Reise, die Dehon da in die französischen Kolonien Tunesien und Algerien brachte. Dehon war auch als Pilger unterwegs. Dazu trägt der Maghreb-Aufenthalt Züge einer touristischen Bildungsreise. Zahlreiche touristische Destinationen waren anvisiert, was nicht ausschloss, dass es im Gesamten gesehen sich um eine, aus heutiger Sicht, beschauliche, gemütliche Reise handelte. Denn die Wegstrecken zwischen den Destinationen waren zeitlich gesehen ausgedehnt: Boots- und Zugfahrten boten Musse und Zeit für Konversationen, Lektüre und Notizen. Es handelte sich bei dieser Reise Dehons zudem um einen «Ausflug» von Rom aus, eine Art Abstecher sozusagen, um etwas Abstand vom Alltag zu gewinnen und einen eigenen Freiraum zu geniessen. Der Kongregationsgründer reiste bekanntlich sehr gerne, er war ein sehr mobiler Mensch nicht nur wie in diesem Fall zwischen Rom und Nordafrika.

Jenen Abstecher wollte Dehon, wie viele andere auch, nicht an die grosse Glocke hängen: «Halten Sie die Nichteingeweihten nicht auf dem Laufenden, was meine Reiserei angeht. Sagen Sie Ihnen nur, dass ich ein wenig meine Rom- und Italienreise ausdehne.»[57] So schrieb P. Dehon an seinen zu Hause in Nordfrankreich gebliebenen «Finanzminister» am 13. März 1894 – einem Tag vor seinem 51. Geburtstag. Wollte sich Dehon auch möglichen, für ihn unangenehmen Feierlichkeiten entziehen? Jedenfalls schien es ihm angebracht, die Reise nicht gross publik zu machen. Aus diesem und einem zweiten Schreiben an P. Falleur im Rahmen seiner «Reiserei» («mes pérégrinations») wird jedoch klar, dass der Generalsuperior seinen Abstecher gezielt dahingehend unternahm, um Notizen[58] und Beobachtungen für so genannte erbauliche Unterweisungen zu sammeln.

---

[57] Brief P. Dehons an P. Falleur, 13.03.1894, in: ADR B 20/3, Inv. Nr. 292.27: «Ne tenez pas les profanes au courant de mes pérégrinations. Dites seulement que je prolonge un peu mon voyage de Rome et d'Italie.» Weiter heisst es – mit dem für die Briefe an den Generalökonomen charakteristischen Humor: «Me voici au bout de l'Europe, au cap Lilybée, célébré par Virgile. L'Afrique est tout près, c'est bien tentant. Ce ne sont pas les sirènes, ni Calypso qui m'y attirent, mais c'est mon pèlerinage à Hippone et à Carthage, désiré depuis 30 ans. Aussi... je pars, mais rassurez-vous, je n'irai pas jusqu'à Tombouctou. Je passerai seulement huit jours au continent noir, puis je reprendrai mon circuit par Messine, Bari, le Mt Gargano et Lorette. Patience, je vous arriverai bientôt.»

[58] Eine sehr grobe Skizze mit Ortsnennungen, vom März 1894, vgl. unter Inv. Nr. 1164.19, in ADR B 107/4.

Aber dass im Maghreb einmal eine Niederlassung der Kongregation aufgebaut werden könnte, daran dachte Dehon wohl noch nicht im Entferntesten. Nachdem der Generalsuperior wieder nach Europa zurückgekehrt war, durchquerte er Italien an seiner östlichen Flanke nach Norden, kam über das für ihn wichtige Loretto nach Mailand, dann über Zürich und Basel nach Paris. Dort fand die grossteils mit dem Zug – was hätte Pater Dehon nur ohne dieses moderne Transportmittel der Eisenbahn gemacht? – absolvierte Reise am Montmartre einen in die Herz-Jesu-Verehrung eingeschriebenen, bewusst gesetzten End- und Zielpunkt.

Dehons illustrer Reisebericht erschien dann Ende 1897 in gedruckter Form in Paris und Tournai.[59] Mit einer bestimmten Verzögerung präsentierte er seine Reiseimpressionen und Deutungen dann für die breite Öffentlichkeit. Zeitweilig stellt der Reisebericht ein buntes Sammelsurium historischer Daten, Namen und grossflächiger Zusammenschauen dar. Ästhetischer Anspruch und religiöse Paränese fliessen harmonisch in eins, mitsamt allerlei lokalen Legenden, Erzählungen und oftmals weitschweifigen Faktenwulsten, die der Ordenssuperior da zum Besten gibt. Nicht fehlt es an eigenen Beobachtungen bis hin zur nordafrikanischen Flora[60] und lebendig geschilderten Vorkommnissen. Letztere sind für uns besonders interessant, weil sie in der räumlichen Ferne überraschend nahe an die Person Dehons heranführen.

Neben Italien, insbesondere Sizilien, Apulien und Kalabrien geraten so auf Dehons Tour fokussiert Tunesien und Algerien ins Blickfeld, bevor auf seiner Reiseroute im März 1894 Pater Dehon wieder nach Hause gen Norden zurückkehrt. Am 15. März 1894 erreichte Dehon nach abenteuerlich-bewegter Bootsfahrt Tunis. Es ist gerade die Zeit vor Ostern, also die christliche Fastenzeit. Zugleich fällt die Reise Dehons im islamischen Jahreslauf in den Ramadan. In Tunis feierte Dehon in der neuerrichteten Kathedrale St. Vincent von Paul sogleich die Messe und unterhielt sich kurz mit dem neu installierten Erzbischof Combes, um dann sofort die unweit entfernt liegenden Ruinen Karthagos zu besuchen. Das koloniale Erzbistum trug seit 10 Jahren wieder den Namen jenes altehrwürdigen, frühchristlichen Bischofsitzes. Dass diese Region ein ehemals christliches Gebiet sei, das betont Dehon oftmals. In Karthago beeindruckte die von Kardinal Lavigerie errichtete Basilika Dehon. Der Ort und seine Umgebung luden Dehon dazu ein, die Geschichte gedanklich und in der Fantasie lebendig werden zu lassen. Dehon ist überhaupt tief in pulsierenden Adern des Historismus seiner Zeit eingezeichnet: Es ist aber nicht nur die Geschichte der Phönizier, die er in groben Zügen durchstreift. Insbesondere die Auseinandersetzungen Karthagos mit der Weltmacht Rom haben es ihm angetan. Dehon erinnerte sich bei Hannibals Geschichte(n) auch an die eigene Jugend zurück, um dann einen grossen geschichtlichen Bogen bis in seine Gegenwart spannend zu schliessen:

---

[59] Léon Dehon, La Sicile, l'Afrique du Nord et les Calabres. Autrefois et Aujourd'hui, Paris/Tournai 1897. Ich zitiere im Folgenden jedoch aus seinen biografischen Notizen NQT.

[60] Der botanisch interessierte und versierte Dehon bedauert die Abholzung der Region, die zu problematischen klimatischen Veränderungen geführt hat.

«Ich war zehn Jahre alt gewesen, als ich die Erzählung jener Unternehmungen [Hannibals, DN] abends bei meiner Mutter in La Capelle wiedergab. Heute, da ich bei den Ruinen des Palastes Hannibals sitze, stelle ich mir den Aufruhr dieser grossen Stadt zur Zeit jener gewaltigen Auseinandersetzungen vor. Es war Afrika, das sich gegen Europa stemmte. Das besiegte Afrika nahm Rache, mit den Sarazenen, die ihrerseits wieder Spanien und Sizilien einnahmen sowie Frankreich und Italien bedrohten. Aber Afrika wurde von neuem bezwungen und Tunis, das neue Karthago, ist wie das alte von einem lateinischen Volk beherrscht.»[61]

Damit sind die Franzosen gemeint. Ein grossflächiges Erklärungsmuster präsentiert sich dabei. Dehon schätzte solche historischen Gemälde und produzierte sie gerne. Das Ringen zwischen Erdteilen ist da ein ebenso einprägsames Bild wie auch die Rede von den Nationen und ihrer sich stets wandelnden Geschichte.

Nicht fehlen in Dehons nordafrikanischer Geschichtsschau darf natürlich die Geschichte des Christentums. Ein Hauptziel seiner Reise war es denn auch, auf den Spuren des Heiligen Augustinus, den er besonders verehrte, zu wandeln und ihnen nachzuspüren. Die Reise wurde also durch sehr persönliche Gründe motiviert. 30 Jahre lang hatte Dehon nach eigenem Bekunden darauf gewartet, diese Reise endlich unternehmen zu können.[62] Das Übersetzen Dehons nach Afrika ist also zugleich eine Pilger- bzw. Wallfahrt. Über besuchte Orte hindurch möchte Dehon einerseits in die Geschichte eintauchen, sie erfassen, er trifft andererseits an den verschiedenen Orten auch konkrete Zustände an, die ihm Vergangenes, gerade aus der Bibel Bekanntes, verlebendigen. Dehon ist auf Erfahrungen ausgerichtet, die für sein (religiöses) Leben wichtige Momente darstellen.

Neben jener deutlichen Anknüpfung an die christlich-jüdische biblische Überlieferung und Tradition steht die Begegnung mit der muslimischen Welt. Sie drängt sich in Dehons Notizen an vielen Stellen lebendig in den Vordergrund. Ihr soll nun intensiver nachgegangen werden, ist sie doch im Kontext der Niederlassung der Herz-Jesu-Priester in Tunis mit seiner grossen muslimischen Mehrheit von Relevanz. Nach seinem kurzen Abstecher zu den Überresten Karthagos wollte Dehon in die nahe Stadt Tunis zurückgekehrt eine Moschee besuchen. Ein solcher Besuch blieb ihm zwar dort verwehrt,[63] aber einige Tage später in Alger, wohin er weiter gereist war, wird er den erwünschten Moscheegang nachholen können. Gebetsstätten wie diese zu besuchen, das war ihm sichtlich ein zentrales Anliegen und nicht nur literarische Ausschmückung. Obwohl auch wirtschaft-

---

[61] NQT 7/70 (41r-41v): «J'avais dix ans quand je traduisais le récit de ces campagnes dans mes soirées auprès de ma mère à La Capelle. Aujourd'hui, assis sur les ruines du palais d'Annibal, je me représente l'agitation de cette grande ville à l'époque de ces luttes gigantesques. C'était l'Afrique luttant contre l'Europe. L'Afrique vaincue prit sa revanche, avec les Sarrasins, qui eux aussi conquirent l'Espagne et la Sicile et inquiétèrent la France et l'Italie. Mais l'Afrique a été vaincue de nouveau, et Tunis la nouvelle Carthage est comme l'ancienne dominée par un peuple latin.»

[62] Vgl. Brief P. Dehons an P. Falleur, 13.03.1894, in: ADR B 20/3, Inv. Nr. 292.27.

[63] NQT 7/88 (53v): «Je n'ai pas pu visiter les mosquées de Tunis, elles sont réservées aux musulmans.»

liche, landschaftliche, botanische, historische, kulturelle sowie insgesamt vielfältige Vermerke Dehons Schrift durchziehen, so ist es doch die religiöse Sphäre,
die Dehon letztlich am meisten fesselt. Religion einerseits in ihrer Verknüpfung
mit der politischen Ebene, aber andererseits vor allem mit Bezug auf gelebte
Praxis, Frömmigkeitsformen und Mystik ist es, die Dehon gerne und wach beobachtet:

> «Die Muslime sind durch und durch religiös. Für sie ist die Religion so sehr Teil
> der Existenz, sodass sie nicht verstehen können, wenn ein Volk ohne Religion ist.
> Für die Menschen ohne Religion sind die strengsten Strafen vorgesehen sowie die
> Djehennah und das ewige Feuer.»[64]

Die im nordafrikanischen Kontext angetroffene alltägliche, ja selbstverständliche Ausübung von Frömmigkeit faszinierte Dehon. Es machte dabei auch
keinen Unterschied, ob Dehon auf seiner kurzen Reise selbst damit konfrontiert
wurde oder solche Erfahrungen nur aus zweiter Hand rezipierte und für den Leser bzw. die Leserin reproduzierte. Wegen der Kürze seiner Reise muss wohl an
mehreren Stellen in Betracht gezogen werden, dass er Gehörtes und Gelesenes
lebendig in seine Notizen hinein verarbeitete. In der Beschreibung einer animis-
tischen Opferzeremonie in Alger werden wir noch auf diesen Aspekt der gezielten literarischen Reproduktion stossen.

2.5.1 Islamwahrnehmung: Gebet, Fasten und Gemeinschaft

Öffentliche und traditionelle Religionsausübung wurde für Dehon in Tunesien
und Algerien manchmal geradezu zu einem interreligiös verbindenden Band
zwischen Christen und Muslimen. Dazu, man möge meinen, ein unwichtiges Detail: Dehon trug auf seiner Reise Priesterkleidung, gab sich also affirmativ klerikal, stellte sich in den französischen Kolonien religiös zur Schau: Handelte es
sich sogar um eine Soutane? Er notierte dazu folgende letztlich moralisch aufgeladene Beobachtung: «Ich habe festgestellt, dass die Araber und die Tunesier uns
mehr schätzen würden, wären wir ein religiöses Volk. Oft erweisen sie meinem
Habit mehr Respekt als meine Landsmänner.»[65] Und andernorts in den Notizen
finden wir eine spezifischere, an eine sehr konkrete Situation rückgebundene
Beobachtung. Als Dehon in Alger nun endlich eine Moschee besuchen kann,
schreibt er:

> «Einer der Bediensteten der Moschee, der Hazzab, hatte mir Ehren erwiesen. Er
> war davon angetan, mich mit mehr Respekt herumgehen zu sehen als die kritischen
> und frechen Touristen es tun. Er sagte mir, dass seine Glaubensbrüder mit Inbrunst

---

64 NQT 7/109 (65v): «Les Musulmans sont profondément religieux. Pour eux la religion fait telle-
    ment partie de l'existence qu'ils ne peuvent comprendre un peuple sans religion. Aux hommes
    sans religion sont réservés les châtiments les plus sévères de la Djehennah et le feu éternel.»
65 NQT 7/110 (66r): «J'ai constaté moi-même que l'arabe et le tunisien nous estimeraient plus si
    nous étions un peuple religieux. Souvent ils ont manifesté pour mon habit plus de respect que mes
    compatriotes.»

den Gott des Himmels anbeteten und dass sie ihre Heiligen für spezielle Gnaden anrufen. Es ist leicht zu erkennen, dass dieses Volk profund religiös ist und dass die Indifferenz und der Unglaube der Franzosen für sie abstossend ist und sie in Aufruhr bringt.»[66]

Mindestens zwei Dinge sind hier wichtig: einerseits das Gemeinsame im Raum des Religiösen, das Dehon in Bezug auf den Hazzab betont, andererseits aber – wohl bedeutender – die Stossrichtung, die in dieser Aussage unterlegt seinen eigenen Landsleuten gilt. Seien es Touristen oder im Lande ansässige Franzosen, beide Gruppen bilden als potenziell indifferente «religiöse Analphabeten» gleichermassen die Kontrastfolie in Dehons Aussagen und Denken, nach welchem jedes Volk eine Religion besitze. Damit funktionalisiert Dehon die Beobachtung der doch auch sichtbaren religiösen Verbundenheit oder Gemeinsamkeit.[67] Sie erfüllt einen klaren Zweck, wobei die verschriftliche Beobachtung zu einem Instrument der Anklage mutiert. Trotz allem wird offenkundig, dass Dehon, der in erster Linie für in Frankreich (und Belgien) Zuhausegebliebene schrieb, muslimischer Religionspraxis ausdrückliche Wertschätzung entgegen bringt. Er interessierte sich stark für sie, ja bewunderte sie.

Der «beau zèle» in der Frömmigkeitsausübung sprach ihn aus diesem Grund an, obwohl er es nicht verabsäumte hinzuzufügen: «Wie schade ist es aber, dass ein so schöner Eifer nicht zu Gunsten der wahren Religion aufgebracht wird.»[68] Das Visier sei eben falsch eingestellt, Korn und Kimme wären schlecht justiert. Analog dazu bedauerte Dehon an anderer Stelle für das als mächtig angetroffene Gebetsleben, es «verdiente ein nobleres und reineres Ziel», um dann schlangenlinienartig fortzufahren: «Gott erhört ohne Zweifel diejenigen unter ihnen [den Muslimen, DN], die mit ihrem guten Willen einige natürliche Tugenden verbinden.»[69] Unzweifelhaft ist damit eine dialektische, mäandernde theologische Abwägung vorgenommen – sogar mit einem Schuss der eigenen Infragestellung oder Verunsicherung? Fakt ist, dass gerade der intransigente Papst Pius IX. als erster Papst 1863 erklärte, dass Nicht-Christen gerettet werden könnten, ohne den christlichen Glauben angenommen zu haben. Sofern sie das Naturgesetz be-

---

[66]　NQT 8/6 (7r): «Un des employés de la mosquée, le hazzab, je crois, m'en avait fait les honneurs. Il était touché de me voir passer avec plus de respect que les touristes critiques et gouailleurs. Il me disait que ses coreligionnaires priaient avec ferveur le Dieu du ciel et qu'ils invoquaient leurs saints pour des grâces particulières. Il est facile de voir que ces gens sont profondément religieux et que l'indifférence et l'impiété des français leur répugnent et les révoltent.»

[67]　Neben den Muslimen dienen Dehon an anderer Stelle aber auch die katholischen Spanier und Malteser als Kontrastfolie für die Franzosen: «Il y a à Alger des Espagnols et des Maltais pleins de foi. Les Français sont moins édifiants.» NQT 7/121 (72r).

[68]　NQT 7/6 (6v): «Quel dommage qu'un si beau zèle n'est pas dépensé au service de la vrai religion!»

[69]　NQT 7/4 (5r): «mériterait d'avoir un but plus noble et plus pur»; «Dieu écoute sans doute ceux d'entre eux qui joignent à leur bonne foi quelques vertus naturelles.»

achten, könnten sie das Heil erlangen.[70] Pius IX. mass aber den anderen Religionen nicht als solchen einen Eigenwert zu. Und das tat Dehon eigentlich auch nicht. Trotzdem zeigt sich im letztgenannten Satz eine partielle Sympathie. Das, was Dehon im Maghreb am stärksten fesselte, ist gewiss das Gebetsleben, das «très fidèlement», «avec recueillement», in einem «puissant esprit», oder «avec ferveur» vollzogen werde, um nur einige von Dehons diesbezüglich niedergelegten Attributen aufzuzählen.[71]

In ähnlicher Weise nahm Dehon auf die Praxis und die Einhaltung des Ramadan positiv Bezug. Jedoch wird dieser nicht so wohlwollend konnotiert, wie es für das Gebetsleben der Fall ist. Die Reise ist zeitlich selbst im Ramadan und zeitgleich in der Karwoche des christlichen Kalenders verortet. Mit dem Karfreitag lag ein sehr strenger Fasttag in dieser Kalenderwoche des Jahres 1894, welche Dehon in Nordafrika verbrachte. Das Fasten war also ein auf der Hand liegender Gegenstand. Schon auf dessen Ägyptenreise Mitte der 1860er Jahre, in Dehons Jugendzeit, fand sich in ähnlicher Weise ein genauso positiv wie auch für ihn verstörender Bezug zur strikten Einhaltung der Fastengebote.[72]

Wiederum ist 1894, also drei Jahrzehnte später, im Maghreb von einer «heroischen» Haltung die Rede, als über Personen gesprochen wird, die das Fasten als eine der Säulen ihrer Religion penibel praktizieren. Es tut der geschilderten Faszination dann aber doch ein wenig Abbruch, wenn Dehon anmerkt, dass im Rahmen des Fastenbrechens nach Sonnenuntergang auf den Schlaf der Christen wenig Rücksicht genommen werde: «In Alger fand ich die Nächte wenig erholsam und ich las in den Zeitungen von widerholten Beschwerden wegen des Lärms.»[73] Die Festivitäten des nächtlichen Fastenbrechens störten Dehon dann doch. Und 1911 auf seiner Weltreise, diesmal in Indien angelangt, wird Dehon ein Beispiel dafür bieten, dass die Einhaltung des Ramadans für ihn in eine bedenkliche, ja als fanatisch zu bezeichnende Richtung gehen kann: Ein muslimischer Bauarbeiter hätte es nach einem Sturz und einem schlimmen Kieferbruch dezidiert abgelehnt, dass man ihn wasche und versorge, weil Ramadan sei.[74] Und trotzdem: Der Ramadan gibt Dehon, der im eigenen kulturellen Raum einen Niedergang der Abstinenz-Gebote feststellen muss, zu denken, von den

---

[70] Vgl. Francis A. Sullivan, Vatican II and the Postconciliar Magisterium on the Salvation of the Adherents of Other Religions, in: James L. Heft/John O'Malley, After Vatican II. Trajectories and Hermeneutics, Grand Rapids 2012, 68-95, hier 69, 95.

[71] NQT 8/3-6.

[72] NHV 3/88. Dort schrieb Dehon zu den Ruderern des Bootes auf seiner Nilkreuzfahrt: «Ils priaient tous fidèlement plusieurs fois le jour; ils pratiquaient leurs ablutions et ils observaient strictement le jeûne du Ramadan ou carême des musulmans. Pendant quarante jours ils ne mangeaient ni ne fumaient avant le coucher du soleil. C'est héroïque pour des gens qui travaillent. Pourquoi ces pauvres gens n'iraient-ils pas au ciel? Ils sont de bonne foi et ils paraissent observer passablement la loi naturelle.»

[73] NQT 8/12: «Je trouvai les nuits bien peu reposantes à Alger et je lus dans les journaux des plaintes répétées sur ce tapage.»

[74] NQT 32/155, wobei die Erzählung eines Jesuiten wiedergegeben wird, der damit die teilweise fanatisch-rigoristische Religiosität der indischen Bevölkerung hervorstreichen will.

1860er bis hin in die 1910er Jahre, also im Verlaufe seiner umfangreichen Reisetätigkeit. Fasten und Gebet sind keineswegs die einzigen religiösen Aspekte, die Dehon im Maghreb aktiv und transkulturell verschränkt wahrnahm, aber sie trieben ihn sichtlich am stärksten um. Sehen wir uns in der Folge aber weitere Wahrnehmungsmuster Dehons an. Sie sind sehr aufschlussreich, was seine Person angeht. Es ist nicht nur so, dass man auf Reisen viel lernt, man lernt auch viel von Personen, die auf Reisen sind und ihre Wahrnehmungen, Eindrücke und Urteile narrativ wieder geben.

Angestossen durch eine Unterhaltung mit zwei Ordensmännern aus der Kongregation der Weissen Väter in der Vorhalle der Basilika Notre Dame d'Afrique in Alger, hält Dehon in seinen Aufzeichnungen den Gedanken fest, dass die Vitalität des Islams nicht in erster Linie in dessen offiziellem Klerus zu finden sei. Vielmehr seien es die spirituellen Figuren der Marabouts, also mystischer Figuren aus dem Sufismus, und noch mehr die religiösen Bruderschaften, die für die augenfällige Lebendigkeit in islamischer Praxis und Frömmigkeit sorgten. Das beschäftigte den jesuitisch geprägten Dehon, und er setzte diese Bruderschaften in ihrer vermeintlichen Kraft in eine offenkundige Analogie zu den katholischen Kongregationen und zum Korporatismus insgesamt. Einen solchen hat Dehon in Frankreich und Europa nicht nur auf religiöser Ebene propagiert. Das korporative Element war ihm ein Gegenbild zur liberalen Atomisierung und Individualisierung der modernen, nachrevolutionären Gesellschaft. Dehon, der sein korporatistisches Idealbild sonst in erster Linie im christlichen Mittelalter ansiedelte, sieht auf seiner Reise «sein» Modell auch im aussereuropäischen Kontext wirkkräftig existieren.[75] Dadurch fühlt er sich in seinen Konzepten erneut bestätigt und legitimiert.

Im Fall der muslimischen Bruderschaften und Verbände bediente er sich dabei, eher denn der eigenen Anschauungen – dazu war die Zeit des Aufenthalts wohl zu kurz –, der Lektüre eines 1886 erschienenen Buches von Marc Fournel.[76] Aus heutiger Sicht könnte man geneigt sein zu sagen, dass er dies vielleicht besser gelassen hätte. Eine solche normative Einschätzung steht einem Historiker freilich im Letzten nicht zu. Fournels Ideen jedenfalls zog Dehon über weite Seiten seiner Notizen hinweg grosszügig bei. Ja, Dehon schrieb von Fournel förmlich ab, was ihm aus heutiger Sicht nicht nur von den Inhalten her weniger zum Vorteil gereicht. Denn diese Reproduktion ist allein von der Form her etwas «mühsam». Zum Beispiel wird ersichtlich, dass die Aufzählung der muslimischen Bruderschaften mit Dehons eigentlicher Reise nicht gerade in einem starken, inneren Zusammenhang steht. Die Vorkommnisse auf der Reise waren an dieser Stelle des Textes vielmehr blosser Ausgangspunkt dafür, sich

---

[75] Z.B. NQT 7/86: «Les Amins ou syndics servent d'intermédiaires entre le marchand et l'acheteur. Ils surveillent la fabrication, répriment les fraudes, fixent les prix de vente. C'est notre vieille organisation corporative.»

[76] Marc Fournel, La Tunisie. Le Christianisme & L'Islam dans l'Afrique septentrionale, Paris 1886, v.a. 135-149, 155 u.v.a.m.

tiefer in die Thematik muslimischer Vergemeinschaftungsformen hinein zu begeben. Dabei zeigt sich, dass die harschen Urteile eines Fournel, die sich Dehon teilweise aneignet, nicht einfach mit Dehons doch auch aufgeschlossenen und interessierten Haltung korrespondieren, welche er – wie soeben weiter oben gezeigt – in seinen primären Ego-Erlebnissen präsentierte. Dabei tritt nun eine eigentümliche Spannung zum Vorschein. Fournel schliesst beispielsweise kategorisch aus, dass arabische Muslime für das Christentum gewonnen werden können. Der französische Autor insinuiert eine koloniale Politik der Verdrängung und Ghettoisierung der autochthonen Bevölkerung in die und in der Wüste als angemessen. Das wäre laut Fournel politisch erforderlich und wünschenswert. Mit der Rezeption solcher Ansätze driftet Dehon buchstäblich auf das Gebiet ideologischer und politischer Kolonialismustheorien ab. In ihnen nimmt Religion eine nun eindeutig zweitrangige Funktion ein, nämlich die, dem französischen Kolonialismus zuzuarbeiten und ihn zu stützen. Hier ist also eine klare, konfligierende Unstimmigkeit in Dehons Ausführungen auszumachen, die Dehon sichtlich weder sehen konnte noch auflösen wollte.

Aber kommen wir nochmals kurz auf die religiösen Korporationen zu sprechen, die für einen Kongregationsgründer ein wichtiges Thema darstellen. Wie es scheint, kennt Dehon diese nicht aus eigener Anschauung. Aber das Thema beschäftigte ihn, forderte den Generalsuperior gerade tagespolitisch heraus. Dehon beklagt sich nämlich in seinem Werk, dass Bruderschaften muslimischer Provenienz im Maghreb von Frankreich aus sogar gefördert werden würden.[77] Dahingegen stehe im Stammland Frankreich diametral gegenüberliegend eine rigide Politik gegen die katholischen Kongregationen auf der politischen Agenda: «Unsere Regierung, die so schreckhaft in Bezug auf die Ordensleute in Frankreich ist, würde gut daran tun, in Algerien alle diese Sekten zu verbieten, die für uns eine wirkliche Gefahr darstellen.»[78] Damit drückte Dehon 1897 sein Unverständnis aus, er setzte ein grosses Fragezeichen und appellierte an einen Staat, den der Kongregationsgründer an dieser Stelle noch eindeutig als «christlichen» versteht und anspricht.

Dazu komme, dass die christlichen Werke, Vereine und Verbände in den Kolonien aktiv und sehr nutzbringend tätig seien. Sie leisteten dort Grossartiges, auch und gerade für Frankreich. Dehon betreibt in diesem Duktus eine Apologie der Kongregationen: «Diese Werke tragen mehr dazu bei, Algerien für Frankreich zu gewinnen, als es die Anstrengung der gottlosen Schule bzw. Zivilisation

---

[77] Vgl. dazu instruktiv Armin Owzar, Das Deutsche Reich – offizieller «Träger der mohammedanischen Kultur»? Katholische, protestantische und staatliche Schulpolitik in Deutsch-Ostafrika, in: Tobias Sarx/Rajah Scheepers/Michael Stahl (Hg.), Protestantismus und Gesellschaft. Beiträge zur Geschichte von Kirche und Diakonie im 19. und 20. Jahrhundert, Stuttgart 2013, 353-365, darin ein katholische Vorwurf, dass der koloniale Staat, in diesem Fall Deutschland, zur Islamisierung beitrage. (ebd., 360).

[78] NQT 8/36 (26r): «Notre gouvernement si ombrageux pour les religieux en France eut mieux fait d'interdire en Algérie toutes ces sectes qui constituent pour nous un vrai péril.»

tun könnten.»[79] Und ferner erfüllten religiöse Gemeinschaften eine genauso wichtige intermediäre, vermittelnde Funktion, sowohl vertikal als auch horizontal: «Diese schönen Werke besänftigen die Gerechtigkeit Gottes und sie verringern die Geringschätzung, die die Muslime für das Volk ohne Religion haben.»[80] Haben wir vorher bei der Betrachtung der Frömmigkeitspraxis im Ansatz feststellen können, dass es eine Achse der Religiösen bei Dehon gibt, um die modernen laikal-laizistischen Verhältnisse in Frankreich zu hinterfragen, so wird an dieser Stelle dann doch ein anderes «Wir» präsentiert. Es ist das der Herkunft, das nun Muslime exkludiert, aussen vor hält. Nationalistisch-kolonialistische Hintergrundmusik wird darin abgespielt. Die Frontlinie zwischen «Wir» und «Gegenüber» verläuft nunmehr deutlich anders.

Dieses Changieren der Ansprechpartner ist bei Dehon charakteristisch, er ist auch in diesem Bereich eine schillernde, unentschlossene und ambivalente Figur. Das Judentum, dem er deutlich unversöhnlicher gegenüber tritt, ist davon ausgenommen.[81] Jenes Wechselbad der Gefühle hat in diesem Fall für Dehon seine grundlegenden Ursachen zuvorderst in den «deux Frances».[82] Diese standen sich in der Zeit im kantigen und ausgeprägten französischen Kulturkampf unversöhnlich gegenüber. Religion und nachrevolutionäre Moderne waren, grob gesprochen, nicht mehr im Takt. Das verursachte seinerseits eine unzweideutig erkennbare Zerrissenheit in Dehon[83] selbst: Einerseits sieht er sich – in seinem eigenen Reisebericht! – in der Position der Stärke, stellt für ihn legitime und quasi selbstverständliche Forderungen, andererseits übt er Kritik aus einer (katholisch-defensiven) Minderheitenposition. Dabei kommen dem Kongregationsgründer dann als Bündnispartner auch der Islam bzw. die Muslime entgegen und gelegen. So liesse sich an dieser Stelle die Frage aufwerfen, ob nicht Dehons eigentliche Missionsobjekte – zumindest zu angezeigtem Zeitpunkt – die französischen Kompatrioten sind. Die Vorstellung einer Mission bei den Muslimen findet sich jedenfalls, wenn überhaupt, nur sehr schwach und hintergründig ausgebildet: Es geht Dehon um seine Landsleute!

---

[79] NQT 8/45 (32r-32v): «Ces œuvres font plus pour gagner l'Algérie à la France, que l'action de l'école et de la civilisation impie.»

[80] NQT 8/17 (15r-15v): «Ces belles œuvres apaisent la justice de Dieu et diminuent le mépris qu'ont les Musulmans pour le peuple sans religion.»

[81] Zu Dehons negativer Wahrnehmung des Judentums vgl. etwa NQT 7/90, 95, 105, 113, 124, auch 8/55. Zu Dehons christlichem Antisemitismus allgemein Yves Ledure, Antisemitismo cristiano? Il caso di Leone Dehon, Bologna 2009, worin aber keine Zuordnung zu einem Antiprotestantismus bzw. einem Antiislamismus vorgestellt wird.

[82] Vgl. dazu Paul Seippel, Les deux Frances et leurs Origines historiques, Lausanne/Paris 1905.

[83] Vgl. dazu auch noch und vor allem das Kapitel IV dieses Werkes.

2.5.2 Verschränkung verschiedener Bruchlinien –
Religionsverschiedenheit und «deux Frances»

Für diesen innerfranzösischen kulturellen und nationalen *cleavage* ist folgende von Dehon geschilderte Begebenheit auf der Rückfahrt von Alger nach Tunis bezeichnend. Alger war der Wendepunkt seiner schleifenförmigen Reise als Tourist und Pilger. Wie auch immer die Begebenheit im Zug vorgefallen ist, Dehon bringt in ihrer Schilderung, die sich sehr pointiert zeigt, etwas Zentrales zum Ausdruck. Es ist etwas, das er freilich vor der Reise schon wusste. Man sieht bekanntlich oft nur das, was man kennt. Diese Situation auf seiner Zugreise illustriert ihm, was Dehon schon früher als sichere Idee umfasste:

> «Zwei Siedler steigen in das gleiche Zugsabteil. Man tauscht sich aus. Der eine ist ein Grundstücksbesitzer aus der Dauphiné, der gekommen ist, um über seine Weinberge das wiederzugewinnen, was die Reblaus ihm an Verlust eingebracht hat. [...] Es handelt sich um einen Mann der Tat und des Fortschritts. [...] Er ist lebensfroh und versteht sich in seinen Geschäften. Er ist ein guter Republikaner und zufrieden mit der aktuellen Regierung. Er muss ein Freimaurer sein. Heute ist er gänzlich triumphierend. Er hat einen Fund gemacht. Sein Bauernhof liegt nahe an Salzseen und hatte nur Brachwasser. Er tätigte eine Bohrung und hat einen Speicher voller Süsswasser unterhalb des Salzwassers entdeckt. Es handelt sich um einen Schatz, der den Wert seines Hofes vervielfachen wird.»[84]

Der zweite Siedler vom französischen Mutterland, den Dehon im Zugsabteil antrifft, ist aus anderem Holz geschnitzt:

> «Der Herr Graf ist aus der Charente. Er ist gekommen, um sich das Vermögen wieder anzueignen, das über die Konfiszierungen der Revolutionszeit und über die Erbgesetze aufgezehrt wurde. Er ist ein Mann des ancien régime und spricht mit Bitterkeit über die gegenwärtigen Zustände. Er liebt die Religion, zumindest die religiösen Praktiken. Er beklagt sich über die ungenügenden religiösen Ressourcen in Algerien. In der Kolonie, wo er wohnt, hat man eine Kirche erbaut, aber diese sei schlecht gelegen, abseits seines Hofes, dazu gäbe es einen Priester einer anderen Gemeinde, der am Sonntag käme.»[85]

---

[84] NQT 8/82 (57r-v): «Deux colons montent dans le même compartiment. On cause. L'un est un propriétaire dauphinois, qui est venu essayer de regagner par la culture des hauts-plateaux ce que le phylloxera lui a fait perdre. [...] C'est un homme d'action et de progrès. Il va facilement à Constantine acheter ce qui lui manque. Il est gai et doit faire assez bien ses affaires. Il est bon républicain et content du régime actuel. Il doit être franc-maçon. Il est aujourd'hui tout triomphant. Il a fait une trouvaille. Sa ferme voisine des lacs salés n'avait que de l'eau saumâtre. Il a fait un forage et il a découvert une nappe d'eau douce au-dessous de l'eau salée. C'est un trésor qui va multiplier la valeur de sa ferme.»

[85] NQT 8/82 (57v): «Monsieur le Comte est de la Charente. Il est allé essayer de refaire une fortune, dévorée par les confiscations de la Révolution et par les lois successorales. Il est homme d'ancien régime et parle avec amertume des choses présentes. Il aime la religion ou au moins les pratiques religieuses. Il se plaint de l'insuffisance des ressources religieuses en Algérie. On a bâti une église à la colonie qu'il habite, mais elle est mal placée, loin de sa ferme, d'ailleurs c'est un prêtre d'une autre commune qui y vient le dimanche.»

Und die Synthese, die Quintessenz der Episode der Begegnung mit diesen beiden Landsmännern auf der Zugreise durch das Hochland Algeriens lautet für Dehon: «Diese zwei Menschen repräsentierten recht gut das Mutterland.»[86] Schon am Beginn der Reise hatte P. Dehon ein solch duales Wahrnehmungsmuster im Kopf präsent. Als er noch in Tunis flüchtig das französische Quartier besichtigte, unweit davon später die Herz-Jesu-Pfarrei aufgebaut werden wird, meinte er trocken:

> «Hier spürt man sehr gut, dass es zwei Frankreichs gibt. Das moderne Frankreich hat Tunis gegeben, was es vermochte: Cafés mit Gesang, Opernhäuser, Absinth, Schneider [...], Fotografien, Räder, Pianos, Dijon-Senf, verfälschten Schnaps, Landmaschinen, etc., etc. Darin gibt es gute Sachen, aber auch alles das, was es braucht, um ein Volk ins Verderben zu führen. Auch das katholische Frankreich hat alles gegeben, was es konnte. Früher schon gab es das Blut des Heiligen Ludwig und seiner Ritter, die Ketten des Heiligen Vinzenz von Paul sowie Tausender christlicher Sklaven [...].»[87]

Diese hier geschilderte Spannung zeichnet Dehon aus. Natürlich ordnete er sich dem «katholischen Pol» zu. Aber von der äusserlichen «Religion» des durch die Revolution in Mitleidenschaft gezogenen Adeligen und Kolonisten scheint er dann doch auch nicht voll überzeugt. Auf der anderen Seite sagt ihm der Unternehmergeist und der Optimismus des aus der Dauphiné stammenden, republikanischen Weinbauers zu. Gewiss, Dehon kanzelt ihn politisch sofort ab – er muss Freimaurer sein! –, aber gänzlich abgeneigt ist er ihm gegenüber genauso wenig wie den modernen Errungenschaften, die er im durch das moderne Frankreich europäisch geprägten Teil Tunis' auf den ersten Blick zu erkennen vermag. Jene Differenzierung deutete er zudem in der Beschreibung des französischen Tunis sehr explizit an: Obwohl dort die Sympathien eindeutiger zugeordnet werden, weil Dehon sich dem katholischen Tunis und seiner Tradition stärker verbunden sieht, gäbe es im modernen Tunis «bonnes choses».

Im Fall der Schilderung der Begegnung mit den zwei Zugkollegen sowie französischen Kolonisten ist die wertende Abwägung impliziter, zugleich aber stärker. Irgendwie scheint Dehon der agile und unternehmungsfreudige Weinbauer, der eine günstige Gelegenheit am Schopf packt, dann doch näher als der müde Vertreter der französischen Aristokratie. Ende der 1890er Jahre wird sich Dehon im Feld der christlichen Demokratie von althergebrachten aristokratischen Mustern und Netzwerken stärker lösen – was ihm dann der konservativ-

---

[86] NQT 8/82 (57v): «Ces deux hommes représentaient bien la mère-patrie.»

[87] NQT 7/95 (57r-58v): «On sent bien ici qu'il y a deux France. La France... moderne a donné à Tunis ce qu'elle pu: des cafés chantants, des opéras, de l'absinthe, des tailleurs [...] des photographes, des bicycles, des pianos, de la moutarde de Dijon, de l'eau de vie frelatée, des machines agricoles, etc., etc. Il y a là-dedans bonnes choses, mais il y a aussi tout ce qu'il faut pour pourrir un peuple. La France catholique aussi a donné ce qu'elle pu. Elle avait donné autrefois déjà le sang de Saint Louis et de ses chevaliers, les chaînes de saint Vincent de Paul et des milliers d'esclavages chrétiens [...].»

monarchistische Sozialkatholik La Tour du Pin sehr übel nehmen wird.[88] Allerdings verbleiben die «deux Frances» bei Dehon am Ende unverbunden und etwas
unversöhnt nebeneinander bestehen. Dass wir diese Feststellung nun tätigen
können, wo wir Dehons Maghreb-Beobachtungen unter die Lupe nehmen, hat
einen besonderen Reiz: Aussen- und Innenperspektive werden dabei nachdrücklich verschränkt, gespiegelt, ja sogar verknotet.

Kommen wir aber nochmals auf die im vorigen Unterkapitel behandelte Islamwahrnehmung[89] zurück, die mehr in den äusseren Bereich und die Fremdheit
hinein zielt. Diese wurde über Einschätzungen zum Gebetsleben und zum Ramadan bei Dehon schon etwas skizziert. Bei all den positiven Facetten einer
möglichen Achse der Verständigung, die sich bei Dehon zeigt, bleibt der kriege-
risch-militante Aspekt, den er dieser Religion zuschreibt, evident und für dessen
Urteil entscheidend.[90] Besonders die Araber, die ihm zuweilen verträumt, aber-
gläubisch und etwas faul zu sein scheinen, trifft dieser Pauschalverdacht. Der
Fanatismus des Islams findet dazu klischeehafte Anklage.[91] Dieser sei vornehmlich auf den Koran zurückzuführen. Die Sklaverei wird daneben als geradezu
typisch für muslimische Sitten betrachtet.[92] Dehon beklagt zudem, dass die muslimischen Staaten sich in der Geschichte durchwegs vertragsbrüchig erwiesen
hätten.[93] Auf einem anderen Schauplatz – dem der Religionsgeschichte – stellt
Dehon polemisch fest, dass die muslimischen Traditionen und Kulturen altbib-
lische Bräuche verunstaltet hätten.[94] Das Repertoire an Vorhaltungen der Devianz ist so bei Dehon nicht gerade schmal bestückt. Als Tourist und Pilger wundert sich Dehon so im «kleinen» Alltagsgeschehen, dass seine Schuhe vor der
Moschee, die er in Alger betreten hat, nicht gestohlen wurden.[95] Nicht nur damit
setzt er ein Fragezeichen hinter die Moralität der Muslime. Die Artikulation
moralischer Bedenken ist ein in Dehons Werken sehr häufig anzutreffendes und
hervortretendes Sujet. Es trifft im März 1894 besonders auch die Muslime.

Frieder Ludwig hat für das 19. Jahrhundert zwei idealtypische christliche
Wahrnehmungsmuster des Islams festgehalten, die versöhnlichere eines Adam
Möhler und die kämpferischere Variante eines John Mott. Wollten wir Dehon
zuordnen, so ist seine ideologische Anschauungswelt wohl dem missionarisch
ausgerichteten Protestanten Mott näher. Muster traditioneller Apologetik sind bei
Dehon stärker als das positive Bild, das sich die Aufklärung vom Islam machte.[96]

---

[88] Vgl. dazu mehr Kapitel IV, Ziffer 5.3.
[89] Vgl. dazu Frieder Ludwig, Islamwahrnehmungen in Kirche und Mission, in: Christliche Theologie und Weltreligionen: Grundlagen, Chancen und Schwierigkeiten des Dialogs heute, hg. von
Hans J. Münk/Michael Durst, Freiburg i. Ue. 2003, 55-83.
[90] NQT 7/127, 75r
[91] NQT 8/38.
[92] NQT 8/10, 10v.
[93] NQT 8/1, 2r.
[94] NQT 8/67.
[95] NQT 8/3, 3v-4r.
[96] Vgl. Ludwig, Islamwahrnehmungen in Kirche und Mission, 70.

Davon ausgenommen sind bezeichnenderweise die weiter oben geschilderten sehr positiven und konkreten Alltagserfahrungen. Beide, Ideologie und Erfahrung, stehen so auch bei Dehon etwas unvermittelt nebeneinander.

2.5.3 Dehons Hauptblickfeld – das Religiöse als fascinosum

Wie nun bereits offenkundig sein sollte: Dehon zeigt eine besondere Sensibilität für eine Geografie bzw. Topografie der Religion(en). Hervorstechend in dem nun in mehreren Tiefenbohrungen betrachteten Text ist, wie oft Dehon den vorgefundenen historischen Wechsel von Kultorten heranzieht. Moscheen wurden zu Kirchen oder umgekehrt. Das beschreibt Dehon bereits auf Sizilien und am italienischen Festland, dann aber auch im Maghreb. Solche Nachzeichnungen wirken oft emotionslos, nüchtern, in dem Sinne, dass der politisch Stärkere sich dazu eben das Recht verschafft. Dehon brüskiert sich nicht über solche Transformationen. Natürlich ist seine Position klar: Das Christentum ist für ihn der überlegene Kult. Mit einem Augenzwinkern[97] hält Dehon an einer Stelle beispielsweise fest, dass sich Jesus mit ehemaligen Moscheen begnügen müsse: «Unser Herr ist sehr genügsam, sodass er sich mit den Resten von Moscheen zufrieden gibt.»[98] Für Dehon scheinen diese Orte mit wechselnder Geschichte also nicht immer unbedingt als christliche Kultorte geeignet zu sein, sind sie doch für Christus nicht exklusiv genug – ohne den angezeigten Humor dabei hintanzustellen. Tiefgründiger zeigt sich folgende Beobachtung, die mit Kultorten anderer Art zu tun hat.

Dass Dehon dabei nicht nur der Islam, sondern besonders auch afrikanische Opferriten faszinieren, zeigt diese detailreiche Episode. Er erzählt sie von seinem Alger-Aufenthalt:

> «Ich wäre wirklich neugierig darauf gewesen, an religiösen Festen der Schwarzen teilzunehmen, von welchen man mir erzählte. Sie haben so viel Analoges mit den alten Opfern der heidnischen Welt! Es wäre wie eine historische Studie gewesen. Solche Opfer können sogar darin hilfreich sein, sich jene der Patriarchen und der israelitischen Welt vorzustellen. Von diesen sind sie eine groteske Nachahmung. Aber meine Kleidung erlegte mir hier grössere Zurückhaltung auf. Der Hof eines Hauses diente als Tempel. Opfer sind eine junge Kuh, ein Widder und Hühner. Es gibt da ein vollständig altertümliches Orchester: eine Flöte mit sieben Löchern, eine Bratsche mit drei Saiten, ein Tamburin und Kastagnetten. Zudem gibt es eine Gruppe von Sängern, und die Kinder sagen Reime auf mit dem Gekläffe von wilden Tieren. Ein Chor aus Tänzerinnen bereitet in eigener Weise zur Einstimmung auf das Opfer vor. Die Königin des Chors trägt fulminante Kleider. Sie hat ein blaues Kleid, mit Silber durchzogen, und eine goldene Krone, welche mit

---

[97] Der Humor Dehons in den beiden Cahiers 7 und 8 der NQT erweist sich als stellenweise köstlich und subtil: Da schreibt er von Kamelen, die neidisch den Eisenbahnen nachblickten, weil letztere ihnen die Arbeit wegnahmen (NQT 8/75). An anderer Stelle macht er sich über eine neue Theaterterrasse (NQT 8/68) mit guter Aussicht lustig, weil man diese wegen der Hitze doch nur abends besuche usw...

[98] NQT 8/16: «Notre Seigneur est bien indulgent de se contenter de ces restes de mosquées.»

Perlen zur Geltung gebracht wird. Münz-Girlanden dienen ihr als Halsband. Die Opfer werden durch den Qualm des Weihrauchs eingeschläfert. Ein grosses Messer öffnet ihre Kehlen. Die Anwesenden werden mit dem Sühneblut besprengt. Die zerteilten Tiere werden danach gebraten und gegessen. Das war ein sehr primitiver Kult. Der christliche Kult weicht davon ab, wie der Himmel sich von der Erde unterscheidet.»[99]

Vorgängige breit zitierte Zeilen Dehons zeigen nicht nur ein grosses Interesse an kultischen Orten und Prozeduren, unter anderem am blutigen Opfer, sondern weisen nochmals Dehons historisch-religionsgeschichtliche Matrix deutlich aus: Die Bibel ist für ihn Angel- und Ausgangspunkt der Geschichte, hier über das Opfer der Patriarchen. Der Kult der (Schwarz-)Afrikaner in Alger wäre nur eine stumpfe Analogie dieses Urbildes, und noch dazu weit entfernt vom sich später herausgebildet habenden christlichen Kult. Der an anderen Stellen auf die Schriftkultur fixierte Dehon, welcher von der genetischen Einheit des Menschengeschlechts überzeugt ist, suchte immer wieder nach konvergierenden Punkten in der Menschheitsgeschichte. Dehon tickt historisch und er findet (s)einen heilsgeschichtlichen Fokus im Alten Testament. Dabei ist eine klare Apologie der Heiligen Schrift impliziert, nach dem Motto: Die Bibel hat doch recht![100] In der soeben präsentierten Episode mit dem Tieropfer ist zudem auffällig, dass Dehon dem Leser und der Leserin zu verstehen gibt, dass er nicht selbst daran teilnahm. Seine Kleidung, die eines katholischen Priesters, hätte es ihm nicht erlaubt. Davon, dass Dehon sein Priestersein auf dieser Afrikareise zur Schau trug bzw. dies in seinen Zeilen hervorstrich, war oben schon die Rede. Hier richtet sich Dehon in starker Weise an seine Leserschaft und an normierte Vorstellungen, die er erfüllen möchte und damit weiter tradiert. Konkreter: Die Mitbrüder in der Kongregation sollten sich ebenso verhalten, wenn sie auf Reisen sind.

Bei Schilderung und Analyse von Dehons Notizen von dessen Wallfahrt nach Nordafrika darf nicht vergessen werden, dass diese auch interessante wirtschaftliche und nationale Beobachtungen[101] bieten. Sie schreiben Dehon in seine Zeit und die Verwerfungen ein. Deswegen ist es auch so, dass die Betrachtung dieser Texte ein recht umfangreiches Bild von Dehon und dessen Fremd- und Eigen-

---

[99] NQT 8/12 (12r-12v): «J'aurais eu la curiosité d'assister aux fêtes religieuses des nègres dont on m'a fait le récit. Elles ont tant d'analogie avec les sacrifices anciens du monde païen! C'eût été une étude historique. Ces sacrifices peuvent aider même à se représenter ceux des patriarches et du monde israélite dont ils sont une imitation grotesque. Mais mon costume m'imposait plus de réserve. Une cour de maison sert de temple. Les victimes sont une génisse, un bélier et des poules. Il y a un orchestre tout à fait antique: une flûte à sept trous, un alto à trois cordes, un tambour et des castagnettes. Il y a un groupe de chanteurs aussi, et des enfants disent le refrain avec des glapissements de fauves. Un chœur de danseuses prépare singulièrement au recueillement du sacrifice. La reine du chœur a des oripeaux éblouissants. Elle a une robe d'azur lamée d'argent et une couronne d'or rehaussée de perles. Des guirlandes de sequins lui servent de colliers. Les victimes sont endormies par la fumée de l'encens. Un glaive leur ouvre le cou. L'assistance est aspergée du sang expiatoire. Les bêtes dépecées sont ensuite rôties et mangées. C'était là le culte primitif. Le culte chrétien en diffère comme le ciel diffère de la terre.»
[100] NQT 7/83.
[101] NQT 8/113, 114.

wahrnehmung offen legt. Wie allseits bekannt ist und schon angemerkt, sagen Reiseberichte oft mehr über den Reisenden als über die besuchte Destination aus.[102] Hier liessen sich noch unzählige spannende Aspekte beibringen. Sie würden aber zu weit weg führen von der in diesem Teil im Mittelpunkt stehenden Niederlassung in Tunis, welche die Kongregation ein Jahr nach Veröffentlichung des Reiseberichts 1898 startete.

Folgende Abwägung Dehons könnte aber für das angegangene Thema doch noch interessant sein: Über die Tunesier schreibt Dehon, dass diese mit den Algeriern wenig gemein hätten. Als Nachfolger der Mauren in Spanien hätten sie Blut der Griechen, Römer und Vandalen in ihren Adern: «Sie sind mild und leutseliger als die Algerier.»[103] Auch sei Tunesien als Land absolut sicher («une sécurité absolue») und stabil, daher für Christen attraktiv. Algerien wird dem diametral gegenüber auch dadurch in ein schlechteres Licht gestellt, weil dort der schlechte Einfluss der laizistischen Franzosen greifbarer würde. Gemeint sind die revolutionären und freimaurerischen Kräfte, die in Algerien laut Dehon stark Fuss gefasst hätten. Dazu sei das politische System – das Protektorat und die (Pseudo-)Regentschaft des Beys in Tunesien – vorteilhafter als die durch die erfolgte Annexion Algeriens hervorgebrachte Situation ständiger Spannungen und Dissonanzen.

Leicht apokalyptisch angehauchte und endzeitliche Deutungsmuster bei Dehon sind zwar nicht im Reisebericht vermerkt, aber finden sich in der von ihm verantworteten Zeitschrift jener Jahre. Denn er beobachtet geschichtstheologisch den Untergang des Osmanischen Reiches. Tunesien und Algerien sind dabei seine Anschauungsobjekte. Das untergehende Osmanische Reich setzt Dehon mit dem (Welt-)Reich im alttestamentlichen Danielbuch gleich, das knapp vor dem Untergang stehe und zertrümmert werde. Ende des 19. Jahrhunderts trete man so in eine neue Welt-Ära ein, die dann insbesondere eine neue Missionssituation bedeute: Christus mache sich bereit, über Mohammed zu siegen.[104] Beobachtungen und Einschätzungen sind dies, die abseits der Reisenotizen den Standort Tunis für Dehon attraktiv erscheinen lassen mussten.

---

[102] Vgl. David Neuhold/Andreas Behr, Wahrnehmung Chinas zur Unterhaltung des Königs. Alonso Sanchez' dritter Bericht über die Angelegenheiten Chinas (1588), in: SZRKG 105 (2011), 57-76.

[103] NQT 7/106 (64r): «Ils sont doux et plus affables que les Algériens.»

[104] Vgl. CHR 1896/166: «...la dissolution pour cet empire antichrétien... C'est en 636 que le calife Omar s'est emparé de Jérusalem. Si on y ajoute douze cent soixante ans, cela ferait bien 1896. Nous n'avons pas de prétentions prophétiques... Toujours est-il que l'Empire musulman est à Agonie...» bzw. schon einige Zeit früher ähnliche Notizen Dehons in DIS 9050088: «Le Christ conquiert les nations ou le christianisme propagé et conservé.» (Ansprache Dehons in St. Quentin, 20.03.1885); zum Danielbuch und seine Typologie: Mariano Delgado/Klaus Koch/Edgar Marsch (Hg.), Europa, Tausendjähriges Reich und Neue Welt. Zwei Jahrtausende Geschichte und Utopie in der Rezeption des Danielbuches (Studien zur christlichen Religions- und Kulturgeschichte 1), Fribourg/Stuttgart 2003.

2.6 Schwierige Jahre: Interne Spannungen und äussere Unsicherheit

Wie schon mehrfach angedeutet wurde: Es ist nicht so, dass Dehon eine Erkundungsfahrt unternommen hat, von welcher ausgehend er später in Tunis eine Niederlassung der Kongregation plante und umsetzte. In erster Linie hatte er seine (religiöse) Reiselust gestillt.[105] Eine solche kennzeichnete sein ganzes Leben. Eventuell wollte er in dieser Zeit auch speziell Abstand von zu Hause gewinnen. Sommer und Herbst des Vorjahres, also 1893, waren für Dehon in jedem Fall keine einfache Zeit. Der Konflikt mit seinem neuen Heimatbischof Duval spitzte sich zu, er wurde mit harschen Vorwürfen konfrontiert. Es gab also genug Gründe, zum Geburtstag im März 1894 nicht zu Hause zu sein. Dazu kommt das schon erwähnte Faktum: Dem heute überschaubaren Quellenbestand zufolge spielten andere Akteure für den Aufbau der Niederlassung in Tunis eine gewichtigere Rolle. Neben Pater Dupland aus der eigenen Kongregation war ein gewisser Abbé Boucher aus der Diözese Beauvais eine Schlüsselfigur darin, dass die Niederlassung in Tunis angegangen werden konnte. Denn dieser sorgte für das nötige Kleingeld.

Beide nordfranzösischen Geistlichen hatten im französischen Protektorat Abklärungen getroffen. Wie Dehon begaben sie sich nach Nordafrika bzw. Tunis, waren dabei aber in klarer Absicht und Mission unterwegs. Pater Dupland nahm das zentrale Pfarrei-Projekt dann anfänglich operationell in die Hand, Abbé Boucher brachte als Ritter vom Heiligen Grab finanzielle Ressourcen bei. Der päpstliche Ritterorden war 1868 von Pius IX. gegründet worden. Unstimmigkeiten mit dem Erzbischof von Tunis, Combes, führten bald dazu, dass Dupland, wie wir schon sahen, seine leitende Position vor Ort an Pater Miquet abtrat und selbst nach Südfrankreich zurückkehrte. Parallel dazu gesellte sich ein veritables Zerwürfnis Duplands mit Abbé Boucher, der Gönnerfigur der ersten Stunde.

Dehon spielte also für die Anfänge der Herz-Jesu-Pfarrei in Tunis keine federführende Rolle. Jedenfalls lässt sich das heute vom Archivbestand nicht festmachen. Dehons Konzentration galt anderen Initiativen. Das heisst aber nicht, dass Dehon zu einem späteren Zeitpunkt nicht voll und ganz hinter diesem «Missionsprojekt», das also von anderen aufgegleist wurde, gestanden wäre und dessen grosses Potential gesehen hätte. Vom halben Weg in den Kongo war ja schon anfänglich die Rede, dazu von der Bedeutung der Mission für die kolonial-französischen Ambitionen, besonders in der «Ausländerseelsorge» – für Franzosen fernab ihrer Herkunftsgebiete im Hexagon. P. Blanc sprach in Tunis davon, dass

---

[105] Vgl. zu dieser Reisedynamik als apostolisches Signum, Brief P. Dehons an Fr. Bodin, im Juni 1909, in: ADR B 19/9, Inv. Nr. 280.02: «Je suis revenu, mais je repars. Je ne suis cependant pas le juif-errant. C'est la vie apostolique. Le bon Maître allait aussi de civitate in civitatem (Mt 23,34).»

«nous ne sommes pas en pays strictement de mission»[106]. Er deutete als Pfarrei-vikar somit die ambivalente Situation vor Ort an.

Öffnen wir aber in diesem Geschehen noch ein anderes Kapitel, das von Be-deutung ist. Dieses hat mehr als mit dem Maghreb selbst mit dem nordfranzö-sischen St. Quentin zu tun. Es steht so in einem nur mittelbaren Zusammenhang zum französischen Protektorat in Tunesien, und trotzdem ist dieses Geschehen in der Keimzelle der Kongregation auch für ihre (geografischen) Ränder von Wich-tigkeit. Sobald nämlich auf den Ausgangspunkt der Mission und das damalige Mutterhaus der Kongregation geblickt wird, also auf den inneren Kern und die Wiege des «aussendenden» Instituts, kommt eine sehr bewegte Zeit für die noch in den Kinderschuhen steckende Kongregation ans Tageslicht. Der Superior des vorab, also bis 1906, nur diözesan anerkannten Instituts Dehon konnte sich in diesen Jahren nur sehr mühsam an der Spitze «seiner» Kongregation halten. Kirchenrechtlich galt der Bischof als eigentlicher Oberer. Einem Boxer in einem langen Ringen ähnlich und am Boden liegend war jedoch Dehon angezählt, denn sein «Führungsanspruch» wurde hinterfragt. Die internen Spannungen waren massiv, die Kongregation wankte in ihren Grundfesten, insbesondere der Obere. Ohne die tatkräftige Unterstützung einiger Schlüsselfiguren innerhalb der Ge-meinschaft, wie die des Generalassistenten Pater Rassets oder auch des Novizen-meisters Pater Prévots hätte sich Dehon kaum am Ruder des Instituts halten können. Der Druck auf ihn war gross, was sich an Prozeduren und Strukturen gut ablesen lässt An diesem Material betreiben wir in der Folge eine Art Konflikt-exegese.

Die Wahlmodi, der gezogene Kreis von Wählenden und Kandidaten, aber auch die Wahlausgänge der Generalkapitel in der Mitte der 1890er Jahre lassen dieses Ringen eindrücklich, wenn auch hintergründig, hervortreten. Sie sollen an dieser Stelle auch als zentrale Momente der Kongregation wegen ihrer Wichtig-keit genauer betrachtet werden. Die zu präsentierenden Vorgänge illustrieren die Krise der Kongregation in jener Zeit, besonders aber die schwierige Zeit für P. Dehon. Ohne grosses Zögern dürfen die Generalkapitel von 1893[107] und 1896[108] (vgl. Abbildung 1 und dazugehörige Legende) als eigentliche «Krisenkapitel» für Dehon an der Spitze der Kongregation bezeichnet werden. Jene Minikonzile der Herz-Jesu-Priester mit stark ausgeprägten demokratischen Elementen sind bis heute als institutionelle Hauptschlagader des Ordens anzusehen.

Dehon selbst hatte die Turbulenzen am dritten und vierten Generalkapitel in ähnlicher Weise wahrgenommen und – wenn auch verständlicherweise abge-

---

[106] Brief P. Blancs an P. Dehon, 31.12.1898, in: ADR B 99/3, Inv. Nr. 1139.65: «nous ne sommes pas en pays strictement de mission». Blanc schreibt dies deswegen, weil es so schwierig sei, Geld für dieses Projekt zu berappen.

[107] NQT 6/83 (36v/37r): «Le démon essaie de semer d'abord la division, puis le calme se fait et la retraite est excellente. Le bon Père André nous expose bien la pratique de la vie d'amour.»

[108] NQT 11/109 (69r/69v): «Nous tenons le chapitre triennal de la Congrégation à la maison du Sacré-Cœur. J'y éprouve une peine profonde. Un père a entendu des calomnies, il y croit, il les propage, il trouble le chapitre.»

schwächt – in unterschiedlichen Notizen festgehalten. Die Krise war evident: Dass das Schifflein der Kongregation heftig schaukelte und wankte, können unterdessen nicht einmal die offiziösen Protokolle der Generalkapitel verbergen, obgleich jene Notizen keine «objektiven», unparteiischen Ergebnisprotokolle sind und immer auch die Handschrift des Superiors tragen. So heisst es 1893 im offiziellen Protokoll: «Der sehr verehrte Pater General, jüngst auf Lebenszeit gewählt, glaubt sich verpflichtet, seine Wiederwahl einzufordern. Die Frage ist so formuliert: Muss man zu einer Wiederwahl schreiten? Mit 11 Stimmen gegen 6 wird die Frage auf die Zeit in 3 Jahren verschoben; der T.R.P. General hält fest, dass er sich in drei Jahren der Wiederwahl stellt.»[109]

Die Wiederwahl des auf Lebenszeit Gewählten – bereits das eine contradictio in se ipsum oder zumindest etwas, das stutzig macht – wird also hinausgeschoben. Die gewünschte Konsequenz war, dass Dehon, welcher in diesem Protokolltext als selbstbestimmte, freie und aus eigenem Antrieb handelnde Person erscheint, weiterhin Superior der Gesellschaft verbleiben konnte. Die Mehrheit dafür musste nicht gerade beruhigend wirken. Der Kongregationsstifter war 1893 sichtlich darum bemüht, Zeit zu gewinnen. Und der «ganzen historischen Wahrheit» entsprach, dass der Bischof vor Ort als oberste Aufsichtsinstanz ihm im letzten Moment einen Aufschub von drei Jahren gewährt hatte. 1896, also die drei besagten Jahre später am nächsten Generalkapitel, bot dann Dehon folgerichtig seinen Rücktritt an. Das hatte er angekündigt. Dies alles freilich weniger freiwillig, als es das Protokoll suggerierte. Es heisst im Protokoll jenes Generalkapitels prägnant und trocken:

«Schlussendlich, um einigen Vorwürfen und der drei Jahre früher selbst auferlegten Verpflichtung Genüge zu tun, kündigt er an, dass er sich von seinem Generalat zurückziehen werde. Einige Aufklärung wird gefordert; die zur Entscheidung anstehende Demission wird zurückgewiesen, mit 16 zu 6 Stimmen.»[110]

Im Gegensatz zu 1893 stand diesmal eine qualifizierte 2/3 Mehrheit hinter dem General. Der Kreis der Wählenden war indes auch deutlich grösser. Von Einmütigkeit, die nicht nur im katholischen «demokratischen» Zentralereignis des Konklaves bei der Papstwahl eine leuchtende Forderung abgibt, zu sprechen, wäre aber trotzdem verfehlt. Noch immer gab es 6 «Gegenstimmen» und sogar einen Gegenkandidaten. Das Ganze trägt deutliche Spuren in die Richtung gehend, dass Dehon um seine Stellung an der Spitze kämpfen und auch für den Erhalt seiner Position entschiedene, auch reglementarische Massnahmen ergreifen

---

[109] ADR 3-D-I, Cap. Gen. I-IX, 1886-1926, Acta originalia, Inv. Nr. 800 (Procès Verbaux), 13v, 14r: «Le T.R.P. Général, élu précédemment à vie, croit devoir demander la réélection. La question est ainsi formulée: Faut-il procéder à une réélection? Par onze suffrages contre six la question est soumise à trois ans; le T.R.P. Général déclare qu'il se soumettra dans trois ans à la réélection.»

[110] ADR 3-D-I, Cap. Gen. I-IX, 1886-1926, Acta originalia, Inv. Nr. 800 (Procès Verbaux), 19: «Enfin, pour donner satisfactions à quelques objections et à l'engagement pris par lui, il y a trois ans, il [Dehon, DN] annonce qu'il veut se démettre de son Généralat. Quelques éclaircissements sont demandés; la démission soumise au vote se trouve rejetée par seize voix contre six.»

musste. Seine Laufbahn als Superior hätte in diesen Jahren, in denen seine kurze nordafrikanische Pilgerreise fiel, gut und gerne zu einem Ende kommen können. Den tieferen Gründen für diese Krise nachzugehen, ist kein leichtes Unterfangen. Solche Abklärungen haben auch einen Gutteil des Seligsprechungsverfahrens in Anspruch genommen. Der eine oder andere Punkt sei in der Folge etwas ange-schnitten.

2.6.1 Die Denkschrift von 1897: Das Ende der Kongregation?

Ein Jahr nach dem Generalkapitel von 1896 erreichte in einem dringlich formu-lierten internen Schreiben Dehon die Aufforderung, das Institut doch tunlichst aufzuspalten. 1897 erscheinen Dehons Notizen zu Tunis, in jenem Jahr startet auch die Kongo-Mission. Die Daten der Abreise und jenes Briefes an Dehon fielen zusammen. Die inneren Aufwallungen der letzten Jahre und Generalka-pitel wurden in diesem Schreiben mit dem Charakter einer Denkschrift wie auf den Punkt gebracht. Sie fanden subtile Ausfaltung.

Sieben Patres unterzeichneten Anfang Juli 1897 einen feurigen und kantigen Brief. Ihre Namen sollen hier aufgeführt sein, weil manche von ihnen im Text schon erwähnt wurden und im Fortgang der Ausführungen noch von Belang sein werden: Bernard (Germain du S. Sacrement) Blancal (geb. 1826), Auguste (Irénée) Blanc (geb. 1862), Albert (Claude de la Colombière) Lobbé (geb. 1856), Arthur (Paul de la Croix-Marie) Delgoffe (geb. 1861), François (Sebastien) Miquet (geb. 1860), Joseph (Angelus) Déal (geb. 1867) sowie Joseph (Bruno) Blanc (geb. 1864). Trotz je unterschiedlichen Alters sticht insbesondere der über siebzigjährige Blancal als «Doyen des Aufstands» hervor, der fast Dehons Vater hätte sein können. Er konnte schon auf ein bewegtes, religiöses Leben in Mont-auban und Toulouse zurückblicken. Vier der Unterzeichner waren Teil der 23 Teilnehmer des Generalkapitels von 1896. Als Kritiker Dehons sind es Blancal, Lobbé, Delgoffe und der für unseren Zusammenhang wichtige Miquet. Es darf wohl vermutet werden, dass diese vier sich unter den sechs Stimmen befanden, die ein Jahr zuvor Dehon gerne abgewählt gesehen hätten bzw. positiver, im Sinne des Antrags, formuliert: die angebotene Demission Dehons angenommen hätten. Für Delgoffe kann dies über dessen Korrespondenz mit dem Bischof nachgewiesen werden, worin er sich gegen Dehon aussprach. Worum ging es nun aber in dieser «Denkschrift» vom Sommer 1897?

Das Institut habe sich seit dessen Gründung in eine grundsätzlich andere Richtung als vorgesehen entwickelt! So beklagten sich die sieben Patres im Brief vom 6. Juli 1897, das war sein Haupttenor. Der spirituelle Ursprungscharakter wäre der Gemeinschaft verlustig gegangen. Das, woran man sich gebunden hätte, wäre nicht mehr der aktuelle Fokus des Ganzen. Ebenso wenig, und vielleicht noch mehr, waren die Unterzeichnenden mit dem Führungsstil Dehons zufrieden.

Seine Kompetenzen liessen zu wünschen übrig. Zur Frage der echten Berufung, la «vraie vocation», geben sie Dehon, ihrem Oberen, zu verstehen:

> «Anhand von Fakten und der Ausrichtung, die Sie der Gesellschaft geben, urteilend, wird man allemal zum Schluss kommen, dass Sie ihr grösstes Gut in der grossen Zahl und nicht in der Auswahl ihrer Mitglieder sehen, in der Mannigfaltigkeit ihrer apostolischen Schulen und ihrer Scholastiker, in ihrer Gegenwart bei Versammlungen, in denen die grundlegenden Fragen der heutigen Zeit erregt verhandelt werden, und dass Sie – den anderen die Sorge überlassend, die Nächstenliebe gegenüber dem moralischen Elend auszuüben, das um uns herumwuchert – danach trachten, uns besonders in den fernen Ländern einzusetzen.»[111]

Es ginge nicht an, dass in der Kongregation, die als Gesellschaft («société») angesprochen wird, Quantität vor Qualität stehe. Zudem wird ein struktureller Aktivismus, ja eine beständige Unruhe, mitsamt einer Abkehr vom Lokalen beklagt. Die unterzeichnenden Patres fühlten sich, mit einem Wort gesprochen, im Institut unter Dehons Führung nicht mehr zu Hause. Deutliche Kritik gibt es am sozialen sowie am missionarischen Engagement Dehons.

> «Für uns, sehr geehrter Herr Pater, ist es unmöglich, in einer so verstandenen Kongregation das zu erkennen, was uns ursprünglich vorgeschlagen wurde und an das wir uns durch die heiligsten Gelübde gebunden haben. Die Kongregation scheint uns darin weder ein Ziel, noch den Geist noch die Form zu haben.»[112]

Es deutlicher auszudrücken, ist wohl kaum möglich. Vorgelegte Fundamentalkritik lässt erahnen, dass es den rebellischen Ordensmännern vornehmlich um die Person Dehons ging, ohne dies augenblicklich anzusprechen. Dehon wird nicht direkt auf dieses Schreiben antworten, welches das Ziel, den Geist und die Form der Kongregation als defizitär ansieht. Er zieht eine indirekte Antwort vor, eine Antwort der Taten.

Jene sieben Patres nahmen eine Unterscheidung von für sie Wichtigem und Unwesentlichem vor. Unter ihnen befand sich mit P. Blancal ein Generalrat der Kongregation, also ein leitendes Mitglied der Gesellschaft, der selbst nach der Führungsposition griff. Die sieben Köpfe betonten die Innerlichkeit, insbesondere das in der Herz-Jesu-Frömmigkeit der Zeit wichtige Moment der «Reparation», und forderten lautstark dazu auf, den ursprünglichen Charakter der Gesellschaft, ihr Ursprungscharisma sozusagen, wiederherzustellen oder besser ihm

---

[111] Brief an Dehon, 06.07.1897, St. Quentin, in: ADR B 48/4, Inv. Nr. 787.11 (5 Seiten): «A juger de votre manière de l'envisager, par les faits et par la direction que vous imprimez à la société, on est naturellement amené à conclure que vous voyez son plus grand bien dans le grand nombre plutôt que dans le choix de ses membres, dans la multiplicité de ses écoles apostoliques et de ses scolasticats, dans sa présence aux réunions où sont agitées les questions capitales des temps présents, et que, laissant à d'autres le soin d'exercer leur charité envers les misères morales qui pullulent autour de nous, vous aspirez à déployer la nôtre surtout dans les pays lointains.»

[112] Brief an Dehon, 06.07.1897, St. Quentin, in: ADR B 48/4, Inv. Nr. 787.11 (5 Seiten): «Pour nous, mon Révérend Père, il nous est impossible de reconnaître dans une congrégation ainsi conçue celle qui nous fut proposée primitivement et à laquelle nous nous sommes attachés par les plus sacrés des liens. Elle nous semble n'en avoir ni le but, ni l'esprit, ni la forme.»

gerecht zu werden. Ein früher ad-fontes-Ruf erschallt da im Jahre 1897, nicht erst nach dem II. Vatikanum. Gemessen an ihrem ersten Kapitel 1886 war die Kongregation gerade erst 10 Jahre jung. Setzt man 1878 als Ausgangspunkt, wie zu Beginn dieses Teils es getan wurde, dann hatte die Kongregation kaum 20 Jahre auf dem Buckel. Und trotzdem gab es diesen deutlichen Ruf zu den vermeintlichen, wohl idealisierten Wurzeln. Das ihm teure Ursprungscharisma beschwor P. Blancal bereits am Generalkapitel von 1896: Von ihm hätte man sich weit fortbewegt, es wäre allmählich in den Hintergrund gedrängt worden. Es gehe um den Kern der Kongregation, nämlich ihre Spiritualität. Der kritische Brief stand so in einer klaren Traditionslinie vorhergegangener Jahre und Problemfelder. Er kam nicht aus heiterem Himmel und war Kulminationspunkt vieler Reibungen innerhalb der noch überschaubaren nordfranzösischen Kongregation. Eine beachtliche Divergenz, ein «grosser Graben» tat sich da auf. Im Protokoll von 1896 war daher P. Blancal wohl nicht ohne Grund der einzige Pater, der mit Nachnamen geführt wird.[113] Alle anderen wurden mit Vornamen genannt. Auch war Blancal 1896 als Assistent nicht mehr wählbar, weil dazu neu für die Position des Assistenten 10 Jahre Profess erforderlich wären.[114] P. Blancal hatte denn erst 1889 seine Profess abgelegt. So war der Weg frei für P. Dehon, P. Prévot in diese Funktion zu bringen, welcher bereits 1885 seine Profess abgelegt hatte und auf einen längeren Weg innerhalb der Kongregation zurückblicken konnte. Prévot hielt Dehon die Stange. Kurz: eine allgemeine, formell gehaltene Wahlerfordernis hatte somit wohl einen sehr konkreten, praktisch-politischen Hintergrund und war Ausdruck harten inneren Ringens, in welchem es um Mehrheiten und Macht ging.

Wenn Dehons Biograf Giuseppe Manzoni Blancal als einen Mann mit Ambitionen und mit einem Zug hin zur Spitze charakterisiert, so gilt ebensolches in anderer, aber doch ähnlicher Weise für Dehon. Dies festzustellen verlangt die «historische Gerechtigkeit» abseits einer Siegergeschichte: Dehon war das Leitungsamt auch nicht weniger wichtig. Gezielt kämpfte er darum, war es ja «seine» Kongregation.[115] Der so in der «hauseigenen Kongregationsgeschichtsschreibung» manchmal als rebellischer Charakter nachgezeichnete Blancal, dessen später erfolgte Aussöhnung mit Dehon mancherorts ein wenig inszeniert daherkommt – ohne an dessen Realität zu zweifeln –, meldete sich jedenfalls schon am Generalkapitel 1896 in aller Schärfe zu Wort.

«Er [P. Blancal] bittet das Kapitel darum, effiziente Massnahmen zu ergreifen, um die Kongregation zum ursprünglichen Gedanken, der ihr zur Geburt verholfen hat, zurückzubringen. Daraufhin fordert er, dass man keine Nomaden-Priester oder Sub-

[113] ADR 3-D-I, Cap. Gen. I-IX, 1886-1926, Acta originalia, Inv. Nr. 800 (Procès Verbaux), 17.
[114] ADR 3-D-I, Cap. Gen. I-IX, 1886-1926, Acta originalia, Inv. Nr. 800 (Procès Verbaux), 20.
[115] Giuseppe Manzoni, Leone Dehon e il suo messaggio, con una prefazione di Benedetta Papasogli, Bologna 1989, 318-321.

jekte aufnehme, die von anderen Kongregationen her kommen, es sei denn, sie bieten bestimmte Garantien, dass man nichts fürchten müsse.»[116] Ironie der Geschichte: P. Blancal entstammte selbst einer anderen Kongregation. Das Kongregationswesen erlebte in der zweiten Hälfte des 19. Jahrhunderts in Frankreich ein enormes Wachstum, trieb auch seltsame Blüten und vagante Priester und «mobile» Ordensleute waren da keine Seltenheit. Ein entsprechender Argumentationsduktus wird sich im Brief vom Sommer 1897 wiederfinden. Sogar eine Verschärfung ist darin gegeben, weil Blancal sich düpiert und schon in der Defensive sah: Zu viel personellen Wildwuchs hätte es in der Kongregation gegeben, zu wenig von einer profunden Unterscheidung der Geister, von Essentiellem und Sekundärem. Nicht zuletzt berufen sich die aufständischen Patres in ihrem Trennungsplädoyer auf das auf Leo XIII. zurückgehende *decretum laudis* von 1888. Zu den dort vom Heiligen Vater selbst hervorgehobenen Linien gäbe es keine Kontinuität mehr. Das war ein harter Hieb für Dehon. Dieser fühlte sich Leo XIII. ja besonders verbunden, gerade im Frühjahr 1897 erfuhr Dehon in Rom durch den Papst Förderung und Promotion. So folgt die Konklusion der «Separatisten-Fraktion» an die Adresse ihres Generals im Sommer 1897 nicht ganz unerwartet: «Wie Sie es also sehen, wir sind durch einen tiefen Graben getrennt.»[117]

Nicht mehr die Reform der Kongregation wird daher gewünscht – wie noch 1896 am Generalkapitel –, sondern der Weg einer gütlichen Trennung gerät ins Blickfeld der durch P. Blancal repräsentierten Gruppe, welche sich verstärkt in einer Position der Minderheit sieht:

«Lasst uns also damit aufhören, dass wir uns gegenseitig betrüben, indem wir versuchen, uns ein Joch aufzuerlegen, das nicht für uns gemacht ist. Gestalten Sie Ihre Kongregation so, wie Sie sie sich vorstellen; Sie sind ja schon einer großen Anzahl von Personal versichert, und lassen Sie uns mit unserem kleinen Kern frei die unsrige gestalten. Wir können uns gegenseitig zusagen, wie die beiden Patriarchen es taten: ‹Die selbe Erde kann uns nicht mehr fassen; wenn Sie nach rechts gehen, wähle ich die linke Seite und umgekehrt.»[118]

Da hängt der Haussegen gewaltig schief. Ein Projekt droht zu scheitern. Und wie geht Dehon damit um? Es ist evident, dass unter solchen Vorzeichen der

---

[116] ADR 3-D-I, Cap. Gen. I-IX, 1886-1926, Acta originalia, Inv. Nr. 800 (Procès Verbaux), 19: «Il [P. Blancal, DN] prie le Chapitre de prendre des mesures efficaces pour ramener la Congrégation à la pensée primitive qui lui a donné naissance. Il demande ensuite que l'on n'accepte plus de prêtres nomades ou de sujets ayant passé par d'autres congrégations, à moins qu'ils ne présentent de telles garanties qu'on ne puisse rien craindre.»

[117] Brief an P. Dehon, 06.07.1897, St. Quentin, in: ADR B 48/4, Inv. Nr. 787.11 (5 Seiten): «Comme vous le voyez, nous sommes séparés par un abîme.»

[118] Brief an P. Dehon, 06.07.1897, St. Quentin, in: ADR B 48/4, Inv. Nr. 787.11 (5 Seiten): «Cessons donc de nous contrister les uns les autres en essayant de nous imposer un joug qui n'est pas fait pour nous. Faites votre Congrégation telle que vous la concevez, vous êtes déjà assuré d'un personnel nombreux, et laissez-nous avec notre petit noyau faire librement la nôtre. Nous pouvons nous dire comme les deux patriarches: ‹La même terre ne peut plus nous contenir; si vous allez à droite, je choisirai la gauche, et réciproquement›.»

Gang in die Missionen als Befreiungsschlag wahrgenommen werden konnte, allgemein, aber auch ganz konkret in Bezug auf bestimmte Personen. In Dehons letztem, als Rückblick verstandenem Notizenheft von Juli 1925, knapp vor seinem Tod, heisst es, dass die Mission in den Kongo das unter allen Werken wichtigste der Kongregation gewesen sei.[119] Das gilt zugleich für eine longue-durée-Perspektive im Rückblick als auch für den Zeitpunkt 1897 selbst, wo eine beträchtliche und wichtige Gruppe innerhalb der Kongregation einen eigenen Weg beschreiten wollte. Das ist eine zentrale These dieses Kapitels. Leider können wir nicht mehr rekonstruieren, warum die PP. Miquet und Blanc nach Tunis gegangen sind. Sollte hier eine heilsame Distanz geschaffen werden? Auch Déal und Blancs älterer Bruder gingen nach Übersee, sodass eine Mehrzahl der Kritiker Dehons von 1897 zumindest den Eindruck erweckt, das Weite gesucht zu haben. Im Fall der Patres in Tunis war damit jedoch das Problem nicht aus der Welt, einfach anders «verortet». Wie die Kritik am Missionsgeschehen allgemein und der konkrete Gang in die Missionen sich zueinander verhalten, ist schwierig zu deuten. Ein Grund könnte sein, dass die Missionskritik in erster Linie P. Blancal zuzuschreiben ist, ein anderer Grund, dass es sich eher um ein vorgeschobenes Argument handelte.

2.6.2 Probleme und Reibungen auf diözesaner Ebene sowie Felder der Kritik

Beileibe nicht alle Faktoren, die zu dieser schwierigen Situation führten, können hier aufgezeigt werden. Eine zentrale Grösse, die in dieser Zeit jedenfalls wichtig wurde, ist, dass die Bischöfe von Soissons Dehon zunehmend das Vertrauen entzogen. Sie zeigten sich ihm gegenüber generell reserviert und ablehnend. So wurde Dehon die Schulleitung von St. Jean in St. Quentin schrittweise entzogen. Es war dies eine Institution, die Dehon als private, freie Schule selbst und mit eigenen Mitteln aufgebaut hatte. Bis zu seinem Lebensende lag sie ihm am Herzen. Von einem der oben genannten innerkongregationalen Opponenten, dem Belgier P. Delgoffe, ist ein Schreiben aus dem Sommer 1896 an den Ortsordinarius von Soissons erhalten. Jenes leuchtet das aufgezeigte innere Spannungsfeld aus, welches seinerseits mit weltkirchlichen Strukturen überkreuzt ist. Viel später, als die Kongregation sich stabilisierte, wird dieser Pater zwar sein Vorgehen bereuen und P. Dehon wegen seiner Initiativen der 1890er Jahre um Entschuldigung bitten,[120] aber kurz vor dem vierten Generalkapitel fallen deftige Worte und Charakterisierungen. Diese trafen den Superior. Delgoffe lag zu die-

---

[119] Manzoni, Leone Dehon, 333 sowie 336-341; vgl NQT 45/82: «Le 6 juillet 97, premier départ pour la mission du Congo qui a été l'œuvre la plus marquante de la Congrégation, parmi nos œuvres d'apostolat.»
[120] Vgl. Brief P. Delgoffes an P. Dehon, 06.01.1920, in: ADR B 18/6.9, Inv. Nr. 211.00: «Il m'est venu quelquefois à la pensée depuis quelque temps que je devais peut-être vous demander pardon explicitement de toute la peine que je vous ai faite autrefois, il y a déjà de longues années.» Den Brief versieht Dehon mit der Bemerkung, dass es sich um einen «Akt der Reparation» handle.

sem Zeitpunkt wesentlich daran, dass Dehon sein Amt als Oberer endlich aufgäbe. Es war Mitbrüdern wie ihm nicht recht, dass Dehon 1888 aufgrund einer damals spezifischen Konstellation (im Missionswesen) sich zum General auf Lebenszeit küren liess. Dehon brachte zu diesem Zeitpunkt das Ecuador-Projekt so ins Spiel, dass er die Notwendigkeit eines Generals auf Lebenszeit betonte, um Sicherheit und Stabilität für die Gemeinschaft gewährleisten zu können. Delgoffe schraffierte nun fast 10 Jahre später den amtierenden Superior als einen sturen Kopf: «Es handelt sich um einen Mann, der nur nachgibt, wenn wir ihn völlig zerschmettern.»[121] Dem Bischof kündigte Delgoffe in seinem Brief im Sommer 1896 an, dass man am anstehenden Kapitel Dehon «un groupe de terribles adversaires» antreffen werde. Delgoffe hoffte indes darauf, dass der Bischof diese Gruppe unterstützte und Dehon als «tête orgueilleuse» in die Schranken weise.[122] Das war die erklärte Absicht seines Schreibens, man hatte genug von Dehon.

Kurz vorher hatte Delgoffe Bischof Duval unter dem Siegel strenger Verschwiegenheit informiert, dass es um die Kongregation nicht gut bestellt sei. Auch fügte er strategisch hinzu, dass der Generalassistent P. Rasset «un jouet» in den Händen Dehons abgebe und dass es nicht gut wäre, wenn dieser, Rasset, im Fall der Fälle Nachfolger Dehons werden würde. Delgoffe malte die Situation als für die Kongregation spirituell und finanziell ruinös aus und bat den Bischof um sein Eingreifen. Ohne es zu verabsäumen, mit P. Blancal den Wunschnachfolger Dehons zu nennen und darum zu bitten, dass der Bischof selbst das Kapitel von 1896 leiten möge, schloss Delgoffe seinen Brief. Die komplexe Situation ist damit mehr als nur angedeutet. In diesem Brief über Dehon, einer geschützten Aussensicht inmitten eines polemischen Umfelds, wird Charakter und Stil des Superiors äusserst kritisch beäugt.

Dehon war also derart stark angefragt, dass einige Wochen vor dem Kapitel 1896 eindeutig davon ausgegangen wurde, er werde bald nicht mehr die Agenden der Kongregation führen. Wie bereits gezeigt, hatte Blancal mitsamt seiner Unterstützergruppe, unter anderem P. Delgoffe, das Kräftemessen nicht für sich entscheiden können. Letztlich ging Dehon aus diesen belebten Turbulenzen gestärkt hervor. Bedeutend ist an dieser Stelle noch, den Faktor der bischöflichen Oberaufsicht in Rechnung zu stellen. Dehon litt unter diesem Zustand, ohne offen kritisch zu sein. Dehon hatte in jenen Jahren unter Bischof Duval einen sehr schweren Stand. Trotz väterlichen, paternalistischen Wohlwollens zeigten sich für Dehon klare Schranken. Mit dem Bischof schien ein grosser Teil des

---

[121] Brief P. Delgoffes an Bf. Duval, 30.07.1896, in: Dossier de l'évêché de Soissons sur le T.B.P. (in: Documenta Secreta B), 41 (Dokumentstück 21): «C'est un homme qui ne cède pas que quand on l'écrase absolument.»

[122] Brief P. Delgoffes an Bf. Duval, 30.07.1896, in: Dossier de l'évêché de Soissons sur le T.B.P. (in: Documenta Secreta B), 42 (Dokumentstück 21).

Weltklerus der Diözese dem Ehrendomherr Dehon gegenüber «défavorable»[123] eingestellt zu sein. Das war auch der Fall, weil Dehon den Grenzen seines Bistums langsam entwuchs und eine nicht ganz unwichtige interne Konkurrenz[124] darstellte. Jenes gespannte Verhältnis wird sich erst mit der römischen Anerkennung und Konsolidierung der Kongregation entscheidend verbessern. Letztlich ist es aber auch dadurch nicht ganz aus der Welt geschafft worden. Das ist vollumfänglich erst nach dem Weltkrieg, der mit Problemen ganz anderer Art konfrontierte und förmlich alles umstürzte, der Fall.

Weiter oben klang schon an, dass Dehons sozialpolitisches Engagement intern stark kritisiert wurde. Dass Dehon sich in intensiver Weise zeitgenössischen Fragestellungen zuwandte, nahmen ihm manche Mitbrüder übel, sei es wegen der Inhalte, sei es wegen seiner Absenzen. 1897 war Dehons Schlüsseljahr im sozialen und politischen Bemühen und Agieren. Als *abbé démocrate* engagierte er sich in der christlichen Demokratie. Es stiessen sich bezeichnenderweise Mitbrüder an Dehons reger Mitarbeit an den Drittordenskongressen. Die intensive Teilnahme an sozialen Zusammenkünften aller Art und Studientagen erweckten bei manchen den Eindruck, dass er sein ursprüngliches, primär religiöses Ziel aus den Augen verloren hätte: Der «présence aux réunions où sont agitées les questions capitales des temps présents»[125] wurde deutliches Misstrauen signalisiert. Wohl auch, weil Dehon sich auf von Leo XIII. vorgespurte und christdemokratische Strukturen einliess und dadurch seinen eigenen politischen Wandel demonstrierte, trat dies ein. Es ist ein Schritt nach aussen, den Dehon hier bewusst setzte, und auch eine Art Mission. Er liess sich auf politisches Neuland ein, versuchte Akzente im Sozialkatholizismus zu setzen und an der Errichtung einer christlich-klerikalen Republik mitzuwirken.

Als *abbé démocrate* verpflichtete Dehon sich unmissverständlich der Ralliement-Politik eines Leo XIII., welche Kardinal Lavigerie mit seinem legendären Toast auf die Dritte Republik in Alger, also in der Peripherie, präludierte. Der Monarchie sagte Dehon Adieu, der Demokratie gehörte in seinen Augen die kraftvolle Zukunft. Pater Blancal, aus dem Süden Frankreichs stammend und mehr als 15 Jahre älter in Zeiten der Restauration geboren, war hier anders veranlagt.[126] Dieser politische Graben muss berücksichtigt werden, weil die Frage nach Demokratie und Monarchie mehr denn eine kosmetische Frage darstellte

---

[123] Brief Bf. Mignots an Bf. Duval, 08.03.1897, in: Dossier de l'évêché de Soissons sur le T.B.P. (in: Documenta Secreta B), 57 (Dokumentstück 29): Als Landsmann von Dehon schrieb Mignot: «Ce n'est pas seulement votre entourage immédiat qui est défavorable c'est une grande partie de votre clergé.» Wie eine Antwort darauf klingt, was Dehon eine Woche später an denselben Bischof Duval schrieb: «Je sais bien que vous entendez à Soissons beaucoup de mal sur notre compte. *Nemo propheta in patria sua.*» (Brief P. Dehons an Bf. Duval, 15.03.1899, in: ebd., 59 (Dokumentstück 30).

[124] So hat die Kongregation im Bistum auf ihre Stärke hingewiesen, und gezielt Priester angesprochen, die «préfèrent le secours de la vie commune à l'isolement du presbytères.», in: Dossier de l'évêché de Soissons sur le T.B.P. (in: Documenta Secreta B), 74 (Dokumentstück 39).

[125] Brief an Dehon, 06.07.1897, St. Quentin: in: ADR B 48/4, Inv. Nr. 787.11 (5 Seiten).

[126] Vgl. Manzoni, Leone Dehon, 321, FN 88.

und heftige Emotionen heraufbeschwor – P. Gengler wird dies später bestätigen. Auffällig ist, dass im Brief der «meuternden Patres» vom Juli 1897 des Weiteren der Gang in die Missionen kritisch gesehen wird. Das Wirken in der Ferne wird dem Einsatz zu Hause, vor Ort, entgegengesetzt.[127] Dabei wird die moralische Not vor Ort herausgearbeitet und hervorgehoben. Es erstaunt zwar, dass auch ein Pater Miquet, ehemaliger Ecuadormissionar, ein solches Anliegen guthiess, indem er seine Unterschrift darunter setzte. Andererseits lag jene kritische Spitze konsequent auf der Linie, dass manche in der Kongregation die diözesane Einbindung stark machten, sich wohl auch als primär französisch-geprägtes Werk betrachteten und die rasche, ungeordnete Expansion des Instituts nach Aussen kritisierten. Für Blancal war gerade der französische rurale Raum das eigentliche Missionsgebiet. Dehon dagegen wird, wenn auch zögerlich, zunehmend dazu übergehen, äussere, internationale Missionsaktivitäten zu befördern, um die Kongregation aus dem engmaschigen kirchlich-territorialen diözesanen Netzwerk freizuspielen und ihr damit die Möglichkeit einer römischen Anerkennung zu bieten, bis dahin, dass dann das Missionsgebiet im Kongo als «Blüte der Kongregation» angesehen werden konnte. Die Kongregation erhält auch immer stärker einen urbanen Charakter. So vollzieht sie in einer Situation der zunehmenden Verstädterung Europas diesen Schritt in Richtung Stadt mit. Dass in Missionsgebieten auch ländliche Regionen bedient wurden, steht dem nicht entgegen. Von dem kleinstädtischen St. Quentin wird gerade das Mutterhaus zuerst nach Brüssel, dann nach Rom verlegt.

Die regelrechte Verschleppung der römischen Approbation raubte Dehon Kräfte und Nerven, mobilisierte aber zugleich sein Engagement und den ihm eigenen Aktivismus in mehrere Richtungen. Postwendend stiess Dehon auf Kritik. Etwas zu unternehmen, das war wohl Dehons einziger Weg, auch diese innere Krise der Kongregation Mitte der 1890er Jahre zu überwinden. Er konnte dieses Problem nicht gemütlich aussitzen. Die nun gezeigte «strukturelle» Unsicherheit im Raum der Kirche ist in den Quellen ebenso greifbar, wie auch Dehons stetes Bemühen, hier voran zu kommen. Es sind dies die zwei Seiten einer Medaille. Ein Blick auf die Korrespondenz bietet dabei reichlich Aufschluss: Dehons Heimatbischof sprach sich dezidiert gegen eine römische, also katholisch-internationale Anerkennung aus, was Dehons Bemühungen nicht gerade erleichterte. Dazu kam kräftiger Gegenwind in Rom, Dehons zweiter Heimat. Vor allem aus den Reihen der schon etablierten Ordensgemeinschaften sowie aus reaktionären französischen Kräften kamen diese abweisenden Stimmen.[128]

Auf diese «strukturelle» Unsicherheit Ende des 19. Jahrhunderts spielt auch der sich später in Tunis befindliche Miquet an. Er nannte die Kongregation, als

---

[127] Vgl. dazu Mariano Delgado, Missionstheologische und anthropologische Gemeinsamkeiten und Unterschiede zwischen Katholiken und Protestanten im Entdeckungszeitalter, in: ZMR 87 (2003) 93-111, v.a. 99, 100 zur historischen Diskussion des Pro- und Contras in Sachen Mission.

[128] Vgl. dazu in Kapitel II P. Hyacinthe Marie Cormier OP bzw. Pie de Langogne OFMCap sowie in Kapitel IV Henri Delassus.

er in Tunis angekommen war und sich dort etablierte, ein einziges Kartenhaus. Ein grosser Druck lastete also auf dem Institut und dessen Superior. Die Zukunftsperspektiven waren unklar, weil dazu noch der antiklerikale und antikongregationistisch agierende Staat Dehons Institut stark zusetzte. Das verstärkte die «äussere Unsicherheit» im französischen Kernland noch weiter. Als diese Unsicherheit harte Realität wurde, hielt sie dann aber paradoxerweise freilich neue Optionen bereit. Ist es vielleicht gar so, dass Dehon ohne die staatliche Nicht-Anerkennung der Kongregation und dessen Landesverweis dem diözesanen Korsett gar nicht hätte entfliehen können? Das ist reine Spekulation. Neue Wirkradien taten sich vor allem dann auf, als das Mutterhaus nach Brüssel transferiert werden musste und der Schwerpunkt sich mehr in den belgisch-niederländischen Raum hinein verschob. Das Tunis-Projekt ging aber noch von Frankreich aus, es war ein klar französisch konnotiertes und stand unter französischen Vorzeichen.

2.7 Nochmals Tunis – Die Geschichte einer «Enttäuschung» sowie Vorwürfe an den Generalsuperior

Nach kurzem Gastspiel ist jedoch bereits Ende 1899 das Tunis-Experiment für die Kongregation eigentlich zu Ende, denn eine zerrüttete Situation ist eingetreten. Tunis wird zu einer Fussnote in der Geschichte der Herz-Jesu-Priester. In einem Brief P. Miquets an P. Dehon aus Tunis vom 15. November 1899 heisst es: «Wir waren erstaunt über die Verwegenheit, mit der Sie [P. Dehon ist angesprochen, DN] uns Absichten unterstellt haben, die wir nie hatten. Wir sind keine Novizen [...].»[129] Die Patres in Tunis fühlten sich nicht ernst genommen, hauptsächlich ist das bei P. Miquet der Fall, der sich heftig brüskiert sah. Vermögensrechtliche Fragen im Umfeld der neuen Pfarrei standen dabei im Zentrum. Nachdem P. Dupland die Besitztitel an P. Miquet weitergegeben hat, forderte Dehon diese für die Kongregation zurück, sobald klar wurde, dass Miquet die Kongregation verlassen wird. Dieser vermögensrechtliche Dissens scheint aber ein nachgelagertes Problemfeld, welches sich zeigte, nachdem die betreffenden Patres vor Ort, also auch P. Blanc, die Kongregation verlassen wollten. Es zeigt sich an diesem Punkt die Schwierigkeit einer ersten Generation eines Gemeinwesens wie dasjenige der jungen Kongregation. Eine abschliessende Konsolidierung stand zu diesem Zeitpunkt noch aus und es wimmelte von eigenwilligen Köpfen ohne gemeinsame Formung, Bildung und, sagen wir es, Corps-Geist oder aber corporate identity. Die Kongregation präsentierte sich als loses Netzwerk mit einigen ausgeprägten Charakteren. Miquet war jedenfalls selbstbewusst, was seine Predigt am Beginn seiner Pfarrtätigkeit in Tunis zum Ausdruck gebracht hatte, und er wollte seinen eigenen Weg gehen, nicht mehr Novize und Befehlsempfänger

---

[129] Brief P. Miquets an P. Dehon, 15.11.1899, in: ADR B 99/3, Inv. Nr. 1139.78: «Nous avons été stupéfaits de la hardiesse avec laquelle vous nous avez prêté des intentions que nous n'avons jamais eues. Nous ne sommes pas novices [...].»

sein. Miquet betitelte so in seinem kantigen Brief das Institut P. Dehons als «eine Kongregation aus Karton, entsprechend einem Ausdruck, der in höheren Etagen verwendet wird ...»[130]. Somit gab er zu verstehen, dass es sich nicht nur um eine eigene marginale Einschätzung handelte.

Dies alles veranschaulicht abermals, dass die Situation der Kongregation als unsicher erachtet wurde. Die römische Vollanerkennung liess auf sich warten, der liberal-republikanische Staat brüstete sich gerade in dieser Zeit kurz vor der strengen französischen Trennung von Staat und Kirche 1905 religions- und kongregationsfeindlich und auch die im Inneren der Kongregation der Herz-Jesu-Priester ausgetragenen Händel lagen noch nicht so weit zurück. Obwohl Miquet den Ausdruck einer «congrégation de carton» in den Mund anderer legt, ist auch ihm die Sache evident: Die Kongregation ist, biblisch gesprochen, ein Haus aus und auf Sand. Dem in der vermögensrechtlichen Angelegenheit dezidiert pro domo handelnden und argumentierenden Dehon antwortete der sichtlich enttäuschte Miquet in kräftiger Art und Weise:

> «Also, wenn Sie sich darin vergessen haben, bis dahingehend uns anzuklagen, dass wir die Immobilien als Privateigentum behalten wollen und so gleichsam einen wahrhaftigen Schwindel vollzögen, welchen die Geschichte in Erinnerung behalten wird, so erlauben Sie mir, Ihnen zu sagen, dass diese völlig unbegründete Interpretation von Ihrer Seite für uns einer gewaltigen Verleumdung gleicht, an welche sich unser Herz hingegen nicht erinnern möchte.»[131]

Kurze Zeit darauf schrieb Miquet an die Adresse Dehons, dass nun ein freundlicher Brief von ihm in Tunis eingetroffen sei. Aber es wäre dafür schon reichlich spät, der Bogen sei kräftig überspannt worden. Denn Dehon hätte einfache Kommunikationsprozeduren nicht eingehalten und gleich an Böses gedacht bzw. dieses präsumiert. Daneben stellte Dehon als Oberer ein schlechtes Vorbild dar. Miquet hätte in Tunis Briefe von anderen Mitgliedern der Kongregation erhalten, die dem Tonfall Dehons gleichen. In dieser Weise beklagte sich Miquet. Das wäre eine verfehlte Eigenschaft einer Führungsgestalt, wobei abermals Dehons Führungsfähigkeit angezweifelt wird. Die Palette der Vorhaltungen ist generell reichlich ausgestaltet – Miquet will die Kongregation verlassen.[132] Im August 1900 wird er formell säkularisiert.

Bald darauf sprach Rom ein Urteil in der innerkirchlichen Streitsache bezüglich der Vermögenswerte. Gegen Dehon und seine Kongregation fällt die Ent-

---

[130] Brief P. Miquets an P. Dehon, 15.11.1899, in: ADR B 99/3, Inv. Nr. 1139.78: «congrégation de carton, selon l'expression employée en haut lieu [...]».

[131] Brief P. Miquets an P. Dehon, 15.11.1899, in ADR B 99/3, Inv. Nr. 1139.78: «Donc, si vous vous êtes oublié jusqu'à nous accuser de vouloir garder les immeubles comme propriété privée et de commettre ainsi cette formidable escroquerie dont l'histoire gardera le souvenir, permettez-moi de vous dire que cette interprétation toute gratuite de votre part est pour nous une formidable calomnie, dont notre cœur ne voudra cependant pas garder le souvenir.»

[132] Brief P. Miquets an P. Dehon, 13.01.1900, in: ADR B 99/3, Inv. Nr. 1139.82: «Enfin, religieux rebelle et escroc, je dois à l'honneur de tous vos religieux de dire et de maintenir que ma place n'est plus dans la Congrégation de Saint-Quentin.»

scheidung aus. Dehon sah nach dieser ihm ungünstigen Urteilsverkündigung seinerseits Miquet als Deserteur. Es ist ein hartes Wort, das Dehon nicht oft gebrauchte, und das in seinen biografischen Notizen, welche ja als Lektüre für die Ordensgemeinschaft konzipiert wurden, folgendermassen Verwendung fand:

> «Das Kreuz darf in unserem Opferleben nicht fehlen. Es gibt Prüfungen, die lange Zeit andauern: persönliche Schwächen, Schulden, Undankbarkeiten ... Es gibt andere, die wie eine Geisselung vorüber gehen. In diesen Tagen sprach der Heilige Stuhl dem Bistum Karthago gegen uns Recht zu und auch dem Deserteur [d.i. Miquet, DN]. So möge es sein! Es ist nur ein Verlust an Geld, verknüpft jedoch mit einer Demütigung, mit einer Enttäuschung.»[133]

Worum ging es eigentlich in der Streitigkeit, die Dehon hier in spirituellen und religiösen Termini und Allusionen einkleidet? Vordergründig stand eine komplizierte Konstruktion, die mit Investitionen und einem Stiftungswillen zu tun hatte, zur Diskussion. Aber es spielte auch ein Netzwerk innerhalb der Kongregation eine Rolle, das Dehon nicht nur wohlwollend gegenüber stand. P. Miquet und P. Blancal befanden sich sichtlich in einem engen Austausch. Als das Projekt in Tunis noch auf einem guten Weg war, als im Frühjahr 1899 noch alles so schien, als wäre nun eine kritische Anfangszeit in Tunis (sowie das innerkongregationale Zerwürfnis?) überstanden, da schrieb P. Miquet an Dehon, dass er eine Herz-Jesu-Fahne von Marseille aus mit nach Tunis nehmen werde. Dabei erwähnt er seinen Kontakt zu Blancal, dem das Werk in Tunis als wichtig erschiene.[134] Es ist also durchaus möglich, dass die Schatten von 1896 und 1897 nachwirkten, als es dann zu den Problemen kam. Zudem ist festzuhalten. Alle vier an der Niederlassung in Tunis beteiligten Patres werden die Kongregation verlassen.

Ein launiger Gönner und Bischöfe, die auch auf ihre eigene Tasche schauen, sind weitere rahmende Faktoren für vorliegenden Fall, die zu dieser in Dehons Augen Demütigung und Enttäuschung führten. Neben den menschlichen Faktoren und Unwägbarkeiten innerhalb der Kongregation trug wohl dieses Dreiecks-Koordinatensystem Diözese, Kongregation und finanzkräftiger Investor zum Scheitern der Niederlassung bei. Es handelte sich um eine spezifische Form von Pfarrei-Mission, noch dazu in einem französischen Kolonialgebiet, also irgendwie zu Hause und dann doch auch wieder nicht. Dazu kommt die Aufbruchsstimmung, das Momentum, dass man positiv nach vorne sah und in diesen Hype hinein Unternehmungen aufgleiste, denen aber ganz wesentlich eine umfassende materielle Basis fehlte. Der Heimatbischof Dehons in Soissons hatte Dehon in dieser Richtung Vorhaltungen gemacht. Die Vektoren des Scheiterns,

---

[133] NQT 16/81: «La croix ne doit pas manquer dans notre vie d'oblation. Il y a des épreuves qui pèsent longtemps: les faiblesses personnelles, les dettes, les ingratitudes... Il y en a d'autres qui passent comme une flagellation. Ces jours-ci, le Saint-Siège donne gain de cause contre nous à l'évêché de Carthage et au déserteur, fiat! Ce n'est qu'une perte d'argent, unie cependant à une humiliation, à une déconvenue.»

[134] Brief P. Miquet an Dehon, 19.03.1899, in ADR B 99/3, Inv. Nr. 1139.71.

wenn man dies denn so sehen will – hatte doch die Pfarrei auch weiterhin Bestand –, sind also auf verschiedenen Ebenen zu suchen, aber zuallererst ist es ein inneres Problem der Kongregation. Dehon liess sich durch dieses Scheitern aber nicht entmutigen, er konnte die Sache schnell abhaken und ablegen: Es soll so sein! Fiat! Dass er mit dem 1905 verstorbenen P. Blancal Frieden schloss und er auch später den ehemaligen P. Miquet, der zum langjährigen Pfarrer der Herz-Jesu-Pfarrei in Tunis wurde, ohne Groll und Tadel einem Freund als Kontaktadresse nannte, lässt darauf schliessen, dass Dehon nicht nachtragend orientiert war, mit nicht zu verändernden Gegebenheiten sich rasch abfinden konnte und den Blick optimistisch nach vorne richtete.

Der Schiedsspruch der *Sacra Congregazione de' vescovi e regolari* in der Streitsache war klar und deutlich. Dass die schriftliche Basis der Entscheidung zweifelhaft scheint, kann an dieser Stelle nur angedeutet werden: Die Kongregation wurde nicht einmal in ihrem Namen richtig benannt.[135] Die Frage («Dubbio»), wem die Immobilien der Herz-Jesu-Pfarrei in Tunis gehören, wurde im Sinne des Ortsbischofs taxiert. Die Entscheidung fiel rasch am 1. März 1901: Das Erzbistum Tunis sei rechtmässiger Besitzer der Liegenschaften der Pfarrei. Es ist auch das, was der Gönnerpriester Boucher angestrebt hatte, und Miquet, welcher sich säkularisieren liess, der Sache nach unterstützte. Dehon sass so auf dem kürzeren Ast, obwohl er als Jurist überzeugt war, dass er vor einem weltlichen Gericht Recht bekommen hätte. Aus heutiger Sicht ist das nicht abwegig, aber: Roma locuta, causa finita.

Beachtenswert ist noch folgende Nuance: Schon 1897 hatten die sieben revoltierenden Patres, darunter Blanc, Blancal und Miquet, anklingen lassen, dass sie mit ihrem Anliegen, die Kongregation neu auszurichten bzw. sie gütlich aufzuspalten, bis nach Rom gehen würden. Das kam einer Drohung gleich, denn alle wussten um den wunden Punkt bei Dehon, welcher schon 1883/1884 in ein römisches Verfahren verwickelt gewesen war. Das nächste Kapitel zeigt dies in der ganzen Breite auf. 1900 schlagen die Patres Miquet und Blanc nun in einer anderen Angelegenheit diesen Weg ein und fordern einen zentralen Schiedsspruch heraus – und werden in Verbund mit Erzbischof Combes, Weihbischof Tournier und Priester Boucher Recht bekommen. Es ist ein Jahr, in dem es für Dehon in Rom selbst eng wurde, wozu dann an anderer Stelle das Gutachten P. Cormiers OP näher unter die Lupe genommen wird.[136] Tunis weist jedoch deutliche Spuren eines Scheiterns auf, das in das Innere der Gemeinschaft zurück verweist.

---

[135] Unterlagen «Carthaginen. Iurium, Ziffer 20.895/14, Anno 1900» in: ADR B 99/3A, Inv. Nr. 1139.99, Römisches Dossier, italienisch 31 Seiten. Darin ist von «Preti del Sacro Cuore di Saint-Quentin (S. 1), dann von den «Missionari del S. Cuore» (S. 2), später vom «Istituto Religioso dei Preti delle Missioni» (S. 6) die Rede – abgesehen von anderen, ja zahlreichen Fehlern.

[136] Vgl. Kapitel II, Ziffer 3.5.

2.8 Die Rezeption dieser Vorgänge – Tunis im Nachgang

An vielen Orten bleiben in der Nachbetrachtung der Vorgänge rund um Tunis so Fragen offen. Beim ersten Biografen Dehons, Augustin Ducamp, wird nicht ganz klar, warum genau diese Niederlassung für die Kongregation verloren ging.[137] Ducamp legt aber zumindest eine historisch richtige Spur, wenn er von Schwierigkeiten in Bezug auf Eigentum- und Besitzrechte schreibt. Er ist den Ereignissen auch zeitlich und persönlich nahe gewesen:

> «Als Folge von Schwierigkeiten im Zusammenhang mit dem Besitz des Gebäudes konnte dieses so glücklich begonnene Werk in der Folge nicht aufrechterhalten werden. Der großartige Einsatz und die Hingabe, welche seine Ursprünge umgeben haben, sind jedoch nicht als purer Verlust anzusehen. Diese neue Pfarrei, die einem klaren Bedarf entsprach und die besten Aussichten für die Zukunft bot, fuhr – nach unserem Weggang – fort, die Dienste zu erbringen, die man erwarten durfte.»[138]

Ducamp sieht also das «Scheitern» zu Recht differenziert, gab es doch mit der Pfarrei ein Ergebnis, etwas Bleibendes. Die Erklärung der Ursachen geht jedoch nicht über die Erwähnung einer ökonomischen Streitfrage hinaus. Denn, wie wir es nun wissen, spielten auch innerkongregationale Verwerfungen eine Rolle sowie die in der Zeit instabile Situation der Kongregation insgesamt. Dass das Werk in Tunis glücklich begonnen hätte, ist daneben eher in das Reich der Wünsche zu verlegen. Was die Analyse von Ducamp im Jahre 1936 stark macht, ist die Weitung der Zusammenhänge. Denn die Pfarrei existiert zu diesem Zeitpunkt der Abfassung Ducamps Biografie noch. Einem kirchlichen Bedürfnis sei nachgekommen worden.

Es gibt jedoch auch andere, engere Interpretationen im Rückspiegel. In diesen werden oft einzelne «positive» Aspekte isoliert und hervorgehoben, wenn Tunis zur Diskussion steht. So gibt es Aufarbeitungen, die Dehon in ein mildes Licht stellen wollten. Ein solcher Zugang rächt sich spätestens dann, wenn die Dinge genauer und gewissenhafter unter die Lupe genommen werden. Dehon hätte nichts in der Mission unversucht gelassen, heisst es da beispielsweise in *Heimat und Mission*. Gewiss, dabei haben wir es nicht mit einer Quelle mit historiografisch-reflektiertem Anspruch zu tun. Aber folgende Passage soll trotzdem dargelegt werden, weil es ein wenig das Rezeptionsklima der ersten Zeit nach Dehons Tod in den näheren Umfeldern der Kongregation ausleuchtet, dazu den Umgang mit Konflikt- und Problemfeldern. Folgendes liest man in der Missionszeitschrift:

---

[137] Augustin Ducamp, Le père Dehon et son œuvre, Paris/Bruges 1936, 407, 408.

[138] Ducamp, Le père Dehon, 408: «A la suite de difficultés relatives à la propriété de l'immeuble, cette œuvre d'avenir, si heureusement commencée, ne put être maintenue. Les efforts magnifiques et le dévouement qui entourèrent ses origines, n'ont pourtant pas, loin de là, été prodigués en pure perte. Cette nouvelle paroisse, qui répondait à un besoin évident et présentait les plus belles perspectives d'avenir, continua – après notre départ – à rendre les services que l'on était en droit d'en attendre.»

«Die Bischöfe wandten sich mit Vorliebe an ihn [P. Dehon, DN], um Priester für ihre Diözesen zu erhalten; sie wussten, dass diese Bitte erhört würde, wenn es nur irgendwie möglich war. Und P. Dehon, sooft und soviel er konnte, gab seine Priester her, auch wenn sogar die europäischen Niederlassungen unter Personalmangel zu leiden hatten, auch wenn das vorgeschlagene Unternehmen nicht auf viel Erfolg und auf eine lange Zukunft rechnen konnte.»

Ganz anders als bei Ducamp wird Dehon so zehn Jahre nach seinem Tod als ein missionarischer Akteur gekennzeichnet, der Bischöfen zuarbeitete und ihre Personalwünsche ernst nahm, und das in uneigennütziger und patriarchaler Hinsicht. Exemplarisch geht die Zeitschrift auf das uns nun etwas bekannte Tunis-Projekt ein, wo Dehon doch auf Erfolg und Zukunft hoffte:

«Ein Beispiel mag genügen: 1898 bot der Erzbischof von Karthago, Mgr. Combes (1893-1922), dem Stifter [d.i. Dehon, DN] eine neu zu gründende Pfarrei in einem neuen Viertel von Tunis an. P. Dehon willigte ein und übertrug das neue Werk P. Sébastien Miquet, der schon in Ecuador und in Nordbrasilien tätig gewesen war. Am 1. Juni 1898 wurde die neue Pfarrei eröffnet. Sie umfasste das ganze Viertel von Bab-Khadra und zählte 10.000 Katholiken und 50.000 Mohammedaner. Der Gottesdienst wurde zuerst in einem grossen Saal abgehalten. Zehn Monate später, am Ostermontag (3. April) 1899, konnte der Erzbischof ein provisorisches, wenn auch noch sehr armes Kirchlein einweihen. Wir sehen nicht, dass die Pfarrei lange im Besitz der Herz-Jesu-Priester blieb, da alle uns zugänglichen Dokumente nach 1899 darüber schweigen. Aber P. Dehon sah nur die Bedürfnisse der Seelen, und das Reich des Herzens Jesu in der ganzen Welt auszubreiten, war sein einziges und glühendstes Verlangen.»[139]

So heisst es in einer hagiografischen Wolke in einer biografischen Rubrik zu P. Dehon der hauseigenen deutschsprachigen Missionszeitschrift *Heimat und Mission* von 1935. Darin wird, wie angedeutet, Dehons Missionsgeist in einer Art und Weise profiliert, wie es nicht vollständig den historischen Gegebenheiten entsprach, zudem Dehons Bezug zu Bischöfen und ihren Erfordernissen und Wünschen beschönigt, denn ein solch positives Verhältnis lässt sich an den Quellen nicht immer verifizieren. Gezeigte Passage funktionalisiert Dehon stark, sowohl hinsichtlich aktueller Mission(sparänese), als auch hinsichtlich eines anstehenden Seligsprechungsprozesses. Der Biograf Dorresteijn spricht dann schon 1959 richtiger von einer Vielzahl von Problemen und nennt zu Recht auch «difficultés internes»[140], ohne diese zu spezifizieren. In einem breiteren Durchgang diesem Anliegen, der Multipolarität der Problemlage, nachzukommen, war eine Absicht dieses Kapitels. Das erste Kapitel machte ferner deutlich, dass Dehons persönliche «Mission» die Errichtung einer Kongregation war, welche als Struktur und Institution in der Pianischen Epoche wiederum von der äusseren Mission stark profitierte.

---

[139] Heimat und Mission 9 (1935) 300.
[140] Dorresteijn, Vie, 185.

Kapitel II

Dehon in seiner Kirche: Ein- und Zuordnung – die Entscheidung des Hl. Offiziums von 1883 und ihre Folgen

1542 wurde die *Congregatio Romanae et Universalis Inquisitionis* noch vor dem Tode Martin Luthers (1483-1546) und dem Beginn des Tridentinischen Konzils (1545-1563) gegründet. Sie sollte als zentrale Einrichtung strukturell dem Vordringen des Protestantismus in Italien effizient entgegentreten. Auf der Ebene des Rechts und der Wissenschaft wurden im Verlaufe der Konfessionalisierung dabei frühneuzeitlich-moderne Akzente von Disziplinierung und Sozialkontrolle gesetzt, was sich besonders in der Kontrolle des Büchermarktes auswirkte. Die Indexkongregation nahm 1571 ihren Betrieb auf und wurde 1917 in das Hl. Offizium integriert. Es galt, die Häresie(n) zu bekämpfen. Aufklärung und Französische Revolution sowie die nachfolgenden durch Napoleon induzierten europäischen Transformationen setzten der Behörde ein sich eigentlich schon länger abzeichnendes Ende. Im Schatten der Restauration aber wurde dieses Organ zumindest für Italien, d.h. präziser für den Kirchenstaat, wieder errichtet.

Nach der Restauration lautete der Name der Behörde *Congregatio Sancti Officii*. Ihr Wirkungsraum für die Bekämpfung religiöser Devianz in Sachen Blasphemie, bei sexuellen Übergriffen von Geistlichen, Polygamie, Häresie und Hexerei[1] sah sich jedoch zusehends auf das Gebiet des «Patrimonium Petri» beschränkt und dann, als dieses in der Studienzeit Dehons an ein Ende kam, wurde der Aktionsradius auf den innerkirchlichen Raum eingegrenzt. In diesem Bereich lagen denn noch Möglichkeiten der Exekution von Entscheiden, die anderswo nicht mehr gegeben waren. «Die Kongregationen des Hl. Offiziums und des Index [...] beanspruchten seit dem Niedergang des päpstlichen Kirchenstaates im 19. Jahrhundert nicht mehr die staatliche Durchsetzung ihrer Entscheidungen, sondern betrachteten sich als binnenkirchliche Organe des Papstes.»[2] Eine ent-

---

[1] Vgl. Hubert Wolf, Inquisition und Buchzensur, in: Mariano Delgado/Volker Leppin/David Neuhold (Hg.), Schwierige Toleranz. Der Umgang mit Andersdenkenden und Andersgläubigen in der Christentumsgeschichte (Studien zur christlichen Religions- und Kulturgeschichte 17), Fribourg/Stuttgart 2012, 323-338, v.a. 327-329, sowie Rainer Decker, in: ebd., Hexenverfolgungen in katholischen Territorien, 143-165, v.a. 161-163. In beiden Beiträgen kommt die «Milde» dieser Institution zum Vorschein – im direkten Vergleich zum bestehenden Ruf in der Wirkungsgeschichte, dazu auch Christopher F. Black, The Italian Inquisition, New Haven/London 2009, z.B. 259 (Resümee).

[2] Herman H. Schwedt, Lectori benevolo, in: Prosopographie von Römischer Inquisition und Indexkongregation 1814-1917 A–K. Grundlagenforschung III: 1814-1917, hg. von Hubert Wolf, Paderborn 2005, X. (später PRII, mit Angabe des Bandes in römischen Ziffern, Band 2, L-Z, ist

scheidende, historische Akzentverschiebung ist also zu konstatieren, die in die Lebenszeit Dehons fällt und an dem ihn betreffenden Fall auch anschaulich wird. Die katholische Kirche wandelte, auch über von aussen induzierte Prozesse, wesentlich ihre Gestalt. Sie wurde (staatlich besehen) räumlich begrenzt, weitete aber zugleich (kirchlich betrachtet) ihren Einflussbereich. Das hatte Auswirkungen auf ihre Zentralstellen und Behörden.

3.1 Das Heilige Offizium im 19. Jahrhundert – Kontinuität und Neuanfänge

Herman H. Schwedt hält so für die beiden sich manchmal rivalisierenden römischen Kongregationen von Index und Sanctum Officium – nach dem Ende des Kirchenstaates – fest: «Wenigstens faktisch wirkten sich deren Massnahmen nicht in einem territorial umschriebenen Raum aus, sondern in einem komplizierten sozialen Gebilde von Katholizismen außerhalb staatlicher Reichweite.»[3] Eingrenzung der Wirkungsradien und deren Ausweitung in neue Zusammenhänge verschränkten sich hier also, wobei der Charakter der Massnahmen, nicht nur der räumliche Ausgriff, sich wandelte. Hilaire Multon kann so konstatieren, «dass das Hl. Offizium im 19. Jahrhundert mehr, denn ein ausserordentliches Organ der Repression zu sein, zu einer Art Dogmenpolizei wurde.»[4]

In der katholischen Kirche kommt es in dieser Zeit zudem zu einem massiven Aufschwung in verschiedenen Frömmigkeitskulturen (z.B. marianische oder eucharistische Devotion, Herz-Jesu-Kult u.v.a.m.), sodass in diesem doch auch neuen Geschehen grosser Handlungsspielraum für als notwendig betrachtete Normierung und «Einzäunung» bestand. «Die Lebendigkeit des Katholizismus im Zeitalter der Dechristianisierung»[5] war in einer auffälligen Art und Weise vorhanden. Das gab zur Ausbildung von «espaces de conflit»[6] innerhalb der katholischen Kirche Anlass. Und diesen soll in der vorliegenden Studie in Bezug auf Dehon ja in besonderer Weise nachgegangen werden.

Das Sanctum Officium, das diesen Namen eigentlich erst unter Pius X. erhielt und dessen Präfekt bis 1965 der Papst selbst war, als Dogmenpolizei im Aushandlungsprozess zwischen offizieller und gelebter Religion, wie Multon dieses

---

auch 2005 erschienen). Dieser verstärkte Bezug auf das Papsttum zeigt auch im Prozess gegen Dehon, wo der Primat des Papstes (und Roms) festgehalten und geschützt wird. Nur diese Instanzen hätten in der katholischen Welt das entscheidende Wort bei der Anerkennung neu gegründeter religiöser Institute, dazu weiter unten mehr bzw. vgl. dazu die Skizze des «Anerkennungsprozesses» in der Hinführung.

[3]   Schwedt, Lectori benevolo, X.
[4]   Hilaire Multon, Catholicisme intransigeant et culture prophétique: l'apport des archives du Saint-Office et de l'Index, in: Revue historique 1003/1 (2001) 109-137, hier 112: «que le Saint-Office, plus qu'un organe exceptionnel de répression, devient au XIXe siècle une sorte de police du dogme», auch 124 und 136.
[5]   Multon, Catholicisme intransigeant et culture prophétique, 115: «la vitalité du catholicisme à l'âge de la déchristianisation».
[6]   Multon, Catholicisme intransigeant et culture prophétique, 116.

Spannungsfeld auch ausmalt, diente dabei als «ein Instrument der Macht und der Kontrolle. Sie wies suspekte heterodoxe Strömungen zurecht sowie mystisch-politische Bewegungen, zugunsten einer Politik der Bestätigung der päpstlichen Institution angesichts von Formen der Modernität, die vom *Syllabus* 1864 zurückgewiesen wurden.»[7] Das Heilige Offizium spielte gleichsam innerhalb der römischen Verwaltung die erste Geige:

> «Das Heilige Offizium, die oberste unter allen Kongregationen, wurde direkt vom Papst präsidiert, beschäftigte sich mit allen Arten von doktrinären Problemen, und sie gab Befehle an andere Kongregationen, z.b. konnte sie die Indexkongregation anweisen, bestimmte Werke auf den *Index der Verbotenen Bücher* zu stellen. Im Kontrast dazu war die Jurisdiktion der Indexkongregation viel stärker eingeschränkt.»[8]

Wie wir sehen werden, ist auch Dehon von diesen einerseits nach aussen hin, andererseits nach innen gerichteten Abläufen mitbetroffen, und das auch, weil er neue und eher ungewohnte Akzente setzen wollte. Jedenfalls wird Dehon zeitweise immer wieder als Neuerer betrachtet. Sogar innerhalb der Kongregation stellte sich in der historischen Aufarbeitung immer wieder die Frage, warum denn dieses neue Institut geschaffen wurde bzw. aus der Taufe gehoben werden musste. Dehon wird andererseits, in einer späteren Phase, konkret in die Politik, Abläufe und Prozeduren der römischen Kongregationen eingebunden sein, wobei dann nochmals seine Funktion und Person zur Diskussion standen. Beginnen wir aber der Reihe nach.

3.2 Das Jahr 1883 – als «annus horribilis» ein entscheidendes für Dehon? Auftakt und Vorspann

Rund um sein 40. Lebensjahr war Dehon mit einer besonders folgenschweren innerkirchlichen Entscheidung konfrontiert. Das von ihm einige Jahre davor ins Leben gerufene Institut war fundamentaler theologischer und kirchlich-disziplinärer Kritik, ja sogar Zurückweisung, ausgesetzt. Ende 1883 folgte ein Aufhebungsbeschluss, welcher die Frage aufwirft, ob der spätere Orden mit dem der Zeit vor 1883 in Kontinuität steht und ob, grob gesprochen, die Kongregation denn nicht auch als eine Art «römische (Neu-)Gründung» anzusehen ist. Ausgehend vom Bischof der Heimatdiözese Dehons Soissons wurde dessen «Causa» –

---

7   Multon, Catholicisme intransigeant et culture prophétique, 136: «un instrument de pouvoir et de contrôle. Elle met au pas les courants suspects d'hétérodoxie, les sectes mystico-politiques, au profit d'une politique d'affirmation de l'institution pontificale face aux formes de la modernité rejetées par le *Syllabus* de 1864.»

8   Mariano Artigas/Thomas F. Glick/Rafael A. Martínez, Negotiating Darwin. The Vatican Confronts Evolution, Baltimore 2006, 29: «The Holy Office, the highest among all the congregations of the Vatican, was presided over directly by the pope, concerned itself with all kinds of doctrinal problems, and gave orders to other congregations: for example, it could order the Congregation of the Index to include concrete works on the Index of Prohibited Books. By contrast, the jurisdiction of the Congregation of the Index was much more limited.»

die sein Werk, aber auch zugleich seine Person betraf – in die römisch-ultramontane Zentrale transportiert, und von dort her erreichte ein Aufhebungsbeschluss die Oblaten zum Heiligsten Herzen Jesu, wie die erste Bezeichnung des Instituts lautete. Ein glokales Geschehen in europäischem Rahmen also!

Im vorliegenden Kapitel wird nun beabsichtigt, nachzuzeichnen und zu verstehen, was Dehon vorgeworfen wurde, welche Bereiche an diesem seinen anfänglichen Unterfangen als problematisch angesehen wurden und wie er darauf reagiert hat. Dabei wird unweigerlich auch Dehons Person und Persönlichkeit, die darin aufblitzt, thematisiert. Inhaltlich bzw. leitmotivisch spielte das Thema der Prophetie aus Frauenmund – ein hochkonjunkturelles Moment des Katholizismus im 19. Jahrhundert[9] – im Prozessfortgang eine konstitutive Rolle. Aber es finden sich auch andere Felder der Auseinandersetzung und Reibung, wie das generelle des Spannungsverhältnisses mit dem zuständigen Bischof, verdichtet in der Frage des Gehorsams, weiters auch der Bezug zum Metropoliten der kirchlichen Provinz in Reims. Daneben öffnen sich prinzipielle Reibungsflächen zwischen Welt- und Ordensklerus, also innerhalb des so bezeichneten geweihten Stands, oder auch diejenigen unter den Ordensgemeinschaften – Facetten, denen in diesem Teil der Arbeit Aufmerksamkeit zukommt.

Gerade den Spannungen zwischen Welt- und Ordensklerus als auch den Animositäten und der Konkurrenz zwischen den Ordensgemeinschaften kann wohl nicht zu wenig Bedeutung beigemessen werden. Dabei wird es sich als schwierig erweisen, die anfängliche und vielschichtige Problemlage in ihrer Tragweite richtig einzuschätzen, weil sie im institutionellen Nachgang wohl auch oft als Vorwand und in der Form der kruden Repetition zum Vorschein kommt.

Von Interesse und Aussagekraft wird es in einem weiteren Schritt auch sein, der Frage nachzugehen, wie Dehon diese doch «kritische» Zeit – einer Midlife-Crisis gleich – im Nachgang sieht. Denn, das wird offenkundig: Dehon deutet für sich und seine Kongregation jene Vorgänge der Anfangsphase seines religiösen «Unternehmens» stark über einen spirituell-biografischen Zugang. Er entwirft ein Masternarrativ für seine Mitbrüder und bedient sich in der späteren autobiografischen Einordnung religiös-biblischer Schablonen. Diese rühren an ein zentrales Geschehen des christlichen Mysteriums, nämlich das der Passion (und Auferstehung), in einem als für kirchlich-klerikale Protagonisten als bedrohlich eingestuften Umfeld. Andererseits kann, ein wenig davon losgelöst, in der eigenen Rezeption und Erzählung Dehons eine bestimmte Hervorhebung oder auch Verengung festgestellt werden, wenn Dehon in späterer Folge eben ausgewählte Elemente betont, um damit den Abläufen und Ereignissen eine, nämlich seine, Stringenz abzugewinnen; eine Lesart, die nicht immer in allen Punkten mit zeit-

---

[9]   Vgl. für den Fall der Louise Beck und der so genannten «Höheren Leitung» bei den bayerischen Redemptoristen Mitte des 19. Jahrhunderts instruktiv: Otto Weiß, Weisungen aus dem Jenseits? Der Einfluss mystizistischer Phänomene auf Ordens- und Kirchenleitungen im 19. Jahrhundert, Regensburg 2011, 130–132.

genössischen Sichtweisen anderer Akteure in eins geht.[10] Schlagend wird dies etwa im Bereich des «kirchlichen Gehorsams», wie noch zu zeigen ist. Dieser erfährt unterschiedliche Einschätzung.

Es zeigt sich weiters, dass wir es mit den Vorgängen von 1883, ohne es auf dieses Jahr beschränken zu wollen, mit einer sehr komplexen innerkirchlichen Sach- und Gemengelage zu tun haben, deren geografisches Koordinatensystem im vorliegenden Fall Nordfrankreich mit Rom verknüpft. Es sind Abläufe und Vorgänge, in denen dogmatische und disziplinäre Elemente eine bedeutsame Rolle spielen und verzahnt ineinandergreifen. Darin kommt bezeichnenderweise gerade Argumentationsfiguren, die die Aussenwahrnehmung und -sicht einbeziehen, eine tragende Bedeutung zu: Kirchliche «Skandale» galt es insbesondere zu vermeiden, es wird mit Sorgenfalten darauf geschielt, was andere, im Speziellen Aussenstehende in Publizistik, Politik und Diplomatie, in der Sache denken könnten, und wie etwas «vermarktet» werden könnte. Das schafft dann innerkirchlich einen verbindenden Raum und verbindlichen Rahmen und vermochte es, die Schärfe von innerreligiösen, internen Massnahmen abzumildern. Wir befinden uns im Frankreich der 1880er Jahre am Beginn eines medialen Zeitalters, das die Bedeutung der zeitungsmedialen Öffentlichkeit und der öffentlichen Meinung sichtbar werden lässt – mit starker Auswirkung auf die kirchliche Institution.

In erster Linie wird in nachfolgend geschilderten Vorgängen Anfang der 1880er Jahre die Gründung eines neuen Ordens aus einer Ortskirche heraus verhandelt.[11] Es ist aus der Hinführung bekannt, dass Dehon nach langem Suchen nicht in eine der etablierten Ordensgemeinschaften eintreten wollte, obwohl schmackhaft gemachte Angebote wie die eines römischen Studienkollegen, der in die Gesellschaft Jesu eintrat, vorlagen[12] oder Dehon sich für die Assumptio-

---

[10] Vgl. dazu den vielsagenden, im Rückblick zuordnenden Text Dehons aus ADR B 34/9A: ‹Notes sur les lumières que Sœur Ignace reçut de Notre Seigneur pour la fondation de l'Œuvre en 1878-1880›. Hier will Dehon zeigen, dass die Probleme damit begonnen haben, weil von «Offenbarungen» gesprochen wurde. Wäre das nicht so gewesen, wäre der Sturm kirchlich gar nicht erst aufgekommen. Er ist aber nun mal gekommen, und auch dieser Sturm macht «Sinn», als der einer Prüfung, einer Reinigung. In diesen ‹Notes› hält Dehon fest, dass zumindest einige der «lumières d'oraison», wie dies nun richtig zu benennen sei, direkt auf Jesus zurückgehen. Zudem macht er deutlich, dass er immer gehorsam gewesen sei, und es folgt der für den Historiker interessante Satz: «Maintenant tout est dans le secret du Saint-Office et il n'en faut point parler.» Auch Dehon ist der mythische Charakter römischer Institutionen nicht ganz fremd, oder andersrum, er wirkt an dessen Generierung mit. Zu einer unterschiedlichen Sichtweise auf Dehons Gehorsam siehe auch weiter unten das Gutachten von P. Cormier 1900.

[11] So sieht es auch die kongregationsinterne Literatur, vgl. Yves Ledure, Un prete con la penna in mano, Bologna 2005. Das fünfte Kapitel lautet «Falsa Partenza e Risurrezione», 113-146, früher Giuseppe Manzoni, Leone Dehon e il suo messaggio, Bologna 1989, Kapitel 13: «Nel fervore degli inizi» und Kapitel 14: «Morte e Risurrezione», 245-282, der die Ereignisse sehr stark in Hinblick auf die Kongregation liest. Das kann in diesem Kapitel ergänzt werden, wo nun Dehon als Person stärker in den Mittelpunkt gerückt wird.

[12] Briefwechsel mit P. Guilhen SJ, z.B. 09.08.1872, wo der Jesuit den Dehon wohlbekannten Orden anpreist, und das vielleicht mit einem für heutige Ohren ungewohnten Pull-Faktor: «Dans un

nisten des Emmanuel d'Alzon (1810-1880)[13] interessierte. Für die Anfangszeit des von Dehon dann in St. Quentin gegründeten Instituts spielen «übernatürliche» und «göttliche» Momente, wie sie Dehons Ortsbischof Thibaudier in einem Brief nach Rom im März 1882 benennt und anzeigt, diskursiv eine nicht unbedeutende Rolle.[14] Diese legitimieren den Neuaufbruch bzw. versuchen es.

Odon Thibaudier (1823-1892), als Bischof von Soissons der Jahre 1876-1889[15] für St. Quentin, also näherhin Dehons Wirkungsstätte seit 1871 und überhaupt dessen Heimatbistum, verantwortlich, förderte Dehon anfänglich. Das kommt in der Ernennung Dehons zum Ehrendomherrn gleich im ersten Jahr dessen Episkopats zum Ausdruck,[16] weiters in der Gründung der bis heute existierenden Schule St. Jean in St. Quentin sowie in dessen Zustimmung zu einer ersten Sammlung von Priestern im Umfeld eben dieser Schule als Basis für die Gründung eines eigenen Instituts. Aber es deutet sich sehr bald ein Wandel an, das Verhältnis der beiden gestaltet sich schwieriger. Im schon erwähnten Brief im März 1882, an Kardinal Ledóchowski[17] adressiert, legt Bischof Thibaudier seine den «besonderen Vorfällen» rund um Dehon geschuldete, zuerst eingeschlagene Vorgangsweise dar und rechtfertigt sich: Die «göttlichen Botschaften», von denen er Kenntnis genommen hätte, sollten, so seine erklärte Absicht als Verantwortlicher, von den Beteiligten, also Dehon und seinem näheren Umfeld, nur mit

---

temps plus ou moins prochain nous serons peut-être persécutés, cela ne vous tente-t-il pas?» (vgl. AD B 17/6.23, Inv. 170.00). Im Briefwechsel der beiden geht auch hervor, dass Dehon sich bei den Assumptionisten umgeschaut hatte.

13 Vgl. NHV 9/2 oder NHV 9/14.

14 ACDF, Dossier «Rerum Variarum» 1884, N. 5 (im Folgenden, kurz = ACDF 1884, detailliertere Angaben und Suchhilfen für Überprüfung und weitere Forschungen, die an dieser Stelle nur ermutigt werden können, bietet das Quellenverzeichnis), Teil II: Brief Bf. Thibaudiers an Card. Ledóchowski, 18.03.1882. «... certains faits que ce même et digne prêtre (hier ist Dehon gemeint, Vf.) regarde comme surnaturels et divins.»

15 Vgl. Daniel Moulinet, Mgr Odon Thibaudier (1823-1892), in: Revue de l'Université Catholique de Lyon 22 (2012) 71-73.

16 Vgl. Andrea Tessarolo, Art. Dehon, Léon-Gustave, in: Dizionario degli Istituti di Perfezione, Vol. III, 410-416, hier 411: «Nel 1876, per dimostragli la stima che aveva per lui [Dehon], il vescovo [Thibaudier] lo nominò canonico onorario della cattedrale.»

17 Vgl. Bernhard Stasiewski, Ledóchowski Mieczyslaw, in: Neue Deutsche Biografie, 14, Berlin 1985, 45-46. Der wegen des Kulturkampfes zu dieser Zeit nach Rom «geflohene» Primas von Polen (früher schon aus Kolumbien des Landes verwiesen) und Kardinal war unter Pius IX. im diplomatischen Dienst tätig, setzte sich später als Erzbischof von Gnesen für die polnische Sprache und Kultur ein und trat auf dem I. Vatikanum als Befürworter der Unfehlbarkeitserklärung ein. Nach seiner Resignation als Bischof wird 1892 Ledóchowski zum Präfekten der Propagandakongregation ernannt und in dieser Funktion Ende der 1890er Jahre mit Dehon und der Kongregation der Herz-Jesu-Priester im Austausch stehen, weil zu diesem Zeitpunkt die Mission im Kongo seine Anfänge nimmt. Vgl. weiters für den engeren Zusammenhang interessant: NQT 4/290 (für das Jahr 1887, wo von Dehon, der in Rom weilt, auf die Vorgänge von 1883 zurückgewiesen wird): «Je vis aussi avec plaisir l'illustre Cardinal Ledóchowski, qui fut bien encourageant aussi, tout en me mettant en garde contre le surnaturel où peut se glisser l'illusion.» Zur Zeit nach 1892 und Ledóchowskis Funktion als Vorsitzender der Propaganda, vgl. Josef Metzler, Präfekten und Sekretäre der Kongregation im Zeitalter der neuen Missionsära (1818-1918), in: Sacrae Congregationis de Propaganda Fide Memoria Rerum. 350 Anni a Servizio delle Missioni, Vol. III/1, Rom o.J. [1979], 30-66, hier 51, 52.

grosser Vorsicht und Diskretion aufgenommen und beachtet werden. Daneben dürften die Personen, die solche ins Feld führten, auch keinen weitergehenden Gebrauch von diesen Mitteilungen machen, im Speziellen darin, was die konkrete kirchliche Umsetzung angeht. Hier ist Dehon direkt anvisiert.

Thibaudier will an diesem Punkt sichtlich eindämmen, ohne eine generelle Absage an die als göttlich apostrophierten Offenbarungen und Zeichen am Ursprung der Etablierung dieses auch für ihn wichtigen religiösen Instituts zu tätigen. Wir werden sehen, worum es sich dabei im Detail handelt. Zumindest kommunizierte Thibaudier diese einem Bischof wohl ohne Probleme zuzustehende (Zurück)-Haltung erstmals so nach Rom. Dass es sich bei dem Schreiben vom 18. März 1882 aber gewissermassen nur um ein sanftes Auftun eines grösseren «Konfliktfeldes» handelt, in dem ein deutliches «Nein» gesprochen wird, zeigen die Akten, die sich im Archiv des Hl. Offiziums unter «Rerum Variarum 1884» finden.[18]

Innerhalb des Konvoluts jener «Verschiedener Dinge» stellt der schon beigezogene Brief chronologisch gesehen das erste Dokumentations- und Beweisstück dar. Das in diesem Brief vom März 1882 noch anzutreffende – trotzdem ein Gros der Problemfelder schon angeschnitten ist –, geradezu überschwänglich gehaltene Lob des Bischofs, sobald er von Dehon spricht,[19] wird sich später, innerhalb der sich ausweitenden Debatte, generell doch eher verflüchtigen. Sach- und Personenebene, die vorerst noch geschieden sind, fliessen dann stärker in eins. Thibaudier verliert als Bischof ein wenig die Geduld mit Dehon, der mit einer bestimmten Konsequenz und Zielgerichtetheit seinem Projekt einer Kongregationsgründung nachgeht. Der Bischof weiss andererseits aber auch darum, dass Dehon in Rom gut vernetzt ist und prinzipiell eine spezifische «römische Matrix» aufweist, welche Dehon zeitlebens auszeichnet.[20] Der 1823 geborene, um 20 Jahre ältere Thibaudier, ein dem Napoleonischen Konkordat verpflichteter Bischof, der nach Daniel Moulinet zumindest in seiner Lyoner Zeit darauf bedacht war, politisch nicht anzuecken, ist hier doch anders geprägt – aus Dehons Sicht «gallikanischer» und mit eindeutiger Sympathie für liberale Positionen bespickt. Schon als Auxiliarbischof in Lyon war Thibaudier in eine proble-

---

[18] Diesen historischen Schatz hat erstmals P. André Perroux SCJ gehoben. Bekanntlich wurde es nach 1998 möglich, Zugang zu solchen Beständen zu erhalten. Die «Problemorientierung» ist solchen Quellen inhärent, sonst wären sie denn auch gar nicht dort gelandet bzw. dort generiert worden. Das heisst auch, dass dieser Aspekt in der historiografischen Aufarbeitung nicht überbewertet werden darf. Andererseits verschreibt sich gerade diese Arbeit einer solchen Perspektive, die mit jeder anderen Sichtweise es teilt, ausschnitthaft und partikulär zu sein.

[19] Vgl. ACDF 1884, Teil II: Brief Bf. Thibaudiers an Card. Ledóchowski, 18.03.1882. Dehon wird darin von Thibaudier als «un excellent prêtre de mon diocèse», später als «mon pieux, docte et dévoué ecclésiastique» und am Ende des Briefes an den Kardinal nochmals als «très digne, très méritant et très cher ecclésiastique» hervorgehoben. Das umfassende Lob entgeht denn auch dem aus Rom antwortenden Kardinal denn auch nicht. Er schreibt am 26.03.1882 von einer «un si bel éloge» in Bezug auf Dehon im zu beantwortenden, ihm vom Bischof aus Soissons vorliegenden Brief.

[20] Vgl. Luca Sandoni, Dall'ultramontanismo alla romanità. Il percorso romano di Léon Dehon tra Pio IX e Leone XIII, in: Rivista di storia e letteratura religiosa 53/1 (2017) 137-170.

matische Situation mit einer neuen (Frauen-)Kongregation verwickelt. Es war diejenige von Caroline Lioger. In diesem Streitfall beriefen sich führende Kräfte auf besondere Erscheinungen und wandten sich – ultramontan – direkt nach Rom um Unterstützung gegen die bischöfliche Autorität.

Die Antwort aus Rom auf diesen «präludierenden Auftakt» liess nicht lange auf sich warten. Auf den 26. März 1882 datiert ein Brief Kardinal Ledóchowskis. Aus diesem geht hervor, dass Papst Leo XIII. (zugleich Präfekt des Sanctum Officiums, wie wir bereits festhielten) in dieser «schwerwiegenden und delikaten Angelegenheit»[21] orientiert ist. Über den später auch im Staatssekretariat tätigen, diplomatisch erfahrenen Ledóchowski erfuhr Thibaudier nun, dass seine episkopale («aufseherische»), tutioristische Vorgehensweise vom Papst gebilligt und gestützt wird und dass generell auf den Faktor Zeit gesetzt werden sollte. Denn die schwierigen Umstände im Frankreich der Dritten Republik – es drohte ein Verbot aller Kongregationen und ihre komplette Ausweisung – liessen es geraten sein, eine Prüfung der Anerkennung des von Dehon ins Leben gerufenen Instituts ein wenig in die Zukunft zu schieben; so in dieser Zeit überhaupt von einer römischen Überprüfung der Kongregation Dehons als solcher gesprochen werden kann. Ein Aufschub böte damit einhergehend eine Zeitspanne, die Kongregation auf ihren Geist und ihre Solidität hin zu sondieren, so der Kardinal. «Was die vermeintlich übernatürlichen Sachverhalte angeht, die sich im Zusammenhang mit dem vorgenannten Institut finden, so ist es klug, sich in sehr grosser Zurückhaltung ihnen gegenüber zu verhalten.»[22]

Wenn die betreffenden Personen strikt darauf bedacht seien, ihre besonderen Gaben bzw. Gnaden diskret zu behandeln sowie damit zusammenhängend einen Widerwillen an den Tage legten, diese auszuplaudern und zu verbreiten, wenn Frömmigkeit, Demut, Gehorsam und Aufopferung an den Tage gelegt werden würden, dann könnte das die Wahrscheinlichkeit von Behauptungen «göttlicher Kommunikation» durchaus erhöhen, so der Kardinal, der zugleich seit 1881 auch prominentes Mitglied des Sanctum Officium war. Ledóchowski stand persönlich in einem besonderen Bezug zu La Salette.[23] Auch ihm war der aussergewöhnliche Einbruch des Transzendenten in die Geschichte nicht fremd. Aber bereits in diesem seinen Brief werden deutliche Reserven und Kautelen offenkundig, die dann im folgenden juridischen Prozess noch stärker und ausgeprägter hervorkommen und den anschliessenden Prozessfortgang markant prägen werden. Zum Schluss des Schreibens erwähnt der Kardinal noch die Schule St-Jean. Gerade

---

[21] ACDF 1884, Teil I: Brief Card. Ledóchowski an Bf. Thibaudier, 26.03.1882. An anderen Stellen ist von «Affäre» die Rede.

[22] ACDF 1884, Teil I: Brief Card. Ledóchowski an Bf. Thibaudier, 26.03.1882: «Quant aux faits présumés surnaturels qui se trouvent en rapport avec l'Institut précité, il est sage de se tenir en très grande réserve à leur égard.»

[23] PRII, 2, 850-853, hier 851. Vgl. Marc Court, Eléments nouveaux sur l'affaire de La Salette: contexte politique, métamorphose du secret et statut de l'apparition, in: Politica Hermetica 18 (2004), 137-162, 152. Kardinal Ledóchowski war für die Prophezeiungen von La Salette so etwas wie deren römischer Protektor.

sie spielt in den Begründungszusammenhängen im Klärungsgeschehen von 1883 eine bedeutende «strategische» Rolle – als Schnittstelle hin zum öffentlichen Leben in einem umkämpften Feld, das als «generationellen Prägeraum» der republikanische und antiklerikale Staat zunehmend für sich beanspruchte und säkularisierte. Die Schulfrage war brennend. Dabei bedenkt Kardinal Ledóchowski, auch im Namen des Papstes, diese nordfranzösische Schuleinrichtung mit Lob. Für Thibaudier wiederum, einen sehr bildungsaffinen Bischof, der einige Jahre davor in Lyon an der Errichtung der Katholischen Universität beteiligt war[24] und als einer der vielen Schüler des Abbé Noirot (1793-1880)[25], des «Socrate lyonnais» (Michel Le Guern), gilt, ist die von Dehon aufgebaute und geleitete Schule für seine kleine Diözese von grosser Bedeutung. Er wusste sehr wohl um die tragende Rolle, die Dehon dabei – nicht zuletzt und gerade in finanzieller Hinsicht[26] – spielte.

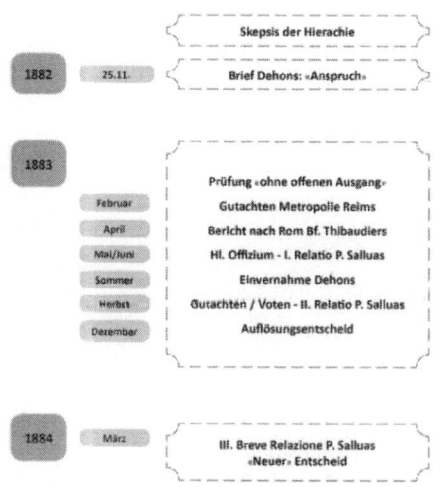

Schema 2: Der Ablauf des Geschehens 1883/1884 ist hier in groben Strichen angedeutet, so wie er sich an der Quellenlage aus dem Heiligen Offizium zeigt und im Haupttext bearbeitet wird. Die

[24] Vgl. Moulinet, Odon Thibaudier.

[25] Vgl. zu Thibaudiers Bezug zu Noirot die gedruckte Ansprache zu dessen Beerdigung: Paroles prononcées par Monseigneur Thibaudier, Evêque de Soissons et Laon, au service funèbre célébré pour M. l'abbé Noirot dans la chapelle du Lycée de Lyon, le 4 mars 1880, Lyon 1880, in der Thibaudier den Wert der Erziehung preist, und die Wichtigkeit des Priesters, sich darin, gemäss Noirots Modell, zu engagieren (ebd., 7) und Noirot in Sokrates Fussstapfen stellt (ebd., 10, 11), der den Wert der Freiheit – gegen den Missbrauch von Autorität – betonte (S. 15) und nicht zuletzt ein anschlussfähiges, nicht rein exklusives Christentum, propagierte (ebd., 18); zu Noirot, der schriftlich nichts hinterlassen hat (vgl. bei Thibaudier ebd., 26), aber der sich jüngst wieder grösserer Aufmerksamkeit erfreut, vgl. grundlegend Henri Hours, L'abbé Noirot 1793-1880, in: Église à Lyon, 1997, n. 6.

[26] ACDF 1884, Teil I: Brief Bf. Thibaudier an den Assessor des Hl. Offiziums, 01.02.1884: «M. Dehon dispose d'un patrimoine d'environ 300.000 francs, qui est engagé en grande partie dans cette œuvre. [Schule St. Jean].»

soeben im Text erwähnten Briefe stellen das Präludium dieses Falles dar, sie sind also im Feld «Skepsis der Hierarchie» verortet. Der Verlauf tendiert immer stärker hin zu einer römischen Entscheidung. Diese fällt dann Ende 1883/Anfang 1884 wenig überraschend aus. Nach diversen Gutachten und Einschätzungen trifft ein Entscheid der Aufhebung die Kongregation – ein Verdikt, das aber de facto zu einer modifizierten diözesanen Neugründung führte. Dem römischen Urteil kam in späterer Folge an entscheidenden Punkten für Dehon immer wieder grosse Relevanz zu, sodass es für Dehons Biografie als enorm wichtig, folgenschwer und prägend eingeschätzt werden kann.

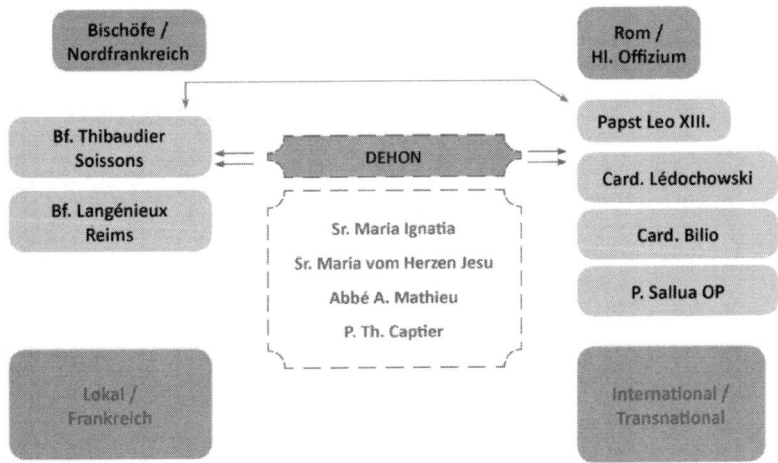

Schema 3: Die beteiligten Akteure im Prozess sind solche auf einer lokalen Ebene, welche Personen der kirchlichen Hierarchie einschliessen, und solche Verantwortungsträger, die aus der kirchlichen Zentrale heraus agieren – wie der eben erwähnte Kardinal Ledóchowski, später auch Kardinal Bilio. Als eine Hauptfigur des Prozesses tritt dann Pater Sallua OP auf die Bühne des Geschehens. Er war der mit der Inquisition beauftragte Untersuchungsrichter in Rom. Dehon steht im Mittelpunkt der Causa; mit ihm seine noch junge Kongregation und Personen, die mit dieser in einem engeren Zusammenhang stehen. Seien dies Kleriker vor Ort (wie Abbé Mathieu), erste Mitglieder (wie P. Captier) oder die Schwestern Ulrich, die als Mitglieder der Dienerinnen des Herzens Jesu in St-Quentin sich Maria Ignatia und Maria vom Herzen-Jesu nannten. Letztere war Oberin der 1867 in Strasbourg diözesanrechtlich gegründeten Kongregation und spielte eine grosse Rolle für Dehon und die Kongregation, was die erste Zeit anbelangt.

3.2.1 Die Frage nach «le surnaturel» im Gründungsgeschehen des Instituts – Verankerung und Rückversicherung

Dehon ist am Beginn seines Ordenslebens sichtlich bestrebt, seine Institution auf ein explizit göttliches bzw. übernatürliches Fundament zu stellen oder zumindest massive Verankerungspflöcke in den Bereich des von ihm so bezeichneten «surnaturel» zu treiben. Das war Dehon wichtig, er wollte sich religiös auch im Jetzt rückversichern – was in seiner Zeit und in seinem polarisierten Umfeld gang und gäbe ist, aber deswegen nicht weniger Konfliktpotenzial barg. Am 25. November 1882 wandte sich Dehon in dieser Frage mit durchgehend fordernder sowie selbstsicherer Bestimmtheit an Bischof Thibaudier. Das Übernatürliche auch in

Form der Eingebungen an Maria Ignatia (1847-1935), einer Schwester aus der franziskanischen Ordensfamilie, zu welcher Dehon in St. Quentin engen Kontakt hatte, spiele in der von ihm gegründeten Gemeinschaft eine entscheidende Frage («le surnaturel forme ici une question *distincte*»).[27] Die Schwestern der «Servantes du Sacré-Cœur» waren nach dem Trauma des deutsch-französischen Krieges aus dem Elsass geflohen und fanden in St. Quentin eine Bleibe. Für die Gründung und die erste Zeit der Herz-Jesu-Priester werden diese Schwestern in vielerlei Hinsicht eine gewichtige Rolle spielen, die Kontakte der Institute sind eng.

Für Dehon ist dieses Übernatürliche seines Gründungsumfelds unzweifelhaft göttlicher Herkunft. «An verschleierte natürliche Gründe in Form von frommen Trugbildern zu glauben, das wäre für mich albern», so Dehon an seinen Bischof.

> «Ein frommes Trugbild kann so manche guten Gedanken hervorbringen, es kann aber weder Prophezeiungen bewerkstelligen, noch kann es die Herzen durchforschen, weder in die Ferne sehen, noch Wunder bewirken, auch kann es nicht aus einer Köchin eine nicht nachzuahmende Theologin machen, noch einen Priester von herkömmlichem wissenschaftlichem Niveau mit einer ausserordentlichen mystischen Wissenschaft versehen.»[28]

Bei den genannten Personen bezog Dehon sich auf P. Thaddäus Captier (geb. 1831) und davor auf Sr. Maria Ignatia, die zweite Hauptfigur des nachfolgenden Prozesses. Captier, dem in der Einschätzung und Beurteilung der Vorgänge später eine grosse Rolle zugemessen wird, zeitnah und viel später, galt als exzentrisch und äusserst schwieriger Charakter, hatte bestimmenden Einfluss in der Ausarbeitung erster Grundlagentexte für die Kongregation und daneben eine weitere Schulgründung neben St. Jean, ein wenig ausserhalb der Stadt, mit verantwortet. Er war 1880 in die Kongregation eingetreten und verblieb nicht einmal vier Jahre in ihr. Dehon distanzierte sich später von Captier manchmal wohlwollend, manchmal brüsker, Bischof Thibaudier hatte gerade im November 1882, also zum Zeitpunkt des oben herangezogenen Briefes von Dehon an ihn, weitergehende Informationen zu P. Captier, z.B. aus Lyon und Rom, eingeholt. Diese Einschätzungen trugen nicht gerade dazu bei, Captier, der sich in religiöser Hinsicht in besonderer Weise erwählt sah, in ein besseres Licht zu stellen.

---

[27] ACDF 1884, Teil I: Brief von P. Dehon an Bf. Thibaudier, 25.11.1882. Der Brief ist auch deswegen von grosser Bedeutung, weil der Bischof das an ihn adressierte Schriftstück mit Notizen versehen hat und gerade auch in der zentralen Frage der göttlichen Eingebungen an Sr. Maria Ignatia kritisch bis ablehnend kommentiert. Ausserdem bezeugt der Brief doch eine spezifische, «konfliktive» Facette von Dehons Persönlichkeit am Ende seiner ersten Lebenshälfte, die hier ein wenig herausragt.

[28] ACDF 1884, Teil I: Brief von P. Dehon an Bf. Thibaudier, 25.11.1882: «Croire à des causes naturelles voilées sous des illusions pieuses serait pour moi puéril. L'illusion pieuse peut produire quelques bonnes pensées, elle ne peut ni faire des prophéties, ni scruter les cœurs, ni voire à distance, ni faire des miracles, ni faire d'une cuisinière une théologienne inimitable, ni donner à un prêtre d'une valeur scientifique commune une science mystique extraordinaire.»

In Richtung Bischof schrieb Dehon nun aus St. Quentin in pointierter Weise: «Wir leben hier tagaus tagein im Übernatürlichen. Das ist handfest greifbar.»[29] Überhaupt würden alle freimütig erklären, dass dieses Übernatürliche von Gott stammen muss. Das springe in die Augen, alle bestätigten dies. Anderes zu behaupten wäre fehl am Platz. Dehon formuliert zugespitzt und sehr bestimmt: «L'esprit de Dieu est là ou il n'est nulle part.»[30] Diese Aussage lässt in ihrem Entweder-Oder wenig Handlungsspielraum. Und wäre früheren Biografen Dehons dieser sein Brief, der lange im Archiv des Heiligen Offiziums schlummerte, bekannt gewesen, hätten sie Dehon – jedenfalls für diese Lebensphase – wohl in einem anderen Lichte besehen. Obgleich Dehon anschliessend diese und andere Spitzen abschleift, indem er nur auf seine private Sicht in der Angelegenheit verweist und er umgehend betont, dass, wenn kirchlicherseits anders in der Frage entschieden werde, er sich sofort unterwerfen und alle Ämter zurücklegend sich «in die Einsamkeit» zurückzöge, so bleibt doch oder gerade deshalb der Tonfall und die spezifische Anspruchshaltung dieses Briefes des Herbstes 1882 an seinen Bischof bestehen. Das wird Dehon noch viel später etwa von Pater Cormier, einem römischen Gutachter von Rang, als nachteilig angerechnet werden. Dehon meint über seine Gründung lapidar: Da ist Gottes Geist, oder er ist nirgends! Es ist dies eine Sicht- und Vorgehensweise, die der Bischof nicht teilt. Diesen Anspruch kann er nicht unwidersprochen hinnehmen.

Die Ordensgründung sei, so Dehon weiter, eine übernatürlich verankerte Stiftung und als solche gewünscht und erfordert, vergleichbar etwa mit dem Brigittenorden und seinen der Tradition nach von Christus direkt diktierten Konstitutionen. Damit zeigt Dehon eine Stossrichtung historischer Ein- und Zuordnung an, die zwar vorstellungsmässig die Einmaligkeit ein wenig auswäscht, aber in der Sache kompromisslos bleibt. Das übernatürliche Moment an der Wiege seines das (verwundete) Herz-Jesu in den Fokus stellenden Instituts ist Dehon zu diesem Zeitpunkt als Legitimitätsindikator sehr wichtig. Eine solche Tendenz ist für religiöse Mechanismen nicht ganz untypisch, werden dadurch ja kontingente, historische und kulturelle Aspekte eines Gründungsgeschehens in ihm selbst und auch in weiterer Folge zurückgenommen, ja sogar hintangestellt.[31] Diese, Dehons felsenfeste, Überzeugung, das Natürliche durchbrochen zu haben und nun an der Quelle des Heiligen sich vorzufinden, hatte nun auch, als eine Frucht und Folgeerscheinung, die Freiheit des Wortes («ma liberté de parole») in diesem

---

[29] ACDF 1884, Teil I: Brief von P. Dehon an Bf. Thibaudier, 25.11.1882: «Nous vivons ici quotidiennement dans le surnaturel. Il est palpable.»

[30] ACDF 1884, Teil I: Brief von P. Dehon an Bf. Thibaudier, 25.11.1882. Ein wenig weiter heisst es: «Toutes les preuves que j'en ai sont du même ordre que celles qui me prouvent la vérité de l'Evangile, elles n'en diffèrent que par le nombre.» An solchen Festlegungen und Totschlagargumenten zeichnen sich künftige Probleme in doktrinären und disziplinären Fragen bereits ab.

[31] Vgl. Burkhard Gladigow, Religion in der Kultur – Kultur in der Religion, in: Friedrich Jäger/Jörn Rüsen (Hg.), Handbuch der Kulturwissenschaften, Bd. 3: Themen und Tendenzen, Stuttgart 2004, 21-33, 21. Hier könnte behauptet werden, dass gerade Rom dies verhindert und mit seinem aufklärerischen Zugang die Zustände erdet, religiös abkühlt und konkret rückbindet.

markanten Brief vom November 1882 hervorgebracht. Dehon war sich also durchaus dessen klar, dass seine Interpretation auf Ein- bzw. Widerspruch beim hier sehr nüchtern agierenden Bischof stossen könnte. Er konnte sich folglich in den anderen hineinversetzen, was seiner zu diesem Zeitpunkt (heraus)fordernden Haltung aber wenig Abbruch tat. Dehon fühlte eine spezielle Mission. Ja, er spürte Aufwind für sein junges, 1877/78 etabliertes Werk.[32] Für den Bischof anderer- und seinerseits wird klar, wogegen er sich zu richten hat, will er die Deutungs- und Lenkungsgewalt als Verantwortlicher beibehalten. Es ist auch nicht das erste Mal, dass Thibaudier es mit einer sperrigen Angelegenheit mit einer Kongregation zu tun bekommt, die in jener Zeit wie Knospen im Frühling sprossen. Er handelte in einer Weise, die manchmal als zögerlich bzw. unsicher bezeichnet werden könnte, aber durchaus konsequent, seinem Amt und seiner Funktion entsprechend. Ein Crescendo deutete sich in der Sache an.

Zu einer Zuspitzung der Auseinandersetzung zum Jahresbeginn 1883 oder zumindest zu einer Verhärtung im Geschehen hat wohl auch der Fall des 14-jährigen Léon Bachelards beigetragen. Von ihm wurde erzählt und hervorgehoben, dass er als Medium besonderer Visionen mit ekstatischen Begleiterscheinungen fungiere. Die Vorfälle im Internat von St. Clement, das unweit von St. Quentin im wenige hundert Einwohner zählenden Fayet von P. Captier im ersten Schuljahr geleitet wurde und im Einflussbereich des neuen Instituts als eine Art kleines Seminar konzipiert war, zogen die Aufmerksamkeit von Dehon und auch diejenige des Bischofs auf sich. So sehr sich Dehon mit den als mystisch wahrgenommenen Vorfällen gewissermassen identifizierte[33] und er den ekstatischen Vorgängen an bestimmten Punkten sogar beiwohnte, so sehr stellte sich Bischof Thibaudier nach einer Visitation – nur einige Tage danach – kritisch und ablehnend dem theatralisch Vorgefallenen entgegen. Das mystische Repertoire umfasste Visionen, Hagiognosis, also das Erkennen heiliger Gegenstände, die Einverleibung von Reliquien und das Mit(er)leben mit dem leidenden Jesus, dem der visionäre Schuljunge etwa zur Linderung seiner Schmerzen einige Dornen vom Haupt entreissen hätte können und um dessen Wunden er sich liebevoll kümmerte. Dazu gesellten sich beispielsweise eine Szene der den Visionär stillenden Gottesmutter oder die szenisch-demonstrative Abweisung von Schulbüchern als (neu)heidnisch verstandener Autoren. Léon Bachelard, der später Selbstmord begeht, vollzog diese Handlungen im Zustand des Enthobenseins.[34]

---

[32] Dehon wendet sich 1881 an seinen Priesterfreund und für diese Jahre häufigen und aufschlussreichen Korrespondenzpartner Abbé Désaire: «Je ne doute plus pour notre œuvre d'une *mission divine*. C'est le couronnement de la révélation du Sacré-Cœur commencée à Paray-le-Monial.» (Hervorhebung im Text, Brief vom 13.07.1881, ADR B 109/2, Inv. Nr. 1169.48). Darin meint er auch, dass er die Fühler nach Freiburg i. Ue. ausstrecken möchte

[33] In einem Brief vom 19.02.1883 an Désaire schreibt Dehon über diesen Jungen: «Un de ces enfants a des grâces extraordinaires bien touchants.» (vgl. Brief von Dehon an Désaire, ADR B 109/2, Inv. Nr. 1169.52).

[34] Vgl. dazu Dehons Ausführungen NHV 14/68 (wo einige Details der Ekstasen ausgeblendet werden) und NQT 3/388 (Hinweis zum Selbstmord Bachelards).

Einem schriftlichen Bericht über die ab dem 15. Januar 1883 vorgefallenen drei Tage anhaltenden Visionen und Ekstasen des Schul- und Internatsjungen fügte Thibaudier an die Adresse Roms kommentierende wie kritisch-ablehnende Passagen bei. So spricht Bischof Odon etwa am Schluss von einem «langage pueril», der hier allerorts angetroffen werden könne.[35] Die *Relation des faits qui se sont passés à Saint-Clément* mit den aussagekräftigen bischöflichen Begleitnotizen ist dann, als rahmende Beweisgrundlage, auch in Rom verwendet worden und ins Dossier als zentrale Informationsquelle eingegangen. Sie trug wohl nicht dazu bei, dass Dehons Position in dem Verfahren gestärkt wurde.

Thibaudier stellte jedoch den römischen Instanzen auch anderes Material zur Verfügung, das einen Eindruck über die Lage schaffen sollte, sowie die Urteilsfindung ein wenig – oder sollte man eher sagen: sehr? – vorspurte. Es handelte sich nach den Worten des Bischofs um Sachverhalte, von denen er bisher nicht gewagt hatte, Gebrauch zu machen, weil sie die betreffenden Personen der Lächerlichkeit preisgegeben hätten. Eine neue untere Schublade des *forum internum* wird herausgezogen. Thibaudier möchte ein «Beispiel für die Leichtgläubigkeit in Bezug auf das Übernatürliche von Seiten Dehons und seines Umfelds»[36] liefern, wenn er darauf verweist, dass Dehon und sein Vertrauter Adolfo Mathieu,[37] ebenfalls wie dieser Priester der Diözese und als Vikar auch der eigentlich für die Aufsicht des Instituts Verantwortliche, sich Menschen anvertraut hätten, die den «Stein des Weisen» gefunden zu haben meinten und Hoffnungen in die Alchemie setzten, was die Geld- und Goldproduktion anging. Insbesondere für den im Fokus des Prozessfortgangs stehenden Aspekt, den der Prophetie aus Frauenmund, liefert Thibaudier eine Textprobe nach Rom. Ein

---

[35] Vgl. ACDF 1884, Teil I: «Extrait de la relation des faits qui se sont passés à Saint-Clément (diocèse de Soissons) dans la nuit du 15 janvier et les jours suivants 1883». Thibaudier weist in seinen Kommentaren nach, dass die «Erscheinungen» – eine Klassifizierung, die er als vorschnell ablehnt – durchaus in einem Funktions- und Zweckverhältnis stehen oder anders als mittels übernatürlichem Einfluss Erklärung finden könnten.

[36] Vgl. dazu auch, im Speziellen zum Themenfeld der schon in der Zeit so bezeichneten «Leichtgläubigkeit»: David Neuhold, «Enthüllung» und «Leichtgläubigkeit». Seitenblicke auf die so genannte Taxil-Affäre 1885-1897, in: SZRKG 110 (2016) 85-97; zeitgenössisch vgl. den Jesuiten Portalié, der seine Zeit so charakterisiert: «Der Aberglaube erhebt sein Haupt in verschiedensten Formen, unter der Maske der Frömmigkeit wie auch unter dem Banner des Freidenkertums, unter der Koloratur des frommen Anhangens an Wunder oder an kindliche Prophezeiungen wie unter der Form okkulter Anrufungen.» Eugène Portalié, Le Congrès antimaçonnique de Trente et la fin d'une mystification, in: Études 33 (1896), t. 69, 381-398, 383.

[37] Zu ihm noch mehr, z.B. NHV 9/77; vgl. auch den Brief Thibaudiers an Generalvikar Mathieu vom 05.07.1881 (vgl. B 21/3.R, Inv. Nr. 373.02), wo er diesem mitteilt, dass zumindest in der Meinung anderer führender Köpfe in der Diözese, Dehon in Sachen Sr. Maria Ignatia auf dem falschen Weg sei. Dieser Brief ist dann Dehon zugekommen und im Archiv gelandet, auch in NHV 14/67, dort aber ist eine entscheidende Passagen ausgelassen: «Mais vous voyez, mon cher Vicaire général, que tout au moins dans l'opinion de quelques-uns de ses amis les plus éclairés, notre cher et digne supérieur était dans l'erreur.» Später werden sich die Wege Mathieus und Dehons trennen, insbesondere Mitte der 1890er Jahre. Adolfo Mathieu stirbt im November 1896.

Manuskript Dehons, das Weissagungen Maria Ignatias[38] als sich realisiert habend aufzeigt, bietet dafür die Textbasis, wobei der Bischof in den Annotationen seiner Skepsis freien Lauf lässt. Wo Dehon etwa eine in Erfüllung gegangene Vorhersage sieht, da vermerkt Thibaudier 1883 eher trocken: «Je ne vois pas la prophétie.» Thibaudier, der den Text aus der Feder Dehons kurz vor seiner umfangreicheren Berichterstattung nach Rom gelesen hat, beschäftigt sich dabei mit kurzen Sprüchen Maria Ignatias, die mit einem prophetischen Anspruch unterlegt sich im Zeitraum von 1878 bis 1880 erfüllt haben sollen. Besagte Vorhersagen betreffen hauptsächlich das neue Institut, seine Kandidaten und den projektierten Fortgang allgemein, und bieten darin hineinverflochten durchaus apokalyptische Nuancen von «heisser Religion» (Jean Delumeau).[39]

Bf. Thibaudier hingegen agiert in seinen Kommentaren beschwichtigend und entdramatisierend, so z.b. für die auf den 1. April 1878 datierte Vorhersage, dass von Seiten des Volkes und der Priesterschaft der Diözese eine Aufhebung des neuen Instituts gefordert werde. Etwas, was dann nach Dehon – auf diesen zwei Gleisen, nämlich «Volk» und «Priestern» – auch eingetreten sei. Dabei wird in der «Prophetie» eine feindselige Stimmung inmitten eines Szenarios der Auseinandersetzung insinuiert – dass sich auch der Diözesanklerus gegen den neuen Orden stellen würde. Thibaudier meinte dazu und antwortete darauf, dass dies alles ein wenig übertrieben sei: In der Öffentlichkeit hätte es zwar einmal ein wenig Aufregung gegeben, von Seiten seines Presbyteriums aber hätte er keine Ablehnung gegenüber dem Institut verspürt: «Le *Tolle* des prêtres n'a jamais existé.»[40] Dabei stellt Thibaudier einen Konflikt – das *Tolle* spielt auf das Vorfeld der Kreuzigung Jesu, nämlich seine geforderte Auslieferung,[41] an – zwischen Weltklerus und der erfolgten Gründung Dehons in Abrede, oder er möchte zumindest die hier in komplizierter und verschlüsselter Weise dargestellten Miss-

---

[38] Vgl. dazu zu einem späteren autobiografischen Blick NHV 13/57f, wo Dehon seine Zeilen zu Maria Ignatia mit folgendem Satz beginnt: «Ici se place un des incidents les plus graves de ma vie.»

[39] Vgl. z.B. über den aktualisierenden Bezug des signifikanten «Unkraut und Weizen-Gleichnisses» in Matthäus, Kapitel 13, Vers 30, das nicht eschatologisch fern, sondern präsentisch ausgelegt wird: Die «Ernte» vollziehe sich gewissermassen schon vor Ort und im Jetzt. Vgl. zu dieser «Dringlichkeit», im Speziellen für die Dehons nahestehende Schwesterngemeinschaft in St. Quentin, das im ACDF intern mit Nr. 17 nummerierte Dokument – ein eigenes kleines Heftchen: «Notice sur Sr. Marie Ignace et prédictions (Reçue de Monsieur Dehon)», in: ACDF 1884 Teil I, dort Eintrag zum 17. November 1879 (Broschüre Dehons, S. 6v: «Je vous disais que je voulais balayer l'aire et séparer l'ivraie du bon grain. Est-ce que ce temps n'est pas déjà pour ainsi dire commencé? Les unes, je les cherche comme un fruit mûr pour les admettre dans mon grenier éternel..., celles qui se rendent complètement indignes seront arrachées comme l'ivraie et seulement un petit nombre restera.» Bf. Thibaudier verhält sich solchen prophetischen bzw. voraussagenden Statements im Umfeld Dehons gegenüber sehr skeptisch und zurückhaltend).

[40] Vgl. ACDF 1884, Teil I: «Notice sur Sr. Marie Ignace et prédictions (Reçue de Monsieur Dehon)»

[41] Vgl. Johannes, Kapitel 19, Verse 12-16: «Daraufhin wollte Pilatus ihn [Jesus] freilassen, aber die Juden schrien: Wenn Du ihn freilässt, bist Du kein Freund des Kaisers; jeder, der sich als König ausgibt, lehnt sich gegen den Kaiser auf. [...] Sie aber schrien: Weg mit ihm [Tolle, siehe Haupttext], kreuzige ihn! [...] Da lieferte er ihnen Jesus aus, damit er gekreuzigt werde.»

töne abfedern. Thibaudier streicht dabei klar hervor, dass die so genannten göttlichen Stimmen aus dem Mund Jesus kommend mit prophetischem Verweischa-
rakter von Dehon instrumentalisiert werden würden.

3.2.2 Eine konzertierte Aktion zwischen Diözese und Metropolie – der Gang nach Rom als Hilferuf?

Aber nicht nur in Soissons und in Rom[42] beschäftigte man sich kirchlich offiziös
mit den Vorgängen in St. Quentin. Die kirchliche Metropolie Reims nahm sich
des Falles von St. Quentin ebenso an. Dehon selbst lieferte für die Untersuchung
notwendige Texte vor Ort ab. Eine Begutachtung der Vorfälle wurde gestartet.
Das schriftliche Resümee der vom Erzbischof von Reims, Benoît-Marie Langénieux (1824-1905), eingesetzten Kommission vom 12. Februar 1883 wird dann
auch dem römischen Verfahren zur Verfügung stehen. Generalvikar Péchenard
(1842-1920), der spätere Diözeanbischof von Soissons (ab 1907), leitete die
lokalkirchliche Untersuchung. Diese kam in ihrem umfangreichen Bericht zum
Schluss, dass die vermeintlichen Offenbarungen an Sr. Maria Ignatia zwar er-
baulich seien, aber: «Nichts im Bereich der Lehre deutet zwingenderweise auf
eine übernatürliche Herkunft hin.»[43]

Innere Textkritik – es sei sehr seltsam, dass Jesus, dem die prophetischen
Sätze (aus dem Munde der Schwester als Medium) zugeschrieben werden, selbst
in der dritten Person spreche – wird im Abschlussbericht über formale Kritik ergänzt, wenn etwa an der Weitschweifigkeit oder der Bedeutungslosigkeit der
Prophetien Anstoss genommen wird oder daran, dass diese breiten Spielraum
offen liessen, sodass in der Folge eine Verifikation (bewusst) nur schwer mög-

---

[42] Vgl. schon für den April 1882 einen Brief P. Daums an Dehon, der schon so manches vorweg-
nimmt, vgl. ADR B 105/1 (Inv. Nr. 1155.44). Dies belegt auch, dass Dehon in Rom aktiv wurde
und dort Anfragen in der Sache lancierte. P. Daum gibt sich sehr zurückhaltend, mahnt zur Vorsicht, zur zurückhaltenden Klugheit: «Quant aux communications consignées dans les autres cahiers, voici mon impression générale: 1° Il semblerait que pour l'administration de la communauté, on s'en réfère à ces communications. Ne redoutez-vous pas pour l'institut les conséquences
de ce mode d'administration?» P. Daum meint also, dass diese Art von «Kommunikation(en)» für
die Leitung der Kongregation schwierig sein könnte, und fährt fort: «2° On consigne parfois sur
les cahiers des jugements et appréciations sur certaines personnes. C'est bien délicat et peut avoir
de graves inconvénients. 3° Il me semble enfin qu'il y a des prédictions qui n'ont pas toujours un
caractère assez sérieux: sur la vocation et sur le nom futur de certains enfants... Il vaudrait mieux
pour vous vous tenir sur la réserve, laisser Dieu faire son œuvre... L'excès de prudence ne saurait
nuire.» P. Jean Pierre Daum lebte von 1837-1920.

[43] «Rien donc dans la doctrine ne suppose nécessairement une origine surnaturelle», vgl. Rapport de
la Commission nommée par Mgr l'Archev. de Reims ..., im Punkt 1, der sich mit den «Révélations» beschäftigt, bevor dann in Punkt 2 und 3 die vorgelegten Konstitutionen und das geistliche Direktorium rezensiert werden. Ein zu grosses Werk werde da angestrebt, das auch den
Weltklerus vereinnahme, das keine spezifische Prägung aufweisen könne und in den Schulen
zweifelhafte Erziehungs- und Bildungskonzepte verfolge. Das Direktorium als Text hätte sich zu
oft von der katholischen Lehre entfernt und: «Ce qui est rapporté dans la Sainte Ecriture ou la
théologie à la personne de Jésus-Christ est attribué dans cet écrit exclusivement à son Cœur.» Ein
Faden der Kritik wird aufgenommen, auf den wir noch geballt stossen werden.

lich sei. Dazu brachte die Reimser Seite einen quietistischen Zug in der Ordensgründung in Anschlag, und die Herz-Jesu-Frömmigkeit wurde in dessen Anspruch als zu ausladend, vereinnahmend und «neumodern» bekrittelt.[44] Die Einschätzungen der Bistumsleitungen und -verantwortlichen von Soissons und Reims sind hier also einhellig, sich gegenseitig bestärkend, obgleich immer wieder an beiden Orten betont wurde, dass einer römischen Entscheidung nicht vorgegriffen werden soll und man sich eines Urteils enthalten will. Aufgrund der Einhelligkeit wurde es für Thibaudier umso einfacher, im April 1883 einen einer Denunziation gleichkommenden Bericht nach Rom zu senden und auf einen Ausgang des Prozesses in seinem Sinne vertrauen zu können. Thibaudier erachtete zu diesem Zeitpunkt eine «direction ferme et précise» als dringlich. Es geht ihm sichtlich weniger um die doktrinäre Klärung der in Frage stehenden dogmatischen Problematik, sondern eher um das disziplinäre, praktisch-pastorale Moment:

> «Aber, ohne es ausdrücklich zu wollen, so meine ich jedenfalls, scheinen mir Herr Dehon und die Seinen nur in einer sehr unzulänglichen Weise mit meinem Willen konform zu gehen. Umso mehr, als die Sachverhalte, die als übernatürlich erachtet werden, eine je stärkere Wichtigkeit für sich in Anspruch nehmen und auch eine, die mehr in die Praxis ausgreift.»[45]

Der römische Prozess als Inquisitionsverfahren rollt nun richtig an, das Heilige Offizium wird als Gericht und Glaubenstribunal aktiv, was im Grunde genommen mit Maria Pia Lorenz-Filograno in harter Diktion und ganz allgemein so viel hiess, dass die «Gemeinschaft der Gläubigen (Kirche als *corpus*)» geschützt werden sollte, weil sie von einem «devianten Individuum und vor allem durch die deviante Idee bedroht war».[46]

Anfang Sommer 1883 reichte Thibaudier Dehon betreffend weitere Schreiben an das Hl. Offizium weiter, welches sich sodann intensiver mit Dehon und seiner Causa befasst. Mgr. Vincenzo Leone Sallua (1815-1896), seit 1870 Kommissar

---

[44] Dehon selbst, der von der Einschätzung in Reims Kenntnis erlangt, deutet diese positiver. Jedenfalls ist das in den NHV so zu finden, die aber zeitlich später verfasst wurden. Aber es zeigen sich auch schon die von Dehon ausgemachten Akzentverschiebungen, u.a. weil Thibaudier in Reims interveniert hätte, vgl. NHV 14/159. An dieser Stelle führt Dehon auch aus, warum Thibaudier seinerseits – aus der Sicht Dehons – den Weg nach Rom suchte, hätte er doch als Bischof in Lyon schon in solchen Fällen schlechte Erfahrungen gemacht. Thibaudiers Strenge gegenüber einer weiblichen Herz-Jesu-Kongregation hätte «un blâme de Rome» zur Folge gehabt. Zu diesem Vorfall vgl. Archiv des Postulators SCJ in Rom, Akten zu Veronique Lioger (Mère Veronique), mit der Dehon auch engen Kontakt im Umfeld seiner Institutsgründung hatte, und aus deren Umfeld Mitglieder (Prévot und Charcosset) zur Kongregation hinzu stossen werden.

[45] Vgl. ACDF 1884, Teil I: Bf. Thibaudier an Papst Leo XIII., 04.04.1883: «Mais, sans le vouloir expressément à ce que je crois, M. Dehon et les siens ne m'ont paru se conformer que d'une manière très imparfaite à mes intentions. De plus les faits regardés comme surnaturels ont pris une importance plus grande et plus pratique.»

[46] Vgl. Maria Pia Lorenz-Filograno, Das Inquisitionsverfahren beim Heiligen Offizium. Juristische Aspekte und Analyseperspektiven, in: Zeitschrift der Savigny-Stiftung für Rechtsgeschichte, Kanonistische Abteilung 101 (2015) 317-372, hier 319.

der «Suprema» und Mitglied des Dominikanerordens,[47] wurde nun als Untersuchungsrichter in Kenntnis gesetzt und zielgerichtet informiert. Er ist ein entscheidender Akteur, eine Schlüsselfigur in diesem Geschehen. Thibaudier schilderte ihm Ende Juni Dehons verbissenes Engagement für sein Institut. Ohne
Unterlass erhalte er als Bischof Anfragen um Neuzulassungen von Mitgliedern,
für den Ausbau des Instituts, sowie er wegen Neugründungen von weiteren Häusern angegangen werde. Bischof Thibaudier gab sich nun an die Adresse Roms
sichtlich genervter: «Es ist wirklich schwierig, hier Ruhe und Geduld walten zu
lassen.»[48] Wiederholt wurde die Leichtgläubigkeit Dehons, etwas als übernatürlich anzusehen, herausgestellt – alles, Wunder und Heilungen, sei sehr zweifelhaft, auch einer seiner Vikare, Abbé Mathieu, sei nun mit Dehon im Boot, und
der «Orden» hätte sogar eigens einen Pater nach Rom geschickt, P. Alexandre de
Pascal (1849-1885), um den Lauf der Dinge vor Ort, in der heiligen Stadt, und aus
der Nähe zu verfolgen.[49]

Für eine etwaige Vorladung Dehons in Rom machte Thibaudier darauf aufmerksam, dass dies seiner Ansicht nach im letzten Jahresdrittel möglich ist; wobei es aber nicht der Oktober 1883 sein sollte, weil hier das neue Schuljahr beginnt. Dehon ist dafür unabkömmlich; nochmals ein Indiz für die Wichtigkeit der
Schule im ganzen Geschehen. Er wird als «prêtre pieux et méritant, mais d'une
volonté inflexible, qui rendra de très grands services s'il échappe aux illusions»
charakterisiert, einer, der von Projekten nicht Abstand nehme, wenn er nicht über
Autorität dazu gebracht wird und solches sodann nur in einem Ausmass beher-
zige, wie es eben nötig und verpflichtend sei.[50] Dynamik gewinnt das lebendige,
aber doch auch tendenziöse Schreiben dadurch, dass Thibaudier sein Kuvert vom
25. Juni nochmals öffnete und mit einem Post-Skriptum vom Tag darauf versah.

Der Ärger ist auch weit mehr als 130 Jahre später für den Leser/die Leserin
spürbar und evident. Habe der Bischof da doch am Abend des Vortages noch ein
Schreiben erhalten, das von Seiten der Schwesterngemeinschaft aus St. Quentin,
der Dehon nahesteht und geradezu «hörig» ist, ihm als Verantwortlichen nahe-
legt, Dehon umgehend nach Rom ziehen zu lassen. Eine Stimme aus dem Munde
Jesu hätte dies mehr oder weniger als dessen, sprich göttlichen, Willen de-
klariert. In diesem für Thibaudier anmassenden Vorgang und unhaltbaren An-

---

[47]   Vgl. PRII, 2, 1299-1303 (Vincenzo Leone Sallua OP).
[48]   Vgl. ACDF 1884, Teil I: Bf. Thibaudier an Mgr. Sallua, 25.06.1883: «Ce n'est pas sans peine que
       je conserve le calme et la patience.»
[49]   Vgl. Manzoni, Dehon, 273. P. Alexandre de Pascal hatte als päpstlicher Zuave militärisch für den
       Kirchenstaat gedient, war aber für den Prozess, so Manzoni, in Rom wenig hilfreich. Die Frage
       ist, wie er dies denn hätte sein können. Von ihm und seinem Bruder hören wir weiter unten noch.
[50]   Vgl. ACDF 1884, Teil I: Bf. Thibaudier an Mgr. Sallua, 25.06.1883. Als eingehendes Beispiel
       führt Thibaudier die noch nicht anerkannte Verehrung des Herzens von hl. Joseph an: «On par-
       lait dernièrement devant lui de la dévotion au Cœur de St Joseph, pour laquelle il m'avait long-
       temps sollicité, et l'on rappelait la prohibition de cette dévotion par le Saint Siège. ‹Elle est pro-
       hibée pour le présent, répondit-il, mais il peut en être autrement dans l'avenir.›» Der Zukunft
       traut Dehon etwas zu.

spruch wird für ihn deutlich, dass dabei eine Grenze, der Rubikon, überschritten worden sei. Der Oberhirte von Soissons kommentiert unwirsch, ein wenig mit der Situation überfordert, dass dies das erste Mal sei, dass man ihn dazu bringen wolle und ihm konkret nahe lege, den Willen Jesu zu tun.[51] Bevor der Bischof dann noch auf die schwierige Situation in Frankreich anspielt und zugleich noch die recht guten lokalen Verhältnisse für die Kirche in der nordfranzösischen Aisne beschreibt – und damit klarmacht, dass diese zu gefährden bedenklich wäre –, bittet er nochmals, wie schon einige Monate davor, um eine klare und unmissverständliche Direktive aus Rom. Die eingehendere und nähere Untersuchung in Rom steht kurz bevor.

Am 18. Juli 1883 traten nun die Mitglieder des Hl. Offiziums zu einer Sitzung zusammen. Auf der Grundlage eines Berichts von Sallua von Ende Mai und unter Hinzuziehung der vorgenannten Briefe Thibaudiers wurde beratschlagt. Der grundlegende Rapport Salluas[52] beschreibt den Sachverhalt, um den es geht, und skizziert gleich zu Beginn den herausragenden Anspruch dieses neuen Instituts.

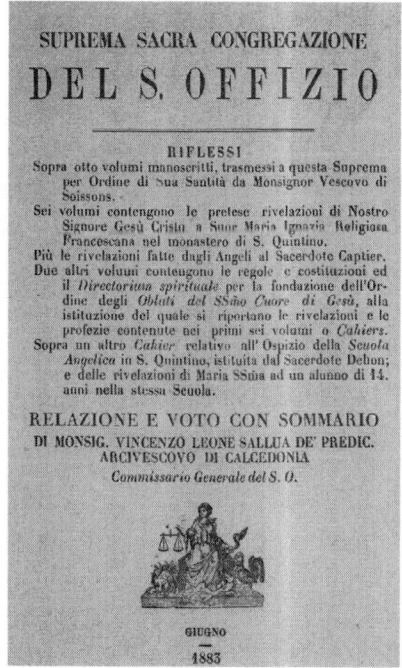

Abbildungen 7 und 8: «Relazione e Voto con Sommario» des Titularerzbischofs von Calcedonia, P. Sallua OP, vom Juni 1883 auf der linken Seite. Das Gutachten des Kommissars der Suprema wurde für den internen Gebrauch gedruckt. Es umfasste 44 stolze Seiten, davon aber einen umfangreichen, illustrierenden Dokumentenanhang. Das Titelblatt dieses Druckwerks mit dem eindrücklichen Wap-

---

[51] Vgl. ACDF 1884, Teil I: Bf. Thibaudier an Mgr. Sallua, 26.06.1883.
[52] Vgl. ACDF 1884, Teil I: «Relazione e Voto con Sommario» von Mgr Sallua. Der Bericht datiert, wie am Ende des langen Dokuments ersichtlich, auf den 30. Mai 1883.

pen der Suprema, der Auflistung der aus Frankreich stammenden zu begutachtenden Schriften sowie Angaben zu Institution, begutachtender Person und Datum ist hier abgebildet (vgl. ACDF 1884, Teil I). Rechts ist das Frontispiz des gedruckten Gutachtens vom Oktober 1883 zu ersehen, das verschiedene Dokumente präsentiert und einordnet (vgl. ACDF 1884, Teil II). Beide in der Zeit nicht öffentlichen Texte sind wesentliche Grundlagen des Prozesses und der Urteilsfindung. Als dritter wichtiger Bericht Salluas, der auch gedruckt wurde, müsste eigentlich das Titelblatt der «Breve Relazione» vom März 1884 hinzugefügt werden. Sie war dann Grundlage der endgültigen und nachdoppelnden Entscheidung im Frühjahr 1884. Das Titelblatt gleicht dem vom Oktober. Unter «Soissons et St. Quentin» steht nur: «Breve Relazione circa le ultime risultanze, e rispettivi documenti presentati in Curia da Monsig. Vescovo di Soissons.» Unter dem Signet mit den vier Tierfiguren steht als Datum sodann «Marzo 1884».

So hielt Sallua in einem Unterpunkt fest, dass das Institut beanspruche, über Inspiration und Befehl von oben her gegründet worden zu sein und ihm ein Ziel versprochen sei, welches alle anderen Orden und Institute übertreffe. Es kann gut nachvollzogen werden, dass solche Vorstellungen einem Dominikaner, aber auch später anderen Mitgliedern des Hl. Offiziums aus dem arrivierten Ordensstand nicht unbedingt angesprochen haben. Falscher Mystizismus, die anmassende Inanspruchnahme eines vierten, besonderen Ordensgelübdes (wie in der Gesellschaft Jesu), aber auch zweifelhafter Gebrauch der Bibel stellte der Bericht Salluas in den Raum der versammelten Mitglieder des erlauchten Gremiums.

Es ist ein Bericht, der auch schon proaktiv konkrete Schritte zur Problemlösung bereit hält: (1) Einzug der problematischen Schriften, (2) Auflösung der Ordens- bzw. Institutshäuser, (3) Aufhebung der Schule bzw. des Internats, in dem Léon Bachelard sich befindet (also St. Clement), (4) Dehon soll klar gemacht werden, dass er sich nicht mehr um die Ordensgründung kümmern darf und den Kontakt zu Sr. Maria Ignatia abbrechen müsse, mit Geltungsbereich auch für den Schriftverkehr, (5) Dehons volle Unterwerfung unter den Bischof, (6) Maria Ignatia solle alle Schriften abliefern und (7) in aller Schärfe unterwiesen werden in Bezug auf ihre Illusionen und eingebildeten Prophezeiungen, (8) dass die bischöfliche Strenge das System eines gefährlichen Mystizismus zum Verschwinden bringe und dass (9) P. Captier in seine Heimatdiözese zurückgeschickt werden möge. Dem von Sallua Dargebotenen scheint in der Sitzung und auch später nicht wesentlich widersprochen zu werden. Im Gegenteil, die Gutachter spinnen das hier Vorgefundene im Anschluss weiter, explizieren es auf ihre Art.

Die klare Linie wird vom Kommissär sogar noch dadurch verstärkt, dass den Offenbarungen nicht einmal «privater» Charakter zugesprochen werden könne. Das Dekret desselben Sitzungstages, also des 18. Juli, lädt Dehon nun für September in Rom vor. Wie aus einer späteren Notiz Salluas,[53] aus den Gesprächsprotokollen sowie den Briefen Dehons an Sallua hervorgeht, versuchte Dehon

---

[53] Vgl. ACDF 1884, Teil II: «Relazione con Sommario» von Monsignore Sallua, Oktober 1883. Dieser 62 Druckseiten umfassende Bericht datiert auf den 28. September 1883, darin Dokument Nr. 4 («Esami del Sacerdote Leone Dehon», S. 50-58) und Nr. 5 («Riflessi, Risposte et Contestazioni dell'Esaminato Sacerdote Leone Dehon con le ultime deduzioni.», S. 58-63).

sich nachfolgend zu rechtfertigten, ohne dass er seine Positionierung im Wesentlichen aufgibt. In Sachen Prophetien Sr. Maria Ignatias setzte Dehon sich für ein weites Verständnis eben dieser ein. Man dürfe diese nicht im engeren «Litteralsinn» verstehen. Sallua wies dagegen auf die seines Erachtens dürftigen Aussagen Dehons in der Vernehmung hin. Dehon meinte da in Salluas Darstellung, dass er nicht auf alle Facetten der Entgegnungen eingehen könne, er sich aber sicher sei, dass diese und auch Captiers Offenbarungen göttlichen Ursprungs für sich beanspruchen könnten, weil beide darin über ihre eigenen Fähigkeiten hinausgewachsen wären. Einer der an das Verhör anschliessenden Briefe diente so beispielsweise dem Zweck, nuanciert eine bestimmte Prophetie als sich ereignend habend und damit als haltbar hinzustellen.[54] Als Dehon mit dem vermeintlich ekstatischen Zwischenfall zu Léon Bachelard konfrontiert und er auch auf die Gefährlichkeit des Sachverhalts für die Umgebung hingewiesen wurde, entgegnete er im Verhör mit Nachdruck, dass er am göttlichen Moment dieser Ekstasen festhalte, nicht zuletzt, weil er selber anwesend gewesen wäre und sie mit eigenen Augen gesehen habe. Trotz allem legte auch bei der Einvernahme[55] durch den Inquisitor Sallua im Sanctum Officium Dehon im September 1883[56] grossen Wert darauf, dass er sich dem Entscheid Roms, von dem er sich eigentlich seinen autobiografischen Schriften zufolge die Anerkennung seines Instituts erhoffte, fügen werde. Wir werden auf diese Befragung noch zurückkommen, nachdem die für das Textkonvolut und für die Analyse des Falles doch entscheidenden Gutachten des Sanctum Officium ein wenig beleuchtet worden sind. Sie öffnen die Perspektiven ein wenig.

3.2.3 Gutachten, Zensuren und «feed-back» – Rückfragen auf verschiedenen Ebenen

Die Schriften der vermeintlichen Offenbarungen Sr. Maria Ignatias sowie die für den neuen Orden entworfenen Konstitutionen mitsamt Geistlichem Direktorium wurden schon vor der römischen Anhörung Dehons einer eigenen Untersuchung zugeführt. Acht Konsultoren des Hl. Offiziums traten hier systematisch in Aktion, ihnen wurden unterschiedliche Textteile unterbreitet – der Kuchen sozusagen aufgeteilt. Mit einer Ausnahme handelte es sich bei den Sachverständigen

---

[54] Vgl. Dehons Brief an Sallua vom 31.10.1883, ADR B 119/1, Inv. Nr. 1184.03. Als Begründung und Motivation meint Dehon: «J'y attache une grande importance, parce qu'une seule prophétie non réalisée serait une chose grave.»

[55] Vgl. Lorenz-Filograno, Inquisitionsverfahren, 356-358.

[56] Für die globale Sicht der Dinge ist der Brief Dehons vom 20. September an den Mitbruder der ersten Stunde und Generalökonomen P. Falleur bezeichnend: «C'est aujourd'hui l'anniversaire d'un jour sinistre, le 20 septembre, jour de l'entrée des Italiens dans Rome par la brèche en 1870. Les italianissimes ont mis quelques drapeaux. J'espère que cette journée ne sera pas aussi fâcheuse pour nous. Je suis content de ma conférence de ce matin avec Mgr Sallua.» (Vgl. Dehons Brief aus Rom, an P. Falleur ADR B 20/12, Inv. Nr. 326.12 vom 20.09.1883). Es steht viel auf dem Spiel. Das drohende Schicksal für die Kongregation wird mit dem (historischen) der Kirche parallelisiert, ein Muster, das z.B. auch im Jesuitenorden weite Verbreitung fand.

um Italiener, alle sind Männer aus den verschiedenen Ordensfamilien, die oft, wie Sallua im Dominikanerorden auch, eine weitere Funktion, wie eben die eines Prokurators, in ihrem eigenen Institut inne hatten. Ein Generaloberer sah sich die Konstitutionsentwürfe auf einer inhaltlichen Ebene näher an, ohne dabei ins rechtliche oder formelle Detail gehen zu wollen. Das Gros der katholischen Gelehrten war eine Generation älter als Dehon, und einem Teil davon steht noch ein kirchlicher Aufstieg bevor. Aber der Altersunterschied macht sich auch dadurch bemerkbar, dass zu dem Zeitpunkt, zu dem Dehon in der Indexkongregation 1897 römische Karriere erlebt, mit einer Ausnahme alle Konsultoren der Suprema, die in diesem Prozess von 1883 mitwirkten, bereits verstorben sein werden. Kurz vor 1900 verfasste Dehon selbst kirchlich relevante Gutachten, die zu diesem Zeitpunkt, 15 Jahre früher, noch ihm und seinem Umfeld galten. Davon, von Dehons Gutachtertätigkeit, und dass er selbst beinahe Gutachter in der Suprema geworden wäre, werden wir weiter unten mehr sehen. Nun aber soll im Detail zu den doch prominenten Konsultoren und ihrer recht einmütigen Diagnose gekommen werden.

Giuseppe Maria Graniello (1834-1896)[57], Barnabit, Generalprokurator seiner Gemeinschaft und später, ab 1893, Kardinal, führt in seinem Statement für die Suprema an, dass er den ersten Band der Offenbarungen an Sr. Ignatia nur anfänglich gelesen habe. Es gehe hier seiner Meinung nach auch nur um Gemeinplätze. Er meinte als Konsultor aber eine gewisse Überhöhung des Priestertums ausfindig machen zu können. Für den zweiten zu überprüfenden Faszikel vermerkt der aus dem italienischen Adel stammende Augustinerpater Luigi Sepiacci (1835-1893)[58], dass nichts Besonderes herausdestilliert werden könne. Es wäre immer dasselbe (Geräusch) in unterschiedlicher Form variiert: Jesus Christus, der die Menschen liebt und Undank von ihnen erfahre, weil sie ihn nicht liebten, habe die Gründung der Oblaten des Heiligsten Herzens gewollt, deren Mitglieder stellvertretend seine Zuneigung erwiderten. Sepiacci gibt sich aber prononciert kritisch, beispielsweise dort, wo in den Offenbarungen nahegelegt oder sogar gefordert wird, dass alle Messen gratis zu lesen/feiern seien.[59] Die Kritik steigert

---

[57] Vgl. PRII, 1, 723-730.

[58] Vgl. PRII, 2, 1365-1368. Wie der vorher genannte Graniello wird auch Sepiacci Anfang der 1890er Jahre in den Rang eines Kardinals erhoben werden. Vorher, im Jahr seiner Kardinalskreierung nämlich 1891, trifft Dehon auf Sepiacci und charakterisiert ihn so: «J'ai vu deux fois Monseigneur Sepiaci [Sepiacci], secrétaire des Évêques et Réguliers. On me le disait sévère et même dur, je l'ai trouvé bon et bienveillant. C'est un vrai romain, il aime que les choses se fassent lentement avec poids et mesure et qu'on évite les difficultés par des combinaisons et conciliations.» NQT 5/113.

[59] Vgl. dazu interessant Haas, Leo Dehon, 35, 36, wo der Biograf auf Dehons erste Messen verweist, die ohne Geld abgehalten werden sollten (vgl. die Hinführung), vgl. dazu NHV 6/83, 84: «Je dis mes trois messes de Noël au Séminaire, à l'autel de la Sainte Vierge. Je ne sus pas pendant toute une année célébrer une seule fois la messe sans larmes. Je ne voulus pas entendre parler d'honoraires de messes. Il me répugnait d'unir la préoccupation de l'argent à une action si sainte. C'est Notre Seigneur qui me demandait ces messes dites pour lui seul en esprit d'amour et de réparation.»

sich bis zur Ironie, als er die Frage aufwirft, wo denn der glückliche Mensch sei, der in einer der vorliegenden Offenbarungen von Jesus als «mon serviteur, mon Maître» angesprochen werde? An wen wende sich denn Jesus mit «Mein Herr»? Der Gutachter, kurz später von Leo XIII. zum Präsidenten der Päpstlichen Diplomatenakademie kreiert, monierte zudem in formaler Hinsicht die unzusammenhängenden Textkollagen und fragte sich rhetorisch, wozu denn dies alles eigentlich gut sein solle.

Bernard Smiths (1812-1892)[60] Notiz zum dritten Band der «pretese rilevazioni» ist eher kurz ausgefallen. Auf den 10. August 1883 datiert sein Gutachten und lässt sich folgendermassen zusammenfassen: «Übertriebene Frömmigkeit», meint der Ire und Benediktinermönch,[61] der als «Romführer» für «hohen» Besuch aus der englischsprachigen Welt bekannt war und der in seinen wenigen Zeilen – nach aufmerksamer Lektüre des ganzen Manuskripts, wie er eingangs festhalten möchte – in weiterer Folge beanstandete, dass «une victime» keinen Willen hätte: Das sei ein Widerspruch in sich, wo doch im Kontext zu sehen ist, dass dies nicht aufgehe. Denn der Wille des Menschen – hier der Frau, die sich als «victime» für eine Sache aufopfert bzw. vollumfänglich, wenn auch in passiver Weise, zur Verfügung stellt – sei doch konstitutiv.[62] Es sei des Weiteren nicht zulässig, dass, wo herkömmlicherweise von Christus gesprochen werde, in dem zu begutachtenden Manuskript nur vom Sacré-Cœur die Rede ist. Der irisch-stämmige Benediktiner spart also nicht mit fundamentalen Anfragen, die die Frömmigkeitskultur der Anfänge des Instituts der Oblaten in St. Quentin empfindlich betreffen.

Die Rezension des Konsultors aus dem Jesuitenorden, Ugo Molza (1821-1891)[63], zu «Cahier 4» ist da schon umfangreicher. Er verwies auf den Funktionszusammenhang der vorgeblichen Offenbarungen, den Sitz im Leben. Die Texte schienen ihm dazu da zu sein, etwas damit steuern zu wollen. So kritisierte er auch gezielt im vierten von ihm zu begutachtenden Band anzutreffende Prophezeiungen, die P. Jean – also Dehon – unmittelbar angehen und ihn heilsgeschichtlich in die Nähe der Apostel zu bringen versuchen. Eine unzulässige Verbrämung, eine haarsträubende Anmassung! Molza, mehrmaliger Rektor am Collegio Romano, hatte einige Gutachten im Umfeld der Herz-Jesu-Verehrung erstellt. Wie schon an anderer Stelle Graniello verwehrt Molza sich unter anderem ausdrücklich gegen ein überzeichnetes Priesterbild, das in den vermeintlichen Prophezeiungen dadurch zum Ausdruck komme, wenn der Altar als realer Ort der Inkarnation angesehen wird.

---

[60] Vgl. PRII, 2, 1390-1398.

[61] Vgl. zu Smith, wenn auch einige Zeit früher, etwa Elke Pahud de Mortanges, Philosophie und kirchliche Autorität. Der Fall Jakob Frohschammer vor der römischen Indexkongregation (1855-1864), Paderborn 2005, z.B. 58-60.

[62] Vgl. instruktiv zum Phänomen Paula M. Kane, «She Offered Herself up»: The Victim Soul and Victim Spirituality in Catholicism, in: Church History 71/1 (2002) 80-119.

[63] Vgl. PRII, 2, 1013-1016.

Der Franziskaner-Observant Andrea Lupori (1827-1906)[64] hantierte in seinem auf den 7. September 1883 datierten Feed-Back mit für die kirchliche Institution dieser Zeit typischen «Ismen», sprich konkret: Quietismus und Mystizismus. Anklänge an diese von der katholischen Kirche schon seit einiger Zeit beanstandeten (und konstruierten) Systeme sind ebenso gegeben wie an die «pur amour»-Vorstellung christozentrischer Mystik. Wenn schon Lupori keine manifesten Irrtümer auszumachen vermag, so doch Übertreibungen. Diese rechtfertigten es, die vorliegende Schrift – die verschriftlichten Offenbarungen der Sr. Maria Ignatia – zurückzubehalten und einzuziehen. Die plastische Darstellung, dass Jesus dem Willen einer Ordensschwester zu folgen hat oder aber überhaupt göttliches Gnadenvermögen wegen fehlender menschlicher Mitwirkung eingeschränkt werden könne, findet der Gutachter ebenso absurd und bedenklich wie die Vorstellung, dass Jesus sich über ein Opfer-Gelübde an den Vater gebunden hätte. Lupori stellt hier eine eindeutige Verbindung zum vierten Gelübde der in Frage stehenden Oblaten her. Wo die kirchliche Gehorsamspflicht im Ordensleben über göttliche Eingebung aufgeweicht werde, setzt Lupori in der Folge ebenso dicke Fragezeichen, wie er den (regierenden) Papst in seinem Jurisdiktionsprimat in Schutz nimmt. Weder die frommen Schwestern noch der verstorbene Papst Pius IX. könnten die Anerkennung eines neuen Ordens beschleunigen! Der Ball liege da schon allein bei Leo XIII. und somit, was Lupori als Konsultor nicht direkt sagt, aber mitmeint: beim herrschenden römischen Kirchenregiment, dem Sanctum Offizium inbegriffen, dessen Präfekt ja auch der Papst selbst ist. Dabei blitzt etwas davon auf, was Lorenz-Filograno unter Weiterführung des Majestätsbeleidigungsgedankens generell als «hegemoniales Strafrecht» bezeichnet, das «die Obedienz und das Fortbestehen ebendieser Macht zu gewährleisten sucht.»[65]

Mit dem letzten Faszikel der Offenbarungen, insgesamt 110 Prophezeiungen – die Zahl versieht der Gutachter unzweideutig mit einem Ausrufezeichen – für den Zeitraum von Ende 1881 bis September 1882 – die Weissagungen sind ja chronologisch angeordnet – beschäftigte sich der Kapuziner und ehemalige Brasilien-Missionar Fabiano da Scandiano (1810-1884).[66] Seiner Meinung nach hat man es bei den Prophezeiungen mit simplen Illusionen einer Ordensschwester zu tun. Diese stehe vielleicht sogar unter schlechtem Einfluss, wenn ihre Einfältigkeit womöglich denn nicht gar ausgenutzt werde. Die Vorhersagen seien sehr alltäglich, trivial, sehr familiär, sodass Personen, die tatsächlich solche Eingebungen hätten, dadurch herabgewürdigt werden würden. Manche der Stellen nähmen sich sogar kindlich und lächerlich, widersprüchlich und inkohärent aus. Es sei verwegen, solche Aussagen Jesus zuzuschreiben. Als sektiererisch betrachtete da Scandiano die ungebremste Überhöhung, in der dem projektierten Institut die biblische Verheissung Abrahams zugeeignet wird, nämlich eine

---

[64] Vgl. PRII, 2, 907-908.
[65] Vgl. Lorenz-Filograno, Inquisitionsverfahren, 319.
[66] Vgl. PRII, 1, 540-541.

Nachkommenschaft wie Sand am Meer und Sterne am Himmel. Soviel sei nun zu den vorgeblichen Prophezeiungen im Spiegel ihrer je portionierten theologischen Begutachtung gesagt.

Das die Konstitutionsentwürfe und das Direktorium der zu gründenden Kongregation umfassende Textkonvolut wurde vom Generaloberen der Kamillianer unter die Lupe genommen. Camillo Guardi (1809-1884)[67] geht an ausgewählten Stellen hart mit den ihm vorgelegten Entwürfen ins Gericht, obgleich er sich nicht im Detail mit den Konstitutionen beschäftigen möchte, sondern dies im Generellen täte. Obschon nichts gegen den Glauben und die guten Sitten vorliege, so seien doch bizarre Dinge im Spiel, Übertreibungen und Vorschriften, die für das Ordensleben unmöglich realisiert werden könnten. Das Projekt sei zu gross, zu ausgreifend, zu abgehoben – wie Lupori liess Guardi den Begriff des «Mystizismus» fallen. Das Gelübde der Hingabe, das vierte Gelübde, wird abgelehnt, sowie insgesamt die Latte für den projektierten Orden zu hoch aufgelegt worden sei. Ein gewisser Rigorismus liesse sich erkennen und eine zu starke Fixierung auf die Heiligkeit des Priesters. Generell lehnte Guardi den Gestus der Neuheit ab, der vor allem in der Herz-Jesu-Verehrung zum Vorschein käme. Das Herz-Jesu werde quasi personifiziert, es sei zudem theologisch als Grund(figur) der Inkarnation und der Passion ausgeschildert. So gehe das nicht! Der projektierte Orden wiederum preise sich als den anderen Ordensgemeinschaften höherstehend und überlegen an, weil ja sogar Engel und Heilige ihm angehören werden würden. Diese quasi joachimitische Einschreibung in die katholische Ordenslandschaft gefällt dem Generaloberen der Kamillianer merklich nicht.

Eine zu starke Verinnerlichung und Spiritualisierung wird für das Direktorium angeprangert. In einem zusätzlich zu begutachtenden Beiheft beäugt Guardi Gebetsformulare kritisch: Seien diese doch unter anderem an die schon Ende des 19. Jahrhunderts umstrittene Figur der Anna Katharina Emmerich (1774-1824)[68] gerichtet, die, so Guardi, der Suprema, an welche sich sein und alle Gutachten für die Urteilsfindung richten, sehr gut bekannt sein sollte. Es handle sich um Gebete, die die Anerkennung des Ordens beschleunigen sollten. Diesbezügliche Missbilligung an himmlischen Beschleunigungsmechanismen wurde auch schon von anderer Stelle der Gutachten deponiert. Rom, so die Botschaft nicht nur von Guardi, lässt sich nicht drängen – auch nicht von oben.

3.2.4 Zwischenstopp – Kriteriologie von «revelatio privata» sowie die Spannung zwischen Offenbarung und Institution

Das Urteil der Konsultoren ist somit mehr oder weniger einhellig. Da gibt es keine grösseren Differenzen, obwohl sich ihre Rezensionen nicht auf dieselben Textgrundlagen beziehen. Was die einen aber stärker als Kindereien einschätzen,

---

[67] Vgl. PRII, 1, 740-742.
[68] Anna Katharina Emmerich wurde im Oktober 2004 unter Johannes Paul II. selig gesprochen.

das erachten andere als gefährlich(er). Die Einmütigkeit tut freilich auch dar, dass die zur Begutachtung vorliegenden Manuskripte inhaltlich kohärent sind und quer durch die Bank ein recht kongruentes Bild abgeben. Man sieht daneben, dass die Gutachter unterschiedlich Zeit und Musse für ihre Aufgabe verwendet haben und die Texte als je nachdem (un)interessant und (ir)relevant erachteten. Dass es Offenbarungen, wie die von Sr. Maria Ignatia behaupteten, also göttlichen Durch- und Einbruch (zeitlich nach der durch den biblischen Kanon bezeugten «revelatio publica») in der Welt geben könnte, wurde von den kirchlichen Verantwortungsträgern, von den Bischöfen bis hin zu den theologischen Konsultoren des Hl. Offiziums, nicht prinzipiell in Frage gestellt.[69] Das war anerkannte Arbeitsgrundlage und gesetzte Vorannahme. P. da Scandiano wollte diese Grundannahme der «revelatio privata» aktiv schützen. Aber es gab einen Kriterienkatalog, wie schon bei Ledóchowski zu ersehen war, der als Kardinal in Rom unter anderem selbst ein Förderer von La Salette, einem der grossen Orte marianischer Epiphanie des 19. Jahrhunderts, gewesen ist. Diese auf das Aussergewöhnliche abzielende und es verstehen und eingrenzen wollende Kriteriologie zwischen «Werk Gottes» und «Produkt des Menschen»[70] kennt auch Dehon. Sie ist im Katholizismus grundsätzlich eine der Skepsis und folgt einer Hermeneutik des Verdachts, vielleicht sogar des Misstrauens.[71] Dehon wendet sie in seinem Sinne an, z.B. ganz explizit in der Anhörung vor dem Dominikanerinquisitor Sallua. Bei diesem Anlass zu den Offenbarungen befragt, beschreibt er diese in Form und Inhalt und legt überzeugt, aber weniger überzeugend dar, dass die besagten Worte aus dem Munde Jesu stammten.

> «Es sind Worte, die aus dem Munde unseres Herrn stammen, weil die Schwester keine Bildung besitzt, sie ist sehr einfach. In der Tat zitiert sie Bibelstellen, die sie nicht kennen kann. Solche Schriftbelege werden kommentiert, angewendet und untereinander verglichen. Das alles übersteigt, meines Erachtens, die persönliche Kapazität der Schwester. Was die Prophezeiungen angeht, so haben sich viele bewahrheitet.»[72]

---

[69] Vgl. zum Themenkreis der «Privatoffenbarungen» Elke Pahud de Mortanges, «Wie halten Sie es mit Privatoffenbarungen?» Vermessungen im Geviert der theologischen Erkenntnislehre, in: Hubert Wolf (Hg.), «Wahre» und «falsche» Heiligkeit. Mystik, Macht und Geschlechterrollen im Katholizismus des 19. Jahrhunderts (Schriften des Historischen Kollegs 90), München 2013, 127-148, v.a. 133-137 (zu den Kriterien und deren Genese seit dem 18. Jahrhundert v.a. über erste Impulse von Benedikt XIV.)

[70] Vgl. Marion Wagner, Visionen: Werk Gottes oder Produkt des Menschen? Theologie und Humanwissenschaft im Gespräch, Regensburg 2005, 39ff.

[71] Vgl. Pahud de Mortanges, «Privatoffenbarungen», 128. Dort wird das Thema der Privatoffenbarung als ein für Theologie und Kirche «unliebsames» benannt, später ist von «akademischer und kirchenamtlicher Distanziertheit» die Rede, wobei gerade in gewissen Kreisen, dem diametral gegenüberstehend, «Privatoffenbarungen geradezu zum Kriterium von Rechtgläubigkeit» stilisiert werden. (ebd., 129).

[72] Vgl. ACDF 1884, Teil II: «Esami del sacerdote Leone Dehon», Dehons protokollierte Antwort auf Frage 3: «Num constent verbis ex ore D.N.I.C. prolatis, vel ab ipsamet sorore compositis»: «Sono parole pronunziate dal labbro di N.S. giacché la suora manca di istruzione ed è semplice. In fatti cita i passi di scrittura, che essa non potrebbe conoscere. Questi passi scritturali sono

Viele dieser Kriterien sind in dieser Aussage indirekt verpackt. Die sich wie im Zustand der Ekstase im Kloster von St. Quentin an Sr. Ignatia ereignenden Offenbarungen mit mannigfaltigem Schriftbezug seien auch von anderen, z.b. einem Jesuitenpater, als solche, nämlich Offenbarungen, eingestuft worden, und die Schwester habe sie nur auf von aussen herangetragenem Wunsch aufschreiben lassen wollen. Also sei keine Initiative von ihr selbst ausgegangen. Dehon macht sodann auf folgende Gesichtspunkte aufmerksam: (1) die doch geringen Fähigkeiten und die Einfachheit der Schwester, (2) dass sich die Prophezeiungen auch wirklich realisieren, (3) die sich in der Introspektion zeigende Evidenz, d.h. die Fähigkeit, einen Blick ins Innere von Menschen werfen zu können und (4) die Weigerung der Schwester, die Offenbarungen zu dokumentieren, was Zurückhaltung und Bescheidenheit bescheinigt.

Dehon schilderte im Verhör zudem die mysteriösen Vorfälle, die die Verschriftlichung, die mit einer Übersetzung der besagten Offenbarungen von Deutsch auf Französisch verbunden war – die Schwestern stammten ja aus dem Elsass –, begleiteten. Das Ganze erhält somit auch eine quasi-kosmisch-religiöse Interpretation und wird zugleich in ein übernatürliches Kampfgeschehen eingebettet. Dehon gab zu Protokoll: «Dazu wurde die schon verstorbene Sekretärin der Frauengemeinschaft, während sie die Offenbarungen übersetzte, vom Dämon gequält, der ihr sogar das Papier entriss oder ihr die Füllfedern zerstörte; aber das alles nahm ein Ende, als ich ihr eine gesegnete Füllfeder zugestellt hatte.»[73]

Es stellt sich nunmehr die Frage, ob die Offenbarungen, obwohl quantitativ gesehen im Prozess ohne Zweifel wichtig, den Kern des Konflikts ausmachen. Dagegen spricht, dass die Mitte dreissig Jahre alte Schwester Maria Ignatia als Person selbst nie allzu stark in den Blick kommt und dass ja auch immer zentral die Neugründung eines Instituts zur Debatte steht. Es könnten also auch leicht andere, begleitende Momente benannt werden, die ebenso ihr Gewicht haben. Deshalb ist an ein gemischtes Motivbündel zu denken; wobei dem Thema der Privatoffenbarung jedoch die Funktion einer dogmatisch-doktrinären Lunte bzw. darüber hinaus: eines explosiven «Reizwortes» zukommt. Ein Schlüsselfaktor im Geschehen ist im Rückblick zweifellos das sich auftürmende Zerwürfnis mit Bf. Thibaudier, was schon deutlich dokumentiert worden ist. Der Bischof hätte den Weg nach Rom in der Angelegenheit ja nicht beschreiten müssen. Dehon emanzipierte sich auf mehreren Ebenen aus dem engeren bischöflichen Einflussbereich, so z.B. über die Anmietung eines Schlosses im niederländischen Water-

---

commenti applicati e paragonati tra loro. Tutto questo è, a mio credere, superiore alla capacità personale della Suora. Circa le profezie molto sono state avverate.» (S. 51/52 des Gutachtens von Sallua vom Oktober 1883).

[73] Vgl. ACDF 1884, Teil II: «Esami del sacerdote Leone Dehon», Dehons protokollierte Antwort auf Frage 8, warum den Offenbarungen Glauben geschenkt werden soll: «Anche la Suora Segretaria defunta mentre traduceva le rivelazioni veniva molestata dal Demonio ora strappandogli la carta ora rompendole le penne, ma tutto ebbe fine quando il le mandai una penna benedetta.» (S. 54 des Gutachtens von Sallua vom Oktober 1883).

sleyde/Sittard für das Noviziat (ausserhalb der Diözese sowie auch des Landes), kurz nachdem Sondierungen in Freiburg in der Schweiz als «Fluchtort» nicht zum Ziel führten.

Thibaudier wollte Dehon halten und wusste, dass dazu römische Hilfe angebracht sein könnte oder zumindest nicht schadet. Er sah 1883 Dehons Potential, aber auch seine Sperrigkeit, seine, nennen wir es, Extravaganz. Dies macht er sehr klar deutlich. Aber er ging nie so weit wie sein Metropolit Langénieux, der Dehon kurz darauf im Verlauf der komplizierten Ereignisse als krank bezeichnen wird, sich aber auch – was nicht vergessen werden darf – später wieder mit Dehon und seinem nationalen und sozialen Engagement «versöhnt». Beide episkopalen Würden- und Funktionsträger werden Dehon später wieder stark fördern, Thibaudier im Besonderen in der Weiterentwicklung und im Aufbau der Kongregation (mit neuem Namen), der er dann in einem der ersten Generalkapitel als diözesaner Schirmherr eine verheissungsvolle Zukunft attestiert.[74]

Insofern sind die Vorfälle, zumindest aus der Sicht des Bischofs, der sich als «väterlich» agierend verstanden wissen wollte, auch keinesfalls überzubewerten. Bischof Thibaudier ist rund um 1883 die römische Entscheidung, das *Roma locuta, causa finita*, wichtig. Warum strebte er diese an? Auch weil er zunehmend bemerkt, dass er der Lage nicht Herr wird, und er weiss daneben um die Bedeutung, die ein römischer Schiedsspruch auch für den ultramontan tickenden Dehon haben würde, der ja seinerseits viel darauf gab und lange – wohl etwas naiv – hoffte, dass das römische Verfahren für ihn und seine Gemeinschaft positiv enden werde. So zumindest wollte es die nach aussen, in die Kongregation hinein gerichtete Diktion Dehons, die das Verfahren als Anerkennungsprozedere darstellt.

Es ist bekanntlich schwer, nicht zu urteilen – etwas, was auch die theologischen Sachverständigen im hier vorrangig betrachteten Prozess gut veranschaulichen, obgleich sie rhetorisch oft von einem Urteil Abstand nehmen und der Kirche als manchmal durchaus anonymer Grösse die Entscheidung überlassen. So könnte es sein, dass aus heutiger Sicht auf die Geschichte, im Speziellen, wenn nun die Akten des Hl. Offiziums beigezogen werden, die Sympathien eher der Seite gelten, die Dehon gewissermassen gegenübersteht und ihn «ausrichtet», kirchlich gesehen «einnordet». Denn die «Amtskirche» geht durchweg kritisch-aufklärerisch, ausgewogen und, man muss es wohl so sagen, sanft und flexibel vor. Dies zu dokumentieren lag letztlich auch in ihrem Interesse.

---

[74] Vgl. dazu die Protokolle der ersten Generalkapitel, in: AG 3-D-I (Cap. Gen. I-IX, 1886-1926, Acta originalia, Inv. Nr. 800). Der göttlichen Verheissung folgt hier nachgerade das Sich-Stützen auf die kirchliche Verheissung. Und zwar steht der Satz Bischof Thibaudiers im Zentrum, dass die Kongregation noch eine grosse und bedeutsame Zukunft vor sich habe, vgl. Notizen für das 1. Generalkapitel, in: ebd., 15-17 (unnummeriert), Eintrag für den 15. September 1886, Satz des Bischofs, nachdem Dehon um Vergebung für die Anfangsschwierigkeiten bittet («en demandant humblement une pénitence pour les fautes par lui commises pendant l'exercice de ses fondations», S. 15): «Nous osons même affirmer que si vous êtes fidèles votre Société est appelée à un grand avenir.» Dieses wird dann z.B. 1893, im 3. Generalkapitel, wieder aufgegriffen.

Trotzdem ist sie in ihrem Vorgehen ferner sehr tutioristisch sowie systemstabili-
sierend angelegt, was im Speziellen da erkennbar wird, wo kirchlich beauftragt
und kompetent der «Offenbarungscharakter» von zu schriftlichen Zeugnissen
gewordenen Aussagen beurteilt werden soll.

Jedoch, die prophetischen Stimmen im Umfeld Dehons bieten an manchen
Punkten auch interessante, «verquere» Facetten, besonders dort, wo sie mit der
heiligen Schrift in einem Verhältnis stehen und selbst als systematische Anfragen, mit biblischer Anbindung, aufgefasst werden. «Wieviel Zeit muss ich
noch in der Mitte dieses ungläubigen Volkes ausharren?», dieser auf Markus,
Kapitel 9, Vers 18 anspielende Satz aus Sr. Maria Ignatias Offenbarungen wird
eben dort auf die Apostel, auf einen inneren Kreis und die Kirche hin, gemünzt.[75]
Das gefällt dem Gutachter des Sanctum Officiums und Mitglied der Gesellschaft
Jesu Molza weniger, sei mit der beklagten Menge biblisch doch wohl das Judentum, und nicht die Kirche, gemeint! Auch einem Pie de Langogne, einem Beichtvater Pius X., wird drei Jahrzehnte später, wie noch zu zeigen sein wird, diese
bei Dehon nach Innen ausgerichtete Kirchenkritik nicht ganz behagen. Damit soll
hier nur angedeutet werden, dass manchen Kräften in der Kirche der Verinnerlichungsprozess dieser, nennen wir es «Reformbewegung» unangebracht erschien.
Dadurch kann nachvollzogen werden, dass hier der Gutachter die die Kirche als
Institution anfragende Komponente entschärfen möchte und zudem, aus heutiger
Sicht und Distanz, ein gefährliches, implizit antijüdisches Stereotyp bedient, um
eine biblisch hergestellte Blickrichtung festzulegen. Es spielt nämlich durchaus
eine Rolle, wer denn nun dieses ungläubige Volk («peuple infidèle»), die «generatio incredula» ist.

Gerade der facettenreiche «Reparationismus», wie er von Dehon und seinem
Umfeld vertreten, verinnerlicht und gelebt wurde, lenkt den Blick nach innen,
auf das je Eigene, nicht zuletzt auch auf die Verfehlungen und Verirrungen im
sakralen Priesterstand. Hier brauche es Reform, und wo Reformen angemahnt
werden, da werden diese vorgelagerten Missstände benannt. Auch im Reimser
Gutachten gibt es dazu einen aufschlussreichen, vielleicht randständigen An-
haltspunkt. Es ist nur ein kurzes Aufblitzen einer beanstandeten Idee. Da wird
nämlich im Gutachten in Frage gestellt, ob Jesus beim Einzug in Jerusalem den
Esel deswegen beigezogen hätte, weil dies ein Zeichen für Demut und Bescheidenheit gewesen wäre. Dieses in die biblische Offenbarung eingezeichnete
Bild, diese Deutung, wird in Abrede gestellt. Eine solche aus den vorgeblichen
Prophetien Maria Ignatias herkommende Einschätzung über den demütigen Jesus

---

[75] Vgl. ACDF 1884, Teil II, Gutachten Sallua, Oktober 1883, darin «Anhang» III. d. (Zensur des
Konsultors Molza SJ): «‹Combien de temps faudra-t-il donc que je reste au milieu de ce peuple
infidèle?› [Das zitiert Molza, um dann zu statuieren, DN] Queste parole che sembrano la
traduzione di quelle che si leggono in s. Marco C. 9, v. 18 ‹O generatio incredula quamdiu ‹apud
vos ero? quamdiu vos patiar?›, si riferiscono come dette dal divin Redentore non già a rimprovero
dei giudei ma degli Apostoli.» (Gedrucktes Gutachten Sallua, S. 50, später im Akt auch separates
2 seitiges Gutachten).

will man, so scheint es, in Reims nicht so stehen lassen. Wäre dies denn im Orient wirklich ein Zeichen der «humilitas», wird da gefragt?[76] Werden dabei auf die Kirche in Frankreich als (konkordatäre) Institution zurückfallende Konsequenzen befürchtet? Wird ein Statusverlust ausgemacht, wenn man plötzlich vom Pferd steigen müsste? Jedenfalls manifestiert sich, ohne hier weiter ins spekulative Detail zu gehen und das historische «close-reading» ad infinitum führen zu wollen, in solchen Anspielungen auch die institutionelle Sprengkraft der hier verhandelten Offenbarungen und Prophezeiungen – im Gesamten wie auch im Detail, wobei nochmals die ganze Komplexität und Verworrenheit der Sachlage abgebildet wird.

Anfragen und Rückfragen im Prozessgeschehen kommen so von beiden Seiten in ihrer breit ausladenden Ambivalenz zum Vorschein. Sollten wir Dehon und sein Umfeld zu diesem Zeitpunkt den *viri spirituales* des 19. Jahrhunderts zurechnen, die in joachimitischen Fussstapfen von einer neuen Qualität und einem neuen Zeitalter des geistgewirkten Ordenslebens überzeugt waren bzw. geträumt haben? Der historische Religionssoziologe Jean Séguy machte für das 19. Jahrhundert im katholischen Raum religiöse Gemeinschaften aus, die, wie die nach den Revolutionswirren 1792 entstandene *Société du Cœur de Jésus* oder die von Bartholomäus Holzhauser (1613-1658) gegründeten Bartholomiten, adventistischen Charakter aufwiesen und als *viri apostolici* in einer Kontinuität zum joachimitisch-franziskanischen mittelalterlichen Erbgut standen.[77]

Es gibt dabei starke Berührungspunkte zu Dehons Institut der ersten Stunde. Jedenfalls können in diesem Raum präsente Vorstellungen, wie die einer besonderen Auserwählung und Funktion, einer spezifischen Vereinigung von Aktion und Kontemplation, oder aber einer grundlegenden Kirchenreform – Momente, die wenn sie auch nicht in erster Linie von Dehon kommen, so von ihm angeeignet wurden –, nicht ganz von der Hand gewiesen werden. Dehon war hier in einen spezifischen Strom, manchmal auch apokalyptischer Ideen, eingetaucht. Selbst Engel und Heilige hätten ja nach Captier die Möglichkeit gehabt, dem seraphischen Orden der Oblaten zum Heiligsten Herzen Jesu beizutreten.

3.2.5 Dehons letzte Initiativen, Aufhebungsbeschluss Ende 1883 sowie Weiterführung des Projekts

Eines steht fest: Dehon liess die Menschen, denen er nahe stand, nicht fallen. Er blieb ihnen gewissermassen «treu», in deutlich geringerem Ausmass freilich einem P. Captier, der einen wirklich aussergewöhnlichen, extravaganten Weg in

---

[76] Vgl. ACDF 1884, Teil II: «Rapport de la Commission nommée par Mgr l'Archev. de Reims...» (12.02.1883), wo in den vermeintlichen Offenbarungen als theologisch inexakt beanstandet wird: «le choix de l'ânesse et l'ânon pour l'entrée triomphale de Notre-Seigneur à Jérusalem est donné par Lui comme une marque d'humiliation et d'abaissement.» Es folgt der Passus, der die rhetorische Frage stellt: «En est-il vraiment ainsi en Orient?».

[77] Jean Séguy, Le thème apocalyptique dans les ordres religieux, in: Jean Séguy, Conflit et utopie, ou réformer l'Église. Parcours wébérien en douze essais, Paris 1999, 185-207.

der Kirche seiner Zeit gefunden hat. Eng mit dieser Haltung Dehons verflochten ist freilich der Einsatz für die je eigene Sache. Das wurde im Verhör vor dem Hl. Offizium deutlich. Aber auch in der Folge, als er sich, nach Frankreich zurückgekehrt, in Briefen nach Rom und insbesondere an den Kommissar des Hl. Offiziums wandte, änderte sich dieses Verhaltensdispositiv nicht. Ende Oktober 1883 versuchte Dehon, wie bereits gesehen, noch eine Unstimmigkeit einer einzelnen Prophetie Sr. Maria Ignatias aufzuklären und auszuräumen, denn, so Dehon, es wäre fatal, wenn nur eine einzige der verschiedenen Vorhersagen nicht stimmen würde.[78] Er bekräftigte nochmals das in der Anhörung Deponierte, dass er sich der Echtheit der Offenbarungen subjektiv sicher sei. Einige Tage darauf parallelisierte Dehon in einem weiteren Brief das Geschehen um Sr. Maria Ignatia mit dem der 1864 von Papst Pius IX. seliggesprochenen Margareta Maria Alacoque.[79] Das verleiht dem Geschehen zusätzlich spirituelles Gewicht. Dehons Wertschätzung für Maria Ignatia war ungebrochen und wird es grosso modo eigentlich auch bis an sein Lebensende bleiben.

Die Initiativen zeigten jedoch nicht die von ihm gewünschten Wirkungen. Am 3. Dezember 1883 unterzeichnete Luigi Kardinal Bilio (1826-1884)[80] den Aufhebungsbeschluss der noch jungen Kongregation («societas seu ordo Oblatorum»). Gleichzeitig werden die Schriften von und um Sr. Maria Ignatia nach der abgeschlossenen *quaestio facti* als «nicht göttlich offenbart» qualifiziert. Das betroffene Schriftgut muss nun eingezogen, sozusagen in einen römischen Kontroll- bzw. Schutzraum gebracht werden. Die Suprema stuft es als gefährlich ein und will die mögliche Verbreitung des Inhalts verhindern – tiefreichende, zu diesem Zeitpunkt bereits anachronistische Muster, die bis ins 16. Jahrhundert und die Gründung der Institution selbst zurückreichen. Neben der Auflösung des keinesfalls zu erlaubenden Ordens ist auch die Schule in Fayet, die Léon Bachelard beherbergt hat, vom Verdikt betroffen. Auch ihr Ende wird dekretiert. Der Entscheid macht aber darauf aufmerksam, dass der Bischof vorsichtig agieren sollte und den Metropoliten beiziehend darauf bedacht sein muss, sodass nicht Verwunderung und Skandal im nordfranzösischen Umfeld aufkommen. Dehon soll auch nicht mehr seine geistlichen Funktionen am Franziskanerinnenkloster der «Servantes» weiterführen und den Kontakt zu Sr. Maria Ignatia abbrechen. Die Schwestern werden im Aufhebungsbeschluss ermahnt, ihrem ursprünglichen franziskanischen Ordensprofil vertieft zu folgen. «Die Strafe hatte somit keine rein juristische, sondern eine eher moralisch-pädagogische Funktion und diente der Erlangung des Seelenheils des Einzelnen sowie der Förderung der allgemei-

---

[78] Vgl. Brief Dehons an Mgr. Sallua, 31.10.1883, in: ADR B 119, Inv. Nr. 1184.03: «J'y attache une grande importance parce qu'une seule prophétie non réalisée serait une chose grave.»

[79] Vgl. Brief Dehons an Mgr. Sallua, 08.11.1883 (in: ADR B 119, Inv. Nr. 1184.03).

[80] Vgl. PRII, 1, 175-179. Er war Redaktor des «Syllabus errorum», und wurde daraufhin 1864 zum Konsultor des Heiligen Offiziums ernannt.

nen und sozialen Ordnung.»[81] Die kirchlich-episkopale Ordnung sollte ohne
Zweifel mit vorliegender Sanktion wiederhergestellt werden.

Aber die Geschichte zieht noch weitere Kreise, sie ist damit nicht beendet.
Denn Anfang 1884 schreibt Bischof Langénieux nach Rom, dass wohl eine weitergehende Massnahme nötig sei, deswegen, weil Dehon das «habenda ut non
revelata» in seinem Sinne verstehen und ausdeuten wolle. In Dehons Eigenwahrnehmung und -darstellung formulierte sich das derart, dass dieser Härteschlag für
ihn auch prophezeit und vorherbestimmt gewesen sei, und er selber hier nur einfach durch müsse. Im Brief vom 21. Januar 1884 beschrieb Langénieux Dehon
als krank:

> «Die Exaltiertheit, kühl und berechnend, feste Überzeugungen und ein sehr energi-
> scher Wille machen aus Abbé Dehon einen Kranken, dessen Behandlung grosser
> Sorgfalt bedarf, umso mehr als es nicht nur darum geht, einen exzellenten Priester
> zu retten, sondern auch die Schule in St. Quentin, ein sehr wichtiges Haus, das er
> gegründet hat und das verloren sein würde, so er es verliesse.»[82]

Zur Rettung des Priesters und der Schule wurde in Rom der Vorschlag deponiert, eine diözesanrechtlich verankerte Priestergemeinschaft zu errichten, die
sich um die Schule kümmerte. Langénieux schlug vor, dass sein Kollege im Bi-
schofsamt und Suffragan gezielt und wachsam diese neu konstituierte Gruppe
begleitet. Dazu bedürfe es einer neuerlichen, jetzt definitiven römischen Erklärung und authentischen Interpretation des «habenda ut non revelata». Man stösst
da auf die etwas flexiblen, unnormierten und unkonventionellen Verfahrensab-
läufe, von denen für das 19. Jahrhundert Lorenz-Filograno sprach und die hier
ein zweites, nachdoppelndes Urteil hervorbringen.

Thibaudier reiste parallel zu diesem Schriftverkehr nach Rom, wird Kardinal
Bilio dort aber nicht mehr antreffen. Denn dieser war kurz davor verstorben. Er
traf aber auf Kardinal Ledóchowski, einen alten Bekannten, der dann seinerseits
dem Hl. Offizium neue Vorschläge in der Causa Dehon, die unter *Rerum Variarum* katalogisiert werden wird, unterbreitete. Die Suprema solle nämlich nach
Nordfrankreich gerichtet erklären, dass die Kongregation nicht etwa aufgrund
individueller Verfehlungen einzelner aufgelöst wurde, sondern weil ein grundlegendes, systemisches Problem vorliege, und dass dem Bischof erlaubt werden
solle, eine neue diözesane Priesterequipe zu kreieren, die in voller Abhängigkeit
zum Bischof weiterarbeiten könne. Überall war man sichtlich darauf bedacht, in
der als schwierig erkannten Situation im französischen Kontext kein unnötiges

---

[81] Lorenz-Filograno, Inquisitionsverfahren, 368.
[82] Vgl. Brief Bf. Langénieux' an Kard. Bilio, 21.01.1884, in ACDF, Teil I, innerhalb der «Breve
      Relazione» P. Salluas vom März 1884, datiert auf 25.02.1884 wiedergegeben, in der Dokumen-
      tensammlung als Text Nr. 5: «L'exaltation, froide et raisonnée, des convictions sincères, une vo-
      lonté très énergétique, font de M. l'abbé Dehon un malade dont le traitement exige de grands
      ménagements, d'autant plus qu'il s'agit de sauver non seulement un excellent prêtre mais le col-
      lège de Saint-Quentin, maison très importante, qu'il a fondée et qui serait perdue s'il vient à
      l'abandonner.» (ebd., S. 26).

Aufsehen zu erregen. Die Schule St. Jean wiederum erwies sich darin als Dehons grösster «Trumpf», in dieser Stunde kirchlicher Massregelung und Beanstandung das Projekt einer Ordensgründung auf kleiner Flamme weiterführen zu können. Denn wie bereits von den Bischöfen angedeutet, geht es ja vor allem auch darum, dieses wichtige Haus zu halten.

In der zweiten Märzhälfte 1884 ging dann das Sanctum Officium auf die von Kardinal Ledóchowski vorgeschlagenen Punkte in positiver Weise ein. Es beschloss nachdoppelnd, dass die ursprüngliche Kongregation wegen einer intrinsischen Problemkonstellation aufgehoben worden war, da beansprucht worden sei, dass die Institution über Offenbarungen gegründet, gelenkt und geleitet werde, welche nun jedoch als «nicht erlaubt» angesehen werden. Die Suprema erklärte, dass diese Entscheidung unwiderruflich und «ewig» gelte. Sodann erfordere dieses Urteil nicht nur äusseren Gehorsam, sondern innere Unterwerfung («interior submissio») – eine wohl direkt an Dehon gerichtete, die französischen Bischöfe in ihrem Wunsch nach klarer Entscheidung unterstützende Handlungsanleitung. Namen und Leitung des Instituts seien zu ändern, um nicht den Eindruck einer zu starken Kontinuität zu erwecken.[83] Als mögliches neues Regelwerk schlug das Sanctum Officium in seinem kurzen und bündigen Urteilsspruch das der Oblaten des hl. Karl Borromäus vor, die, vom späteren Kardinal Henry Edward Manning (1808-1892) im Jahre 1857 ins Leben gerufen, sich ganz in den Dienst eines Bischofs zu stellen hatten. Die Konstitutionen der Priestergemeinschaft, die sich in den Schuldienst für Kinder aus der Mittelschicht stellte, waren 1877, also einige Jahre vor Dehons Prozess, in Rom approbiert worden, und galten an dieser Stelle sichtlich als eine Möglichkeit, das Problem strukturell einer guten Lösung zuzuführen.[84] Es kam anders.

Man könnte sich noch der Frage stellen, worum es denn in diesem Prozess ging. Denn so einfach und banal die Frage klingt und so sehr man nach diesem Durchgang Antworten bereit haben könnte, so schwierig ist ihre Beantwortung. Ging es um das Institut? Ging es um die Person Dehons? Die kongregationsinterne Literatur scheint eher davon auszugehen, dass es sich um die Institution handelt, die hier römisch untersucht wird und der ein klares «Nein» entgegentritt. Auf der anderen Seite ist spürbar, dass es um die Person Dehons geht, oder spezifischer: um eine oder mehrere Haltungen, die ihm zugeschrieben werden und als gefährlich gelten. Das Sanctum Officium ist ein Kriminalstrafgericht. Der Prozess war vielschichtig und schimmernd, aber Dehon selbst ist der einzige, der vorgeladen wird, und sein Bezug zu etwas, das als problematisch angesehen wird, wird dadurch in Frage gestellt bzw. sogar negiert, weil ihm der

---

[83] Gerade die Frage der Namensgebung wird noch eine intensive Nachgeschichte auslösen, in der Dehon bestrebt ist, auf den alten Namen zurückzukommen, was ihm aber von römischer Seite verwehrt wird.

[84] Vgl. J. Torres, Oblati di San Carlo Borromeo, in: Dizionario degli Istituti di Perfezione, Vol. VI, Milan 1980, 641-642. Das hauptsächlich in London ansässige Institut wurde 1971 mangels Mitglieder aufgehoben.

Bezugs- oder Referenzpunkt theologisch genommen wird. In einem Jahr, das Dehon lebensgeschichtlich hart zusetzte, hatte er doch seine über alles geliebte und auch auf religiöser Ebene stark mit ihm verbundene Mutter verloren, traf Dehon der Aufhebungsbeschluss Ende 1883 doppelt hart. Er fällt in eine Art Depression.

Gegen eine Annahme, dass es sich bei der römischen Causa um einen Prozess gegen Dehon selbst handelt, spricht, dass er nicht unmittelbar im Mittelpunkt stand, weder von der «Offenbarungsseite» her, die er ja nicht selbst für sich in Anspruch nahm, noch wenn auf die Institution geblickt wird, die ja auf mehreren Schultern stand und ein gemeinschaftliches Unterfangen darstellte. So ist Dehon, wie sein Biograf Manzoni ausführte, eigentlich gar nicht der bischöflich beauftragte Superior des diözesanen Gewächses rund um die Schule von St. Jean, sondern vielmehr Mathieu, welcher dann auch als erster vom Aufhebungsbeschluss unterrichtet wurde. Es fliessen also erkennbar mehrere Stränge zusammen, das Feld kann also auch noch in Zukunft beackert werden.

Traditionsgeschichtlich und autobiografisch ist verständlich, dass Dehon die Schiene «Es ging um die Kongregation!» fährt und entwickelt. Aber blickt man näher auf die Quellen und Zusammenhänge, dann ist das nicht mehr so eindeutig. Gerade Dehon betonte ja, dass das Material, das begutachtet wurde, so z.B. die Konstitutionen, nicht auf dem neuesten Stand gewesen wären, auch wurde nur er von Sallua vorgeladen, und nicht etwa andere Protagonisten. Vielleicht könnte gesagt werden, dass es zwar nicht direkt um seine Person ging, sondern um ein Koordinatensystem, um seine Bezüge, die er zentral selbst ausgestaltet hat. Dort, wo sich die verschiedenen Achsen der Causa schneiden, inmitten dieses Konfliktherdes steht ohne Zweifel aber Dehon selbst. Denn wäre es andererseits nur um die Anerkennung einer Kongregation gegangen – einen Strang, den Dehon wie gesagt in seinen autobiografischen Schriften stärkt, wo er etwa vermeldete, dass er nach Rom geht, um der Kongregation zu ihrer Anerkennung zu verhelfen –, dann wäre wohl das Sanctum Officium nicht in dieser Form angerufen und bedient worden.

3.2.6 Dehons nachträglicher Umgang mit diesem handfesten Konflikt – Verstärkung, Ausblendung, Einordnung

Wie schon anfangs festgehalten, sollte an dieser Stelle auch der Aspekt beleuchtet werden, wie Dehon im Nachgang diese Vorfälle ein- und zuordnet: Welche Akzente setzt er in seinen autobiografischen, auf die junge und wachsende Kongregation hin ausgerichteten Werken? Wie geht er, vereinfachen wir es, mit 1883 strategisch und funktionell um? Wichtig ist in diesem Prozess unter anderem der diskursive Aspekt des Gehorsams. Diesen betont Dehon, vorauseilend, z.B. in der weiter oben unter die Lupe genommenen Korrespondenz, aber auch im Nachhinein, so beispielsweise in seinen *Notes Quotidiennes*. Dehon wollte sicher nicht, dass das Etikett des Ungehorsams auf ihn angewandt werde, wie es, wie wir noch sehen werden, ein anderer Ordensmann und römischer Verantwortungsträger später insinuiert. Der 40jährige Dehon verstand es, Wege zu finden, die im Bereich des Möglichen Geplantes und in den Kopf Gesetzes weiterführen liessen, obwohl dieses auf beachtlichen institutionellen Widerstand stiess. Diese Arbeit scheute er nicht. Widerstand trat nicht nur beim Bischof, sondern auch im Presbyterium vor Ort auf. Soissons war und ist eine kleine, überschaubare Diözese.

Bezeichnend ist zudem, dass das Sanctum Officium die Gehorsamspflicht im Frühjahr 1884 verstärkte, oder aber: der Prozess in seinen verschiedenen Etappen als ganzer eine Verschärfung vor Augen führt, was die Verbindlichkeit und den Verpflichtungscharakter des Gehorsams anbelangt. Auf Nachhaken und Wunsch der Bischöfe nahmen diese kirchlichen Mechanismen ihren Lauf, denn eigentlich hätte nach den Satzungen der «tridentinischen» Kirche der Bischof vor Ort die Kompetenz besessen, im Alleingang die Frage der Privatoffenbarung zu klären. März 1884 war so etwas wie: Zurück zum Start! Rom durchkreuzte hier die episkopalen Ansichten und Pläne nicht, nein es verstärkte sie und die Gehorsamsforderung wurde auf ein anderes Niveau («sottomissione») gebracht.

Es soll an dieser Stelle nicht darum gehen, den Grad des Gehorsams von Dehon zu eruieren, ihn in irgendeiner Weise festzustellen, messen zu wollen. Das ist nicht die Aufgabe einer historisch-kritischen Untersuchung. Aber es lassen sich doch gewisse Diskrepanzen bzw. abweichende Muster der Einschätzung in der Zeit selbst antreffen. Dehon fühlt sich offensichtlich nicht auf einen so genannten Kadavergehorsam hin verpflichtet und geht seinen Weg. Jedenfalls gibt es eine deutliche Kluft in der Darstellung des eigenen Ausmasses und Grades von Gehorsam zu der Einschätzung anderer Zeitgenossen. Vielleicht ist bereits die starke Thematisierung des Sachverhalts («oboedientia») ein Indiz dafür, dass hier etwas grundsätzlich zur Aushandlung stand und Konfliktpotential in sich trug. Auffällig ist, dass Dehon in späterer Folge für die oben dargestellten kritischen Jahre – ob es wirklich ein *annus horribilis* war, soll offen bleiben – gerade das Thema des Gehorsams profiliert herausstellt und diesen Aspekt selbst zu einer Haupterzähllinie generiert, der insofern auch als «verzweckt» angesehen werden darf, als die Hervorhebung eines solchen Aspekts dem Aufbau der dann im Wachsen begriffenen Institution hilfreich war und eine solche, habituelle Akzentuierung daneben ein wenig vom harten «dogmatischen» Kern der «delikaten Affäre», wie es in der Korrespondenz hiess, wegführte.

Andererseits werden bestimmte, von anderen als problematisch angezeigte Momente, wie etwa Details in Bezug auf Léon Bachelard, eher ausgeblendet. Das entspricht den allgemeinen Mustern, wie Menschen im Sinne der Reduktion von Komplexität mit ihrer eigenen Vergangenheit umgehen, und kann nicht weiter erstaunen. Das Konfliktive wird weniger artikuliert, ja förmlich ausgespart. Andererseits und komplementär dazu wandert das Konfliktive eher in

einen Bereich der Innerlichkeit ab und wird dort in zentraler Weise religiös gedeutet. Darin spielt die auf einzelne Wort-Konzepte reduzierte Passionserzählung
(wie «Tolle», «Consummatum est», aber auch «Resurrectio», die gezielt Ereignissen angeheftet werden) ebenso eine Rolle wie die Einzeichnung des Geschehens in eine metaphysische Situation der Auseinandersetzung verschiedener
bipolarer Kräfte. Nicht vergessen werden darf in diesem Narrationsprozess der
zentrale Rekurs auf Sühne und Reinigung aufgrund von sich selbst zugeschrie-
benen Verfehlungen, die zur Situation, wie sie sich eben ergab, geführt hätten.
Gegen eine derartige abschliessende, auf individuelles Versagen abzielende Interpretation verwehren sich gerade Anfang 1884 schon die verantwortlichen
Bischöfe. Diese meinen, dass es hier nicht um die Abirrungen einzelner gehe –
die ja auch relativ einfach zu korrigieren wären. Es artikuliere sich vielmehr eine
grundsätzliche Malaise. Kosmetik helfe hier nicht. Dehon hatte das Scheitern
seines Projekts vorerst auf seine Unzulänglichkeit und die von anderen zurückgeführt, um gerade daraus sich wieder einen Möglichkeitsraum zu öffnen, «wie
bisher» mittels geringfügig zu modifizierenden Status quo weiter zu machen.
Dem schieben die Bischöfe einen Riegel vor und später auch das erneut auf den
Plan gerufene Sanctum Officium – eine Interpretation, die auch 20 Jahre später
im Gutachten Cormiers in dieser Form weitergetragen werden wird.

Weniger reflektiert und erwähnt werden im Nachgang bei Dehon zudem auch
der eigene Nachdruck, die eigene, manchmal evidente Zielgerichtetheit in seinen
Expansionsplänen, so etwa nach Freiburg in die Schweiz, das nicht nur in dieser
Zeit ein besonders beliebter frankophoner Rückzugsort war. Ebensowenig hebt
Dehon den doch auch gut nachweisbaren Hang zum «surnaturel» als Besonderem, das Alltägliche Durchbrechendem hervor, das er aber immer von Anderen vermittelt, nicht von sich selbst behauptet. Dehon verschweigt dies aber auch
nicht. Beides, die «Sturheit» und die «Leichtgläubigkeit» hebt Thibaudier hervor. Dieser besondere Aspekt des Bezugs zum Heiligen, vor allem in der Form
von Prophetie und Mystik aus Frauenmund, erstreckt sich ja auch, wie noch zu
sehen sein wird, auf Zusammenhänge ausserhalb der näher in der oben nachgezeichneten Causa beschriebenen und behandelten Prozesse. Am Phänomen der
Stigmata, etwa einer Louise Lateau, oder an den Geschehnissen der Taxil-Affäre,
in der vermeintliche esoterische Praktiken auf das Tapet gelangen, kommt gerade
auch Dehon im Goldenen Zeitalter dieser Phänomene im Raum der katholischen
Kirche nicht vorbei.[85] Dehon nimmt hier freilich auch keinen besonders hervorgehobenen Platz in der katholischen Kirche seiner Zeit ein, die sich stark gegen
den Positivismus und Rationalismus als philosophische Grundhaltungen der Zeit
stellte und das Mystische stark machte. Das Phänomen war zudem beileibe nicht
auf die katholische Kirche beschränkt, denn gerade in bürgerlichen Milieus
erlebten etwa Spiritismus und Okkultismus einen Aufwind.

---

[85] Vgl. dazu auch die im Kapitel IV behandelte Claire Ferchaud als im I. Weltkrieg wichtige weibliche und nationale Figur im französischen Katholizismus.

Auf einer religiösen Schiene ist ein spezifischer Einordnungsmechanismus durch Dehon feststellbar. Komponenten wie Prüfung bzw. Sühne[86] und Wachstum, Akzente von Sterben und Auferstehen, wobei darin die christologische Komponente besondere Hervorhebung findet und die Providenz beschworen wird, sind dabei, wie wir sahen, präsent. Aber auch folgender, stärker geerdete und «politische» Diskurs lässt sich bei Dehon antreffen: nach dem Motto, dass es sich um eine Jugendsünde bzw. jugendliche Unerfahrenheit handelte. Die fehlende theologische und spirituelle Ausbildung machte sich bemerkbar. Sei es doch an der Bezeichnung gelegen, die in die Zwickmühle führte. Die Betitelung des Vorgefallenen als «Offenbarungen» trage den ursächlichen Kausal- und Schuldzusammenhang. Das hätte dann zum römischen Prozess geführt. Darin hineinverwoben findet sich im interpretatorischen Nachgang Dehons Versuch einer geringfügigen Akzentverschiebung in Fragen des Urteils. Denn das Urteil der Konsultoren vom 19. November 1883 musste in einem Schema erfolgen, das für «Neuoffenbarungen» im Gefolge des am Konzil von Trient der Entscheidung Zugeführten drei Möglichkeiten der Urteilserteilung zuliess: 1. die Feststellung von Übernatürlichem («Constat de supernaturalitate»), 2. die Feststellung, dass es sich in einem untersuchten Fall um Nicht-Übernatürliches handelt («Constat de non-supernaturalitate») oder 3. dass es nicht feststehe, ob Übernatürliches im Spiel sei («Non constat de supernaturalitate») – ein drittes und sogleich neutrales, zumindest unentschiedenes Urteil, das zugleich eine Weiterführung des Prozesses zu einem späteren Zeitpunkt erlaubt hätte.[87]

Am 19. November haben die Konsultoren im Fall der Offenbarungen im Umfeld Dehons eindeutig im Sinne der zweiten, abschlägigen Lösung entschieden. «[...] omnia [...] supernaturali et divino charactere omnino carere [...]». Zwei Totalitätstermini im Schiedsspruch belegen dies. Jener Passus, dass alles gänzlich eines übernatürlichen und göttlichen Charakters entbehre, ging ins Dekret vom 3. Dezember 1883 ein. Dehon insinuiert aber später an anderen Stellen ein wenig, dass Sallua darauf verwiesen hätte, dass er nicht gesagt habe, dass nichts von Gott sei, aber und damit zusammenhängend vielmehr die Bezeichnung der Sache problematisch und gefährlich sei. Das Hl. Offizium hat da in seinem auf die Konsultation und den Prozess hin gefällten Beschluss eine härtere und grundsätzlichere Aussage getroffen, das steht beim Blick auf die Quellen fest; im oben gezeigten Schema also eindeutig Antworttyp 2. Dehon dagegen tendiert an einigen Stellen der Autorezeption dahingehend, die Entscheidung dem Typ 3 der Urteilsmöglichkeiten zuzurechnen. Ob dies der Dominikanerpater Sallua auch wirklich so sah, werden wir wohl nicht mehr in Erfahrung bringen können.

---

[86] Vgl. NQT 37/79.
[87] Vgl. Patrick Diemling, Neuoffenbarungen. Religionswissenschaftliche Perspektiven auf Texte und Medien des 19. und 20. Jahrhunderts, Potsdam 2012, 95-98.

3.3 Analyse im Spannungsfeld einer Institution –
Konflikt und Konfliktmanagement

Dehon wird immer mehr in das System seiner Kirche hineinverwoben bzw. er «schraubt» sich im Nachgang zu den oben gezeigten Vorgängen fester in es hinein. Seine Energien und natürlich auch die des von ihm gegründeten Instituts werden für eine Sache sublimiert, eine «Sache», die unbezweifelbar seine und die seines Projekts ist, die sich aber auch der kirchlichen Institution als dienlich erweist. Das Sanctum Officium zeigt sich als institutionelles Drehmoment und als struktureller Schalthebel, der die Vitalität – wie Multon dies ausdrückt – eines peripheren, ja auch «devianten» Katholizismus einzubinden vermochte. Der Elan wurde auf eine «höhere» Ebene gebracht.[88] Dabei wird Dehon auch an die Kandare genommen und sich in Zukunft etwa einem Papst Leo XIII. gegenüber als in der Verpflichtung stehend sehen.

1878-1903 ist der Zeitraum des Pontifikats Leo XIII. und zugleich jener, nach welchem die Kongregation ihr 25jähriges Bestehen feiert. In diesem Zeitraum verschreibt sich Dehon stark den päpstlichen kirchlichen wie politischen Impulsen. Das römische System ist letztendlich aber auch «weich» – disziplinarisch vielleicht noch stärker als dogmatisch. Denn im betrachteten Fall ist die Entscheidung eigentlich zuerst überaus deutlich. Man «lässt» Dehon leben und zieht ihn im breiten Strom des von Leo ein wenig unterbrochenen Pianischen Katholizismus mit. Es könnte dabei die Anfrage aufgeworfen werden, ob Dehons Projekt ohne diese römische Intervention überhaupt Bestand gehabt hätte, weil es doch auch auf lokalkirchlicher Ebene zu einem grundsätzlichen Abbruch hätte kommen können. Zumindest ist das nicht ganz aus der Luft gegriffen und wird sich einige Jahre später auf lokalkirchlicher Ebene unter anderen Umständen, die mit der Führung der Schule St. Jean in Verbindung stehen, zeigen: Der Bischof wollte dann eine Fusion der Kongregation mit einem anderen bestehenden Institut vollziehen, was zu einer grossen Krise führte.

Der Entscheid aus Rom von 1883/84 liess hier, auch aufgrund der Distanz, grössere Freiräume. Denn sogar römische Verurteilung und römischer Aufhebungsbeschluss erlaubten, aufgrund der verschiedenen Instanzen und Ebenen, einen Spielraum, den Dehon zu nutzen vermochte, indem er sein Ordensprojekt zielstrebig und unternehmerisch eindrücklich weiter verfolgt. Daneben ist die etwas abwegigere Frage aufzuwerfen, ob denn die Kongregation auch als eine Gründung der III. Französischen Republik anzusprechen ist. Als Abgrenzungs-

---

[88] Solches könnte gut am Themenblock der Mission durchbuchstabiert werden. Bei der Mission nach Aussen handelt es sich nicht unbedingt um ein genuines und primäres Betätigungsfeld der Kongregation, die Impulse dazu glimmen anfänglich auf kleiner Flamme. Aber es handelt sich um ein Merkmal, das Rom gezielt fördern und ausprägen will, vgl. dazu Neuhold/Tertünte, Mission, 256-267. Dazu sei auf das Kapitel I dieser Arbeit verwiesen, das sich besonders mit Fragen nach Kongregation und Mission beschäftigt. Die Aufgabenfelder und Blickrichtungen der Kongregation verändern sich ständig, es kommen neue Schwerpunkte hinzu sowie man sich gegengleich von Vorliegendem verabschiedet. Dehon und seine Kongregation zeigen sich dynamisch.

und Interpretationsfolie wird der tagespolitische Aspekt wohl nicht zu gering bemessen werden dürfen. Er steht zumindest hinter den Expansionsplänen Dehons, aber dämmt konkreter in der Sorge um Aufruhr und Skandal auch zentral den Massnahmenkatalog und die Durch- und Umsetzung der kirchlichen Entscheidungen ein. Abgesehen davon atmet das Gründungsgeschehen prinzipiell das auf Konfrontation getrimmte Klima einer Kirche in einer ihr feindlichen Umgebung sowie die Luft der Defensive ein. Insoweit ist die Republik ein wesentlicher Umfeldfaktor.

Dehon wurde nicht aus der «societas perfecta» gedrängt. Wie John van den Hengel ausführt, ist das auch nur schwer vorstellbar, denn Dehons unbestritten primordiale Referenz war die Kirche. Sie steht für ihn im Zentrum seines Lebens.[89] Es ist nicht die Familie, nicht die Politik, nicht die Nation. Die Vorgänge, von denen wir hörten, spielen sich qua eigenem Recht in einem die politischen (National-)Grenzen überschreitenden vielfältig verflochtenen, klerikalen und männlichen Innenraum der Kirche ab. Man erhält aus den Akten dabei nie den Eindruck, dass es zu einem Bruch kommen könnte. Dehons eigene Aufzeichnungen bestätigen dies. Dazu wirken Vorstellungen und Wahrnehmungen bei Dehon weiter, die zwar hier eingezäunt und rückgebaut werden, aber durchaus als solche bei ihm ohne Probleme weiter bestehen bleiben können: Eine gewisse Neigung, das Heilige im Aussergewöhnlichen zu erblicken, oder die an den Tag tretende Konsequenz als Charakterzug haben unter dem Prozess letztendlich wenig gelitten, sowie auch ein besonderes Priesterbild und Matrizen von Auserwähltheitstypologien weiter Bestand haben werden. Die Kirche seiner Zeit bot auch dazu ihr Heimatrecht an.

Hätte sich Dehon vollumfänglich gefügt, wie er es immer wieder beteuerte, wäre seine Kongregation nie dauerhafte Wirklichkeit geworden. Wir sehen uns eindeutig mit einem Konflikt konfrontiert, der eine positive, kreative Seite aufweist. Diese wird, wie Fritz B. Simon in seiner Systemtheorie des Konflikts festhält, oftmals zu wenig gesehen. Dort konstatiert Simon:

> «Konflikte genießen einen ausgesprochen schlechten Ruf. Doch das haben sie nur zum (wenn auch ziemlich großen) Teil verdient. Denn dass es ohne Konflikte keine Veränderung und keine Entwicklung gibt – sei es psychisch, sei es gesellschaftlich –, darf als gesichert angesehen werden.»[90]

Warum und in welcher Weise könnte es so angebracht sein, in den Vorgängen rund um 1883 analytisch ein Konfliktgeschehen ausfindig zu machen? «Konflikte finden *immer* in der Gegenwart statt. Aber ihr Thema sind fast immer Vergangenheit und Zukunft»[91], so schreibt Simon für seine Systemtheorie. Wenn er

---

[89] John van den Hengel, Crisis within Modernity. Léon Dehon and the Social Reign of the Sacred Heart, in: SZRKG 110 (2016) 53-83, hier v.a. 69.

[90] Vgl. Fritz B. Simon, Einführung in die Systemtheorie des Konflikts, Heidelberg 2010, 10, weiters v.a. 95.

[91] Simon, Systemtheorie des Konflikts, 47.

diese eigentlich nicht historisch verortet und ausbuchstabiert, so ist sie durchaus historiografisch mit Gewinn auszuwerten. Thibaudier «verneint» in dem Konflikt zu Beginn der 1880er Jahre Interpretationen und Deutungen Dehons, wobei letzterer die «bischöfliche Verneinung», die ja gestuft erfolgte, wiederum nicht hinnimmt und seinerseits negiert. Dabei bilden die jüngere Vergangenheit und die projektierte Zukunft des Instituts die Scharnierstelle. Gerade der Rekurs auf Prophetien, die ausserhalb des Institutionellen stehen, verschärft hier die verhandelte Sachproblematik. Simon definiert «Konflikt» weiter als «Kommunikationsprozess, bei dem eine *Position* (z.b. ein Wunsch, eine Handlungsanweisung, -option oder -wirkung, eine Sichtweise, eine Bewertung etc.) verneint wird und diese *Negation* ihrerseits verneint wird. Auf diese Weise kommt es zu einer mal länger, mal kürzer dauernden *Oszillation* zwischen den Positionen, die sich gegenseitig in Abrede stellen, ohne dass es zu einer Entscheidung käme. Dieser Typus von *Sinnsystem*, der durch einen Prozess fortgesetzter *Negation der Negation* gekennzeichnet ist, soll ‹Konflikt› genannt werden. Sein Resultat ist ein Zustand der *Unentschiedenheit*. Er währt, solange der Konflikt dauert. Und er kommt zum Schluss (im doppelten Sinn) durch eine *Entscheidung*.»[92] Das Oszillieren des Sachverhalts wurde ebenso klar, wie die Entscheidung(en) und auch das Faktum, dass das Geschehen eigentlich bis heute nicht an ein glattes Ende, einen Schluss, gekommen ist.

Die katholische Kirche als Institution hat nämlich den angehäuften Aktenbestand rund um den Prozess zu Dehons entstehender Kongregation immer wieder in den Vordergrund geschoben. Die archivarische Schublade des Heiligen Offiziums wurde des Öfteren bedient, und das nicht nur zu einer seit 1998 ermöglichten historischen Aufarbeitung der Aktenbestände. So kam es, dass bereits zu Lebzeiten Dehons die Akten nochmals als Bewertungsgrundlage dienten, sei es in den verschiedenen Anerkennungsstufen für die Kongregation, die z.B. 1888, 1906, 1923 erfolgten, aber auch in der Frage, ob die Kongregation mit Missionsgebieten betraut werden könnte. Die Akten des Hl. Offiziums dienten hier als Erinnerungsspeicher, mit der Schlagseite, dass immer wieder auf ein Ereignis der Vergangenheit in durchaus ambivalenter Weise rekurriert wurde, das mit der jeweiligen Gegenwart immer weniger in Verbindung stand.

Die Dauerhaftigkeit und Wirkkraft des Archivierten reicht selbst in die Vorstufen des Seligsprechungsprozess, die Anfang der 1950er neuen Schwung erhielten, hinein. Die «Störung einer expressiven Ordnung»[93], wie Simon mit Erving Goffmann den Beginn eines Konfliktes bezeichnet, wird quasi perpetuiert und für die Institution «omnipräsent». So sprach sich noch 1952 als Gutachter des Heiligen Offiziums der Dominikanerpater und Thomist Réginald Garrigou-

---

[92] Simon, Systemtheorie des Konflikts, 11.
[93] Simon, Systemtheorie des Konflikts, 81-85, vgl. Erving Goffman, Interaktionsrituale. Über Verhalten in direkter Kommunikation, Frankfurt a. M. 1986 (andere Ausgabe als die, auf die sich Simon bezieht).

Lagrange (1877-1964) indirekt gegen einen Seligsprechungsprozess Dehons aus. Zu viele Fakten und Zeugnisse seien es, die einfach dagegen sprächen, dass hier das Heilige Offizium eine Freigabe an die zuständige Ritenkongregation erteilen könnte.[94] Dabei schöpft Garrigou-Lagrange aus der Durchsicht der Akten des Prozesses von 1883/1884 und legt den Finger in die Wunde der von ihm so erkannten «Störung der expressiven Ordnung», welche er in Dehons «Mystizismus» festmacht. Andererseits kommt der Karmelit Philippe de la Trinité, mit bürgerlichem Namen Jean Rambaud (1908-1977), einige Zeit später als Gutachter der Suprema zum (umgekehrten) Schluss, dass dem Start der Seligsprechung nichts entgegenstünde. Jener Ordensmann hebt eher den Gehorsam hervor, den Dehon aufbrachte, und Philippe de la Trinité, der sich ein Jahrzehnt davor in der *Resistance* verdient machte, meinte, dass gerade in seiner Zeit die Exemplarität des kirchlichen Gehorsams,[95] welchen Dehon aufbrachte, beachtlich und vorbildlich sein würde. Auf den tiefen Grad des Gehorsams hätte auch Garrigou-Lagrange hingewiesen. Soviel dazu, dass archivalische Bestände wenn nicht konfliktiv, so doch sehr unterschiedlich analysiert und beurteilt werden können.

Ein weiterer konfliktanalytischer Aspekt könnte für die Causa Dehon in den Vordergrund gerückt werden: «Eine der Merkwürdigkeiten sozialer Konflikte ist, dass sie die psychischen Systeme der Akteure zunehmend von Konflikten befreien»[96], so Simon. Die Beteiligten gehen ziemlich selbstsicher in den römischen Entscheidungssommer von 1883, wenn ihrer Selbstdarstellung gefolgt wird. Für Dehon lässt sich dies in seinen autobiografischen Schriften und in seiner Korrespondenz nachweisen. Da stützt er sich noch lange bis in den Sommer 1883 hinein auf eine römische Anerkennung seines Projekts – freilich auch exhortativ und performativ in den Innenraum seiner Anfangstruppe hinein gesprochen, aber immerhin. Thibaudier andererseits lässt in seinen für Rom angefertigten Kommentaren und Notizen wenig Zweifel darüber aufkommen, wie er die Sache sieht. Es gibt keine Anhaltspunkte, dass Thibaudier am Ausgang der Untersuchung bzw. an der Ausrichtung des von ihm gewünschten Urteils zweifelt, obwohl er dann mit dem strikten Aufhebungsbeschluss anfänglich nicht ganz zurechtkommt.

Dehon ahnte indes bald, dass der Verlauf der Dinge sich ungünstig zeigt. Unsicherheit und Selbstzweifel in Bezug auf die Sache gab es auf beiden Seiten wenig. Am ausgewogensten gingen noch die römischen Konsultoren an die Sache heran. Deren Privileg war es jedoch, nicht entscheiden zu müssen, sondern eine Entscheidungsfindung im Vorfeld mitzugestalten. Erst die Intervention eines Dritten, hier der römischen Instanz des Heiligen Offiziums in Form der Kardinalskongregation, führte den Konflikt an ein gewisses Ende, und löste

---

[94] Vgl. ACDF 1884, Teil VIa: Dokument Nr. 5, Einschätzung des Paters Garrigou-Lagrange OP vom 18.01.1952.
[95] Vgl. ACDF 1884, Teil VIa: Dokument Nr. 25, Einschätzung des Paters Philippes de la Trinité OCD, vom 05. 08.1955.
[96] Simon, Systemtheorie des Konflikts, 90.

dabei ein Hinterfragen aus, das bei Dehon in individualistischer Weise eine Antwort fand. Dehon sieht sich und sein Projekt als Opfer seiner eigenen Verfehlungen. Diese Sichtweise wurde von den Bischöfen vor Ort nicht geteilt, sei es, dass dies als seelsorgerliches Moment zu verstehen ist, Dehon als Person aus dem Urteil herauszunehmen – eine Facette, die nicht zu gering eingeschätzt werden soll –, sei es aber auch deswegen, auf das strukturelle, generelle Problem hinzuweisen, und – wie wir bereits sahen – einer kosmetischen Interpretation der Vorfälle an der Oberfläche zuvorzukommen. Der Akt der Unterwerfung Dehons konstituierte letztendlich systemtheoretisch den Herrschaftsanspruch (der Bischöfe), und dieser geht paradoxerweise von der unterlegenen Seite aus, indem sie sich fügt.[97] Das tut Dehon, wie lange Zeit später Garrigou-Lagrange und Jean Rambaud einhellig zustimmen werden – obgleich Dehon dies auf seine spezifische Art und Weise vollzieht.

Aus einer heutigen Sicht ist historiografisch entscheidend, dass weder explizit noch, was häufiger geschieht, implizit eine Wertung in der Einordnung von «fortschrittlich» und «rückständig» vorgenommen wird, weder für das Hl. Offizium, dem ja nicht gerade ein sonderlich positiver Ruf nacheilt, noch in Bezug auf Dehon. Die Privatoffenbarungen stellen hier ein anschauliches, konkretes Beispiel bereit. Gerade die neuere Beschäftigung mit den freilich weiter entfernt liegenden Bereichen des Spiritismus und des Okkultismus zeigt auf, dass (Privat-) Offenbarungen von ausserhalb der Kirche stehenden und sich selbst als «fortschrittlich» und modern einschätzenden Kräften lebhaft beansprucht wurden. Die Sehnsucht nach dem Aussergewöhnlichen florierte in dieser Zeit des radikalen Umbruchs nach der Französischen Revolution.

Kirchliche Instanzen sind hier, unterstützt von ihrem institutionellen Selbsterhaltungstrieb, aber auch aufgrund ihrer theologischen-philosophischen, rationalen Instrumentarien, nüchtern und aufklärerisch, möchten eine Unterscheidung treffen (zwischen den guten und bösen Kräften), stellen viele auf den Boden der Realität zurückbindende An- und Rückfragen und sind im Speziellen dem «Neuen» gegenüber bremsend. Das trifft für eine als überhöht und unverhältnismässig gesehene Inanspruchnahme der Herz-Jesu-Frömmigkeit ebenso zu wie auch in Bezug auf neue, nicht näher spezifizierte Ordensgründungen ohne klare Funktionalität – wie der Obere der in der Krankenpflege tätigen Kamillianer Guardi dies kritisierte: Was will denn der Orden eigentlich genau? Wo liegt sein Proprium, sein Alleinstellungsmerkmal? Das Neue muss sich rechtfertigen.

Aber versuchen wir nun noch in einer Art Exkurs ein Moment auszuleuchten, das in diesem Prozess eine tragende Rolle spielte, bevor dann in der Arbeit ein Zeitsprung von etwa 20 Jahren gemacht wird. Unter sich veränderten Umständen führt uns dieser Sprung wiederum zu einem aussagekräftigen Rapport eines Gutachters nach Rom – von der belgisch-französischen ländlichen Peripherie ins katholische Zentrum der Zeit. Dabei wird dann die Causa Dehon von 1883/1884

---

[97] Vgl. Simon, Systemtheorie des Konflikts, 98.

in ein neues Licht der Rezeption gerückt werden können. Es zeigt sich, welche Last dieser Prozess für Dehon sein wird, eine Last, die andere mittels Bruch mit der Institution wohl abgeschüttelt hätten.

3.4 Louise Lateau (1850-1888), eine stigmatisierte Belgierin, und Dehons Blick auf sie

Von Beginn der 1870er Jahre bis zur Zeit des Ersten Weltkriegs finden sich in Dehons Nachlass Spuren zu Louise Lateau (1850-1883). Es handelt sich um ein stolzen halbes Jahrhundert. Lateau ist eine zu Dehons Zeit wichtige religiöse Frauenfigur im sehr ärmlichen Wallonien. Aus einem kleinen belgischen Dorf, Bois d'Haine, keine 100 Kilometer von Dehons Heimatort La Capelle entfernt, stammend, erlebte Lateau schon als Kind Hunger, Entbehrung, soziale Trennung und Krankheiten in einer prekären Mangelgesellschaft. Hier hatte es Dehon besser. Lateaus Vater verstarb kurze Zeit nach ihrer Geburt an den Pocken, und ihre Mutter, Analphabetin, war nach Louises Geburt mehr als zwei Jahre ans Bett gefesselt. Später pflegte Louise Lateau noch als Kind kranke und bettlägerige Menschen und trug dann als Klöpplerin zum Unterhalt der Familie bei. Nachdem 1868 im Anschluss an eine Cholera-Epidemie[98] in der Region, in welcher Lateau auf Bitte des Pfarrers als Krankenpflegerin und sogar Totengräberin in Aktion trat und sich zu dieser Zeit dem Franziskanischen Drittorden anschloss, an ihrem Körper Wundmale feststellbar waren, wurde Lateau «in den öffentlichen Raum hinein geschoben, wo sie im Nu zu einer *cause célèbre* für Wissenschaftler und Doktoren quer durch Europa avancierte, als sie sich von einer bäuerlichen Dorfbewohnerin zu einem wissenschaftlichen Untersuchungsobjekt wandelte.»[99]

Paula Kane hat Lateau jüngst in die wohl bekanntesten Fälle weiblicher Stigmatisation von Anna Katharina Emmerich bis zu Theresa Neumann (1898-1962) zeitlich in der Mitte vergleichend eingeordnet. Darin analysierte sie besonders den mittels ihrer Person ausgetragenen öffentlichen Konflikt zwischen, wie sie es nennt, «Positivisten» und «Eternalisten». Dehon würde in diesem sehr groben

---

[98] Vgl. Elke Pahud de Mortanges, Irre – Gauklerin – Heilige? Inszenierung und Instrumentalisierung frommer Frauen im Katholizismus des 19. Jahrhunderts, in: SZRKG 100 (2006) 203-225, hier v.a. 209-212: Als in der Breite festzustellende, rahmende Faktoren für Marienerscheinungen und Stigmatisierungen nennt Pahud de Mortanges: 1. Status von Kind-Frauen, 2. Katholisches Milieu, 3. Geografische Randzonen-Lage, 4. Krisenzeiten und ökonomischer Zyklus, 5. Geringe Bildung, 6. Religiöse Bilderwelt, 7. Männliche Protektoren, 8. Mutterlosigkeit im weitesten Sinne. Es wäre interessant, diese Faktoren für Lateau durchzubuchstabieren und ebenso Dehons Wahrnehmung darauf. Das sprengte aber hier den Rahmen.

[99] Paula M. Kane, Stigmatic Cults and Pilgrimage. The Convergence of Private and Public Faith, in: Tine Van Osselaer/Patrick Pasture (Ed.), Christian Homes. Religion, Family and Domesticity in the 19th and 20th Centuries, Leuven 2014, 105-125, hier 114: «[Louise Lateau] was propelled into the public sphere, becoming an instant cause célèbre for scientists and doctors across Europe as she was transformed from village peasant to scientific specimen.»

Raster wohl eher in die zweite Kategorie fallen.[100] Lateau wurde – gerade weil wissenschaftliche Untersuchungen kein eindeutiges Resultat liefern konnten – zu einer Gestalt, die den «Freidenkern» und «Positivisten» ihrer Zeit entgegengehalten wurde. Denn eine Pathologisierung ihrer Person konnte, trotz intensiver Bemühungen, nicht überzeugend vorgenommen werden. Das Schicksal einer Karoline Beller (1833-1863) blieb ihr ebenso erspart. Diese wurde auf gerichtlichen Beschluss hin ohne den Schutz religiöser Instanzen «der Deutungshoheit der Medizin und der Ärzte überlassen», wie Pahud de Mortanges schreibt.[101] «Isolationshaft» im Spital war Bellers Schicksal, kaum vorteilhafter für eine Frau als «religiöse Quarantäne» in anderen Fällen, wie auch bei Lateau.

1874 hatte der bekannte Mediziner und «Kulturkämpfer»[102] Rudolf Virchow (1821-1902) vorgeschlagen, Louise Lateau in seinem Laboratorium zu beobachten, was die Verwandten aber ablehnten.[103] Paula M. Kane zeigt nun in ihrer Analyse, wie Lateau ihrerseits vielerorts als ein «inspirierendes» Mittel für etwas anderes und vor allem für andere diente:

> «In ihrer Heimat Belgien wurde sie dazu gebraucht, das religiöse Gefühl in der noch jungen Nation anzuregen, um Belgien vor dem Schicksal des säkularen Frankreichs zu bewahren. Glühende französische Katholiken bedienten sich ihrer Wundmale als Tadel der französischen Apostasie von 1789, um sich der Pariser Kommune von 1870-71 gegenüberzustellen oder den Atheismus generell anzugreifen.»[104]

Im weitesten Sinne, so Kane, wurde das Leiden und das Fasten – die *inedia* spielt in der Rezeption Lateaus bis heute eine Rolle – der Louise Lateau dazu benutzt, «die katholischen Werte von Opfer und Unterwürfigkeit gegenüber dem Herrn festzuhalten für all jene, die sich weigerten, sich unter die Autorität der Kirche zu beugen.»[105]

Nicht allzu lange Zeit nach seiner Rückkehr aus dem Rom seiner Studienzeit versuchte der auch stark von einem franziskanischen Geist geprägte Dehon im

---

[100] Kane, Stigmatic Cults and Pilgrimage, 115. Es wäre auch interessant, dem Konzept von «Éternité»/oder auch «Surnaturel» bei Dehon nachzugehen, der sich klar von positivistischen Positionen distanziert.

[101] Pahud de Mortanges, Irre – Gauklerin – Heilige, 214, 215.

[102] Der Begriff des «Kulturkampfes» geht bekanntlich auf Virchow zurück. Er wird auch von Dehon ab den 1890er Jahren häufig verwendet, etwa in CHR 1903/174: «Le *Kulturkampf*, c'est-à-dire, d'après la formule pédantesque imaginée par les Allemands, la ‹lutte pour la civilisation›, n'est, au fond, qu'un des épisodes de ce combat éternel entre la violence matérielle et la force morale, entre la tyrannie et la conscience.»

[103] Vgl. Gabor Klaniczay, Louise Lateau et les stigmatisées de XIXème siècle, in: Archivio italiano per la storia della pietà 26 (2013) 279-319, hier 299.

[104] Kane, Stigmatic Cults and Pilgrimage, 116: «In her native Belgium she was promoted to stir religious feeling within the young nation, to save it from the fate of secular France. Ardent French Catholics championed her wounds as reproof against French apostasy since 1789, to oppose the Paris Commune of 1870-71, and to attack atheism generally.» Weiter heisst es bei Kane: «Germans used her as a weapon against Bismarck's *Kulturkampf*. Italians equated her with their Tyrolean ecstatics.»

[105] Kane, Stigmatic Cults and Pilgrimage, 116: «[...] to validate the Catholic values of sacrifice and submission to the Lord against all who refused to ‹bow to› the authority of the Church.»

September 1871 das erste Mal, «la stigmatisée»[106] zu Gesicht zu bekommen, als er von Louvain, die dortige Universität besuchend, in seine Heimat St. Quentin zurückkehrend quasi am Wegesrand an Bois d'Haine vorbei kam. Aber der Besucheransturm war zu gross. Der Zutritt zum Zimmer der Louise Lateau blieb ihm verwehrt. Dehon jedoch beschreibt in kurzen Sätzen das Umfeld, das er antrifft, «einfaches und frommes Volk». Die Bleibe der Louise Lateau wird als eine von «einfachem, sauberem und poetischem Aussehen in ihrer isolierten Lage inmitten von Feldern und Wiesen mit Buschwerk»[107] beschrieben. Anderthalb Jahre später versuchte es Dehon nochmals, Lateau zu Augen zu bekommen, sie zu sehen – denn die Schau steht hier im Zentrum des Geschehens. Diesmal erwähnt Dehon eine Geldspende an den örtlichen Geistlichen, Abbé Niels, der an der Seite der Familie Lateau den Besucherandrang regulierte und lenkte. Darunter fanden sich auch Bischöfe von nah und fern, wie der Erzbischof von Mechelen, Victor-Auguste Dechamps (1810-1883), und der Bischof von Lausanne und Genf, Gaspar Mermillod – die beide als glühende Anhänger der päpstlichen Infallibilität galten und denen die Kardinalswürde zuteilwurde. Wenn der Obolus auch nicht entscheidend dafür gewesen wäre, wie Abbé Niels es in einem Brief an Dehon festhält, so hat der Betrag in der Höhe von 50 Francs dem Anliegen sichtlich auch nicht geschadet.

Dehon, biografisch nach seiner römischen Zeit und dem dortigen abschliessenden doppelten Doktorat in Theologie und Kirchenrecht, auf der Suche nach seinem Weg, konnte nun endlich Lateau besuchen und sehen. Er wird von diesem Ereignis – einem kleinen *rite de passage* gleich – «beeindruckt» und «erbaut» zurückkehren. Am 20. März 1873 traf er vor Ort unweit der französischen Grenze ein. Er fand beim Ortsgeistlichen freundliche Aufnahme und konnte sich auch schon in dessen Notizbüchern zu Lateau auf seinen Besuch am nächsten Tag vorbereiten und einstimmen. Das Treffen mit der Stigmatisierten ist zweigeteilt. Am Freitagmorgen kommunizierte Louise Lateau. Ihr Kommunionempfang wird von Dehon in ein besonderes Licht gestellt: «Louise befand sich in einem erstaunlichen übernatürlichen Zustand. Sie fühlte in einem zeitlichen Abstand von 10 Minuten, dass ihr die Kommunion gebracht wird.»[108] Am Nachmittag schliesst sich das Miterleben der Passionserfahrungen der Stigmatisierten an, welche szenisch in der Imitation des Kreuzigungsgeschehens durch die Stigmatisierte gipfeln.

An der affektiv und stereotyp gehaltenen Erzählung Dehons wird deutlich, was Kane meint, wenn sie davon spricht, dass private Räume (Schlafzimmer, oder besser: Schlafstätten) in diesem Massenphänomen des 19. Jahrhunderts zu sakralen Plätzen werden. Das ist der kirchlichen Institution eigentlich, schon rein

---

[106] Vgl. NHV 9/63.
[107] NHV 9/63: «un peuple simple et pieux» und weiters «d'apparence modeste, propre et poétique dans son isolement au milieu de champs et de prairies boisées…». «Idylle» und Romantik fliessen ein.
[108] NHT 10/17: «Louise était dans un état surnaturel très saisissant. Elle sentait venir la saint Eucharistie à dix minutes de distance. Elle était alors haletante sur son lit. Sa poitrine se soulevait.»

räumlich, etwas «Gefährliches». Kane zählt darin drei Aspekte auf, die dieses als «gefährlich»/«bedrohlich» Bezeichnete ausmachen. Es handelt sich um ein Bündel von Faktoren, das dann in einem zweiten Schritt auch sogleich «domestiziert» werden muss.

Drei Faktoren sind also darin wegleitend: Dass erstens der weibliche Körper im Mittelpunkt eines nicht festgelegten Rituals sich vorfindet, der das kirchliche Patriarchat per se untergräbt; dass zweitens die relativ niedrige soziale Stellung der religiös-ekstatischen Person Anfragen stellt; und dass drittens Blut fliesst, das ja ein «gefährliches Element im Drama der Stigmatisierung»[109] darstelle. Dehons Narration fügt sich, wie viele andere dieser Zeit auch, gut in das von Kane aufgezeigte Schema ein, in welchem die kirchliche Deutungshoheit dieses Ereignisses gewahrt werden muss und bleibt; gerade auch über die «Priesterhand», die Dehon erwähnt. Das erfahrene Aus-sich-Heraustreten und das für Dehon in beeindruckender Weise sich darin Zeigende, wobei sich die Passion Christi freitags um 3 Uhr aktualisierend und real zugleich zeige, läuft nämlich nicht und niemals ausser Rand und Band. Es wird gezähmt, eingerahmt. Denn auch wenn Lateau in ihrer Ekstase von Dehon als «insensible» («On pouvait la piquer sans qu'elle parût souffrir»[110]) und entrückt dargestellt wird, so ist dieser Zustand doch religiös eingezäunt bzw. abgesichert, weil Lateau auf Sakrales (Gebete, Namen von Jesus und Maria, Rosenkränze, Medaillen oder eben den Priester) reagiert. Die niedrige soziale Stellung Lateaus wird allgemein dadurch eingefangen, dass sie heilsgeschichtlich über das «Betlehem-Motiv» – der verlassene, unwichtige, nicht im Zentrum der Welt stehende Ort des Geschehens – Ein- und Zuordnung findet. Das formuliert Dehon weniger aus. Gewiss, in den wenigen Zeilen von 1871, seinem ersten Anlauf in Bois d'Haine, könnte dies durchschimmern. Dort wurde die Idylle aufgezeigt. Aber Dehon interessierte die Botschaft bzw. die Wirkung ungleich mehr. Und drittens das Blut: Kane hat überzeugend dargestellt, dass das Blut, das auch in der Quantität stark präsent ist, dadurch in seiner Kraft entschärft wird, dass es als göttlichen Ursprungs bzw. als direkt mit dem Passionsgeschehen Jesu in Verbindung gesehen wird. Als drei Tage nach dem Ereignis Dehon einen Brief an seine Lieben nach Hause richtet, schreibt er: «Das Blut fliesst in Strömen aus ihren Wunden, ich habe davon etwas mit einem Taschentuch gesammelt.»[111] Die Blut-Reliquie macht nur dann Sinn, wenn es nicht nur als gewöhnliches Blut von Louise Lateau gesehen wird, das hier aufgefangen wurde.

Jener Brief vom 24. März 1873 an seine Eltern – er findet sich auch beinahe vollständig in den *Notes sur l'histoire de ma vie* – drückt die ganze Faszination des Ereignisses aus. Dehon ist ergriffen und dankbar, das Passionsereignis in Begleitung von ein Dutzend anderer Menschen miterlebt zu haben. Der Mensch

---

[109] Vgl. Kane, Stigmatic Cults and Pilgrimage, 108.

[110] NHT 10/17.

[111] NHT 10/39: «Le sang coule abondamment de ses plaies, j'en ai recueilli sur un mouchoir.»

Louise Lateau verschwindet hier ein wenig, gibt andererseits für Dehon einen Blick frei auf etwas, das ihm wichtig ist. Wie oben schon erwähnt, ist die Szenerie aber kirchlich eingefangen. Louise Lateau reagiert empfindsam auf den Namen nicht nur von Jesus und Maria, sondern interessanterweise auch auf den von Pius IX. Zudem weist Dehon auch darauf hin, dass Lateau nur an Freitagen Stigmata und Ekstasen empfange, die anderen Tage der Woche aber ein normales Leben als Näherin führe. So bleibt Lateaus weiblicher, «domestizierter» Status gewahrt. Dass das Geschehen für Dehon in einem Funktionszusammenhang steht, macht er durch folgende Aussage deutlich: «Es handelt sich um eines von zahlreichen Zeichen, über welche der gute Gott unseren Glauben erwecken und uns zur Busse anspornen möchte.»[112] Anderen Personen in seinem Umkreis scheint Dehon seine Freude über den Besuch mitgeteilt zu haben. So antwortet ein befreundeter Priester aus der Bischofsstadt Soissons auf ein Schreiben Dehons:

> «Ihre Wallfahrt nach Bois d'Haine muss Sie ja tiefgründig berührt haben. Die Wunder strömen heute allerorts hervor, und man möchte sie nicht sehen. Das schönste Wunder wäre es wohl, Frankreich zu seinem alten Glauben zurückkehren zu sehen.»[113]

Damit ist nun auch der politische und gesellschaftliche Rahmen der Ereignisse benannt.

Ein Jahrzehnt später, 1883, wieder im März, also schon zur Zeit des oben soeben geschilderten römischen Prozesses, besuchte Dehon Lateau noch einmal. Es ist das Jahr, in dem Lateau im christologisch interpretativ aufgeladenen Alter von 33 Jahren sterben wird. Die Struktur der Beschreibung des Besuchsfortgangs, die Dehon hinterlassen hat, ist ähnlich wie die für den ersten Aufenthalt. Kommuniongang der Stigmatisierten des Morgens, Ekstasen im Kontext der Passion Christi und der schwierigen kirchlichen Lage[114] am Nachmittag dieses Freitags, unter Beisein des Ortspfarrers. Aber es webt sich doch auch ein eher nachdenklicher Zug in das Ganze, denn, so Dehon, die Kirche hätte die Tatsachen noch nicht beurteilt. Persönlich habe er die Stigmata, die Ekstase und die Hierognosis (das Wahrnehmen und Erkennen heiliger Gegenstände durch Lateau) feststellen können. Die Wirkung auf ihn sei nicht ausgeblieben, und als Alternative kommt ihm nur Folgendes in den Sinn: «Wenn das vom Teufel ist, dann deshalb, weil er

---

[112] NHT 10/39: «C'est une des nombreuses manifestations par lesquelles le bon Dieu veut réveiller notre foi et nous exciter à la pénitence.»

[113] ADR B 17/6.12.25, Inv. Nr. 158.25, Brief von Abbé Demiselle an Dehon, 25.04.1873: «Votre pèlerinage au Bois d'Haine a dû vous toucher profondément. Les miracles débordent aujourd'hui de toute part, et on ne veut pas les voir. Le plus beau miracle ce sera de voir la France retourner à sa foi antique.» Jean Demiselle war ein Priesterfreund Dehons, aus jungen Jahren. Er verstarb 1888.

[114] Multon, Catholicisme intransigeant et culture prophétique, 120: «D'une certaine manière, il s'agit de manifester que les souffrances vécues par l'extatique dans sa chair sont une projection des souffrances spirituelles de l'Église, dans une logique intransigeante caractérisée par son dualisme.»

ein perfekter Schauspieler ist.»[115] Das lässt auf eine gewisse dichotome Weltsicht schliessen.

Wichtiger aber ist, dass Dehon bei diesem zweiten Besuch mit Lateau direkt gesprochen hat. Denn er notiert, dass sie «unser Werk» – wie Dehon in seinen Notizen schreibt und dabei schon auf die Leserschaft aus der Kongregation anspricht und Rücksicht nimmt – als mit einem göttlichen Ursprung bezeichnet sieht.

> «Während ihrer Ekstase an diesem Tag sah sie Unseren Herrn in besonderer Weise wegen der Schmähungen leiden, die ihn dann am meisten betreffen, wenn sie von privilegierten Seelen stammen, ganz im Sinne unseres Werkes. Unser Herr hat es ihr mehrfach gesagt...»[116]

Das Werk der Priesterreparation, welches Dehons neu gegründetes Institut im Strom der Herz-Jesu-Frömmigkeit im Fokus hat, wird so unter Verweis auf «Herrenworte» quasi legitimiert.

Auf seine beiden Besuche in den 1870 und 1880er Jahren in Bois d'Haine wird Dehon später öfter zurückkommen.[117] Sie sind für ihn also keine autobiografischen Strohfeuerchen. Es geht um die religiöse Legitimation am Ursprung der Kongregation und rückversichernde Bestätigung. Ihn interessiert und fasziniert, trotz einer spürbaren Distanz, der Sachverhalt rund um die Person Lateaus weiterhin. So dokumentierte er, mit über 70 Lebensjahren während des Krieges, seine Lektüre eines Buches Armand Thiérys (1868-1955) zur stigmatisierten Lateau, und er bezeichnet Lateau in seinen Notizen als «victime choisie». Das besagte Werk Thiérys scheint Dehon – der selbst einen einfachen und glasklaren Stil pflegt – literarisch zwar weniger gut zu finden, aber das von Lateau in mehreren Stufen durchlaufene Gebetsleben scheint ihm darin jedenfalls gut dargestellt.[118] Wie aus der Korrespondenz hervorgeht, ist Dehon zudem informiert, was die unterschiedlichen Rezeptionen und Versuche anbelangt, Lateau zu verstehen, sei es ihr Andenken zu verhindern, indem der Zugang zu ihrem Grab verunmöglicht wurde,[119] sei es darin, ihre Seligsprechung bewusst voranzu-

---

[115] NHV 14/174 : «Si c'est du diable, c'est qu'il est un parfait comédien.»

[116] NHV 14/174: «Ce jour-là pendant son extase, elle vit Notre Seigneur souffrir tout spécialement pour les outrages, qui lui sont les plus sensibles comme lui venant des âmes privilégiées, selon l'esprit de notre Œuvre. Notre Seigneur le lui dit plusieurs fois...»

[117] NQT 24/58; NQT 24/59; NQT 34/79.

[118] Vgl. NQT 41/66: Thiéry wird von Dehon als Thierry notiert. Der Löwener Professor wird später unter die Gerechten der Völker gerechnet werden, weil er half, Juden in belgischen Klöstern zu verstecken und diesen somit das Leben rettete.

[119] Brief von Abbé Wallemacq, aus Bois d'Haine, an Dehon, 13.03.1909, ADR B 33/3.6, Inv. Nr. 548.06. Rom wird darin als in der Sache zurückhaltend gezeigt, jedoch: «Le clergé de mon voisinage vénère Louise, sans aucune exception. La tombe de Louise fut visitée souvent jusqu'au jour où les socialistes ont interdit l'accès de la tombe en fermant la porte du cimetière. Plusieurs grâces, entre autres, des guérisons et des conversions extraordinaires sont attribuées à son intercession.»

treiben.[120] Ein Jahrhundert später, 2009, wird Rom den Seligsprechungsprozess Lateaus abbrechen.[121] Dies bedeutet aus kirchlicher Sicht keine Abwertung der betroffenen Person.

In den Briefen um 1910, die Louise Lateau betreffen und an Dehon adressiert sind, zeigt sich, dass Dehon in Rom bereits ein gewisser Einfluss – nicht zuletzt wegen seiner Funktion in der Indexkongregation (1897 bis zur Auflösung der Behörde 1917)[122] – zugeschrieben und somit auf ihn auch ein gewisser Einfluss in der römischen Meinungsbildung auszuüben versucht wird. Aber bevor auf diese Facette und Zeit einzugehen sein wird, soll noch ein entscheidendes Dokument betrachtet werden, das den Prozess über Dehon, der auch eine religiöse Frauenfigur im Zentrum hatte, Anfang der 1880er Jahre aufnimmt und weiterspinnt.

3.5 Kritik und Konkurrenz – das Gutachten von P. Cormier OP im Jahre 1900

Vom Dominikanerpater Hyacinthe-Marie Cormier (1832-1916) liegt für seine Tätigkeit im Heiligen Offizium ein umfassendes, gedrucktes Gutachten aus dem Jahre 1900 vor.[123] Cormier war zu diesem Zeitpunkt Prokurator des vom hl. Dominikus im Umfeld des IV. Lateranums gegründeten Ordens, der insofern recht geschichtsbewusst auftreten konnte. Cormiers Gutachten («relazione e voto») betrifft die noch in Kinderschuhen steckende Kongregation der Herz-Jesu-Priester in ihrem Bestreben, ein eigenes Missionsgebiet in Belgisch-Kongo verwalten zu können. Die Kongregation hatte sich also, trotz Schwierigkeiten, seit 1883/1884 sichtlich gut entwickelt. Sie wollte sich sodann in weltkirchliche Positionen mit Verantwortung hineinmanövrieren. Das Votum geht auch Dehon als Person an, nicht nur das Institut der Herz-Jesu-Priester. Beides ist wiederum eng miteinander verschmolzen.

Aufgrund der komplexen, oben skizzierten Anfänge hatte es sich die Suprema als «Mutter» aller römischen Dikasterien (seit 1892) vorbehalten, in wichtigen Fragen, die Dehon angingen, vorab für eine Art «Nihil obstat» angefragt zu

---

[120] In einem Brief an Dehon von 1912 heisst es, dass der belgische Staatssekretär den Bischof von Tournai gebeten habe, das Verfahren vorläufig aufzuschieben. Der Schreiber des Briefes, mit anscheinend besten Kontakten zum belgischen Episkopat, sitzt gerade selbst an einem Werk zu Louise Lateau, vgl. ADR B 102/3 (21.02.1912, Verfasser konnte nicht identifiziert werden). Ein eigentlicher Seligsprechungsprozess wurde dann 1990 eingeleitet, aber 2009 erteilte der Vatikan eine negative Antwort.

[121] Vgl. die eher journalistische Studie von Pierre Guelff, Curieuse histoire d'une stigmatisée. Louise Lateau, un de plus grands mystères de l'Église, Waterloo 2011.

[122] Vgl. PRII, 1, 449-453 (Léon Gustave Dehon SCI).

[123] Vgl. das aus den Beständen des Archivs der Glaubenskongregation ins ADR übertragene Dokument, unter B 119/1: Gedrucktes 17-seitiges Gutachten, mit folgendem Text auf dem Frontispiz: «Suprema Sacra Congregazione del S. Uffizio | P. Dehon e sua Congregazione di Saint-Quentin, Diocesi di Soissons | Domanda di una missione indipendente nel Congo Belga. Quesito della S.C. di Propaganda | Relazione e Voto del Giacinto Maria Cormier O.P. Consultore | Decembre 1900.» (vgl. so auch ACDF 1884, Teil IV, Dokument 6).

werden. Alle Schritte mussten dort abgesegnet zu werden. Ein solcher bürokratischer «Ernstfall» scheint nun im Jahre 1900 eingetreten zu sein, als sich die Kongregation strukturell in den damals als Missionen bezeichneten kolonialen Regionen weiterentwickeln wollte. Als Zensor bzw. Berater des Heiligen Offiziums beschäftigt Cormier sich mit einer Anfrage («Quesito») aus der Propaganda Fide (*Domanda di una missione indipendente nel Congo Belga*[124]), näherhin damit, ob denn der jungen französisch-geprägten Kongregation der Herz-Jesu-Priester eine solche unabhängige Verantwortung in der *missio ad exteros* überhaupt zuzusprechen sei.

Es ist darauf hinzuweisen, dass der hier in Erscheinung tretende Gutachter Cormier – Landsmann Dehons – im Mai 1900 auch zum Konsultor für die Propaganda-Kongregation ernannt wurde und somit in einer vielfältigen Weise und in unterschiedlichen Funktionen im päpstlichen Rom präsent war.[125] Cormier beantwortete in seinem Votum die diesbezügliche Anfrage an das Heilige Offizium im Dezember 1900 abschlägig. Dieser Entscheid ruhte, wie wir sehen werden, auf sehr vielen argumentativen Pfeilern, liess jedoch insgesamt keine Zweifel aufkommen. Die Einschätzung dieses Akteurs und Ordensmanns eines «klassischen Ordens» – wir hatten ja am Anfang des Kapitels schon auf die bedeutsame «Konkurrenzsituation» zwischen religiösen Kommunitäten unter dem Dache der katholischen Kirche angespielt – ist insofern interessant und aussagekräftig, weil es sich bei Cormier auch um eine Schlüsselfigur an der Schnittstelle zwischen Frankreich und Rom handelt.

Cormier wird, 1904 zum Generalmagister gewählt, 1909 das Angelicum als päpstliche Hochschule des Predigerordens in Rom aufbauen. Dies kann als Zeichen des Aufschwungs des Dominikanerordens in jenen Jahren gelten, der im französischen Zweig nach der Revolution völlig aus Frankreich verschwunden war. 1899 wäre Cormier die Kardinalswürde zuteil geworden – so Guy Bedouelle –, wenn dies nicht die handfesten Spannungen der III. Französischen Republik mit Rom verhindert hätten.[126] In diesen politischen und diplomatischen Verwerfungen spielte bekanntlich die Frage der Ordensgemeinschaften, der als «unnational» etikettierten und im Napoleonischen Konkordat nicht behandelten Orden und Kongregationen, eine entscheidende Rolle. 1994 wird der während des Ersten Weltkriegs in Rom verstorbene Cormier zusammen mit einer für seine religiöse Biografie als wichtig erachteten Ordensschwester seliggesprochen.

Aber nehmen wir uns hier das doch ausführliche Gutachten von 1900 vor, das einerseits auf das Verfahren Anfang der 1880er Jahre rekurriert, aber andererseits auch dessen Wirkungsgeschichte und damit die doch sehr erfolgreiche

---

[124] Vgl. B 119/1, Inv. Nr. 1184.10. Titelblatt des Gutachtens.

[125] Vgl. PRII, 1, 346-348, hier 347.

[126] Vgl. Le Père Cormier. Être à Dieu. Textes présentés et annotés par Gilles Berceville OP, précédés d'une biographie du P. Cormier par Guy Bedouelle OP, Paris 1994, 34. «Il apparaît, si l'on procède par recoupements, que le gouvernement français, consulté, y ait mis son veto, en raison de l'appartenance du P. Cormier à une congrégation illégale.»

Weiterentwicklung der Kongregation SCJ einbezieht sowie endlich auf eine «aktuelle Frage» hin fokussiert – das Feld des von Dehon geforderten sozialen Engagements des Klerus.[127] Dabei positionierte sich Cormier, der kurz zuvor im August 1898 auch ein Werk Louis Baunards (1828-1919)[128] in Fragen der Klerikerbildung zensierte,[129] Dehon gegenüber diametral und stark abwertend. Das Gutachten steht so in einem näheren «(kirchen)politischen Kontext», das vom französischen Umfeld mitbeeinflusst wird und in ihn zurück hineinragt. Darin fliesst dann auch die Frage der im kirchlichen Frankreich vor der Jahrhundertwende abgehaltenen Klerikerkongresse direkt ein, wie wir sehen werden. Diese waren heftig umstritten, Dehon bei der Organisation und Durchführung ein wichtiger Akteur jenes für ihn wichtigen kirchlichen Instruments mit grosser Tradition. Das nun anschliessende, umfangreiche Quellenreferat entlang des Gutachtens bringt dazu weitere reichhaltige Aufschlüsse bei.

Am Beginn seines Votums beschreibt Cormier, den Dehon in seinem autobiografischen Œuvre nur einmal und da als «freundlichen» und «instruierten» Landsmann erwähnt,[130] wie es zu diesem, seinem Gutachten gekommen ist. Die Adressaten seines Rapports sind die stimmberechtigten Mitglieder des Sanctum Officiums, die womöglich nicht alle in der Sache informiert waren. Es handelt sich beim Dokument also um ein Statement für den internen Gebrauch. Erst die historische Distanz hat es für uns allgemein zugänglich gemacht. In der Zeit aber war es nicht bekannt und öffentlich. Dass sich die Suprema mit einer Anfrage aus der Propaganda-Kongregation beschäftigte, schien erklärungsbedürftig zu sein. Schon nach einigen Zeilen, die den Kontext ausleuchten, wird klar, dass in Cormiers Augen Dehon – wohl nicht ohne Absicht als Priester («sacerdote»), nicht als Ordensmann tituliert – «hartnäckig» ist. Dieser habe in der Frage eines

---

[127] Vgl. nur RSO 10/44, 45; in Sachen Sekundärliteratur: Stefan Tertünte, Léon Dehon und die Christliche Demokratie. Ein katholischer Versuch gesellschaftlicher Erneuerung in Frankreich am Ende des 19. Jahrhunderts, Freiburg i. Br. 2007, 88, wo dieser in Bezug auf das Gutachten vom «Vorwurf des sozialen Modernismus» spricht, aber auch innerkirchliche Rivalitäten benennt, so etwa eine mögliche versteckte Abrechnung mit dem sich zu Ende neigenden, nicht für alle «sympathischen» Pontifikat Leos XIII. Eine solche könnte z.B. im Gutachten auf S. 11 gesehen werden, wo auf eine Entscheidung rekurriert wird, die Bf. Thibaudier persönlich und mündlich mit Papst Leo XIII. getroffen hätte, dass nämlich Schwester Maria Ignatia wieder nach St. Quentin zurückkehren dürfe. Hier setzt Cormier nicht nur inhaltlich, sondern ganz konkret im Schriftsatz sein Fragezeichen! Und dieses Fragezeichen trifft auch den Papst.

[128] Zu Louis Baunard, Rektor der Katholischen Universität in Lille, der katholischer Essayist, Historiker (z.B. dessen biografische Zugänge zu Sophie Barat und General de Sonis – beide hat Dehon aufmerksam gelesen) und Pädagoge war, hatte auch Dehon den einen oder anderen Bezug, vgl. z.B. Dehons wichtige Rede zur Charaktererziehung 1891 («L'Éducation du caractère») in Anwesenheit des Rektors der Universität Lille, vgl. NQT 5/209.

[129] Vgl. PRII, 1, 347.

[130] Vgl. NQT 12/12: «Chez les Dominicains, j'ai vu plusieurs pères: le Père Frühwirth, maître général, autrichien, très affable, très au courant des questions sociales, ayant écrit lui-même un ouvrage sur l'usure. – Le Père Cormier, procureur Général, et le Père Baudouin, conseiller, sont deux français aussi aimables qu'instruits.» Diese Notiz geht auf Begegnungen in Rom, Anfang 1897, zurück.

eigenen Missionsgebietes wiederholte Anläufe und Anstrengungen unternommen.[131]

Dabei wird bereits deutlich, welche «internen» Effekte und Auswirkungen das eigentlich nach aussen gerichtete Feld der Mission bereit hielt: Denn das missionarische Engagement erweist sich als ein wesentlicher Faktor, ein «Unternehmen» besonders im Innenraum der Kirche expansiv voranzutreiben und strukturell breiter und abgesichert aufzustellen. Dehon ging es dabei hauptsächlich um die so schwierig sich gestaltende päpstliche Anerkennung. Mission wurde zu einem «Argument». Neben dem von Cormier festgestellten Drängen Dehons, das dann auch in anderen Zusammenhängen als «industria» wiederholt Erwähnung findet, wird in spezifischer Weise auf die «zweifelhaften» Ursprünge der Kongregation Bezug genommen. Denn ein problematischer Mystizismus hätte sich am Wurzelgrund der Kongregation breit gemacht. Der eben dort festgestellte Mystizismus fände sich so an der Wiege der Kongregation, aber er hätte sich später auch praktisch – in einer «odissima applicazione» – weiteren Ausdruck verschafft. Man würde aus heutiger Sicht dem Gutachten des Konsultors wohl nicht Unrecht tun, es einer antimodernistischen Stossrichtung avant la lettre, also noch vor dem Pontifikat Pius X., mit dem Cormier in engem Austausch stehen wird, zuzuordnen.[132] Von Cormier wird denn der Versuch unternommen, Dehon auf mehreren Ebenen als einen Modernisten zu präsentieren, einen Neuerer, der absichtsvoll und gezielt einen einem Ordensmann wenig würdigen Weg einschlägt. Ein solcher Weg ist aus Cormiers Perspektive in vielerlei Hinsicht mehr als bedenklich. So ist denn auch auf der ersten Seite des umfassenden Gutachtens eigentlich alles gesagt.

Cormier liefert folgende, klare und sehr eingehende Gliederung seiner Relatio, die in den Mittel- und Blickpunkt das Beziehungsverhältnis von (agierendem) Dehon und (reagierendem) Heiligem Offizium zu stellen versucht: §I: Natura e Gravità del falso mysticismo in questione (S. 4-7), §II: Intervento, decreti, provvedimenti del S. Uffizio (S. 7-9), §III: Come le decisioni della suprema furono eseguite, per la parte spettante al Dehon (S. 9-16), §IV: Conclusioni (S. 16-17). Man erkennt, dass der dritte Paragraf den umfassendsten Raum im Unterfangen einnimmt und beabsichtigt, eine historische Relektüre der noch nicht so weit

---

[131] Vgl. Gutachten Cormiers, S. 1: «Il 20 novembre 1900, dietro a nuove istanze del sudetto sac. Lehon [sic!], la medesima Congregazione di Propaganda, pregava la Suprema di sollecitare una risposta.»

[132] Vgl. zum «Antimodernismus» bzw. «Modernismus» allgemein und in aller Kürze: Claus Arnold, Art. Modernismus, II. Im Katholizismus, in: RGG[4], Bd. 5, 1386-1387. Arnold spricht darin auch die Bezüge des weit gefassten und performativ-konstruierten «Modernismus» in seinen Beziehungen zur Mystik bzw. Erfahrungsdimension sowie in seiner Facette hin zu einer politischen Dimension an, beides Aspekte, die im Speziellen für Dehon und eine vertiefte Situierung in der so bezeichneten Modernismuskrise von Bedeutung wären. Arnold setzt den Zeitraum der «Krise» mit ca. 1893-1914 an, sodass das betrachtete Gutachten sich in etwa in der Mitte liegend befindet. Meine Verwendung des «avant la lettre» bezöge sich, zieht man diese Zeiteinteilung hinzu, eher auf die Kulminationspunkte und Spitzenjahre 1907/1910.

zurückliegenden Ereignisse zu bieten. Die Nachzeichnung des Verhältnisses von Dehon zu dieser, sich selbst als zentralen kirchlichen Instanz sehenden, obersten Wächterinstitution dient dazu, Kausalitäten und Zusammenhänge aufzuzeigen und Dehon zudem zu charakterisieren. Das ist Cormiers Absicht.

Der Gutachter gibt dabei vor, objektiv zu beobachten, sich einer Art Vogelperspektive zu bedienen. Ex negativo verschafft sich das auch in der rhetorischen Entschuldigung Ausdruck, als Cormier ein sehr persönliches Beispiel in das Gutachten einfliessen lässt. Hier begebe er sich ins Empirische. Dabei ist das Ganze ohne Zweifel höchst voraussetzungsvoll, auch und unweigerlich subjektiv gefärbt und mit einer Macht- und Bestätigungsnuance versehen. Pointiert gesagt: Es geht Cormier um die «Wahrheit», nicht die Etikette. Die Zeilen werden für eine klar umschriebene und zahlenmässig geringe Leserschaft verfasst, die Kardinäle der Suprema, die überzeugt werden sollen. Inhaltlich zeigt sich an den Reibungsflächen nicht nur die Frage nach dem sozialen Engagement, das hier die kirchlichen Akteure in einem Innenraum zu trennen scheint. Die Kritik Cormiers ist breiter gestreut: Sie reicht denn historisch auch in die 1870/1880er Jahre zurück, in die Zeit, als das Institut Dehons seine ersten Akzente setzen konnte und bald in die Schranken gewiesen wurde. Die Bedenken setzen am formalen Vorgehen Dehons ebenso an wie sie sich auch auf das gerade im Antimodernismusstreit bedeutungsschwere Feld des kirchlichen Gehorsams erstrecken. Diese Nuance, der kirchliche Gehorsam, wird dann Cormier besonders in der eigentlichen Hochzeit der Modernismuskrise beschäftigen, als mit dem Dominikanerpater Marie-Joseph Lagrange Fragen rund um richtigen Zu- und Umgang mit den biblischen Texten diskutiert und entschieden werden.[133]

3.5.1 Antimodernismus avant la lettre? Cormiers klare Linien der Einordnung

Das aus der Distanz etwas «gewagte», ja ein wenig «überraschende» Vorgehen, Dehon in das Zahnradgetriebe des Modernismus einzufügen, offenbart zu allererst auch die Bissigkeit, die in innerkirchlichen Fragen insgesamt zu dieser Zeit vorherrschte. Zumindest traf der Vorwurf in keinster Weise Dehons Selbstverständnis, der in der Folge auch selbst das Gebilde des «Modernismus», in der Kirche, aber auch in der Kongregation – und da im Speziellen auf der deutsch-

---

[133] Vgl. dazu Bernard Montagnes, Exégèse et Obéissance. Correspondance Cormier-Lagrange (1904-1916), Paris 1989. Wobei gerade der Pontifikatswechsel von Leo XIII. zu Pius X. eine grosse Rolle spielte: «Dans la panique antimoderniste, leur mot d'ordre [de les dirigeantes de l'Église, DN] devint non pas vérité, mais sécurité. En cela le maître de l'ordre des Prêcheurs, Hyacinthe-Marie Cormier, ne faisait que partager les alarmes du pape Pie X.» (ebd., 11) Montagnes hält aber ausdrücklich fest, die beiden Patres Cormier und Lagrange nicht auseinander dividieren zu wollen bzw. zu können. Zu Dehons Sicht auf Lagrange im Krisenjahr 1907 vgl. NQT XXIII, 50, wo er P. Lagranges Arbeiten als solche kategorisiert, die in den Skeptizismus führen: «Une fois atténué le dogme de l'inspiration, la critique se met au large et détruit tout.» Dehons Schrift- und Inspirationsverständnis, noch stark von den konfessionellen Zeitaltern geprägt, wäre eine eigene Arbeit wert. Daneben finden sich in Dehons Gutachten für den Index etliche indirekte Bezüge zum Werk P. Lagranges.

sprachigen Seite[134] – , wenig positiv konnotieren wird. Es sollte nicht vernachlässigt werden, dass Dehon selbst seit 1897 Konsultor einer römischen Kongregation gewesen ist und ein gewisses «Standing» für sich verbuchen konnte sowie vor einem neuerlichen Karriereschritt stand.

Für Dehon und seine Kongregation rühre nun, laut Cormier, das festzustellende Übel aus drei Quellen: a) der vermeintlich behauptete göttliche Ursprung des Instituts, b) die Rezeption und Aufnahme dieses Phänomens in grösseren Kreisen und c) die Institutionalisierung eben dieser Vorgänge in das Gefäss eines Instituts, die Ausbildung einer Struktur. Cormier kam auf die aktenkundige vorgebliche «Mittlerschaft» Maria Ignatias sowie Dehon selbst zu sprechen, der dann das Ganze verbreitet und divulgiert hätte. Und das noch dazu in lateinischer Sprache, wie es Cormier an zwei Stellen explizit erwähnt! Der Überschwang in der Herz-Jesu-Verehrung stösst sodann ebenso auf Cormiers Ablehnung, wie eine problematische Tendenz in der Christologie ausgemacht wird. So heisst es für die Herz-Jesu-Frömmigkeit aus der Feder des asketisch-rigoristisch orientierten Dominikaners: «Das, worum es hauptsächlich geht, der Schlüssel des Ganzen ist ein Kult des Heiligen Herzen Jesu, der in seinen Folgen alles übertrifft, was es bis jetzt in der Kirche gab.»[135]

Ein nun so herausgeschälter «falso e pericoloso dommatismo» führe schlussendlich geradewegs auch in einen Quietismus – seit dem 17. Jahrhundert ein Schreckens- und Angstgespenst in der katholischen Kirche.[136] Diese auf das Ordensleben Auswirkung zeigende Devotionspraxis stehe beileibe nicht vereinzelt dar, sie zeitige immer grössere Kreise: Wird damit angedeutet, dass das Übel daran ist, massivere Wellen zu schlagen und sich sogar im Inneren der Kirche noch weiter auszubreiten? Cormier lässt sich auf eine Akteursanalyse ein. Die erste Illuminierte sei Schwester Maria Ignatia gewesen, dies in einem jesuitischen Einflussbereich (!). Dann wird Dehon erwähnt, dem als ehemaligen Konzilsstenografen das Schreiben (zu?) leicht von der Hand gehe und der zusammen mit Abbé Mathieu und P. Captier eine erste Gruppe von Eingeweihten geformt hätte. In der «Beweisführung» liegt Cormier in den Details öfters daneben. Aber darum, quasi um ein ereignisgeschichtliches Lektorat, geht es an

---

[134] Ein Mitbruder der Kongregation, der den Antimodernisteneid 1911 leistet, aber dann rückwirkend zurücknimmt, P. Alfred Dahler, wird das zu spüren bekommen, vgl. Dahlers Schreiben, worin er den Eid zurücknimmt (und zugleich bekannt gibt, die Kongregation zu verlassen), in: AG Personaldossier «Dahler, Alfredus, Provinz AP 110 (03)», sowie Dehons Brief an P. Kusters, in: ADR B 74/3, Inv. Nr. 971.46, ohne Datum [1912]: «Les Allemands ont une grave épreuve avec Dahler, prions pour lui.» Auch in Rundbriefen wie 1919 positioniert sich Dehon gegen den «Modernismus»: «Aimez la simplicité. Fuyez la vanité et toutes les concessions au modernisme. Plusieurs y ont perdu leur vocation.» (in: Rundbrief an die Scholastiker des Ordens, in: B 62/1, Inv. Nr. 857.12).

[135] Gutachten Cormiers, S. 4: «L'oggetto dominante, la chiave di tutto è un culto del S. Cuore di Gesù che sorpasserà nei resultati quanto si ebbe fin adesso nella Chiesa.»

[136] Vgl. Hans Schneider, Art. Quietismus, in: RGG[4], Bd. 6, 1685–1868, v.a. 1867 über die Diskreditierung mystischer Spiritualität mittels Zensuren und Indizierung im Katholizismus in dieser Zeit, aber auch in der Aufklärung (ebd., 1868).

dieser Stelle nicht. Solche Ungenauigkeiten tun daneben der Stringenz, aber auch der Tendenz der Argumentation Cormiers keinen Abbruch.

Nach dem Bezug auf Bachelard,[137] der der Abstrusität wegen förmlich nicht fehlen darf, werden in Cormiers Gutachten zwei Mitglieder der jungen Kongregation Dehons genannt, die Cormiers besonderes Augenmerk auf sich ziehen. Sie haben mit ihm selber zu tun. Es sind dies Vincent de Pascal – und dessen Bruder Alexandre, dekorierter, ehemaliger Zuave, d.h. Soldat in der Päpstlichen Armee, von dem wir schon hörten.[138] Ersterer war einst Mitglied des Dominikanerordens, der im März 1880 von der ersten Vertreibung der Ordensgemeinschaften aus dem Frankreich der III. Republik betroffen war. Diese Massnahme befürchtete auch Dehon und vermutete sie als wahrscheinliches «Consummatum est». Könnte es sein, dass Cormier es als inkonsequent ansieht, dass das Institut Dehons von dieser Ausweisung nicht betroffen war? Wenn ja, wie könnte ein solches Ressentiment interpretiert werden? Das ist freilich reine Spekulation, jedenfalls steht fest: An Vincent de Pascal lässt Cormier kein gutes Haar. Er sei ein zwar guter Prediger, aber der Klausur eher abgeneigt gewesen, und nach «Übertritt» auf Dehons Seite voller Überschwang für dieses Institut.[139]

Cormier ist Vincents Provinzial im Predigerorden gewesen. Diese Funktion für die südfranzösische Provinz übte Cormier im Dominikanerorden 1869-1874, dann wieder von 1878-1882 aus. In diese zweite Phase, in der man nach Spanien ausweichen musste, fällt, dass sich Vincent de Pascal Dehons reparationistisch ausgerichteter Reformbewegung angeschlossen hat. Cormier stellt nun fest, dass er nicht wisse, wie das genau abgelaufen sei, weil Vincent doch eigentlich kirchenrechtlich Dominikaner geblieben wäre. Dehon schickte de Pascal später sogar, wie Cormier zumindest aus den Prozess-Unterlagen von 1883 wissen musste, nach Rom, um dort als «Prokurator» im Prozess von 1883 seine Sache zu vertreten. Nicht nur an diesem Punkt des Gutachtens blitzt die Konkurrenzsituation der Ordensgemeinschaften nach der Zeit der Französischen Revolution, die ihrerseits diese beiden zugleich fundamental neu bedingte und formte,[140] durch.

---

[137] Auf Léon Bachelard wurde ja schon weiter oben Bezug genommen, Cormier nimmt in seinem Bericht die bis heute «herausstechendste» Episode der Geschichte auf: «Leone Bachelard, adolescente, famigliarissimo col Bambino Gesù è ammesso a succhiare il latte della Madonna.» Gutachten Cormiers, S. 6.

[138] Vgl. NHV 14/127. Alexandre de Pascal wird noch 1884 bei den Assumptionisten eintreten.

[139] Dabei handelt es sich um eine interessante Feststellung, der eine bestimmte Berechtigung nicht abzusprechen ist, gerade in einem für das junge Institut «euphorischen» Zeitraum. Von Maria Ignatia begeistert schreibt Vincent de Pascal im Oktober 1882, dass sich Gott in diesem Umfeld St. Quentins befinde, oder er aber nirgendwo sei (10. Oktober 1882). Eine Feststellung, die Dehon bis in die Formulierung hinein beeindruckt haben könnte, weist doch sein auch im Archiv des Heiligen Offiziums abgelegter Brief vom 25. November 1882 eine ähnliche Aussage auf.

[140] Vgl. grundlegend für Frankreich in Bezug auf die Situation der Gelübde, die seit der Revolution im staatlichen Recht nicht mehr «anerkannt» wurden und (eigentlich) keine zivilen Konsequenzen mehr hatten bzw. umgedeutet werden mussten, vgl. Marta Peguera Poch, Le droit français et les vœux religieux (1790-1905), in: Revue de Droit Canonique 65/1 (2015) 109-142. «En interdisant les vœux solennels il [le législateur, DN] veut rendre impossible qu'une personne puisse s'engager de manière définitive pour toute sa vie.»

Was Guy Bedouelle in seiner biografischen Skizze zu Cormier angemerkt hat,
dass Cormier sich selbst zurückhaltend niemals abwertend gegenüber anderen
verhalten habe,[141] ist somit vielleicht doch ein wenig zu relativieren. Auch Vincents Bruder, Alexandre de Pascal, porträtierte Cormier als einen instabil veranlagten Suchenden, für den Dehons Institut nur eine Durchgangsstation war und
der dann im Selbstmord endete. Generell, so Cormier, stammten viele der neuen
Mitglieder des Instituts aus dem Weltklerus; etwas, das er beargwöhnt. Cormiers
Absicht ist denn auch darin zu sehen, einen als zweifelhaft angesehenen Zulauf
zu Dehons Kongregation nachzuzeichnen, er zeigt also nicht nur Bruchlinien zu
den alten Orden mit feierlichen Gelübden auf, sondern weist auch in Richtung
Weltklerus, und isoliert somit Dehon und seine Kongregation innerkirchlich
merklich.

In dieser Weise und unter solchen Umständen sei nun dieses Institut aufgebaut und entwickelt worden, auf einer wackeligen Grundlage und mit bedenklichen Subjekten von der ersten Stunde an. Überhaupt leide das Institut Dehons
an einem inhärenten Überheblichkeitsanspruch. Das missfällt Cormier sehr und
er lässt (Captier'sche) Zitate für sich und unkommentiert sprechen. Dass solches
nun für Krach und Unruhe in Frankreich rund um das Gründungsgeschehen sorgen musste, könne nicht verwundern. Cormier spricht in einem nationalen Raum,
obgleich das Gutachten schlussendlich an die Konsultoren und Kardinäle des
Sanctum Officium adressiert ist. Proselytismus-Absicht – beispielsweise den altehrwürdigen Orden gegenüber, wie wir oben am Beispiel de Pascals sahen –
wird unterstellt, und dass Bischof Thibaudier zuerst so handelte, wie er es tat,
wäre im Rückblick nur folgerichtig und sehr verständlich gewesen.

Im nun folgenden § 2 kommt der Dominikaner auf das Aufhebungsdekret
vom 28. November 1883 zu sprechen, um sich sodann auf das März-Dekret von
1884 zu beziehen, das dann eine Weiterführung der Kongregation auf diözesaner
Ebene erlaubte. Anempfohlen wurde damals, wie wir in der Analyse des Prozesses weiter oben sahen, dass dies in der Form eines regulierten Klerikerinstituts
hätte geschehen sollen. Cormiers Absicht in diesem Abschnitt scheint es, rechtliche Fakten und Kausalitäten darzulegen, um dann in einem zweiten Schritt Dehon als einen zu präsentieren, der sich nicht an diese juridischen Grundlagen gehalten habe bzw. diese für seine Interessen und Absichten sich sehr geschmeidig
angeeignet und zurechtgelegt habe.

Dabei stellt sich die Frage, wie das heute aus einer gewissen Distanz zu sehen
ist. Bestechen auf einer Ebene der Verfahren und Prozeduren Cormiers Argumente nicht gar? Es ist wiederum, wie festgehalten, nicht Ziel dieser Arbeit,
Wertungen vorzunehmen bzw. solche Wertungen einem Urteil zuzuführen, sondern in erster Linie die in der Geschichte aufzufindenden konfliktiven Wertungen wiederzugeben. Cormier gab zu verstehen, dass Dehon einen in seiner Sicht
zu flexiblen Weg wählte, um das so genannte «decretum laudis» (1888) zu er-

---

[141] Vgl. Le Père Cormier, 50.

halten, damit er so in Folge die Freiheit – den Terminus «libertà» konnotiert Cormier eher negativ – erreichen vermochte, die überdiözesanen Instituten zu eigen wurde. Das Lobesdekret Leos XIII. bot dazu eine wichtige Voraussetzung. Cormier sprach dies freimütig an, ohne spirituelle Verbrämungen und Schnörkel: Denn die «lontana direzione della Santa Sede» wäre doch allgemein sehr erstrebenswert gewesen (und der episkopalen Leitung vor Ort vorzuziehen).[142] Der Dominikanerorden erfreute sich dieser Freiheit schon seit längerer Zeit.

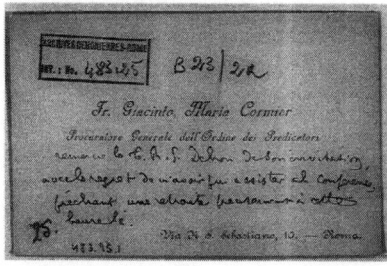

Abbildung 9: Visitenkarte P. Cormiers im Archiv Dehons (B 23, Inv. Nr. 483.25.1), mit der dem Namen und der Funktion handschriftlich beigefügten Aufschrift Cormiers: «remercie le T.R.P. Dehon de son invitation, avec le regret de n'avoir pu assister aux conférences, préchant une retraite précisément [?] à cette heure là.» Die Einladung bzw. die Absage betrifft wohl Dehons römische Konferenzen, die er im Jahre 1897 vor breitem Publikum hielt. Wie aus dem hier behandelten Gutachten hervorgeht, waren auch gerade diese römischen Aktionen Dehons Cormier nicht vollumfänglich geheuer.

Cormier liess so die historischen Stationen im Anerkennungsprozess aus seiner Sicht Revue passieren. Dabei legte er einen Fokus darauf, wie die Entscheidungen von kirchlicher autoritativer Seite von Dehon selbst befolgt (oder nicht befolgt) worden seien. Dieser wechselseitige, oszillierende Bezug war Cormier als Analyst wichtig. Vorab fällt auf, dass der Dominikanerpater ein Vorher-Nachher Schema einführt: Damit will Cormier eine Kontinuität der Geisteshaltung Dehons, seines Habitus, nachzeichnen und zeigen, dass das Übel an der Wurzel verortet ist. Denn Dehon habe sich ziemlich resolut und beinahe drohend festgelegt, dass er sich, so sein Werk nicht anerkannt werden würde, in die Einsamkeit zurückzöge. Was dann aber sichtlich nicht der Fall gewesen sei...[143]

Am Lack des kirchlichen Gehorsams Dehons kratzte Cormier, trotzdem oder gerade deswegen, weil dieser von ihm beansprucht wurde. Der Gutachter sah

---

[142] Gutachten Cormiers, S. 8: «Però la misura [das Aufhebungsdekret, DN] non garbava per nulla al Dehon che al contrario aspirava ad ottenere dalla S.C.EE.RR. il Decreto di Lode e poi l'approvazione completa per godere i vantaggi e la libertà d'azione degli Istituti a Superiore sparsi in più Diocesi, sotto la lontana direzione della Santa Sede.»

[143] Gutachten Cormiers, S. 9, wo Cormier in einem Zitat direkte und indirekte Rede mischt, § III: «1. Prima della sentenza: Il Dehon scrive o dice: ‹La vérité des Écrits de la Sœur s'impose à ma conscience. Je crois de foi privée au surnaturel de S. Quentin... L'hypothèse d'une condamnation pour lui est absurde. Si elle se vérifiait, il se retirerait dans la solitude, se refusant à tout ministère, quel qu'il soit. Les objections sont basées sur l'ignorance des faits.» Vgl. dazu den entsprechenden Brief Dehons vom 25. November 1882, wie er sich von Bf. Thibaudier kommentiert in den Unterlagen des Prozesses von 1883/1884 findet und auch Cormier zugänglich ist; darin die Passage Dehons: «Si, dans une hypothèse qui pour moi est absurde, le Saint-Siège venait à condamner le surnaturel de Saint-Quentin, je me reconnaîtrais si faible d'intelligence et de jugement et si incapable de comprendre quoi que ce soit à la direction des âmes, que je me retirerais immédiatement dans la solitude en me refusant à remplir tout ministère quel qu'il soit.»

hier «ombre», vor allem «dopo la sentenza», also nach dem Richtspruch des Sanctum Officium. Dazu werden zwei Beispiele aus der Korrespondenz gebracht, die das Bemühen Dehons illustrieren, das Dekret vom 28. November 1883 in seinem Sinne zu interpretieren:

(1) Dass nämlich Dehon diesen Schiedsspruch selbst verschuldet hätte und dass es sich bei dieser seiner «Unwürdigkeit» wiederum um etwas Übernatürliches und Providentielles handle, welches sich in ein quasi heilgeschichtliches Gesamtgeschehen einfüge. Die persönliche Unwürdigkeit sei, so Cormiers Feststellung und Vorwurf, zu einem vermeintlich göttlichen Mittel stilisiert worden. Dabei werde dann gerade, laut Cormier, der hier einen schon einmal von den Bischöfen ausformulierten und uns bekannten Gedanken aufgreift und weiterführt, gegengleich das kirchlich normierende Vorgehen und die Schiedsrichterfunktion der Amtskirche abgewertet, in die zweite Reihe verbannt. Denn die Schuld (als «felix culpa») komme so von oben, werde positiv gezeichnet, nicht etwa die institutionelle Zurechtweisung, deren Ort und Funktion in Folge weniger Gewicht beigemessen wird. Wenn Dehon zum Ausdruck bringt, dass Gott die Kongregation will, dann passt Cormier dies merklich gar nicht. Solches Bestreben, solche Verankerungen und Ansprüche weist Cormier an dieser Stelle vehement zurück.

(2) Und darüber hinaus habe Dehon nachträglich auch recht gezielt und absichtsvoll an Intention und Tragweite dieses Beschlusses der Suprema vom Ende 1883 «herumgeschraubt». Auch hier halte sich der kirchliche Gehorsam in Grenzen. Sagen wir es mit anderen Worten: Die Kongregation ist auf Ungehorsam gebaut. Cormier stützt sich auf den Brief des Reimser Erzbischofs, der ausführt, dass Dehon recht bald wieder in die durch Illusionen gekennzeichnete Haltung zurückgefallen sei. Es ist ja aus der Christentums- und Ordensgeschichte reichlich bekannt, womit ein «relapsus» rechnen kann und muss. Cormier passt im historischen Rückspiegel gar nicht, dass die Entscheidungen des Heiligen Offiziums für Dehon nur praktische, sekundäre Auswirkungen gehabt hätten und dass der Kongregationsgründer aus seiner Sicht willentliche Umdeutungen vornimmt.

Wie immer man auch die inhaltliche Kritik Cormiers aufnimmt und einordnet – hier geht es darum, die anfangs erwähnten Bruchlinien und Problemzonen aufzuzeigen –, so führt wohl kein Weg daran vorbei zu statuieren, dass für den innerkirchlichen Bereich im Prozess der Anerkennung Dehon seine Aktions- und Handlungsradien freimütig genützt hat. Wurde etwa die Trennung der Subjekte, wie im Entscheid gefordert, sauber durchgeführt? So fragt Cormier fast 20 Jahre später. Hat man die «problematischen» Beziehungen aufgelöst? Cormier lieferte zugleich auch die Antwort mit, wenn er aufzeigt, dass Schwester Maria Ignatia, die an dieser Stelle ein zweites Mal als «Mutter» bezeichnet wird, bereits nach fünf Jahren wieder nach St. Quentin zurückgekommen sei. So sollte es wohl nicht sein!

Ein wenig ironisch wohl fügte der Dominikaner später an, dass Thibaudier dies nach persönlicher Rücksprache mit dem Papst so entschieden habe. Da setzt nun Cormier ein grosses Fragezeichen. Er verwendet nicht gerade wenig Platz für die Darstellung dieses Sachverhalts, die auch den Bischof (und vielleicht sogar den Papst) angeht und ihn (bzw. beide) in ein Zwielicht stellt. Die Trennung der Subjekte ist Cormiers Meinung nach nicht ordnungsgemäss vollzogen worden, weil zu viele praktisch-pragmatische Gründe gegen eine geradlinige Exekution angeführt worden seien. Das Prinzipielle scheint in den Augen des Gutachters zu wenig beachtet worden zu sein. Auf Prinzipien pocht nun aber Cormier, und wenn man weiter gehen wollte, dann hielt Cormier diese Mängel nicht nur Dehon vor, sondern auch der Amtskirche, die hier zu wenig konsequent agiert hat oder einfach zu wenig nachdrücklich funktioniert. Gerade dadurch verweist Cormiers Gutachten schon in das Pontifikat Pius X., der als «konservativer Reformer» die Kirchenverwaltung effizienter und durchschlagender zu gestalten versuchte.[144] Cormier wird beim Sarto-Papst gutes Gehör finden.

3.5.2 Nomen est omen? Die uneindeutigen und umstrittenen Namen der Kongregation(en)

Geben wir nun dem Gutachten Cormiers an dieser Stelle nicht zu grosses Gewicht? Dies wäre nur dann der Fall, wenn es nicht breiter eingebunden werden würde. Ein separater Punkt des umfassendsten und wohl gewichtigsten, dritten Paragrafen des Textes von Cormier wird einer Sache gewidmet, die auf den ersten Blick als zu sehr ins Detail gehend und nebensächlich angesehen werden könnte. Dagegen handelt es sich um eine Frage, die auch ausserhalb Cormiers Gutachten einen wichtigen Platz in den Diskussionen um die junge Kongregation einnahm. Es ist dies ein Punkt, an dem sich die Geister schieden und der Dehon selbst ein äusserst wichtiges Anliegen war: Die Namenswahl für die Kongregation beschäftigte Dehon (und andere) sehr, und die Art und Weise, wie Dehon versuchte, den gewünschten, alten Namen der Oblaten wieder zurückzuerhalten, ja wieder verwenden zu dürfen, ist vielsagend – obgleich das Unterfangen scheiterte bzw. nur für ganz kurze Zeit im Jahre 1892 glückte: Das, weil das Heilige Offizium dann umgehend negativ entschied.[145]

Der alte, erste Name musste endgültig aufgegeben werden. Insbesondere weil darin das so genannte vierte Gelübde zu stark durchschien, war dieser unmöglich

---

[144] Vgl. Jacques Gadille, Der Höhepunkt des Antiklerikalismus – Die Strategien Leos XIII. und Pius' X., in: Die Geschichte des Christentums, Bd. 11 (Liberalismus, Industrialisierung, Expansion Europas), Freiburg i. Br. 1997, 459-473, hier 470.

[145] Vgl. dazu den Brief Dehons an P. Jouët MSC vom 25.07.1892 (in: B 22/10.D, Inv. Nr. 464.02), wo Dehon, der sichtlich um ein besseres Verhältnis zu den Missionaren des Herzens-Jesu (MSC) bemüht ist, erklärt, dass es mit der Namensänderung nicht geklappt hat. Auch wenn Kardinal Sepiacci, der uns schon bekannt ist, für kurze Zeit genehmigte, den Namen der Oblaten des Herzens-Jesu zu führen. Trotzdem bleibt zu diesem Zeitpunkt Dehon noch am Ball und bittet Jouët, sich von seiner Seite aus in Rom für den Namenswechsel einzusetzen, damit in Zukunft keine Missverständnisse mehr auftreten. An dieser Stelle ist zu erwähnen, dass diese «Namens-Problematik» bis heute nicht wirklich aus der Welt geschaffen ist, die «Verwechslungsgefahr» auch innerhalb engerer kirchlicher Kreise gross ist.

geworden. Cormier meinte, dass dem Heiligen Stuhl in seiner Entscheidung bestimmt nicht ein Etikettenschwindel in dem Sinne vorschwebte, dass der gleiche Inhalt nun nur eine andere Bezeichnung erhielt. Die Entscheidungen sind für Cormier «radikaler», grundsätzlicher zu interpretieren. Anderer Name, andere Substanz – es sei auf eine tiefschürfendere, fundamentalere Veränderung abgezielt worden! Das wollte Dehon sichtlich nicht mit- und nachvollziehen, so die Vorhaltung. Denn dieser liess sich nicht beirren, und das ging dann soweit, dass Dehon sogar wieder den alten Namen der Kongregation zurückerhalten hätte wollen, so Cormier. Cormier konnte hier auf das Material im Archivdossier des Heiligen Offiziums zurückgreifen, das sich seit dem Prozess Anfang der 1880er Jahre ansammelte.

Dehon seinerseits argumentierte denn Anfang der 1890er Jahre damit, dass der alte Name der Oblaten weder in Vergessenheit geraten wäre, noch dass dieser einen Konnex zu den vermeintlichen Offenbarungen gehabt hätte, und deswegen unproblematisch sei.[146] Da nun ging der scholastisch versierte Cormier ins Detail: Das Argument Dehons, dass die Leute im Umfeld St. Quentins den alten Namen der Oblaten noch immer kennen und verwenden würden, lässt Cormier für eine Wiederaufnahme des alten Namens nicht gelten. Er kehrt ganz im Gegenteil die Beweisführung gegen Dehon selbst um: Zeige diese Praxis doch, dass die von Rom gewünschte Namensänderung, die ja nicht reine Kosmetik sei, besser kommuniziert und durchgeführt hätte werden müssen!

Cormier unterstützte somit rückwirkend das Dekret der Kongregation für die Regulierten und Bischöfe vom 13. August 1892, das dem Namenswechsel im Sinne einer Wiederherstellung der früheren und ersten Bezeichnung der Oblaten einen Riegel vorgeschoben hatte. Und trotzdem dünkt dem Dominikaner der Sachverhalt Jahre später nach wie vor in Schwebe: Cormier zitiert zeitnah als Beispiel eine offizielle Quelle (*Le clergé Français*, 1900), wo der Name der Kongregation noch immer in alten Bahnen gehalten werde.

Der Gutachter kannte andererseits aber nicht den Briefverkehr Dehons, über den wir heute verfügen. Die Korrespondenz geht Anfang der 1890er Jahre eindeutig in die Richtung, dass Dehon aufgrund von Schwierigkeiten und Unstimmigkeiten sowohl in der ersten Mission der Kongregation in Ecuador, wo auch Jules Chevaliers' (1824-1907) seit 1891 römisch anerkannte Kongregation der Missionare zum Herzen-Jesu (von Issoudun) tätig war, als auch wegen Geldsammelaktionen, wo es zu Verwechslungen kam, die Namensänderung forcierte.

---

[146] Vgl. Briefe Dehons an die anderen Ordensoberen (z.B. Issoudun oder Bétharam) mit ähnlicher Bezeichnung, die sein Bemühen um Namenswechsel bzw. Wiedererlangung des alten Namens aufzeigen, nachdem Probleme in der Mission wie auch bei Geldsammlungen aufgetreten sind, die aus der Namensgleichheit resultierten. Auch wenn Dehon diese Umstände benützt, um – vergeblich bzw. nur für eine sehr kurze Zeit – den alten Namen wieder zu bekommen, greift es zu kurz, ihm dies prinzipiell zu unterstellen. Zeigen doch die Briefe von P. Chevalier, dass hier ein Problem «von Aussen» (v.a. wegen Verwechslungen bei Geldsammelaktionen) vorlag, dem Dehon entgegnen wollte. Daneben war Dehon auch immer mit dem bestehenden Namen zufrieden. 2012 wurde ein Seligsprechungsverfahren für Jules Chevalier eingeleitet.

Dehon war um ein besseres Verhältnis zu dieser und auch anderen Kongregationen mit ähnlichem Namen bemüht. Mag sein, dass Dehon diese Vorfälle als Anlass nahm, den geliebten alten Namen wieder stark zu machen, aber das Bemühen um «Frieden und Eintracht zwischen den Kongregationen» stand bei ihm an erster Stelle. «Es ist notwendig», so schreibt Dehon an P. Chevalier in dieser Zeit, «dass wir diesen beklagenswerten Zuständen ein Ende bereiten. Wir haben andere Feinde, die es zu bekämpfen gilt.»[147] Cormier sah hier wohl nur eine Seite der Medaille, ist vielleicht, auch aufgrund der Aktenlage, ein wenig betriebsblind, weil er funktionell einen bestimmten Charakterzug Dehons herausarbeiten will. Damit steht er aber keineswegs allein da. Dehons Bischof Duval etwa tut dies in ähnlicher Weise, sodass sich Dehon gerade auch in dieser Frage ihm gegenüber zu einer Rechtfertigung veranlasst sieht.[148]

Es ging Cormier in seinem Gutachten ferner darum, sich Dehons dem Bischof gegenüber geforderte Unterordnung näher anzusehen. Dehons Tendenz sei klar: Er flüchte vor allzu starker Leitung, es sei «die Tendenz, vor solcher Leitung auszuweichen, welche mit eigenen persönlichen Anschauungen nicht in eins geht», so heisst es schliesslich im Text knallhart.[149] Ein nicht gerader schmaler Vorwurf! Das hätte der betroffene Bischof der ersten Stunde schon deutlich genug klar gemacht, so Cormier. Könnte es aber sein, dass Cormier, indem er sich dabei zentral auf die Briefe von Bischof Thibaudier im April 1883 stützt, die damalige Intention Thibaudiers zu wenig in den Blick nimmt? Denn dieser wollte ja gerade mit seiner bischöflichen Korrespondenz etwas in seinem Sinne bewirken und in Rom anstossen. Thibaudier arbeitete performativ. Berücksichtigt Cormier Thibaudiers Eigeninteresse zu wenig?

---

[147] Vgl. Brief von Dehon an P. J. Chevalier, 10.11.1890 (in: B 22/10.D, Inv. Nr. 464.01), worin es um Anschuldigungen und aus der Sicht Dehons Verleumdungen geht. Nachdem diese dargelegt werden, schliesst Dehon den Brief: «Il est nécessaire de mettre fin à toutes ces misères. Nous avons d'autres ennemis à combattre. Veuillez, mon très révérend Père, éclaircir tous ces points et me dire ce que vous désirez de nous pour faire régner la paix et la charité entre nos deux œuvres. Nous avons toujours eu des relations courtoises avec toutes les autres Congrégations, je voudrais qu'il en fût de même avec les Pères d'Issoudun.» In einem Brief Dehons an Chevalier, nur zwei Tage später (12.11.1890, in: B 22/10.D, Inv. Nr. 464.04), wird auf die Anschuldigung eingegangen, dass die Mitglieder aus Dehons Kongregation von anderen Instituten herkommen würden. Ein Punkt, den Cormier auch 10 Jahre später bedient. So zeigt sich die ganze Komplexität und Schwierigkeit einer Ordensgründung in einem doch schon irgendwie gemachten Umfeld, das sich nicht gerade nach einer neuen Initiative sehnt und wo das «interne» Konkurrenzdenken (zumindest von einzelnen Akteuren, die hier auch zu Wort kommen) doch stark ausgeprägt ist. Dehon im Konflikt also!

[148] Vgl. dazu Dehons Brief an Bischof Duval, 16.06.1892 (in: B 24/15.3, Inv. Nr. 515.13), der darlegt, warum der alte Name wieder gewünscht und in Rom beantragt wurde, aber auch klar statuiert: «Nous pouvons d'ailleurs garder le nom de Prêtres du Cœur de Jésus, qui est notre nom officiel depuis neuf ans.» Der Brief kreist um das Konzept des Gehorsams, den Duval bei Dehon sichtlich in Frage stellt. Dehon verwendet in seinem nicht allzu langen Schreiben den Terminus «Gehorchen», sei es als Verb, Nomen oder Adjektiv, sei es in der Verneinung, ganze sechs Mal.

[149] Gutachten Cormiers, S. 12: «Era la condizione essenziale posta al permesso di rifar un nuovo istituto coi membri del precedente soppresso. Questo inceppava molto la libertà d'azione del P. Dehon, e la sua tendenza a sfuggire ad una direzione non conforme alle sue viste personali.»

Auf jeden Fall machte Cormier sich auch hier die Stossrichtung des Bischofs von Soissons vor dem Beginn des Prozesses 1883 zu Eigen und präsentierte 20 Jahre später den verantwortlichen Kardinälen auf dem Servierteller einen bestimmten, als wesentlich angesehenen Charakterzug Dehons – letztlich «Dehons Kopf». Dehon war, das ist nicht unwichtig, zu diesem Zeitpunkt selbst Konsultor einer römischen Kongregation, und somit «Kollege» Cormiers. Diese Funktion hatte Dehon immer wieder selbstbewusst zur Geltung gebracht und in seine «Leistungsbilanz» integriert.[150] Und noch wichtiger: Dehon wäre, so scheint es, um ein Haar Cormiers Konsultor-Kollege beim Heiligen Offizium selbst geworden. Der Prokurator des Dominikanerordens gehörte aber zur Gruppe derjenigen, die die schon vom Papst selbst aufgegleiste Nomination Dehons für diese Funktion verhinderte. Die Konsultoren der Suprema machten im Fall Dehon gerade in der Folge des Gutachtens von Cormier geltend, dass die Mitglieder des Heiligen Offiziums befragt werden wollten, wenn neue Mitglieder in ihr Gremium hinzukämen.[151]

3.5.3 Das «decretum laudis» und die näheren, doch entscheidenden Zeitumstände des Gutachtens Cormiers

Ein letztes Mal zurück zu Cormiers Gutachten, das hier als historiografischer Aufhänger und wichtiger Kulminationspunkt der gewählten Konfliktperspektive gelten darf: Auf das für den Anerkennungsprozess als Zwischenschritt wichtige, römische «decretum laudis» von 1888 geht Cormier wiederholt und insofern ein, als es für ihn dem Grunde nach als wenig fundiert und rechtmässig angesehen werden kann. Denn zuallererst wäre darin das so wichtige Dokument der Suprema, nämlich das der eigentlichen Aufhebung von Ende 1883, gar nicht eingeflossen. Dabei hätte Dehon kräftig mitgewirkt, als Taktiker, als Politiker, sodass dieses Datum untergegangen sei.

Wäre denn Dehon in diesem System eine andere Möglichkeit verblieben? Hätte er seine Interessen anders als über die von Cormier beklagten Wege durch-

---

[150] Vgl. B 24/15.3, Inv. Nr. 515.36, Brief P. Dehons an Bf. Deramecourt, 15.03.1899, wo er schreibt, dass ausser ihm nur Konsultoren aus altehrwürdigen Orden und regulierte Kanoniker in der Index-Kongregation anzutreffen sind: «A l'Index on me dit: ‹Vous êtes consulteur, ces fonctions sont réservées d'ordinaire aux représentants des grands Ordres. Il y a à l'Index deux bénédictins, deux dominicains, deux franciscains, deux jésuites, deux chanoines réguliers. On vous a nommé quoique membre d'une jeune congrégation, il convient que cette congrégation soit approuvée.› Hier richtet sich der Brief an seinen Ortsbischof schon auf eine mögliche Anerkennung der Kongregation hin aus. Rund um 1900 verstärkte Dehon die Bestrebungen zur Anerkennung der Kongregation merklich, was auch Cormier nicht entgangen sein wird.

[151] Vgl. ACDF 1884, Teil IV: Dokument Nr. 7, dritte Antwort der Konsultoren des Heiligen Offiziums vom 28.01.1901: «A propos de M. Dehon, qui a été nommé Consulteur du Saint-Office: faire une proposition au Saint-Père, qu'il ne soit plus nommé aucun Consulteur du Saint-Office sans avoir d'abord entendu l'avis de celui-ci.» Die Kardinäle des Heiligen Offiziums bestätigen dies, und später auch der Papst (Dokumente Nr. 8 u. 9). Auch die Mitglieder des Heiligen Offiziums erweisen sich so in ihrem Gehorsamsverständnis als «flexibel».

setzen können? Alles in allem agierte Dehon zweifellos geschickt und zielgerichtet, das zeichnet Cormier nun nach. Für ein prinzipiell aufgelöstes Institut den Weg einer institutionellen Anerkennung zu beschreiten, gestaltet sich per se als eine schwierige Aufgabe. Noch mehr gilt das für einen sehr «rechtsbewussten» Raum einer spezifisch verfassten juridischen Kirche, obschon in diesem «Kongregationsfrühling» gerade im allgemeinen Anerkennungsprozedere von neuen religiösen Instituten Vieles im Fluss war und sich Manches als sehr unsicher präsentierte.[152] Die institutionelle Kirche benötigte Zeit, eine strukturelle Antwort auf dieses relativ neue Phänomen, besser: diesen Boom zu finden. War Cormier überhaupt mit einem solchen, neuen Prozedere – unabhängig von Dehon – einverstanden? Daran kann gezweifelt werden. Jedenfalls setzte er im konkreten Casus dicke Fragezeichen für das hier zum Vorschein kommende «religiöse Leben», das für ihn als solches wohl als nicht sinnvoll bezeichnet werden kann. Cormier pflegte sichtlich eine andere Vorstellung von Ordensleben.

Den von Dehon und seinem Umfeld eingeschlagenen Weg beklagt also Cormier einerseits. Andererseits in Verbund damit die Ungenauigkeit des römischen «Betriebsumfeldes». Dehon sei absichtlich vage vorgegangen, polemisch auf die Spitze getrieben: Einem ehemaligen Konzilsstenografen und einem Leiter einer renommierten Schule müsste man schon die Präzision zuschreiben dürfen, die Daten von römischen Entscheiden präzise wiederzugeben, sodass diese für eine andere Behörde nachvollziehbar sind. Das hätte Dehon im Vorfeld des «decretum laudis» verabsäumt, gerade nicht getan, ja vielmehr, noch bewusst Unklarheit geschaffen. So der harte Vorwurf eines «Mitbruders aus dem Ordensstand». Wo Dehon nur von einem generellen Entscheid – ohne genaue Datumsangabe – gesprochen hatte, da hätte es ja zwei (1883/1884) gegeben. Die dem Bischof zugewiesene und von Rom vorgeschriebene Zu- bzw. Unterordnung Dehons hätte jener ebenso unter den Teppich gekehrt, wie der Diözesane aus St. Quentin den Empfehlungsschreiben anderer Bischöfe eine unangebrachte Bedeutung beigemessen hätte. Jene Empfehlungsschreiben, auf die Dehon in der Tat öfters viel gab und die er sichtlich gerne einsammelte, erachtet Cormier in seinem Gutachten als eigentlich wertlos, als leeres politisches Instrument. Sie sagten nichts aus.[153] Da wäre ein vertraulicher Brief eines Bischofs ungleich hilfreicher und aussagekräftiger!

Den anfänglich gesponnenen und auch aufgerollten Faden nahm Cormier zum Schluss hin nochmals auf, als er die Mitgliederstruktur ein weiteres Mal als bedenklich darstellte. Seien doch viele Mitglieder von zweifelhaftem Charakter,

---

[152] Vgl. dazu Jean-Paul Durand, Une situation métamorphosée? Droit français des congrégations religieuses et droit canonique de l'état de vie consacrée, t. 1, Paris 1999, 369-413.

[153] Gutachten Cormiers, S. 14: «È vero che, in compenso delle misure del S. U. a cui troppo *obiter* allude, apporta le Commendatizie di numerosi vescovi. Ma non bisogna esagerare la portata di simili Commendatizie. Come un Vescovo pregato e ripregato [wiederum ein kleines Indiz für die ‹Konsequenz› Dehons aus Sicht Cormiers, DN] potrebbe ricusar l'implorato Documento? Molto più probanti sono i documenti confidenziali [...].» Dehons Bischof Duval sieht das auch so.

sodass es für manche von ihnen sogar spezielle, rechtliche Ausnahmen brauche... Hier steigert sich Cormiers Duktus in Polemik, obwohl diese Bemerkung Cormiers für die frühe Kongregationsgeschichte nicht isoliert da steht: Dehon musste sich öfters wegen Personalfragen rechtfertigen. Weitere Perlen reihte Cormier abschliessend auf seine Argumentationskette: Dem Antrag, dass das Mutterhaus der Kongregation nach Rom verlegt werden dürfte, hat der Heilige Vater nicht zugestimmt. Das geschah im selben Jahr des Gutachtens von Cormier, also 1900. Gerade mal ein halbes Jahr war seither vergangen. So ist es nicht weiter verwunderlich, dass Cormier an dieser Stelle jene Entscheidung genüsslich heranzieht, die sich nur zu harmonisch in seine Argumentationsstruktur und Absicht einfügt.

Mit dieser beigezogenen Entscheidung kommt Cormier denn auch auf die Jetzt-Zeit und auf den Sitz des Lebens der Entscheidung, des Gutachtens und der Adressaten seines Statements zu sprechen: Rom, Ende des Jahres 1900. Darum geht es! Der inhaltliche Duktus wird, am Ende des Rapports und für die Mitglieder der Suprema im Kardinalsrang verdichtet und fokussiert, sodass die entscheidenden Instanzen durchaus den Eindruck gewinnen konnten und sollten, dass es auch um ihre Sache geht. Dehon als «aufstrebende» Person steht nun da im Scheinwerfer. Es tritt uns hier wohl die entscheidende Passage des Textes entgegen, die wesentliche Antriebskraft und Kern des Ganzen. Das wurde von anderer Seite bereits ausgemacht und festgehalten.[154] Trotzdem ist es nicht das einzige Moment, das in diesem Gutachten in den Blickpunkt gerückt werden kann (und vielleicht sogar muss), wie wir nun in voller Länge sahen. Es zeigt sich eine vielschichtige Textur, bei der aber eine Art Endbetonung vorgenommen wird. Denn das Plädoyer für soziales Engagement im Klerus, das für Unruhe sorgt, wird abschliessend herausgeschält und kritisiert.

In diesen Zeilen spiegelt sich nicht zuletzt ein Richtungswechsel vatikanischer Politik in Fragen der Christlichen Demokratie, die mit der Enzyklika *Graves de communi re* (1901) einen drastischen kirchenpolitischen Wendepunkt erfährt. Cormier hebt eine – für ihn – eng damit zusammenhängende Facette hervor: Die soziale Frage, die Arbeiterfrage und soziologische Diskussionen, grob gesprochen, schmälern den für einen Ordensmann nötigen «übernatürlichen Aspekt» («la considerazione soprannaturale che gli abbisognava»[155]). Ausdruck und Beleg dafür ist jene zentrale französische Institution in Rom, das Seminar, an dem Dehon selber Jahrzehnte davor zum Priestertum hingeführt wurde, wo es wegen der sozialen Frage zu Unruhe gekommen sei. Für diesen Sachverhalt speist Cormier aus eigenem Erfahrungshorizont ein Beispiel ein. Diese «Bewegung» – «wie man heute sagt», so etwas despektierlich der Dominikaner – sieht er als impliziten Angriff gegen die Lehre und in krasser Frontstellung zur Aneignung einer «ordentlichen» Theologie. Jene jedoch habe im Zentrum zu stehen.

---

[154] Tertünte, Léon Dehon, 88.
[155] Vgl. Gutachten Cormiers, S. 15.

Cormier selbst wird in der Etablierung des Angelicums deutlich machen, dass ihm der strukturelle Bildungsaspekt («la vera formazione ecclesiastica»[156]) im religiösen Leben bedeutsam ist, und er verbittet sich, wie auch in der Frage zur historisch-kritischen Bibellektüre mit P. Lagrange, dass einzelne Akteure Bildungsinitiativen und -vorstösse anregten. Das sei Sache der Kirche, eines grösseren Ganzen![157] Nicht anders verhalte es sich im Fall der Person Dehons – sei es in Frankreich, sei es in Rom, wo auf einem Franziskanischen Drittordenskongress Dehon sich nicht an vorab getätigten Zensuren und Rückmeldungen zu eigenen Redetexten gehalten habe. Das soziale Moment zu stark in den Vordergrund stellend, hätte Dehon dort zurechtgewiesen werden müssen.[158] Ein «Nein» sei da unvermeidlich gewesen. Denn in der Franziskanischen Drittordensbewegung könne es hauptsächlich um Gesinnungsreform gehen, woraus dann alles weitere folge.[159]

Soviel zu dieser doch starken Endponderierung, bevor Cormier zusammenfassend aufzählt, dass es zumindest (1) Dehons Qualitäten weiterhin zu kanalisieren gelte und dass (2) das Wachstum der Gesellschaft berücksichtigend (3) der Bischof nochmals auf seine intensive Aufsichtsfunktion hingewiesen werden muss. Dabei sagt Cormier eigentlich nicht viel Neues, verstärkt aber das Bekannte: Das «decretum laudis», obwohl auf wackeligen Beinen, ist nun mal da, sollte aber in seinen Auswirkungen minimiert werden. Dabei müsse der Bischof gerade auf die Rekrutierung und Ausbildung in der von Dehon gegründeten Kongregation blicken. Daraus folgt (4) und letztens, dass die Kongregation der Herz-Jesu-Priester keine eigene Mission erhalten dürfte.

Einer strukturellen Weiterentwicklung wird demnach ein Veto entgegen gestemmt. Die apostolische Präfektur im Kongo musste so noch warten. Sie wurde 1904 realisiert, als das Heilige Offizium dann das «Nihil Exeat», nach einem erneuten Anlauf Dehons in diese Richtung, erteilte. Die Kardinäle des Heiligen Offiziums sahen vier Jahre später keine Hinderungsgründe mehr und werden die Entscheidung der Propaganda Fide überlassen. So ward die für die werdende Kongregation so wichtige Apostolische Präfektur gegründet. 1908 schliesslich ernannte man Gabriel Grison, seit 1897 im Kongo, zum ersten Bischof (1908-1942) des dann «kongregationseigenen» Vikariats Stanley Falls.

Der Vorschlag Cormiers von 1900 ging noch zu Handen der Mitglieder des Sanctum Officium, die in weiterer Folge die dem Gutachten zugrunde liegende

---

[156] Vgl. Gutachten Cormiers, S. 15.

[157] Montagnes, Exégèse et Obéissance, 14, 15, wo von Montagnes auch Cormiers Brief an einen Studenten der Heiligen Schrift aufnimmt, welchen Pius X. so sehr bewunderte. In diesem wird die Tradition der Innovation vorgezogen, und gesagt, dass wenn es Änderungen gibt, sie vom Inneren der Kirche herkommen, und nicht von aussen, z.B. in der Wissenschaft (ebd., 15). Zum besagten Brief Cormiers: Lettre à un Etudiant en Ecriture-Sainte, Rom/Paris/Fribourg 1907.

[158] Vgl. dazu das im dritten Kapitel Niedergelegte.

[159] Das wird zur Folge haben, dass Dehon später gelegentlich «Sozialismus» vorgeworfen wird, die Stossrichtung des von Cormier Gesagten liegt schon ganz auf der Ebene der ein paar Wochen später erscheinenden Enzyklika *Graves de communi re* vom Januar 1901.

Frage nach dem Missionsdistrikt in Belgisch-Kongo beantworteten. Eine positive Antwort wäre zu diesem Zeitpunkt einer Erweiterung und Fortführung des «decretum laudis» gleichgekommen und war somit gemäss Cormier und seiner breiten hier dargelegten Kritik abzulehnen, also: *non expedire*! Dieser liess es sich auch nicht nehmen, darauf hinzuweisen, dass mit einem solchen von ihm abgelehnten Schritt auch der Einfluss der Propaganda geschmälert worden wäre. Denn diese habe ja die Missionare in ihrem jetzigen Status unter ihren Fittichen.

Neben der generellen Intention, einen römischen Karriereschritt Dehons in den Behörden des Hl. Stuhles zu unterbinden, wird so zuerst ein wichtiger Schritt im Gesamt des Prozesses der Approbation der Kongregation verunmöglicht. Abermals wird ersichtlich, wie eng zu diesem Zeitpunkt Dehons Person mit dem Projekt der Kongregation verschränkt ist, in fester Weise sind beide Grössen miteinander amalgamiert.[160] Freilich hält Cormier, der Jahre darauf noch Bedenken gegenüber Dehon und seinem Institut formuliert,[161] zum Schluss versöhnlich fest: «Alcune opere principiate male finiscono bene, per divina misericordia.»[162]

Gehen wir nun aber ein wenig weiter und wechseln die Seite. Sie führt uns von der Anklagebank, auf der Dehon merklich sass, ein wenig weg, und zeigt uns eher einen anklagenden und urteilenden Dehon.

3.6 «Simul censuratus et censor» –
Dehon als Konsultor der Indexkongregation 1897-1917

Obgleich die Biografie des Augustin Theiner (1804-1874), eines eine Generation vor Dehon gewichtigen deutschen Prälaten an der Römischen Kurie, anders geartet und von markanteren Brüchen als bei Dehon gekennzeichnet ist, kann die von Hubert Wolf für ihn verwendete zweiteilige kirchliche Kennzeichnung, nämlich Zensurierter und Zensor gewesen zu sein, in dieser Reihenfolge auch für Dehon angewandt werden.[163] Dass Dehon «negative Zensuren» erfuhr, wurde

---

[160] Vgl. dazu auch das 10-seitige Gutachten des Heiligen Offiziums von P. Luigi Avella OFMConv., der Anfang 1906 die Fakten eines Pro und Contra für die Anerkennung der Kongregation abwägt und zum Schluss kommt, dass die negativen Momente doch stärker seien («Sicché pesando quello che può allegarsi in favore della concessione, e quello che fa contro, si troverà che il contro pesa immensamente più»). Avella plädiert dafür, mit der Anerkennung abzuwarten, solange Dehon am Leben sei. Eine Meinung, die sich dann nicht durchsetzen kann (ACDF 1884, Teil III, Dokument 23, Gutachten vom 14.01.1906). In dem Gutachten ist daneben eine womöglich implizite Kritik an Herz-Jesu-Darstellungen interessant und aussagekräftig: Lieber, so scheint es, würde Avella einen Korpus, einen Jesusköper am Kreuz, also ein Kruzifix, als ein Herz-Jesu (im Zentrum eines Kreuzes) als Logo für die Kongregation antreffen (ebd., S. 9).

[161] Vgl. ACDF 1884, Teil III: Dokument 27, Brief P. Cormiers, 10.03.1906. Dort wird von Beschwerden hinsichtlich der Führungsstruktur («lamenti sul sistema di governo») gesprochen, die zwar nicht zuinnerst Dehon beträfen, aber dennoch: «bisogna essere cauto per l'approvazione dell'Istituto.» Cormier bestärkt das Gutachten und die bei P. Avella gezogenen Schlüsse.

[162] Gutachten Cormiers, S. 17.

[163] Vgl. zur in der Überschrift verwendeten Doppelbezeichnung: Hubert Wolf, Simul censuratus et censor. Augustin Theiner und die Römische Indexkongregation, in: Peter Walter/Hermann-Josef

nun aus dem Prozessverlauf Anfang der 1880er Jahre und später verdichtet in dem Gutachten Cormiers mehr aus deutlich. Die Folgen dieser Dokumente bzw. die in ihnen enthaltenen Kritikpunkte werden noch lange spürbar sein – bis weit in den Seligsprechungsprozess Dehons in die 1950er Jahre hinein und auch später, bis zu dieser Arbeit selbst. Besonders im Dominikanerorden zeigt sich eine Kontinuitätslinie, was eine Skepsis Dehon gegenüber anbelangt.

Nun soll der Blick auf Dehons Tätigkeit in der Index-Kongregation gelegt, also auf die andere Seite des institutionell-normativen Prozederes gewechselt werden: Vom Objekt römischer Zensur und Musterung durch das Heilige Offizium avancierte Dehon dabei zum Subjekt, zum Akteur der Indexkongregation, ohne von ersterem gänzlich weggekommen zu sein. Von April 1897 bis zum Ende der Institution als eigenständiger Grösse im Kriegsjahr 1917 gehörte Dehon jedoch als Konsultor dem Index an. Wenn man es wollte, kann an der einen oder anderen Stelle in den Gutachten Dehons dieses Ende von 1917 schon als ein wenig vorweggenommen angesehen werden. Benedikt XV. zog hier dann einen Schlussstrich.[164] Bei Dehon klingt das erspürte Ende in einem Gutachten zu Albert Houtins (1867-1926) Buch zur «Krise des Klerus» – ein Jahrzehnt vor dem tatsächlichen Ende – etwas ironisch so: dass eine erneute Verurteilung, nach derjenigen des Ortsbischofs, Houtin wohl «unbeirrt» zurücklasse und der zensurierte Autor – der 1891 zum Priester geweiht, subjektiv immer mehr zur Überzeugung gelangte, dass Glaubenssysteme (be)trügerisch seien – dadurch eher zu einem Spiel angeregt werden würde, dem Index jedes Jahr ein weiteres Buch zur Verurteilung vorzulegen.[165] Indizierung als Werbeeffekt schon um 1900? Dehons Humor und Witz blitzen auf. Reichweite und Effizienz der römischen Indizierung werden bereits zu diesem Zeitpunkt von Dehon also als eher gering eingestuft.[166] Manche Autoren liessen sich von den Massnahmen wenig beirren, wozu ihnen moderne Staats- und Gesellschaftsformen immer mehr die rechtsstaatlich-freiheitliche Möglichkeit boten. Dem Kirchenrecht fehlte zu-

---

Reudenbach (Hg.), Bücherzensur – Kurie – Katholizismus und Moderne. Festschrift für Herman H. Schwedt, Frankfurt a. M. 2000, 27-59.

[164] Vgl. dazu Dehons kurze, unsentimentale Notiz, für Februar 1918, kurz nachdem er dem Krieg entflohen in Rom angekommen war: NQT 42/35: «Le Père Esser me raconte la fin de l'Index. On l'a fait évêque. Tout s'est fait sans lui. Il est content de la mesure qu'on a prise.»

[165] Vgl. ADR B 118, Inv. Nr. 1183.08 (Kopie aus ACDF Index, Prot. 1906-1907, No 248). Gedrucktes Gutachten Dehons zu Albert Houtin, La Crise du Clergé, Paris, E. Nourry, 1907, S. 2: «Houtin è un prete censurato dal suo Vescovo e più volte condannato dall'Indice. Una nuova condanna lo lascerà imperturbato»; S. 3: «L'editore Nourry non teme l'Indice. [...] L'autore si farà un gioco di darci, ogni anno, a condannare un libro.» (vgl. auch ACD 9020026).

[166] Bis heute aber gibt es konkrete Wirkungen der von Dehon angeregten Indizierungen. So können die von Dehon abgelehnten Bände rund um den Höhepunkt der Modernismuskrise im Jahr 1907 bis heute nicht in den Beständen der Universität Freiburg i. Ue. aufgefunden werden, an welcher vorliegende Arbeit entstand. Weil die Bücher damals nicht angeschafft wurden, fehlen sie bis zum heutigen Tag. Die in diesem Kontext entstandene Lücke, auch für einen in der Zeit progressiven «Katholizismus an der Grenze», wurde später nicht mehr gefüllt.

nehmend der ausführende Arm. 1912 lässt Dehon als Gutachter in Bezug auf das Buch von Jules Claraz (1868-1944) zum Zölibat wissen:

«Das Buch ist schon sehr verbreitet worden, und ein Verdammungsurteil wird nicht verhindern, dass es weiterhin von einigen gelesen wird. Uns schiene es daher wünschenswert, dass für es eine gut gemachte Widerlegung von irgendeinem Meister der Jungfernschaft und der Priesterwürde [campione della verginità e dell'onore sacerdotale, kaum adäquat zu übersetzen, DN] publiziert werde.»[167]

Für Dehon greift also eine Indizierung allein viel zu kurz. Weitere Massnahmen sind für ihn unerlässlich – nicht zuletzt eine inhaltliche Entgegnung durch einen Experten.

Wir dürfen nicht vergessen, dass Dehon in seiner französischen Heimat im öffentlichen Bereich damit konfrontiert ist, dass die staatliche Zensur von Presseprodukten und Publikationen in den 1880er Jahren zu einem Ende kam. Das heisst wiederum andererseits nicht, dass Dehon einige Jahre später für einen im engeren Sinne politischen Bereich darauf drängt, dass die Indexkongregation mit ihrem Sekretär Thomas Esser (1850-1926) als «Zensor» aktiv werden sollte, nämlich im Fall der *Action française* des Charles Maurras (1868-1952). Jacques Prévotat hat mit einer starken Perspektive auf den Antisemitismus wichtige Vorarbeit zu Dehons Arbeit für den Index geleistet.[168] Sein Beitrag ging aber über die Frage des Antisemitismus hinaus, weil Prévotat auf die so wichtige Modernismuskrise einging, die auch in dieser Arbeit entscheidend ist.

Im vorgestellten Rahmen eines Dehon im Konflikt, das im vorliegenden Kapitel auf den römischen Prozess von 1883/84 fokussierte, lohnt es sich, die Gutachten aus der Feder Dehons «lebensgeschichtlich» zu verorten, und ab und an Bezüge zu dem «Eigenen» herzustellen – darin besonders der Facette, dass Dehon selbst Zensurierter und Objekt römischer Nachforschungen und Untersuchungen war. Das stand freilich nicht primär im Mittelpunkt seiner den doktrinären Bereich abdeckenden Zensuren zu Büchern und Zeitschriften aus dem französischen Sprachraum, lässt sich aber nicht nur zwischen den Zeilen und bei stärkerem Querlesen auffinden und ausmachen.[169]

---

[167] ADR B 118, Inv. Nr. 1183.18 (= ACDF, Index, Protocolli, 1912, 116), nunmehr auch digital greifbar: ACD 9020035/34: «Il libro è già molto divulgato, e la condanna non impedirà che sia ancora letto da alcuni, ci sarebbe dunque a desiderare che ne sia fatta e pubblicata una buona confutazione da qualche valente campione della verginità e dell'onore sacerdotale.»

[168] Jacques Prévotat, Leone Dehon e la questione ebraica. Attraverso gli Archivi dell'Indice (1897-1917), in: Yves Ledure (Hg.), Antisemitismo cristiano? Il caso di Leone Dehon, Bologna 2009, 107-125. Der Beitrag hätte vielleicht an Schärfe gewonnen, wenn das Gutachten Dehons zu Joseph Brugerette (Jehan de Bonnefoy) berücksichtigt worden wäre, der als Priester Dreyfus-Verteidiger gewesen ist. Detaillierter zum Prozedere der Verurteilung Maurras und dem entscheidenden Beitrag Dehons: Jacques Prévotat, Les Catholiques et l'Action française. Histoire d'une condamnation 1899-1939, Paris 2001, z.B. 171-175.

[169] Wird die Sprachenfrage im Falle Dehons weiter bedacht, weil Dehon nur Werke aus dem französischen Kulturkreis analysiert und besprochen hat, so kann für diesen Fall gesagt werden, dass «römische Entscheidungen» eigentlich eine starke französische Signatur und Verankerung haben,

Dehon hatte, vom Zeitpunkt seiner von Mariano Kardinal Rampolla dekretierten, durchaus umstrittenen Ernennung zum Konsultor als Karrieresprung[170] bis hin zum Ausbruch des Ersten Weltkriegs, der ihn vom römischen Zentrum abschnitt, mehr als zehn Gutachten verfasst. Dabei kommt durchwegs ein konzilianter Ton zum Vorschein. Dehon war kein Hardliner. An manchen Stellen scheint dies in einem gewissen Kontrast zu jener Tonlage zu stehen, die ihm gegenüber angeschlagen wurde (und die er nur indirekt kannte). Sein erstes, frühes Gutachten, unmittelbar nach seiner Nomination am 9. April, datierte auf den 1. Mai 1897: Die Zeitschrift *La résurrection* des Albert Jounet (1863-1923) war beanstandet worden. Dieses Gutachten fiel gelinde gesagt wohlwollend aus. Jounet betreibe nach Dehon zwar eine Art Abbau «katholischer Identität und Dogmatik», zumindest aber ein Abschleifen von Forderungen und Ansprüchen,[171] um Aussenstehende zu erreichen und den Katholizismus zu weiten. Laut Dehon hätte Jounet Origenes aufgreifend dessen doktrinären Fehler in Fragen der Hölle wiederholt, sowie Jounet in fälschlicher Weise glaube, die Macht der Kirche, im Namen Gottes und über spirituelle Betrachtungen, beschränken zu können.[172] Hier fehle es einfach an Demut, sprich institutioneller Ein- und Zuordnung.

Jounet müsste so eigentlich indiziert werden, aber nach Dehon spricht auch vieles dagegen. Er führte dabei an, dass der Autor als Einzelgänger wenig glaubwürdig sei, dass er und seine Zeitschrift keine grossen Kreise ziehen und Jounet somit keine Seelen in Gefahr bringen könne. Mildernde Umstände wurden so weit getrieben, dass Freispruch erfolgt. Eigentlich hatte aber schon das von Dehon eingangs geschilderte Vorprozedere für die Zeitschrift eine solche Stellungnahme begünstigt, wurde der Fall denn schon vom Hl. Offizium an die Index-Kongregation verwiesen und nicht schon dort verurteilt. Ein kleiner Fisch

---

Franzosen begutachten Franzosen, ähnlich beim davor betrachteten Rapport Cormiers – auch hier handelt es sich eher um eine innerfranzösische Angelegenheit, nach Rom «ausgelagert».

[170] Prévotat, Les Catholiques et l'Action française, 174, wo darauf rekurriert wird, dass der Sekretär der Indexkongregation Marcolino Cicognani OP (1835-1899) mit der Ernennung Dehons, gerade wegen seiner Probleme mit dem Hl. Offizium, keine Freude hatte. 1897 war Cicognani zudem Generalprokurator des Ordens, insofern Vorgänger Cormiers.

[171] Zur Vorstellung der Hölle bei Jounet heisst es da, in der Einschätzung Dehons auf ihn hin: «Nella sua brama di ottenere l'adesione dei contradittori, l'autore pare disposto a diminuire le verità cattoliche», vgl. ADR B 118, Inv. Nr. 1183.02 (= ACDF, Index, Protocolli, 1897-1899, 39), S. 3 des gedruckten Votums (vgl. ACD 9020020/7). Mit Augustinus stellt sich hier Dehon gegen Origenes und Jounet, vgl. S 6/7. Die Frage, wie man sich die Hölle vorzustellen habe, nimmt den breitesten Raum des Gutachtens ein.

[172] Dabei gibt es einen Herz-Jesu-Bezug mit spirituellen Anklängen, der als «weicher Faktor» dem harten Faktor der Institution gegenübergestellt wird: «E se qualche dottore, tornato dall'epoca di Torquemada e dei carnefici, (come egli dice), condannasse le sue esperanze, l'autore lo condurrebbe al Calvario e lui direbbe: Mettetevi d'accordo, se potete, colla parola del divino Cuore aperto, silenzioso e insanguinato.» Könnte es sein, dass Dehon hier einen eigenen, biografisch-positiven Resonanzraum bereit stellt? Eine weite Auslegung des Textes würde das wohl zulassen. Dehon schliesst den Paragrafen damit ab: «L'intenzione può essere buona, ma certo l'umiltà non abbonda», vgl. ADR B 118, S. 7 (ACD 9020020/13).

also, nichts Aufregendes. Dehons alter Bekannter aus der Vikariatszeit in St. Quentin, Eudoxe-Irénée Mignot (1842-1918), mittlerweile Bischof in Fréjus, schrieb und informierte Dehon zu besagtem Autor seiner Diözese:

> «Herr Jounet ist vor einigen Jahren *Buddhist* geworden, glaube ich. Dank sei Gott ist er wieder zu einem sehr guten Christen geworden, und er bewirkt viel Gutes um ihn herum. Es handelt sich um ein Original [...] Auf eigene Kosten gibt er eine Zeitschrift heraus, die weder Abonnenten noch Leser hat [...] Er hat keinen Mitarbeiter im diözesanen Klerus.»[173]

Also keine grosse Sache. An manchen Punkten des allerersten Gutachtens Dehons blitzt der noch «frische» und unparteiische Gutachter auf. In seiner ersten Aufgabe bringt er, analog zu Mignots Ausführungen, dem Untersuchungsobjekt eine gewisse Sympathie entgegen.

Noch mehr und wohl am ausgeprägtesten bei allen Gutachten gilt diese feststellende Beobachtung für das Votum Dehons zu Edmond Loutil (1863-1959) und Louis Poulin (1862-1924). Diese zwei jüngeren im Presseapostolat im Umfeld von *La Croix* tätigen Priester[174] hatten es sich zum Ziel gesetzt, in der Pariser Pfarrei Sankt Rochus eine Reihe von neuartigen Konferenzen abzuhalten. Sie waren pastoral innovativ. Ihre Veranstaltungen basierten auf einem von beiden abgehaltenen Zwiegespräch und richteten sich dabei an ein breites Publikum. Das Besondere daran war, dass in dieses letztlich apologetische Unterfangen Vorwürfe von ausserhalb des Christentums ihm gegenüber direkt eingebaut wurden. These und Antithese fanden durch die «medial geschulten» Priestergestalten Loutil und Poulin Inszenierung. Dem nun 1898 gestarteten Projekt, das auch zur Hebung der Sprachmächtigkeit und Eloquenz im katholischen Raum dienen sollte und das sich in Abendveranstaltungen vor allem an ein männliches Publikum wandte, war grosser Erfolg beschieden. Daher schien es geraten, eine Publikation dieser Konferenzen im Hausverlag von *La Croix*, nämlich *La Bonne Presse*, vorzunehmen. Der «Gute-Presse-Verlag», so benannt im Angesicht anderer Verlage, denen man das Attribut von «bonne» katholischerseits nicht zuweisen wollte, schützte aber sichtlich vor innerkirchlicher Denunziation bzw. Anklage nicht.

Dehon wurde so beauftragt, ein Gutachten anzufertigen. Dieses konnte er nun auch schon im Januar 1899 vorlegen. Das Buch *Dieu: son existence, sa nature, sa providence, ses droits sur l'homme* erschien 1898. Dehons Gutachten zu den

[173] Brief des Bischofs Mignot an P. Dehon, 16.04.1897 (in: ADR B 21/3. G, Inv. Nr. 364.05): «M. Jounet était je crois devenu *bouddhiste* il y a quelques années; grâce à Dieu il est redevenu très bon chrétien et fait beaucoup de bien autour de lui. C'est un original, vous avez pu vous en apercevoir, mais c'est une âme très droite. Il édite à ses frais une Revue qui n'a ni abonnées ni lecteurs: il fait hommages à ses amis de chacun des numéros. Je l'ai vu une fois l'an passé; il m'a dit qu'il envoyait à un P. Jésuite, son confesseur, chacun des articles qu'il fait paraître afin d'être sûr de leur orthodoxie. Il n'a aucun collaborateur dans le clergé diocésain.»

[174] Vgl. dazu, zu Loutil: Yves Poncelet, Pierre l'Ermite (1863-1959). Prêtre journaliste à «La Croix» et romancier. Présence catholique à la culture de masse, Paris 2011, 98-103; sowie NQT 11/53.

verschriftlichten Abendveranstaltungen zu Sankt Rochus ist im Gegensatz zum ersten und den meisten anderen nicht in italienischer, sondern in lateinischer Sprache[175] abgefasst. Eines ist für Dehon von Anfang an klar: Das Buch sollte nicht auf den Index der verbotenen Bücher! Nicht nur die Rahmenbedingungen sprechen dagegen, wie etwa der renommierte Verlag, das bischöfliche Empfehlungsschreiben, der untadelige Ruf der Priesterautoren usw., sondern, und das ist an dieser Stelle hervorzuheben, auch die Art und Weise, wie der Denunziant des Werkes vorgegangen wäre. Für das die Konferenzen versammelnde Buch entkräftet Dehon die Vorwürfe des Denunzianten – konfliktiv gewissermassen.

Wo der «Ankläger» etwa an einer Stelle bemerkte, dass es sich um junge und unerfahrene Priester handelt, die hier viel zu offen mit theologischen Problemen z.b. der Theodizeefrage hantierten, da hielt Dehon dagegen, dass das Alter in diesen Dingen wohl keine Rolle spielen kann, und: So jung seien die beiden als 35-jährige auch nicht mehr.[176] Überhaupt lese man von solchen Anschuldigungen und Vorhaltungen tagtäglich in den Zeitungen. Es bestehe also nicht der geringste Grund, das Problem des «Wo ist denn da Gott?» zu verschweigen. Den Sicherheits- und Schutzaspekt liess Dehon hier nicht gelten – noch dazu weil es in diesem Unterfangen von Loutil und Poulin auch darum ging, den «respect humain» anzugehen, also in dem Fall das Männerapostolat voranzutreiben. Die Männer in Religionsdingen anzusprechen war für Dehon in einer *longue durée*-Perspektive, also quer durch sein Wirken, etwas überaus Wichtiges. Frauen und Kinder wären diesen Konferenzen ja nicht ausgesetzt gewesen, und den Männern sei nichts vorzuenthalten. Auch bedürfe es in rechtmässiger Weise einer Portion Humor und Lebendigkeit, die Sache erfolgreich zu inszenieren, das fand Dehon nur gut und folgerichtig.

Dehon war ganz und gar auf der Seite der in der Pastoral neue Wege beschreitenden Priester, die offensichtlich von einer bestimmten Seite an den Pranger gestellt werden sollten. In einem Punkt gab Dehon dem Denunzianten, also dem, der das Buch in Rom zur Anzeige brachte, aber Recht. Mit der Lehre des «Transformismus»[177] werde vielleicht zu sorglos umgegangen. Die Frage der Entwick-

---

[175] Cormier hatte ja darauf verwiesen, dass Dehon in gutem Latein schreibt. Hier stellt sich die Frage, ob der Generalprokurator vielleicht sogar von diesem Gutachten Dehons, das ja auch die Situation in Frankreich betraf, in irgendeiner Weise wusste?

[176] ADR B 118, Inv. Nr. 1183.03 (= ACDF, Index, Protocolli, 1900-1902, 125), Votum zu L. Poulin und E. Loutil, 18.01.1899, S. 3: «Revera von video quam magni intersit aetas oratoris, quando agitur de obiectionibus impiorum expondendis. Cæterum auctores libri saltem triginta quinque annos nati sunt.» (vgl. auch ACD 9020021).

[177] Vgl. Artigas/Glick/Martínez, Negotiating Darwin, passim. Die Frage ist aber, ob Dehon sich mit den Ausführungen zu diesem Punkt nicht selbst absichern möchte. Könnte es nicht sein, dass er neben der geforderten Ausgewogenheit als Gutachter auch auf seine eigene Linientreue achten muss? Zudem ist er wohl kein Experte in diesem Feld gewesen. Der von Dehon hergestellte Bezug zu einer fundamental-rigoristischen Aussage im Syllabus könnte auf die Spur einer eigenen Rückversicherung hindeuten: Es gehe denn nicht nur darum, dekretierte Häresien zurückzuweisen, sondern auch, abseits der Form, den inhaltlichen Spuren der Häresien nachzugehen, vgl.

lung und Veränderung der Arten sei aber andererseits vom Heiligen Stuhl noch nicht entschieden. Zudem wird der Transformismus, sprich Darwinismus, nur in einem Einwurf (einer «obiectio» im Kontroversgespräch) beigezogen, und nicht etwa als eigene Position reklamiert. Aber, so der Wortlaut der hier unter Verdacht gekommenen Priester: «Wenn einer unbedingt vom Affen abstammen will, so soll man ihm diese Freude nicht nehmen.»[178] Schmunzelt hier Dehon?

Andererseits jedoch, so Dehon, sei es freilich angemessen, dass der Pariser Erzbischof mit den öffentlichkeitswirksamen Pastoren spreche, damit sie nicht zu leichtfertig mit der Lehre Darwins umgehen und sie als vollumfänglich kompatibel mit der katholischen Lehre darstellen. Das Gutachten zeigt, dass es in den römischen Verfahren nicht nur ausschliesslich um die verhandelten «Objekte» geht, sondern auch horizontal auf der Ebene der «Experten» Kritik geübt wird und es ein konfliktives Ringen um Positionen auf horizontaler Augenhöhe der Zensoren gibt. Mit diesem seinem zweiten Gutachten legt Dehon ein klares, strukturiertes, zeitweise ironisches Statement vor, das sich einerseits der Öffnung hin zu neuen Methoden des kirchlichen Agierens – hier auf Ebene der Pfarreikatechese – nicht verschliesst, und sich zugleich damit auch einer angstbesetzten Enge im Inneren verwehrt.

Es scheint so und könnte als These festgemacht werden, dass dies bei Dehons Gutachten am Höhepunkt der Modernismuskrise dann weniger der Fall sein wird. Die Umstände werden dann auch anders sein, es weht ein anderer Wind. Das Dehon zur Begutachtung Vorgelegte wird später unter Pius X. von anderem Charakter sein. Hat sich aber dazu Dehon stärker verändert? Das Votum Dehons von 1899 ist jedenfalls starker Ausdruck einer eigenen und gefestigten Ausrichtung in dieser noch unter Leo XIII. ablaufenden Phase im Index. Dass Dehon mit Edmond Loutil, alias Pierre l'Eremit einen später v.a. in der Zwischenkriegszeit bekannten katholischer Priesterpublizisten an dieser Stelle in Rom «verteidigte», ist wohl kein Zufall, wenn wir auf Dehons kreatives pastorales und soziales Wirken zurückblicken. Loutil, den Dehon, folgt man einem Einladungsschreiben, 1895 auf der ‹Réunion d'études sociales pour les ecclésiastiques› in St. Quentin traf, wollte sich keinesfalls mit alten Mitteln an die Männer seiner Zeit wenden. Auch nahm er die fortschreitende Marginalisierung des Christentums nicht fatalistisch und kulturpessimistisch hin, sondern versuchte neue Antworten im Gefolge einer katholischen Massenkultur bereit zu stellen.[179]

Die Dehon im Anerkennungsprozess seiner Kongregation wohl bekannten kommunizierenden Gefässe von Universal- und Lokalkirche beanspruchte er selbst in ausgeprägter Weise im Fall Réan. Das Aostatal betreffend stand hier ein politisch engagierter Laie im Mittelpunkt von Dehons Aufgabe als Gutachter.

ADR B 118, Votum zu L. Poulin und E. Loutil, S. 4, mit Verweis auf das Schreiben «Tuas Libenter» Papst Pius' IX, vom 21.12.1863.

[178] ADR B 118, Votum zu L. Poulin und E. Loutil, S. 4.

[179] Poncelet, Pierre l'Ermite, 622.

Anselme Réan (1855-1928), Mediziner, einem liberalen Katholizismus und seiner heimatlichen Scholle verpflichteter Schriftsteller, der vor der Jahrhundertwende versuchte, die gemeinsamen Punkte von Sozialismus und Katholizismus hervorzustreichen, geriet in einen Konflikt mit seinem Ortsbischof. Dieser hielt Réan «protestantisierende» Überzeugungen vor – an und für sich schon ein Armutszeichen. Der Bischof hatte eine seiner Schriften beim Index angezeigt.

In beanstandetem Werk wird ein Konflikt zwischen Réan und einem hohen kirchlichen Würdenträger dargestellt, der dem Arzt zuerst gegenübertreten sollte. Jener Domherr war nun laut Dehon Réan als Laien nicht gewachsen, weil er den Niedergang der Kirche nur aufgrund äusserer Gründe, von der Französischen Revolution bis hin zum dominierenden Judentum, beklagt. Das sei ein zu einfaches Erklärungsmuster, hier pflichtete Dehon noch Réan bei. Andererseits trifft er in der Schrift Réans *La guerre religieuse déclarée aux laïques par un professeur de grand séminaire* auch auf Irregeleitetes, so etwa, wenn da behauptet wird, dass Papst und Kirche in verschiedenen Bereichen der Ökonomie und Wirtschaft keine Ansprüche geltend machen können und dass der italienische Einigungsprozess politisch zu begrüssen sei.[180] Dabei gehe Réan dann doch entschieden zu weit. Weil aber die Auseinandersetzung nur lokal Kreise ziehe, das Buch in französischer Sprache im Aostatal topografisch auch wie festgezurrt sei, reiche es aus, wenn der Bischof sich der Sache annimmt und auf der Ebene seines Bistums über einen (nun) geeigneten Kleriker eine passende Antwort veranlasst. Man würde sonst einer Sache eine zu grosse Bedeutung beimessen. In einem darauf folgenden kurzen Zweitgutachten wird dieser Standpunkt von Dehon bekräftigt.[181]

Nach diesen in unterschiedlichen Graden und Ausmassen wohlgesonnenen und gewogenen Voten zu Jounet, Loutil und Poulin sowie Réan rund um die Jahrhundertwende findet sich eine Lücke in Dehons Tätigkeit für den Index von etwa 4 Jahren. Der Hiatus ist aber nicht nur ein zeitlicher, sondern hat auch eine inhaltliche Seite. Denn die Dehon vorgelegten Bücher und auch seine Zensuren werden im Pontifikat von Pius X. einen anderen Charakter tragen, zudem divergiert das Anforderungsklima. Der Ton wurde schärfer, es weht ein anderer Wind. Die hier konstatierte Lücke hängt eng mit den Umwälzungen in Frankreich zusammen, die Schule machen. Die Verhältnisbestimmung von Religion und Politik änderte sich fundamental, was Dehon am eigenen Leib zu spüren bekam. Seine Kongregation wurde des Landes verwiesen, und die Besitztümer wurden

---

[180] An anderen Stellen dieser Arbeit ist zu ersehen, dass Dehon von diesen Postulaten gar nicht so weit entfernt ist, denn in der Zinsfrage gesteht er letztlich dem Staat über den «titulus legalis» eine gewisse Autonomie zu (vgl. Kapitel III) und in seiner Schrift von 1908 wird der italienische, nationale Einigungsprozess – abseits der «Römischen Frage» natürlich – doch positiv zur Kenntnis genommen (vgl. Kapitel IV).

[181] ADR B 118, Archivstücke Inv. Nr. 1183.04-06. Voten und Brief vom 01.02.1902 (in dem Dehon ausführt, dass es sich bei Réan um Attacken auf die kirchliche Autorität handelt, vgl. dazu das digitale Gutachten unter ACD 9020022).

enteignet. Nach der römischen Anerkennung der Kongregation wurden Dehon als Oberen eines gefestigten Ordensinstituts dann neue Aufgaben übermittelt.

Die Gutachten dieses zweiten Peaks in Dehons Gutachtertätigkeit liegen wieder in italienischer Sprache vor. Nach seinen ersten, nun soeben dargestellten Zensuren, werden diejenigen, die sich auf Schriften der Jahre 1906-1912 beziehen, einen zweiten, wie eigenen, Block bilden. In ihm stehen meist Werke von Priesterfiguren im Fokus, die unter Pseudonymen – was Dehon übrigens als sehr störend empfindet – publizieren und sich an den Rand einer Institution manövrieren oder dorthin manövriert werden. Diese, nennen wir es: Phase II endet mit der Indizierung des Werkes von Abbé Jules Claraz zu Fragen der Priesterehe, bevor Dehon dann, aus starker eigener Initiative heraus, mit der Begutachtung der Werke Charles Maurras' mit dem ganzen Erfahrungsschatz eines 70jährigen vor dem Ausbruch des grossen Kriegs einen Endpunkt in der Tätigkeit am Index setzte. Dieser stellt aus heutiger Sicht wohl auch einen Höhe- und Endpunkt seines Wirkens dar.

Phase I: «Tastender Beginn» (1897-1902)	Phase II: Höhepunkt Modernismuskrise (1906-1912): «Identität nach Innen»	Phase III: Blickfeld Frankreich – Religion und Politik, Charles Maurras (1913): «Identität und Integrität nach Aussen»
(1) *Albert Jounet*, La Résurrection (1897) (2) *Louis Poulin/Edmond Loutil*, Conférence de Saint-Roch (1899) (3) *Anselme Réan*, La Guerre religieuse déclarée aux laïques (1901/1902)	(4) *Jean Le Morin*, Vérités d'hier? (1907) (5) *Albert Houtin*, La Crise du Clergé (1907) (6) *Pierre Saintyves*, La réforme intellectuelle du clergé/Essais de mythologie chrétienne (1907) (7) *Ferdinand Hamelin*, Le journal d'un prêtre (1907) (8) *Jihan de Dannefay*, Les leçons de la défaite ou la fin d'un catholicisme/Vers l'unité de croyance/Le catholicisme de demain (1909) (9) *Jules Claraz*, Le Mariage des Prêtres (1912)	(10) *Charles Maurras*, Opera Omnia (1913), daneben auch Sammelwerke, die Maurras gemeinsam mit Henri Dutrait-Crozon und Joseph Paul Boncour verlegte.

Schema 4: Die zehn Gutachten Dehons in seiner Tätigkeit am Index; Schwedt/Wolf[182] zählen 14 Gutachten, weil sie die Gutachten zu Réan in zwei trennen, und auch das Sammelgutachten zu Maurras auf drei Teile aufspalten; das deswegen, weil neben Maurras gemeinsam mit ihm tätige Mitherausgeber betroffen waren. Dieses 52-seitige umfangreiche Sammelgutachten wird in vorliegendem Schema sowie im Haupttext als eines betrachtet.

3.6.1 Am Höhepunkt der Modernismuskrise – Fragen der Priesteridentität, aber auch mehr...

Dieser Zeitraum, der vom Pontifikat Pius' X. geprägt ist, umfasst sechs Gutachten Dehons. Oder es sind deren sieben, wenn man die ausführliche Denunziation bzw. Anzeige Dehons von *Le clergé contemporain et le célibat*[183] hinzuzählt. Sie kommt in Umfang und Inhalt einem Votum gleich. Allgemein wird in dieser Zeit Dehon als Denunziant aktiv: So ist 1907 das Jahr, in dem in den Mo-

---

[182] PRII, 1, 450-452.
[183] Vgl. dazu ADR B 118, Inv. Nr. 1183.17 (ACDF, Index, Protocolli, 1910-1911, 208), «Abbé Dolonne [= abbé Doussier], Le clergé contemporain et le célibat» (vgl. auch ACD 9020034).

naten November und Dezember Dehon die allermeisten seiner Denunziationen zu als problematisch erachteten Büchern an die Adresse des Index, d.h. dessen Sekretariat, vornimmt. Es ist dies ein Weg, den er in der oben so bezeichneten Phase I noch nicht beschritten hat. In dieser hatte er in einem konkreten Fall sogar, wie wir sahen, sich einem – äusserst vorsichtigen und reservierten – Denunzianten entgegengestellt.

Auffällig ist auf den ersten Blick der beinahe durchgehend anzutreffende Bezug der zur Diskussion stehenden Werke der Phase II auf das Priestertum. «Die Sorge um die Ausbildung und Formung des Klerus ist immer eine der grundlegenden Anliegen P. Dehons gewesen. [...] Status und Zukunft des Priesters stehen zugleich im Zentrum der Krise.»[184] War so Dehon für diesen Bereich quasi ein Experte? Für Saintyves' Rekurs auf staatliche Instanzen zur Förderung der Qualität in der Priesterausbildung bringt Dehon, weil ausserhalb des kirchlichen Raums angesiedelt, wenig Verständnis auf,[185] den Roman von Ferdinand Hamelin, der von einem Priester ohne eigentliche Berufung handelt, schätzt er als tendenziös, verzeichnend, literarisch gut gemacht und gerade deshalb als gefährlich ein.[186]

Am Höhepunkt dieser so genannten Modernismuskrise plädierte Dehon nun ohne Ausnahme auf Indizierung bzw. Missbilligung, wie im Fall von Houtin schon vorher angedeutet worden war. In Zusammenhang mit Houtins Werk wurde von Dehon zwar schon auf die mögliche Unwirksamkeit einer solchen Verurteilung verwiesen. Es lag auch schon eine allgemeine Verurteilung dieses wichtigen, dem Modernismus zugerechneten Exponenten vor, der auf den Spuren der Bollandisten Legendäres von historisch Fundiertem scheiden wollte. Aber Houtin ging dann noch viel weiter. Mit seinen Positionen war er zusammen mit Alfred Loisy (1857-1940) schon verurteilt worden. Daher konnte ein *disprezzo* Dehons diese Verurteilung nur mehr prinzipiell bestätigen.

---

[184] Prévotat, Leone Dehon e la questione ebraica, 118-119: «La preoccupazione della formazione del clero è stata sempre una delle principali preoccupazioni di p. Dehon. [...] Lo statuo e l'avvenire del sacerdote à al centro della crisi.» Für die erste Aussage bezieht sich Prévotat dabei auf den Herausgeber des Sammelbandes und Dehons Biografen Ledure, vgl. Yves Ledure, Le Père Léon Dehon, 1843-1925. Entre mystique et catholicisme social, Paris 2005, passim.

[185] Hinter dem Pseudonym Pierre Saintyves' verbirgt sich Émile Nourry (1870-1935). Im Gutachten Dehons zu Saintyves Werke (ADR B 118, Inv. Nr. 1183.12) wird auch die Ablehnung Kant'scher Philosophie (S. 3), sowie der historisch-kritischen Methode (S. 3) bekräftigt. Beiden wird ein unzulässiges Autonomie-Bestreben zugerechnet. «Tutte le opere dello pseudonymo Saintyves sono perfide.» (S. 4) (vgl. auch ACD 9020031). Nourry, Verleger und Publizist, beschäftigte sich intensiv mit der Folklore in Frankreich und war darin an manchen Punkten bestrebt, diese auf pagane Wurzeln zurückzuführen – eine andere Form des Kulturkampfes.

[186] ADR B 118, Inv. Nr. 1183.15, Gutachten zu Ferdinand Hamelin, S. 2: «Il libro è molto più pericoloso, perché scritto in uno stile attraente. Sarà fatto da qualche discepolo di Sabatier, à parente a quel gruppo di protestanti modernisti, che si sforzano di trarre i giovani preti nelle loro reti.» (vgl. auch ACD 9020030). Auguste Sabatier (1839-1901) war ein bedeutender protestantischer Theologe und Pastor, zuerst in Strassburg, dann in Paris, wo er wegen der Gründung einer protestantischen theologischen Fakultät zu Ansehen gelangte.

Die ablehnende Dezidiertheit Dehons war in der ersten Phase nicht gegeben und wird auch im dritten, komplexen Block sich später unterschiedlich zeigen. Da werden die Bücher Maurras' wahrscheinlich auch auf Wunsch des Dominikanerpaters Esser hin eine gestufte Behandlung und Beurteilung finden. In Phase II sind die Urteile jedoch ohne Ausnahme negativ, manche sogar drängend-dringlich formuliert.[187] Mag es auch daran liegen, dass die Druckwerke des Zeitabschnitts rund um die Jahrhundertwende kirchlich gesehen weniger wichtig waren, und Dehon mit der Zeit immer zentralere Aspekte – zumindest aus der Sicht der Institution – übereignet bekam, so ist es doch symptomatisch, dass die expliziten Verurteilungen sich im Zeitraum 1907-1910 verdichten. Hängt dies dann einerseits mit Dehons gefestigter Position, und andererseits auch seinem stärker von Ambivalenz gezeichneten Bezug zu Frankreich, einer bestimmten Distanzierung also, zusammen? Dabei ist aber Prévotats Urteil zuzustimmen und zu berücksichtigen, dass Dehon seine Gutachtertätigkeit durchgehend ausgewogen wahrgenommen hat, und inhaltlich muss Christian Sorrels Einschätzung beigezogen werden, dass gerade die Frage des Zölibat, der in dieser Phase einen wichtigen Platz in Dehons Arbeit für den Index einnimmt, für den französischen Raum jedoch nicht im Zentrum der Auseinandersetzung mit dem Modernismus stand.[188]

Insoweit steht Dehon also mit seiner Arbeit dann wieder nicht ganz im Brennpunkt der Modernismuskrise, obwohl er auch viele doch wesentliche Bereiche, von der Bibelkritik hin zur historischen Kritik religiöser Traditionsbestände wie die der Autonomie der Wissenschaften und der Fragen kirchlicher Autorität, und Schlüsselfiguren wie Loisy, aber auch seinen alten Bekannten Mignot streift. Alle Gutachten Dehons und die zugehörigen Druckwerke zu durchforsten und einzubetten, käme einer Studie gleich, die eigener Buchdeckel bedürfte. Deswegen wird an dieser Stelle nur kursorisch auf die zensurierten Werke der Zeit von 1908-1912 eingegangen, und es wird mit dem Gutachten zu den unter dem Pseudonym Jéhan de Bonnefoy verfassten Werken ein bewusst gesetzter, ausgewählter Schwerpunkt geboten, der Dehons Konflikt mit dem liberalen Katholizismus seiner Zeit auf den Punkt bringt. Die lebensgeschichtliche Perspektive und die der Rückbindung an Dehons eigenen innerkirchlich-römisch-institutionellen Werdegang soll dabei nicht ganz vernachlässigt werden.

Im Januar 1909 wurden drei Werke des Joseph Brugerette (1863-1943) auf den Index gesetzt. Die publizistisch-intellektuelle Tätigkeit dieses Priesters aus

---

[187] Vgl. ADR B 118, Inv. Nr. 1183.07, Gutachten zu Jean Le Morin, S. 14, wo eine Verschärfung der Tonlage mit einer nicht gerade verschärften Reflexion eingeht und der Aspekt der Dringlichkeit bedient wird: «Insomma, è un'opera di mala fede ed un libro molto pericoloso. La sua pronta condanna mi sembra necessaria.» (vgl. auch ACD 9020025).

[188] Vgl. Christian Sorrel, Libéralisme et modernisme. Mgr Lacroix (1855-1922). Enquête sur un suspect, Paris 2003, 427, dort auch Fussnote 3.

der «École de Lyon»[189] kam so vorerst an ein Ende. Von diesem Zeitpunkt an fand Brugerette bis zu seinem Lebensende in einer kleinen Pfarrei in Thiers Auskommen und Arbeitsfeld.[190] Nach der Bekundung seiner Unterwerfung unter diese doktrinäre römische Entscheidung war er in seine Heimatdiözese Clermont zurückgekehrt: War es diese Wüste bzw. diese Einsamkeit, von der Dehon im November 1882 sprach, dass er in sie sich absetzen werde, wenn die Kirche ihm das Vertrauen in sein grosses Projekt entzieht? Für Brugerette war also ein Weg zu Ende, wurde die Wüste konkret. Der kirchenhistorisch versierte Priester, der sich für entscheidende Schnittstellen der Papstgeschichte interessierte[191] und der sich dem *Comité Catholique pour la Défense du Droit* und sogar der progressiven *Ligue des Droits de l'Homme* angeschlossen hatte, war in den Ruf eines «prêtre démocrate», ja mehr noch, eines «prêtre dreyfusard»[192] geraten.

Brugerette setzte sich wegen der Erfahrungen in der Dreyfus-Affäre für einen «weiten, offenen Katholizismus» ein.[193] Das ist im Gutachten Dehons gespiegelt gut zu erkennen. Der Generalsuperior der Herz-Jesu-Priester führt die Weite dann aber einer anderen Beurteilung zu. Brugerette war von antirömischen und antiklerikalen Ideen geprägt, die bis dahin reichen, im sozialen Katholizismus einen verlängerten Arm eines päpstlichen Herrschaftsanspruchs für Frankreich zu sehen.[194] Oder anders formuliert: Ultramontanismus und Klerikalismus waren ihm abhold. Wegen seiner liberalen bzw. als modernistisch erachteten Dispositionen konnte Brugerette in Lyon zunehmend kein materielles Auskommen mehr finden, der Bischof schränkte seine Tätigkeiten ein. Es wurde Brugerette das *Celebret* entzogen, und er ist, nach Publikation und Verurteilung seiner drei Bücher, woran Dehon massgeblichen Anteil hatte, 1909 von Lyon aus «leise» in seine Heimatdiözese zurückgekehrt und dort wieder in den kirchlich-pastoralen Dienst getreten, wie wir schon hörten. Brugerette tat dies nach eigenem Bekunden aus materiellem Antrieb, aber auch aus tiefster Überzeugung, um sein Wir-

---

[189] Louis-Pierre Sardella, L'abbé Brugerette, du publiciste à l'historien. Parcours d'un moderniste repenti ou d'un réaliste pragmatique, in: Annette Becker/Frédéric Gugelot/Denis Pelletier/Nathalie Viet-Depaule (Hg.), Écrire l'histoire du christianisme contemporain, Paris 2013, 77-88.

[190] Vgl. Sorrel, Libéralisme et modernisme, 432. Brugerette hat aber weiterhin zur Feder gegriffen, jedoch in anderen Kanälen und Bereichen. In die Zeit seiner Tätigkeit als Priester einer Arbeiterpfarrei fallen seine pastoral-philosophischen Schriften bzw. wohl eher Anthologien der Reihe «Philosophie Chrétienne de la Vie», z.B. Joseph Brugerette, Les Enfants que l'on pleure. Consolations pour ceux qui restent, Paris ⁶1932.

[191] Vgl. z.B. seine bezeichnenden Papststudien zu Gregor VII. und Innozenz III.: Joseph Brugerette, Grégoire VII et la Réforme du XIᵉ Siècle, Paris ⁴1908, und Joseph Brugerette, Innocent III et l'Apogée du Pouvoir Pontifical, Paris ⁴1908. Wegen seiner kirchenhistorischen Fähigkeiten und Kenntnisse wurde er auch nach Lyon berufen.

[192] Vgl. Pierre Pierrard, Les Chrétiens et l'affaire Dreyfus, Paris 1998, 149-153 (zum Comité Catholique; dort auch Bezug zu Abbé Félix Klein, der als «Amerikanist» und «Modernist» abgestempelt, von Dehon auf seiner Weltreise rezipiert wurde), 186-190 (zu Brugerette), 186 (oben verwendetet Bezeichnungen), sowie 187 dessen kurzzeitige Idee, nach Amerika auszuwandern.

[193] Vgl. dazu L'Abbé Henri de Saint-Poli (=Joseph Brugerette), L'affaire Dreyfus et la Mentalité Catholique en France, Paris 1904.

[194] Vgl. Sardella, L'abbé Brugerette.

ken auf anderen Wegen weiter zu führen – ohne wie etwa Albert Houtin mit der Kirche zu brechen, denn diesen «Gefallen» wollte er der anderen, intransigenten Seite nicht tun. Die Kraft progressiver Einstellungen in der Kirche sah er zunächst an ein Ende gekommen. Überwinterung in der Wüste war angesagt. Brugerettes geistiger Horizont und historiografischer Impetus zeigte sich später nochmals in den 1930er Jahren erschienenen drei prämierten Bänden zu *Le Prêtre Français et la Société Contemporaine*, die an einigen Stellen auch kurz auf Dehon und seine sozialen Akzente Bezug nehmen.[195] Es ist nicht bekannt, dass Brugerette seine Gutachter und über seinen Lebenslauf mitentscheidenden «Richter» in Rom kannte.

Wie sieht es nun aber mit den indizierten Werken genauer aus? Das gedruckte, aber undatierte Gutachten Dehons zu den drei bei der Index-Kongregation zur Überprüfung anstehenden Werken ist vor dem 4. Januar 1909 erstellt worden, denn an diesem Tag wurden Brugerettes Werke *Les leçons de la défaite ou la fin d'un catholicisme*, *Vers l'unité de croyance* und *Le catholicisme de demain* gebranntmarkt. Die schon von den Titeln her aussagekräftigen, 1907 und 1908 gedruckten Werke sind unter dem Pseudonym Jéhan de Bonnefoy erschienen. Wer als Autor dahinter steckte, war aber schon bald bekannt geworden. Vielleicht sind es diese drei Bücher, die Dehon von Pater Esser OP, dem Sekretär der Indexkongregation im März 1908 zur Zensur überreicht bekam, wovon Dehon in seinen autobiografischen Notizen kurz und lapidar anmerkt, dass das nun schon etwas Arbeit bedeute, aber er an Pflicht und Dienst an der Kirche nicht nachstehen wolle.[196] Dehon, der besonders wegen der Verwendung eines Pseudonyms für den Verfasserpriester eine verschärfte Gangart forderte solche «Falschheit» schätzt Dehon nicht, fragt aber zugleich nicht danach, warum dies überhaupt so praktiziert wurde –, wird die Bände durchgehend missbilligen. Er zieht dazu den Modernismus-Begriff als Keule bei:

«Im Gesamten handelt es sich um modernistische Kleinschriften. Sie loben und preisen einen Katholizismus der Weite, einen ausnehmend weiten, einen Katholizismus, der sich entwickelt hat und der voranschreitet, einen, der fähig ist, in seinem Bereich allen Menschen guten Willens aus allen Religionen Asyl zu gewähren.»[197]

Wenn sich die Fälle vielleicht auch schwer vergleichen lassen, so hat Dehon 1897 für Jounet und seine Zeitschrift «bona fide» geltend gemacht. Bei diesem

---

[195] Vgl. Joseph Brugerette, Le Prêtre Français et la Société Contemporaine, Bd. 1: La Restauration catholique (1815-1871), Paris 1933; Bd. 2: Vers la Séparation de l'Église et de l'État (1871-1908), Paris 1935, 376-410 (L'Apostolat de la Démocratie chrétienne); Bd. 3: Sous le régime de la Séparation. La reconstitution catholique (1980-1936), Paris 1938.

[196] NQT 24/17: «Le Père Esser me donne encore trois volumes à examiner, c'est de l'ouvrage. Mais si je puis être utile à l'Église!».

[197] ADR B 118, Inv. Nr. 1183.16 (= ACDF Index, Prot. 1908-1909, Nr 153), Votum zu Jéhan de Bonnefoy, S. 1: «Nell'insieme sono opuscoli manifestamente modernisti. Esaltano un cattolicismo largo, larghissimo, un cattolicismo evoluto e progressista, capace di dare asilo agli uomini di buona volontà di tutte le religioni.» (vgl. zum Text auch ACD 9020032).

Autor, der den «guten Willen/Glauben» sogar, obschon nur als Pseudonym, im Namen trägt, hat Dehon in dieser Hinsicht ein Jahrzehnt später schon weniger Verständnis. Das kirchliche Klima hat sich geändert, aber es sind auch andere Ansprüche, die hier auf den Tisch gelegt werden, und dabei ist zu fragen: Ist Dehon schon ein wenig der Tatsache verlustig gegangen, dass seine eigenen Probleme mit römischen Institutionen noch nicht so weit zurück liegen? Vergleichen wir mit den Gutachten von Ende der 1890er Jahre, so könnte eine solche Hypothese durchaus aufgestellt werden. 1907 ist Dehons Position und die seiner Kongregation gefestigt. Da lässt es sich anders auftreten – dazu sind die Anschuldigen von grosser Härte, und das Bewusstsein macht sich breit, dass es um viel gehe.

Laut Bonnefoy sei Christus, so stellt Dehon dies dar, der erste der Antiklerikalen gewesen, er hätte auch gesagt, dass sein Reich nicht von dieser Welt sei, sodass sich die Kirche nicht in politische und soziale Fragen einzumischen habe. Dabei wird nicht nur Dehons ihm sehr wichtiges Gottesreich-Konzept massiv in Frage gestellt. So kann Dehon nur die Häresie des Liberalismus und den zweifelhaften Gallikanismus am Werke sehen, die ihm schon lange ein Dorn im Auge sind; und diese wolle die Kirche in sozialen Belangen mundtot machen. Bonnefoy spricht sich explizit gegen die Idee einer Staatsreligion (als paganer Idee) aus, aber auch gegen den römischen Zentralismus, im Speziellen gegen die Institutionen des Index' und des Sanctum Officiums.[198] In der Sache stellt Brugerette Bezüge zur Lyoneser progressiv-katholischen Zeitschrift *Demain* her, deren Mitarbeiter er ja war. Für Dehon ist der Angriff auf Rom in der im ersten Buch aufgestellten These darin greifbar, dass laut Bonnefoy – in einer eigentlichen Verdrehung des Sachverhalts – die Unklugheit der Päpste zur Separation von Staat und Kirche führte, wobei aber die «vinti invisible» «il Cristo ed il Vangelo» seien, «vinti per noi, non per i nostri avversari»[199].

Dieser Pirouetten-artigen Deutung zeitgeschichtlicher politischer Ereignisse in *Les leçons de la défaite ou la fin d'un catholicisme* kann Dehon insofern nichts abgewinnen, als sie sich offen gegen das Papsttum, und im Speziellen Pius X., wendet. Eine ähnliche apologetische Linie, das Papsttum in Schutz nehmend, hat Dehon kurz zuvor auch in seinem Werk *Plan de la Franc-Maçonnerie* breit ausgezogen.[200] Dass Brugerette, der selbst in der heissen Phase der III. Republik als einer unter wenigen französischen Priestern sowohl den Antiklerikalismus als auch den Antisemitismus zugleich in deren Gewalttätigkeit anprangerte,[201] in *Les leçons de la défaite ou la fin d'un catholicisme* das Verhalten der katholischen Eliten im Dreyfus-Skandal problematisiert, scheint Dehon weniger zu gefallen. Er belässt es als Gutachter aber grossteils bei Zitat und Kompilation, anstelle

---

[198] Später nochmals ADR B 118, Votum zu Bonnefoy, S. 4, S. 16.
[199] ADR B 118, Votum zu Bonnefoy, S. 4.
[200] Vgl. Kapitel IV dieser Arbeit.
[201] Vgl. Pierrard, Les Chrétiens, 150.

analytisch-synthetisch in die Tiefe zugehen. Das tut der Schärfe des Argumentation, weniger aber seiner Ablehnung Abbruch.

Das zweite für Dehon zu begutachtende Werk von Brugerette zielt auf eine Weitung des Katholizismus und wird in Form von Dialogen dargeboten. Diese Form war einer bestimmten, an Toleranz und Einheit orientierten, literarischen Gattung seit Ramon Lull oder Nikolaus von Kues nicht fremd. Da gibt es unter den Dialogpartnern einen «Judaisierenden», der dann auch, wie Dehon schreibt, der Kirche vorwerfe, dass sie sich «römisch» nannte und ausgestaltete.[202] Diese Enge müsse, so eine Botschaft des Buches, überwunden werden, Rom ist nicht die Welt – ein gewisser Gegensatz zu Dehon. Indem Dehon Zitate wie Perlen an eine Kette reiht, gibt er sein Unverständnis über die Inhalte kund und weiss auch schon um den positiven Resonanzraum seiner Leser, die ihm und seiner Abneigung dem Zitierten gegenüber wohl nur zustimmen konnten. Dem proklamierten dogmenfreien Katholizismus kann Dehon rein gar nichts abgewinnen. Der eruierte Modernismus wird als sich selbst fälschlich als Sonnenaufgang stilisierend und als eine Art naives Heilsversprechen dargestellt und gleichsam entlarvt.

Auch für das dritte zu behandelnde Buch mit dessen starkem Ausblick auf die Zukunft geht es für Dehon in derselben Tonart weiter. Wichtig ist ihm als Zensor dabei, auf funktioneller Ebene die Deutungshoheit über den Begriff des «Katholischen» zu behalten – für einen Gutachter und römischen Funktionär eine quasi natürliche Aufgabe, aber dennoch eine gewichtige und elementare Frage: Wen darf man katholisch nennen? Wem darf das Attribut abgesprochen werden? Bonnefoy strebt visionär auf einen Katholizismus zu, der die Exklusion exkludiert und (s)eine vermeintliche ursprüngliche Weite wiedergewinnt – Dehon setzt da andere Akzente: «Der Autor präsentiert uns von neuem seine Freunde, das ist der Katholisch-Liberale, der pessimistische Philosoph, der judaisierende Exeget und der modernistische Priester. Diese nennt er progressive Katholiken, obwohl sie doch wenig katholisch sind.»[203] Liberale Katholiken, halbe Katholiken!

Wo es um die liberalen Katholiken und ihren Gehorsam geht, lässt es sich Dehon nicht nehmen, an einer der wenigen Stellen, wo er nicht zitiert und exzerpiert, auf den «zweideutigen Gehorsam» («ubbidienza equivoca»[204]) liberaler Katholiken anzuspielen. Diesem Vorwurf war er – vor nicht allzu langer Zeit – selbst innerkirchlich, von Bischof Thibaudier bis hin zu Pater Cormier und anderen, ausgesetzt. Das literarische Spiel im Rahmen der Gattung eines «Toleranzgesprächs» mit vier fiktiven Teilnehmern ist des Weiteren von Interesse, weil es Dehon nicht als solches, als Fiktion, stehen lässt, sondern dahinter konkrete Personen und Positionierungen ausmacht und diese auch als «real» und für bare Münze in deren Aussagen annimmt. Das trifft besonders für das Schluss-

---

[202] ADR B 118, Votum zu Bonnefoy, S. 9.
[203] ADR B 118, Votum zu Bonnefoy, S. 12: «L'autore ci presenta di nuovo i suoi amici, cioè il cattolico-liberale, il filosofo pessimista, l'esegeta ebraicizzante ed il prete modernista. Li chiama cattolici progressisti, benchè siano poco cattolici.»
[204] ADR B 118, Votum zu Bonnefoy, S. 16.

kapitel des Buches *Le catholicisme de demain* zu, wo eine fiktive Papstaudienz mit Pius X. kurz vor der Veröffentlichung der Enzyklika *Pascendi* vermeintliche Nacherzählung findet: Ein am Modernismus orientierte Priester versucht dabei als Gast dem Pontifex Romanus seinen Standpunkt näher zu bringen. Der Papst findet dabei ironisierende Nachzeichnung, was nun Dehon zufolge gar nicht gehe (und wohl für einen Zensor in dieser Zeit gar nicht gehen kann!). So seien, laut Bonnefoy, die päpstlich-normativen Aussagen nur auf das jeweilige Pontifikat beschränkt und damit wird insinuiert, dass es in Zukunft Veränderungen geben werde und könne.[205]

Für den Papst wird ausgesagt, dass er das Hirngespinst des Modernismus über den Einfluss von drei oder vier fanatischen Mönchen sich angeeignet habe. Wenn Dehon diese Dinge hervorhebt, zitiert, dann wird sein ansammelnder Stil erkennbar, aber auch das Vertrauen darauf, dass dies für die Leser selbsterklärend und aussagekräftig ist, er sich also in einem Raum bewegt, wo die hervorgehobenen Sachverhalte eindeutig nach einem Eh-klar-Effekt mit Zustimmung aufgenommen werden. Das realisierte sich dann in der Verurteilung von Januar 1909 auch so.

> «Der Autor schliesst mit vier schönen Zeilen. Er singt das *Dominus conservet et vivificet eum...* Aber man weiss es ja, dass die Modernisten sich nicht von der Kirche trennen wollen. Sie praktizieren, so sagt es der Hebraisierende, einen zweideutigen Gehorsam. Sind nun diese drei Bändchen zu verurteilen? Das scheint mir ohne Zweifel so zu sein. Sie sind gefährlich und skandalös. In einer listigen und trickreichen Form, und mittels verführerischer Farben, legen sie alle Lehren dar, alle Irrtümer des Modernismus. Und dabei wenden sie alle heuchlerischen Verfahren an.»[206]

Ist Dehon also dem Gedanken zugeneigt, der in diesen Jahren Hochkonjunktur erlebte, dass die Feinde in die Kirche eingedrungen sind? Zumindest spielt er auf solche Ideen an und reproduziert sie. Soviel zu einem ausgewählten Schwerpunkt der Modernismuskrise, der Dehons dezidierte Haltung dem «Liberalen», für ihn vorgeblichen «Offenen» und «Toleranten» gegenüber zum Vorschein kommen lässt. Diese darf nicht aus heutiger Sicht beurteilt und auch der Funktionszusammenhang muss berücksichtigt werden. Dehon agiert an dieser Stelle system-

---

[205] In ähnlicher Weise hat Bf. Thibaudier viele Jahre vorher Dehon vorgeworfen, als sich dieser in der Verehrung des Herzens des Heiligen Joseph, obwohl diese noch nicht etabliert sei, darauf verlasse, dass künftige Päpste dies anders sehen werden. So lässt sich das Muster erkennen, dass wer auf Veränderungen unter einem künftigen Papst hofft, zugleich als illoyal hingestellt und delegitimiert wird – eine interessante mentalitätsgeschichtliche Facette eines ausgeprägten Papalismus, herabgebrochen auf eine Mikroebene, sei es die eines Gesprächs, sei es die eines, wie hier, fiktiv-literarischen Textes.

[206] ADR B 118, Votum zu Bonnefoy, S. 19/20: «[...] l'autore finisce con quattro belle righe. Canta il *Dominus conservet et vivificet eum...* Ma si sa che i modernisti non vogliono separarsi dalla Chiesa. Praticano, come dice l'ebraicizzante, l'ubbidienza equivoca. Sono da condannare questi tre volumetti? Questo non mi pare dubbio. Sono pericolosi e scandalosi. Esprimono in una forma astuta e sottile, e sotto colori lusinghieri, tutte le dottrine, tutti gli errori del modernismo. Ne seguono tutti i procedimenti ipocriti.»

stabilisierend, die gestalterische, auf Zukunft ausgerichtete Komponente ist weniger stark entwickelt, sein Antiliberalismus konsequent. Er war nun der, der «Nein» sagte, der die Einzäunung aufgleiste.

3.6.2 Politik und Religion in einer besonderen Konstellation – Charles Maurras' Verurteilung und Dehons Beitrag

Als Dehon ein letztes Mal als Gutachter am Index in Erscheinung trat, war er mit einigem Gegenwind konfrontiert. Sein aktiver Part in der römischen Untersuchung Maurras' politischer und literarischer Publikationstätigkeit zog die Gegnerschaft, zumindest aber den Widerspruch, von wichtigen kirchlichen Akteuren wie Pie de Langogne OFMCap (1850-1914), Joseph Lemius OMI (1860-1923), oder auch des «Glaubenswächters» Willem Marinus van Rossum CSSR (1854-1932) nach sich.[207] Bei einigen von diesen könnte es sich um die «fanatischen Mönche» handeln, von denen zuvor Brugerette sprach. Die drei waren nicht irgendwelche, randständige Köpfe, die Angelegenheit politisch brisant.

Allesamt unterstützten die genannten Ordensleute die *Action française*. Die beiden Franzosen Lemius und Sabadel, wie der Kapuziner Pie de Langogne mit bürgerlichem Namen hiess, traten direkt an den Papst heran, um ihn von der «Unmöglichkeit» und Befangenheit Dehons als Gutachter zu überzeugen.[208] Wie ein vertraulicher Brief Van Rossums im Archiv des Heiligen Offiziums vom 6. März 1901 zeigt, hatte dieser – neben den politischen – aber auch andere Bedenken in Bezug auf Dehon und seine Kongregation.[209] Aber Otto Weiß legt dar, dass Van Rossum – dem Gründer der Herz-Jesu-Priester diametral gegenüber – entschieden für die *Action française* eintrat, insbesondere im persönlichen Kontakt mit Pius X.[210]

Andererseits zeigte sich aber auch deutlich, dass die Mehrheit der Konsultoren und Kardinäle ähnlich wie Dehon dachten und tickten. Der Papst jedoch hatte eine starke Sympathie für Maurras, den Kopf der monarchistischen, antiliberalen und nationalistischen *Action française*, welche sich noch in der Dreyfus-Affäre konstituieren konnte. Diese Bewegung rekrutierte sich mehrheitlich

---

[207] Vgl. dazu instruktiv Otto Weiß, Der Glaubenswächter Van Rossum. Willem Marinus van Rossum im Heiligen Offizium und in der Indexkongregation, in: Spicilegium Historicum CSSR 58 (2010) 85-138, zum Maurras-Prozess v.a. 115-118; Prévotat, Les Catholiques et l'Action française, 174.

[208] Vgl. auch Claus Arnold, Der Antimodernismus unter Pius X. Von Alfred Loisy zu Charles Maurras, in: Historisches Jahrbuch 125 (2005) 153-168, v.a. 162-166.

[209] Vgl. ACDF 1884, Teil IV, Dokument 13: Brief Van Rossums, 06.03.1901: Da meinte der spätere Kardinal Van Rossum in einer «streng vertraulichen», etwas anschwärzenden Eingabe an das Hl. Offizium, dass er Ende der 1890er Jahre in Rom P. Kanters SCJ bei Exerzitien zu dessen Vorbereitung auf die Priesterweihe angetroffen habe, und dass dieser ihm sagte, dass die Kongregation «einen übernatürlichen Ursprung» hätte. Auch legte er nicht gerade ein gutes Wort für das Noviziat der Herz-Jesu-Priester in den Niederlanden ein, das ihm eher als Schule für künftige Aspiranten der Kongregation, denn als Noviziat erschienen.

[210] Weiß, Der Glaubenswächter, 117/118.

aus dem katholischen Umfeld und positionierte sich als Alternative zur antiklerikalen, liberalen und «neuen» französischen Republik, welche ihrerseits die Separation von Kirche und Staat durchgesetzt und eine klaffende Wunde aufgetan hatte. So war die Bewegung für viele Katholiken verführerisch attraktiv. Der Sarto-Papst wusste zwar um Maurras' zweifelhaftes Image und seine bedenkliche Agitation, hoffte aber, dass Maurras, der in einem katholisch-konservativen Umfeld aufwuchs und in einer katholischen Schule unterrichtet wurde, wiederum der katholischen Sache sich zuwenden würde.

Dem Ganzen ist vorauszuschicken, dass der genannte Pie de Langogne, Beichtvater von Pius' X. und daher in einem besonderen Naheverhältnis zum Papst, noch einige Jahre zuvor ein Gutachten für das Heilige Offizium angefertigt hat, das für Dehon positiv ausfiel. Die beiden Männer, Dehon und de Langogne, trafen sich 1906 auch nachweislich öfter miteinander. Es war die Aufgabe des Kapuziner-Gutachters beim Heiligen Offiziums, am Höhepunkt der Modernismuskrise die die soziale Frage in den Blickpunkt rückenden Publikationen Dehons am Ausgang des 19. Jahrhunderts und unter Leo XIII. sich näher anzusehen. De Langogne, den Dehon zumindest schon seit Ende der 1890er Jahre kannte[211] und den er kurz davor – was sichtlich nicht von Nachteil war – noch um die Unterstützung im Anerkennungsprozess seiner Kongregation gebeten hatte,[212] bezog sich auch explizit auf das Gutachten des Dominikaners Cormier. Dieses ist uns schon sehr gut bekannt.

In de Langognes Gutachten aber wurde Dehon vom im Raum stehenden Vorwurf, dem «Sozialismus» anzuhangen oder konkreter in die Fussstapfen eines

---

[211] Vgl. NQT 12/14, worin, für 1897, ein doch auch wertender Unterton herausdestilliert werden kann: «Chez les Capucins, le Père Général, Bernard d'Andermatt, est suisse. Il est en défiance contre les œuvres sociales par suite des échecs du Père Ludovic de Besse en France. Je vois aussi là le Père Pie de Langogne, très agissant, membre de plusieurs congrégations romaines. Les Capucins se regardent, paraît-il, comme l'aristocratie de l'Ordre. Ils se recrutent souvent dans une classe plus élevée que les Franciscains.» Bernard von Andermatt (1884-1908) war Generalminister der Kapuziner. Von Ludovic de Besse (1831-1910) wird im Kapitel III am Rande die Rede sein. Bekannt wurde er über Bankengründungen, der Kapuziner musste aber 1903 ins «Exil» nach Italien – von den Schwierigkeiten im Vorfeld spiegelt sich schon etwas in der Passage Dehons in den NQT.

[212] Vgl. ACDF 1884, Teil III, Dokument 24: Brief P. Dehons an P. Pie de Langogne, 10.02.1906, im Vorfeld der zu diesem Zeitpunkt noch harzenden Anerkennung (Automobil-Vergleich) und mit einer doch auch interessanten (entpersonalisierten) Deutung der Vorfälle von 1883/1884: «Je vous remercie d'avance pour tout ce que vous voudrez bien faire pour nous. Le jugement du Saint-Office de 1883 était d'ailleurs très doux pour nous. Il disait qu'on nous obligeait à recommencer sous un autre nom, non pas à cause de quelque faute personnelle, mais seulement parce que l'Œuvre paraissait fondée sur des révélations qu'on n'admettait pas. Nous sommes maintenant en panne comme une vulgaire automobile, espérons que vous allez nous remettre en route.» vgl. dazu auch NQT 20/20 sowie NQT 20/30. Auffällig ist dabei, dass Dehon hervorstreicht, dass das Werk nicht wegen persönlicher Fehler aufgehoben wurde, sondern wegen der vermeintlichen Offenbarungen. Daran sieht man, wie Interpretationen fliessend sich ausgestalten. In der ersten Zeit des ersten römischen Urteilsspruchs, also Ende 1883, sah Dehon dies anders, betonte eher die «fautes personnelles», um es mit einem Terminus aus diesem Brief von 1906 zu sagen.

Murrismus[213] zu treten, freigesprochen. Dehon sei kein (politischer) Modernist, so Anfang 1907 Pie de Langogne, dessen Oeuvre sei vielmehr geradewegs vorbildlich. Obwohl Dehon sich manchmal zu stark auf Abbé Naudet beziehe.[214] Dehon kann, laut Sabadel, so ein vorbildliches Beispiel für die Christliche Demokratie abgeben, wie denn die Nähe zu Rom zu suchen sei – ohne dabei auf Irrwege zu geraten. Trotzdem bleibt gewisse Kritik haften, die aber keine unmittelbare Auswirkungen für Dehon hatte: Denn der Prozess der «Überprüfung Dehons» wurde nach diesem Gutachten gestoppt. Es blieb der Makel hängen, dass Dehon sich einmal nicht um ein *Imprimatur* seiner Werke bemüht hatte und sich somit der Vorzensur entledigt habe. Ein von Cormier her aufgenommener Faden wird dabei weitergesponnen, obschon er nun sehr dünn, ja rissig, geworden ist: Dehon sei ein wenig widerspenstig, sein Gehorsam wendig, seine Unterordnung auch wegen seines Aktivismus nicht ganz perfekt. Pie de Langogne meinte dann aber auch, dass dies alles nicht gravierend sei.

Nichtsdestotrotz stiess gerade die Wertschätzung der Republik 1907 bei Langogne auf gewisse Kritik:

> «Was die politischen Direktiven anbelangt [die Dehon über Papst Leo XIII. vermittelte, DN], so könnte einer an Dehon den Vorwurf herantragen, den so viele andere verdienen: nämlich in der Enzyklika an die Franzosen ein unbegrenztes Lob für die Republik zu sehen, in der Form, wie sie beschaffen war; und aus einer einfachen disziplinarischen Verpflichtung, um ein Ziel zu erreichen – eine solche erlegt die sehr weise ausgeführte Enzyklika auf –, eine endgültige Verpflichtung einer vollständigen und unwiderruflichen Zuneigung zur vorher genannten Republik zu machen.»[215]

Die politische Verwerfung sitzt also tief. Es ist nicht falsch zu sagen, dass sie dem Potential für Dissens im religiösen Bereich in seiner Virulenz um nichts nachsteht. Wir müssen das Dokument im Kontext der christlichen Demokratie verorten, die Langogne als Gefahr wahrnimmt, aber gerade in der Form, wie Dehon sie abgefedert praktizierte, gutheissen kann. Die Wehen des Ralliement wirken lange nach, Leo XIII. ist ein Stolperstein in der Rezeption.

Einige Jahre später wird sich die Meinung des Beichtvaters Pius' X., bezüglich Dehon ändern, das Blatt wenden. Es steht nun etwas Anderes auf dem Spiel. Dehon, der sich aktiv bemüht, in Rom gegen die *Action française* vorzugehen,

---

[213] Romulo Murri (1870-1944), dem Sozialismus und der Demokratie offener Priester, wurde einige Zeit nach diesem Gutachten de Langognes suspendiert, 1909 sogar exkommuniziert. Noch unter Leo XIII. stand Dehon mit Murri in Kontakt.

[214] Paul Naudets (1859-1929) Wochenzeitschrift ‹La justice sociale› wurde 1908 kirchlich verboten.

[215] Vgl. ACDF 1884, Teil V, Dokument 2: Gutachten von P. de Langogne OFMCap, 25.01.1907, hier S. 5: «Per le direzioni politiche, taluno potrebbe fare al P. Dehon il rimprovero che tanti altri han meritato: cioè di vedere nell'Enciclica ai Francesi, l'esaltazione illimitata della Repubblica tale quale era; e di fare, di un'obbligo meramente disciplinare ad finem obtinendum, quale l'impose sapientissimamente la sullodata Enciclica, un'obbligo definitivo di completa ed irrevocabile divozione alla sudetta Repubblica.» Bezeichnend ist auch, dass für das Werk «La Rénovation sociale chrétienne» von Pie de Langogne gerade die dritte Römische Konferenz zum Judentum als besonders lobenswert hervorgehoben wird, als reich an sehr interessanten Zahlen und Daten (ebd., 5).

und Denunziationen, also Anzeigen von diesbezüglichen Büchern an die Adresse des Index vornimmt, wird vom Kapuzinerpater in dieser Angelegenheit als unge-eigneter Kandidat für den anstehenden Begutachtungsprozess angesehen – wohl im Wissen, in welche Richtung die Zensur Dehons gehen würde. Dehon steht hier in einem lange andauernden und erst nach dem Krieg und seinem Tod ab-geschlossenen Prozess, nämlich der Verurteilung der *Action française* von Seiten Roms. Als römischer Sachverständiger auf der Achse Paris-Brüssel-Rom sieht er bei dieser Bewegung, die heute manchmal als faschistische Vorläuferbewegung, zumindest aber als fundamentalistische, rechtspopulistische und französisch chauvinistische Organisation gesehen wird, einen Neopaganismus am Werk. Er macht insbesondere auf die Instrumentalisierung eines Teils der katholischen Kirche Frankreichs durch die *Action française* aufmerksam, wie es noch darzu-tun sein wird.

Dehon musste enorm viel an Zeit und Energie investieren, diese Arbeit um-zusetzen; obgleich es ihm offenkundig auch ein (Herzens-)Anliegen gewesen ist, dies zu tun. Anders als etwa bei Jehan de Bonnefoy, wo ihm die Arbeit – trotz klarem Urteil – ein wenig unangenehm schien, war für ihn diese Sache, diese französische Angelegenheit, von höchster Bedeutung und lebensgeschichtlich nahe und vertraut. Eher als die Kirche betraf die Sache die Politik. Es war auch ein Feld, wo Dehon auf sicherem, festem Boden stand, was in anderen (theolo-gischen) Kontexten in dieser Hinsicht wohl nicht gesagt werden kann. Dehon war 1913 offenkundig um eine kirchlich herzustellende Ausgewogenheit *in politicis* bemüht: Den linken Rand rund um Marc Sangnier (1873-1950) hätte man, zur Freude und unter Applaus der *Action française*[216], beschnitten, zurück-gestutzt und bereinigt; was geschieht nun auf der anderen Seite des politischen Spektrums? Werden hier die nötigen Zügel ebenso angezogen? Dehons Brief vom 25. Juli 1912 an P. Esser, den Sekretär der Indexkongregation, bringt das klar auf das Tapet:

> «Glauben Sie nicht, dass in Fragen der ‹Action française› etwas unternommen werden muss? Es handelt sich in Frankreich um einen beachtlichen Skandal. Da gibt es Ordensleute und Priester, die sich mit Atheisten im Versuch, die Monarchie wiederherzustellen, verbünden. Der Heilige Stuhl hat Marc Sangnier vorgeworfen, ein wenig mit den Protestanten geflirtet zu haben. Der ‹Action française› lässt man alles durchgehen.»[217]

---

[216] Vgl. Denis Lefèvre, Marc Sangnier. L'aventure du catholicisme social, Paris 2008, 133-142, v.a. 139; Jean-Marie Mayeur (Hg.), Le Sillon de Marc Sangnier et la démocratie sociale, Besançon 2006.

[217] Brief P. Dehons an P. Esser OP, 25.07.1912 (in: ADR B 118, Inv. Nr. 1183.20, aus den Bestän-den des ACDF, auch ACD 9020037): «Ne pensez-vous pas qu'il y a quelque chose à faire, pour l'‹Action française›? C'est en France un scandale considérable. Il y a là des religieux et des prêtres qui s'allient à des athées pour essayer de ramener la royauté. Le Saint-Siège a reproché à Marc Sangnier de flirter un peu avec les protestants. On laisse tout faire à l'‹Action française›.» Die PP. de Besse, den Dehon an anderer Stelle auch als einfältig bezeichnet, und Georges de Pas-cal (geb. 1865) werden als «Kollaborateure» der ‹Action française› namentlich genannt, aber auch Stimmen in den ‹Études› der Jesuiten und der ‹Université catholique›. «Il se fait en France un

Dem Inhalt nach weist dieser Brief schon deutlich in die Richtung von Dehons späterem Gutachten, das er im darauffolgenden Jahr verfertigt. So nennt er
etwa den Jesuiten Pedro Descoqs (1877-1946), dem er Parteigang für Maurras
vorhält. Descoqs betrieb, wie es jüngst Peter J. Bernardi aufzeigte, in den *Études*
bei aller Differenzierung eine regelrechte Apologie für eine Zusammenarbeit der
katholischen Kirche mit der Bewegung um Charles Maurras, indem er das
sozialkatholisch restaurative, antiliberale Programm eines René La Tour du Pin
in die versöhnliche Mitte stellte. Darauf aufbauend sollte ein Kompromiss möglich sein, der der Kirche eine Wiederherstellung des alten Zustandes erlauben
würde.[218] Dehon sah dies anders als Descoqs und die allermeisten französischen
Jesuiten der Pariser Provinz in der Zeit, deren Sprachrohr *Études* war.

Sollten wir nun im auf den Mai 1913 datierten Gutachten, das Dehon rund um
seinen 70. Geburtstag erstellte, so etwas wie ein reifes Alterswerk Dehons im
Raum der Kirche und zugleich auf dem Feld der Politik sehen? Vieles spricht
wohl für eine solche Qualifizierung. Das Dokument schreibt sich auch in Dehons
eigenen, weiter zurückliegenden politischen Wandel ein und reflektiert ihn nachgerade. Denn die Monarchie als mystische Grösse ist in diesem Gutachten bei
Dehon weitgehend verblasst. Dehon will zeigen, dass die *Action Française* eine
politische Restauration im Sinne hat, die für Katholiken im Allgemeinen und
Priester im Speziellen eigentlich unannehmbar ist. Die Kirche als Institution
müsse dafür sorgen, dass die Katholiken für eine von Maurras entworfene Monarchie, der er wohl als erster Minister dienen wollen würde, nicht gewonnen
werden können: Hier brauche es Schutzmassnahmen, diverse Schutzriegel!

Dehon ist insbesondere davon aufgerüttelt, dass sich Priester im Zuge dieser
Bewegung politisierten, wie es schon der Brief an P. Esser zeigte. Die Vorstel-
lungen einer Monarchie im Umfeld Maurras' seien weit davon entfernt, christ-
lich zu sein. Maurras als Positivist einer Comte'schen Prägung lehne sogar einen
Deismus à la Voltaire ab. Selbst der Aufklärer ist Maurras noch zu klerikal!
Priester dürften also nicht für dieses Projekt gewonnen werden, welches das
Christentum als asiatische Ansteckung bzw. Krankheit verstehe – Hugues Rebell
(1867-1905) kommt dabei als verstorbener Mitstreiter Maurras' und Nietzsche-
Exponent in den Blick Dehons. Der Katholizismus würde von den Anhängern
der *Action française* als ein halbiertes Christentum angesehen – er sei für die
Exponenten dieser Richtung nur eine französisch-nationale Religion, in die man
hineingeboren worden wäre.

Für Maurras ist eben das Politisch-Autoritäre, die ordnende, aristotelische
Struktur, die definierende Moral am Katholizismus interessant, er setzt dabei den
Staat über die Religion. Dehons Konzept der Verschränkung von Religion und

---

grand mal par cette campagne de l'Action française. Quelques évêques même paraissent séduits
par Maurras. Il me paraît urgent que le Saint-Siège agisse.»

[218] Peter J. Bernardi, French Jesuits and Action Française, in: «The Tragic Couple». Encounters between Jews and Jesuits, hg. von James Bernauer/Robert A. Maryks (Studies in the History of
Christian Traditions 169), Leiden/Boston 2014, 183-202, hier v.a. 188-194.

Staat ist hier völlig anders gelagert. Warum suchten nun die Anhänger der *Action française* ihrerseits die Nähe zur Kirche, fragt sich Dehon? Was treibt sie an? Dies sei reines Kalkül, so die Antwort Dehons an die Adresse der Kardinäle der Index-Kongregation. Er analysiert dabei kritisch, im Sinne der Offenlegung von Interessen: Weil die Kirche in Frankreich nach wie vor eine starke Kraft bilde, die der Monarchie nicht gänzlich abgeneigt sein, trete Maurras konsequent an sie heran.

Im Tiefsten aber beeindrucke im ideellen Bereich der *Action française* lediglich die Gewalt, die Stärke, die Macht, die ungebundene moralfreie Staatsräson. Diese Facetten werden bei Dehon mit den Schlüsselnamen Friedrich Nietzsches (1844-1900) – eineinhalb Jahre nach Dehon geboren – und Nicholo Machiavellis (1469-1527) versehen. Christliche Moral sei der Bewegung fremd. Dehon klagt dabei in seinem umfangreichen Gutachten vorrangig die Abwertung der Schwachen und Armen an, die sogar so weit geht, die Einheit des Menschengeschlechts aufzukündigen:

«Maurras bezeichnet nur einen ausgewählten Teil selbst als Menschheit. Davon nennt er sich Teil, und der vermeint, dass der Rest der Menschen bisweilen nichts anderes umfasse als Parasiten und Produzenten von Mist.»[219]

Der Vorwurf von Maurras, die Armen und Schwachen zu stark zu berücksichtigen, trifft in Dehons Schilderung Christus und Buddha zugleich – eine interessante religionstheologische Parallelisierung des Generaloberen der Herz-Jesu-Priester. Gegen diesen bei der monarchistischen Rechten sich artikulierenden Elitismus stellt sich nun Dehon vehement. Als kriminelles Motto bezeichnet der Generalobere der Herz-Jesu-Priester die wiederholt vorgefundene Aussage, ein politisches Ziel «con tutti i mezzi» verfolgen zu dürfen/wollen. Andernorts spricht Dehon bei diesem öfter herangezogenen, Machiavelli zugeschriebenem Motto von «una divisa immorale»[220]. Darauf hat Prévotat schon breit hingewiesen. Denn, so Dehon: «Es versteht sich, dass Maurras weder den Dolch noch Sprengsätze ausschliesst.»[221] Dagegen wendet sich Dehon dann in aller Schärfe, indem er auf Leo XIII. (und nicht auf Papst Pius X.) weist, der sich ja gegen revolutionäre Muster aussprach.

---

[219] Gutachten zu Charles Maurras (in: AD B 118, Inv. Nr. 1183.23, auch und ursprünglich in: ACDF, Index, Protocolli, 1914-1917, 5), in Folge «Gutachten Maurras», nach der Publikation auf dehondocs.it, ACD 9020040, mit Angabe der dort eingefügten Absätze, hier Absatz 20: «Maurras non chiama umanità che una parte scelta, della quale si dice membro, e stima che il resto degli uomini non contiene talvolta che dei parassiti e dei produttori di letame.».

[220] Vgl. Gutachten Maurras, 64.

[221] Vgl. Gutachten Maurras, 24: «È bene inteso che Maurras non esclude né il pugnale né le bombe.» Das illustriert, was auch Vicki Caron schon in all seiner Ambivalenz festhielt; dass die katholische (antisemitische) Seite oftmals vor handfester Gewalt auf der Strasse zurückschreckte; Vicki Caron, Catholic Political Mobilization and Antisemitic Violence in Fin de Siècle France: The Case of Union Nationale, in: The Journal of Modern History 81,2 (2009) 294-346.

Dehon gehört unter Pius X. wie etwa P. Alberto Lepidi OP (1838-1922) zum (überlebt habenden) Bollwerk leoninischer Prägung.[222] Unverständnis durchzieht den Text des Gutachtens Dehons, wie denn kirchliche Akteure sich nur dieser Strömung anschliessen können. Das abschwächende, von Dehon wohl öfter vernommene Muster, dass Maurras sich auf dem Wege einer Veränderung, ja sogar auf Bahnen einer Konversion vorfände, lässt Dehon nicht gelten. Man wolle doch nur die Kirche als eine Alliierte für ein restauratives Projekt auf der Zentralachse Thron und Altar gewinnen. Dehon gibt mit Maurras' eigenem analytisch-politischen Handwerkszeug zu bedenken, dass nicht immer dem Anschein, der Oberfläche, zu vertrauen sei:

> «Die Katholiken sind so gewarnt. Wenn sie bei Maurras Bekundungen voller Süsse für die Kirche lesen, so sollten sie sich an den Rat des Maurras in seinem Werk Chemin de Paradis erinnern: ‹Seien Sie davor gewarnt, beim Buchstaben und an der Oberfläche stehen zu bleiben.›»[223]

Und unter diese Oberfläche dringt nun auch Dehons Statement ein. Sehen wir es uns, auch als Synthese eines langen, erfahrungsgesättigten Lebens, nunmehr genauer an.

Von den 16 Büchern Maurras', die Dehon bis Anfang 1913 als dessen *Opera Omnia* aufführt, verurteilt Dehon aber gerade einmal vier, oder besser gesagt: Diese möchte er verurteilt wissen. Mit der Erstellung einer differenzierten Kategorisierung für diese seine normative Abarbeitung und bewertende Zuordnung verfolgt Dehon ein strategisches Ziel. Es ist ihm bewusst, dass Maurras viele Anhänger in der Kirche selbst hat. Daher möchte er nicht mit dem Zweihänder vorgehen, sondern tut dies um- und vorsichtig, gedämpft, ausgewogen, geradezu mit einem anatomischen Seziermesser. Dies ist auch deswegen für Dehon angesagt, ist er doch selbst auch als Denunziant im Vorfeld aktiv geworden. Deshalb wurde seine Stellung im Prozessfortgang ja nicht gerade weniger angreifbar.

Für die zu begutachtenden literarischen Produkte schafft Dehon nun drei Schubladen, die seinen Buchmarkt-Bericht, seine Bücherschau zu Handen der Kardinäle strukturieren: (A) Liberi inoffensivi, (B) Liberi dubbi und (C) Liberi cattivi. In seinem Argumentationsduktus weist Dehon dem Index als Institution ausdrücklich eine spezifische – vordergründig zumindest – unpolitische Funktion zu: «Es kann nicht in Frage stehen, die ganze Literatur Maurras' in Bausch und Bogen zu verurteilen. Er verfügt auch über unproblematische Bücher, in welchen nur Politik und Wirtschaft behandelt werden. Diese interessieren den Index nicht.»[224] Ist das Desinteresse ein rein institutionell vorgegebenes, oder trifft es

---

[222] Vgl. z.B. Arnold, Der Antimodernismus, 158, 165.

[223] Gutachten Maurras, 33: «I cattolici sono dunque avvertiti. Se leggono nel Maurras delle parole piene di dolcezza verso la Chiesa, si ricordino il consiglio di Maurras stesso nello Chemin de Paradis: ‹Gardez donc de vous attarder à la lettre et à l'apparence.›»

[224] Gutachten Maurras, 34: «Non può essere questione condannare in globo tutta la letteratura di Maurras. Ha dei libri inoffensivi, nei quali non si tratta che di politica o di economia. Di questi l'Indice si disinteressa.»

auch auf Dehon als Person zu? Wird ihm als «integralem» Katholiken à la Émile Poulat, der er Jahre davor in seiner politischen Zeit auch war, diese Differenzierung qua Funktion abverlangt, oder folgt er dieser Unterscheidung auch aus eigener Überzeugung, in der eigenen Weltsicht? Oder will damit Dehon wie eine andere Gruppe vorrangig bewusst vermeiden, dass der Antimodernismus zu weite Kreise zieht, die ins Politische und Soziale ausgreifen? Es ist ein nicht einfach zu beantwortender Fragekomplex.

Klar wird, dass Dehon an dieser Stelle die Unterscheidung und Aussonderung eines rein politischen Feldes dazu verhilft, sich differenziert und resolut gegen Maurras zu positionieren, weil Dehon sich als genuin apolitisch gibt – was er natürlich nicht ist und war, ausser vielleicht in einem engeren parteipolitischen Sinne. Daneben beschreibt Dehon seine Aufgabe als «komplex» – was sich wohl kaum nur auf den Umfang der studierten Werke beziehen dürfte, sondern auch auf den Sitz im Leben der vorgenommenen Beurteilung, die Gespür in der Umsetzung erfordert. Das Unterfangen gestaltet sich heikel. Zumindest aber sind die Umstände sehr sensibel. Dehon scheut dabei eine klare Positionierung nicht, diese wird aber, wie gesagt, mit Samthandschuhen und diplomatisch versiert ausgeführt, sei es in der Absteckung von Bereichen, sei es in der Bekundung, dass es ein schwieriges Geschäft sei. Solchen methodischen Zugang finden wir in der Gutachtertätigkeit im Falle Brugerettes weniger bis gar nicht.

Ernst Nolte schrieb 1961 hinsichtlich der katholischen Kirche und ihrer Auseinandersetzung mit der *Action française*:

> «Die Kirche befindet sich der Action française gegenüber in der Tat in einer sehr eigenartigen Lage. Sie ist weder eine kirchenfeindliche Lehre, die von außen, in offener Kampfposition, verurteilt werden könnte, wie Liberalismus und Sozialismus, noch ist sie eine Sekte im Schoß der Kirche selbst, die abweichende Lehrmeinungen verträte. Wo es um Lehren geht, ist sie kaum zu fassen.» [225]

Die Hauptparolen der Bewegung liessen sich unterschiedlich interpretieren, und dass Maurras scharfe Kanten gegen das Christentum aufwies, konnte als Privatmeinung abgetan werden. Die Kirche als Institution war in einer schwierigen Lage, so Nolte: «Immer mußte sie gegen Ungläubige kämpfen, die sie bekämpfen; hier hat sie es mit Ungläubigen zu tun, die sie unterstützen [...] Deshalb war es für die Kirche schwierig, sich von ihren neuartigen Freunden zu befreien.»[226]

Dehon nimmt keinen Totalverriss der *Opera omnia* Maurras' vor. Deswegen sieht er in der von ihm präsentierten Kategorie der unbedenklichen Bücher – also jene, die der Kirche gegenüber nichts Offensives an den Tag legten – politische Debatten und Diskussionen am Werke, die die Kirche als indifferent zu sehen hätte: Ob Frankreich im Staatsaufbau zu zentralistisch orientiert sei und ob die

---

[225] Ernst Nolte, Die Action française 1899-1944, in: Vierteljahrshefte für Zeitgeschichte 9 (1961), Heft 2, 124-165, hier 151.
[226] Nolte, Die Action française, 151.

Monarchie hier einen stärkeren Regionalismus, eine ausgeprägtere Dezentralisierung, hervorbringen würde, das könne offen und unbedenklich besprochen werden. Wo Maurras den Liberalismus verurteilt – «il liberalismo è spesso il nemico
della vera libertà», so klingt dies in Dehons Analyse – da wird sogar eine Sympathie des *abbé démocrate* Dehon für Maurras erkennbar. Mit einem bestimmten
Antiliberalismus Maurras' kann Dehon sich sehr wohl anfreunden. Für den
zweiten Teil der untersuchten Broschüre *Libéralisme et liberté*, die sich thematisch der Demokratie annimmt, hält Dehon fest:

> «[Maurras] steht der Demokratie als einer Herrschaft der Mehrheit kritisch gegen-
> über. Er stimmt dem Faktum einer sozialen und demokratischen Demokratie im
> Rahmen einer kleinen Nation wie der Schweiz zu, wo es eine gewisse Gleichheit
> der Bedingungen für die Bürger gebe. Aber er erachtet dies für Frankreich als
> desaströs. *Es möge so sein!* Es handelt sich um freie politische Meinungen. Nichts
> von dem ist zurückzuweisen.»[227]

Auch in den «zweifelhaften Büchern» Maurras', also der zweiten Kategorie,
werden Fragen nach einer Dezentralisierung in Frankreich aufgeworfen. Nochmals betont Dehon die kirchliche Distanz und Indifferenz zu derartigen Anliegen
und Vorstössen: «Die Zentralisierung ist kein Dogma, und der Index ist diesen
Fragen gegenüber gleichgültig.»[228] Die Sache wird aber für Dehon dort gefährlich, wo die Kirche als Institution ins Spiel kommt und wegen ihrer doch starken
Zentralisierung als Hindernis für eine potentielle politische nationale Dezentralisierung betrachtet und somit als politische (manchmal zu eliminierende) Gefahr
wird. Daneben ist für den Gutachter Dehon die Forderung nach einer Monarchie
zwar politisch legitim, aber die Frage nach dem Weg dorthin ist nicht unwesentlich. Die paramilitärisch ausgerichteten, der *Action française* zudienen-
den, so bezeichneten *Camelots du Roi* lehnt Dehon ab, so wie er den Aufruf zu
Gewalt und zu Umsturz ohne Skrupel als verwerflich ansieht. Trotz allem resümiert Dehon für die von Maurras herausgegebene Aufsatzsammlung *Enquête sur
la Monarchie*, dass dieses Produkt nicht auf den Index gestellt werden sollte:

> «Es ist ein politisches Buch, mit einigen Mängeln, aber der Index interveniert nicht
> in politischen Angelegenheiten. Wir werden diese Schriftsteller über die Vorteile
> und Nachteile von Monarchie und Republik sich streiten lassen.»[229]

In Maurras' Nationalismus, dessen Sicht auf Frankreich, werde die Nation
quasi vergöttlicht, «la déesse France». «Das beschreibt den Geist der Action

---

[227] Gutachten Maurras, 36: «[Maurras] critica la democrazia, come governo della maggioranza. Am-
mette il fatto dello stato sociale democratico in una piccola nazione come la Svizzera, ove c'è una
certa uguaglianza di condizioni tra i cittadini. Ma la crede disastrosa in Francia. *Transeat!* Sono
opinioni politiche libere. Niente in questo di riprensibili.» (Hervorhebung Dehon).
[228] Gutachten Maurras, 38: «La centralizzazione non è un domma, e l'Indice è indifferente a queste
questioni.»
[229] Gutachten Maurras, 41: «È un libro politico, con qualche difetto, ma l'Indice non interviene nelle
questioni politiche. Lasceremo questi scrittori disputare dei vantaggi e dei danni della monarchia
e della repubblica.»

Française. In ihr ist man allen voran Politiker. Die Politik kommt vor der Religion. Das Vaterland ist der Gott, dem man zu dienen hat. Das öffentliche Wohl steht über allem.» Und Dehon beendet seine stakkatoartigen Ausführungen mit zwei Worten: «Sono pagani.»[230]

Andererseits findet Dehon in den «bedenklichen» Büchern und Broschüren auch für die Kirche wohlgesonnene und lobende Worte, die deren Bedeutung für die französische Nation sehr wohl richtig aufzeigten und einem Nationalkatholizismus huldigen, dem Dehon selbst nicht ganz fremd zu sein scheint. Dehon erachtet diese Verschmelzung von Nation und Religion jedoch dann als unpassend, wenn der Bund mit der Religion und der Primat der Kirche nicht gewahrt bleiben.[231] Auffallend an der zweiten Kategorie der zweifelhaften Bücher ist auch, dass ein Opus Maurras' nicht zur Verurteilung vorgeschlagen wird, weil es da im Schriftgut Maurras' noch weit Schlimmeres gäbe. So spielt Dehon in einer Folge- und Güterabwägung auf einer eigenen Klaviatur, die wiederum ihrerseits darlegt, dass Dehon keine Totalverdammung darzulegen gewillt ist und der relativen Autonomie der Politik das Wort redet.[232]

Auch das politische Streitgespräch zwischen dem katholisch progressiven, demokratischen und pazifistischen Marc Sangnier und Maurras – in den Augen des letzteren *Le dilemme de Marc Sangnier* – verurteilt Dehon nicht, obwohl seine Präferenzen klar sind (oder gerade deswegen?). Dabei kommt Dehon auf die ekklesiozentrische Sicht zu sprechen, dass nur die Kirche eine richtige politische und soziale Theorie hervorbringen kann. Niemals könne dies das Heidentum eines Maurras', das immer egoistisch, ambitioniert und sensualistisch bleiben muss.

Indem Maurras die Sklaverei (nach antiken Vorbildern) preist und die Wollust hervorhebt, platziert er sich fern von christlichem Gedankengut. Freilich übertreibe auf der anderen Seite des politischen Spektrums auch Sangnier, der insinuierte, dass der Geist des Evangeliums über kurz oder lang zu Demokratie und Republik hinführe. Dass Maurras Auguste Comte (1798-1857), der ja schon von der Kirche 1864 verurteilt wurde, in hohen Tönen lobt, missbilligt Dehon ebenso, wie dessen Positivismus, der Gott und das Übernatürliche leugnet. Aber noch stärker stört Dehon der strategisch-verzweckte Umgang, das Umschmeicheln der Kirche, der Kleriker und der katholischen Jugend, für politische, sprich royalistische Zwecke. Dies geht so weit, dass die Anhänger Maurras' sich «katholische Atheisten» (wie etwa ein Hugues Rebell) nennen, um die Kirche für die politische Restauration zu gewinnen. Gegengleich gibt Dehon in seinem Gutachten die Hoffnung nicht ganz auf, dass sich Maurras bekehrt, aber er sieht dies zu jenem Zeitpunkt sehr skeptisch; skeptischer als der Papst.

---

[230] Gutachten Maurras, 42: «Questo segna lo spirito dell'Action Française. In essa si è politici sopra tutto. La politica passa prima della religione. La patria è il Dio da servire. La salute pubblica sta sopra tutto. Sono pagani.»

[231] Vgl. dazu, zu Dehons Nationalismus, auch Kapitel IV dieser Arbeit.

[232] Vgl. Gutachten Maurras, 45, ähnlich auch 57.

Vier Bücher stellte Dehon schlussendlich an den Pranger des Index der verbotenen Bücher, der rund um das II. Vatikanum und mit seiner Auflösung auf ca. 6000 Titel anschwellen wird. «Maurras selbst», so Dehon, «wird sich über ihre Verurteilung nicht wundern. Vielmehr glaube ich, dass er über unsere Langsamkeit in der Sache erstaunt sein könnte.»[233] In diesen Büchern sieht Dehon einen kruden, neoklassischen Sensualismus am Werk, der nach dem Motto verfährt: Man solle ausgewogen von allem kosten; ein Zugang, der in Maurras Erzählungen nicht selten im von ihm angepriesenen Selbstmord ende! Es stösst sich Dehon an einem Elitismus, der Sklaven von Natur aus hervorbringt und der sich so gegen die Erziehung und «Anhebung» des Volkes stellt.[234] Dabei handelte es sich gerade um ein zentrales Projekt der *abbés démocrates*.

Besonders abstossend findet der Ordensmann Dehon die durch Maurras vollzogene Abwertung des *Magnificat* (Lukas 1,46-56: «[...] Denn auf die Niedrigkeit seiner Magd hat er geschaut [...] er stürzt die Mächtigen vom Thron und erhöht die Niedrigen [...]») und Maurras' in Dehons Augen antichristliche, polemische Analyse, dass die Kirche als halb-pagane, halb-christliche Institution, selbst die Abwertung und Hintanstellung dieses egalitären biblischen Impulses über die Jahrhunderte praktiziert habe.[235] Der Katholizismus habe gewissermassen das Christentum entschärft, es gezähmt. Wenn Maurras vom Wiederaufleben des antiken, diesseitigen Geistes, der durch das Christentum verdunkelt wurde, schwärmt und andererseits auf das politische Bündnis mit den Katholiken, die doch nur halbe Christen seien, hofft, so kann Dehon in Maurras nur einen erkennen, der sich Betäubungsmitteln oder Drogen hingegeben habe.[236]

So ist, trotz Samthandschuhen, die Verurteilung für Dehon im Mai 1913 drängend. Es sollen nicht weiter unheilige Allianzen eingegangen werden. Sieht Dehon die Monarchie gar als überholtes Projekt? Jedenfalls ist sie in der «antichristlichen Form» für ihn untragbar. Zudem pocht Dehon auch auf eine politische Ausgewogenheit bzw. Gerechtigkeit, sowohl nach «Links», als auch nach «Rechts». Der erste Weltkrieg, in dem sich die schon vorher gegen Deutschland gerichtete *Action française* ganz der *union sacrée* verschrieb, aber auch Papst Pius X. und sein Umfeld, nicht zuletzt der Erzbischof von Lyon, werden die von Dehon initiierte Verurteilung hinausschieben. Formell wird sie zwar erfolgen, aber ihre Promulgation bleibt vertagt.

Ein römischer Kompromiss – es ist das, was de Langogne, Lemius und Van Rossum erreichen konnten, die davor schon Dehon als Gutachter zu verhindern trachteten, dies aber nicht erwirken konnten.[237] Die offizielle Verurteilung

---

[233] Gutachten Maurras, 65: «Maurras stesso non si meraviglierà della loro condanna. Credo piuttosto che si meravigli della nostra lentezza.»

[234] Vgl. Gutachten Maurras, 69.

[235] Vgl. dazu auch Bernardi, French Jesuits and Action Française, 191.

[236] Vgl. Gutachten Maurras, 78 und 89.

[237] Vgl. dazu die zwei eindrücklichen Aktenstücke aus ASV, Arch. Part. Pius X., b. 116 (Briefkorrespondenz Januar 1914), 1014r-1019v, 1022r-1024v. Eingaben von Sabadel und Lemius an den

erfolgt erst 1926, als es, Ironie der Geschichte, die Index-Kongregation gar nicht mehr gab – jedoch noch den Index der verbotenen Bücher. Pater Dehon konnte diesen für die Entwicklung des französischen Katholizismus unter Pius XI. so wichtigen Schritt als Abkehr von einer anachronistisch-idealistischen Tendenz nicht mehr miterleben. «Es folgt eine Reihe individueller Tragödien, mancher versteckte Ungehorsam innerhalb der Kirche und vor allem der Orden; aber im Ganzen gelingt die Operation. Die Kirche erweist sich damit als die einzige etablierte und konservative Macht, die sich fähig zeigt, mit ihren neo-konservativen Freunden aus eigener Initiative zu brechen [...].»,[238] so Ernst Noltes doch eindeutiges Urteil, das Dehon – den Nolte zwar in seine Analyse nicht einbrachte – miteinschliesst.

Damit wird nun der Durchgang durch dieses Kapitel abgeschlossen. Die Zusammenfassung greift später nochmals einige Momente der hier präsentierten Aspekte auf, die zeitlich vom Ende der 1870er Jahre bis zum Jahre 1914 reichen und ein spezifisches Licht auf das kirchliche Profil Dehons werfen.

Papst Pius X., die Dehon als Gutachter des Index Befangenheit und Unqualifiziertheit vorhalten. Wenn Sabadel auf die «falsissima charismata» an den Ursprüngen der Kongregation zu sprechen kommt (1015r), so zeichnet Lemius Dehon als einen der erbittertsten Gegner der «Action française» («uno de' più accaniti avversarii dell'A.F.»; 1022 r). Beide wünschen, dass der Papst Dehons Gutachten keinen allzu grossen Wert beimisst.

[238] Nolte, Die Action française, 151.

Kapitel III

«Religio et oeconomia» bei Dehon –
Die Sicht auf das Geld und sein Gebrauch

Im Verlaufe einer wirtschaftlichen Entwicklung des 19. Jahrhunderts mit weitreichenden Folgen steht in diesem Kapitel die Frage zur Diskussion, wie der aus gut situierten Verhältnissen stammende Dehon mit den ökonomischen Herausforderungen seiner Zeit umgegangen ist. «Ökonomisches Agieren und Denken» spielte sich bei Dehon im engeren Kontext der katholischen Kirche als für ihn entscheidender Institution und seiner neu gegründeten Kongregation als zweifelsohne zentralem Lebensprojekt ab. Die nachrevolutionären Verhältnisse waren wirtschaftlich geprägt von einer Verschiebung der Gewichte von feudaler Grund- und Boden-Struktur hin zu Geldkapital als treibender Kraft im ökonomischen Prozess. Damit zusammenhängend entwickelte sich über technische Innovation eine rasante Industrialisierung. Diese brachte mit dem «Pauperismus» neue Formen drückender Armut und mit dem Sozialismus eine neue treibende politische Kraft hervor. Das liberale, dem neuen Wirtschaften gegenüber sehr affine Bürgertum löste den Adel als führende Schicht gewissermassen ab.

Damit sah sich Dehon konfrontiert, damit musste er sich auseinandersetzen. Wirtschaftshistoriker wie Dominique Barjot sprechen davon, dass die französische Ökonomie von der Mitte des 19. Jahrhunderts bis hin zum Ersten Weltkrieg sich stark veränderte. «Zwischen 1851 und 1914 war die französische Wirtschaft von fundamentalen Wandlungen gekennzeichnet.»[1] Bei dieser Zeitspanne handelt es sich mehr oder weniger um die Lebenszeit Dehons. Der weite Lebensbereiche und -stile transformierende ökonomische Wandel ist zu bedenken, wenn Dehon geschichtlich-biografisch ins Auge gefasst wird. Materielle Grundlagen und ökonomische Ansichten wandelten sich in starker Weise. Der Liberalismus kam zum Durchbruch und ist wohl die Ideologie, mit der sich Dehon am meisten und intensivsten auseinandersetzte, theoretisch wie praktisch, im Grossen wie im Kleinen. Freilich müsste eine erste, stärker aus dem französischen Kontext heraus geprägte Phase für Dehon von einer belgisch-internationalen in späterer Folge, ab 1903, geschieden werden. Hier geht es aber um einen groben, allgemeinen Zugang.

---

[1] Dominique Barjot, L'économie, 1851-1914, in: Dominique Barjot/Jean-Pierre Chaline/André Encrevé (Hg.), La France au XIXe siècle, Paris 1995, 377-405, hier 377: «Entre 1851 et 1914, l'économie française connaît de profondes mutations.»

Die Krise des landwirtschaftlichen Sektors etwa, die trotz und neben der Industrialisierung starke Beharrungskraft des mittelständischen Gewerbes, der rasante Ausbau der Infrastruktur wie beispielsweise des Eisenbahnwesens oder der Hafenanlagen, die Finanz- und Wirtschaftskrisen (ab 1882/1883) wie auch die Entwicklung und der Aufstieg der anonymen Aktiengesellschaften (ab 1869) sind von Bedeutung, wenn man sich mit Dehon befasst. Ebenso sind es die Fragen nach wirtschaftlichen Staatseingriffen beziehungsweise die nach einem geeigneten Steuersystem, der Regelung des monetären Geldflusses, der Etablierung des nach London zweitwichtigsten Finanzplatzes und -zentrums Paris, aber auch Überlegungen zu Errichtung und Ausbau des Bankenwesens insgesamt. Dazu spielt die «Demokratisierung des Kredits», also der Zugang weiter Bevölkerungsschichten zu Liquidität für notwendige Investitionen, für die Beschäftigung mit Dehon nicht gerade eine nebengeordnete Rolle.

4.1 Religionsgeschichte und Wirtschaftsgeschichte –
einige Vorüberlegungen für die Zeit Dehons

Religionsgeschichtliche Zugänge vernachlässigen solche Perspektiven gerne oder drängen sie als sekundär in den Hintergrund. Das hat viele Gründe, zuvorderst aber, dass Wirtschaft und Religion gerne fein säuberlich getrennt werden. Dies kann methodisch-disziplinär bedingt bzw. der Quellenlage geschuldet sein, aber auch einem ideologisch oder idealistisch gewählten Zugang. Die Bedeutung eines integrativen Blicks jedoch ist an dieser Stelle nicht nur im Sinne der Wichtigkeit von wirtschaftlichen und allgemeinen Rahmenbedingungen für eine Biografie zu sehen, sondern auch deswegen, weil der nordfranzösische Kongregationsgründer als sozial und politisch aktiver *abbé démocrate* sich mit vielen der soeben genannten Faktoren in unterschiedlicher Form auseinandergesetzt hat und Stellung bezog. Und wer kommt in der westlichen Moderne schon am Faktor Geld vorbei?

Es darf festgehalten werden, dass die Kongregation der Herz-Jesu-Priester durchaus eine Antwort auf neue Herausforderungen der Zeit, die ja, wie anfänglich gesagt, nach der Französischen Revolution neue Vermögens- und Besitzverhältnisse mit sich brachte, gewesen ist. Dies, weil etwa neue vermögensrechtliche auf das Individuum fokussierte Bestimmungen gesetzlich etabliert wurden und auf das kollektive, monastische Armutsgelübde Auswirkung hatten und sich die Kongregationen wie moderne Firmen oder Unternehmungen zeigten. Nur als kleines Beispiel: Der erste Generalökonom der Kongregation setzte auf eine Waschmittel produzierende Seifenfabrik. Sie sollte als wichtige Einkommensquelle fungieren. Das gefiel Dehon weniger, zeigt aber exemplarisch den modernen Unternehmergeist der ersten Stunde innerhalb der Kongregation an.[2] Kurzum: Die religiösen Institute und Gesellschaften schöpften im 19. Jahrhundert materiell aus anderen Quellen als dies im *ancien régime* des christlichen Europas den alten, etablierten Orden mit ihren umfassenden Land- und Immobilienbesitzungen möglich war. Vielfach diente der städtisch geprägte, mobile, mitten in der Welt stehende und transnational ausgerichtete Jesuitenorden als Vorbild für die Kongregationen – als «jesuitisch» wurden diese ausserhalb und innerhalb der Kirche wahrgenommen, manchmal auch verunglimpft. Der Antijesuitismus ist eine Signatur der hier betrachteten Zeit, er liesse sich am Leben und Wirken Dehons gut durchbuchstabieren.

Eine Perspektive, die auf Wahrnehmungs- und Interpretationsmuster ausgerichtet ist, steht auch in diesem Kapitel im Vordergrund. Andererseits wird, zumindest punktuell und in einem späteren Teil, nach dem konkreten, materiellen Leben Ausschau gehalten werden. Woher finanzierte sich etwa die Kongregation? So lautet denn da eine Frage. Wie ging Dehon mit dem Geld um? So könnte eine andere Frage formuliert werden. Wir arbeiten uns an einem offenkundigen Schnittbereich von Ökonomie und Religion ab, an einer nüchternen Bedingung christlichen Lebens in der Moderne.

Die Institution der katholischen Kirche wurde in der nachrevolutionären Zeit, im 19. Jahrhundert, zunehmend zu einem nicht mehr in hergebrachter Form bestimmenden Sozialkörper mit ökonomischer Potenz. Vor der Revolution besassen kirchliche Institutionen und Strukturen ein Zwanzigstel des französischen Grund und Bodens, sodass es mit der Revolution zu einem der grössten Besitztransfers der Weltgeschichte überhaupt kam. Ein materielles «Verlustgefühl» begann sich verständlicherweise auszubreiten, das sich mit dem Untergang des Kirchenstaates von 1870 noch akzentuierte. Säkularisationen aller Art trugen das Ihre zur wirtschaftlichen Verunsicherung bei. Unbehagen gegenüber dem Staat und dem liberalen Bürgertum kam auf, sodass Positionsbestimmungen von einem responsiven-kritischen bis hin zu einem stark defensiven Charakter geprägt sein werden. Das gilt zuvorderst für den französischen republikanischen Kontext mit seinem neuen strukturellen Rahmen, der die Kirche hin zu einem Vereinsstatut drängte. Diese Entwicklung sollte vielfach paradigmatisch für europäische Entwicklungen in späterer Folge werden und wirkt kraftvoll ins Heute hinein.[3] Der defensive Geist war aber auch unternehmerisch, produktiv. Er ging nicht nur von Besitzstandswahrung aus, sondern forcierte die Initiative, den Neuauf-

---

[2] Vgl. dazu den reichhaltigen Briefwechsel zwischen P. Dehon und P. Falleur, dem Generalökonomen der Kongregation zwischen 1897-1900, aber auch und darüber hinaus, v.a. ADR B 16, B 20 und B 23. Der «Seifenfabrik» P. Falleurs war kein langes Leben beschieden.

[3] Vgl. Siegfried Weichlein, Zwischenkriegszeit bis 1933, in: Volkhard Krech/Lucian Hölscher (Hg.), 20. Jahrhundert – Epochen und Themen (Handbuch der Religionsgeschichte im deutschsprachigen Raum 6/1), Paderborn 2015, 61-112, etwa 79 («Ralliement» der deutschen Katholiken in der Weimarer Republik).

bruch, wie etwa in der Mission oder der starken Ausrichtung zur römischen Zentrale hin – beide auch hochgradig ökonomische Unterfangen. Dehons Kongregation ist Teil dieser grösseren, kreativen Entwicklung, die im ökonomisch-gesellschaftlichen Sektor wenig erforscht ist. Trotz Wandels war das Christentum gerade in dieser Zeit in Europa weiterhin wesentlicher Teil und Akteur der global-gesellschaftlichen Prozesse gewesen. Das vermag in der Welt der Ideen der Blick auf den Stellenwert des Geldes anschaulich zu machen – auch deshalb, weil in der Zeit dieser Blick sich veränderte. Das Gewissen bzw. die Freiheit gewannen moraltheologisch gegenüber der allgemeinen Vorschrift oder dem «ewigen» Gesetz an Bedeutung, wie noch darzutun sein wird. Hier wurde ein ökonomischer Wandel quasi dogmatisch mitgetragen. Ganz allgemein lässt sich sagen, dass katholische Exponenten wie selbstverständlich an wirtschafts- und finanzpolitischen Debatten teilnahmen, und dies sehr professionell. Die Kongregationen und Orden sind weiterhin, und gerade über ihren Boom im Frankreich jener Zeit, als konkreter Wirtschaftsfaktor zu sehen – von der «économie de la providence» sprachen jüngst Maarten van Dijck und Jan de Maeyer, die zu weiteren Forschungen in diesem Schnittfeld angeregt haben.[4]

Den Fragen und Überlegungen nach dem Geld, seiner Anwendung, seiner «Fruchtbarkeit» und seinem Nutzen nachzugehen, ist aufschlussreich. Sie spielen sich im Kontext einer neuartigen Funktion des «Kapitals» ab. Das meint konkret den Aspekt, dass Geld nun über den Charakter eines Tauschmittels weit hinausgeht und eine neue Eigendynamik im Wechselspiel zwischen Kapital und Arbeit gewann. Dieser neue Charakter stand in der Zinsfrage zentral zur Diskussion. Jener hat Dehon viele Artikel, zudem eine eigene Schrift[5] gewidmet: Kann sich das Geld autogenetisch, intrinsisch vermehren? Ist es fruchtbar wie ein wachsender Baum oder das spriessende Getreide auf dem Feld? Wenn ja, soll es Schranken für einen etwaigen Geldzuwachs geben? Welcher Zinssatz ist legitim? Das 19. Jahrhundert war in Frankreich eine Zeit, in der z.B. alle rechtlichen Zinsreglementierungen (sprich Obergrenzen) – als unzulässige staatlich-rechtliche Eingriffe angesehen und als Behinderung der Freiheit des Einzelnen – fallen. «Allerdings wurden die Zins-Freigaben, die in einer ersten Phase zum Ende des 18. und am Beginn des 19. Jahrhunderts erfolgten, rasch wieder rückgängig gemacht. Erst in der zweiten Hälfte des 19. Jahrhunderts sollten die Zins-Schranken endgültig aufgehoben werden.»[6] Wie in anderen Zusammenhängen

---

[4]   Vgl. dazu Maarten Van Dijck/Jan De Maeyer, The Economics of Providence. An Introduction to the economic history of orders and congregations, 1773-1930, in: Maarten Van Dijk/Jan De Maeyer/Jeffrey Tyssens/Jimmy Koppen (Eds.), The Economics of Providence/L'économie de la Providence, Leuven 2012, 7-25.

[5]   Dazu vgl. in diesem Kapitel Ziffer 4.3.

[6]   Sibylle Hofer, Art. Wucher, Rechtliche Bestimmungen, in: Enzyklopädie der Neuzeit, Stuttgart 2012, Bd. 15, 255-258, hier 257. «Auf diese Weise wurde dem Grundsatz der Privatautonomie Rechnung getragen, da staatliche Eingriffe auf Situationen begrenzt wurden, in welchen ein Verhandlungsgleichgewicht und damit eine zentrale Voraussetzung für die Gewährung von Vertragsfreiheit fehlte.» (ebd., 257).

setzte die Dritte Republik neue normative, liberale Akzente. Was den Zins betrifft, haben wir es also mit einer bewegten Phase in der westeuropäischen Geschichte zu tun. Diese Umbrüche wie Neuorientierungen vollzogen sich im ökonomisch «verspäteten» Frankreich schleifend, mäandernd und nicht abrupt, wie die Zinsreglementierung zeigt. Aber es gab doch klare, nicht rückgängig zu machende Liberalisierungstendenzen. Das sah auch Dehon so.

Zur Frage des Geldzinses hat Dehon sich abseits seiner schon kurz erwähnten Kleinschrift und kleinerer Beiträge in verschiedenen Kontexten geäussert. Konkrete Liquidität, eng mit dem Zins verbunden, war zudem für den Aufbau des strukturellen Rahmens seiner Kongregation nötig, sprich etwa für die Anschaffung von Grund und Boden bzw. der entsprechenden Gebäude. Es war die Geld-Frage also nicht nur reine, graue Theorie. In Dehons intellektuelle Anstrengungen flossen Muster religiös-philosophischer Interpretation, v.a. aristotelisch-thomistischer Provenienz, ein. Dabei scheint eine seit dem Hochmittelalter geführte Debatte, die immer wieder neu befeuert wurde, in Dehons Lebenszeit gerade geistes- und kulturgeschichtlich auszulaufen. Der Leitsatz des mittelalterlichen Zinsverbots, am Konzil von Vienne 1311 zum Dogma erhoben, wurde zunehmend ausgehöhlt oder praktisch unterwandert. Im Kanon «Sane si» wurde von diesem Konzil derjenige als Häretiker gebrandmarkt, der hartnäckig behauptet, dass es keine Sünde sei, Zinsen zu nehmen.[7] Letztlich war Dehon selbst pragmatisch orientiert. Das brachte ihm Gegenwind aus dem Umfeld der arrivierten und etablierten Mendikantenorden mit deren spezifischem gebremsten Umgang mit Reichtum und Wohlstand ein. Gerade die Konzeption und die Legitimation von Zinsen spielte in der Frage eine dynamisierende Schlüsselrolle.[8]

Andererseits und viel breiter soll im Folgenden aufzuzeigen versucht werden, wie der Bereich von Besitz, Kapital, Reichtum und Geld konkret «besehen» und dem religiösen Bereich zugeordnet wurde. Das geht weit über die Frage nach der Erlaubtheit eines wie auch immer gearteten Zinses hinaus, die auf den ersten Blick als Aspekt am Rande gesehen werden könnte. In einen ausgewählten, zweiten Raum ideeller Positionierung in Sachen Ökonomie fallen generellere, etwas grundsätzliche Auseinandersetzungen. Das ist etwa der Fall in einer Art «Armutsstreit» am Ende des 19. Jahrhunderts. Dieser entflammte recht heftig im

---

[7] «Sane si quis in illum errorem inciderit ut pertinaciter affirmare praesumat exercere usuras non esse peccatum decernimus eum velut haereticum puniendum [...].» Vgl. Emil Friedberg, Corpus iuris canonici, Graz 1959, Bd. 2, Clem. 5.5.

[8] Vgl. exemplarisch Paul Lapeyre, Le Catholicisme social. T. 2.: Les remèdes amers, Paris o.J. [1896], 125-150 («Le prêt a intérêt»). In diesem interessanten Kapitel beschreibt Lapeyre seinen Gesinnungswandel hin zu einer von Jules Morel vertretenen Position. Wir werden auf Morel noch weiter unten im Text zurückkommen. «Admettre comme une vérité de foi l'illégitimité du prêt à intérêt, m'eût semblé imprudent jusqu'à l'impiété.» (ebd., 126). Aber nicht zuletzt die in der Dritten Republik erstarkte sozialistische Bewegung lässt Lapeyre die Dinge nun ab den 1890er-Jahren in einem anderen Licht sehen, er argumentiert nun gegen Bentham (ebd., 141-143), der die Dinge durchgehend verkürzt gesehen hätte, und verweist auf die Arbeitspflicht («obligation de travailler», ebd., 146). Wie Morel wird uns Lapeyre auch später nochmals in Bezug auf Dehon und seine typologisch interessanten Überlegungen zum Zins unterkommen.

Bereich des Drittordens der Franziskaner. Dem «Orden» gehörte Dehon seit jungen Jahren an. An dessen Weiterentwicklung während des Pontifikats Leos XIII. arbeitete er, als Herz-Jesu-Priester, aktiv mit. Es interessiert uns, Dehon an dieser Stelle einzuordnen, seine Ansichten freizulegen und besonders an Punkten nachzufragen, wo er Kanten zeigt und auch in umstrittenen Situationen im «Konflikt» zum Vorschein kommt. Welchen Stellenwert haben moderne wirtschaftliche Entwicklungen für Dehon, welchen Platz mass er den Vorgängen der Französischen Revolution zu? Blickte er positiv auf sie, oder lehnte er sie in globo ab? Wie stellt er sich zum modernen Wirtschaften? Und wie verhält es sich bei ihm ganz allgemein mit der Einschätzung des Reichtums vice versa der Armut? Wie blickt er sodann auf den Wohlstand? Wie konzipierte er das Verhältnis von Religion und materiellem Reichtum?

Dehons Sichtweisen werden dabei weder anachronistisch rigoristisch noch von einem ausgeprägten kapitalistischen laisser-faire geprägt sein – so viel sei vorweggenommen. Seine Konzeptualisierungen können gut begründet in eine *via media* eingezeichnet werden. Für die stand emblematisch Leo XIII. mit seiner sich nach zwei Seiten hin abgrenzenden Enzyklika *Rerum novarum*[9] ein. Das jedoch ist immer eine Frage der Perspektive und des je eigenen Standpunkts. Irgendwo in der Mitte zwischen Sozialismus und Liberalismus wollte der Selbststand gefunden werden. Mit Feinschattierungen befasst sich dieses Kapitel. Prominenten Entwicklungen der Position Dehons in den nun angedeuteten Fragen sowie Mustern von Kontinuität und Wandel wird exemplarisch in quellengestützten Analysen nachgegangen.

Dabei kommt der Zeitraum von ca. 1890-1900 in besonderer Weise in den Blick – eine Phase, die gerade nach der «grande dépression»[10] der Wirtschaft in Frankreich angesiedelt ist. Die Ökonomie, wenn das so global gesagt werden kann, hatte sich nach einer langen «Durstphase» ab Mitte der 1890er spürbar erholt. Es war eine Phase, die vor der für Dehon einen starken Bruch darstellenden Ausweisung der Kongregationen endet und sich in einem für die Katholiken politisch brodelnden Umfeld abspielte. Dehon wirkte in diesen Jahren, welche nach dem jüdischen Religionshistoriker Salomon Reinach (1858-1932) – hätte die Dreyfus-Affäre nicht stattgefunden – durchaus in einer klerikalen Republik hätte enden können.[11] Im letzten Jahrzehnt des 19. Jahrhunderts zeigt sich also Dehons stärkstes sozial-strukturelles Wirken – mitsamt seinen interessanten ökonomischen Konnotationen.

---

[9] Vgl. Johannes Schasching, Art. Rerum Novarum, in: LThK³, Bd. 8, 1118-1119.
[10] Vgl. Barjot, L'économie, 1851-1914, passim.
[11] Vgl. Salomon Reinach, Orpheus. Histoire générale des religions, Paris 1909, Neudruck 2002 (auf Grundlage einer verbesserten Auflage, nach 1909), 560 (Absatz 69): «En France, le pape prescrivit aux catholiques le ralliement, qui mit un grand nombre des postes les plus élevés de l'état aux mains de cléricaux se disant républicains; le succès de ce mouvement tournant fut tel que, sans l'affaire Dreyfus, où Léon XIII laissa l'Eglise de France s'engager dans une impasse, la France serait devenue une république cléricale.» Es ist dies eine interessante Feststellung, die viele Ambivalenzen offen legt sowie die beständige Sorge der Republikaner wie Reinach.

4.2 Ein neuer «Armutsstreit» am Ende des 19. Jahrhunderts? Notwendigkeit von Geld und Reichtum – der Franziskanische Drittorden

Eine für den Blick auf das Geld wichtige Positionierung Dehons lässt sich an einem Essay von 1899 ausloten. Er trägt den Titel *Richesse, Médiocrité ou Pauvreté*. Aus ihm kann in und zwischen den Zeilen manches gewonnen werden. Es handelt sich um eine Schrift innerhalb des dem Kapitalismus gegenüber schillernd sich distanzierenden Grossraums der katholischen Kirche, an der Schwelle zur vorletzten Jahrhundertwende. Die Distanzierung war freilich oftmals ambivalent, rhetorisch und fragil.

Besagter Essay wurde auf Kosten des Comité des Franziskanischen Drittordenskongresses gedruckt – eineinhalb Jahre nach der eigentlichen Versammlung im südfranzösischen Nîmes 1897. Dehons Text ist Teil einer Entgegnung, die zwei Beiträge umfasst. Er hat die Entgegnung nicht allein verantwortet, sondern zusammen mit Abbé Alphonse Tartelin (1865-1925). Dieser steuerte einen eigenen Essay bei, der umfangreicher und an die erste Stelle gesetzt wurde.[12] Wie Dehon war Tartelin Vertreter einer christdemokratischen Tendenz und wurde später in einen liberalen, aufgeschlossenen Katholizismus am Ende der Epoche Leos XIII. eingeschrieben. Als Priesterjournalist geriet er zu Beginn des Pontifikats Pius X. in die «pastorale Peripherie», sprich ins kirchliche Abseits.[13] Die Kleinschrift Dehons selber ist später etwas untergegangen.[14] Bevor aber die Inhalte der Schrift angegangen werden, muss noch etwas zum Franziskanischen Drittorden gesagt werden, der ein Element des franziskanischen Frühlings im 19. Jahrhundert darstellt, an dem Dehon in vielfältiger Weise partizipierte.[15]

---

[12] Vgl. dazu die 55 Seiten umfassende Doppelschrift im Originaldruck, in: ADR B 96/1, Inv. Nr. 1132.01/02 mit der Aufschrift «Rectifications à propos des quelques réflexions sur les Actes du Congrès de Nîmes par le R.P. Prosper de Martigné, Ex-Min. Prov. O.M.Cap. par M. l'Abbé Tartelin, du Tiers-Ordre | Richesse, Médiocrité ou Pauvreté par T.R.P. Dehon | publié par les soins de la Commission des Actes du congrès de Nîmes. 1899», S. 5-42 beinhalten den Text Tartelins, auf S. 43-55 folgt der mit «Abbé Dehon» signierte Text.

[13] Zu Tartelin vgl. H. Drouot, L'abbé Alphonse Tartelin, in: Les Annales de Bourgogne 23 (1951) 324-326. Das von Drouot beklagte «unaufgearbeitete» Leben Tartelins ist bis heute ein Desiderat verblieben, auch um den Anteil und die Leistung der beiden Akteure an der hier intensiver betrachteten Doppelschrift abschätzen zu können. Es scheint so, dass nicht nur Dehons Handschrift hinter diesem sehr interessanten, nun zu analysierenden Werk steht.

[14] Zum Text und seiner späten «Wiederauffindung» innerhalb der Kongregation, vgl. Luigi Morello, Einführung, in: Les articles, de 1889-1922, vgl. REV 8031000/19: «On a recherché en vain pendant des années l'important essai *Richesse, médiocrité ou pauvreté*, traitant du sens de la richesse dans la vie sociale et chrétienne; on allait finir par croire que la citation de Prélot n'était pas exacte et qu'il s'agissait d'une simple collaboration à un écrit de Tartelin. Après des recherches inutiles en différentes bibliothèques de France, on a finalement retrouvé cet essai, à Rome, dans la bibliothèque de l'Institut Antonianum.» Dehon selbst stellt den Kongress und seine Folgen in seinen autobiografischen Schriften eher irenisch einebnend dar. Da werden Kanten abgeschliffen, wie auch in OS IV, 644-646 («Débats und observations» zum Kongress des Drittordens in Nîmes in Bezug auf Dehon); zu Robert Prélot, einem frühen «Biografen» vgl. ders., L'œuvre sociale du chanoine Dehon, Paris 1936, 151-165, hier v.a. 156, 157.

[15] Vgl. Kapitel II, Ziffer 3.4 im Zusammenhang mit den Stigmatisierungsphänomenen Louise Lateaus, die auch der franziskanischen Bewegung nahe stand.

Der Franziskanische Drittorden erlebte im 19. Jahrhundert eine regelrechte Renaissance. Ja sogar von einem Boom kann gesprochen werden. Dieser hing zentral an der Wiedererrichtung der franziskanischen Ordensfamilien im Frankreich Mitte des 19. Jahrhunderts, zuallererst der Kapuziner, die 1845 in einer restaurativen Phase wieder eine französische Provinz etablierten. Claude Savart geht davon aus, dass in den letzten Jahren des 19. Jahrhunderts mindestens 150.000 Menschen dieser sehr heterogenen Bewegung sich anschlossen.[16] Es fanden eine Reihe grosser Kongresse statt, in Paray-le-Monial (1893), Limoges (1895), Reims (1896), Nîmes (1897), Toulouse (1899) und Rom (1900). Der zugleich internationale Personenverband schlitterte aber am Ende des Jahrhunderts in eine Krise, die mit dessen inhaltlicher Ausrichtung zusammenhing.

Dehon war in den 1890er Jahren ein fleissiger, in der sozialen Frage aktiver Kongressteilnehmer und konnte einige inhaltliche Akzente setzen. Er nahm als Redner, Moderator, Organisator und Fürsprecher wichtige Funktionen im Kongress-Katholizismus ein. Die Sache mit dem franziskanischen Drittorden war ihm besonders wichtig, so war er auf diesen Kongressen präsent. Im Vorfeld des Seligsprechungsprozesses wird ein Mitbruder Dehons, der ihn noch gut kannte, trocken und etwas ambivalent feststellen, dass der Generalsuperior zu einer bestimmten Zeit sich mehr für die franziskanische Drittordensbewegung engagierte als so mancher Pater aus den franziskanischen Ordensfamilien selbst.[17]

Die Ausführungen Dehons Traktats zu Reichtum, Bescheidenheit und Armut reihen sich in eine breitere Auseinandersetzung ein, welche religions- und kirchengeschichtlich in die Linien des langwierigen, ja schier zeitlos schwelenden Armutsstreites eingefügt werden könnten. Der franziskanische Nährboden trug dazu wesentlich bei, denn die franziskanischen Ordensfamilien haben stets Armutsdiskussionen befördert. Zudem weist die Schrift einen speziellen «internen» Charakterzug auf, wie noch zu zeigen sein wird. Sie steht in einem franziskanischen Kontext und dient in erster Linie einer innerkatholischen Situierung in Zeiten des neuartig sich ausprägenden Kapitalismus, ohne Konsens herstellen zu können.

Franz von Assisi (1182-1226), selbstredend ein, ja *der* historische und spirituelle Referenzpunkt des Franziskanischen Drittordens und für Dehon eine besonders wichtige Figur der Heiligkeit, sah nach seiner Bekehrung Geld als eine Art «Exkrement des Teufels» an. Der Poverello verkaufte andererseits eine wertvolle Bibel, machte sie zu Geld, um die Armen zu unterstützen. Damit war

---

[16] Vgl. dazu Claude Savart, Essai de description du tiers-ordre franciscain en France dans la seconde moitié du XIX siècle, in: Revue d'histoire de l'Eglise de France 70 (1984) 167-180, v.a. 172, 174. Nur ca. 10 Prozent der Drittordensmitglieder waren Männer, die meisten waren über 50 Jahre alt.

[17] Vgl. Documenta Secreta B, Oranges Kuvert mit Aufschrift «Inchiesta del Rev. P. Jacques sul venerato Padre Dehon», eigene Kollektion, Ordnungspunkt 4: «Notes sur les dépositions recueillies au cours de mon enquête … (P. Jacques) (fogli 20)», dort Seite 10: «P.D. était pris à cette époque par la question du Tiers Ordre franciscain. Il fit plus pour ce Tiers ordre qu'un franciscain n'eut fait lui même.» Von P. Gengler war schon in der Hinführung ausführlich die Rede.

emblematisch die Diskussion für weitere Generationen eröffnet. Irgendwie kommt man nicht um Liquidität herum. Gewiss, wir haben es fast sieben Jahrhunderte nach Franz von Assisi eher mit einer «verspäteten» und sanften Neuauflage der von den Bettelorden des Mittelalters einstmals im grossen Stile und für ihr Selbstverständnis als einschneidend erlebten, oftmals aufwühlenden Frage nach der wahren Armut und dem christlich zu verantwortenden Umgang mit den Dingen zu tun.[18] Aber es lassen sich so manche strukturellen Gemeinsamkeiten ausfindig machen. Dazu zählt etwa das Ringen um eine biblische Begründung der Armut bzw. des Reichtums. Sie ist im sogenannten «theoretischen» Armutsstreit des 14. Jahrhunderts präfiguriert. Oder aber die starke Involvierung des Papsttums und des päpstlichen Primats in der Frage soll erwähnt sein, um noch einen zweiten Aspekt zu nennen, den Dehon selbst in Nîmes nicht verabsäumte hervorzuheben.[19] Worum geht es aber in den letzten Jahren des 19. Jahrhunderts und diesem Umfeld nun konkret?

Auf der dreitägigen, im August 1897 bei den gerade über deren Presseprodukt *La Croix* einflussreichen Kongregation der Assumptionisten im südfranzösischen Nîmes abgehaltenen Zusammenkunft des Franziskanischen Drittordens – im Süden Frankreichs befand sich sein Schwerpunkt – wurde ein sehr grundlegender und durchaus vielschichtiger Konflikt ausgetragen. Es handelte sich um den vierten grossen Kongress, der lebhaft besucht war. Dehon selbst gehörte schon seit Längerem, seit dem 21. März 1867,[20] also vor der Priesterweihe, dem serafischen Drittorden an. Im 19. Jahrhundert war es möglich, als Ordensmann zugleich Franziskanisches Drittordensmitglied zu sein. Das änderte sich später. Der Orden wurde auf Wunsch des Papstes Leo XIII., selbst Mitglied der Terziaren,[21] «aktiviert». Er sollte eine sozialreformerische Gestalt, deshalb eine Neuausrichtung bekommen. Dabei ging es um die nicht ganz uneigennützige Absicht, Papst und Rom stärker in den Mittelpunkt dieser altehrwürdigen religiös engagierten Organisationsform – und somit der katholischen Welt – zu rücken. Zu vielen

---

[18] Derartige Debatten kamen aber eigentlich nie an ein Ende, sondern wurden auch in der Aufklärung, der Französischen Revolution und im antikatholischen Antiklerikalismus weiter gesponnen, vgl. dazu Van Dijck/De Maeyer, The Economics of Providence, 17.

[19] So führte Dehon in einer Ansprache am Treffen an: «Les Encycliques de Léon XIII ont droit à notre obéissance la plus complète et aucun prétexte ne peut nous en dispenser. Les enfants de saint François n'ont jamais marchandé leur docilité au Pape. Saint François se tenait aux pieds du Vicaire de Jésus-Christ avec toute la docilité de son cœur.» Und Leo XIII. würde zudem Menschen ausserhalb der Kirche, ja sogar Arbeiter ansprechen, «et il y a des catholiques qui auront, peut-être, une joie secrète quand nous le perdrons!» (OS IV, 645, 646). Es gäbe also Katholiken, die mit dem Papst unzufrieden sind, und, was Dehon nicht sagt, mit eben solchen, die sich wie er selbst auf den Papst berufen und sich über ihn legitimieren.

[20] Vgl. dazu den Autograf Dehons mit der Aufschrift «Manuale», das die für ihn wichtigen Stationen im Leben und Zugehörigkeiten festhält, unter Seite 3 «Associations pieuses», die also seine Mitgliedschaften auflistet, an prominenter erster Stelle den Eintrag: «Tiers-ordre de St. François. prof. 21 mars 1867» (vgl. ADR B 14/5, Inv. Nr. 99.00), dazu weiter NHV 5/69, wo Dehon seine aktive Mitgliedschaft zum Drittorden beschreibt und seine Verehrung für den Hl. Franziskus darlegt.

[21] Vgl. Leonhard Lehmann, Art. Terziaren, Terziarinnen, in: LThK³, Bd. 9, 1349-1350.

Zeitpunkten der Kirchengeschichte waren die Ordensgemeinschaften besondere Vehikel für die Ausgestaltung päpstlicher Ansprüche und Vorstellungen.

In der historisch möglich gewordenen Ablösung von «Gallikanismus» und «Regalismus», also staatskirchlichen Koordinatensystemen, sah Dehon – mit einer bewussten Breitseite diesen -Ismen gegenüber – in folgender Weise ein neues Potential für die Terziaren:

> «Der Drittorden, der darin allem gleicht, was da auf Erden ist, hat die Jahrhunderte nicht durchschritten, ohne sich vom Rost befallen zu lassen. Und als alle Geister mehr oder weniger von den regalistischen und gallikanischen Ideen angefüllt waren, hat auch er sich damit abgefunden, aus dem sozialen Leben auszuscheiden. Er ist zu einer frommen Bruderschaft geworden, eigentlich dazu da, seinen Mitgliedern bei ihrer persönlichen Heiligung beizustehen, jedoch absolut ineffizient für das soziale Reich *Jesu-Christi*.»[22]

Der beklagte Rost der Geschichte einerseits und der erhoffte Neuanfang über eine stärker Freiheitsräume eröffnende Rom-Bindung andererseits geben sich in dieser Aussage freundlich die Hand. Dazu gesellt sich die Rede von der erwünschten Etablierung des sozialen Reiches Jesus-Christi, häufiger, stärker in Dehons Devotion eingearbeitet, als «soziales Reich des Herzens Jesu»[23] bezeichnet.

Der Rom-Bezug des franzikanischen Drittordens wurde dabei, manchmal eher verdeckt, als Zweck und nicht nur als Mittel gesehen. Dabei betreten wir freilich in der Zeit stark politisches Terrain. So heisst es im Brief von P. David Fleming OFM (1851-1915)[24], dem Vorsitzenden des Kongresses von Nîmes, an den katholischen Industriellen Léon Harmel.

> «Das ernsthafte Studium der sozialen Frage wird von jenen vorgenommen werden, die zurzeit sich noch in der Unwissenheit befinden. Ich glaube, dass wir in eine neue Phase in der Entwicklung dieser Frage eintreten. Frankreich nähert sich mehr und mehr an den Heiligen Stuhl an.»[25]

---

[22] Dehons Brief vom September 1897 an P. Jules du Sacré-Cœur (ADR B 9/20 [Inv. Nr. 76.00]), wo im 4. Absatz steht: «Le Tiers-Ordre, semblable en cela à tout ce qui vit sur terre, n'avait pas traversé les siècles sans se laisser entamer par la rouille. Et quand tous les esprits étaient plus ou moins imbus d'idées régaliennes et gallicanes, il s'était résigné, lui aussi, à sortir de la vie sociale. Il était devenu come une pieuse confrérie propre à aider ses membres pour leur sanctification personnelle, mais absolument inefficace pour le règne social de *Jesus-Christ*.» (Hervorhebung im Brief).

[23] Vgl. Daniele Menozzi, Sacro Cuore. Un culto tra devozione interiore e restaurazione cristiana della società, Roma 2001, v.a. 107-169.

[24] Vgl. Herman H. Schwedt/Tobias Lagatz, Prosopografie von Römischer Inquisition und Indexkongregation, A–K, hg. von Hubert Wolf (Römische Inquisition und Indexkongregation, Grundlagenforschung III: 1814-1917), Paderborn 2005, 587-591.

[25] Brief von P. Fleming OFM an Harmel: «L'étude sérieuse de la question sociale sera entreprise par ceux qui sont à présent dans l'ignorance. Je crois que nous entrons dans une nouvelle phase du développement de la question. La France se rapproche de plus en plus du Saint-Siège.» (ADR B 9/17. A. 7 [Inv. Nr. 60.07], Brief vom 08.09.1897).

Das Studium der sozialen Frage und der (politische) Bezug zu Rom waren somit verschränkt, was dann zum Teil im liberalen Katholizismus[26] auf Kritik stiess und bei sozialistischen oder republikanischen Bewegungen auf erhebliches Misstrauen und grundlegende Skepsis.[27] Andere im Hause der Kirche rieben sich, ohne Fundamentalopposition zu betreiben, stärker an der inhaltlichen, «demokratischen» Ausrichtung des sozialen und päpstlichen Programms – wie noch an Dehon zu zeigen sein wird.

Der Franziskanische Drittorden geht als Bruderschaft auf die Zeit Franziskus' zurück. Er umfasste Frauen und Männer, welche die «Welt nicht verlassen», aber sich doch den franziskanischen Idealen verschreiben wollten. Dies schien auch Dehon anzusprechen, es ist ein konstantes Programm in seinem Leben. Nach einer «Hochzeit» der Bewegung im Spätmittelalter verfiel der Drittorden im 16. Jahrhundert teilweise, um dann nach der Französischen Revolution, wie eben in Frankreich, eine erneute Blüte zu erleben – wesentlich befördert durch Leo XIII. Dieser Papst verfasste für jenen religiösen Verband von Menschen aus unterschiedlichen Schichten und Regionen mit *Auspicato concessum* 1882 eine eigene Enzyklika. Als Anlass nahm der ehemalige Bischof von Perugia und nunmehrige Pecci-Papst den 700. Geburtstag Franziskus', des manchmal als *alter Christus* Bezeichneten. Mit der vereinfachten «Leoregel» erfasste ein Boom den Drittorden, der zu einer regelrechten Massenbewegung mutierte.[28]

Ein Frömmigkeitswerk war sodann, nach Ansicht einiger, darunter Dehon, dazu aufgerufen, sich zunehmend als ein soziales – und somit politisches – Netzwerk zu verstehen – «methodisch» mit der Ralliement-Politik in Frankreich vergleichbar. Analog sei dies, so der Tenor der «Reformkräfte», bereits im 13. Jahrhundert der Fall gewesen. Auch damals war es schon um «Einsatz für den Frieden, die Achtung vor fremdem Eigentum und das Zahlen von Zehnten»[29] gegangen, so die Akteure, die mit dem Papst im Rücken eine Erneuerung wollten. Persönliche Heiligung und individuelle Frömmigkeit seien zu wenig. Das zeigte der Kongress von Nîmes sehr deutlich und eindrücklich.

---

[26] Wie etwa bei Joseph Brugerette, vgl. Kapitel II, Ziffer 3.6.1.

[27] Vgl. dazu interessant Reinach, Orpheus, 574, 575 (Absatz 574), wo der jüdische Religionshistoriker im letzten von einer gewissen Unvereinbarkeit eines «Concordismus» spricht, in dem Religion und Soziales verbunden werden würden, eines «unhistorischen Concordismus», der eine gewagte Exegese in Hinblick auf Jesus mit einer heutigen, der industriellen Gesellschaft wirksamen sozialen Reform vereinbaren möchte, sei das von katholischer, sei es von protestantischer Seite: «Il y a là un nouvel exemple de la vieille illusion anti-historique du concordisme, consistant à mettre d'accord, par une exégèse tendancieuse, les conceptions mystiques d'il y a deux mille ans avec les idées de réformes réalistes et pratiques qui ont germé dans nos sociétés industrielles.»

[28] Savart, Essai de description du tiers-ordre franciscain, passim.

[29] Lehmann, Art. Terziaren, Terziarinnen, 1349, und weiter Lehmann: «Wo viele Terziaren lebten, verhinderte deren Weigerung, Waffen zu tragen, Städtekriege. Auch durften sie nicht schwören.»

Abbildung 10: Der «franziskanische Papst» Leo XIII., Haupteinlagebild der versammelten Akten zum Drittordenskongress von Nîmes, in: Actes du Quatrième Congrès du Tiers-Ordre Franciscain, tenu à Nîmes, du 23 au 27 août 1897, Brive 1898. Im Zentrum steht Papst Leo, dynamisch in das himmlische Wirken des mit den Stigmata versehenen, enthobenen Franziskus hineingenommen, inmitten einer ruralen Umgebung. Das Bild bietet klare Hierarchien. Der Pontifex erteilt segnend Anweisungen an die Minderbrüder, der Erdball mit den Kontinenten liegt ihm zu Füssen, sowie sich die vier Fratres dem Erdball und dem Schriftstück im Gebet versunken zuwenden. Leo XIII. hat mächtige Impulse für die franziskanische Ordensfamilie ausgesandt, deren Mitglied er, wie Dehon, auch war. Dehon ist über die Franziskanische Drittordensbewegung in eine innerkirchliche Auseinandersetzung eingeschrieben, in der es darum ging, die authentische Interpretation päpstlicher Aussagen herzustellen und jeweils für sich zu beanspruchen. Dehon sah sich als ermächtigtes Sprachrohr des Papstes, andere wiederum stellten dies implizit in Frage – oftmals dann, wenn sie den sozialen Akzenten des Papstes nicht direkt folgen wollten, ihn selbst aber nicht anvisieren wollten oder konnten. Es ist ohne Zweifel so, dass Dehon unter Leo XIII. Ende der 1890er Jahre Unterstützung und Förderung durch diesen erfuhr.

Schon im Vorfeld, aber auch in der Durchführung der uns interessierenden Versammlung in Nîmes, wie später dann in ihrem Nachgang, traten sehr unterschiedliche inhaltliche Anschauungen zu Tage. Dieses Zusammentreffen im Midi hatte sich zum eigentlichen Ziel gesetzt, eine doktrinär-theoretische Grundlage für das neu gewünschte soziale Handeln, die soziale Aktion, bereit zu stellen. Es war angesagt, «eine Synthese» darzulegen. So formulierte es Dehon. Das ist aber, wenn überhaupt, nur zum Teil gelungen.[30] Haltungen und Vorstellungen divergierten in einer zu starken Art und Weise. Die von *Rerum novarum* angestossenen Drittordens-Kongresse schlitterten so schon nach einigen Jahren ihrer Existenz in eine veritable Krise – in Frankreich eng hineinverflochten in die politische Instabilität der III. Französischen Republik. In dem Ringen um eine gemeinsame doktrinäre Grundlage, eine Marschrichtung für das anvisierte Engagement im Sozialen sprach sich Dehon in der aufgekommenen, grundlegenden Frage nach Reichtum und Armut pragmatisch für eine offene, zeitgemässe und differenzierte und eine jeweils für unterschiedliche Gruppen adaptierte Herangehensweise aus, die sich im Rahmen der christlichen Demokratie bewegte.

Als etwas anders gelagert zeigt sich das bei Prosper de Martigné OFMCap (1843-1901).[31] Als ehemaliger Pariser Provinzial der Kapuziner nahm er einen rigoristischeren, asketischen und eng am Armutsideal der Mendikanten orientierten Standpunkt ein. 1888 verfasste er eine Schrift, die die Scholastik und die verschiedenen franziskanischen Traditionslinien beleuchtete, um Nîmes herum engagierte er sich heftig in Debatten um das Selbstverständnis der Drittordensbewegung.[32] Einer Neukalibrierung stand er skeptisch gegenüber. Dehon war dabei beileibe nicht der einzige, der anders tickte, und der ins Visier von Martigné rückte. An Dehons Seite standen die *abbés démocrates*. Die Übergänge zwischen auf den Kongressen engagierten Drittordensmitgliedern und den so bezeichneten *abbés démocrates* sind zu dieser Zeit fliessend. Jene Priestergestalten aus dem französischen Klerus, welche mit Pierre Dabry (1862-1916), Paul Naudet (1959-1929), Tartelin oder Dehon auf dem besagten Kongress 1897 gut vertreten waren, wurden nun ihrerseits stark angegangen. Das war auf verschiedenen Ebenen der Fall, nämlich wegen ihres vermeintlich fehlenden Traditionsbezugs und ihrer konkreten politischen (dem Ralliement verpflichteten) Ausrichtung. Die «soziologische Orientierung» zwischen Gesinnungs- und Strukturreform, also mit Betonung auf letzteres, stand ebenso in Kritik, wie die Ausrichtung der *abbés démocrates* zwischen Diesseits- und Jenseitsorientierung mit vermutetem Schwerpunkt auf ersterer; oder andersrum, handfester und der Auseinandersetzung näher, also polemischer ausgedrückt: zwischen Gott und der Welt überhaupt. Wobei die *abbés démocrates*, in den Augen ihrer Kritiker, der Welt den Vorzug zu geben schienen. Das war durchaus starker Tobak. Klassische Aus-

---

[30] Vgl. Jean Marie Burnod, Le Mouvement social franciscain en France à la suite de Rerum Novarum (1893-1901), Paris 1991, v.a. 89-111. Zur Rede von der «Synthese» sowie einem kurzen und prägnanten Überblick des Kongressfrühlings allgemein, aber auch einer interpretativen Selbsteinschätzung aus der Feder Dehons vgl. dessen oben zitierten Brief an P. Jules du Sacré-Cœur, vgl. ADR B 9/20 [inv. 76.00]: «Mais le caractère propre du Congrès de Nîmes, c'est d'avoir fait la synthèse de l'admirable travail de ses prédécesseurs.» Wie sich später dann herausstellte – der Brief wurde im September 1897 verfasst –, war die Synthese dann doch noch nicht zu einem allgemein anerkannten Abschluss gekommen. Dehons Essay von 1899 beweist dies deutlich.

[31] Vgl. zu ihm Lexicon Capuccinum. Promptuarium Historico-Bibliographicum Ordinis Fratrum Minorum Capuccinorum (1525-1950), Romae 1951, 1412-1413.

[32] Vgl. Prosper de Martigné, La scolastique et les traditions franciscaines, Paris 1888.

schlussmechanismen traten dabei hervor, dem anderen wurde quasi das echte Christsein abgesprochen: Waren diese politisch republikanisch und sozialpolitisch aufgeschlossen orientierten französischen Priester wie Tartelin, Dehon, Naudet und Dabry so etwas wie moderne Materialisten? Betonten sie nicht zu stark das strukturelle Moment menschlicher Existenz unter Vernachlässigung der (christlichen und individuellen) Gesinnung?

Vieles von dem verdichtete sich, wenn wir wollen, in diesem kleinen, vorerst unscheinbaren Konflikt in den 1890er Jahren. Paradigmatisch dafür steht die *quaestio disputata*, ob der sichtlich sich ausweitende Wohlstand – die grosse Depression konnte in diesen Jahren, wie anfangs mit Barjot gezeigt, überwunden werden – «Grenzen» kennen, ob er «definiert» werden sollte, und wie Reichtum und Wohlstand überhaupt religiös qualifiziert werden müssten.[33] Die Kontroverse, die generell die Frage mit einschloss, wie mit Neuem bzw. dem Fortschritt umzugehen ist und wie viel «genug» ist, scheint zeitlos und ist noch heute, unter anderen Vorzeichen und unter dem 1972 geprägten Konzept *The Limits to Growth* sehr aktuell, z.B. in der *Effizienz-Suffizienz* Diskussion.[34] Auf sie wird nun bei und für Dehon eingegangen werden. Andererseits ging es in den Diskussionen und Debatten auch sehr oft um die Suche nach einem gemeinsamen Nenner, einem gemeinsamen Fundament im katholischen Lager, was sich aber nicht umsetzen liess – mit klaren Exklusionstendenzen nach aussen.

4.2.1 Negative Gegenbilder in den Debatten sowie interne Divergenzen in den Zugängen zu Armut und Reichtum

Die innerkirchliche Auseinandersetzung ist keineswegs auf Dehon und de la Martigné beschränkt. Sie macht klar, dass die «Kapitalismus»-Debatte den Aspekt des wirtschaftlich inspirierten und durchbuchstabierten Antisemitismus, auf den wir «natürlich» treffen werden, bei weitem übersteigt. Darauf wird sie mancherorts in den letzten Jahrzehnten perspektivisch reduziert oder in starker Weise orientiert.[35] Die Debatte betrifft aber vielmehr zentral das ureigene innere Selbstverständnis der christlichen Religionsgemeinschaft, sobald etwa darin auf die Schrift und die Tradition der Heiligen, wie etwa eines Franziskus, rekurriert wird. Trotz der Bedeutung, die die neuere Historiografie der exkludierenden und defensiven Stossrichtung des katholischen Antikapitalismus zumisst, kann die

---

[33] Vgl. aufschlussreich in dieser Debatte: Paul Lapeyre, L'Action du Clergé dans la Réforme Sociale, Paris 1901, 266-276 («La richesse sociale indéfinie»).

[34] Vgl. Manfred Linz, Suffizienz als politische Praxis. Ein Katalog (Wuppertal Spezial 49), Wuppertal 2015.

[35] Vgl. dazu auch Olaf Blaschke, Antikapitalismus und Antisemitismus. Die Wirtschaftsmentalität der Katholiken im Wilhelminischen Deutschland, in: Johannes Heil/Bernd Wacker (Hg.), Shylock? Zinsverbot und Geldverleih in jüdischer und christlicher Tradition, München 1997, 113-146, 146: «Die Ursache für den katholischen Wirtschaftsantisemitismus lag nicht, wie manche Kirchenhistoriker beteuern in einem Defizit an Christlichkeit, sondern er war gerade umgekehrt das Resultat der Anstrengung frommer Katholiken, ‹gute› Christen zu sein.»

Frage so nicht auf den Antisemitismus allein reduziert werden – ohne damit leugnen zu wollen, dass diesem eine fundamentale Bedeutung zugekommen ist, z.b. dann, wenn es darum ging, die eigenen Reihen zu schliessen oder die eigene Unsicherheit oder auch Orientierungslosigkeit zu kaschieren.

In Dehons nun zu betrachtendem Kleinsttraktat spielt zu diesem Zeitpunkt seines schriftlich uns heute noch vorliegenden Œuvres das exklusive ideologisch-weltanschauliche Moment des Antisemitismus keine Rolle. Dieser wurde ihm jüngst am Ende des Seligsprechungsprozesses, 80 Jahre nach seinem Tod, vorgehalten, und erhärtet sich an anderen Stellen in Dehons Œuvre. 1899 ist die berühmt-berüchtigte Dreyfus-Affäre schon voll im Gange und manchem ist wohl bewusst geworden, wohin «Kriegsrhetorik» ganz konkret führt, und dass die Sache somit bedenklich ist. In *Richesse, Médiocrité ou Pauvreté* gibt es eher ein konfessionelles Gegenüber, das ins Blickfeld rückt, nämlich der Protestantismus. Daneben liesse sich die einfache Frage aufwerfen, wie stark die Abgrenzung zum Kapitalismus im vorliegenden Essay denn wirklich ist. Starke Ablehnung des Kapitalismus und der Antisemitismus hingen ja oft zusammen. Es gibt in vorliegender Schrift durchaus beträchtliche Berührungspunkte zum Kapitalismus, wie zu sehen sein wird. Nicht nur die Rede von der «Entgrenzung» oder der «Fülle» macht dies deutlich.

Wie soll nun aber der heutige Mensch, so fragte Dehon kurz vor 1900, mit dem neuen materiellen Reichtum bzw. dem Wohlstand umgehen? Soll er diesen als Christ als «legitime» Entwicklung und menschliche Errungenschaft annehmen, einen Weg des Mittelmasses und der Bescheidung einschlagen oder aber notwendiger- oder optimalerweise die freiwillige Armut wählen, die eine Weltabkehr impliziert? Eine unzweifelhaft anspruchsvolle Fragestellung für Dehon und sein Umfeld tat sich auf.

Dehon meinte nun, dass damit eine alte und scheinbar schon gelöste Frage wieder aufgeworfen worden sei. Er war ein zentraler Protagonist des Treffens in Nîmes, erteilte auf diesem in besagtem Disput als Vorsitzender der Tagung einen Ordnungsruf,[36] lieferte Zusammenfassungen[37] und war neben und mit Léon Harmel sowie Ordensmännern der franziskanischen Familien generell eine Triebfeder der Drittordenskongresse (1893/5-1900). Im Anschluss an das Treffen im Midi wollte er einen Diskussionsbeitrag vorstellen, bevor es mit der Abhaltung der Kongresse wieder seinen altgewohnten Lauf nehme. Prosper de Martigné wäre 1897, so Dehon, ja nicht sehr erbaut gewesen, weil inmitten der reichhaltigen Diskussionen des Kongresses die «Frage nach dem Himmel» in den Hintergrund gerückt sei.[38] Debatten um den Wohlstand und seine gesamtgesell-

---

[36] Vgl. Pierre Dabry, Les Catholiques républicains, histoire et souvenirs, 1890-1903, Paris 1905, 514: «Du haute de l'estrade présidentielle le chanoine Dehon lance une apostrophe.»

[37] Vgl. Actes du Quatrième Congrès du Tiers-Ordre Franciscain, tenu à Nîmes, du 23 au 27 août 1897, Brive 1898, z.B. 120-121.

[38] Mit dieser «Rückfrage» war Dehon, obgleich in einer modifizierten Form, auch innerhalb der Kongregation konfrontiert. Eine Gruppe sah das Institut, wegen des sozialen Engagements De-

schaftliche Verteilung seien da zu stark im Zentrum gestanden. Wäre das wirklich Aufgabe des Priesters und Ordensmannes?

Ein kleiner «Traktatenstreit» wurde angestossen, bei dem sich Dehon neben Abbé Tartelin als Vertreter der christlichen Demokratie einklinkte. Der schon im Titel vorweggenommene Dreischritt findet bei Dehon später Entfaltung: Es könne nicht der Weg des «normalen Christen» sein, die Armut zu suchen. Dabei handle es sich nämlich vielmehr um ein evangelisches Ideal. Die Verpflichtung zur Armut stellt eine einer speziellen Elite vorbehaltene Berufung dar. Sie kann nicht der breiten Masse der Christen gelten. Zweifelsohne sprach hier Dehon sein Gegenüber in der Kontroverse, z.B. einen de Martigné, direkt und als «Elite» wohlwollend an.

Über diesen besonderen Weg hinaus könne die Armut nicht verpflichtend sein und als erstrebenswert angesehen werden. Denn gerade die Armut – in Parallele zu den Versuchungen des Reichtums und ihnen gegenübergestellt – hätte ja viele betrübliche Kinder. «Über diese aussergewöhnlichen Verhältnisse eines Gemeinschaftslebens und einer profunden Tugend hinaus ist die Armut wohl ein schlechter Ratgeber, und wenn man die Betrüblichkeiten aufzählen kann, die der Reichtum häufig hervorbringt» – so wie es manche Stimmen aus dem Kapuzinerorden praktizierten –, «so wäre es auch ein Einfaches, die Söhne und Töchter der Armut zu benennen: den Diebstahl, den Betrug, die Entmutigung, die Blasphemie, Mord und Selbstmord usw.... »[39] Dehon bezieht sich bei dieser Überlegung auf Papst Leo XIII., der auf die Bedeutung eines gewissen Wohlstandes hingewiesen hat, um der Unbill der Armut, und deren Glorifizierung, entgehen zu können. Dass unter dieser Aufzählung auch die Blasphemie rangiert, ist bezeichnend. So wird auch der Atheismus, die Gotteslästerung, mit der Frage nach ökonomischen Belangen verkettet.

Soll man sich, so Dehon in einem zweiten Schritt, nun also mit einem Mittelmass im Materiellen zufrieden geben? Das wäre irgendwie naheliegend und zu erwarten gewesen.[40] Mittelmass bzw. Mässigung ist der zweite Terminus

hons, vom ursprünglichen, innerlich und spirituell ausgerichteten Weg abgekommen. Das Generalkapitel von 1896, ein Jahr vor dem Kongress in Nîmes, bot einen Schauplatz, diese Spannungen auszutragen. Dehon hätte sich zu weit vom ursprünglichen Programm der Herz-Jesu-Priester entfernt, so eine Gruppe in der Kongregation, die Protest einlegte. Das Aktive, das Politische, das Soziale sei so am Anfang von Dehon nicht kommuniziert worden. Die Palastrevolution, wohl auch mit gewisser Unterstützung des Bischofs, schlug aber fehl, Dehon konnte sich behaupten, wurde zum Generalsuperior auf Lebenszeit. Vgl. dazu Giuseppe Manzoni, Leone Dehon e il suo messagio, Bologna 1989, 301-327. Vgl. dazu auch Kapitel I.

[39] Léon Dehon, Richesse, médiocrité ou pauvreté, o. O. 1899, in: OS III, 165-175, hier 167: «En dehors de ces conditions exceptionnelles de vie commune et de vertu profonde, la pauvreté ne serait qu'une mauvaise conseillère, et si on a pu énumérer les vices qu'engendre souvent la richesse, il serait facile de nommer les fils et filles de la pauvreté: le vol, la fraude, le découragement, l'envie, le blasphème, le meurtre, le suicide, etc...»

[40] Freilich weniger, wenn die pejorative Konnotation bekannt wird, die Dehon dem Begriff abseits der allgemeinen Tendenz auch in anderen, z.B. stärker religiösen Zusammenhängen beilegt, z.B. NQT 34/201: «Autre obstacle à l'idéal religieux: la médiocrité. – C'est le contraire de la perfection. Médiocrité dans la prière, dans les entretiens avec Dieu! Médiocrité dans l'accomplisse

im Titel der kleinen Streitschrift. Es gebe ja viele Stimmen aus der Philosophie und christlichen Tradition, die das insinuierten. Aber Dehon hält hier, das «Wir» der frühen Christdemokraten hinzuziehend, dezidiert entgegen: «Was uns angeht, wir glauben das nicht!»[41]

Das bei griechischen Philosophen gepriesene Mittelmass («médiocrité») der Spartaner dekonstruiert die Kleinschrift sogleich, weil dieses Ideal umzusetzen nur mithilfe von Sklaven möglich gewesen sei. Ohne Sklaverei wären stoische Haltungen nicht leistbar gewesen. Daneben zeigt Dehon auf, dass die Eliten der stoischen Philosophie beileibe nicht immer geneigt waren, das Ideal der «médiocrité» selbst einzuhalten – dabei kommen die vorgeblichen Eliten in ihrem Anspruch schlecht weg. Das war eine politische Stossrichtung, die sich bei Dehon nicht nur historisch artikulierte. Seneca, der über Nero zu grossem Reichtum gekommen sei, dient Dehon dazu als Ansichtsexemplar. Die Kirche wiederum habe sich immer gegen einen Rigorismus, wie eben im frühkirchlichen Montanismus hervorbrechend, ausgesprochen. Jesu kam nicht in die Welt, um die Natur zu zerstören, sondern sie zu veredeln! Der scholastische, zweistufige Perfektionsgedanke bei Dehon war ausgeprägt.

Und darüber hinaus gebe es für die Kirche sogar eine «materielle Verheissung». Cornelis van den Stehen (1567-1637), Jesuit, frühneuzeitlicher Exeget und biblischer Theologe im konfessionellen Zeitalter, dient der Kleinschrift dabei als Gewährsmann, für diese der Kirche zugesprochene «abundantia rerum in Ecclesia». Jesu verspricht messianischen Wohlstand, aber, das ist die Einschränkung, nicht in einer direkten, geradlinigen Art und Weise. Die Christen sollten den Wohlstand nicht schnurstracks anstreben, es ist vielmehr ein «Zustupf», ein «surcroît», ein Überschuss, ein «Obendrauf». Zuerst gilt es, das «Reich» zu suchen, alles andere kommt dazu. Man darf nun gemäss Dehon auch nicht jesuanischer als Jesus sein! «Haben wir also nicht den Anspruch, ‹übernatürlicher› als Unser Herr zu sein. Er hat seinen Jüngern den ersehnten Überfluss versprochen. Versprechen wir dies auch dem Volk.»[42] Ist diese hier dargelegte Zusage an «le peuple» auch im Zusammenhang eines Populismus zu verstehen, den die junge, so genannte zweite Christdemokratie unter Leo XIII. propagiert und den Dehon selbst mitgetragen und hochgehalten hat? Die Lektüre dieses Kapitels wird eine klare Antwort geben: Ja, das muss so gesehen werden.

---

des règles et des vœux, dans la réforme du caractère, dans le travail, dans les œuvres, dans les devoirs d'état.» Mittelmass als Hindernisgrund sozusagen, denn Perfektion wird angestrebt.

[41] Dehon, Richesse, 168: «Pour nous, nous ne le pensons pas!»

[42] Dehon, Richesse, 171: «N'ayons donc pas la prétention d'être plus surnaturels que Notre-Seigneur. Il a promis à ses disciples le surcroît désiré. Promettons-le aussi au peuple.» Eine andere Frage wäre die nach den kirchlichen Eliten, wie die weiter vorne im Text bei Dehon angesprochenen «Eliten» des Ordenslebens. Wie stehen diese zum «peuple» und den politischen, wirtschaftlichen und gesellschaftlichen Eliten? Eine Abhandlung zum Elite-Konzept und Elite-Verständnis bei Dehon wäre in dieser Hinsicht wohl sehr interessant. Andererseits stellt sich Dehon auch ausserhalb des «peuple», er spricht ja zu ihm, er fordert auf, es anzusprechen, ohne letztendlich Teil von ihm zu sein.

Es handelte sich um das Spiegelbild des oben gezeigten geringen Vertrauens in die Eliten, die man ja bestenfalls ersetzen wollte, um Frankreich neu aufzustellen. Dem (christlichen, einfachen) Volk wurde viel zugetraut. Dazu wurde das Bedürfnis der Masse nach materieller Verbesserung ernst genommen. Ein zentrales Anliegen der *abbés démocrates* war es, das Volk für die Kirche wiederzugewinnen. Das französische, katholische Volk stand in einem positiven Licht, wurde in seinem ganzen Potential gesehen und ernstgenommen.

Dehon sprach generell in seinem Werk nicht in erster Linie die politischen oder juridischen Eliten an. Von ihnen zeigte er sich eher enttäuscht. Als Gegenüber stilisierte er sie und betrachtete sie als solche, die zu ersetzen seien. Dehon «redete» nicht nach oben (auch nicht in seiner Korrespondenz), sondern zielte im Strome eines tridentinisch geprägten Katholizismus auf die breite Masse, neu aber von der Stossrichtung her nicht ausschliesslich religiös-kirchlich, sondern in besonderer Weise politisch-wirtschaftlich akzentuiert. Indirekt zumindest trugen die *abbés démocrates* wie Dehon mit dieser Sicht- und Vorgangsweise zur «Emanzipation» breiter Volksschichten bei. Dabei war bedeutsam, dass auf die «horizontale Dimension des christlichen Glaubens» rekurriert wurde, wie Francis Corvaisier es auf den Punkt bringt.[43] Zur «Emanzipation» wollten Mittel gewählt werden, die nicht in erster Linie religiös codiert oder imprägniert waren.[44] Die Forderung nach Schaffung von mehr materiellem Wohlstand gehört dazu.

Im Verlauf des Kongresses von Nîmes hätte nun, so Dehon in seiner Schrift, der schon oben angesprochene, in der Frage diametral gegenüber agierende Prosper de Martigné[45] Mühe damit gehabt, dass diese «zeitlich-weltliche» Facette der Religion so stark betont worden wäre. Dass das auf einer Ordensversammlung geschehen sei, wäre ihm übel aufgestossen. Hier hätte sein franziskanisches Gewissen quasi notgedrungen revoltieren müssen. In den Akten des Kongresses heisst es für den Kapuziner, der schon an der Tagung ans Rednerpult trat: «Er deutet die Gefahr an, die da entsteht, wo man den Massen ein Evangelium ohne das Kreuz predige», so das Protokoll.[46] Das Kreuz zu verleugnen oder in der Ver-

---

[43] Vgl. Francis Corvaisier, Les abbés démocrates: Église et émancipation paysanne en Bretagne au début du XXe siècle. Préface d'Émile Poulat, Rennes 2003, 363.

[44] Burnod, Le Mouvement social franciscain, 90: Hier war es nach Dehon auch angesagt, Barrieren und Vorurteile abzubauen. Burnod fasst die Haltung der *abbés démocrates* so zusammen: «Les activités proprement religieuses sont donc insuffisantes et l'action sociale est devenue nécessaire et indispensable.» Mit den «Caisses rurales» wird noch ein konkretes Beispiel in diese Richtung im Fortgang des Kapitels angesprochen werden, die konkrete praktische Hilfestellung steht dabei im Vordergrund. Vgl. dazu Ziffer 4.6 in diesem Kapitel.

[45] Siehe zu Prosper de Martigné, in der Vorbereitung des besagten Kongresses: Prosper de Martigné, Quelques réflexions sur le programme du futur congrès de Nîmes, Le Mans 1897, sowie im Nachgang und auch die oben behandelte Schrift Dehons anstossend: Prosper de Martigné, Quelques réflexions sur les actes du congrès de Nîmes, Paris 1898, worin er sich gegen die Demokraten und ihre Inanspruchnahme des Papstes wendet (ebd., 52): Es seien nur die von den «abbés démocrates» gebrauchten Worte, die denen des Papstes gleichen, nicht aber die Ideen und Inhalte, die seinen Rückhalt beanspruchen könnten.

[46] Vgl. Actes du Quatrième Congrès du Tiers-Ordre Franciscain, 116, wo Folgendes zum Auftritt von Prosper de Martigné vermerkt wird: «Le P. Prosper de Martigné est appelé à la tribune. L'at-

kündigung hintanzustellen, die vermeintliche Abkehr vom Kreuz oder das Bei-seiteschieben eben dessen, ist allgemein ein beliebtes Mittel des internen An-schwärzens. In der jüngeren Kirchengeschichte findet sich ein antijesuitischer Topos für die Missionsgeschichte, der diesen paulinisch zugespitzten Vorwurf aufnimmt. Dabei wird der Gesellschaft Jesu ein zu starkes Programm der Akko-modation in der frühneuzeitlichen Asienmission vorgeworfen. Wohlstand ohne Verzicht und Busse zu propagieren, also zu weit auf die Menschen zuzugehen und dabei Gott ausser Acht zu lassen, das meinte bei de Martigné wohl dieses «Evangelium ohne Kreuz» der Christdemokraten.[47] Diese sind hier zugleich die Kräfte, die den Franziskanischen Drittorden in Frankreich «sozial» weiter ent-wickeln wollen. Auch der Herz-Jesu-Frömmigkeit wurde interessanterweise in dieser Zeit vorgeworfen, das Kreuz, wenn schon nicht zu leugnen, so doch hint-anzustellen.[48]

Dehon meinte nun in seinem kurzen Traktat aber gerade dem entgegengesetzt, dass solches «weltliches» Denken sehr nötig geworden ist. Es sei ein entschei-dendes Erfordernis der Zeit. Dehon konnte da keinen Widerspruch ausfindig ma-chen, keine Entgegenstellung finden zwischen «Himmel» und «Erde».

Der Historiograf der Drittordenskongresse Burnod zeichnet Kapuzinerpater Prosper als einen, für den die Sozialreform beim christlichen Individuum be-ginne und an es zurückgebunden bleibe. Für de Martigné ist es verfehlt, in den Bemühungen des Drittordens auf Debatten einzugehen, die wirtschaftlicher, sprich überindividueller, und sozialorganisatorischer Natur sind.[49] Dehon hält dagegen – obschon auch für ihn die Reform beim Individuum beginnt –, dass er Verschüttetes ausgraben, ja aktualisieren wolle. «Wenn aber eine Sache der christlichen Lehre und der christlichen Aktion während einer gewissen Zeit vernachlässigt wurde, wäre es da nicht folgerichtig, dass man ihr einen wichtigen Platz in den Zusammenkünften der Katholiken zuteilte?»[50]

---

tention redouble. M. Lapeyre est un redoutable argumentateur; mais le P. Prosper est maître dans l'art de la puissante méthode scolastique. Il signale le danger qu'il y a à prêcher aux masses un Évangile sans croix. L'expiation est la loi générale. Comme saint Paul nous avons à suppléer à ce qui manque à la passion de Jésus-Christ. Court, mais énergique dans sa précision, cet argument impressionne l'auditoire.» Neben dem Insinuieren der Verleugnung des Kreuzes wird dann auch noch die Notwendigkeit der Mitwirkung an der Sühne (über die Passion Jesu hinaus) betont.

[47] Dabei kennt er Dehon wohl nicht wirklich gut. Zwischen beiden sind auch keine weiteren Kon-takte bekannt bzw. aktenkundig.

[48] Vgl. Kapitel IV, Ziffer 5.3.

[49] Burnod, Le Mouvement social franciscain, 96: Für Prosper de Martigné, einem Anhänger des «Esprit ancien» (ebd., 96) war schon im Vorfeld des Kongresses klar, wie Burnod schreibt, dass eine «christliche Reform» zu verhandeln sei. «C'était exclure par là-même toute possibilité de discussion sur les problèmes purement économiques ou d'organisation sociale.» Es ging nicht zuletzt sichtlich um eine sozialethische Proprium-Diskussion: Ist man als Christ daran gehalten, stets auf das christliche Moment zu rekurrieren oder aber nicht.

[50] Dehon, Richesse, 171: «Mais quand un point de l'enseignement chrétien et de l'action chrétienne a été négligé pendant un temps, n'est-il pas juste qu'il ait, à son tour, une part dominante dans les réunions des catholiques?» Nur in dieser Weise ist Reformrhetorik («nova ex veteribus») im Zeit-alter der Pianischen Epoche überhaupt möglich.

Gerade hier hätte nun auch Leo XIII. mit *Rerum novarum* neue (alte) soziale
Akzente gesetzt, das «Materielle» miteinbeziehend, es nicht von der Religion ab-
schneidend. So sei es in der Geschichte schon einmal vorbildlich praktiziert
worden. Schon 1894 schrieb Dehon in seiner Zeitschrift *La Règne*: «Das 12.
Jahrhundert zeigte die gleichen Phänomene wie das unsere [...]. Das Werk des
Heiligen Franziskus hat Europa erneuert. Tragen wir dazu bei, dass dieses Werk
wieder stark wird, es wird uns ein zweites Mal retten.»[51] Dazu sei es nötig, sich
mit dem modernen Wirtschaften und dem Wohlstand konstruktiv auseinander zu
setzen.

Selbst in der Liturgie rekurriere man nach Dehon – womit der binnenkirchliche Charakter des Essays erneut deutlich wird – auf die Fülle und die Prosperität in Zeiten des Friedens. Die historische wird über eine eher eschatologische
Perspektive ergänzt. Dehon illustrierte seinen Zugang über ein aussagekräftiges
«Gedankenexperiment». Es schliesst dies einen kontrastierenden Vergleich mit
der Herrenhuter Brüdergemeine ein.

> «Gebt allen Katholiken das Armutsideal oder das einer demütigen Mässigung, und
> sehr bald würden die katholischen Länder etwas von der trüben Traurigkeit der Her-
> renhuter annehmen. Braucht es nicht eine aussergewöhnliche Tugend, um in der Ar-
> mut froh zu leben? Die Gnaden des heiligen Franziskus sind nicht diese des gewöhn-
> lichen Mannes.»[52]

Von der «Traurigkeit» im Leben der Herrenhuter sprach Dehon schon früher,
er kam schon in jungen Jahren mit dieser Gemeinschaft in Kontakt.[53]

Ohne Wohlstand gäbe es für die Katholiken keine Ressourcen für die Missionsbemühungen oder für Kunst und Bauwerke, insbesondere für Franziska-
nerklöster treffe dies zu. Es ist in diesem Kontext bestimmt kein Zufall, dass Fran-
ziskanerklöster genannt werden. Mit Pierre Dabry wird ein anderer *abbé démo-*

---

[51] «Le XIIe siècle avait les mêmes tendances que le nôtre: l'amour du lucre et du plaisir, l'égoïsme
      et le capitalisme. L'œuvre de saint François a renouvelé l'Europe. Aidons cette œuvre à revivre,
      elle nous sauvera une seconde fois.» CHR 1894/182.
[52] Dehon, Richesse, 173: «Donnez à tous les catholiques l'idéal de la pauvreté ou d'une humble
      médiocrité, et bientôt les pays catholiques auront quelque chose de la morne tristesse des commu-
      nautés de Frères Moraves. Ne faut-il pas une vertu plus qu'ordinaire pour vivre joyeux dans la
      pauvreté? Les grâces de saint François ne sont pas celles du vulgaire.»
[53] Die Herrenhuter hatte Dehon schon in jungen Jahren seines Lebens in Zeist, den Niederlanden in
      der Nähe von Utrecht, kennengelernt, und mit folgenden «eigenen» Worten beschrieben, vgl.
      NQT 2/137: «C'est une colonie de Frères Moraves, sorte de phalanstère où règne une certaine
      communauté de biens. C'est une petite république, assez semblable à nos grands monastères, sauf
      qu'on y vit en famille. Le fanatisme sectaire y remplace la foi qui unit les moines chrétiens. Ce
      petit monde m'a paru triste. Il n'y a pas là le sacrifice généreux et joyeux du vrai croyant. Il y a
      cependant de l'ordre, de la tenue, de la discipline, du travail dans ce groupe de familles. Puisse la
      bonne foi conduire ces âmes au salut!». Gerade der Terminus «phalanstère» (Kommune) trägt zur
      Negativkennzeichnung der Zeister Brüdergemeine erheblich bei. Die Erfahrung der 1860er Jahre
      muss Eindruck hinterlassen haben, und schlägt sich später auch im ‹Manuel social chrétien› bei
      Dehon nieder, vgl. MSC 234.

crate in dieser Debatte zu einem Angriff ansetzen, der den Kapuzinern galt.[54] Damit sind Frontlinien abgesteckt.

Dehon rechnet im Fortgang des Essays etwas kühl in absoluten Zahlen, wenn er meint, dass der gespendete Denar des Armen zwar sehr verdienstvoll sei. Aber er ist und bleibe nun mal *ein* Denar – ein spezifischer, ehrlicher Blick auf das Geld also. «Verarmte Katholiken wären im Staat und in der Kommune ohne Einfluss und ohne Kraft. Kennt man nicht Städte wie Nîmes oder Genf, wo eine protestantische Minderheit allmächtig ist, weil sie den Reichtum besitzt?»[55] Statt wie anderenorts auf die Schiene der Religionskonkurrenz setzt Dehon hier, als getreues Kind eines konfessionellen Zeitalters,[56] eher auf die Hervorhebung des im Lokalen wie im Nationalen spielenden «Konfessionswettbewerbs». Mit Genf ist die Stadt Calvins benannt, mit Nîmes der Austragungsort des Kongresses. Eine ambivalente Einschätzung des Calvinismus wird ersichtlich.

Die katholischen Nationen seien bald, würden sie sich nicht um den Wohlstand kümmern, zum Beutestück der häretischen oder unfrommen Nationen degeneriert. Die Sorge um den Wohlstand ist für den noch nach dem «cuius regio eius et religio»-Prinzip denkenden Dehon wichtig.

4.2.2 Verteidigungsstellung sowie Gegenwind in der Rezeption:
Die Frage nach dem Wohlstand

Im letzten Teil seines Essays geht Dehon dann noch auf vier Vorwürfe ein. Um sie zu entkräften, setzt die Schrift im Nachgang zum bewegten Treffen von Nîmes an. Dabei generiert sich eine üppige Matrix der Auseinandersetzung:

(1) Werde bei alledem, was die Christdemokraten postulieren, nicht zu wertschätzend vom Reichtum gesprochen, verschärft mit Blick auf die Heilige Schrift, wo doch gerade im Neuen Testament ein markant anderer Ton vorherrsche? Dehon antwortete dem entgegnend, dass die Bibel ja auch die Figur des «guten Reichen» kenne, Josef von Arimathäa zum Beispiel, der das Grab Jesu sponserte. Daneben hätten auch vermögende Menschen das junge Christentum in Rom in den Anfängen der Kirche wesentlich gefördert.

(2) Wie sieht es andererseits mit der christlichen Weltabkehr aus, wenn Wohlstand zentrales Programm wird? Hier wiederholt der Gründer der noch jungen

---

[54] Vgl. Dabry, Les Catholiques républicains, 508-517 (zum Kongress von Nîmes), 516: «Ce qu'il y a de curieux, c'est que quand vint la question du capitalisme et du prêt à intérêt, qui est-ce qui monta à la tribune pour les défendre? Un capucin. Ainsi la richesse, quand il s'agit d'en assurer une portion au pauvre, d'en garantir un minimum au travailleur, est un bien funeste, mais quand il s'agit de la laisser accumuler dans la caisse des oisifs et d'en faire la clef d'or qui couvre la porte de toutes les voluptés, c'est une chose sacrée. Logique et sens franciscain!»

[55] Dehon, Richesse, 173: «Dans l'Etat et dans la commune, les catholiques appauvris seraient sans influence et sans force. Ne connaissez-vous pas des villes, comme Nîmes et Genève, où la minorité protestante est toute-puissante parce qu'elle a la fortune?»

[56] Vgl. Olaf Blaschke, Das 19. Jahrhundert: Ein Zweites Konfessionelles Zeitalter? in: Geschichte und Gesellschaft 26 (2000) 38-75, 57 (für Frankreich).

Kongregation Dehon nochmals seinen wahrscheinlich mit Tartelin erarbeiteten, dreistufig differenzierten Ansatz und den darin herausgeschälten zentralen Gedanken, dass Reichtum und Wohlstand kein Selbstzweck sein sollen. Diese Antwort liess für manche wohl zu wünschen übrig, nicht ganz zufällig wird Dehon kurze Zeit später «wahres Ordensleben» im Prinzip abgesprochen.[57]

(3) Die Christdemokraten würden einen «unbegrenzten/vagen» Wohlstand befürworten, so eine weitere Vorhaltung. Obgleich Dehon, darauf antwortend, die Rede vom undefinierten (grenzenlosen?) Reichtum («une richesse indéfinie») nicht zu schätzen scheint, so spricht er sich gleichsam gegen eine «festzulegende» Grenze aus und meint, dass es in der Realität gleichwohl von diesen Wohlstandseinschränkungen für den Arbeiter etwa zuhauf gebe. Hier weitere Schwellen aufzurichten, wäre zynisch, könnte da frei ergänzt werden, unnötig martialisch und kühl. Reichtumszuwachs ist für Dehon grundsätzlich legitim und erstrebenswert![58]

(4) Ist das Ganze denn nicht geradezu ein Aufruf zum Klassenkampf, wenn der materielle Wohlstand derart ins Zentrum gerückt werde? So ein vierter, harter Vorwurf, der nun die Christdemokratie in die Nähe des Sozialismus und des Revolutionären bringt. Möchte sich der Arbeiter dann nicht mehr vom Wohlstandskuchen aneignen als ihm bis anhin zugestanden wurde? Die Anklage ragte mitten in die Tagespolitik hinein. Freilich, so Dehon, gilt es die Sache diskret zu behandeln. Man hätte ja auch nicht auf einem Arbeiterkongress debattiert. Da wäre die Sache schon heikler gewesen, anfällig für Klassenkampf-Rhetorik. Aber grundsätzlich änderte sich nichts an der Richtigkeit dessen, dass den Arbeitern ein grösserer Teil des neu geschaffenen Reichtums zukommen sollte. Für die innerkirchliche Rezeption ist interessant, dass Dehon noch 1969 eine zu vage Abgrenzung zum Sozialismus vorgeworfen wird.[59]

---

[57] Vgl. Gutachten Cormier, Kapitel II, Ziffer 3.5.

[58] Vgl. auch Burnod, Le Mouvement social franciscain, 100. Die Debatte um den möglichen Zuwachs im Reichtum hat schon das Vorfeld des Kongresses beschäftigt. Darin hat sich Paul Lapeyre gegen Prosper de Martignés Konzeption einer evangelischen Armut verwehrt, die sich gegen jeden Reichtumszuwachs stellt. Denn der soziale, gemeinschaftliche Reichtumszuwachs wird von Lapeyre, wie eben auch bei Dehon, als Desiderat, als erstrebenswert und sehr positiv gesehen. Spreche man sich dagegen aus, wäre dies nur etwa ein weiterer Beleg, dass die Kirche dem zeitlichen Los der Menschen indifferent und zynisch gegenüber stehe; vgl. dazu auch Prélot, L'œuvre sociale, 156-157, sowie de Martigné, Quelques réflexions sur les actes, 83-89. Dieser Ansatz könnte gut und gerne mit der spirituellen Haltung Dehons im Rahmen der Reparationsfrömmigkeit parallelisiert werden, wo nach Dehon nicht aktiv nach Selbstkasteiung und Entbehrung Ausschau gehalten werden muss, weil ja das Leben an und für sich genügend Einschränkungen sowie Schikanen bereit hält.

[59] Congregatio de Causis Sanctorum, Mechlinien. Seu Suessionen. Canonizationis Servi Dei Leonis Ioannis a S. Corde Iesu Dehon Sacerdotis Fundatoris Congregationis Sacerdotum a S. Corde Iesu (1843-1925). Positio super Fama Sanctitatis et super Virtutibus, Voll II. Summarium, Roma 1990, darin: Positio super scriptis nuper inventis. Iudicium alterius theologi Censoris, 16. Da gäbe es ein «concetto meno esatto del Servo di Dio in materia di scienza sociale: quello della famosa lotta di classi.»

Dehon wird an anderer Stelle fordern, dass dem Arbeiter nicht nur ein gerechter Lohn, sondern auch ein bestimmter Anteil am Gewinn (s)einer Firma zuzuerkennen sei. Das «Salariat»/Lohn-System solle nicht der letzte ökonomische Entwicklungsschritt sein. Ein eingehender Blick Dehons auf das Geld tut sich da auf, weil damit nochmals der bedeutsame Mittel-Charakter hervorgehoben wird. Auch wenn das Geld kein Zweck sein kann, so ist es doch ein entscheidendes Mittel, das unbedingt berücksichtigt werden muss. Generell ist festzuhalten, dass das «Wohl-Sein» für Dehon ganz wesentlich die materielle Dimension miteinschliesst.

Mit engem Bezug auf den Kongress in Nîmes schrieb Paul Lapeyre (1847-1906), dass der Wohlstand unweigerlich eine Bedingung für den menschlichen Fortschritt sei, dass der «soziale Reichtum» (in Absetzung vom individuellen Reichtum) absolut erstrebenswert und auch notwendig für das Studium sowie die Religionsausübung sei und der Katholik daher die Schaffung und die Vermehrung des Reichtums begünstigen soll und darf.[60] Das sah ein Abbé Naudet ganz ähnlich. Zusammen mit Georges Goyau (1869-1939) prägte Lapeyre das Konzept des «catholicisme social»[61]. Beide, von Hans Maier als wichtige Exponenten der Christdemokratie gesehen, waren am Kongress zu Nîmes als Terziaren[62] anwesend. Die materielle Dimension ist auch nach Dehon im Auge zu behalten und zu fördern. Dazu müssten die Drittordensmitglieder auf verschiedenen Ebenen ihren je eigenen Beitrag leisten. Das sahen nicht alle in derselben Art und Weise. Dehon fand in Pater de Martigné ein «Gegenüber», Lapeyre etwa in einem P. Pothin, von dem dieser sich in seinen Schriften absetzte.[63]

Der im Umfeld des Kongresses – Abbé Pierre Dabry sprach 1905 von einem «fait inouï»[64] – «aktive» Prosper de Martigné, Jahrgangskollege von Dehon, musste sich in seinem Engagement von Seiten der christdemokratischen Vertreter später auch den Vorwurf gefallen lassen, dass es ihm mehr um die Anschwärzung von Personen und Strömungen als um philosophische Ideen und theologische Thesen gegangen sei. Dabry führt dementsprechend aus, dass P. Prosper

[60] Vgl. Lapeyre, L'Action du Clergé, 266-276, passim.
[61] Vgl. Hans Maier, Revolution und Kirche. Zur Frühgeschichte der Christlichen Demokratie, Freiburg i. Br. [5]1990, 307.
[62] Wenn heute ein Briefkontakt Dehons mit Lapeyre weder nachweisbar noch zu vermuten ist, so gibt es erhaltene Briefe zwischen Dehon und Goyau. Dehon, der Goyau als einen «pieux tertiaire de S. François» bezeichnete, welcher «aime bien à louer les saints» (Brief Dehons an eine Ordensschwester, 07.05.1924, in: ADR B 83, Inv. Nr. 1110.75), hat einige Schreiben von Goyau erhalten, vgl. in: ADR B 21. Diese reichen von kirchenpolitischen Befürchtungen – so setzt sich Goyau 1908 bei Dehon für das Buch von Edouard Lecanuet (1853-1916) zur Kirche in der Dritten Republik ein (B 21/2.f, Inv. Nr. 350.13) –, bis hin zu einem bewegenden Brief, der den Tod der ersten Ehefrau Goyaus 1913 verarbeitet. Anscheinend hatte Dehon zuvor kondoliert (B 21/6, Inv. Nr. 423.39). Zum Sozialkatholizismus im engeren Sinne können wir aus dieser Korrespondenz weniger schöpfen.
[63] Vgl. Lapeyre, L'Action du Clergé, das einer Widerlegung P. Pothins gleich kommt. Von ihm, P. Pothin, konnte nicht mehr in Erfahrung gebracht werden.
[64] Dabry, Les Catholiques républicains, 508, hier auch: «Le procédé était blessant [...]».

«den sozialen und menschlichen Charakter des Christentums in Zweifel gezogen hätte, um nichts anderes als seinen religiösen und übernatürlichen Charakter weiter bestehen zu lassen.»[65] Die vorher dargestellten Vorwürfe jedenfalls können in diesem Umfeld, wo Dehon im Blickpunkt steht, eng an de Martignés Namen[66] angebunden werden. Sie sind aber beileibe nicht auf ihn beschränkt. Ein lautstarkes Echo dieser Debatten ist – für Dehons Biografie relevanter – im Gutachten P. Cormiers ausfindig zu machen, welches im zweiten Kapitel dieser Arbeit detailliert unter die Lupe genommen wurde und einen herben Rückschlag für den römischen Anerkennungsprozess der Kongregation einige Monate später, also Ende 1900, bedeutete. Dort wurde Dehons vermeintlich fehlende «surnaturalité» zielgerichtet thematisiert, zugleich mit der Anschuldigung, dass er so etwas wie soziale Unruhe in die Kirche hinein trage.

Zwei florilegisch ausgewählte Aussagen von Martigné lassen etwas von der Geisteshaltung und dem Menschenbild des Kapuziners erspüren, mit dem es der heutige Beobachter zu tun hat und mit welchem sich vor mehr als 100 Jahren die christdemokratischen Abbés auseinandersetzen mussten: «Die Christen machen daher generell das Gegenteil von dem, was sie machen müssten» und «Niemals seit der Konversion vom Heidentum hat sich die christliche Welt so weit von Jesus und seiner Lehre entfernt.» Derart die Tonlage de Martignés in einem Artikel der *Études franciscaines* aus 1899.[67] Am 30. Dezember 1901 ist der jedenfalls kämpferisch, traditionell und durchaus kulturpessimistisch ausgerichtete Kapuziner, der nach Burnod «doch mehr als eine simple Debatte über die evangelische Armut» mitverantwortet hat, verstorben.[68] Sein Pessimismus konterkariert Dehons Optimismus.

Der kämpferischer Publizist aus Dehons näherer nordfranzösischen Heimat Henri Delassus – dem Stifter der Herz-Jesu-Priester reichlich wenig gesonnen, zuvorderst wegen der Ausrichtung der Zeitschrift *Le Règne* – gehörte zu jenen, die sich gut an den Kapuziner erinnern konnten. Und so schrieb der durch und durch antiliberale Delassus ein Jahrzehnt später: «In Nîmes 1897 erhob sich P. Prosper de Martigné, Provinzial der Kapuziner, gegen die von Paul Lapeyre entwickelte These zum Wohlstand, welcher eine unverzichtbare Bedingung für den menschlichen Aufstieg darstellen würde, sogar in Fragen der Moral und der

---

[65] Dabry, Les Catholiques républicains, 511: «[...] mis en doute le caractère social et humain du christianisme pour ne laisser subsister que son caractère religieux et surnaturel [...].»

[66] Vgl. auch Henri Delassus, La Démocratie chrétienne. Partie et Ecole. Vus du diocèse de Cambrai, Paris/Lille 1911, 19, wo dieser Prosper gleichsam lobend hervorhebt, der gegen Paul Lapeyre aufgetreten sei, welcher seinerseits den Wohlstand als «condition indispensable de l'ascension humaine, même au point de vue moral et spirituel» bezeichnet habe.

[67] Vgl. exemplarisch Prosper de Martigné, La pénitence et ses adversaires d'aujourd'hui, in: Études franciscaines 1899, t. 2, 612-623, z.B. 615: «Les chrétiens font donc généralement tout le contraire de ce qu'ils devraient faire.» (ebd., 615). An Klarheit lässt es auch folgendes Statement nicht fehlen: «Or jamais, depuis la conversion du paganisme, le monde chrétien ne s'était tant éloigné de Jésus-Christ et de sa doctrine.»

[68] Vgl. Burnod, Le Mouvement social franciscain, 108: «bien plus qu'une simple querelle sur la pauvreté évangélique».

Spiritualität.»[69] Ohne hier Dehon beim Namen zu nennen, war dieser doch mitgemeint. Dehon, dem vor dem Maurras-Prozess an der Indexkongregation, lange nach seinem Essay von 1899, noch manche Vorhaltungen aus dieser dichten Zeit seines Engagements entgegenschlugen,[70] wurde noch jüngst Delassus gegenüber gestellt.[71]

Ist nun der von Dehon (mit)verantwortete Essay als Teil eines Konflikts in weiten Bereichen der Kirche zu sehen oder schon als eine Massnahme der von Rom aus gewünschten Beruhigung in der Frage? Dehons mit Tartelin erstellte *Rectification* wurde im Februar 1899 gedruckt. Kurze Zeit davor hat Leo XIII., wie Jean-Marie Mayeur aufzeigt, an den Generaloberen der Minderbrüder einen Brief gerichtet, dass Konkordanz und Ruhe im Drittorden nun, wo ihn raue Wellen aufbrachten, sehr wünschenswert seien. Das deswegen, weil sich die politische Lage in Frankreich zuspitzte.[72] Dehon hatte sich als Konsultor des Index schon einen Namen gemacht, sodass er für eine Beruhigungsfunktion institutionell ausgerüstet gewesen wäre. Es brodelte allgemein gewaltig in der Franziskanischen Terziar-Bewegung. Nur mehr zwei Versammlungen sollten nach Nîmes anschliessen, wobei jene nach Toulouse 1899 in Rom 1900 dann die letzte und für Dehon folgenschwerste sein sollte. Der Konflikt konnte nicht entschärft werden, er spitzte sich unter dem Pontifikat von Pius X. sogar zu.

Dehons sozialer Einsatz wurde ihm innerkirchlich zum «Verhängnis». So zumindest zeigt es Emmanuel Barbier (1851-1925), Ex-Jesuit und spitz antiliberaler Autor wie eben ein Delassus, in seinem 1924 erschienenen Werk *Histoire du catholicisme libéral et du catholicisme social en France* im dritten Band.[73] Der bei weitem nicht nur von Dehon gewünschte Weg einer neuen und durch und durch sozialen Ausrichtung des Drittordens sei dabei abgeschnitten worden. Barbier, dem vorgefallenen «Bruch» sichtlich nicht abgeneigt, ja erfreut darüber,

---

[69] Vgl. Delassus, La Démocratie Chrétienne, 19: «[À] Nîmes, en 1897, le P. Prosper de Martigné, provincial des Capucins, s'éleva contre la thèse développée par M. Paul Lapeyre, sur le bien-être, condition indispensable de l'ascension humaine, même au point de vue moral et spirituel.»

[70] Vgl. Kapitel II in Sachen Index, Kritik an Dehons Funktionen im Maurras-Prozess. Dehon galt den Anhängern Maurras' in Rom als einer seiner erbittertsten Gegner.

[71] Vgl. die tendenziöse Darstellung Louis Medlers, mit Bezug auf Dehon, ders., Mgr Delassus (1836-1921). Face à la conjuration antichrétienne, un maître contre-révolutionnaire, Avrillé 2005, 113.

[72] Jean-Marie Mayeur, Tiers-Ordre Franciscain et catholicisme social en France à la fin du XIXe siècle, in: André Vauchez (Hg.), Mouvements Franciscains et Société Française XIIe-XXe siècles, Paris 1984, 181-194, hier 187.

[73] Emmanuel Barbier, Histoire du catholicisme libéral et du catholicisme social en France. Du Concile du Vatican à l'avènement de S.S. Benoît XV (1870-1914), Bordeaux 1924, v.a. 155-161. Dieses Werk wurde ein Jahr vor Dehons Tod verfasst. Als Dehon noch in Rom an der Index-Kongregation aktiv war, hat Barbier Dehon vom Modernismus-Vorwurf verschont bzw. nicht darin eingeordnet; vgl. Emmanuel Barbier, Les Démocrates Chrétiens et le Modernisme. Histoire documentaire, Nancy/Paris 1908. 1924 jedoch parallelisiert, wie im Titel ersichtlich, Barbier liberalen und sozialen Katholizismus, wohingehend andere den sozialen Katholizismus als ultramontan ansahen, was die Vielfalt und Komplexität der Wahrnehmungen zeigt, aber zuallererst doch die polemisch-spitze Ausrichtung Barbiers.

resümierte so das Ende einer seiner Meinung nach die 1890er Jahre durchlaufenden Entwicklung:

> «Der Drittorden würde so also weder eine politische Maschinerie, noch eine Kriegsmaschinerie sein. Allen die Gleichgültigkeit den materiellen Dingen gegenüber zu lehren, das ist der franziskanische Geist. Dass die Reichen lernen, die Armen zu lieben, und die Armen, die Reichen nicht zu verwünschen.»[74]

Das von Barbier Ausgeführte könnte 1:1 so von de Martigné stammen. Gerade um diese (stoische) «Gleichgültigkeit» ging es ja 1899 bei Dehon und Tartelin nicht. Auf das dem Erneuerungsversuch Dehons beim letzten Terziar-Kongress in Rom konsequente Gegenübertreten des unter Kardinal Manning kirchlich «gross» gewordenen David Fleming anspielend lesen wir beim dezidiert antichristdemokratischen Barbier: «Man konnte nicht klarer und mit eingehenderer Betonung das Votum Dehons zurückweisen, der da versuchte, für den Drittorden den ‹Geist› zu weiten.»[75] Pathetisch und angriffig zugleich schloss Barbier 1924:

> «Diese Debatte, der die ganze Anstrengung des Kongresses galt, stiess in Rom auf grossen Widerhall, und die Partei der Christdemokraten begann es zu bereuen, dass sie so nahe am Vatikan das Spektakel ihrer wirren und marktschreierischen Agitation aufgeführt hat.»[76]

Diese Unstimmigkeit spiegelt sich auch im Gutachten Cormiers für die Kongregation der Herz-Jesu-Priester, als Fleming die zentrale Rede Dehons im Vorfeld des römischen Kongresses abgeändert wissen wollte. Dazu willigte aber Dehon nicht ein. Als ein key-note-Speaker blieb er beim ursprünglich Vorbereiteten und hinterlegte seine Argumentation mit Bezug auf Leo XIII. Jene Episode des gedeuteten «Ungehorsams» oder der «Uneinsichtigkeit» – immerhin ist Fleming als Konsultor des Heiligen Offiziums Mitglied der in der katholischen Kirche der Zeit wohl wichtigsten normierenden Instanz – wird von Cormier in die inneren Abläufe und Entscheidungen der Suprema hineingetragen, in diesem Schutzraum ausposaunt. Dehon spurte nicht! Der Nordfranzose Dehon wurde damit als Konsultor des Heiligen Offiziums verhindert. Die christdemokratischen Debatten, die zuinnerst mit der Ökonomie zu tun hatten, transformierten sich somit in den innerkirchlichen Raum hinein. Hier wechselte der Konflikt die Ebene und wandelte sich in seiner Ausdrucksform: Das sozialpolitische Feld

---

[74] Barbier, Histoire du catholicisme libéral, 161: «Le Tiers Ordre ne serait donc ni machine politique, ni machine de guerre. Enseigner à tous le détachement des biens matériels, tel est l'esprit franciscain. Que les riches apprennent à aimer les pauvres et les pauvres à ne pas maudire les riches.»

[75] Barbier, Histoire du catholicisme libéral, 161: «On ne pouvait repousser plus nettement et avec une plus significative insistance la motion Dehon tendant ‹à élargir l'esprit› du Tiers-Ordre.»

[76] Barbier, Histoire du catholicisme libéral, 161: «Ce débat, autour duquel convergeait tout l'effort du congrès, eut dans Rome un grand retentissement, et le parti des démocrates chrétiens commença à se repentir d'avoir donné, si près du Vatican, le spectacle de son agitation brouillonne et tapageuse.»

wich einem kirchenpolitischen, innerkirchlich-strukturellem. Die hintergründige, diffuse trat an die Stelle der manifesten und diskursiven Opposition.

Ob Dehon nun dieses sein Reden und Agieren bereut hat, wie es der Ex-Jesuit Barbier für die Christdemokraten allgemein formulierte, wissen wir nicht. Es kann bzw. muss wohl eher ausgeschlossen werden. Dehon hat sich bis ans Lebensende nie von der Christdemokratie distanziert. Womöglich war Dehon sich gar nicht bewusst, welche Konsequenzen im (römischen) Detail sein Engagement auf den Drittordenskongressen gehabt hat. Dieses sein Wirken und sein Einsatz waren zentral an die Frage des Umganges mit Geld und Reichtum geknüpft, schreiben sich jedoch andererseits deutlich in das zu Ende gehende Pontifikat Leos XIII. sowie in innerrömische Querelen und Positionskämpfe ein.

Das nun Gesagte stellt schon eine Art erste Rezeptionsgeschichte von Dehons Text von 1899 dar, insoweit seine Person selbst betroffen war. Wenn wir den oben behandelten, an manchen Stellen pointierten und aussagestarken Text synchron lesen, ihn also in einen Textvergleich mit Aussagen aus der Feder Dehons in der Zeit selbst stellen, bemerken wir den eigenen Charakter und die besondere Stossrichtung des von ihm erarbeiteten Essays in einer anderen Hinsicht: Denn von der dort deponierten Absicht etwa, in einem wie immer gearteten «Populismus» – über die Hervorhebung von Wohlstand und Reichtum – die Menschen gewinnen zu wollen, davon findet sich in Dehons Vulgarisierung in seiner Zeitschrift *Le Règne* etwa, einem Organ, das sich eher an ein breites und frommes Publikum richtete, weniger. Für seine LeserInnen schreibt Dehon da mancherorts der Stossrichtung nach mehr wie ein Prosper de Martigné. So wenn er sich etwa beklagte: «Man studiert nur den Wohlstand, jener ist das dominante Ziel geworden, wenn nicht sogar die einzige Zielperspektive im sozialen Leben; und die gesamte politische Ökonomie reduziert sich auf drei Schlagworte: Produktion, Verteilung und Konsum des Reichtums.»[77]

Bedient Dehon sich also verschiedener Diskurse? Gibt es hier nicht doch wieder so etwas wie den ausgefahrenen moralischen Zeigefinger, der gerade im betrachteten Essay *Richesse, Médiocrité ou Pauvreté* zurückgenommen wurde? Ist Dehon in starker Weise adressatenbezogen, oder ist es doch eher Abbé Tartelin, der ihn stark auf den im Text eingeschlagenen Weg mitgenommen hat? Ohne dies alles in Abrede stellen zu wollen – auf den «moralisierenden Dehon» in der Frage der Wirtschaft werden wir noch stossen –, zeigt es Dehons Absicht, einen breiten Mittelweg einzuschlagen. Dazu schied er Grundlagendiskussion klar von Tagespolitik: Ein Drittordenskongress sei ja keine Arbeiterversammlung, er hätte seine eigene Gesetzmässigkeit. Bei alledem bleibt aber auch ein Dehon zurück, der

---

[77] Léon Dehon, Le rôle de la richesse dans la vie sociale, in: Le Règne, April 1896, vgl. REV 8031034/9: «On n'étudie plus que la richesse, elle est devenue le but dominant, sinon le but unique de la vie sociale; et toute l'économie politique se réduit à trois termes: la production, la distribution et la consommation de la richesse.»

letztlich nicht ganz fassbar ist und viele ambivalente Facetten aufweist. Die Zinsfrage zeigt das nur zu gut.

4.3 «L'usure en temps présent» von 1895 – Dehons Schrift zur Wucherfrage zwischen Wissenschaft und Moralisieren

Dehon hat sich schon früher theoretisch mit Fragen des Reichtums und des Geldes beschäftigt. Eine für die Zeit brennende Frage war diejenige nach dem Zins bzw. dem Wucher, lateinisch *usura*. Innerhalb der katholischen Kirche hat Leo XIII. mit der Rede von der «usura vorax» in der Enzyklika *Rerum novarum* eine alte Debatte nochmals angefacht. Anders als etwa im protestantischen Raum, wo es lediglich vereinzelte Diskussionen gab, gewann die Frage des Zinses im katholischen Bereich eine gewisse Brisanz. An der «Réunion ecclésiastique d'études sociales» in St. Quentin im September 1895 sprach Dehon zum modernen Wucher.[78] Wiederum sind seine Ideen in den Kongresskatholizismus seiner Zeit eingebettet. Diesmal formulierte er seine Vorstellungen aber allein aus.

Die Behandlung der Frage nach dem Zins eröffnete in der Zeit so manch ideologisches Feld. Von der Sozialromantik oder der Sozialreform bis hin zur Moralisierung inmitten einer Situation der (vermeintlichen) Dekadenz oder auch der Fundamentalkritik tat sich hier ein weites Spektrum auf. Geld und Zins polarisierten. Die Debatte hielt auch Muster der Abgrenzung bzw. der Exklusion bereit. Letztere war, mit religions- und kulturgeschichtlicher Konstanz und Tradition, in der Zinsdebatte besonders gegenüber dem Sozialismus und, in langer Sicht, dem Judentum von Bedeutung. Dabei wurde das Judentum neu als Protagonist und Exponent eines pervertierten Kapitalismus gesehen und sozialistische, neuere Ansätze als irregeleitete Antworten aus falschem, weil materialistisch-positivistischem Geiste betrachtet. Fakt ist, dass das Geld über seine Funktion als Tauschmittel hinaus in Handel, Gewerbe, Industrie und insbesondere im Bankwesen als Hort- und Transaktionsmittel ökonomisch bedeutender wurde, und dass die wirtschaftliche Vernetzung sich über die Theorie des Freihandels ausprägte. Der komplexe Investitionskredit löste den so genannten einfachen, herkömmlichen Konsumkredit zusehends ab.

Dehon widmete der Zinsfrage – sich in eine moraltheologische Traditionslinie einschreibend, die es seiner Meinung nach auf die Höhe der Zeit zu heben galt – eine Studie, die einige Jahre vor der im letzten Abschnitt fokussiert behandelten Schrift *Richesse, Médiocrité ou Pauvreté* erschien. Auch sie stand, wie angedeutet, mit dem Kongresskatholizismus in enger Verbindung. Waren es die Franziskanischen Drittordenskongresse im ersten Fall, so hier die französischen Klerusversammlungen, die in St. Quentin einen ihrer Ausgangspunkte hatten. Besagte Schrift trug den Titel *L'usure au temps présent. Étude sur l'usure au*

---

[78] Vgl. OS IV, 524-541, wobei nicht nur Dehons Redetext, sondern auch die anschliessende Diskussion dokumentiert ist.

double point de vue de la morale et de l'économie sociale.[79] Beiden Klein-schriften war gemeinsam, dass ihnen an der Aktualisierung, an der Verheutigung lag. Wenn das im Vergleich zur vorher analysierten Studie angepeilte Publikum in *L'usure au temps présent* auch ein anderes ist – also nicht in erster Linie die Protagonisten im Umfeld der franziskanischen Mendikantenorden –, so finden sich trotzdem Gemeinsamkeiten. Augenscheinlich wird das im rahmenden Bezug Dehons auf Papst Leo XIII. und dessen letztlich aufgeschlossene Haltung ge-genüber der Moderne. Diese Einstellung wird dem Papst sogar von Salomon Reinach freimütig zugestanden.[80]

Dehons Anliegen ist es in dieser Schrift, die Zinsfrage dynamisch auf eine neue wissenschaftlich-theologische Stufe zu bringen. Er zeigt dabei, dass er sich kundig in die komplexe Materie der katholischen Moraltheologie eingearbeitet hat und breit abgestützt vorgehen kann. Aufschlussreich ist die als «sozialökono-misch» titulierte Brille, die Dehon aufsetzt. Dehons Opus wird später als ein-schlägige Fachstudie angesehen, nicht nur vom Fribourger Rechtsprofessor Max Turmann (1866-1943)[81], sondern auch von anderen Vertretern des sozialen Ka-tholizismus, insbesondere im «Grossraum» Lille.

Dabei positioniert sich Dehon weniger deontologisch-prinzipiell, sondern eher teleologisch-adaptiv. Er gibt der Freiheit und den Umständen mehr Raum gegen-über einem prinzipiell-steifen, intrinsischen System. Denn er bettet die Frage-stellung nach der Erlaubtheit des Zinses, respektive derjenigen der Produktivität des Geldes, in die «neue Zeit» ein und macht sie zudem von konkreten Um-ständen und absehbaren Folgen abhängig. So etwa dann, wenn Dehon es sich an-sieht, wer denn konkret der Kreditnehmer von heute ist und diese Analyse dann Konsequenzen für seine Beurteilung bereitstellt.

Der nordfranzösische Kongregationsgründer wagte sich zum Zeitpunkt der Niederschrift dieses Opus auf neue lebensgeschichtliche Bahnen. Als promo-vierter Jurist – für dessen Familie, im Speziellen in den Augen seines Vaters, sein «Einstieg» in die Kirche einen bedauernswerten sozioökonomischen «Ab-stieg» bedeutete – erwies er sich als ein Denker und Autor, der Neuerungen ge-genüber offen war. Dehon ist in dieser Frage, frei nach August Maria Knoll, dem Mainstream einer «jesuitischen Schule» verpflichtet.[82] Zugleich verteidigte er

---

[79] Léon Dehon, L'usure au temps présent. Etude sur l'usure au double point de vue de la morale et de l'économie sociale, par M. le Chanoine Dehon, Supérieur des Prêtres du Sacré-Cœur de Jésus, de Saint-Quentin, Paris, Maison de la Bonne Presse, 1895, hier in der Folge UTP mit Angabe des Absatzes.

[80] Vgl. Reinach, Orpheus, 560 (Absatz 69): «Léon XIII (1878-1903) fut un habile diplomate et montra que le prestige du Saint-Siège n'avait fait que gagner à l'abolition du pouvoir où il com-promettait sa dignité spirituelle [...] Son successeur Pie X (1903-1914) fut le contraire d'un politique habile; c'était un honnête curé.»

[81] Vgl. Max Turmann, Le développement du catholicisme social depuis l'encyclique Rerum Nova-rum, Paris 1909, 155, 157 (zu «usura vorax»).

[82] Vgl. die dazu noch immer wichtige Studie von August M. Knoll, Der Zins in der Scholastik, Innsbruck 1933, der seine Abhandlung in Teil I (Die dominikanische Schule, S. 13-102) und Teil II (Die jesuitische Schule, S. 105-204) unterteilt. Ist die eine, der «Dominikanismus» «mehr zins-

systeminhärent und kirchlich affirmativ die Kontinuität kirchlicher Lehre in der Zinsfrage.[83] Die Idee von Kontinuität erfordert in der Sache argumentativ einen unglaublichen Spagat. Es könnte in unserem Zusammenhang und in der hier gewählten Perspektive so auf den Punkt gebracht werden: Dehon gerät in Konflikt mit einer Lehrtradition.

Von einer «usure moderne» ist bei Dehon die Rede, vom «modernen Wucher». Dies zeigt bereits an, dass es sich mit Dehon gesprochen um eine völlig neue wirtschaftliche Situation handelt, mit der man es zu tun habe. Die Welt ist im Umbruch, aber auch die Sicht auf den Wucher. Das 19. Jahrhundert habe seine eigenen ökonomischen Gesetzmässigkeiten. Die Kirche toleriere heute und erlaube sogar den Zins. Jedoch hat sie noch nicht eine letztgültige Entscheidung getroffen, obgleich «mehrere Theologen dazu [zur Tolerierung, DN] geneigt sind»[84], denn es liegt, so der Grundton des Textes von Dehon, ein neues wirtschaftliches Umfeld vor: «Ist es denn nicht angebracht, den beinahe vollständigen Meinungswandel über die Veränderung der Umstände zu erklären?»[85]

Dehon geht davon aus, dass die altehrwürdigen philosophischen und scholastischen Argumente – wie (1) das der Unproduktivität des Geldes, (2) die Sicht, dass die besagte Summe ganz in das Eigentum des Geldentleihers übergeht (und somit nicht vermietet werden kann) und (3) das Argument, dass die Gerechtigkeit eine penible Äquivalenz (in der Rückgabe der Summe) erfordert – die moralisch entscheidende und zentrale Haltung, den Schwachen zu schützen, stützten und als normative Hintergrundfolie hatten. Das sei das Entscheidende gewesen: die Armut und Prekarität des Kreditnehmers.

Schon mit dieser Herangehensweise blickt Dehon eher auf das Umfeld, auf den Zweck, als das «Intrinsische», das «Wesen». Dabei arbeitet er das des Schutzes Würdige heraus. Heute sei dies anders, die «Schwachheit» und «Schutzbedürftigkeit» habe die Seite gewechselt. Das macht perspektivisch einen gewaltigen Unterschied. Die Geldnehmer sind andere geworden, wie Staaten, Firmen, Konsortien – und die Geldgeber bzw. Verleiher sind dabei häufig zum är-

---

feindlich als zinsfreundlich» (S. 20), so, in der zarten, tarierten Akzentuierung und Terminologie Knolls, der «Jesuitismus» «mehr zinsfreundlich als zinsfeindlich» (S. 22).

[83] Kirchliche «Leierkastenstimmung» findet sich in UTP 40, 42, wenn man die Einmütigkeit und die toujours-Taste gedrückt wird: «elle a toujours admis» – «Tout bien considéré, la doctrine de l'Eglise n'a donc pas changé.» (UTP 42). Ein spezifisches Kirchenbild steht da im Hintergrund bzw. wird apologetisch bespielt. Da gibt es keinen Wandel, wenn, dann den der Umstände. Darüber hinaus wird aber doch die Nuancierung der vier scholastischen Grundprinzipien in der Zinsfrage angesprochen: Denn nicht alles sei *mutuum*, das Geld sei doch irgendwie produktiv geworden, das Geld sei keine normale *res fungibilis* (was mit sich bringt, dass so etwas wie Geldmiete möglich wird), und auch die distributive Gerechtigkeit könne differenziert (und nicht als völlige Gleichheit der geborgten und retournierten Geldsumme) gesehen werden. Wir stossen hier auf sehr subtile, voraussetzungsschwere Argumentationsketten, wobei Dehon dann eine doch eindeutige auf sein Heute hin adaptierte Position einnimmt.

[84] UTP 8: «Plusieurs théologiens y inclinent».

[85] UTP 10: «N'est-il pas permis d'expliquer le changement presque général d'opinion par le changement des situations?»

meren, schwächeren Part im wirtschaftlichen Spiel avanciert. Und nicht zuletzt die Kirche selbst hat hier wohl seit der Französischen Revolution die Seite gewechselt, oder wohl besser: wechseln müssen. Ihr ökonomischer Einfluss ist geschwunden und nicht mehr mit der Situation vor der Revolution vergleichbar. Und eben dieser, der arme, der einfache, der «kleine Mann» bzw. «Akteur», ist «schutzbedürftig»[86].

So spricht man richtigerweise laut Dehon auch nicht mehr von Geldleihe, sondern von Geldplatzierung. Dem Volksmund bzw. der Sprache wird hier viel zugetraut: «Man sagt ja kaum mehr: Ich *leihe* Geld an den Staat oder an eine bestimmte Firma, sondern: ich *lege* mein Geld beim Staat oder einer solchen Firma *an*. Es handelt sich nicht um einen *Geldverleih*, sondern eine *Geldanlage*.»[87] Die Veränderung der Sprache zeigte an dieser Stelle Dehon eine Veränderung der zugrunde liegenden Realitäten an. Sehr ausgewogen, so scheint es, und, dies zu insinuieren wird wohl auch intendiert gewesen sein, sind die Argumente und Befürchtungen der «antiqui/Alten» (als Gegner des Zinses) denen der «moderni/Neuen» (als Befürworter des Zinses) gegenübergestellt. Dieser strukturell-analytische Befund ist hier deshalb wichtig, weil die kühle Darstellung und Begutachtung, wie in diesem Fall der innerkirchlich variierenden Argumente, nicht im ganzen Text durchgehalten wird. Im so etikettierten ökonomischen Antisemitismus, der in dieser Schrift Dehons aus dem Jahre 1895 zu Tage tritt, wird der Pfad der Ausgeglichenheit und Nüchternheit zumindest aus heutiger Sicht sträflich verlassen.

4.3.1 Historische Verschiebungen in der Zinsfrage und zeitgenössisches kirchliches Spektrum

Die kulturgeschichtlich-ökonomische Wende, wie Dehon mit vielen anderen sie denkt, ist für ihn über einen langsamen historischen Wandel gekennzeichnet. Sogar die Französische Revolution als singuläres Ereignis wird bei Dehon quasi in Schutz genommen. Sie stelle keinen eigentlichen Dammbruch dar. Denn das Dekret vom 12. Oktober 1789, das im sonst geschichtlich gesehen in Bezug auf den Zins so rigoros tickenden Frankreich für die Zinsfrage bedeutend wurde, weil es diesen schlussendlich «legalisierte» (5%), war nur Ausdruck des schleichenden Wandels und Produkt einer voranschreitenden trägen, aber bestimmten Mentalitätsverschiebung. So deutet es hier Dehon. Es ist ein wichtiger Befund – der noch Mitte des 20. Jahrhunderts in kirchlichen Kreisen aneckt. Dass Dehon die Französische Revolution differenziert und in ihrer Ambivalenz auch positiv

---

[86] UTP 13: «digne de protection». Davor hiess es bei Dehon: «L'emprunteur, aujourd'hui, est plus souvent riche que pauvre: c'est l'État qui emprunte pour multiplier les moyens de communication ou de défense nationale; ce sont les riches compagnies qui empruntent pour développer leurs moyens de production et leurs sources de richesses.» (UTP 12).

[87] UTP 13: «On ne dit guère: Je *prête* mon argent à l'État ou à telle compagnie, mais je *place* mon argent sur l'État ou sur telle entreprise. Ce n'est pas un prêt, c'est un *placement d'argent*.» (Hervorhebung im Text).

sieht, kreidet ihm ein Gutachter im Seligsprechungsprozess, der sich in der Überprüfung Dehons Schrifttum dessen Einschätzung der Revolution vornimmt, ein wenig an – ohne dass damit zu viel Lack bei Dehon abgekratzt worden wäre:

> «Leider ist es so, dass eine irrige Einschätzung dieses sehr einschneidenden Ereignisses [i.e. der Französischen Revolution, DN] andere Positionsbestimmungen in praktischer Hinsicht bestimmt, und das erklärt vielleicht einige Opposition, die der Diener Gottes [i.e. Dehon, DN] von Seiten jener antraf, die damals auf demselben Gebiet der christlich-sozialen Neuorientierung sich engagierten, in welcher die Aktion Dehons trotzdem sehr wohltuend und verdienstvoll war.»[88]

Dass die spitz gegen den Zins gerichteten Argumente der Kirchenväter im *ancien régime* nicht mehr unwidersprochen blieben, verweise nach Dehon geschichtsanalytisch schon auf den vorrevolutionär feststellbaren Wandel. Damit ist Dehon bestrebt, den Wandel historisch in einer *longue durée* linear aufsteigend nachzuzeichnen bzw. er fragt kritisch in eben diese Entwicklung hinein, wenn er sich auf ein (dem Zinsverbot gegenüber) kritisches und eindeutig sich artikulierendes Lehrbuch von 1788 bezieht: «Bezeichnet eine derartige Schlussfolgerung zu einer so gewichtigen Frage nicht eine veritable Ratlosigkeit und Verwirrung?»[89] Also, nicht erst die Französische Revolution hat hier einen Anfangspunkt gesetzt. Schon davor stand das Zinsverbot in Kritik, bereitete Kopfzerbrechen. Dieser Blick Dehons auf die Revolution wäre eigentlich dazu angelegt gewesen, sie von verschwörungstheoretischen Zuschreibungen zu entlasten, diese zu entdramatisieren. Dem folgte Dehon aber nicht immer.

Darin impliziert ist auch eine Kritik der trägen, immobilen Zustände im *ancien régime*. Nicht nur an dieser Stelle ist der Einfluss Frédéric Le Plays (1806-1882) auf Dehon nachweisbar. Diesen hat Dehon als einen gewichtigen Vertreter des Korporatismus und der subsidiären gesellschaftlichen Selbstorganisation mit paternalistischen Zügen schon Mitte der 1870er Jahre ausführlich gelesen. Le Play, der im breiten Spektrum von Lemire bis Delassus und Maurras rezipiert wurde, verband die Kritik an der «Moderne» mit einer Kritik am *ancien régime*.[90] Er war ständig auf Reisen, ging als «Sozialwissenschaftler» erfahrungsbezogen (nach dem Prinzip der «teilnehmenden Beobachtung») und praktisch orientiert vor – so liess er auch die Universität hinter sich. Le Play war für Dehon unter anderem deswegen interessant, weil sich nach ihm das Christentum, z.B. über die Zehn Gebote, auch handfest, messbar und empirisch nachweisbar

---

[88] Vgl. Positio II. Positio super scriptis nuper inventis. Iudicium alterius theologi Censoris, 16: «Purtroppo, un apprezzamento erroneo di questo evento gravissimo facilmente determina altre prese di posizione nell'ordine pratico, e questo spiega forse alcune opposizioni che il Servo di Dio incontrò da parte di quelli stessi che allora lavoravano nello stesso campo del riordinamento sociale cristiano, in cui l'azione del Dehon fu peraltro tanto benefica e benemerita.»

[89] UTP 23, Fussnote 4: «Une pareille conclusion sur une question si grave n'indique-t-elle pas un véritable désarroi dans les esprits?».

[90] Wir werden dieses Muster auch noch im Kapitel IV in der Frage nach der Nationalflagge wiederfinden: Dehon hat ja nicht nur das aktuelle Regime kritisiert, das Herz-Jesu-Motiv auf der Staatsfahne zu vernachlässigen, sondern sieht das Problem schon in der Vergangenheit.

auf Glück und Prosperität in der Gesellschaft positiv auswirken würde.[91] Weil Le Play und Dehon auch Kritik am *ancien régime* anbrachten, war in ihren Augen der Wandel zudem legitimiert. Das Alte wurde nicht per se idealisiert – wir werden das auch so ähnlich im vierten Kapitel sehen, wo es um die Monarchie geht. Im (damaligen) Heute wurden in Fragen der Ökonomie sowohl der sozialistische als auch der liberale Weg als Extreme abgelehnt.

Die von Dehon in der Zinsfrage festgehaltene Verschiebung hat aber die Gemütslage der *anciens* nicht aus der Welt schaffen können.[92] Bei weitem nicht alle denken und fühlen wie er. Es gibt weiterhin, zum Zeitpunkt der Schrift Dehons zumindest, handfeste Stimmen, die dem Zins gegenüber sehr kritisch eingestellt waren. Wie etwa der Ehrendomherr von Angers und Mitarbeiter beim *Univers* Abbé Jules Morel (1807-1890)[93] oder «le saint évêque de Bâle»[94], wie ihn Dehon nannte, der ein Jahrzehnt früher verstorbene und als ultramontaner «Bekennerbischof»[95] in den Wirren des Kulturkampfes über die Grenzen der Schweiz bekannte Eugène Lachat (1819-1886). Bei Morel und Lachat zeigt sich eine harte innerkirchliche Oppositions- oder andersrum wohl besser: Beharrungsfront zu dem von der offiziellen Kirche langsam vollzogenen Wandel. Diesen Wandel zu untermauern war Dehon bereit.

Jene Gegenfront aber wird nicht so schnell verstummen. Ganz im Gegenteil: Noch vor 1900 beispielsweise erlebte sie mit der Vogelsang-Schule oder Exponenten rund um den Fribourger Theologie-Professor und Dominikanerpater Albert Maria Weiss (1844-1925) einen Aufschwung. Aber auch noch nach der Jahrhundertwende wurde diese Position in einem dominikanischen-antimodernistischen Umfeld eingenommen; um im Speziellen in der Zwischenkriegszeit mit ihrer veritablen Wirtschaftskrise einen neuen Auftrieb und nach dem CIC

---

[91] Vgl. MSC 168: «Le Décalogue est la charte divine de la vie sociale. Les dix commandements de Dieu sont l'ordonnance paternelle et préventive dont l'observation nous assurerait toujours le bonheur. Dieu nous avait dit: ‹Faites cela et vous vivrez heureux›. L'expérience des siècles a justifié sa parole. L'école économique la plus pratique, l'école de Monsieur Le Play, qui ne s'est basée que sur l'observation et la comparaison des faits, a constaté que le bien-être social grandit avec l'observation du Décalogue et décroît avec son abandon. La cause principale de notre crise sociale, c'est donc que les commandements de Dieu ne sont plus observés et qu'on n'en tient plus compte dans la direction civile de la société. Aussi les ouvriers qui travaillent contre la religion travaillent directement contre leurs intérêts.»

[92] UTP 24: «Ajoutons, pour être complets, qu'il reste quelques tenants très décidés du sentiment des anciens.»

[93] Vgl. Jules Morel, La question économique du prêt à intérêt ou des causes théologiques du socialisme, Paris 1873. Ohne Zins hätte es laut Morel keinen Sozialismus gegeben (S. 323: «Il faut aussi remarquer à cette place que Lyon, qui a été la première ville de France à pratiquer l'usure, est aujourd'hui la ville la plus socialiste»), ein Zinsverbot ist für Morel so etwas wie der Zugangscode zu einem «Goldenen Zeitalter» (S. 318ff).

[94] Vgl. UTP 25.

[95] Victor Conzemius, Art. Lachat, Eugène, in: Historisches Lexikon der Schweiz, Bd. 7, 543-544, hier 544, dazu auch ders., Eugène Lachat (1863-1884), in: Die Bischöfe von Basel 1794-1995, hg. v. Urban Fink/Stefan Leimgruber/Markus Ries, Freiburg i. Ue. 1996, 131-159.

1917 einen Schwanengesang zu erleben.[96] Der Zins galt für diese Exponenten als fundamentales, grundlegendes Übel, als Form einer neuen kapitalistischen Knechtschaft und Unfreiheit – Positionen, die dann oft in die Nähe des wie immer gearteten Totalitarismus gerieten.

Bei aller Abgrenzung zu diesem Typus versäumte es Dehon nicht, sich gegen die «andere Seite», das andere Extrem hin abzusetzen. Er machte deutlich, dass eine zu grosse «Laschheit» bzw. Liberalität in der Zinsfrage für ihn nicht angebracht ist. Mit dem im niederländischen Valkenburg lehrenden August Lehmkuhl (1834-1918) kritisierte Dehon, obschon ganz sanft, eine Koryphäe seiner Zeit, die dem Probabilismus nahe stand. Diesen Jesuiten beim Wort nehmend könnte über den legalen, d.h. staatlich vorgesehenen, Zinsrahmen hinaus das Zinsnehmen mit höheren Tarifen für gerechtfertigt gehalten werden.

Dehon wird dem Jesuiten Lehmkuhl nach Erscheinen seine Usura-Schrift zukommen lassen, woraufhin der renommierte Moraltheologe und Verfasser der zweibändigen *Theologia moralis*[97] Anfang 1896 sich für die zugesandte «Broschüre» bedankte und in besonderer Weise die Schlussfolgerungen Dehons «für die modernen Gegebenheiten» lobte.[98] Also waren die Differenzen nicht allzu gewichtig. Die Moderne sollte mit Dehon dennoch nicht zu weit getrieben werden, es brauche klare staatliche Schranken. Dehon begründete dies: «Auch [ein anderer Autor und katholischer Moraltheologe, DN] erlaubt das [das den üblichen Tarif übersteigende Zinsnehmen, DN], er gesteht jedoch ein, dass es eine grosse Gefahr der Illusion gebe, weil die Habgier dort Titel zu sehen veranlasst, wo es keine gibt.»[99] Die «cupidité/Habgier» ist ein hermeneutisches Schlüsselkonzept in Dehons Schrift. Sie muss gezähmt werden, gezielt darin, dass sie Wege finden möchte, ihre partikularen Interessen durchzubringen. Eigentlich vermag nur das Christentum, hier Einhalt zu gebieten.

In diesem Fall von Zins und Wucher ist die Habgier konkret dafür verantwortlich, dass Titel, also (äussere) Begründungen, für die Rechtfertigung bzw. die Erhöhung des Zinses herangetragen werden, weil ja intrinsisch theoretisch zumindest kein Zins möglich war und ist. Hier urteilte Dehon dezidiert. Es

---

[96] Vgl. exemplarisch, auch im Bistum Basel angesiedelt: David Neuhold, Eine Debatte um legitimen Geldzins: Kaplan Viktor Pfluger (1879-1958) an einer konfliktiven Schnittstelle in der Zwischenkriegszeit, in: SZG/RSH/RSS 65 (2015), Nr. 2, 311-321.

[97] Vgl. Augustinus Lehmkuhl, Theologia Moralis, Vol. I., Freiburg i. Br. [12]1914, 744ff («De contractu mutui qui ex se gratuitis, per accidens onerosis contractibus adnumeratur, et de usura.»)

[98] Vgl. ADR B 44/4, Inv. Nr. 741.57: Postkarte, 30.01.1896, P. Aug. Lehmkuhl an Dehon: «Vous m'avez fait honneur de m'envoyer un exemplaire de votre brochure. Je vous remercie beaucoup. Vous y avez développé les idées très nettement; et les conclusions à la fin me semblent être d'une grande valeur pour les conditions modernes.»

[99] Vgl. UTP 46: «Lehmkuhl permet de prêter au-dessus du taux légal, quand il y a des circonstances exceptionnelles de danger ou de perte. Est-ce bien prudent? [..., ein anderer Autor, DN] le permet aussi, mais il avoue qu'il y a un grand péril d'illusion, parce que la cupidité fait voir des titres, là où il n'y en a pas. Dans ce cas, à quoi sert la loi? Elle a précisément pour but d'obvier à l'illusion du prêteur et à la pression injuste qu'il peut exercer sur l'emprunteur. Cette loi est très morale, ne vaut-il pas mieux la maintenir dans son intégrité?»

scheint auf der Hand zu liegen, dass solche Begründungen, wenn gewünscht, immer und überall willkürlich ausfindig gemacht werden können. Allgemein dünkt Dehon zu viel an Kasuistik und Liberalität problematisch, zumindest bedenklich. Seine Studie kennzeichnet ein orchestriertes dialektisches Zwiegespräch von Alten und (radikal) Neuen, auch damit sich Dehon dann – dialektisch angelegt und vermittelt orientiert – in der «Mitte» zu positionieren vermag.

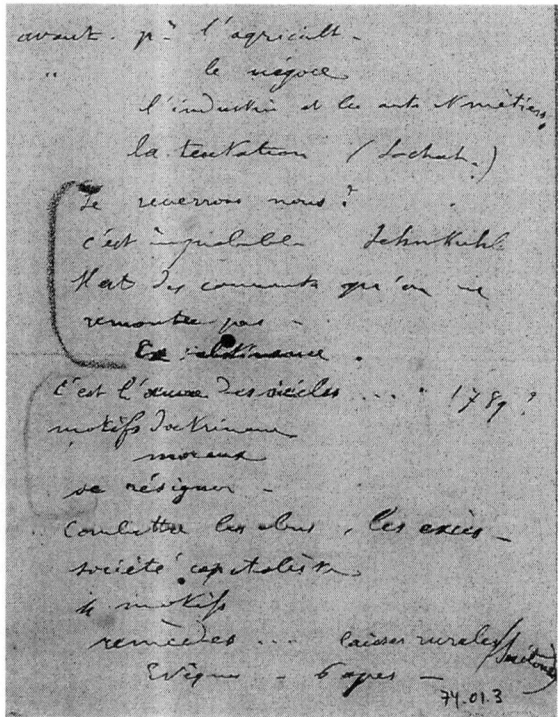

Abbildung 11: Skizze Dehons in Sachen Wucherzins, Dossier «L'usure», in: B 9/18.1 (Inv. Nr. 74.01.3). Dieses «Brainstorming» weist vom Duktus her eine Nähe zur Schrift von 1895 auf: «avant pour l'agriculture | le négoce | l'industrie et les arts et mètiers | la tentation (Lachat) | Le reverrons nous? | C'est improbable Lehmkuhl | Il eut des comments qu'on ne remontre pas | Ex. abstinence *[Ende der ersten Klammer]* | C'est l'œuvre des siècles .... 1789? | motifs doctrinaux | moraux | se résigner *[Ende der zweiten Klammer]* | combattre les abus, les excès – | société capitaliste | le[s] motifs | remèdes ... Caisse rurales/[In?] | Evêques – Papes.» In dieser Stichwortkette sind Dehons in der Frage zentrale Gedankengänge eingeschrieben, der Blick auf die betroffenen Sektoren, zuallererst die Landwirtschaft, das Schielen in die Vergangenheit (z.b. auf 1789 und dessen Stellenwert), sowie die Zukunftsperspektiven: Ist denn eine Revision, eine Wiederaufrichtung des Zinsverbots, möglich? Mit den Exponenten Lachat und Lehmkuhl werden für ihn zentrale Grenzpflöcke katholischer Positionierungen eingeschlagen, sowie darüberhinaus Dehons Handlungsanweisungen, allgemein in der Nicht-Resignation als auch im entschiedenen Einsatz gegen Extreme, wie auch praktisch und konkret schon die *caisses rurales* aufgeführt werden. Eine Hauptbotschaft dieser fragmentarischen Zeilen: Es gibt in der Frage des Wuchers kein Zurück, es handelt sich um

eine lange angelegte Entwicklung («œuvre des siècles»). Dieses «Titelblatt» ist der Auftakt eines kleinen, mehr als 20 Seiten umfassenden Dossiers zum Thema (B 9/18.1), das sehr gut Dehons Arbeitsmethode, seinen Zugang zu einem Problem illustriert: Befragung des biblischen Befundes, des Thomas von Aquin, der Moraltheologie im Allgemeinen sowie der historischen Entwicklung.[100]

Die «mittlere» Zurückhaltung kommt ans Tageslicht und findet Legitimation, wenn Dehon meint, dass der Papst nicht einer Revolution das Wort reden würde, sondern für langsame Reformen, gegen Exzesse und Auswüchse, plädiere. Ein Realismus des so bezeichneten dritten Weges fordert eine neuartige Synthese,[101] speziell in der Frage der Ausgestaltung des Geldverleihs bzw. der Geldanlage. Frankreich sei dafür ein besonderes Pflaster, weil man in der Sache stets rigider als in Rom gewesen wäre. Darin ist Frankreich ein «verspäteter Sonderfall».[102] In Italien hätte dagegen ein römisches Dikasterium in jüngster Zeit (1889) sogar auf die «Fruchtbarkeit des Geldes» Bezug genommen, also etwas argumentativ bedient, das lange andersrum gesehen wurde.

Für Dehon gibt es ein rechtes Mass im Zinsnehmen. Wucher ist für ihn eine übertriebene oder übermässige Zinsforderung, die sich nicht an den gesetzlichen Rahmenbedingungen orientiert. Dabei holt er im Duktus seiner Schrift nochmals

---

[100] Vgl. einige Aussagen in diesen Passagen, die die Punkte des oben gezeigten «Titelblatts» aufgreifen: «L'usure n'est pas seulement fatale aux négociants, elle l'est encore au peuple.» (vgl. Seite Inv. Nr. 74.01.09), weil dadurch auch die Preise in die Höhe getrieben werden. «Les intérêts sont-ils contraires à la charité? Non dans le prêt du commerce, puisque prêter à intérêt est encore rendre service.» (vgl. Seite Inv. Nr. 74.01.16). Es gibt also berechtigten Zins, wie auch die neuere kirchliche Lehrentwicklung zeige – Dehon bezieht sich da auf die Pönitentierie, einer für das Busssakrament wichtigen römischen Behörde, in ihrer 1889 gefällten Entscheidung, die Zinsnehmen nicht verbot, und dabei sogar von einer Fruchtbarkeit des Geldes sprach.

[101] Dies gilt auch für die Besoldung des Arbeiters, wo Dehon mit Papst Leo XIII. eine Ausweitung des Lohnes hin zu anderen Formen der Mitbeteiligung am Gewinn vorschlägt, aber nicht zu dem «Extrem» sich vorwagen möchte, dass die Arbeiter selbst zu Inhabern bzw. «Kapitalisten» werden, vgl. dazu den vielsagenden Text Dehons in: La Démocratie chrétienne, 1894-1895, Nr. 10, 660-665, vgl. REV 87102. Eine Abgrenzung hin zum Sozialismus und zur reinen Philanthropie vermengt sich mit einer Sympathie für die, sagen wir es, Blickrichtung von Modellen und Konzepten z.B. eines Jean-Baptiste-André Godin (1817-1888). Dehon sieht die fundamentalen Forderungen eines sozialistischen Partizipationskonzepts, das im Wesentlichen nur die Arbeiter und den Faktor Arbeit im Blick hat, als unrealistisch und utopisch an, vgl. dazu insbesondere seinen Blick auf das Projekt der «Arbeiterrepublik» Familistère in Guise, das er mit Léon Harmels christlicher Fabrik in Val-des-Bois kontrastiert. Im Speziellen die Sicht auf die Familie scheidet die Geister, Godin will die isolierte Einfamilie überwinden, zu Godin vgl. dessen programmatische Schrift: Jean-Baptiste-André Godin, La richesse au service du peuple: Le Familistère de Guise, Paris 1874: «La conquête du bien-être matériel est donc la plus sûre garantie que l'humanité puisse avoir de sa liberté morale.» (ebd., 8), zu dessen Familienbild im kollektivistischen Projekt Le Familistère etwa: «Pour l'administration parfaite de l'intérieur d'une maison, il faut une réunion de connaissances que ne peut posséder le personnel composant une seule famille.»

[102] Vgl. Henri du Passage, Art. Usure. A Partir du XVIe siècle, in: Dictionnaire de Théologie Catholique, t. 15, Paris 1950, 2372-2390, hier 2378, 2379: «Disions ici que la plupart des États avaient, en effet, admis le prêt dans leur code. [...] Seule la France résistait encore et ce sera seulement à l'heure de la Révolution (le 12 octobre 1789), que le prêt à intérêt cessera officiellement et dans les textes d'être tenu pour un délit.»

gegen die darüber hinausgehenden, dies nicht berücksichtigenden «modernen Kasuisten» aus, um dann, ein wenig den Boden unter den Füssen verlierend, zu einem harten Schlag, der recht unvermittelt daher kommt, anzusetzen: Denn im Speziellen die Juden praktizierten diese Art des unlauteren Zinsnehmens, also den Wucher. Und die, die nicht-jüdisch sind und es ihnen gleich täten, diese werden – mit einer von Bernhard von Clairvaux herrührenden Differenzierung – als «judaisierend» bezeichnet. Damit wird die Negativzeichnung nochmals subtil verstärkt und überboten – ein gängiges Muster in seinem Milieu:

> «Diese Regelung, die dem Zins eine bestimmte Mässigung auferlegt, wird diese heutzutage verletzt? Ja, das wird sie noch immer sehr häufig. Vor allem wegen der Juden, die es mit ihm schaffen, die Landbevölkerung in Russland, im Orient und im Elsass zu ruinieren. Es geschieht aber auch in jeder unserer Städte über Agenten von judaisierenden Unternehmen, die allen Mühseligen und Erbarmungswürdigen bekannt sind, und welche für eine Woche bzw. für ein Monat Geld verleihen …»[103]

Der eher kühle juristische, auf Dehons eigene Doktorarbeit zurückverweisende, aber auch innerkirchlich auf Ausgewogenheit bedachte Ton, wie wir sahen, wird hier – nach aussen hin – abgelegt. Der (kurzfristige) Wucher wird einer bestimmten Gruppe zugeordnet, er wird zur internationalen Feindbildetikette.

4.3.2 Kampf gegen menschliches Begehren und wirtschaftliche Missverhältnisse sowie das «Weltgesetz der Arbeit»

Eine paternalistische und protektionistische Religionskonzeption profiliert sich am Beginn des zweiten, stark aktualisierenden Teils von Dehons Usura-Traktat. Dieser nimmt nach einem für Dehon typischen historischen Abriss auf das Heute Bezug. Religion soll schützend agieren, als Option für die Armen. Wenn die (christliche) Religion der menschlichen «cupidité/Habgier» nichts entgegenzusetzen vermag, dann werde es schwierig. Hier spürt man etwas von dem Vertrauen, das Dehon in die soziale Wirksamkeit des Christentums hat.

Für Dehon gibt es eine neue Form des Wuchers in einem breiten, allgemeinen Sinne, weit über das Geldverleihen hinaus. Er weitet das Konzept hin auf verschiedene Bereiche der Wirtschaftswelt und ihre Tauschprozesse; wobei dann die ursprüngliche Brisanz des (Geld-)Zinses ein wenig verdunstet. Der theoretisch-prinzipielle Fragehorizont aus der Geschichte verblasst, das Prinzipielle gerät in den Hintergrund. Damit eng zusammenhängend durchzieht eine Begriffsweitung das Opus wie ein roter Faden, die mit einer zweiteiligen Terminologie

---

[103] UTP 61: «Cette règle qui impose à l'intérêt une juste modération, est-elle violée de nos jours? Oui, elle l'est encore fréquemment. Elle l'est surtout par les juifs qui arrivent par-là à ruiner et à exproprier les paysans de Russie, d'Orient et ceux d'Alsace. Elle l'est aussi dans chacune de nos villes par des agents d'affaires judaïsants, connus de tous les prodigues et de tous les miséreux, et qui prêtent à la semaine, au mois … ». Nochmals die gleiche Schiene, 64, 68, oder 128, wo gesagt wird, dass Juden keine Skrupel haben. Vgl. auch insgesamt dazu das Kapitel IV.

einhergeht: Zins («interesse») ist erlaubt, Wucher («usura») verboten. Auch das ist schon eine Vorentscheidung.

Die Dreistigkeit dieses neuen Wuchers wird in Dehons Augen nun neu in aller Öffentlichkeit zelebriert. Die *journaux financiers*, die Finanzzeitschriften, sind dabei sprechendes Anschauungsobjekt. Gegen Monopolbildung wird Stellung bezogen, wenn Dehon mit Rio-Tinto einen monopolistischen und preisbestimmenden Kupferproduzenten anprangert. Den Konzern gibt es heute noch. Die in den Zeitschriften öffentlich kundgetane und sich selbst verklärende Monopolstellung stösst bei Dehon auf scharfe Kritik: Was soll denn das?! Es gelte zuvorderst doch, die Schwachen zu schützen! Ein Börsenkrach bzw. -zusammenbruch etwa kann das Ende einer wirtschaftlichen Kleinexistenz bedeuten. Solche Luftschlösser seien gefährlich. Darauf gelte es zu schauen, die Vorhänge der Faszination zu lüften. So werden die Fälle der *Union Générale* 1882, also der gescheiterte Versuch der Etablierung einer «katholischen» Bank,[104] oder die in diesen Jahren breit ausgeschlachtete Panama-Affäre von Dehon aufgegriffen. Er hat dies früher in seiner Zeitschrift *Le Règne* unter der Überschrift «État lamentable» unter etwas deprimierenden Vorzeichen bereits getan.[105] Entrüstung mischt sich dabei mit dem Gefühl der Ohnmacht.

Die Panama-Affäre brachte Anfang der 1890er Jahre viele französische Anleger um ihr Geld. Die politischen Eliten gerieten ins Wanken, welche versucht hatten, sich anbahnende finanzielle Unstimmigkeiten in Bezug auf dieses transatlantische Megaprojekt bewusst zu verschleiern. Es kam trotzdem, und gerade deswegen zu einem Knall, zu einem Ende mit Schrecken. Eine grosse Menge insbesondere an Kleinanlegern verlor ihre ins Projekt eingebrachten Summen. Zwei französische Regierungen stürzten in den Jahren 1892/1893, ein Paukenschlag auch für die sozial engagierten Katholiken, die nicht zuletzt daraus auch Profit für ihre politischen Ambitionen schlagen wollten. Das Projekt des Kanals, schon von Karl V. im 16. Jahrhundert angedacht, wurde schliesslich von US-amerikanischer Seite zu Ende geführt und 1914 eingeweiht – als «rêve français», aber dann «réalité américaine» kam es zu einem Ende.[106] Neben der finanziellen Pleite bohrte sich ein spitzer Stachel in das nationale Fleisch der «grande nation» und ihrer stolzen Ingenieurskunst, die überzeugt war, dass alles machbar wäre.[107]

---

[104] Vgl. die dualistische Sichtweise auf die Bankenpleite der «katholischen» Bank Union Générale 1882 und deren Ursachen: Jeannine Verdès, La presse devant le krach d'une banque catholique: 1882, in: Archives de sociologie des religions 10 (1965), Nr. 19, 125-156.

[105] Léon Dehon, État lamentable. Où nous a réduits l'abandon du règne de Jésus Christ, in: Le Règne, Juni/Juli 1894, vgl. REV 8031011/11: «C'est par milliards qu'il faut chiffrer les sommes enlevées à l'épargne française par les coups de bourse, les réclames mensongères et le charlatanisme financier qui fait vivre la presse. Des calculs sérieux ont établi que depuis quinze ans les banqueroutes et faillites de toute espèce ont fait perdre plus de douze milliards à la France.» Diese zwei Texte Dehons können dem Genre der Fin-de-Siècle-Literatur zugerechnet werden.

[106] Céline Lison, Canal de Panamá. Rêve français, réalité américaine, in: National Geographic France, Nr. 2 (1999) 87-91.

[107] Vgl. Lison, Canal de Panamá, 90.

Für Dehon ist nach diesen Skandalen klar: Es braucht unzweifelhaft mehr Kontrolle! Gerade die Ereignisse rund um die Geldbeschaffung für den Bau des Panama-Kanals hatten gezeigt, wie sehr hier eine Maschinerie zu Tage getreten war, die mit grossen Renditenversprechen und politischer Manipulation auf oberster Ebene einherging. Ein saftiger Boden für Elitenkritik und Verschwörungstheorien war gegeben. Dehons aus der Analyse von Finanzzeitschriften gewonnene Einsicht bestärkte dies: «Man legt hier eine schier unbegrenzte Kunstfertigkeit an den Tag, um den Fliegenschnäppern [kleine Vögel, DN] ein X für ein U vorzumachen.»[108] Dehon rief nicht nur nach stärkeren staatlichen Reglementierungen – es waren dies Ordnungsrufe inmitten einer als Krise wahrgenommenen Zeit –, sondern forderte andererseits von den «Fliegenschnäppern», also von den kleinen, einfachen Leuten, auch so etwas wie einen kritischen Umgang mit den Finanzzeitschriften und den dort veröffentlichten Meinungen, wenn er etwa seine Leser direkt anspricht: «Misstraut diesen trügerischen Kolumnen.»[109] In dieser Zeit gewann die französische Presse einen immer stärkeren Einfluss, eine moderne Mediengesellschaft etablierte sich. Die Panama-Affäre[110] trug darin zur Politisierung der (unteren) Bevölkerungsschichten bei, weil sage und schreibe 600.000 Aktionäre ihre dort angelegten Vermögen verloren hatten. Aber das politische System konnte nicht nachhaltig erschüttert oder zum Umsturz gebracht werden.[111]

Mit seinem Usura-Traktat lag Dehon zugleich der gerechte Preis am Herzen, wobei der Jesuit Lehmkuhl ihm dabei die Breite der Gewinnspanne zu stark erweitern möchte. Es brauche Relationen, das rechte Mass. Was für den gerechten, relationalen Preis gilt, gilt auch für den gerechten Lohn – diese Gerechtigkeitsforderungen stemmen sich dem Wucherischen, das gleichsam die Willkür verkörpert, entgegen. Beim gerechten Lohn aber scheint Dehon etwas zurückhaltender vorzugehen. Er meint wohl beim Leser, der ja nicht in erster Linie der Fabriksarbeiter war und ist, sondern eher katholische Akteure der mittleren «Oberschicht» wie Industrielle à la Harmel selbst, auf weniger Verständnis zu treffen.

Deshalb argumentierte Dehon womöglich stärker mit Autoritätsargumenten wie eben der Sozialenzyklika von Leo XIII., *Rerum novarum*. Dies läuft nach der Devise ab: «Wenn es auch hart klingt, es ist so…». Kaufleute und Industrielle beklagten sich doch immer gerne über zu grosse Lohnsummen – was nicht dazu

---

[108] UTP 76: «On dépense là un art infini pour faire croire aux gobe-mouches que des vessies sont des lanternes.»
[109] UTP 77: «Défiez-vous de ces colonnes tentatrices.»
[110] Oft rezipiert wurde die Affäre bei den Dehon 1893, in ‹Le Règne›, aber auch in den darauf folgenden in den 1890er Jahren erstellten, so genannten sozialen Schriften.
[111] Vgl. Damien de Blic, Cent ans de scandales financiers en France. Investissement et désinvestissement d'une forme politique, in: Luc Boltanski/Élisabeth Claverie/Nicolas Offenstadt/Stéphane Van Damme, Affaires, scandales et grandes causes: de Socrate à Pinochet, Paris 2007, 231-247. De Blic schreibt, dass der Skandal andererseits auch einen «populären Kapitalismus» zeigt, der auf einem gut ausgebauten Bankennetzwerk beruhte, weil die Produkte auch an den Mann bzw. die Frau gebracht werden mussten.

führen dürfte, den Lohn der Arbeiter systematisch zu drücken. Dehon gibt sich entlarvend und führte sodann ein sehr konkretes Beispiel eines Minenbetriebs an, wo er im Stile Le Plays Zahlen durchrechnete und konkrete und schiefliegende Verhältnisse aufzeigte. Die auflistende Abrechnung endet mit rhetorischen Anfragen, die mitten in die Verhältnisse des modernen Wuchers hineinführen.[112] Ist denn das alles möglich und legitim? Dehon präsentierte ein anschauliches Beispiel.

Hat man es nicht mit Wucher zu tun, wenn der Direktor eines Bergwerkes (15.000 Fr) das Dreissigfache des Arbeiters (500 Fr) im Jahr «verdient»?[113] Dehon liegt daran, die Engführung der Wucherdiskussion auf die Frage des reinen Geldverleihs hin zu durchbrechen, das Konzept zu weiten und im Rahmen einer Kapitalismuskritik in grössere Zusammenhänge zu stellen. Er sprach sich dabei gegen das so genannte «truck-system» als wucherisch aus, das Lohnauszahlung in Form von von der Firma erzeugten Produkten vorsah. Gerade das sei moderner Wucher, im Sinne einer gezielten Ausbeutung und unlauterer willkürlicher Zwangsbindung – Geld ist für Dehon eine Form von Freiheit, mit gerade für den Arbeiter starkem Wert in seiner Ermöglichung von Autonomie.

Aber der gerechte Lohn ist nicht alles, denn die Arbeitsbedingungen sind in einem breiteren Kontext zu beachten. Mit dieser Gedankenführung dockte Dehons Wucherschrift deutlich an die Behandlung der breiten sozialen Frage[114] insgesamt an und stellte den Link zu seinen sozialen Grossschriften der 1890er Jahre her, die ihrerseits stark rezipiert wurden: «Respekt vor einer gewissen Stabilität des Arbeiters, der nicht entlassen werden soll aufgrund einer Laune eines Vorgesetzten oder eines Direktors»[115], usw. Stakkatoartig wird in diesem Zusammenhang ein Kernbegriff aus der Enzyklika *Rerum novarum* aufgenommen, den Dehon sich aneignet: «insatiable cupidité».

Breiter Raum steht sodann noch der Diskussion zu den anonymen Gesellschaften zur Verfügung. Dabei macht Dehon auf das problematische Abschneiden des Konnexes zwischen Geldmittel und persönlicher Verantwortung aufmerksam. Diesen sah er in der Vergangenheit aufgrund tragender christlicher

---

[112] UTP 85, 86: «Y a-t-il vraiment dans cette exploitation minière un partage équitable des fruits du travail? N'y a-t-il pas plutôt d'un côté la part du lion et de l'autre la misère imméritée?» (ebd., 86).

[113] Vgl. dazu Dehons Beitrag «Val-des-Bois ou Le Règne du Sacré-Cœur dans une usine», in: OS I (Les articles, de 1889 à 1922), 180-185, hier 182, wo Dehon einen für ihn «sympathischen» Jahreslohn von ca. 600-3.000 Francs ausmacht. Als er dann für Val-des-Bois von einem Familienlohn (Summe der kumulierten Löhne aller Familienmitglieder) von mehr als 5.000 Francs spricht, hört sich das so an, als ob es sich um eine beträchtliche und stolze Summe handelte, die sich zeigen lässt. Der Beitrag ist im Juli 1895 im ‹Le Règne› erschienen und schraffiert die Vorzüge der christlichen Fabrik Harmels.

[114] Vgl. Isabelle Lespinet-Moret, La Question sociale, in: Vincent Duclert/Christophe Prochasson (Hg.), Dictionnaire critique de la République, Paris 2002, 237-242, v.a. 239: Lespinet-Moret verweist darauf, dass in den letzten zwei Jahrzehnten des 19. Jahrhunderts drei grosse Strömungen die Politik für die soziale Frage sensibilisierten: das Christentum, der Positivismus und der Solidarismus.

[115] UTP 89: «Respect à la stabilité de l'ouvrier, qui ne doit pas être renvoyé arbitrairement par le caprice d'un contremaître ou d'un directeur.»

Prägung und des Funktionierens der korporativen Systeme als gegeben an. Die anonymen Gesellschaften wurden 1869 in Frankreich rechtlich etabliert und boten hier ein neues ökonomisches Modell an.

Dehon betonte dazu den Primat der Arbeit, den Primat des Menschen. Der anthropologisch-theologische Aspekt fehlt seinen Zeilen keineswegs: Das grosse «Weltgesetz» der Arbeit, in Genesis 3 grundgelegt und bei Dehon am Zimmermann Jesu durchmeditiert,[116] beschreibt die menschliche Existenz, die nach dem Sündenfall dazu verurteilt ist, im Angesicht des eigenen Schweisses zu arbeiten und das Überleben zu sichern. Die Arbeit ist damit die Grundlage alles Lebens, für alle Vorschrift, aber auch heilig!

> «Um dieses wichtige Gesetz der Arbeit aufrechtzuerhalten, hat Gott den Wucher verboten; und dieses Gesetz ist so tief im menschlichen Geist verwurzelt, dass es eine instinktive Zurückweisung von Wucherern aller Art gibt.»[117]

Arbeit und Wucher stünden in einem bestimmten, naturrechtlichen Gegensatz zueinander, und das sei zutiefst in die menschliche Natur eingeschrieben. Dehon stellt in diesem Kontext in einer fiktiven Szene eine Situation nach, in der Marktnachteile schonungslos, wucherisch, ausgenutzt werden. Sowohl Fabrikanten als auch Detailhändler sind von Verkäufen zu Dumpingpreisen betroffen – und so wundert man sich dann über die Spottpreise auf den Bazaren. Alle, die so handelten, sollten die alten Katechismen lesen, wo dieses Verhalten als wucherisch gebrandmarkt wird! «Und es gäbe noch hundert andere Fälle, die hier aufgezählt werden könnten.»[118] Andersrum gesagt: Auch das Billige hat seinen Preis (für andere).

Für Dehon verwerfliche Szenen werden dabei in einer fast literarisch-narrativen Art und Weise eingeführt und angeprangert, weisen aber auch auf den realen fulminanten Aufstieg des Handelsgewerbes im Rahmen der Errichtung und Liberalisierung von freien Märkten hin, die Dehons Zeit kennzeichnete und in breiten Teilen der Bevölkerung tiefe Verunsicherung hervorbrachte. Nicht zuletzt diejenigen, die das Gemeinwohl hintanstellen, und zwar im öffentlichen Bereich, und dort öffentliche Fonds schlecht bewirtschaften, sind Wucherer, sodass der Wucherbegriff eine enorme Weitläufigkeit beanspruchen muss.[119]

---

[116] Vgl. ASC 2/195-205 (16. Februar, «Vie de travail»): «Le travail, c'est le devoir de tous, un noble devoir [...] Nos facultés sont faites pour produire [...] Pendant vingt-cinq ans, Jésus est enseveli dans la poussière d'un atelier, courbé soir et matin sur les planches qu'il rabote et sur les socs de charrue qu'il façonne. Il a frappé rudement avec le marteau et la hache; il a tiré violemment la scie. [...] Le labeur des charpentiers est un des plus durs. [...] on donnait alors [...] environ un franc, par jour. [...] Il a fait de belles charrues. [...] Sa récréation était sans doute d'aller les voir fonctionner.»

[117] UTP 101: «C'est pour sauvegarder cette grande loi du travail que Dieu a interdit l'usure; et cette loi est si bien ancrée dans l'esprit de l'homme, qu'il a une répugnance instinctive pour les usuriers de toutes catégories.»

[118] UTP 108: «Et il y aurait cent autres tours du même genre à raconter.»

[119] Vgl. dazu auch die Debatte im Anschluss an Dehons Wucher-Vortrag am Kongress in St. Quentin (1895), in: OS IV, 538, wo sich zeigt, dass in die Diskussion noch weitere Wucherformen eingeflossen sind und hinzugefügt wurden.

4.3.3 Geld als Blut im Kreislauf der modernen Wirtschaft, das Sich-Abfinden mit dem Zins, aber auch Forderung nach adäquater Gesetzgebung

In der in Lehmkuhls Antwort auf Dehons Zusendung der Broschüre so gelobten Zusammenfassung – vielleicht hat der Jesuit auch nur diese gelesen –, heisst es aus der Feder Dehons lapidar:

> «Die gegenwärtige Gesellschaft ist dem Kapitalismus und dem Fieber des Geldes ausgeliefert. Die Börse ist das Zentrum des nationalen Lebens geworden. Die einfache und geduldige Arbeit wird beiseitegelassen. Alle Köpfe werden durch das Verlangen nach schnellen Gewinnen durcheinandergebracht.»[120]

Das Ideal wäre also eine Gesellschaft, in der es keinen Zins gibt und wo die Arbeit im Mittelpunkt steht, theologisch bzw. biblisch gesprochen: das Geld nicht vergötzt wird. Gott habe es, heilsgeschichtlich präfiguriert, schon den Juden untersagt, Zins zu nehmen – die Bedeutung des Schuldenerlasses und des biblischen Jubeljahrs sei evident und handfest spürbar. Denn diese hätten wie das Zinsverbot vorrangig dem Land Israel und seiner Blüte gedient: «So ist das nun ein gewichtiges Ideal, und es ist gewiss das der Kirche, daran kann kein Zweifel bestehen.»[121]

Die Kirche verhält sich nun für Dehon in der Zeit «inerrant»: Denn das *Mutuum*, die einfache Geldleihe, ist bleibend gratis, weil es von Natur aus ein wohlwollender Vertrag ist, weil das Geld keine Frucht bringt und weil es eine Gleichheit in den Verträgen geben muss. Aber ist andererseits nicht der Zins dafür da, den Kreislauf der modernen Wirtschaft zu beleben, um für Liquidität zu sorgen, um den Geldfluss voranzutreiben? Ist er nicht so etwas wie das sauerstoffreiche Blut in den Adern der modernen, dynamischen, über regionale und nationale Grenzen hinweggehenden Wirtschaft? Und gäbe es denn überhaupt die Möglichkeit für ein Zurück? Hier reicht eine einfache Gesetzesänderung nicht aus.[122] Es scheint nur so, als ob da eine frühe Gesetzgebung der Französischen Revolution, nämlich die der Nationalversammlung 1789, entscheidend gewesen sei, aber: «Die Realität der Abläufe ist eine ganz andere. Der Wandel in den Sitten ist das Werk von Jahrhunderten, und die Nationalversammlung hat kaum etwas anderes gemacht als diesen Wandel festzustellen.»[123] Nicht nur an diesem

---

[120] UTP 111: «La société actuelle est livrée au capitalisme et à la fièvre de l'argent. La Bourse devient le centre de toute vie nationale. Le travail humble et patient est délaissé. L'appât des gains faciles fait tourner toutes les têtes.»

[121] UTP 117: «Voilà un idéal bien beau, et c'est certainement celui de l'Église, il est impossible d'en douter.»

[122] Vgl. UTP 122: «Il y a des courants trop larges et trop puissants pour qu'on puisse les remonter. Il ne faut pas croire qu'un article de loi suffirait à changer les choses.»

[123] UTP 122: «La réalité des choses est toute autre. Ce changement des mœurs est l'œuvre des siècles, et l'Assemblée nationale n'a guère fait que le constater.» Eine interessante Interpretation Dehons der beginnenden Französische Revolution tut sich hier auf, die für ihn allgemein ambivalent ausfällt und nicht eindeutig ist. Freilich ist hier der positive Bezug dadurch ideologisch abgesichert, dass es sich um einen frühen Vorgang der Revolution handelt, der auch in Dehons Kreisen noch, als vor der Radikalisierung stehend, positiv aufgegriffen werden kann.

Punkt, den wir schon angeschnitten haben, wird leicht nachvollziehbar, wie der Umgang mit der 1789 beginnenden Revolution als «un traumatisme fondateur»[124], wie Denis Pelletier sie bezeichnet, sich zu einem ideologischen Angelund Reibepunkt aufschwingt. Konkret: Es gibt Kräfte im Katholizismus dieser Zeit, die, wie auch Dehon es implizit andeutet, die Revolution als Bruch stärker ablehnen, als er selber dies tut.[125]

Muss man nun mit dieser neuen wirtschaftlichen Situation, die im Zins einen gewichtigen Ausdruck findet, leben? Ja, es scheint so. Dehon führte als auch für ihn hinkenden Vergleich das Fastengebot an, das seiner Meinung nach immer mehr dahinschmelze, das nun einmal seine Kraft verliere. Läuft man so nicht Gefahr, eine sensualistische, materialistische Gesellschaft zu werden? Soll man nichts mehr tun und unternehmen? Dehons Schrift als solche gibt schon selbst die implizite Antwort darauf. Defätismus ist nicht angesagt, der sozial engagierte Katholizismus will mitgestalten, seine Intention ist es, sich praktisch einzubringen. Insgesamt plädierte Dehon gut aristotelisch für die Mitte, gegen die Extreme: «Es gibt eine Mitte, in der man sich festmachen könnte. Es gilt, ausgewogene Zinsen zu tolerieren und die Auswüchse einer kapitalistischen Gesellschaft zu bekämpfen.»[126]

Somit ist klar: Dehon ist kein Alternativer, kein Aussteiger, der eine Kontrastgesellschaft fordert und den Kapitalismus als solchen ablehnt. Er will eher den Kapitalismus seiner Zeit, analog zur modernen Republik, verchristlichen, und das nicht vorrangig in einem restaurativen Sinne. Das gewinnt deutlich Konturen, so ein Blick auf Dehons Überlegungen in Bezug auf das Geld und seine ökonomische Funktion geworfen wird. Die Gruppe der «Alternativen» ist in dieser Frage eher auf der Seite der Zinsverbotsbefürworter zu finden, die sich manchmal als konservative Lebensreformer verstehen. Für Dehon ist dieser Weg, wie auf einem Notizblatt (vgl. Abbildung 11) vermerkt, nicht mehr als eine «Versuchung» («tentation»), ein nicht probates Mittel also, das nicht zur Erlösung von dem Bösen führt.

In der Frage gerät das Recht in den Fokus der Diskussion: Der Gesetzgeber ist gemäss Dehon gefordert, nicht nur in Bezug auf das Finanzgeschehen einzugreifen, sondern zuvorderst und parallel dazu mit Blick auf das Judentum. Hier stösst die demokratisch-partizipative Forderung Dehons und der Christdemo-

---

[124] Denis Pelletier, La République des catholiques, in: Vincent Duclert/Christophe Prochasson (Hg.), Dictionnaire critique de la République, Paris 2002, 313-318, v. a. 313 («un traumatisme fondateur»), aber auch passim.

[125] Freilich geht es hier um 1789, um den Beginn der Französischen Revolution, und nicht etwa um das spätere Terrorregime von 1793. Noch 1969 wird Dehons Interpretation der Französischen Revolution problematisiert, wie wir sahen. Dies geschieht im Seligsprechungsprozess im Kontext der Untersuchung seiner Schriften. Sinngemäss heisst es dabei, dass der Wille die Revolution zu «taufen», eine grosszügige Illusion sei, vgl. Positio II. Positio super scriptis nuper inventis. Iudicium alterius theologi Censoris, 15.

[126] UTP 127: «Il y a un milieu auquel il faudrait s'arrêter. Il faut tolérer les intérêts modérés de l'argent et combattre les excès d'une société capitaliste.»

kraten ganz allgemein an eine Grenze, wie es Daniele Menozzi 2001 festhielt.[127] Wie es das kanonische Recht nämlich schon vorsah, sollten die Wirkradien der jüdischen Minderheit als vorgeblich entscheidende Akteure des Zinses und Wuchers klar umschrieben werden: «Man müsste sie an der Leine halten und ihnen im Kontext der christlichen Nationen nur eingeschränkte Gesetze zubilligen.»[128] Auf Dehon kann somit umgemünzt werden, was Jacques-Charles Lemaire für einen Romanschreiber und Zeitgenossen Dehons aussagt: «Gefangen in seiner Zeit und in seinem Milieu reproduziert der Romancier die moralisierenden Stereotypen... und er kann sich nicht von der Karikatur absetzen, die das Ende des Jahrhunderts sich vom Juden-Freimaurer macht.»[129] Ein Grossteil der Katholiken war – sich als Opfer sehend – in diese mentalitätsmässige Falle getappt.

Dehon schreibt denn nicht nur einen moraltheologischen Traktat, um die Zinsfrage auf eine neue Stufe zu bringen, sondern er moralisiert und politisiert dabei auch gezielt und aktualisiert sehr konkret. Er beklagt sich, dass die mächtigen Mittel der Vergangenheit, gegen die sich zeigenden Missstände anzukämpfen, leider nicht mehr zu Verfügung stünden: die Klerusversammlungen, die Provinzialkonzilien, die Universitäten..., aber es gibt immerhin eine neue Stimme, nämlich die aus Rom! Eine abgeschwächte Sozialromantik – einem ausladenden, «neo-gothischen» Mittelalterkult ist Dehon letztlich abhold – mit ultramontanen Impulsen ruft zum Handeln im Heute auf.

In diesem Heute schreibe sich der Wucher in den Tauschhandel in je verschiedener Art und Weise, wobei der gerechte Lohn, der gerechte Preis und das zinsenlose Darlehen auf dem Spiel stehen. Zum Schluss seiner Schrift bezieht sich Dehon wieder auf die «grosse» Enzyklika des Papstes und fordert eine die Gerechtigkeitsforderungen stützende neue christliche Liebes-Offensive! Somit ist nun der eingangs erwähnte päpstliche Rahmen als Massgabe katholischer Orthodoxie gegeben und fertiggebastelt. Auch diese Schrift Dehons, die in einer inhaltlichen Tiefenbohrung absichtlich sehr eingehend studiert wurde, ist somit eine direkte Folge der Geburtsstunde moderner katholischer Soziallehre von 1891.

---

[127] Menozzi, Sacro Cuore. Un culto, 195. «Non si può certo dimenticare che questa connessione tra s. Cuore, regno sociale e democrazia avveniva nel pensiero del Dehon entro limiti ben precisi. In Primo luogo la sua nozione di democrazia non prevedeva totale uguaglianza di diritti civili per gli acattolici – in particolare per gli ebrei [...].»

[128] UTP 130: «Il les faudrait tenir en laisse et ne leur accorder, dans les nations chrétiennes, que des droits bien restreints.»

[129] Jacques-Charles Lemaire, Le thème du complot judéo-maçonnique dans le roman français (1870-1900), in: Ilana Y. Zinguer/Sam W. Bloom, L'antisémitisme éclairé. Inclusion et exclusion depuis l'Epoque des Lumières jusqu'à l'affaire Dreyfus, Leiden/Boston 2003, 221-247, 244: «Prisonnier de son époque et de son milieu, le romancier reproduit les stéréotypes moralisateurs [...] et ne peut se défaire de la caricature que la fin du siècle impose du juif-maçon.» Obwohl Dehon Juden und Freimaurer als Gruppen teilt, nennt auch er sie oft in einem Atemzug.

4.4 Dehons Zins- bzw. Wucherschrift, Einordnung in die Wissenschaftswelt seiner Zeit sowie die Rolle des Staates

Dass die Studie Dehons zum Zins von 1895 aus einer moraltheologischen und sozial-ökonomischen Perspektive in der wissenschaftlichen Fachwelt nicht ohne Echo blieb, zeigt neben Max Turmann eine Veröffentlichung von Pierre Tiberghien (1880-1963). Seines Zeichens zu einem späteren Zeitpunkt Professor an der katholischen Universität Lille – an der «Catho», zu der Dehon und die Kongregation enge Kontakte pflegten –, machte sich dieser als Autor von Abhandlungen an der Grenze zwischen Medizin und Moral einen Namen.

In Tiberghiens 1914 erschienenem Buch (neu aufgelegt 1921, sowie 1929), das sich auf die bekannte und in der hier behandelten Frage vieldiskutierte Enzyklika Benedikts XIV. *Vix pervenit* bezieht, wird die Wucher-Schrift Dehons wohlwollend beigezogen. *Vix pervenit* des aufklärerisch geprägten Papstes Benedikt wurde als lehramtlicher Text zur Zinsfrage mit ambivalenten Wertungen von 1745 bis ins 20. Jahrhundert hinein ein Aufhänger und umstrittener Referenzpunkt der Auseinandersetzung.[130] Pierre Tiberghien, Verwandter des Dehon auf seiner Weltreise von 1910/1911 begleitenden römischen Prälaten Jules Tiberghien und 1914 noch «Aumônier de Jeunesse Catholique à Lille», weist Dehons Usura-Traktat als erstes Referenzwerk im Anmerkungsapparat von *Intérêt et Usure. Encyclique ‹Vix pervenit› de Benoit XIV (1745)* aus.[131] Einer der grossen katholischen Familien des Grossraumes Lille/Tourcoing angehörend, wandte Tiberghien sich im Rahmen eines Romaufenthalts der sozialen Frage zu. Diese wird ihn dann z.B. in der Begleitung von Arbeiterpriestern bis an sein Lebensende herausfordern. Anders als Prélot und Ducamp, gleichsam Dehons frühe Biografen der 1930er Jahre, nimmt Tiberghien Dehon fachlich ernster.

Wenn die Rezeption eher am Rande und in einem allgemeinen Sinn vorgenommen wird, nämlich in der bei Dehon betonten Dimension des Primats der gegenseitigen Verantwortung – abseits der modernen monetären Anonymität –, so ist die Wirkung doch evident. Prélot und Ducamp[132] wiederum, deren biografische Konturierungen Dehons noch von den Schatten des Ersten Weltkrieges her geprägt sind, nehmen eher den moralisch-kritischen Impuls Dehons auf. Dies ist in der Geld- und Zinsfrage auch darin grundgelegt, weil der Krieg massive fi-

---

[130] Vgl. Andreas Michael Weiß, Zinsen und Wucher. Das kirchliche Zinsverbot und die Hindernisse auf dem Weg zu seiner Korrektur, in: Ulrike Aichhorn (Hg.), Geld- und Kreditwesen im Spiegel der Wissenschaft, Wien 2005, 123-156.

[131] Pierre Tiberghien, Intérêt et Usure. Encyclique «Vix pervenit» de Benoit XIV (1745). Texte latin, traduction française avec introduction, commentaires et notes, Tourcoing 1914, 6.

[132] Augustin Ducamp, Le père Dehon et son Œuvre, Paris/Bruges 1936, 375-378, wobei Ducamp aus Dehons Schrift das nationale Prinzip hervorhebt (S. 377) und als Novizenmeister der Herz-Jesu-Priester das spirituelle Movens bezeichnet, «le règne du Christ» (ebd.), und insgesamt die Aktualität der zum Zeitpunkt der Abfassung von Ducamps Biografie schon 4 Jahrzehnte alten Usura-Schrift Dehons.

nanzielle Einschnitte für breite Teile der Bevölkerung und auch für die Kongregationen mit sich brachte.

Tiberghien wiederum fand mit seiner im Jahr des Kriegsbeginns erstmals publizierten Abhandlung Eingang in das Standardwerk *Dictionnaire de Théologie Catholique*[133] und ist somit fachlich und wissenschaftsgeschichtlich weiter relevant. Der Jesuit und langjährige Schriftleiter der Pariser Jesuitenzeitschrift *Études*, Henri du Passage, stützte sich bei seinem einschlägigen Eintrag zum Wucher wesentlich auf Tiberghien.[134] Daher kann ohne Weiteres von einem gewissen intellektuell-akademischen Impuls von Dehon im (nord-)französischen Raum gesprochen werden, der sich seinerseits Leos XIII. Enzyklika *Rerum novarum* und der Rede von der «usura vorax»[135] sowie andererseits, wie wir sahen, der franziskanischen Drittordensbewegung und seinen intensiven sozial-ökonomischen Debatten verdankt.

Fassen wir nun das bisher Gesagte kurz zusammen, bevor wir Dehons theoretischen, moraltheologischen Blick auf das Geld dann in weiteren «konkreteren Projekten», manchmal alltäglicheren Schritten weiter verfolgen, der «Blick auf» verschränkt sich dann handfest mit dem «Umgang mit». Generell wäre hier eine Wirtschaftsgeschichte der Anfänge der Kongregation hilfreich. Eine solche, womöglich auf der Grundlage der Triennal- bzw. Quinquenalberichte an den Heiligen Stuhl, muss freilich erst geschrieben werden. Sie ist wohl aufgrund der brüchigen Quellenlage auch ein schwieriges Unterfangen. Eines ist gewiss, Dehon beschäftigte sich in *L'usure en temps présent* mit einer drängenden ökonomischen Frage der Zeit, zuvorderst auf einem grundlegenden theoretischen Niveau.

Dass die Frage aktuell war, das zeigen die umfangreichen juridischen Disser tationen an französischen Hochschulen in der zweiten Hälfte des 19. Jahrhunderts, die den Zins thematisierten, ebenso wie das Ringen um die Frage im sozial sensibilisierten Katholizismus ausgeprägt war – der sich seinerseits mit einem neuartigen, entgrenzten Kapitalismus konfrontiert sieht. Dabei gerät eine kirchliche Lehrtradition in Konflikt mit den neuen Verhältnissen. Diese will nicht mehr so recht passen. Selbst wenn wir es miteinbeziehen, dass es hier eine ausgereifte scholastische Tradition gibt, die reichhaltig im Detail und als spitzfindig, kasuistisch offen in der Argumentation sich erweist, und die Dehon in Rom, von 1866-1870 etwa, als Schüler von Antonio Ballerini (1805-1881) aufgesogen hat, lässt sich hier doch Dehons Kompetenz in einer Frage erahnen, die nicht in erster Linie, weder damals noch heute, im engeren Sinne kirchlich-religiös-spiritueller Natur ist. Dehon war promovierter Jurist, von praktischen Fragen war er angetan. Sein drei Jahrzehnte früher abgeschlossenes Doktorat zu

---

[133] Vgl. du Passage, Art. Usure, v.a. 2384.

[134] Zu du Passage vgl. auch Henri du Passage, Morale et Capitalisme, Paris 1935, z. B. 119.

[135] Vgl. die Passage gleich zu Beginn der Enzyklika vom 15. Mai 1891: «Malum auxit *usura vorax*, quae non semel Ecclesiae judicio damnata, tamen ab hominibus avidis et quaestuosis per aliam speciem exercetur eadem.»

Sicherheiten und Garantien in rechtlichen Verträgen hatte ihn für derartiges Argumentieren und Denken geschult.

Gewiss wollte Moraltheologie andererseits gerade in dieser Zeit und in diesem Umfeld, wenn möglich lückenlos, alle Bereiche des menschlichen Lebens und Handelns abdecken, von der Masturbation zur Gewerkschaftsfrage, einmal salopp formuliert. Daher war beinahe alles «Theologie», nichts am Rande oder ausserhalb. Jedoch wird gerade in der Zinsfrage, also einem wesentlichen Aspekt des Geldes, nämlich dessen Eigendynamik auf der Basis von zwischenmenschlichem Vertrauen und über seinen Charakter als reines Tauschmittel hinaus, zunehmend die «Autonomie» des ökonomischen Sachverhalts herausgearbeitet.

Ein solcher Eigenstand manifestiert sich in der Diskussion des so genannten «titulus legis», also einer äusseren Begründung für Zinsnehmen, die auf staatliche Gesetzgebung rekurriert. Eine «positive» Setzung bzw. Erlaubnis von aussen trete da hinzu, so die Theorie. Tiberghien wird zeigen, dass dieser «Rechtspositivismus» philosophisch nicht gänzlich zu überzeugen vermag. Dehon und mit ihm viele andere auch sind nichtsdestotrotz mit diesem Zugang einverstanden. Sie erachten die legale, nationale Rahmung als rechtmässig, massgebend und genügend – Zinsverbotsbefürworter lehnen dies zumeist ab.

Eine Hervorhebung dieses Zinstitels zeigt die Kraft der staatlichen Gesetze an, und daneben eine «Säkularisierung» in der Frage; weil die Kirche damit ihren Willen zur konkreten Mitsprache zurücknimmt und, wie im Falle von Dehon gut nachvollziehbar, die Position eines «Gewissens» bzw. moralischen «Ombudsmannes» einnimmt. Das, um gegen Wildwuchs und Unverhältnismässigkeit vorzugehen. Dehon unterstützt, bewusst oder unbewusst, diesen säkularisierenden Zugang. Er bleibt zugleich im Dialog und nimmt den Staat, in dem Fall die nicht sehr geliebte III. Republik, in die Pflicht – als Nachfolgeinstanz der Kirche gewissermassen, weil diese selbst ihre übernationale, rechtliche und europäische Ordnungskraft eingebüsst hatte.

Dem Staat kommt also in Dehons Denken eine wichtige regelnde bzw. intervenierende Aufgabe zu. In der sozialwissenschaftlichen Bipolarität des Katholizismus seiner Zeit ist Dehon weniger der École de Angers verpflichtet, denn der École de Liège zuzuordnen. Erstere verbindet einen traditionellen, oftmals klerikalen Katholizismus mit liberalen (paternalistischen) Positionen in der Ökonomie, wobei ein zurückgezogener (Nachtwächter-)Staat impliziert wird. Diese Haltung, die in Kreisen Anklang findet, die «Himmel» und «Erde» klar trennen wollen, sieht Dehon als unvollständig und unzureichend an; obwohl Dehon andererseits keineswegs nach einem zu starken Staat verlangt. Ein solcher würde dann den Korporatismus der intermediären und dezentralen gesellschaftlichen Gruppen und Verbände sowie die subsidiäre Gesellschaftsordnung, also auch die Eigeninitiative, einschränken.[136] Aber die Staatseingriffe sind ihm wich-

---

[136] Zur Frage der Staatsintervention und den katholischen Schulen, vgl. Jean-Dominique Durand, L'État dans la pensée du père Léon Dehon, in: Yves Ledure (Hg.), Rerum Novarum en France.

tig und zentral. Liège (auch mit einem Abbé Pottier, dem «Doktor der Christdemokratie») ist dem Nordfranzosen Dehon nicht nur geografisch näher,[137] werden bei dieser Schulrichtung die Pole Wirtschaft und Religion denn auch nicht so stark auseinandergehalten; sondern entgegengesetzt zum Konzept der Schule von Angers, welche anti-interventionalistisch von rein französischen Exponenten geprägt war, finden sich die Pole integral zusammen gedacht und sie werden bei aller Verschiedenheit integrativ bewertet, nach dem Motto: Religion und Soziales gegenseitig auszuspielen, das sei ein Unding. Wobei dann an den Staat gewisse Forderungen für Rahmenbedingungen gestellt werden (Interventionismus), z.b. ein für das Leben eines Arbeiters und seiner Familie ausreichender Lohn.

4.4.1 Katholische Schulbildungen, utopische Anschauungen und Vergangenheitsbezug als kritische Durchleuchtung

Dehons soeben breiter skizzierte Positionierung kann, um eine schon in den 1930er Jahren von August M. Knoll feinfühlig herausgearbeitete Konfliktlinie aufzugreifen, dem breiten Strom des «Jesuitismus» zugeordnet werden. Vom Ideal des eher zinsfeindlichen «Dominikanismus» ist Dehon weit entfernt. Und das mit lebensgeschichtlicher Konstanz! Das ist selbst dann richtig, wenn Dehon sich gegen Spitzenaussagen von jesuitischen Moralisten wie etwa Lehmkuhl stellt, was diesen freilich keineswegs zu einer Entgegnung veranlasst hatte. Lehmkuhl sah sich durch Dehon nicht in Frage gestellt bzw. herausgefordert. So sind derartige Abgrenzungen Dehons auch wohl eher taktischer, auslotender Natur. Sein Standort ist klar. Die eigentlichen Abgrenzungsmechanismen greifen dann ausserhalb des kirchlichen (und christlichen) Raumes. In der Zinsfrage positioniert sich Dehon eindeutig auf der Seite der *moderni*, der *politicanti* – er ist nicht den *zelanti* zuzurechnen – und wähnt den Geschichtsverlauf und langen Atem einer linear-fortschrittlichen Entwicklung hinter sich, welche bis weit hinter die Revolution zurückreicht. Dehon sollte nicht Unrecht behalten; wie sagt man so schön: Die Geschichte (des Normenwandels) gibt ihm Recht und überholt ihn sogar.

Le père Dehon et l'engagement social de l'Église, Paris 1991, 91-97. Dazu als Vorbild, was Liège anbelangt, Mgr. Doutreloux, verstorben 1901, der von Dehon sehr geschätzt, weil Frömmigkeit und soziales Engagement verbunden habend, Bischof von Liège, dazu CHR 1901/181 bzw. 182, bzw. dessen Pastoralbrief von 1894: Lettre pastorale de sa grandeur Mgr. Doutreloux, évêque de Liège, au clergé de son diocèse sur la question ouvrière, Liège 1894.

[137] Vgl. dazu die aufschlussreichen Unterlagen Dehons unter B 82/6, Inv. Nr. 0110700, mit Dehons Aufschrift «Conservateurs et Démocrates», wo es um Vorwürfe aus dem katholischen Bereich geht, die an den am Priesterseminar in Liège lehrenden Abbé Pottier gerichtet sind, und der sich über die Mithilfe des Bischofs in einer gedruckten Broschüre, die als «vertraulich» bezeichnet wird, zur Wehr setzt. Es ist von «deux écoles» die Rede, «entre lesquelles se partagent les catholiques». Zu Pottier: Jean-Pierre Delville, Antoine Pottier (1849-1923), le «docteur de la démocratie chrétienne»: ses relations internationales jusqu'à son refuge à Rome en 1902, in: Guy Zelis/Luc Courtois/Jean-Pierre Delville/Françoise Rosart, Les intellectuels catholiques en Belgique francophone aux 19e et 20e siècles, Louvain 2009, 209-260.

Dazu gesellt sich bei ihm ein gewisser Pragmatismus, denn was würde es nützen, selbst wenn man wollte, sich diesem Strom der Moderne entgegenzusetzen? Und wozu ein nicht-umsetzbares Ideal, ein unrealistisches Gesetz?[138] Andere, wie Morel, Lachat und Saint-Bonnet (1815-1880)[139] täten dies zwar, sie vertreten das Ideal des Zinsverbots, aber sie verklärten dabei die Vergangenheit. Dehon bringt ihnen Verständnis entgegen, aber auch nicht viel mehr. Auf der anderen Seite jedoch teilt er mit diesen Traditionalisten einen Geschichtsbezug: das aus der Geschichte kommende Potential für Kritik an gegenwärtigen Zuständen. Dehon denkt, arbeitet, argumentiert mit der Geschichte. Wo sind denn die altehrwürdigen, kirchlich imprägnierten Institutionen geblieben, die heute entgegenhalten könnten? Dehon ist kein Träumer, wie etwa Morel, der bei einer Abschaffung des Zinses von einem goldenen Zeitalter und auch von einer damit verbundenen sofortigen Beseitigung des Sozialismus[140] ausgeht. Er will nicht in die Geschichte zurück, nützt aber historische Bilder und Konzeptionen, um die für ihn aktuellen Zustände zu durchleuchten und zu hinterfragen. Das Kritikpotential stammt von Gestern, soll aber eine bessere Zukunft ermöglichen, die nicht mit einer Rückkehr in die Vergangenheit identisch sein kann. Dehon scheint zu wissen, dass Ein-Nach-Hinten nicht realistisch ist. Da ist der Weg verbaut.

Er flieht nicht ahistorisch aus der Geschichte in eine *oeconomia perennis* (Anton Orel)[141] hinein. Sein Usura-Traktat ist von der Sichtweise durchwoben, dass es weder Ungeschichtliches, noch ein eigentliches Zurück gibt. Dennoch ist, wie gezeigt, der religiös-kulturelle historische Rückbezug gegeben, der dann eine «religiöse Bremse», oder wohl besser eine «Taufe» für den Kapitalismus[142] bereitstellen will und soll.

Wo dieser Rückbezug fehlt, ist Dehon skeptisch, auch Projekten gegenüber, denen Dehon im «Nebel der sozialen Reformen» seiner Zeit etwas abgewinnen kann. Der nicht weit von seiner Heimat etwa von Godin errichteten, auf Autarkie und Eigenständigkeit bedachten Arbeiterrepublik *Le Familistère* steht er fasziniert-ablehnend gegenüber. Angesprochen erfährt Dehon sich wegen der Ge-

---

[138] Verhält es sich bei Dehons Bezug zur Monarchie nicht ähnlich? Auch da gibt es eine gewisse Dynamik der Veränderung, eine für ihn «notwendige» Entwicklung.

[139] Der aus Lyon stammende Antoine Blanc de Saint-Bonnet wird dem Legitimismus, Traditionalismus und Anti-Liberalismus zugerechnet. Dehon hat ihn als «zeitgenössischen» Autor gelesen, ihn z.B. auch in seiner Anprangerung der modernen Ökonomen als inspirierend erachtet, aber sieht in der Frage des Zinsverbots/Zinses einen doch anderen einzuschlagenden Weg für geboten.

[140] Vgl. auch Louis Garriguet, Prêt. Intérêt. Usure (Questions de Sociologie), Paris 1907, der diese Position Morels, nachdem er sie referiert, beurteilt: «Il est inutile de faire remarquer qu'il y a là, à côté de beaucoup d'exagération, une ignorance considérable des conditions de notre temps.» (S. 45) Es ist eine Sichtweise, die nur der Arbeit eine Produktivität zuweist und die Sterilität des Geldes postuliert. Auch Dehon wird diese von Garriguet (1859-1927) zuvorderst den Marxisten zugeschriebene Position ablehnen.

[141] Vgl. Felix Dirsch, Solidarismus und Sozialethik. Ansätze zur Neuinterpretation einer modernen Strömung der katholischen Sozialphilosophie (ICS 55), München 2006, 188-190 (dort zum Zinsverständnis Anton Orels in dessen Oeconomia perennis).

[142] Léon Dehon, L'association du capital et du travail, in: Le Règne, 1894/1895, vgl. REV 8031014/ 11.

wichtung und Wertschätzung des Faktors Arbeit in diesem utopischen Industrie- und Lebensreform-Projekt.[143] Vom Lebensgesetz der Arbeit, das Dehon bio- grafisch selbst verkörpert und das er in seiner Frömmigkeitsliteratur auch christologisch auszumalen und durchzubuchstabieren verstand, war schon die Rede. Die Ambivalenz dieser Utopie von *Le Familistère* speist sich für Dehon aus dem Fehlen des christlich-traditionellen Elements, das sich dann deutlich in negativen Folgen, sei es moralisch, sei es wirtschaftlich, Ausdruck verschaffe.

Überall gehe man in diesem kollektivistischen Projekt zu weit, sei es in der Kinderbetreuung und -erziehung, sei es in der Beteiligung des Arbeiters am Kapital, weil ja Godin vorsah, dass sein gusseiserne Öfen produzierender Indus- triebetrieb eines Tages in den Besitz der Arbeiter – und nicht seiner eigenen Nachkommenschaft! – übergehen sollte.[144] Godin blickt zielgerichtet, ja eupho- risch in die Zukunft, und fordert neue Mittel, um den Arbeiter und seine Familie zu emanzipieren. Diesen Ausblick teilt Dehon nicht. Für Dehon ist in einem di- rekten Vergleich der Ansatz der «christlichen Fabrik» bei Harmel, eines guten Bekannten und sozialpolitischen Mitstreiters, besser geeignet, den Anliegen der Arbeiterschaft nachzukommen, insbesondere weil bei Harmel ein starker Fami- lien- und Traditionsbezug im Rahmen des bestehenden Christentums gegeben ist.[145] Daran haben im Val-des-Bois Dehon und seine Kongregation aktiv mitge- arbeitet, wobei ein Schwerpunkt auf die Arbeiterpastoral in dieser christlichen Fabrik gelegt wurde.

Der Bezug zur Vergangenheit, zu Bildern der *christianitas*, soll auch die Idee starker kirchlicher Identität und Kontinuität sicherstellen: Wichtig ist Dehon, dass die Kirche sich selbst (dogmatisch) durch die Zeit treu geblieben ist. Ein Hauch von Ahistorität kommt hier ins Spiel, aber künstlich. Denn nicht nur Dehon sieht sich mit der Frage konfrontiert, ob sich denn hier nicht etwa eine kirchliche Lehrmeinung (radikal) geändert hat: Wo ist denn das mittelalterliche Zinsverbot so plötzlich hingekommen? Hat die Kirche nicht doch irgendwie ihre Lehrmeinung geändert? Es gibt Erklärungsbedarf. Ist hier doktrinäre Stabilität bzw. Universalität gegeben? Dehon wies auf die geänderten Umstände hin und arbeitete diese heraus; etwas, das schon in der Zeit nicht vollständig zu über-

---

[143] Vgl. Michel Lallemant, Une expérience fouriériste de communauté de travail: le Familistère de Guise, in: Isabelle Berrebi-Hoffmann, Politique de l'intime. Des utopies sociales d'hier aux mon- des du travail d'aujourd'hui (Recherches), Paris 2009, 37-51, hier 43-47.

[144] Dehon, L'association, 25, 26, vgl. allgemein zur Familistère de Guise: Jessica Dos Santos, La po- litique sociale dans une coopérative ouvrière de production: le cas du Familistère de Guise 1888 à 1939, in: Michel-Pierre Chélini/Pierre Tilly (Hg.), Travail et entreprises en Europe du Nord- Ouest XVIIIᵉ-XXᵉ siècle. La dimension sociale au cœur de l'efficacité entrepreneuriale, Ville- neuve d'Ascq 2011, 63-76, wo zu Beginn die Frage gestellt wird, ob es sich beim Projekt Godins um einen «linken Paternalismus» handelt.

[145] Es wäre durchaus sehr reizvoll, die Kritikpunkte Dehons an Godins Projekt «Le Familistère» her- auszugreifen und sie den schon vor Dehons Notizen niedergelegten, sich selbst und sein Projekt verteidigenden Federstrichen Godins gegenüberzustellen. Das zeigt, dass Dehon schon vorhande- ne Kritik aufgreift und weiterspinnt, er aber trotzdem dem utopistischen sozialistischen Projekt – entgegen der ideologisch-fundamentalen Differenzen – durchaus etwas abgewinnen kann.

zeugen vermochte und Konfliktstoff bereithielt. Folgen wir der moraltheologie-
geschichtlichen Analyse von Andreas Michael Weiß, so ist Dehon insofern apologetisch orientiert, als er den Wandel im Normenbegründungssystem in Sachen
Zins nicht gänzlich nachvollzieht, sondern die Modifikation der Position den
wirtschaftlichen und gesellschaftlichen Umständen zuschreibt: Wandel der Umstände, aber nicht des Kerns also.

Für Weiß ist es aber etwas ganz Fundamentales, das sich im Laufe der Zeit
veränderte:

> «Die kirchliche Beurteilung des Wuchers ist damit ein Beispiel für einen so ge-
> nannten Normenwandel, ein Beleg dafür, dass sich die moralischen Überzeugungen
> und Urteile im Laufe der Jahrhunderte verändern können, offensichtlich selbst in
> der Kirche und sogar bei einst zentral und unumstösslich gehaltenen Verboten.»[146]

Schon das Faktum, dass fast alle Autoren zur Usura-Debatte zur Zeit Dehons
sich mit der Frage der lehramtlichen Kontinuität beschäftigen, zeigt die Problematik mehr als nur an, bestätigt das Unbehagen. Warum sollte auch etwas Betonung finden, das stabil, klar und nicht zur Diskussion steht? Neben dem Wandel ist aber auch die Geschwindigkeit der Veränderung beachtlich, oder wie
Weiß in seinem historischen Überblick festhält, «dass eine lange Zeit so promi-
nente und mit so viel Nachdruck verteidigte Norm dann in relativ kurzer Zeit
gänzlich verschwunden ist.»[147] Aber für Dehon und andere stand noch apologetisch die Kontinuität im Zentrum der Argumentation – eine Kontinuität, die auch
eng an den (überzeitlichen, ja ungeschichtlichen) Autoritätsanspruch der Kirche
als Institution, sprich an einen speziellen Ekklesiozentrismus gebunden ist , der
reale Wandel selbst wird abgefedert, an die Ränder verlegt. Denn eine Revision
der Lehre hätte auch Probleme für die deontologische Normenbegründung per se
bzw. für die ethischen Grundlagen ganz allgemein herbeigeführt, weil, so Weiß,
deontologische Normen («In-Sich-Verbote») wie das Zinsverbot immer auch
metaethische Implikationen in sich tragen, die Glauben und Vernunft an gewissen Punkten entgegensetzen. Sie funktionieren nach dem Motto: Gott habe gewisse Urteile nicht der Einsicht des Menschen überlassen, sondern dazu (not-
wendigerweise) seine Gebote eingesetzt.[148] Es ist dies eine fideistische Positionierung.

Die Einheit und Stimmigkeit sucht Dehon aber nicht nur im Geschichtsverlauf
diachron herzustellen, sondern auch synchron nachzuweisen. Sie ist ihm als
verbindendes Band institutionell wichtig. Innerkirchlich beabsichtigt er, mit
Irenik und Umsicht vorzugehen, er sucht zumindest im publizierten, veröffent-

---

[146] Weiß, Zinsen und Wucher, 124.
[147] Weiß, Zinsen und Wucher, 125.
[148] Vgl. Weiß, Zinsen und Wucher, 151. Ein nicht hinterfragbarer Rest bleibt und ist ein Gegenstand
des Glaubens. Deontologie geht mit einem weniger optimistischen Menschenbild einher. Dehon
ist in der hier behandelten Sachfrage teleologisch orientiert, er traut den Menschen viel zu.

lichten Werk das Gemeinsame.[149] Bischof Lachat und Morel etwa nimmt er
wohlwollend auf, dabei unter Umständen die Unterschiede und Brüche (bewusst)
verkennend oder zumindest nivellierend. Denn die Kirche ist auch in seiner Zeit
fragiler und uneinheitlicher, als er es vielleicht denkt. Dehon vermag jedoch
diesen Spagat in der Behandlung des Zinses auch deshalb zu meistern, weil er
das Zinsverbot prinzipiell aufrechterhält, obwohl er den Wirkungsbereich der-
artig einschränkt und in Grenzen verweist, dass davon substantiell wenig übrig-
bleibt.

4.4.2 Wirtschaftsdogmatische Diskussionen, die Zinsfrage unter dem Schutz-Aspekt und Dehon im Konflikt mit rigoristischen Positionen

Gerade in der Wirtschaftswissenschaft wurden in der zweiten Hälfte des 19.
Jahrhunderts grosse Anstrengungen unternommen, die Frage nach dem Zins
ontologisch zu klären; so etwa durch Eugen Böhm von Bawerk (1851-1914)
Mitte der 1880er Jahre, der mit dem Faktor Zeit und dem Verhältnis Gegenwart
und Zukunft argumentierte und den Zins als gegenwärtigen Liquiditätsverzicht
pro futuro erklärte. Damit ist angezeigt, dass die Frage im Gegensatz zu heute –
mit Ausnahme der Islamischen Welt[150] – weite Bereiche mobilisierte und die
Wirtschaftswissenschaft bzw. -dogmatik gefordert war, überzeugende Grundlagen für etwas zu schaffen, was sich in der Moderne des 19. Jahrhunderts allmählich herausgebildet hat und heute «globales Gesetz» ist: die Fruchtbarkeit des
Geldes!

Mit dem, was sich wirtschaftsgeschichtlich zunehmend zu einem ideellen
ökonomischen Konsens geformt hat, geht Dehon pragmatisch um. Er überbewertet die Frage denn auch nicht und hält trotz intensiver Beschäftigung Distanz.
Die Zins-Frage ist für ihn im Gegensatz zu solchen, die Pierre-Joseph Proudhon
(1809-1865) und andere anarchistische Strömungen weiterschreiben, nicht die
entscheidende, keine der Sklaverei. Der 1818 geborene Victor Modeste legte
1889 ein Werk mit dem vielsagenden Titel *Le prêt à intérêt. Dernière forme de
l'Esclavage*[151] vor. Dehon und die sozial engagierten *abbés démocrates* schlagen
da differenziertere, unaufgeregtere, wenn man so will, positivere und weniger
radikalere Töne an. Obgleich diese dann auch nicht durchgehend fehlen.

---

[149] In ähnlicher Weise lässt sich ein solcher habitueller Zugang im Prozess zu Charles Maurras feststellen. Auch dort geht Dehon versöhnlich vor. Wie sich später aber noch zeigt, sehen wir in der
privaten Korrespondenz einen dann auch fester anpackenden Dehon mit Ecken und Kanten.

[150] Vgl. Constant J. Mews/Ibrahim Abraham, Usury und Just Compensation: Religious and Financial
Ethics in Historical Perspective, in: Journal of Business Ethics 72 (2007) 1-15, v.a. 10, 11, wo
von der *murabaha* als einer 7,9 prozentigen Kompensationsrate (als Zinsanalogon) die Rede ist,
die *sharia*-konform als «rate of just compensation» verstanden wird, «determined by the borro-
wer and lender, rather than one left to the impersonal vagaries of the market or even the predatory
instinct of the lender» (ebd., 10).

[151] Vgl. Victor Modeste, Le prêt à intérêt. Dernière forme de l'esclavage, Paris 1889, 434-435, wo
der Kampf gegen den Zins mit dem amerikanischen Bürgerkrieg verglichen wird. Hier sei es nun
an der Zeit zu handeln, sich aktiv zu engagieren.

Wenn bei Dehon 1896 noch der kritisch moralische (und zudem streckenweise antisemitische) Ton überwiegt, so ist das 1899 in der mit Abbé Tartelin
abgestimmten Schrift ein wenig anders, der Charakter ist dann evident positiver
gehalten. Beide Schriften, die wir uns ansahen, aber gehen mit dem Neuen
konstruktiv um, verdammen es nicht. 1899 wird der (soziale) Reichtumszuwachs
als Gewinn gesehen, nicht ausdrücklich in Bezug auf das Geld und den Zins,
aber trotzdem wohl mitgemeint. Ohne finanzielle Mittel lässt sich nicht viel auf
die Beine stellen. Dies illustriert der in beiden Schriften dargestellte Nationen-
wettbewerb mehr als deutlich, womit eine weitere Facette dem Zinstraktat abgerungen werden kann: Wer auf Zins verzichtet, wird den Anschluss verpassen
(1895), wer den Reichtum verschmäht (1899), wird zum Beutegut der anderen.

Mässigung ist kein Aushängeschild, keine akkurate, geschweige denn christliche Lebensphilosophie. Für Dehon offenbart sich die Dringlichkeit der nationalen Frage auch unter dem ökonomischen Aspekt. Beide Male ist Frankreich
als christliche Heimat angesprochen, wobei Religion, Ökonomie und Nation
zusammengedacht werden. Auf Dehons nationale-nationalistische Muster wird
das nächste Kapitel dieser Arbeit näher fokussieren. An dieser Stelle zeigt die
Bearbeitung des Reichtums bzw. des Zinses die enge Verschachtelung dieser
Themen, die eigentlich (für Dehon) nicht sauber getrennt werden können.

Die Usura-Schrift ist, wie gesagt, von einem bestimmten Paternalismus ge-
prägt. Der väterliche Blickwinkel dominiert. Dieser verschafft sich im Bemühen
Ausdruck, gewisse Personengruppen zu schützen, vor den Mächtigen und ihren
Leidenschaften, der «avaritia/cupidité», in Sicherheit zu bringen. Es handele sich
um einen zentralen biblischen Impuls, der hinter dem Zinsverbot steht, auf die
Folgen blickend die Armen miteinbeziehend. Die Kirche als Institution und der
Papst als Spitzenakteur sind darin nicht nur für Dehon gewichtige Grössen,
sondern Eckpfeiler einer ganzen Bewegung. Der Befund zeigt zudem an, dass
die kirchlichen Kontexte geschichtlich gewissermassen selbst die Seiten gewechselt haben, und diesen Schutz und Schirm, den kirchliche Akteure advokatorisch
für andere einfordern, auch selbst beanspruchen möchten, insbesondere und für
das hier betrachtete Umfeld wichtig: auch für die «ökonomische Freiheit» der
Kongregationen.

Für die Kongregationen sind nun die Tage in Frankreich bereits gezählt, und
ein Movens ihrer Aufhebung ist der vermeintlich grosse Reichtum, der ihnen zugeschrieben wird. Nicht nur für die einfachen Fabriksarbeiter und Arbeitnehmer,
die ihr weniges Geld «platzieren», war es wichtig, dass es einen gewissen, erlaubten Zins gab, sondern auch für kirchliche Gemeinschaften und Institutionen,
die ja nicht in erster Linie von «produktiver» Lohnarbeit lebten und dennoch auf
Liquidität angewiesen waren. Für sie war ein funktionierendes Zinssystem mit
niedrigen Sätzen nicht unerheblich, um Investitionen tätigen zu können. Wir
werden in späterer Folge noch anzudeuten versuchen, aus welchen Quellen die
junge Kongregation ihr finanzielles Dasein bestritt.

Aber vorher nochmals, um den Bogen zu schliessen, zum doch ausgeprägten, internalisierten «Schutzaspekt»: Dieser steht zuweilen in einem engen Zusammenhang mit einem «Populismus», der versucht, das Volk («le peuple»[152]) – unter den Eliten geschichtet sich vorfindend – ernst zu nehmen, es aber auch katholischerseits auf «seine» Seite zu bringen, um mit ihm einen Pakt einzugehen, in Dehons Worten «gagner le peuple»[153]. Gerade dieser Zugang, mit einer politischen Spitze gegen die Aristokratie, die Regierungen und das Bürgertum,[154] wird in späterer Folge im Abschnitt über die Genossenschaftsbanken anklingen und konkret fassbarer werden. Jene Ausgestaltung der Banken ist ein Projekt für Zinsenstabilität und das Sicherheits- und Stabilitätsbedürfnis der «Kleinen», und in Dehons Worten äusserst «praktisch», ohne an und für sich «religiös» zu sein.

In dieser Arbeit steht ein Dehon im Konflikt im Mittelpunkt. Wie verhält es sich mit diesem Blickwinkel in der hier im Kapitel aufgeworfenen Perspektive? In der Art, wie Dehon die Zinsfrage anging, konnte keine direkte Kritik an ihm ausgemacht werden. Hier exponierte er sich nicht sonderlich, sondern versuchte, die moraltheologische Lehrentwicklung in gemächlichen, mehrheitsfähigen Bahnen weiterzutreiben bzw. mitzuverfolgen. Dabei kam er mit der Tradition (des Zinsverbots) in Konflikt. Dehon ist wohl auch nicht der Mann, der politisch in besagter Debatte im Mittelpunkt gestanden ist. Zudem richtete sich der Antikapitalismus in erster Linie nach aussen, er gilt mehr den vorgeblichen Irrwegen des Systems als dem Wirtschaftsmodell per se.

Der «Jesuitismus» Dehons liegt dabei im Mainstream, obgleich dieser als Gesamtpaket im Hause des Katholizismus durchaus hinterfragt wurde. So spricht etwa der Priester und Lebensreformer Johannes Ude (1874-1965) später in seiner Abwendung vom römischen Lehr- und Schulsystem der 1890er Jahre von einer «Bekehrung» und bezieht sich dabei auch auf den an der Gregoriana lehrenden Josef Biederlack (1845-1930), den er hinter sich gelassen habe. Ude entdeckte so das rigoristische Zinsverbot wieder und war als «Querkopf» eine bedeutende Kraft konservativer Lebensreform, Pazifist und eifriger Antikapitalist.[155] Eine ebensolche Wendung vollzog für den französischen Kontext und, näher an Dehon, der schon herangezogene Paul Lapeyre, der mit Dehon den sozialen, sprich kollektiven Wohlstandszuwachs guthiess. Lapeyre prägte den christdemokrati-

---

[152] Die Sorge um den «peuple» stand auch im Mittelpunkt für kollektivistisch-sozialistische Denker, wie z.B. Godin, mit dem und seinem «Le Familistère» in Guise, sich auch Dehon auseinandersetzte, vgl. Godin, Richesse, 72: «[...] créez toujours, au profit du peuple, les instruments de son bienête, et vous aurez créé les instruments de sa puissance et de son émancipation.»

[153] Z.B. RSO 7/76.

[154] Vgl. dazu Dehons Vortragsnotizen, in: B 24 (Inv. Nr. 487.04.21), unter der Überschrift «Aller au peuple»: «Sur quoi s'appuiera l'Eglise? Les gouvernements? Non, ils sont révoltés. Les aristocraties? Non, sauf quelques belles exceptions, elles sont imbues des mêmes erreurs. La bourgeoisie? Non, elle est gangrénée par le capitalisme. Il ne reste que le peuple, que le prêtre peut gagner.»

[155] Zu Ude vgl. nur Christof Karner, Katholizismus und Freiwirtschaft. Das Lebensreformprogramm des Johannes Ude, Frankfurt 2002 und Reinhard Farkas, Johannes Ude und die Amtskirche: Chronologie und Analyse eines Konflikts, in: Mitteilungen des Steiermärkischen Landesarchivs 47 (1997) 253-276.

schen Gedanken, dass das Christentum eine Gesellschaft von Menschen sei, die sich darin engagierten, andere nicht auszubeuten. Hätte er Anfang der 1870er Jahre das von Morel gebrachte Argument des Zinsverbots noch breitkantig und schmunzelnd abgelehnt, so hätte sich das mit dem Bedeutungszuwachs des Sozialismus in seiner Sicht doch geändert. Dazu ist Lapeyre die Lehrkonstanz der Kirche wichtig. «Warum soll der Zins nun verboten werden?», so der katholische Sozialökonom Mitte der 1890er Jahre – zeitgleich mit Dehons Wucherbroschüre:

«Weil der Zins den Nächsten unterdrückt und müssige und unnütze Existenzen hervorbringt. Diese beiden Punkte stellen unser wesentliches Argument dar. Es ist nötig, dass wir dahin gelangen, den Nächsten nicht zu unterdrücken und aus unserem Leben sämtliche Möglichkeiten zu ziehen, die es umfassen kann.»[156]

Das hinderte Lapeyre nicht daran, gemeinsam mit Dehon festzuhalten, dass am Streben nach sozialem Reichtum nichts Verwerfliches ausgemacht werden könne. Dehons Person und Gewicht in der Lehre von Moraltheologie und sozialer Ökonomie ist, wie gesagt, zu wenig herausragend, als dass sie grosse Reibeflächen bieten würde. Das sind eher die Jesuitenprofessoren und grossen Figuren einer Spätscholastik wie Lehmkuhl und Biederlack, die die Debatte polarisierten und zu Widerspruch anregten.[157] Biederlack trennte die Zinsfrage gewissermassen auch von der Theologie ab, er wandte sich gegen theologisierende Soziologie und Ökonomie. Trotzdem treten die verschiedenen im Konflikt liegenden Positionierungen auch in Dehons Ausführungen deutlich hervor. Hier gibt es eine Pluralität mit differenzierten Standpunkten, die umstritten sind. Reibemuster und Abgrenzungsfolien präsentiert der Katholizismus in der Frage jedoch in starker Weise nach aussen. So müsste denn auch gefragt werden: Gab es von jüdischer Seite Kritik am im katholischen Milieu gepflegten Usura-Traktat und seinen Implikationen? Denn der «Jesuitismus» und der «Dominikanismus» waren sich in diesem Punkt der Exklusion sehr wohl einig. Die Beantwortung dieser Frage kann aber hier nicht geleistet werden. Wohingegen andererseits in der näher besehenen Frage nach dem Reichtum die innerkirchlichen Fronten stärker auf der Hand liegen und schon per se mit der Schrift *Richesse, Médiocrité ou Pauvreté* gegeben waren. Sie führten auch zu konkreten Auswirkungen, die Dehon dann unmittelbar inmitten der römischen Instanzen und Dikasterien – auf indirektem Wege – betrafen. Der Reichtum und der Umgang mit ihm ist eine zutiefst religiöse Frage, Zins hin oder her. Die Beschäftigung mit dem Zins überstieg aber die wissenschaftliche, lehrbuchartige Behandlung bei weitem, sie ging zentral die Praxis an. Wie nun gleich anschliessend zu zeigen ist, war sie stark an das Sakrament der Beichte gekoppelt. Dort wurde die Frage virulent.

---

[156] Lapeyre, Le catholicisme social, t. 2: Les remèdes amers, 149: «Pourquoi le prêt à intérêt doit-il être prohibé? Parce qu'il opprime le prochain et favorise les existences oisives et inutiles. Ces deux points vont nous fournir notre ligne de conduite. Il faut que nous arrivions à ne pas opprimer le prochain et à tirer de notre vie toute l'utilité qu'elle peut comporter.»
[157] Vgl. Knoll, Der Zins in der Scholastik, 180-185.

4.5 Ein Briefwechsel mit dem Studienkollegen und späteren Jesuiten
François Guilhen – Zins konkret, als Alltags- und Beichtfrage

Ein für Dehons Biografie aufschlussreicher Briefwechsel ist jener mit seinem Studienkollegen François Guilhen (1844-1929). Mit ihm verbrachte er im französischen Priesterseminar Santa Chiara in Rom eine gewisse Zeit des Studiums und der Jugend. Das war noch vor dem Ersten Vatikanum. Der Briefwechsel beider ist heute deshalb für uns wichtig, weil er sich, trotz der überschaubaren Anzahl von Schriftstücken, die noch erhalten sind, einerseits über fast ein halbes Jahrhundert erstreckt und andererseits ohne Zweifel Scharnierstellen der Vita Dehons erfasst. Wie ein roter Faden zeigt sich dabei die Erinnerung an die gemeinsame, sichtlich identitätsstiftende Zeit in Rom, eine Erinnerung, die indes der Intensität nach zunehmend verblasst. Die voranschreitende Zeit vermindert in der Regel die auf das Gestern gerichteten abrufbaren Gedanken. Guilhen überlebt Dehon um ein paar Jahre. Die Briefe Dehons haben Anfang der 1990er Jahre ihren Weg ins römische Archiv gefunden. Die Missionsprokuratur der Jesuiten in Lille konnte diese Korrespondenz ausfindig machen und dem Archiv zur Verfügung stellen.

Wie gesagt könnten drei wichtige Übergänge angezeigt werden, die der Briefwechsel begleitet und aus heutiger Sicht vertiefend illustriert: Das ist (1) die nahe an der römischen Ausbildungs- und Studienzeit liegende Phase, als die beiden Kleriker, aber noch nicht Ordensmänner, aus Rom in das heimatliche Frankreich zurückkehren, obschon an verschiedene Ecken der Grande Nation, des französischen Hexagons. Beide waren noch keine dreissig Jahre alt. So schreibt der am 25. November 1871 in die Gesellschaft Jesu eingetretene Guilhen im Sommer 1872 aus Pau, in den Pyrenäen, an Dehon im nordfranzösischen St. Quentin, unweit der belgischen Grenze, und verweist dabei auf eine Wallfahrt in das für ihn nahe gelegene Lourdes, wo er an Dehon dachte.[158] Es ist eine Phase, die bei Dehon von der Suche nach seinem Ort innerhalb der Kirche bzw. innerhalb des religiösen Lebens gezeichnet ist. Soll er sich dem Ordensstand zuwenden? Zehn Jahre später zeigt sich schon eine sehr andere Situation. Dieser Übergang (2) ist

---

[158] Vgl. Brief von François Guilhen an Léon Dehon, 09.08.1872, von Pau nach St. Quentin, in: ADR B 17/6.23 (Inv. Nr. 170.000), wobei Dehon die ersten beiden Absätze, die etwas vom römischen Elite-Bewusstein zum Ausdruck bringen, in seine NHV 9/184 überträgt. Die Passage, in der Guilhen Dehon schmackhaft machen will, sich dem Jesuitenorden, im Speziellen der Lyoner Provinz, zuzuwenden (Guilhen motiviert Dehon: «Dans un temps plus ou moins prochain nous serons peut-être persécutés, cela ne vous tente-t-il pas?»), lässt Dehon dann als Spitzenaussage nicht direkt in seine autobiografischen Notizen einfliessen, ebenso wenig den Anklang an die Episode Dehons, in Nîmes Anschluss an die Assumptionisten zu finden. Das ist dann doch nicht für die breite Leserschaft seiner Memoiren, also in erster Linie die späteren Kongregationsmitglieder, gedacht. Auf die Frage des Ordenslebens geht Dehon dann vertieft in seiner Antwort vom 18.10.1872 ein, in der er als Vikar aus St. Quentin festhält, dass das Ordensleben (noch) nichts für ihn sei, Emmanuel d'Alzon für seine Begriffe zu initiativ und umtriebig agiere und insgesamt um seine Gesundheit nicht zum Besten gestellt sei. Dieser Antwortbrief Dehons aus St. Quentin (ADR B 82, Inv. Nr. 1102.01) atmet das Bewusstsein, dass die Berufung zum Ordensleben etwas Herausgehobenes und Besonderes ist.

dann gekennzeichnet von der eigenen Kongregationsgründung Dehons. So schildert er in zwei Briefen Guilhen den Zustand und das Programm der sich noch in einem Anfangszustand befindenden Kongregation, wobei sich in ihnen aus einer heutigen Sicht auch schon die Schwierigkeiten abzeichnen, die auf die Kongregation kurz darauf innerkirchlich zukommen werden.[159] Über den engeren Raum der Kirche und der sich anbahnenden Etablierung eines neuen Instituts hinaus zeigen die Briefe aber die schwierige und als drückend wahrgenommene politisch-gesellschaftliche Situation[160] sowie das politische, noch markant restaurativ-geprägte kulturpessimistische Denken Dehons.[161]

Dehon ist in den Briefen authentisch, ehrlich. Die drohende Ausweisung der Kongregationen – der Begriff der «Verfolgung» («la persécution») wird von beiden verwendet – schimmert schon Anfang der 1880er Jahre plastisch durch, wird jedoch zwei Jahrzehnte später harte Realität für (fast) alle Kongregationen. Auch dieser einschneidende Übergang (3) kurz nach der Jahrhundertwende findet als «biografische Scharnierstelle» Dehons, wie oben formuliert, im Briefwechsel der beiden Ordensmänner seine Resonanz. Die Kongregationen werden ausgewiesen, besser gesagt: nicht anerkannt. Dabei wird im Austausch der beiden ersichtlich, wie sich die Frage der Missionen in den Vordergrund schiebt,[162] obschon es andererseits ein Thema bleibt, einen Fuss in Frankreich selbst zu behalten. Man weiss ja nie, was die Zukunft bringt, und möchte sich Optionen offen halten. Der eine tut dies in St. Quentin, der andere, weiter weg, auf dem Überseedepartement La Réunion, «nahe» Madagaskars. Dorthin schreibt Dehon 1903 seinem alten Studienkollegen mit bekannt ironischer Feder, wie sie in den Briefen oftmals Anwendung findet:

> «Sie werden also Ihr Leben da unten und schön weit entfernt vollenden. Trotz allem ist La Réunion nicht weiter vom Himmel entfernt als das hier oder in Marseille der Fall ist. Ich selber werde mich in Brüssel niederlassen. Zwischenzeitlich kämpfe ich gegen alle Rechtsakte, um einige Bruchstücke der Verfügungsfreiheit

---

[159] Vgl. dazu das Kapitel II und die folgende Passage des Briefes, v.a. den letzten Satz, in: Dehon an Guilhen, 21.10.1881 (ADR B 82/1, Inv. Nr. 1102.02): «C'est la dévotion pratique au S.-Cœur qui est notre but. Le moyen principal c'est la réparation par l'adoration et par les œuvres, mais surtout par les œuvres relatives au clergé qui est la partie du troupeau de N.-S. la plus chère à son divin cœur. Nous avons été encouragés par bien des marques de la volonté divine et la protection de N.-S.» Zu diesen «Zeichen göttlichen Wollens und Schutzes», die einigen Staub aufwirbelten, vgl. Kapitel IV, Ziffer 5.2.2.

[160] Vgl. Brief Dehons an Guilhen, 21.10.1881 (ADR B 82/1, Inv. Nr. 1102.02), etwa: «Notre collège libre nous sert de voile.»

[161] Vgl. den darauf folgenden Brief Dehons an Guilhen vom 20.05.1882 (ADR B 82/1, Inv. Nr. 1102.04): «Hâtons par nos prières et nos sacrifices l'heure de la restauration chrétienne. Le bien sortira sans doute de l'excès du mal. Les expiations des bons dans la persécution apaiseront la justice de Dieu. Que de ruines morales s'accumulent en ce moment!»

[162] Vgl. Neuhold/Tertünte, Mission, 256-267. Es zeigt sich, dass Dehons Projekt der Kongregationsgründung zuerst eher einen innerfranzösischen Akzent setzen wollte und der Aspekt von Internationalisierung erst später hinzukam bzw. besser: über äussere Umstände eine bestimmte Dynamik gewann. Zu diesen Prozessen und Dynamiken sei auch auf das Kapitel I der Arbeit verwiesen.

über meine Güter zu retten. Frankreich ist nicht mehr Frankreich, es ist von einer Horde Barbaren eingenommen worden.»[163]

Was hat das nun aber abseits der Frage der staatlich beschlagnahmten Güter,[164] die auch aufgrund der vermeintlichen «Milliarde der Kongregationen»[165] – welche diese (unproduktiv) besessen haben sollen –, motiviert und herausgefordert wurde, mit unserem ökonomischen[166] Themenfeld zu tun? Neben römischer Memoria, Fragen der Ordenszugehörigkeit und -entwicklung in Sachen Expansion und Mission sowie religiösen und nationalen Wahrnehmungsmustern, die die beiden Ordensleute diskursiv zu teilen scheinen, schiebt sich die Frage nach dem Zins im Briefwechsel an einer Stelle in den Vordergrund. Kennt denn der in der Ferne weilende Jesuit Guilhen Dehons Usura-Broschüre von 1895? Ja. Dass er diese Kleinschrift Ende 1896 in einem Überseekoffer von Dehon aus Frankreich erhielt, zeigt eine Notiz Guilhens auf einem Brief, den er von Dehon erhielt.[167] Der aus der Diözese Montpellier stammende in der Ferne weilende Jesuit wusste so, dass Dehon in der Frage Kompetenz besass. Und das ist ein bereits an und für sich erwähnenswertes Faktum – trotzdem Dehon in Zeitschriften wie *La Démocratie Chrétienne* (Oktober 1895), *L'Association catholique* (November 1895) und selbstverständlich in *Le Règne* (August-November 1895) zur besagten Frage veröffentlichte. Leider verfügen wir nicht mehr über den Brief Guilhens, auf den Dehon kurz vor Weihnachten im Jahre 1903 antwortete.

---

[163] Vgl. Brief Dehons an Guilhen vom 18.12.1903 (ADR B 82/1, Inv. Nr. 1102.06): «Vous allez donc finir votre vie là-bas bien loin. Après tout la Réunion n'est pas plus loin du ciel que Cette ou Marseille. Moi, je vais me fixer à Bruxelles. En attendant je lutte ici contre toutes juridictions pour sauver quelques bribes de la liberté de mes biens. La France n'est plus la France, elle est conquise par une horde des barbares.»

[164] «La liquidation» wird noch in einem weiteren Brief Dehons von 1905 erwähnt (B 82/1, Inv. Nr. 01102.07), diese habe Dehon fast alles in Frankreich genommen. In einem späteren Brief, datiert auf August 1906, berichtet Dehon neben dem für ihn höchst wichtigen Faktum der römischen Approbation der Kongregation, dass er sein Haus in St. Quentin zurückkaufen konnte: «Ici, j'ai pu racheter ma maison et j'y garde un pied-à-terre.» Zugleich richtet sich der Blick in diesem Schreiben aber auch verstärkt auf die «Grenzen» Frankreichs, also La Réunion etwa, und wie in den weiteren Briefen von Guilhen von 1906 auf die Situation der Mission auf der französischen Überseeinsel, wo es Personal insbesondere «im Innendienst» bräuchte: «Mais voici une difficulté dont on ne parle guère dans les récits des missions. En général, les missionnaires n'aiment pas à être professeurs, ils préfèrent le ministère extérieur, paroissial ou autre.»

[165] Vgl. obgleich aus einer heutigen Sicht ein wenig apologetisch: Pierre Rimbault, Histoire politique des Congrégations religieuses françaises (1790-1914), Paris 1926, 168-182 («La Légende du Milliard»). In diesem Kontext ist auch die polemische Debatte um die «Tote Hand/Mainmorte» erneut aufgekommen und instrumentalisiert worden, vgl. zur Entgegnung durch Dehon auch CHR 1899/204.

[166] Der letzte erhaltene Brief ist auf den 6. April 1921 (ADR B 82, Inv. Nr. 11029) datiert. Memento-mori-Motive und ein Fundraising-Projekt Dehons (für die Basilika Cristo Re in Rom) stehen da im Zentrum des Schreibens.

[167] Vgl. ADR B 82/1, Inv. Nr. 1102.05.1, Brief Dehons an Guilhen, 04.10.1896, mit erklärenden Notizen Guilhens zu Beginn: «Je demande une ou deux solutions relatives au prêt à intérêt = 2 Nov. 1903. Si j'étais pape, je déclarerais usuraire le taux même à 9% = J'ai écrit cela textuellement. J'ai reçu la brochure ‹l'Usure au temps présent› par la malle suivante, i.e. le 19 nov 1896.»

Aber Manches kann aus dem Schreiben Dehons, im Rückspiegel sozusagen, erschlossen werden, den er auf die Anfrage eben seines Studienkollegens hin verfasste. Guilhen frägt Dehon an, ob Zinsnehmen in Ordnung sei. Er tut dies eben aus Übersee, von La Réunion aus. Das vorgebrachte Anliegen im Modus der offenen Frage offenbart Guilhens Zögern, das sich klar in der Antwort Dehons erschliessen lässt. Wann haben wir es denn eigentlich mit Wucher zu tun? So könnten wir eine Anfrage Guilhens rekonstruieren. Guilhen lanciert seine Anfrage im Kontext des Verleihens von Geld und nicht der Ausleihe. Dies aufgrund der «Beichtstuhlsituation». Es gibt kirchlichen, pastoralen Klärungsbedarf, der erst mit dem CIC 1917 abklingt – ohne dass der Schwebezustand vollständig aufgehoben wurde.[168] Dehon gibt, in Kontinuität zu oben dargestellten Positionen, grünes Licht für das Zinsnehmen. Guilhen scheint dabei etwas zurückhaltender, skrupulöser gewesen zu sein. Obschon wir die Positionierung Dehons bereits kennen, oder gerade deswegen, müsste man wohl fragen, ob die in diesem Brief verhandelten und zur Rechtfertigung dargelegten Zinsbeispiele, die Dehon liefert, nicht anderswo bei ihm als Wucher etikettiert hätten werden müssen. Denn 8-10% Zins ist unzweifelhaft ein grosszügiger Tarif. Aber das soll hier nicht weiter beschäftigen, sondern eher der eine, interessante, höchst relevante Satz, der fällt, nachdem Dehon Guilhen im Brief versichert, dass die Kirche heute den Zins ohne Probleme toleriere. Dieser lautet: «Die, die in der Sache am meisten intransigent sind, werden zuerst ihre Einkommen abschöpfen, bevor sie gegen den Wucher anschreiben.»[169] Damit wird der «unnachgiebige Rand» doch härter angegangen als das in den öffentlichen Publikationen wie etwa der Wucherschrift von 1895 der Fall war. Deren Doppelmoral erntet Kritik. Die Kirche sei ja zudem auch auf den Zins angewiesen.

Insofern sind die Briefquellen von anderer Brisanz und von anderem Wert. Sie sind offener, und die Schreiber fühlen sich in einem geschützten Raum. Dehon verfertigt in seiner Aussage ein Moment der Abgrenzung und macht deutlich, was er von solchen, sagen wir, «zweifelhaft»-verlogenen und unpraktikablen Standpunkten denkt. Wenn Dehon in anderen Foren milder war, dann redet er hier ungeschützter und freimütiger einem «Jesuitismus» – gemäss einer Einteilung August Maria Knolls – das Wort. Das war bereits 1896 ähnlich, als er in einem Überseebrief an Guilhen schreibt: «Morel ist ein Mann des Mittelalters. Er

---

[168] CIC 1917, Can. 1543. «Si res fungibilis ita alicui detur ut eius fiat et postea tantundem in eodem genere restituatur, nihil lucri, ratione ipsius contractus, percipi potest; sed in praestatione rei fungibilis non est per se illicitum de lucro legali pacisci, nisi constet ipsum esse immoderatum, aut etiam de lucro maiore, si iustus ac proportionatus titulus suffragetur.» Zins (hier «lucrum») ist also nur dann erlaubt, wenn es einen «iustus» und «proportionatus titulus» gibt. Ein salomonischer Paragraf, der für die Lehrtradition der Kirche festhielt, sie aber, die Realität einfangend, für Weiterentwicklungen öffnete. Der eher schwammige Charakter des Kanons gab zu vielen Diskussionen und Auseinandersetzungen Anlass.

[169] Vgl. Brief Dehons an Guilhen vom 18.12.1903 (ADR B 82/1, inv. 1102.06): «Les plus intransigeants vont palper leurs revenus avant d'écrire contre l'usure.»

lässt beiseite, dass die Zeit vorangeschritten ist.»[170] Und zum Ende seines Schreibens in einer Zeit, in die Dehons aktivstes, theoretisches Wirken in der Frage fällt, meint er trocken, dass es ihn kalt lasse, wenn er in der Sache nun Widerspruch ernte.[171] Ganz auf dieser Linie liegt, dass Dehon später bei der Zinsobergrenze auf lokale Gegebenheiten verweist und in diese Richtung bei einer etwaigen offiziellen Anfrage an Rom eine Antwort erwartet: «Aber wie soll man eine Obergrenze fixieren? Die Kirche hat das nicht versucht, weil es grosse Unterschiede zwischen den Ländern gibt», so hält Dehon fest, die Vorschriftskraft der Kirche zurücknehmend sowie an Kontexte orientierend. «Im Norden Italiens und in den Städten der Levante verleihen Katholiken und der Klerus ohne Probleme bis zu einem Tarif von 9%. Als Motiv geben sie an, dass in diesen Regionen, wo der ‹gute Glaube› sich mittelmässig und die Armut sich als weit verbreitet erweist, dass es da ein ausserordentliches *periculum sortis* gebe.» Die Armut als Zinstitel, als Rechtfertigung, den Zinssatz zu erhöhen? Dehon fügt noch ein anderes Beispiel und einen äusseren Zinstitel an: «Auch in Südamerika verleiht man zu hohem Tarif und oftmals zu 10%, weil, so sagt man, die Kapitalien hier sehr leicht Anlagemöglichkeiten finden.»[172] Sollte man an dieser Stelle anmerken, dass Dehon sich insgesamt schon stringenter und kritischer bzw. zurückhaltender darin geäussert hatte, was die Höhe von Zinssätzen betrifft? Ist es dem Faktum geschuldet, dass Dehon sich 1903 von Frankreich und den *abbés démocrates* ein wenig verabschiedet hat? Könnte es zudem sein, dass mit seinem Weggang von Nordfrankreich und dem Gang nach Brüssel er sich kapitalistischeren Ideen aufgeschlossener zeigte? Das bleibt Spekulation.

Zusammenfassend meint Dehon in Richtung Guilhen, dass die Absolution in der Beichte dann erteilt werden kann, wenn Zinsen im Rahmen des lokal Üblichen festgelegt werden würden. Die Einschätzung gewissenhafter Menschen diene als Richtschnur. Das rückbindende Moment bleibt insofern bestehen, denn es sollten doch katholische Werke etabliert werden, die den Kredit «plus équitable» gestalteten. In Italien und im Elsass hätte dies durch die *caisses de crédit* umgesetzt werden können, wo der Zinsfuss, die Zinshöhe, nach deren Etablierung sich von 9% auf 5% gesenkt hätte. Bei diesem Ansatz, dem nicht nur Dehon folgt, lässt sich ersehen, dass die Zins- bzw. Wucherächtung in indirekter Weise nachwirkt. Ein sinnvoller, relativ niedriger Wert gilt als erstrebenswert.

---

[170] Brief Dehons an Guilhen, 04.10.1896 (ADR B 82/1, inv. 1102.05.02): «Morel est un homme du moyen-âge. Il oublie que les temps ont marché»
[171] Brief Dehons an Guilhen, 04.10.1896 (ADR B 82/1, inv. 1102.05.03): «Je me laisse placidement anathématiser par les ennemis du crédit.»
[172] Vgl. Brief Dehons an Guilhen vom 18.12.1903 (ADR B 82/1, inv. 1102.06.02): «Mais comment fixer le taux maximum? L'Église ne l'a pas tenté, parce qu'il diffère suivant les pays. Dans le Nord de l'Italie et dans les villes de Levant, les catholiques et le clergé prêtent facilement jusqu'à 9%. Ils donnent pour motif que dans ces pays où la bonne foi est médiocre et la pauvreté intense, il y a periculum sortis exceptionnel. Dans l'Amérique du Sud aussi, on prête à un taux élevé et souvent à 10%, parce que, dit-on, les capitaux trouvent là des produits faciles.» Die anderenorts vorgebrachte Schutzfunktion den Armen gegenüber wird hier weniger betont.

In dieses Bank-System setzt Dehon grosse Hoffnung. Es kommt seiner praktischen Veranlagung und Ausrichtung entgegen: «Leo XIII. und Pius X. haben diese Kreditkassen gelobt und empfohlen. Es ist das, so glaube ich, was sie am effizientesten gegen den Wucher unternommen haben.»[173] Zu vermuten ist, dass Guilhen doch Sympathie für das Zinsverbot hat, wenn aber schon nicht das, dann doch eine solche für das Ende des Zinsregimes. Dehon gegenüber muss er zu bedenken gegeben haben, dass die Situation heute doch nicht so viel anders sei, als das früher der Fall gewesen war. Hätte es doch schon in der Vergangenheit grosse florierende wirtschaftliche Unternehmungen gegeben. Dehons These von Entwicklung, Moderne und fundamentalem, obgleich langsamen Wandel der Umstände wird dabei implizit angefragt. Dehon antwortet Guilhen folgendermassen:

> «Was die Theorie anbelangt, so sagen Sie mir, dass man schon vor der Zeit des Kreditzeitalters grosse Unternehmungen realisiert hat. Aber was war denn das im Vergleich zu unseren grossen Eisenbahnunternehmen, Fabriken usw.? Und dazu kommt, dass als diese dann grösser geworden sind, wie etwa die Handelsbanken in Genua, in Pisa, Rom oder den Hansestädten, sie solche Prozeduren und Verfahren innehatten, die ein wenig unserem System von Aktien und Obligationen gleichkommen.»[174]

Dehon betont also die neuen Dimensionen, das alles umwälzende Heute. Der Verweis auf die Eisenbahnunternehmen, die Dehon vielfach nutzte und schätzte, ist signifikant – der eingangs zitierte Wirtschaftshistoriker Barjot benennt mit Nachdruck die ökonomische, aber auch gesellschaftsverändernde Bedeutung der Eisenbahn.[175] Dehon hebt dabei Keime beginnender Entwicklungen hervor, die weiter zurück liegen, sogar vor der Französischen Revolution – wie die Diskussion der Usura-Schrift Dehons es schon angezeigt hatte. Damit will er den

---

[173] Vgl. Brief Dehons an Guilhen vom 18.12.1903 (ADR B 82/1, Inv. Nr. 1102.06.03-04), in der gesamten Passage, aus der zitiert wurde: «En somme, en pratique il me semble qu'il faut absoudre les gens qui suivent la coutume locale, mais qu'il faut tendre à faire régner un crédit plus équitable par les œuvres de crédit catholique. En Italie, en Alsace, ces Caisses de crédit ont fait descendre l'intérêt de 9 à 5 pour cent. Ces œuvres sont en train de ruiner les Juifs d'Alsace qui ne vivaient que d'usure. Léon XIII et Pie X ont loué et recommandé ces Caisses de crédit. C'est, je crois, ce qu'ils ont fait de plus pratique contre l'usure.» Die kleinen Genossenschaftsbanken werden so gegen die «jüdische Hochfinanz» positioniert.

[174] Vgl. Brief Dehons an Guilhen vom 18.12.1903 (ADR B 82/1, Inv. Nr. 1102.06.04): «Pour la théorie, vous me dites qu'on a aussi réalisé de grandes entreprises avant le régime du crédit. Mais qu'était-ce ces grandes entreprises, en comparaison de nos chemins de fer, usines, etc.? Et puis quand elles devenaient un peu grandes, comme les banques de commerce de Gênes, de Pise, de Rome et des villes hanséatiques, elles avaient des procédés qui revenaient à peu près à notre système d'actions et d'obligations.»

[175] Barjot, L'économie, 1851-1914, 402-404. Nicht nur dass der Eisenbahnbau die Wirtschaft nach der Krise Anfang der 1880er Jahre angekurbelt hat, weil Rohstoffe wie Eisen und Holz dazu benötigt wurden, sondern auch die Ingenieursausbildung profitierte von dem Aufblühen des Eisenbahnwesens. Neben der wichtigen «Demokratisierung von verstärkter Mobilität» –, die beispielsweise das Wallfahrtswesen miteinschloss, sei es Lourdes oder Einsiedeln, wohin etwa auch Dehon auf Schienen pilgerte –, kam es auch zu einer «Demokratisierung der Teilhaber», weil die Aktien der Eisenbahnunternehmungen auch für Kleinanleger erschwinglich wurden.

gedanklich-ideellen Bruch vermeiden, der ihm so quer laufen würde. Nichtsdestotrotz verbleibt die Zielperspektive in Sachen Zins bei ihm weiterhin bestehen. Denn Dehon integriert mehr oder weniger in die Grussformel am Ende
des Briefes, dass auch er ein Ende des Zinsregimes erwartet: «En attendant la fin
du régime de crédit...»[176] Wie in einer spezifischen Weise dieses Regime in seinen Spitzen und Auswüchsen gebrochen werden sollte, zeigt der folgende Abschnitt. Die ländlichen Genossenschaftsbanken waren en vogue.

4.6 *«Caisses rurales» als realistisches, praktisches Hilfsmittel gegen den Wucher – Œuvres statt Banken*

Vincent Petit hat in einem Beitrag, der die Bedeutung des Klerus im Umfeld der
caisses rurales der Franche-Comté beleuchtet,[177] darauf hingewiesen, dass mit
Rerum novarum in der katholischen Kirche zwar vorrangig der Industrie- bzw.
Fabriksarbeiter ins Auge gefasst wurde. Dem sozialen Katholizismus jedoch
wurde die Sorge um die ländliche Bevölkerung nicht zweitrangig, sondern gerade im Gegenteil kristallisierten sich hier eigene Akzente und Initiativen aus.
Hier fand sich ja zum Teil auch die grössere Armut. Dabei standen der Versuch
und die Hoffnung im Mittelpunkt, einen umfassenden integralen Sozialkatholizismus zu errichten. Andererseits sollten aber gerade mit der Etablierung von
Genossenschaftsbanken und anderen Massnahmen die Menschen auf dem Land
auf die Erfordernisse der modernen liberalen Gesellschaft vorbereitet bzw. dafür
anschlussfähig gemacht werden. Somit war eine hochgradige Ambivalenz (Bin-
dung versus Emanzipation) gegeben. Der sozial sensibilisierte, oft junge und
zahlenmässig bedeutende Klerus spielte nach *Rerum novarum* für diese neuen
Strukturen eine wichtige Rolle. Als Ideengeber und Pate der Institution der
caisse rurale in Frankreich galt der Lyoner Rechtsanwalt Louis Durand (1859-
1916),[178] «le Raiffeisen français», wie Dehon ihn auch nannte.[179] Petit hält als
allgemeine Ausrichtung fest, dass mit der Errichtung von Genossenschaftsbanken das bescheidene Vermögen auf dem Lande geschützt werden sollte, gerade

---

[176] Vgl. Brief Dehons an Guilhen vom 18.12.1903 (AD B 82/1, inv. 1102.06.04): «En attendant la
fin du régime de crédit, prions bien l'un pour l'autre.»

[177] Vgl. Vincent Petit, Le clergé et la naissance des caisses rurales en Franche-Comté (1893-1914),
in: Florent Quellier/Georges Provost (Hg.), Du ciel à la terre. Clergé et agriculture, XVIe-XIXe
siècle, Rennes 2008, 335-346.

[178] André Gueslin, Louis Durand, fondateur du Crédit Mutuel. Entre libéralisme social et catholicisme intégral, in: Jean-Dominique Durand/Bernard Comte/Bernard Delpal/Régis Ladous/Claude
Prudhomme (Hg.), Cent ans de catholicisme social à Lyon et en Rhône-Alpes, Paris 1992. Durand war Mitglied des Franziskanischen Drittordens (ebd., 409) und hat Raiffeisen für Frankreich
entdeckt (ebd., 412). Er konnte sich politisch allerdings mit dem Ralliement Leos XIII. nicht abfinden und blieb der «monarchischen Verfassung» in Staat, Gesellschaft und Kirche, aber auch
im betrieblichen Umfeld (Patron-System) treu (ebd., passim). Durand zeichnete sich auch durch
seine Militanz aus.

[179] Léon Dehon, L'idéalisme dans les œuvres, in: Le Règne, September 1900, vgl. REV 5703.

auch mit der Intention, die traditionelle soziale und religiöse Organisation der ruralen Gesellschaft aufrechtzuerhalten.

Neben der prinzipiellen Absicht, die häuslich-moralischen Tugenden im ruralen Bereich aufzuwerten, stand also das handfeste Bestreben, den ländlichen Raum vom städtischen Einfluss und der Finanzkraft der skeptisch beäugten Oberschicht («Eliten») frei zu halten. Die Kluft zwischen Stadt und Land ist nicht erst jüngeren Datums. Diejenigen Linien, die Petit für Abbé Henri Quillet (1858-1907) in der Franche-Comté herausgearbeitet hat, weisen ideologische Parallelen zu Dehon auf; wenngleich der erstgenannte in der konkreten Etablierung von Kreditinstituten stärker hervortrat und der seinerseits auch ländlich geprägte Abbé Dehon die Strömung mehr ideologisch-politisch mittrug als im Detail praktisch umsetzte. In Dehons Schrift *Manuel Social Chretien* wird eine Kleinschrift von Quillet[180] zur Lektüre empfohlen. Die politischen und moralischen Intentionen beider sind ähnlich verortet. Mit den Genossenschaftsbanken konnte und sollte – auch gegen den Pariser «Bankenplatz» – eine dezentrale, «ländliche Multipolarität» am Leben erhalten werden. Die Dezentralität war ein Anliegen, sie war in der auf Vereinheitlichung und Normierung ausgerichteten III. Republik viel diskutiert.

Ebenso sollte die Landflucht Gegensteuerung erfahren. Die Etablierung solcher auf Gegenseitigkeit und Solidarität bedachter bankähnlicher Institute nach einem bottom-up-Prinzip würde dazu dienen, den vermeintlich verlustig gegangenen Korporationsgedanken wieder neu zu beleben bzw. zu denken – ein beliebtes restauratives Sujet der Zeit. Diese Massnahme wurde dazu benutzt zu zeigen, dass der Staat in diesen Bereichen noch nicht fähig war, die Initiative zu ergreifen.[181] Der soziale Katholizismus auf dem Lande also «trachtete nach einer wahrhaft moralischen Regeneration»[182] der Landbevölkerung. Dabei sollte dem Klerus, nicht nur nach dem Hauptinitiator Durand, eine entscheidende Rolle zukommen. Dehon selbst sah die Funktion des Klerus darin, die zentralen Sekretariate der Kassen zu leiten, also strukturelle Schlüsselpositionen einzunehmen.

Der Superior der Herz-Jesu-Priester beschreibt nun die Grundzüge einer Genossenschaftsbank nach seiner Teilnahme am Internationalen Kongress der *caisses rurales* im Juli 1900 in Paris[183] wie folgt:

---

[180] MSC, 2. Teil, Kapitel 6, Absatz 480: «Nous conseillons de se procurer la petite brochure de Monsieur l'abbé Quillet, curé à Burcy, par Epeugney (Doubs). *La conférence au village. – Caisses rurales. –* Prix franco: l'exemplaire, 0 francs 30. Elle est parfaite pour faire comprendre aux plus modestes cultivateurs et artisans le but de la caisse rurale, son fonctionnement et ses avantages. On y trouve aussi la réfutation de toutes les objections qui peuvent être faites sur la matière.»

[181] Vgl. dazu den Brief von Dehon an Romolo Murri, in dem Dehon sein Interesse an einer antik-historischen, normativen Fundierung am Korporationsgedanken bekundet: Seien die Korporationen schon im antiken Rom im Gemeinderat vertreten gewesen, will da Dehon von Murri am 30.03.1903 wissen; in: ADR B 24/2 (Inv. Nr. 489.09). Die Korporativen schützen die Individuen vor dem Liberalismus.

[182] Petit, Le clergé, 338: «[...] le catholicisme social aspire à une véritable régénération morale [...]».

[183] Vgl. NQT 16/11-12, wobei indirekt Paris als «pays païen» in den Blick genommen wird, was im Zusammenhang der Bedeutung der Genossenschaftsbanken am Land sehr aussagekräftig ist.

«Einige Familienoberhäupter vereinen sich. Sie stellen einen Kreditverleih auf die Beine, der entweder durch vorgängige Depots oder Einlagen von einigen selbst oder von einer regionalen Kasse alimentiert wird. Das Kreditgeschäft wird nur für die Anwendung in der Produktion geöffnet, um Samen zu kaufen, Düngemittel, landwirtschaftliche Geräte oder um den Bauernhof zu vergrössern. Der Kreditnehmer muss in unproblematischer Weise befähigt sein, das Kapital mit einem moderaten Zins zurückzuerstatten und dabei auch einen eigenen Profit zu erzielen. Deswegen nennt Raiffeisen seine Werke einen Modus der Geldzirkulation. Dieses Geld zirkuliert wie das Wasser auf dem Grünland, wobei es diesem Fruchtbarkeit zuteilwerden lässt.»[184]

Eine subsidiäre Organisation auf einer unteren Ebene, der Kredit als Produktions- bzw. Investitions- und nicht etwa als Konsumkredit, der moderate Zins, der nichts mit dem Wucher zu tun hat, sowie die Zirkulationsmöglichkeit des «fruchtbaren» Geldes, also Liquidität mit Gewinnmöglichkeit, werden in diesen einfachen, aber vielsagenden Sätzen Dehons aufgezählt. Der Text präsentiert zugleich ein Weltbild im Kontext von konkreten und kontingenten Organisationsmöglichkeiten einer bestimmten Zeit und einer religiös imprägnierten Strukturinnovation: Hier fand der Katholizismus ein neues Wirkungsfeld, eine auf lange Sicht «emanzipatorische» Nische. Für unser Kapitel ist der Faktor des Zinses, der moderat sein soll, und die Idee des Geldflusses, der auf die Funktion des Geldes als Zahlungs- und Produktionsmittel eher als auf die der Spar- und Akkumulationsfunktion zielt, von Tragweite. Dazu gesellt sich die Vorstellung, dass das Geld den Faktor Arbeit fruchtbar werden lassen soll, im Dienst der Arbeit steht: «Welcher Arbeiter würde nicht seinen Ertrag vergrössern, wenn er Samen, Dünger, Tiere für die Arbeit und die Aufzucht vorfände? Es wird ihm 3 % kosten und er würde dabei 15 bis 20 % zurückhalten. Der Kredit am Lande ist wirklich ein Fluss, der Leben hervorbringt»[185], so Dehon in einem weiteren vital-organischen Bild des Wachsens. Darin ist Geld eindeutig positiv konnotiert.[186]

---

[184] Dehon, L'idéalisme dans les œuvres, 6: «Quelques chefs de famille s'unissent. Ils ont une caisse de prêt, alimentée soit par les dépôts et avances de quelques-uns d'entre eux, soit par une caisse régionale. Les prêts ne sont faits que pour emploi de production, pour acheter des semences, des engrais, des instruments de culture, pour agrandir la ferme. L'emprunteur doit pouvoir rembourser facilement le capital avec un modeste intérêt et y trouver encore un profit. C'est pour cela que Raiffeisen appelle ses œuvres un mode de circulation de l'argent. Cet argent circule comme l'eau de la prairie en répandant la fécondité.» (REV 5703)

[185] Dehon, L'idéalisme dans les œuvres, 8: «Quel est le travailleur qui n'augmentera pas ses produits, s'il trouve la semence, l'engrais, les animaux pour le travail et l'élevage? Il lui coûtera 3% et il en retirera 15 ou 20%. Le crédit rural est bien le fleuve qui vivifie.» (REV 5703)

[186] Vgl. dazu diametral die Anschauungen des antibürgerlichen und zwischendurch zum Katholizismus sich hingewandt habenden Huysmans – den Dehon für diese seine Wende «bewundert» und hervorhebt. Huysmans nämlich hält auch in dem betrachteten Geldfluss seine Verachtung für das Geld aufrecht. Er sieht darin keine Lösung. Vgl. Jean-Marie Seillan, Huysmans: politique et religion, Paris 2009, 408. Dort schreibt Seillan über Joris-Karl Huysmans: «En se persuadant que l'argent est un levier cédé par Dieu à Satan pour agir sur les âmes, en ne reconnaissant comme agréable à Dieu que la pauvreté volontaire, Huysmans lui accorde une place cardinale. Mais, faute de croire possible le retour aux corporations médiévales, il s'enferre dans un dilemme. Si

Geld hilft dem Faktor Arbeit, steht ihm nicht notgedrungenermassen entgegen. Ein anderer in diesem Umfeld aus Dehons Feder entstandener Text unter der Überschrift «L'idéalisme dans les œuvres sociales» (in *Le Règne*, September 1900) stellt nun konkreter dem Leser die zehn Gebote eines Raiffeisengenossenschaftlers vor Augen: (1) Die grundlegende und untrennbare Gottes- und Nächstenliebe, (2) die Beachtung christlicher Grundwerte, dass (3) die Raiffeisenbanken keine reinen Geld- oder Spekulationsunternehmungen seien, dass (4) darüber hinaus u. a. jede private Bereicherung, aber auch «Entmutigung» im Geschäft vermieden werden soll, und (5) bei der Kreditvergabe auf die gute Absicht und Ehrenhaftigkeit des Antragstellers zu schauen sei, dass (6) u.a. lange Fälligkeitszeiträume und einfache Rückzahlungsmöglichkeiten ins Auge gefasst werden sollen, (7) keine Spesen und Vergütungen zu erheben sind, dass (8) auf die kleinen Ersparnisse und deren Sicherung Priorität gelegt werden muss, (9) dem Nächsten bei Bedarf Solidarität entgegen zu bringen sei und dass (10) es einen Fonds geben soll, der für den gemeinsamen Bedarf im Sinne der öffentlichen Nützlichkeit bereit stehen muss.[187]

Werfen wir dabei einen kurzen Blick auf die Gebote 2 und 8 im Gesamt dieses christlich-alternativen Bankkonzepts. Diese konzipieren das Geld als wichtiges Mittel, aber zugleich weiss man um dessen eigenen inhärenten Schwächen und Anfälligkeiten. Das kommt in den normativ-negativen Formulierungen zum Ausdruck. Nicht zuletzt wird ja die Entmutigung im Projekt angesprochen, die es zu vermeiden gilt. Also, das zweite von Dehon formulierte Gebot wurde oben mit eigenen Worten zugegebenermassen positiv gehalten. Vielleicht zu positiv, so dass eine bestimmte Stossrichtung darin nicht mehr erkennbar ist. Denn der Wortlaut des zweiten Gebots lautete: «Du wirst vor Empfindungen der Liebe und der Brüderlichkeit Abstand nehmen, die nicht auf der Basis des Christentums aufruhen.»[188] Wie immer der Satz verstanden werden wollte, so besagt er doch zumindest, dass Moral und Christentum hier eng verschmolzen und zusammengedacht sind. Dass es «Handlungsmotivationen» über das Christentum hinaus zu meiden gelte, ist impliziert. Dabei tritt uns ein integrales Christentum entgegen, das Moral und Religion eng verkettet.

Deutlich wird vor Augen geführt, dass es sich bei den Kreditkassen um ein im Kern christliches Unterfangen handelt, das bewusst, in der Sicht der Zeit, dem mondänen und jüdischen, für die *Civiltà Cattolica*[189] einfach «liberalen» Ge-

---

l'argent s'amasse par thésaurisation, il sert Satan; s'il circule, il sert encore puisqu'il se souille en passant par les mains de commerçants fraudeurs et de banquiers véreux.»

[187] Vgl. Léon Dehon, L'idéalisme dans les œuvres sociales. Dieser Text ist nicht mit dem vorher zitierten identisch, trotz teilweise ähnlicher Passagen. Im Fliesstext wurden nun die «10 Gebote» kursorisch und verkürzt wieder gegeben. Er wird hier zitiert aus OS I, 470-473.

[188] Dehon, L'idéalisme dans les œuvres sociales: «2° Les sentiments de charité et de fraternité qui ne reposent pas sur le Christianisme tu fuiras» (OS I, 473).

[189] Vgl. Lo spirito delle casse rurali secondo Federigo Guglielmo Raiffeisen, in: Civiltà Cattolica 47 (1896), Vol. VII, 37-50. Mit Genugtuung wird dort eine liberale Leere, ja «Melancholie» vermerkt, die prinzipiell keine Mitte, ausser denn eine rein monetäre, anerkennt, wenn es um Genos-

schäft, gegenübergestellt wird. Wahre Moral gibt es nur im Christentum. Das achte Gebot sagt zum Raiffeisengenossenschaftler, ja spricht ihm ins Gewissen: «Du sollst Dich um die am meisten Bedürftigen, ihre kleinen Ersparnisse, die sie an Dich heranbringen und derentwegen sie dich um Sicherheit bitten, vor allen anderen Dingen kümmern.»[190] Von der Schutzfunktion und der Betonung eines Zugangs, der die Armen und Kleinen im Blick hat, war bei Dehon schon die Rede. Denken wir nur an den ersten grossen «demokratischen» Finanz- und Bankenskandal, die Panama-Affäre von 1892/93, zurück, wo eine breite Bevölkerungsschicht von der Pleite betroffen war. Wenn wir aber noch die von Petit erwogenen Momente der Moralisierung des ländlichen Raumes über das Kreditgeschäft in die Analyse einbeziehen, dann ersehen wir insgesamt, dass in Dehons 10 Geboten die Idee der Sozialdisziplinierung und der moralischen Formierung und Durchdringung durch den Klerus («Zweites Konfessionelles Zeitalter») mitschwingt. Das konturiert sich auch in Kompensation zum urbanen Bereich, wo die klerikale Einflussnahme sich zunehmend schwieriger gestaltete.

Auffällig ist bei Dehon, dass die Figur Raiffeisens, eines lutherischen Pietisten, positiv aufgenommen wird. Das deshalb, weil dieser einen engen systemischen Link in seinem sozialen und ökonomischen Schaffen zum Christentum propagiert; so zum Beispiel die zentrale Reich-Gottes-Idee oder die biblische Vorstellung des Reichtums als «Überhang». Im innersten betrachtet Raiffeisen das Geld, trotz hoher Wertschätzung, nur als «äusseren Zement». Dehon liegt ganz auf der Linie der *Civiltà Cattolica*, die der Initiative der *caisses rurales* mehrere Beiträge widmet. Unter anderem erscheint 1896 der programmatische Artikel «Lo spirito delle casse rurali secondo Federigo Guglielmo Raiffeisen»[191]. In ihm wird Raiffeisen trotz seiner «divergierenden» konfessionellen Herkunft überaus lobend hervorgehoben[192] und als Modell präsentiert:

> «Die Caisse rurale ist somit nicht nur für das wirtschaftliche Wohl des Bauern etabliert worden, sondern wegen seiner moralischen Rettung; und diese moralische Errettung kann keine andere sein als eine solche, die auf dem religiösen Prinzip aufruht und auf den Maximen des Evangeliums.»[193]

---

senschaftsbanken geht. Das Modell Raiffeisen wird dem von Herrmann Schulze-Delitzsch und in Italien von Luigi Luzzatti etablierten Modellen nicht nur gegenübergestellt, sondern auch modellhaft dargestellt und als «christlich» anerkannt.

[190] Dehon, L'idéalisme dans les œuvres sociales: «8° Le plus nécessiteux, ses petits épargnes t'apportant, un secours te demandant, avant tout autre tu entendras» (OS I, 473).

[191] Vgl. Lo spirito delle casse rurali.

[192] Vgl. Lo spirito delle casse rurali, 40, wobei theologisch gestern wie heute falsch: «Era [Raiffeisen, DN] nato protestante», denn keiner wird als Christ geboren, «ma dei pregiudizi protestanti non ha mai verbo; professava anzi rispetto ed ossequio alla religione cattolica e dichiarava aperto che i migliori amici ed i più fervidi sostenitori delle Casse rurali aveva tra' cattolici e nei paesi cattolici.»

[193] Lo spirito delle casse rurali, 49: «La Cassa rurale non è dunque istituita pel solo bene economico del contadino, ma per la sua redenzione morale; e questa redenzione morale non può essere altra da quella fondata sul principio religioso e sulle massime del santo Vangelo.»

Und eine Maxime des Evangeliums ist Kooperation. Das ist der wahre «Zement» des Projekts, wie ihn zudem Dehon wahrnimmt. Die Banken sind kein ausdifferenziertes «Geschäft», sondern ein vielfältiges «christlich-soziales Werk». Petit zeigt nun, dass diese Form der Etablierung von Banken à la Durand-Raiffeisen von der republikanischen Administration der III. Republik als Mittel politischer Propaganda angesehen wurde; das im Besonderen deswegen, weil neue Wege des Patronats über bzw. des Einflusses auf die Landbevölkerung ausfindig gemacht worden seien.[194] Es ging aber prinzipiell um krude, handfeste ökonomische Konkurrenz, die Spannungen erzeugte. Jedoch darf andererseits nicht vergessen werden, und das wurde zu Beginn dieses Kapitels in dem «kleinen Armutsstreit» schon deutlich, dass auch die innerkirchliche Gegnerschaft solchen «christlich-sozialen Werken» gegenüber nicht vernachlässigbar war. In eine brennende innerkatholisch-französische Querele zwischen Louis Durand und Ludovic de Besse[195] war zwar Dehon nicht direkt verstrickt. Die Auseinandersetzung zwischen dem Lyoner Laien Durand und dem Kapuziner de Besse im Bereich der Genossenschafts- und Kreditbanken hat viele Facetten, zuallererst war sie persönlicher Natur. Es ging aber in ihr auch darum, ob solche Geldinstitute für Nicht-Katholiken offen sein sollten, sie den Charakter eines Apostolats einnehmen dürften und wie eine religiöse Neutralität zu verstehen seien, und: ob Staatsinterventionen legitim seien oder aber einem Staatssozialismus Vorschub leisteten. Ein wahres Minenfeld also. Dehons Texte von 1900, die sich auf die Pariser Juliversammlung und besonders auf die Ansprache des elsässischen Abbé Johannes Müller (†1909) beziehen, sind Beweis dafür, dass es massiven Gegenwind für solches Engagement gab: «Die Caisses rurales erscheinen gänzlich materiell, ganz alltäglich! Wir haben sehr anständige Menschen erlebt, routinierte und konservative, die sich darüber beschwerten, Priester und Männer der katholischen Werke zu sehen, die sich solchen Stiftungen widmen, anstatt dass sie die letzten Ziele des Menschen predigen würden»[196], so Dehon – eine Frontlinie absteckend, die wir nun schon kennen.

Diese Bruchlinie wird sich noch durch die Kirchengeschichte des 20. Jahrhunderts hindurchziehen. Wenn man wollte, könnte diese bis hin zu den Auseinandersetzungen mit der und über die Befreiungstheologie weitergesponnen werden. «Gallikanisch gesinnte»[197] Menschen werden zu den Opponenten

---

[194] Vgl. Petit, Le clergé, 343 (Sorge der republikanischen Administration wegen der Formierung solcher Genossenschaften).

[195] Vgl. Gueslin, Louis Durand, fondateur du Crédit Mutuel.

[196] Dehon, L'idéalisme dans les œuvres, 1: «Des Caisses rurales, cela paraît tout matériel, toute terre à terre! On a vu des braves gens, routiniers et conservateurs, se scandaliser de voir des prêtres et des hommes d'œuvres s'adonner à ces fondations, au lieu de prêcher les fins dernières.»

[197] Zum «besseren Verständnis» des in den Debatten auch bei Dehon so oft verwendeten, polemischen Terminus des «Gallikanismus» vgl. Lapeyre, L'Action du Clergé, passim. Gallikanismus meint eher eine versuchte Zurückdrängung der Religion hin zu ihrem vermeintlich «eigenen» Platz, denn ein staatsrechtliches Konzept. Dabei wird auf den zweiten Teil des ersten Gallikanischen Artikels von 1682 rekurriert, der Geistliches und Weltliches in starker Weise scheidet. Da-

hinzugezählt, die jede umfassende soziale Ausrichtung des Klerus und der Katholiken ablehnten: «Diese kurzsichtigen Menschen vergessen, dass das Evangelium nicht nur ein mystisches Buch ist, sondern auch eines der praktischen Moral», so Dehon.[198] Unser *abbé démocrate* hält den kritischen Stimmen entgegen, dass das Volk gerade dann gewonnen werden könne, wenn ihm alltagsrelevante Hilfestellungen angeboten werden: «Die junge Geschichte der *Caisses rurales* weist schon ermutigende Züge auf, und die Landbevölkerung liebt praktische Sachverhalte.»[199] Ferner vermerkt Dehon, dass der Geist des Evangeliums derjenige ist, der am besten Gesellschaft und Zivilisation voranbringe – Fortschrittsoptimismus aus dem Geiste des Evangeliums.

Es kann nicht beiseitegeschoben werden, dass es sich bei den nun von Dehon herangezogenen Texten um paränetische, aufmunternde Zeilen handelt. Sie wollen ein Publikum zum Handeln auffordern. In ihnen wird etwas als modellhaft und nachahmenswert angepriesen. Trotzdem sehen wir, dass diese sich durchaus in enger Passform, z.B. in der Zinsfrage, mit Kohärenz in andere Muster Dehons Anschauungs- und Denkwelt einschreiben. Die hier nachgezeichnete Art von neuen Banken, die eigentlich keine Banken sein wollten, sondern ein Gegenentwurf bzw. ein Instrument, den etablierten Grossbanken etwas entgegenzusetzen, sei es in der Höhe der Zinsforderung oder im Primat auf den ländlichen Raum, sei es, was den Kern einer Sache ausmacht (christlicher Geist versus *auri sacra fames*), waren jedenfalls ganz nach dem Geschmack von Dehon und seines Engagements in den langen 1890er Jahren; bevor eine für viele erfolgversprechende christdemokratische Entwicklung relativ abrupt an ein Ende kam, die *caisse rurales* aber weiterhin im 20. Jahrhundert Bestand hatten.

4.7 Dehons eigene finanzielle Möglichkeiten und Spielräume sowie die Kongregation im Aufbau

Es lohnt sich nun, von den «geistigen», «bekundeten» und «ausgesagten» Höhen, die in den oben behandelten mit Dehon in Verbindung stehenden, verschiedenen Textquellen exemplarisch intensiver bewandert wurden, in die «Niederungen der Geschichte», den Unterbau, hinabzusteigen. Dabei verlassen wir nun den Zeitraum Ende der 1890er Jahre, in dem viele der oben analysierten Schriften und Ideen stehen. Es gilt, die Dinge konkreter, alltäglicher, geerdeter und auf

---

gegen stellt sich ein integraler Katholizismus, vgl. zu den Gallikanischen Artikeln: Franz Xaver Bischof/Thomas Brenner/Giancarlo Collet/Alfons Fürst, Einführung in die Geschichte des Christentums, Freiburg i. Br. 2012, 448-450.

[198] Dehon, L'idéalisme dans les œuvres sociales: «Ces gens à courte vue oublient que l'Évangile n'est pas seulement un livre mystique mais aussi un livre de morale pratique.» Ein wenig später heisst es: «En s'occupant d'œuvres sociales, les prêtres et les hommes d'œuvres ne sortent pas de la vie surnaturelle, ils remplissent les devoirs de charité et d'équité que l'Évangile leur impose.» (OS I, 470).

[199] Dehon, L'idéalisme dans les œuvres, 9: «La jeune histoire des Caisses rurales a déjà des traits ravissants, et les campagnards aiment les choses pratiques.»

längere Distanzen hin in den Blick zu nehmen, insofern dies eben vom historischen Material her möglich ist. Nicht unerheblich ist für die Betrachtung der finanziellen Spielräume, dass Dehon aus gutem, vermögendem Haus stammte. Von dorther konnte er wesentliche finanzielle Unterstützung für seine Projekte und Unternehmungen erhalten. Das gilt für seine vom Elternhaus getragene, ausgedehnte Reisetätigkeit der ersten Hälfte der 1860er Jahre mit seinem Freund Léon Palustre (1838-1894) ebenso wie für die Zeit der Ausbildung in Paris und dann in Rom, wie auch später für die pastoral intensive und vielfältige Vikariatszeit in St. Quentin während der 1870er Jahre. Da waren die Eltern nicht nur mit je frisch gewaschener Wäsche von zu Hause aus, also dem 50 Kilometer entfernten La Capelle, unterstützend präsent, sondern sie brachten für Dehons Initiativen in nicht unerheblicher Weise finanzielle Mittel auf. Die Eltern waren also «nahe» und trugen ihn in wirtschaftlicher Hinsicht.

Manchmal bat Dehon seine Eltern um grössere Summen als die, die ihm ursprünglich zugestanden wurden. Diese wurden ihm dann gewöhnlich auch zugeteilt. St. Quentin, Dehons Wirkungsort als Kaplan, entwickelte sich zu einer Arbeiter- und Industriestadt mit stark wachsenden Einwohnerzahlen, von 20.000 Anfang des 19. Jahrhunderts bis 50.000 an dessen Ende. In diesem kleinstädtischen Milieu hatte Dehon Ideen sozial-karitativer Art, oftmals abseits der herkömmlichen Pastoralarbeit. Zu deren Umsetzung, etwa für das auf Lehrlinge ausgerichtete Œuvre St. Joseph, bedurfte es stattlicher finanzieller Ressourcen. So lag denn auch die organisatorische, praktische Kunst für Dehon als jungen Kleriker darin, einerseits Wohltäter zu Spenden zu motivieren, ihnen die «Not-Wendigkeit» vor Augen zu führen, und andererseits Kreditgebern, die es auch brauchte, das Vertrauen zu vermitteln, dass sie das Geld zurückbekommen. Dies war eine Gratwanderung und wahrscheinlich wohl auch eine Lebensschule für das spätere Grossprojekt des Aufbaus eines neuen religiösen Instituts, das Dehon ins Auge fasste, und das sich früher oder später mit ähnlichen Herausforderungen konfrontiert sehen sollte.[200]

Auch der Ortsbischof unterstützte Dehon vorerst in seinen Projekten. Aber die spätere Gründung der Schule St. Jean 1877 wäre ohne die von «zu Hause» aufgebrachten Ressourcen – und natürlich den schon angedeuteten bischöflichen

---

[200] Vgl. NHV 12/82: «La langue des chiffres est toujours aride. [...] Mais, d'abord, avant d'arriver au problème de mathématiques, je me trouve arrêté par un problème moral ou, si vous voulez, psychologique. Quel ton vais-je prendre [...]? Ferai-je ressortir les difficultés de notre situation ou bien me montrerai-je entièrement rassuré?» So Dehon in seiner Metareflexion oder besser: in seiner Beschreibung des Spannungsverhältnisses zwischen Fundraising bzw. freiwilligen Zuwendungen einerseits und Kreditwürdigkeit bzw. -bedarf andererseits: «La présence de nos bienfaiteurs me dit de faire valoir notre détresse pour exciter leur générosité. Celle de nos créanciers me dit de faire ressortir toutes nos ressources pour ne pas perdre le crédit dont nous jouissons. Un plus fin politique y serait embarrassé. Cependant je crois avoir trouvé la solution du problème. Je vais essayer de rassurer nos créanciers en alarmant nos bienfaiteurs.» Soviel zu einem strategischen, funktionellen Blick auf materielle Ressourcen des Vikars Dehon, der sich sichtlich nicht geruhsam zurück lehnt, sondern Schwung in die Pfarreiarbeit bringt.

Rückhalt – nicht realisierbar gewesen. Der eigene «aufopfernde» Kapitaleinsatz von Seiten der Dehons wurde so vom lokalen Oberhirten Thibaudier, der immer wieder auch seine eigene Finanzschwäche beschwor, nicht nur nicht vernachlässigt, sondern als wesentlicher Faktor, als wirkkräftiges Argument in kritischen Situationen eingeschätzt. Geld spielte eine entscheidende Rolle! Dehon zu verlieren, hätte für den Bischof bedeutet, auf die von Dehon in der Diözese eingesetzten Mittel womöglich nicht mehr zugreifen zu können. Der Bischof von Soissons beschreibt im Februar 1884 zu Handen des Assessors des Heiligen Offiziums die Bedeutung und Tragweite des Werkes von Dehon und spielt darin auf die «gefährlichen» Konsequenzen an, die mit einer Auflösung des in Frage stehenden Instituts einhergehen könnten. Es geht um «den Erfolg, ja sogar die Existenz einer von Dehon 1877 gegründeten Schule, auf sein eigenes und finanzielles Risiko hin; einer Schule, die heute ungefähr 300 Schüler zählt und in Bezug auf die der Bischof, mangels Geldmittel, sich beschränkt, ihr das zukommen zu lassen, was er vermag [...]. Die Diözese Soissons hatte niemals eine solche Einrichtung christlicher Erziehung für junge Menschen gehabt, die als Laien ihren Lebensweg beschreiten. Herr Dehon verfügt über ein Vermögen von ungefähr 300.000 Francs, das zum Grossteil in dieses Werk eingebracht ist.»[201]

Von einer ebensolchen in die Kongregation eingebrachten familiären Vermögensmasse geht der Prokurator der Kongregation gut 20 Jahre später aus. Die Summe wird in einer vertraulichen Eingabe an den Hl. Stuhl bzw. das Hl. Offizium genannt. Das wurde auf den Tisch gebracht, als im engeren Anerkennungsprozess der in Rom stationierte Prokurator der Kongregation, Barthélemy Dessons (1852-1923), zu Dehon vertraulich befragt wurde. Ein verschiedene Gesichtspunkte verknüpfender Teil seines Schreibens vom 1. Juni 1901 spielt dabei in Bezug auf die Finanzen an – es ist einer dieser aussagekräftigen, rhetorischen «Trotzdem»-Sätze:

> «Trotzdem wir P. Dehon einen grossen Respekt und eine grosse Verehrung zollen, so meinen wir allgemein in der Gesellschaft, dass er zu stark den Regungen seines Herzens folgt, welches zu gut und zu von oben herab ist. Diese grosse Güte Pater Dehons bringt es mit sich, dass wir nicht anders können, als die grossen Opfer anzuerkennen, die er darbrachte, insbesondere, dass er all sein Hab und Gut (seien es 250.000 oder sogar 300.000 Francs) dem Institut übertrug.»[202]

---

[201] ACDF, RV 1884, Teil I: Brief Bf. Thibaudiers an den Assessor des Heiligen Offiziums, 01.02.1884 (Teil der «Breve Relazione», März 1884, S. 11-15, hier 13) : «[...] le succès et même l'existence d'un collège fondé par M. Dehon en 1877, à ses risques et périls financiers, d'un collège qui compte aujourd'hui près de 300 élèves et auquel l'évêque, faute de ressources pécuniaires, se borne à fournir ce qu'il peut [...]. Le diocèse de Soissons n'a jamais eu un tel établissement d'éducation chrétienne pour les jeunes gens destinés à la vie laïque. M. Dehon dispose d'un patrimoine d'environ 300.000 francs, qui est engagé en grande partie dans cette œuvre.»

[202] ACDF, RV 1884, Teil IV: Dokument 18, Brief Dessons an das Heilige Offizium, 01.06.1901: «Malgré que nous professions vis-à-vis du R.P. Dehon un grand respect et une profonde vénération, nous trouvons généralement dans la Société qu'il se laisse trop aller à suivre les mouvements de son cœur trop bon et trop condescendant. Cette grande bonté du R. P. Dehon ne nous

Der 1876 zum Ehrendomherr von Soissons ernannte, noch zum Diözesanklerus gehörige Dehon konnte dann – nach dem sehr schmerzlichen Verlust seiner Eltern Anfang der 1880er Jahre –, ein Jahrzehnt nach dem Startschuss für die Kongregation, im Rahmen einer Abtretung eines familiären Erbteils an seinen Bruder sowie den Verkauf eines weiteren Grundstücks der Familie an einen Kreditgeber das Mutterhaus Sacré-Cœur in dessen Bestand sichern. Mit über 90.000 Francs musste er für den Garten des Hauses als einen integralen Teil des Grundstücks sozusagen in aller Schnelle aufkommen. Sein Bruder war mit diesem Schritt, aus Familienräson könnte man sagen, gar nicht zufrieden. Ging doch Grundbesitz der Familie verlustig – ein Bruch in der «Besitztradition» der Dehons. Dazu hatte Henri, als neues Familienoberhaupt, selbst für Liquidität um seines Bruders willen aufzukommen.[203] P. Dehon war in der Lage – um nur ein weiteres Beispiel seiner Optionen im Rahmen seines Finanzportfolios zu nennen, die womöglich aus diesen Grundverkäufen Ende der 1880er Jahre resultierten –, eine doch für seine Zeit stattliche, auf zwei Mitbrüder hin ausgestellte Lebensversicherung abzuschliessen.[204]

Mit Ausnahme der 30-monatigen Okkupationszeit im Fortgang des Ersten Weltkriegs musste Dehon so materiell gesehen nicht darben. Ferienzeiten in Nizza und Romaufenthalte, die für Dehon immer auch ein wenig Urlaubscharakter hatten, waren inbegriffen – ganz zu schweigen von seiner doch enormen und kostspieligen Reisetätigkeit. Der Gesichtspunkt, dass Reisen auch kostet, dringt in den autobiografischen Werken weniger in den Vordergrund, bricht sich aber dafür in den Briefen stärker Bahn. In der Korrespondenz lassen sich teilweise die anfallenden Kosten nachvollziehen.[205] Mobilität ist in dieser Zeit kostspielig,

---

empêchera jamais de reconnaître les grands sacrifices qu'il a faits, particulièrement en consacrant toute sa fortune personnelle (soit 250.000 ou même 300.000 francs) pour l'Institut.» Es ist dies die Antwort auf die sechste, Dessons vorgelegte Frage. Die Angabe deckt sich mit der früheren, nach Rom kommunizierten Summe des in Soissons ansässigen Ortsbischofs, welche der Prokurator in der Form dieses oben zitierten Schreibens nicht kennen konnte.

[203] Vgl. NHV 15/61: «Ces angoisses ont été de tous les jours cette année. J'ai dû vendre ma propriété de la Haie Maubecque à mon frère pour faire de l'argent. Monsieur Lecot revenant sur ses engagements m'a obligé à lui payer le jardin du Sacré-Cœur. J'ai dû lui donner en échange une propriété que mon père avait estimée 72.000 francs, ce qui me valut des durs reproches de mon frère.», vgl. auch Manzoni, Leone Dehon, 257, FN 58.

[204] Vgl. die Dokumente in ADR B 13/11. Am 6. Mai 1887 hatte Dehon bei «La France. Compagnie Anonyme d'Assurances sur la Vie» in der Aussenstelle St. Quentin eine Lebensversicherung über 100.000 Francs abgeschlossen. Sie verpflichtete ihn dazu, pro Quartal annähernd 1.000 Francs an diese Lebensversicherung an Prämien zu berappen. Die Versicherungssumme war, bei Fälligkeit, hälftig zur Auszahlung an die PP. Falleur und Rasset bestimmt. Nach den drei ersten (für die Gültigkeit der Versicherung zwingenden) Jahren, stellte Dehon 1890 die vorgesehene Ratenzahlung ein. Die Wertsumme der Lebensversicherung reduzierte sich auf ein Zehntel, also gut 10.000 Francs. Ein unter dieser Signatur abgelegtes Dokument von 1910 zeigt weiter, dass die Lebensversicherung mit Nr. 9730 bei «La France» im Jahr 1909 für den Inhaber des Titels 35 Francs Rendite abgeworfen hat, also zu diesem Zeitpunkt noch Bestand hatte.

[205] So belief sich im Oktober 1897 das Zugticket der Reise Dehons nach Rom, via Marseille auf 118 Francs (vgl. Brief Dehons an Falleur, 10.10.1897, in: ADR B 20/3.2, Inv. Nr. 293.28), im Vergleich dazu wurden innerhalb der Kongregation Urlaubsgelder über 10 Francs/Woche zugestan

nicht nur für die Missionare nach Übersee, bei denen dies besonders greifbar wird. Wenn Dehons erster Nachfolger als Generalsuperior besonderen Nachdruck darauf legte, dass der Kongregationsstifter bei seiner Weltreise 1910/1911 einfache Unterkünfte anderen ihm angebotenen luxuriöseren Bleiben (Hotels) vorgezogen hätte, könnte das sehr wohl ein später Abwehrreflex darauf sein, dass Dehon um diese Möglichkeiten der Mobilität innerhalb der Kongregation beargwöhnt oder zumindest kritisch beäugt wurde. Analoges widerfuhr auch Dehons Freund und römischem Weltenbummler Tiberghien. Dessen Reisetätigkeit wurde sogar in seiner *Oraison funebre* 1923 thematisiert: «Und bald schon ist es nicht die katholische Welt, die zu Mgr. Tiberghien kommt, es ist er selbst, der die Welt durchqueren wird, nicht um das leere Vergnügen des Reisens wegen, sondern im Bestreben, grösseres Gut zu erwirken, je wichtigere Dienste der heiligen Kirche Gottes zu leisten.»[206] Reisen als Dienst, Dienstreisen also.

Es war Dehons Privileg, kurz resümiert, auf ein familiäres «Besitzpolster» zurückgreifen zu können. Dieses erleichterte ihm Einiges im Leben und war für die Gründung der Kongregation nicht unbedeutend. Damit ist nicht im Geringsten ausgesagt, dass Dehon ein Leben in Luxus geführt hätte. Das war nicht der Fall. Obgleich ihm auf der anderen Seite auch das Prädikat «asketisch» wohl kaum zukommt. Aber darum geht es an dieser Stelle nicht, auch nicht um einen näheren Abgleich mit Möglichkeiten verglichen mit seinen Zeitgenossen oder um die Einschätzung (s)einer asketischen Lebensführung; sondern einerseits um die Feststellung einer materiellen und sozialen Herkunft, die ihm bestimmte Schritte in Angriff zu nehmen erlaubte. Es ist eine «Prägung», die andererseits Dehon zugleich ideologisch sehr bedeutsam war und von ihm verteidigt wurde. Die Betonung von Familie, Erbe und Tradition widerspiegelt sich in seinen sozialen Schriften. Deutlich ist das am schon gezeigten Vergleich Godin-Harmel und an ihren «alternativen, industriellen Betrieben» dechiffrierbar: Dem utopischen Projekt Godins *Le Familistère*, dessen sehr autonomer, liberal-sozialistischer Arbeiterrepublik in der Guise steht Dehon unter anderem deswegen ablehnend gegenüber, weil sie die Familien- und Erbstruktur der Godins auflöse. Den Erben des Industriellen Godin werde übergenerationell die Möglichkeit genommen, etwas weiterzuführen, weil doch die Arbeiter *Le Familistères* zu Mit-

---

den, was Dehon Falleur in deutlichem Ton zu verstehen gab: Es sollten nicht die von Falleur genannten 2 Francs pro Tag und Kopf sein... (vgl. Brief Dehons an Falleur, 13.10.1897, ADR B 20/3.2, Inv. Nr. 293.30). Damit soll nicht gesagt werden, dass diese Romreise Dehons Urlaubscharakter hatte, sie war eher eine Geschäftsreise, auch im Schatten der anlaufenden, für die Kongregation so wichtige Kongo-Mission.

[206] Oraison funèbre, prononcée en l'église paroissiale Saint Christophe, Tourcoing, le 19 Janvier 1923, par Mgr. Louis Glorieux, Tourcoing 1923, in der Bibliothek SCJ, unter Sigle B 372. Auf S. 19 der abgedruckten Leichenrede: «Bientôt, ce n'est plus le monde catholique qui vient à Mgr. Tiberghien, c'est lui-même qui va courir à travers le monde, non pour le vain plaisir de voyager, mais à la poursuite du plus grand bien à réaliser, des services plus importants à rendre à la Sainte Eglise de Dieu.» Später heisst es: «A plusieurs reprises, il parcourt les Etats-Unis d'Amérique; et, en effet, il peut s'y déplacer et même longuement sans loger une seule fois à l'hôtel, en se confiant d'évêché en évêché à l'hospitalité de ses nombreux amis.» (ebd., 19, 20).

eigentümern und schliesslich Besitzern werden sollten. Bei Dehons Freund Léon Harmel und seiner christlichen Fabrik in Val-des-Bois ist das in Dehons Augen adäquater, sprich besser gelöst. Hier spielt Tradition, auch auf die Zukunft hin im Sinne einer auf die Weitergabe gerichteten Grösse, eine wesentlich bedeutendere Rolle, sie bleibt gewahrt. Es ist in Dehons Weltbild der richtige Zugang. Das materielle Erbe und der Grundbesitz sind somit ein Faktor, den für Dehon als sozialökonomischen und «moralisierenden» Autor zudem das Steuerrecht berücksichtigen muss: Eine Erbschaftssteuer dürfe sie nicht zu stark beeinträchtigen, die Steuern auf Grundbesitz sind Dehon zu ausgeprägt.[207]

Wie sah es mit Dehons eigenem «materiellen» Testament aus? Knapp zwei Jahre vor seinem Tod legt Dehon im August 1923 dar – freilich auch schon gezielt auf die künftigen Leser der Zeilen, die Mitglieder der Herz-Jesu-Priester, schielend:

> «Meine Familie kommt, um mich zu sehen [...], ich erkläre ihnen, dass meine Werke all mein Hab und Gut aufgesogen haben und sie von mir keine bedeutende Erbschaft zu erwarten hätten. Meine Nichte antwortet in nobler Art und Weise, dass mehr als eine materielle Hinterlassenschaft meine Werke der Familie zur Ehre gereichen und ihr auch göttlichen Segen einbringen.»[208]

Der Gedanke der Nichte spricht den 80jährigen Dehon offensichtlich an. Er ist nach seinem Geschmack. So hält er ihn fest. Herkunftsfamilie und spirituelle, neue Familie sind dabei eng verzahnt, gehen fliessend ineinander über. Unter materiellem Gesichtspunkt ist klar, dass dieser Bezug zur Familie Dehon für die französische Anfangszeit der Kongregation zumindest mehr als nur ein religiös verbrämter, traditionell-konservativer Gedanke, sondern eine zutiefst strukturell-materielle Realität darstellt. Ist es analog zu mittelalterlichen Klostergründungen zu gewagt zu behaupten, dass die Familie Dehon bzw. Léon Dehon die Kongregation gestiftet haben? 1901 sprach P. Dessons, wie gezeigt, von 250.000 bis 300.000 Francs, die Dehon in das Institut einbrachte. Das könnte nach einer analogen Umrechnung bei Emiel Lamberts für 2011 mit ca. 1,2 Millionen Euro beziffert werden.[209] Aussagekräftiger ist wohl die Vergleichsgrösse, dass es sich

---

[207] So zumindest in Rénovation Sociale Chrétienne, RSO, passim, das sich ausgeprägt mit Steuerfragen beschäftigt, und eine Staatsskepsis in dieser Hinsicht an den Tag legt. Dehons traditionelles (z.B. RSO 1/64: «La terre a trop d'impôts, de charges, de droits d'enregistrement et de succession. Il semble que la loi ait tout fait pour détruire la petite propriété, ce qui revient à détruire la patrie.») wie auch innovatives Potential (z.B. progressive Steuersysteme, vgl. RSO 7/61) wird dabei ersichtlich. Gewiss, Dehon betont oftmals und aus tiefer Überzeugung die «kleinen Grundbesitzer», aber es kommt diese Politik wohl auch seiner sozialen Herkunftsschicht und der Kirche, sprich den Kongregationen, entgegen. Der Kampf gegen den «Staatsabsolutismus» nimmt dabei eine gewichtige Rolle ein.

[208] Vgl. NQT 44/155: «Ma famille vient me voir [...], je leur explique que mes œuvres ont absorbé mon avoir et qu'ils n'ont pas d'héritage important à attendre de moi, ma nièce me répond noblement que mes œuvres valent plus qu'un héritage pour l'honneur de la famille et pour lui mériter les bénédictions divines.»

[209] Vgl. Emiel Lamberts, The Struggle with Leviathan. Social Responses to the Omnipotence of the State, 1815-1965, Leuven 2016, passim.

bei dieser Summe um 50-60 ordentliche Arbeiterjahresfamilieneinkommen handelte. Wir werden weiter unten sehen, wie dieser Betrag Anfang des 20. Jahrhunderts grob einzuschätzen wäre (vgl. dazu Abbildung 12). Ohne diesen Zahlenspielen zu viel Bedeutung beizumessen, ist es doch ein wichtiger Richtwert.

Woraus finanzierte sich die entstehende Kongregation – über die finanziellen nun angedeuteten eigenen, familiären Quellen Dehons hinaus – in der Folge denn noch? Zuerst ist an das zu denken, was die einzelnen Patres, wie eben Dehon auch, von sich aus in die Gemeinschaft mitbrachten, und später über deren testamentarische Vermächtnisse an die Gemeinschaft übertrugen. Wir haben es finanziell betrachtet mit einem bunten, eher undurchschaubaren Patch-Work-Teppich, einem weiten Netz verantwortlicher Personen, zu tun. In ökonomischer Hinsicht ist die Einheit «Kongregation» bis zur römischen Approbation und bis zum erzwungenen Verlassen des französischen Staatsgebiets schwer zu fassen. Es ist interessant, dass gerade zu diesem Zeitpunkt dann Dehon genauere Beachtung der Regeln der Buchhaltung fordert, es also zu einem Professionalisierungsschub kommt. So handelt es sich in der Anfangsphase eher um einen losen Zusammenschluss einzelner Akteure, der unter bischöflicher Aufsicht, deren Hauptprotagonist im Umfeld der Schule St. Jean ohne Zweifel Dehon selbst war, konstituiert war, aber der in materieller Hinsicht auch auf einzelne Mitbrüder wie Rasset, Legrand, Lobbé, Falleur oder Felix Dupland (der nur für eine kurze Zeit in der Kongregation verblieb) zählen konnte. Später erfolgte eine institutionelle Professionalisierung. Daran ist ablesbar, dass die Kongregation im strengen Sinne allein schon aus diesem Gesichtspunkt nicht das Werk einer einzigen Person sein konnte. Ganz abgesehen von der durch die Mitglieder in die Kongregation eingebrachten, im Wesentlichen «nicht refundierten», entscheidenden Arbeitskraft, fernab eines Lohnsystems, sei es etwa als Lehrer, Gärtner, Hausmeister, landwirtschaftlicher Mitarbeiter u.ä. Dabei sind besonders die Fratres der Gemeinschaft zu nennen, die hier ihre Arbeitskraft zur Verfügung stellten und nach denen im Rekrutierungsprozess auch gezielt mit Hinblick auf mögliche Dienstleistungen und Fähigkeiten Ausschau gehalten wurde. Das Gefälle zwischen Priestern und Brüdern ist dabei für die Anfangszeit auffällig, ganz einer Logik einer pyramidalen Kirchen- und einer paternalistischen Gesellschaftsstruktur folgend.

Messstipendien oder Einkommen in pfarreilichen Tätigkeitsfeldern, aus den so genannten Pfarr-Fabriken, sind dagegen für die Priestermitglieder der Kongregation in Rechnung zu stellen. Die Übergänge von Dehons Institut zu diözesanen Strukturen gestalten sich in der ersten Zeit oftmals fliessend. Dies verschafft sich in den sogenannten Säkularisierungen Ausdruck, welche oftmals einen Aderlass für die junge Kongregation bedeuteten. Immer wieder ermahnte Dehon, persönliche Testamente für die Gemeinschaft bzw. exakter: einzelne Mitglieder des

Instituts bereit zu halten.[210] Diese Art der Gütergemeinschaft im Rahmen eines Armutsgelübdes – beides hat es zivilrechtlich so gar nicht mehr gegeben – stand nach der Französischen Revolution und dann in der III. Republik immer stärker zur Disposition. Ihre stillschweigende Tolerierung wurde brüchig. Als ein Mitgrund führt diese Entwicklung, in der Wiederbelebung der polemischen Diskussionen um die «Tote Hand», zur Auflösung der Kongregation(en). Es genügte also nicht, dass man sich durchaus auf die neuen Bedingungen einzustellen vermochte, sie also nicht nur taktisch befolgte. Denn weder Dehon noch Falleur haben etwa, auch nicht zu späteren Zeitpunkten, ihren Privatbesitz vollumfänglich in einen Gemeinschaftsbesitz überführt und beide haben durchwegs ihre individuelle Rechtsperson in Anspruch genommen.

Zu den «inneren» Quellen der Finanzierung, sei es vom Ordensgründer selbst, sei es von seinen Mitbrüdern der ersten Stunde, gesellen sich die von ausserhalb des Instituts kommenden finanziellen Ressourcen, um die man sich bemühen musste: direkte oder indirekte bischöfliche Zuwendungen in geringerem Masse als private Schenkungen, Legate sowie Testamente. Derartige Einnahmen gingen auf Kleriker-Kreise zurück, aber kamen zudem von privaten Gönnern aus einem eher lokalen Umfeld. Nicht zu vernachlässigen ist in dieser Gruppe ein auffällig hoher Frauenanteil, sowohl bei den örtlichen, eingesessenen Familien, als auch im näheren Ordens- und Kongregationsumfeld Dehons.[211] Die Schwestern der Servantes etwa unterstützten Dehon. Ein Topos antiklerikaler Literatur und Pamphletistik verschrieb sich dem Phänomen, dass Frauen wichtige Gönnerinnen für klerikale Institutionen waren. Im April 1897 wandte sich der von Schulden geplagte Dehon an Falleur, sichtlich mit einer Portion würzigem «sel français»: «Wir müssen aus dieser Schuldenlast raus. Das ist zurzeit meine grösste Sorge. Suchen Sie daher eine Witwe, die eine ausserordentliche Anstrengung unternimmt.»[212] Von beiden Gruppen, Klerikern wie Laiinnen, wurde auf der lokalen Ebene St. Quentins unterstützend eingegriffen. Mit dem sich immer stärker weitenden Feld im Apostolat gab es auch ein attraktives und herzeigbares «Produkt» für solche Gönner. Obendrein kam die Möglichkeit des so genannten kirchlichen Sammelns («la quête») dazu, das dann, die diözesanen Grenzen

---

[210] Vgl. das Testament von P. Eugène Paris (1858-1941), vom 30. April 1892, der seinen Besitz testamentarisch an die P. Rasset und Falleur vermacht: «Ceci est mon Testament. Au nom du Père, du Fils, et du Saint-Esprit. Ainsi soit-il. Je remets mon âme au Cœur infiniment miséricordieux de Jésus par le Cœur immaculé de Marie et le Cœur très pur de Saint Joseph. Je lègue tout ce que je possède à Monsieur l'Abbé Rasset, Adrien, ou, à son défaut, à Monsieur l'Abbé Falleur, Théodore, à la charge d'acquitter quelques messes à mon intention, après ma mort. Fait et écrit par moi, le trente avril mil huit cent quattre-vingt douze, à Saint-Quentin. Eugène Paris» (ADR B 13/11, Inv. Nr. 94.43).

[211] Giuseppe Manzoni spricht für 1891 von einem Testament von Émilie Legrand, das 76.000 Francs an die Werke von P. Dehon delegierte. Das sorgte für einige Missgunst, vgl. Manzoni, Leone Dehon, 298; für Unterstützungsleistungen vgl. NQT 5/195.

[212] Vgl. Brief Dehon an Falleur, 15.04.1897, in: B 20/3.2, Inv. Nr. 293.17: «Il faut sortir de cette dette-là. C'est mon plus gros souci en ce moment. Trouvez donc une douairière qui fasse un effort extraordinaire.»

Soissons überwindend, weitere geografische Kreise zog. Eine römische Approbation war hierfür Voraussetzung, in diesem Fall jene von 1888, und es bedurfte
für Sammelaktionen der jeweiligen Zustimmung des Ortsordinarius.

So richtete Dehon 1891 eine Anfrage an den Bischof von Basel, mit der Bitte
um Erlaubnis, in der Zentralschweiz einige Familien aufsuchen zu dürfen. Es
sollte dort für die von Sittard aus unternommenen Missionsbemühungen um Unterstützung gebeten werden.[213] Diese Art der Mittelbeschaffung bezeichnete eine
Finanzierungsquelle, die immer wieder, in Kontexten einer noch stark nach terri-
torialen Mustern organisierten Kirche, zu Konflikten und innerkirchlichen Reibe-
reien führte. Konkurrenz und Dissonanzen hallen, wenn auch nur schwach, noch
im Seligsprechungsprozess Dehons nach. Auch da gilt: Neues traf auf Altes.

Dazu kommen überdies mit Messstiftungen, Schul- und Pensionatsgeldern,
dem Verkauf von Presseprodukten, Mitgliederbeiträgen in den Assoziationen
und dem Ertrag aus Bücherrechten, Anleihen und Aktienzeichnungen, also auch
Kapitalerträgen, weitere Einkommensmöglichkeiten.[214] Messintentionen, die im
System der katholischen Kirche, aber auch zwischen verschiedenen Orten in der
Kongregation, zusammen mit den jeweiligen, manchmal beachtlichen, Summen
hin- und her verschoben werden, sorgen für einen doch wichtigen Anteil an für
den Alltag notwendiger Liquidität. Ein nicht geringer Teil der Korrespondenz
beschäftigt sich funktional mit der Ver- und Aufteilung solcher quantifizierter,
materialisierter Religiosität. Auf der anderen Seite bedurfte es für grössere Investitionen Kredite, Messintentionen reichten nicht aus. Diese wurden vorrangig bei
Einzelpersonen bezogen, bei Klerikern oder lokalen Grössen, aber auch bei
Bankinstituten. Es sind auch einzelne Versuche dokumentiert, wie etwa in der
bereits am Anfang des Kapitels erwähnten Seifenproduktion, dem Unterhalt von

---

[213] Vgl. Brief Dehons an den Bischof von Basel, 25.07.1891 (B 62/10, Inv. Nr. 868.01): «Notre école
apostolique de Sittard (Limbourg hollandais) prépare des missionnaires pour l'Amérique du Sud,
où nous avons déjà deux stations. Deux scolastiques de notre Congrégation professeures de cette
école vont visiter quelques familles des cantons de Soleure, Lucerne, Schwitz et Unterwalden et
solliciter quelques secours. J'espère que Votre Grandeur daignera les bénir et les autoriser.»

[214] Kurz vor dem Ersten Weltkrieg wird Falleur, der sich gewagteren Anlageformen auf dem Pariser
Finanzplatz zuwendet, einen herben Verlust hinnehmen müssen; vgl. Briefbestände Falleur, Aufschrift Falleur, Stanislas, 1857/81/82 Corrispondenza economica, unsortierte Briefe, Schreiben
(mit unleserlicher Unterschrift) vom 27. Juni 1914 an Falleur: «Tout l'argent que vous avez mis
dans l'Equatoriale et dans l'Estrada est perdu.» Folgt man den dazu vermerkten Notizen (wohl
von Falleur), dann handelte es sich um eine erhebliche Summe, die investiert wurden; dazu vgl.
auch die erhaltenden Briefe von E. Spirkel, dem verantwortlichen Pariser «Finanzdienstleister»,
in den Jahren 1912 und 1913, auch an Falleur gerichtet, d.h. im Vorfeld des doch beachtlichen
Verlustes; Briefe, die auch einen eher reservierten Dehon durchscheinen lassen und andererseits
einen Finanzberater, der Falleur bei der Stange halten will. Interessant und vielsagend für die
historische Aufarbeitung dieser Bestände ist ein in jenem Archivordner in dieser Form vermerkter
Eintrag zu Teilen der ökonomischen Korrespondenz: «Sègun el p. Raaijmakers molte lettere sono
di poca importanza.» P. Gerardus Raaijmakers (1906-1988) war von 1970-1987 verdienter Ge-
neralarchivar der Herz-Jesu-Priester. Aber auch diese Geschichte ist, soweit dies überhaupt möglich
sein wird, noch zu schreiben. Es soll hier bei dieser doch auch unspezifischen Fussnote verbleiben,
um die Komplexität der ökonomischen Zusammenhänge anzudeuten.

Mühlen oder mittels landwirtschaftlicher Projekte unternehmerisch tätig zu werden. Das alles besehend tritt ein kaum zu entwirrendes, komplexes Geflecht an Finanzierungsoptionen und Einkommensquellen an das Tageslicht, das an dieser Stelle nicht näher ausbuchstabiert, aber in aller Kürze in seiner Komplexität angedeutet werden soll.

Ein Bericht des Präfekten des Departements von Aisne im Umfeld der Aufhebung und Enteignung der Kongregation zeigt etwas von dem skeptisch-misstrauischen Blick auf die unternehmerischen Initiativen, ja sogar Betriebe der Kongregation. Diese betrieb und verantwortete der Generalökonom P. Falleur. Sie wurden nicht nur von den Behörden scheel betrachtet, sondern selbst von Dehon oft mit vielen Fragezeichen versehen. Das geht dann so weit, dass der Eindruck gewonnen werden könnte, dass Dehon nach den Enteignungen froh ist, sich nicht mehr mit diesen doch auch lästigen und sehr spezifischen Dingen beschäftigen zu müssen. Jedenfalls gilt das für die Waschmittelherstellung in Fourdrain, einem Schloss mit anliegenden Wirtschaftsgebäuden, ohne grosse Zweifel. Diese betriebliche Initiative wird im innerhalb des bekannten «Rapport Rabier» abgedruckten, für die Kongregation negativ ausfallenden Bericht des Präfekten des Departements Aisne für die Niederlassung Fourdrain aufgenommen. In dem Rapport wird darauf Bezug genommen, dass die ehemalige von der Kongregation betriebene Firma «Veuve Coutant et Cie» nun auf einen landwirtschaftlichen Betrieb umgestellt worden sei. Dieser strahle in das lokale Umfeld aus. Eingerahmt in Konflikte mit dem lokalen diözesanen Klerus, der sichtlich, ja gezielt, vom Präfekten der Aisne befeuert wird, und mit einer nationalen Breitseite gegen ausländische Mitglieder der Kongregation stellt dieser tendenziöse Bericht die «Seifenfabrik» in Fourdrain nicht gerade als vorbildlich hin.[215] Jener ländliche Standort der Kongregation, das «Chateau Fourdrain» eigentlich im Besitz des Generalökonomen und im September 1893 noch Austragungsort des 3. Generalkapitels (vgl. Abbildung 1), wird denn dann auch zwangsenteignet, liquidiert und kann später nicht mehr zurückerhalten werden.

Ganz allgemein gilt, dass die Kongregation zum Zeitpunkt der Aufhebung in Frankreich als finanziell gut dastehend betrachtet wurde. Dehon kommunizierte in ähnlicher Weise die Situation kurz vor 1900 seinem Bischof Augustin Victor

---

[215] Vgl. Le rapport Rabier: la République et ses congrégations. Précédé d'une lettre-préface de M. Henri Brisson, Paris 1903, 287, eingebettet in fundamentale Vorwürfe in Richtung der Kongregation und der Niederlassung Fourdrain, dessen wirtschaftliche Charakterisierung: «Il y a quatre ans, sous raison sociale ‹Veuve Coutant et Cie›, on a installé à la maison de Fourdrain une savonnerie avec fabrique de lessive. La maison paraît se transformer en colonie agricole; on y entretient des animaux de ferme; le lait, le beurre sont vendus dans le pays ou sur les marchés avoisinants avec les produits de la culture maraîchère.» Auch wenn Dehon diesem unternehmerischen Akzent Falleurs skeptisch gegenüberstand und er ihn vielfach mit Fragezeichen versah, war er prinzipiell für solche Initiativen offen, vgl. Brief Dehons an Falleur, 01.04.1897 (ADR B 20/2, Inv. Nr. 290.41): «Pour le savon, je pense que le Conseil a autorisé un essai. [...] Cette fabrication ne peut-elle pas être l'occasion d'un groupement de Frères? Toutes les Trappes ont des industries de ce genre: chocolat, bière, etc.»

Deramecourt (1841-1906, Bischof ab 1898).[216] Belgien hat dazu, so ein weiteres Indiz für ein gesundes «Vermögen», wie der Kanton Fribourg in der Schweiz etwa auch, nur Kongregationen aufgenommen, die über ein gewisses Kapital verfügten. Es war also nützlich, wenn man sich nicht mit leeren Händen um eine neue Heimat umzusehen hatte. Daneben galt in besagten Exil-Gebieten die «Schutzklausel», ja keinem einheimischen Institut Konkurrenz zu machen.[217] Die materielle Lage ist summa summarum für die Kongregation erfreulich gewesen. Es war der Gemeinschaft möglich, aus eigener Kraft nationale Grenzen zu überschreiten und Niederlassungen zu gründen, obgleich auf der anderen Seite die stetigen Geldsorgen nicht gerade gering waren. Sie verschärften sich zyklisch, was meistens mit einzelnen Niederlassungen zu tun hatte, die Probleme machten. Geldsorgen verfolgten Dehon quasi auf Schritt und Tritt, gleichsam bis an sein Lebensende.

Liquiditätsprobleme standen an der Tagesordnung. Die Korrespondenz Dehons mit dem ersten Generalökonomen Falleur Ende 1901 – die Ausweisung steht vor der Tür – führt dies eindrücklich vor Augen: Falleur solle nur mehr zwei (statt vier) Zeitungen abonnieren usw., insbesondere aber nach Einsparungspotentialen Ausschau halten. Gelegentlich war das Auffinden von flüssigen Finanzmitteln ein sehr dringendes Gebot der Stunde. Dehon musste und wollte dabei, z.B. zum Schuldenabbau von Niederlassungen, in die eigene Tasche greifen. Vielen Widrigkeiten zum Trotz, andererseits aber seine Chancen nützend hat Dehon sehr zielstrebig an der strukturell-ökonomischen Weiterentwicklung seiner Institution gearbeitet. Das wird an der schnell steigenden Anzahl von Ordenshäusern gut ablesbar, die so etwas wie die Flaggschiffe der Kongregation waren. Dehon ging sehr wagemutig an die Sache heran. Das etwas unsystematische, der Spontanität seiner Person geschuldete Vorgehen hat sich in den Wogen und Krisen seiner Zeit im Prinzip bewährt. Trotzdem wurde es in der Zeit selbst mit Fragezeichen versehen und war, an und für sich, auf unsicheren Fundamenten aufruhend. Ein wirtschaftlicher Master-Plan ist nicht zu erkennen.

Dehon hat so nicht nur in religiöser Hinsicht ein neues Werk im grossen Strom der Herz-Jesu-Spiritualität aufgebaut, sondern auch unternehmerisch-modern eine lebensfähige, in die Zukunft gerichtete und auf Expansion ausgelegte

---

[216] Dehon erlebte während seines Engagements in St. Quentin fünf Bischöfe des Bistums Soissons, zu dem die Stadt gehörte: Jean Dours (1863-1876), Odon Thibaudier (1876-1889), Jean-Baptiste Théodore Duval (1889-1897), Augustin Victor Deramecourt (1898-1906), Pierre Louis Péchenard (1906-1920) sowie Charles Binet (1920-1927). Mit dem etwas zaudernden, ihn aber unterstützenden Thibaudier kam Dehon besser zurecht als mit dem ihm gegenüber deutlich reservierteren Duval. Auch Deramecourt führte diese Haltung der Skepsis weiter, bei Péchenard und Binet änderten sich die Koordinaten dann grundlegend, die Dinge waren geklärt, die Kongregation (in Frankreich nicht anerkannt) fest im kirchlichen Leben verankert.

[217] Vgl. zu diesen nuancenreichen Exilserfahrungen der Kongregationen: Patrick Cabanel/Jean-Dominique Durand, Le grand exil des congrégations françaises 1901-1914, Paris 2005, darin v.a. Francis Python, Le refuge suisse entre solidarités et animosités confessionnelles et politiques, und für die Herz-Jesu-Priester wichtig Sofie Leplae, «La Belgique envahie»: L'immigration des religieux français en Belgique 1900-1914, 244-256, v.a. 255.

Struktur. Mit mancher Flexibilität und Schmiegsamkeit, die ihr grösstenteils von aussen abgerungen waren, wurde dies angestellt. Die Vertreibung aus Frankreich bzw. der Erste Weltkrieg als zwei markante Einschnitte sowie die Bedenken und Wünsche der Bischöfe illustrieren dies eindrücklich. Eine interpretationsoffene Spiritualität begünstigte die vielfältigen Initiativen wie auch ein spezifischer Providentialismus.

Die beiden Pole, Wirtschaft und Religion, waren für Dehon als integristisch, integral denkenden Akteur auch kein Gegensatz, keine Differenz, eher wohl eine Einheit. Solches wurde im ersten Teil dieses Kapitels innerhalb der kirchlichen Auseinandersetzungen des sozial inspirierten Katholizismus und der christlichen Demokratie belegt. Und die beiden Pole konnten immer in einem religiösen Raum gedeutet, verarbeitet und zusammengehalten werden. So beispielsweise, mikrohistorisch, alltagsgeschichtlich oder frömmigkeitsgeschichtlich bedeutsam, ohne banal zu sein. Im fortwährenden Rekurs und Bezug auf den Hl. Joseph oder den Hl. Antonius, wenn es um das Geld ging, zeigt sich etwas von dieser Ganzheitlichkeit. Dieser Rekurs wurde freilich meist dann schlagend, wenn das Geld knapp wurde. Aber er findet sich auch dort, wo Dehon seinem Finanzminister paränetisch gegenübertritt, dass er doch bitte seine Spekulationswut eindämmen möge: «Vor allem will ich nicht, dass Sie täglich zur Société Générale [zur Bank, DN] gehen. Das ist doch skandalös für einen Ordensmann. Ein- oder zweimal in der Woche genügen.»[218]

Religiöses Leben und ökonomisches Verhalten haben zu korrelieren. Im selben Schreiben an den Generalökonom, das eine klare religiöse Schablone der Zuordnung enthält, wird darauf hingewiesen, dass der Generalrat, d.h. die kollektive Ordensleitung, in Zukunft bei den Finanzgeschäften grösseres Mitspracherecht für Transaktionen erhält. Das werde unter anderem von Rom erfordert, so Dehon. Die Kontrollmechanismen werden nach der Approbation der Kongregation deutlich ausgebaut. Römische Leitlinien sind nunmehr umzusetzen. Das bietet Dehon aber andererseits auch innerkongregational neue Spielräume, die in den Bereich des «Religiösen», der religiös bedeutsamen Norm fallen. Allein dann, wenn an das symbolisch hoch aufgeladene Papsttum unter Pius X. und Rom als katholische-universale Grösse gedacht wird. Sich auf diese Instanzen zu beziehen, konnte bedeuten, einer Sache Nachdruck zu verleihen bzw. eine Diskussion zu beenden.

Als eine letzte, mit der Zeit wichtiger werdende, breite Handlungsspielräume öffnende institutionelle Finanzierungsquelle ist eine innerkirchliche zu nennen. Sie geht mit dem Ausbau der Missionstätigkeit seit dem Ende der 1890er Jahre einher und erhält mit der römischen Anerkennung von 1906 neuen Schub, denn die Propaganda-Kongregation finanzierte Missionsunternehmungen mit. So

---

[218] Vgl. Schreiben Dehons an Falleur, ohne Datum, wahrscheinlich Herbst 1909, in: B 16/6bis. 4 (Inv. Nr. 122. 04). «D'abord je ne veux pas que vous alliez tous les jours à la Soc. gén. C'est scandaleux pour un religieux. Une fois ou deux par semaine suffisent.»

beispielsweise für den afrikanischen Bereich aus dem Fonds der von Charles
Martial Kardinal Lavigerie in der katholischen Kirche der 1880er Jahre promi-
nent vorangetriebenen Antisklavereibewegung. Dieser Fonds war von Leo XIII.
ins Leben gerufen worden und speiste sich aus Kollekten, die in der katholischen
Welt zu Epiphanie, also am 6. Januar, durchgeführt wurden.[219] Schon bald nach
dem Startschuss für die Kongomission der Herz-Jesu-Priester wurde Dehon auf
diese Finanzierungsquelle aufmerksam. Weil nun mit den beantragten Summen
nicht gerechnet werden konnte, sie aber doch auch eintrafen, wie erstmals für
den oben genannten Antrag 1897, verfügte man später über gewisse ökonomische Spiel- und Freiräume.[220] Dazu gesellten sich staatliche Subventionen, insbesondere vom und im kolonialen Belgien, in das auch der Hauptsitz der Kongregation transferiert werden musste.

Belgien stellte auch «Missionsmittel» für den heimatlichen Kontext bereit,
sodass die Missiontätigkeit *ad gentes* beileibe nicht nur in der Ferne neue
ökonomische Optionen auftat. Nicht nur, um an Dehons Aussagen in *Richesse,
Médiocrité ou Pauvreté* anzuschliessen, dass es also für die Mission Geld benötigte, sondern die Missionsanstrengungen stellten zeitweilig erst die Chance bereit, bestimmte Ressourcen aufzutreiben.[221] Dazu sind die gezielt für die Mission
rekrutierten und eingesetzten Spenden zu zählen. Ein strukturelles Mittel, diese
über das neuartige Medium des Bildes anzuregen, waren die Missionszeit-
schriften in den verschiedenen, sich entwickelnden Provinzen der Kongregation.[222] Andererseits ergaben sich aber auch stärker institutionelle Verbindungen,
wie etwa mit dem in Limburg gegründeten Rafaelswerk, einem 1878 von Papst
Leo XIII. anerkannten Hilfswerk für Migranten. Dieses konnte für den Standort
in Clairefontaine – je nach Sichtweise – für Missionsanstrengungen oder Migra-
tionsseelsorge der Kongregation zur Unterstützung auswandernder deutschspra-
chiger Europäer insbesondere in Richtung Brasilien für eine Kooperation gewonnen werden.

---

[219] Vgl. dazu interessant und kritisch: Amalia Ribi Forclaz, Humanitarian Imperialism. The Politics
of Anti-Slavery Activism, 1880-1940, Oxford 2015, im Speziellen zu Lavigerie 16-22 («The
Emergence of Catholic Organizations»).

[220] Vgl. Brief Dehons an die Propaganda Fide, 07.10.1897, in: B 24/12: «S. E. Monsieur Van Eet-
velde, le ministre du Congo belge, vous a dit combien cette mission était urgente. Les protestants
sont déjà là et les arabes y tiennent des écoles. Si nous laissons ces populations passer au mahométisme, elles deviendront inconvertissables. Nous allons envoyer quatre missionnaires rejoindre
les premiers. Mais ces missions d'Afrique sont très coûteuses. Il ne faudrait cependant pas
échouer en face des protestants et des arabes. Il me semble qu'aucune station ne répond mieux
que celle-là au but de l'œuvre antiesclavagiste. Aussi je sollicite humblement de Votre Eminence
une part des ressources de cette œuvre.» Später wurden Dehon, der hier auf die Betonung der Re-
ligions- und Konfessionskonkurrenz setzt, um die Dringlichkeit der Missionsarbeit zu illustrieren,
für diesen Antrag 10.000 Lire zur Verfügung gestellt.

[221] Es sind zirkuläre Mechanismen auszutreffen: Mission bedingt die Möglichkeit, Ressourcen einzu-
treiben, Finanzmittel machen Missionsunternehmungen erst realisierbar. Fakt ist, dass die Missionsanstrengungen die Kongregation allgemein auf festere Füsse stellen. Das römische Anerkennungsverfahren ist ein Beleg dafür, dass es sich bei der «Mission» um ein Argument ad intra handelt.

[222] Vgl. zum Beispiel für die deutschsprachige Provinz die Zeitschrift «Das Reich».

Aber wie gesagt, eine Wirtschaftsgeschichte der Kongregation muss noch ge-schrieben werden. Die von den jeweiligen Provinzen der Kongregation getrage-nen Missionsunternehmungen werden darin jedenfalls ohne Zweifel einen ge-wichtigen Platz einnehmen. Nur ein eindrückliches Beispiel: Der im Jahre 1906 zum Zwecke der römischen Anerkennung erstellte Bericht des Prokurators in Rom weist für die Jahre 1901-1904 bei steigenden Einnahmen ausgeglichene Bi-lanzen aus.[223] Er zeigt aber im Punkt II, der die Situation der Niederlassungen beschreibt, zugleich und deutlich das Gewicht der Missionspräfektur im Kongo an. In sie wurden seit 1897 400.000 Francs «investiert». Diese Summe kommt dem Wert aller Immobilien abzüglich der Hypotheken und Schulden gleich, oder aber auch den erwirtschafteten Einnahmen 1903/1904, die mit knapp über 400.000 Francs beziffert werden.

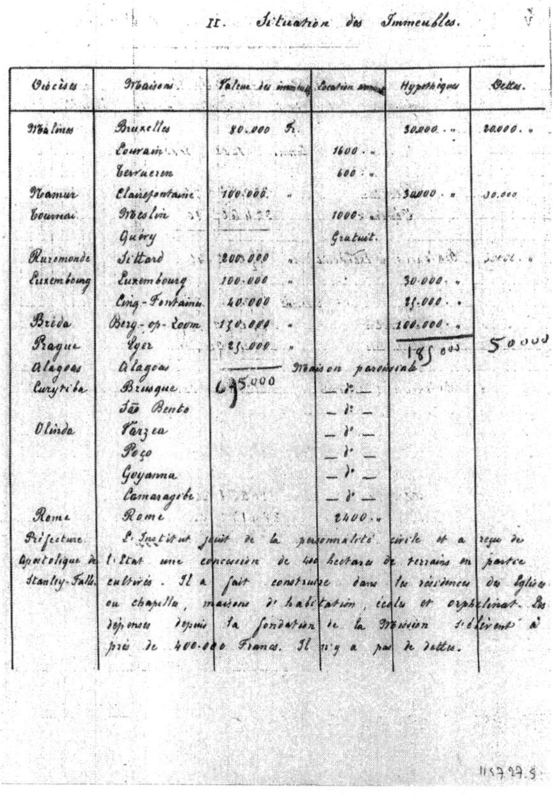

Abbildung 12: Auszug aus dem im Sommer 1906 an Kard. Ferrata gerichteten Bericht (Punkt II), in: ADR B 105/3 (Inv. Nr. 1157.27.5), der die Immobilienbestände der Kongre-

---

[223] Diese sind mit Vorsicht zu geniessen, ist ein transparentes Buchhaltungswesen ja erst noch im Aufbau begriffen.

gation ausserhalb Frankreichs auflistet. Er soll die römische Anerkennung der Kongregation schmackhaft machen. Unter Punkt II wird die Situation der Immobilien («Situation des Immeubles») aufgelistet, deren Wert, Mietzins, Hypotheken und Schulden für die römische Zentrale Darstellung finden. Der sichtlich an absoluten Summen interessierten Person der römischen Zentralstelle, die Gesamtbeträge nachträglich eingefügt, unterläuft ein Fehler. Denn die aufsummierten Hypotheken kommen auf 215.000 Francs (nicht 185.000; 5. Spalte), sodass sich die ausgewiesenen Passiva der Kongregationsniederlassungen auf 265.000 beziffern. So diese vom aufsummierten Immobilienwert von 675.000 Francs abgezogen werden, weist die Kongregation insgesamt einen, natürlich rein «theoretischen», Besitz von ca. 400.000 Francs auf. Dieser soll hier einfach der im Text zur Präfektur Stanley-Falls erwähnten Summe (und auch der von Dehon eingespeisten Summe von 300.000 Francs) vergleichend gegenübergestellt werden. So können die Tragweite und Bedeutung der Mission in Afrika, die einen ganz anderen Charakter als diejenige in Brasilien aufweist, angezeigt werden. Wie zu ersehen, stehen in Brasilien Pfarrhäuser im Mittelpunkt der Immobilienaufstellung, und somit auch der Mission/Aufgabe der Kongregation, platt gesagt. Der erläuternde Text zur Apostolischen Präfektur Stanley-Falls hält fest: «Das Institut erfreut sich des Status einer zivilen Persönlichkeit und hat vom Staat eine Verfügungsgewalt über 400 Hektare Grund erhalten, die teilweise kultiviert sind. Das Institut liess in den Niederlassungen Kirchen oder Kapellen errichten, Unterkünfte, Schulen und Waisenhäuser. Die Ausgaben seit der Gründung der Mission belaufen sich auf annähernd 400.000 Francs. Es gibt keine Schulden.» In Europa sind zum Zeitpunkt der Abfassung des Berichts nur die Niederlassungen in Sittard und in Eger unbelastet, andere Häuser wie Clairefontaine weisen grössere Probleme auf, vgl. dazu NQT 19/31 und NQT 20/45, wo Dehon notiert, dass er persönlich die grosse Schuldenlast des Hauses in Clairefontaine übernommen habe.

4.8 Ausweisung der Kongregationen – der ökonomische Aspekt sowie das Misstrauen gegenüber dem Staat

Das Anerkennungsgesuch von 1906 nach Rom, das mit dringenden Appellen versehen ist, schliesst zeitlich direkt an die Ausweisung der Kongregation aus Frankreich an. Das Verbot der Kongregationen ist für Dehon zuerst ein Worst-Case-Szenario. Es hinterlässt seine Spuren auch im wirtschaftlichen Bereich. Viel Vertrauen in den Staat geht zudem verloren. Ein treibender Faktor für den Kampf der antiklerikalen französischen Republik gegen die religiösen Kongregationen ist in einem ökonomisch-monetären Umfeld zu verorten. Unter Pierre Waldeck-Rousseau (1846-1904), einem ehemaligen Kongregationsschüler und «gallikanisch» ausgerichteten Politiker, und später dann Émile Combes, einem vom promovierten Theologen zum spiritistischen und freimaurerischen sowie antiklerikalen Akteur schlechthin mutierten Politiker («Combismus») gewann das Unternehmen, das die Geschichte der Herz-Jesu-Priester in starker Weise betraf, an Fahrt.

Das politische Momentum des Geldes bzw. des Besitzes stellt eine starke politisch-mediale Motivationskraft in diesem *clash of cultures* dar; selbst dann, wenn zugegebenermassen dieser Aspekt, der Blick auf das Geld, nicht das politische Hauptfeld der Auseinandersetzung bespielte. Es sind aber doch sozialökonomische Überlegungen, die aus einem bestimmten Utilitarismus und Rationalismus schöpfen und dann schlagend werden: Waren denn die den bürgerlichen Vorstellungen quer liegenden Kongregationen und Orden nicht unproduktive, schlecht organisierte, der Wissenschaft widersprechende und gestrige Organisationsformen? So eine Vorhaltung. Ist es nicht besser, ihnen kein Geld anzuvertrauen? Dazu gesellte sich die latent bestehende Anklage, dass die Kongregationen den für die kapitalistische Wirtschaftsform entscheidenden Geldfluss hemmen würden. Sie seien also statische Gebilde. Sie nähmen das Geld sozusagen aus dem Spiel, zweigten es ab – wie ein leibhaftig und Gemeinschaft gewordenes mittelalterliches Zinsverbot gewissermassen.

Kurzum: Es sei nicht gut, diesen Instituten Geld anzuvertrauen bzw. dass diese wirtschafteten. Dazu behinderten diese christlichen (Güter-)Gemeinschaften das in der Revolution zum Durchbruch gekommene Individuitätsprinzip. Ja sie stellten es, in der Betonung der «Familie», gar in Frage. Denn in einer religiösen Assoziation werde, wie in der «unauflöslichen» Ehe auch, das auf das Individuum bezogene und fokussierte Rechtsprinzip ausgehöhlt. Oder andersrum gesagt: gar nicht erst angemessen berücksichtigt. Dehon bezieht solche Überlegungen in seinen noch 1901 gestellten Antrag auf Anerkennung seiner – so seine Argumentationsschiene – noch nicht wirklich bestehenden, erst im Aufbau begriffenen Gemeinschaft ein. Er hat diesem Begehren, trotz spitzfindiger Argumentation, freilich schon von Anfang an keine grossen Chancen zugemessen. Die politische und rechtliche Situation schätzte Dehon also richtig ein. In einer abschliessenden Anmerkung stellt der Antrag an den Innenminister fest: «In unserem Institut lässt die Armutsregel einem jeden den Besitz seiner ihm durch Erbrecht zustehenden Güter. Von diesen kann jeder frei Gebrauch machen auf testamentarischem Weg oder auch noch zu Lebzeiten.»[224] Die Assoziation ist also der liberalen Staatsdoktrin ungefährlich, so mehr oder weniger Dehon. Der makroökonomische Verdacht, dem neuen liberalen Wirtschaften nicht gerecht zu werden,[225] in Kombination mit dem Vorwurf, eine vorrevolutionäre, dem *ancien régime* verpflichtete, antiliberale Rechtsform abzubilden, verschmolz mit dem republikanischen, innenpolitischen Unwohlsein über die tatsächlich stark ausgeprägte Machtstellung der Kongregationen und Orden im Schul-, aber auch im Pressewesen.[226] In mehr als 1.600 Institutionen lebten und wirkten ca. 60.000 Frauen und Männer. Die von einem auch breiten populären Antiklerikalismus getragene «La République à gauche (1899-1906)»[227] sah hier mit ihrem Liberalisierungsprogramm, deren wesentliche Akzente in die 1880er Jahre zurückreichten, erheblichen Handlungsbedarf.

---

[224] Vgl. Dehons «Demande d'autorisation», vom 02.11.1901, in: ADR B 39/1 (Inv. Nr. 669.00.15): «Dans notre institut la règle de pauvreté laisse à chacun la propriété de ses biens patrimoniaux dont il peut disposer librement par testament ou entre vifs.»

[225] Am Anfang des Kapitels wurde aber gezeigt, dass Kräfte wie Dehon in ihrer Wirtschaftsdoktrin auch für ein liberales Spektrum keine wirklich reaktionären Köpfe gewesen sein dürften.

[226] Zu diesem Abschnitt vgl. Christian Sorrel, La république contre les congrégations. Histoire d'une passion française 1899-1904, Paris 2003.

[227] Vgl. Arnaud-Dominique Houte, Le Triomphe de la République, 1871-1914 (Histoire de la France contemporaine 4), Paris 2014, 253-285.

Die gezeigten Vorwürfe wurden dazu national aufgeladen, seien die Kongregationen doch so etwas wie ausländische Gewächse – aus einer historischen Distanz müsste hinzugefügt werden, dass die Kongregationen gerade durch diese Politik zu sich von Frankreich verabschiedenden Institutionen gemacht wurden. Performative Politik also, unbeschadet der Tatsache, dass die Rom-Bindung in aller Stärke gegeben war. Im Bericht Rabier wird Dehon glatt als «römischer Domherr» angesprochen – ein eigentlich schöner Ehrentitel. Auch bei den Bischöfen, die sich zuerst in den Kongregationen grossteils unterstützt fühlten, wuchs mit der Zeit ein gewisses Misstrauen. Institute wie das der Herz-Jesu-Priester formten sich im konkordatsfreien Raum in grosser Zahl gerade in Frankreich. Das 1801 abgeschlossene Konkordat berücksichtige diese Gemeinschaftsformen nicht, bot also einen Freiraum. Die beargwöhnten Kongregationen kamen nicht «von aussen». Rom und (das christliche) Frankreich bildeten aber in einem Weltbild, wie es bei Dehon gut nachweisbar ist, keinen Widerspruch.

Die Angelegenheit war also in erster Linie eine innerfranzösische, allen anderen Beteuerungen zum Trotz. Sodann war der antiklerikalen, und teilweise auch antireligiösen Republik eine die Freiheit doch einschränkende Massnahme des «Ausnahmezustands», die auch vor (nicht unumstrittener) Gewalt nicht zurückschreckte,[228] recht. Sie wollte eine nationale Einheitsidee mit einem starken Staat durchsetzen, der sich wesentlich von der «Religion», so die Lesart vieler Katholiken, absetzen wollte. Die andere Seite schrieb sich den Kampf gegen die Intoleranz, die Exklusion der (religiösen) Exklusion, des Fanatismus, wie es seit der Aufklärung hiess, auf die Fahne. Vor dem Separationsgesetz 1905 traf es emblematisch die Kongregationen.

Die religiösen Gemeinschaften waren, wie gesagt, auch den Bischöfen und diözesanen Strukturen wenn zwar nicht ein Dorn im Auge, so doch mancherorts wegen ihrer Eigenständigkeit verdächtig und fremd. Es gab einen «anticongréganisme catholique», wie André Lanfrey festhält: «Es ist somit klar, dass der Staat in leichter Weise die Kongregationen zerstören konnte, weil weite Bereiche der katholischen Welt in objektiver Weise seine Verbündeten waren.»[229] Das Beispiel der Herz-Jesu-Priester böte viele Ansatzpunkte, eine solche historische Linie zu stützen oder zu illustrieren. Die Bischöfe Thibaudier, Duval und Deramecourt sind auf Einrahmung und Einzäunung bedacht. An Dehon und seiner Kongregation lässt sich obendrein erkennen, wie diese Form der im antiklerikalen Combismus gesteigerten, den öffentlichen Raum laisierenden, anfänglich nicht so intendierten Innenpolitik bis in die kleinsten regionalen Einheiten hinein

[228] Vgl. Patrick Cabanel, La violence républicaine: Les intellectuels face à la politique anticongréganiste de la troisième république (1875-1904), in: Michel Bertrand/Natacha Laurent/Michel Taillefer, Violence et pouvoir politiques, Toulouse 1996, 31-51.

[229] André Lanfrey, Expatriations et sécularisations congréganistes, in: Patrick Cabanel/Jean-Dominique Durand, Le grand exil des congrégations françaises 1901-1914, Paris 2005, 183-197, hier 194: «Il est donc clair que l'État a pu détruire facilement les congrégations parce que les larges pans du monde catholique ont été objectivement ses alliés.»

(niedrige) menschliche Instinkte und Verhaltensweisen bestärkte, aber es anderseits auch zu kategorischen Gewissensentscheiden im Angesicht der Aufhebung und Ausweisung der Herz-Jesu-Priester kam.

Einem Erpressungsversuch zum Zeitpunkt des Enteignungsverfahrens, u.a. Vermögenswerte preiszugeben,[230] kann das Beispiel eines Beamten aus St. Quentin, nämlich Jules Dollé, bei- oder gegenübergestellt werden. Dieser hatte im Liquidationsprozess gegen Dehon aus Gewissensgründen seinen Job an den Nagel gehängt.[231] Das ändert wenig an der Tatsache, dass auch der zweite, hier evozierte Einzelfall nicht zu den vorzüglichen Folgen des politischen und juridischen Kampfes gegen die Kongregationen – einer «histoire d'une passion française», wie Christian Sorrel betitelt – zu zählen ist. Denn er führte Menschen in Dilemma-Situationen, insbesondere Mitglieder von Kongregationen, die aus wirtschaftlichen Überlegungen nach der Aufhebung ihrer Institute in Frankreich die Option wählten, jene «zu Hause bleibend» zu verlassen.[232]

Die vermeintliche «milliard des congrégations», ihr als überaus grosser, öffentlich im Sinne einer virtuellen Realität plakatierter Reichtum, den man doch auch für die staatlichen-sozialen Werke und Versicherungen einsetzen könnte, bot eine nachvollziehbare und hoch motivierende Argumentationsfigur. Das galt zuerst für eine breite, auch antiklerikale Masse.[233] Denn diese Politik wurde nicht nur von oben, also den Eliten getragen. So offenbart sich, dass es auch ganz banal um das liebe Geld ging. Paul Bert (1833-1886) hatte das Schlagwort der «Milliarde» als Erziehungsminister bereits Anfang der 1880er Jahre geprägt. Religion und Wissenschaft bzw. Schule als unvereinbar einstufend, stellte Bert sich gegen die Kongregationen im Schulwesen und verschaffte in dem aufkommenden Zeitalter der Massenmedien diesem Schlagwort Gehör. Sorrel weist

---

[230] Vgl. Brief P. Dehons an P. Falleur, 24.03.1904, wo es heisst: «Marc m'a écrit, réclamant 400fr et menaçant de dénoncer nos maisons et nos noms. Je ne lui réponds pas. Il peut dénoncer puisque nous avons nous-mêmes tout déclaré.» (in: ADR B 20/4.1, Inv. Nr. 294.35).

[231] Es handelt sich um Jules Dollé, der im Prozess gegen Dehon, nach dem Aufhebungsbeschluss durch Combes, sein Amt als gerichtlicher Liquidator, das er dem Beitz der Kongregation gegenüber ausführen hätte müssen, in diesem Fall zurücklegt und um Ersetzung bittet, vgl. dessen Brief vom 16.04.1903 an Dehon (in: ADR B 39 2/D, Inv. Nr. 670.18). Auch Dehon erwähnt ihn sowie den ihm nachfolgenden Insolvenzverwalter Henri Lecouturier, einem «Profi» bzw. Grossliquidator (Sorrel, La république contre les congrégations, 141), der in der Sache weniger Zweifel aufkommen lässt und den die Exkommunikationsandrohung sichtlich weniger zu stören scheint. Er wurde auch mit der Liquidierung der Grossen Kartause beauftragt. Andere Gewissensfälle traten im Militär auf, das auch gegen die Kongregationen zum Einsatz kam. Hier gab es einige Verweigerer aus Gewissensgründen, vgl. Sabine Garnier, L'Expulsion des congrégations, un cas de conscience pour l'armée: les événements de Ploërmel, 1904, Paris 2010 und die harsche Rezension von Arnaud-Dominique Houte, in: Vingtième Siècle. Revue d'histoire 113 (2012) 247-248.

[232] Ihnen gegenüber zeigte sich Dehon in Äusserungen gegenüber Dritten als besonders streng und vorwurfsvoll. Er führte dies auf eine zu wenig ausgeprägte Disziplin zurück und forderte auch Konsequenzen für die Ausbildung im Bereich des Noviziats. Nicht alle waren also bereit, wie Dehon diesen steinigen Weg in die Zukunft zu gehen, Austritte und Säkularisierungen häuften sich in diesen Jahren Anfang des 20. Jahrhunderts, vgl. Abbildung 3.

[233] Vgl. Houte, Le Triomphe, 265, 266.

nach, dass – als nun das in den 1880er Jahren gescheiterte «nationale» Programm nach der Jahrhundertwende umgesetzt werden konnte – aus den erhofften Reinerlösen der Liquidation der Kongregationsgüter nur eine vergleichsweise bescheidene Summe übrig geblieben ist. Von der geschätzten Milliarde blieben der Staatskasse nach jahrelangem Hin und Her ca. 30 Millionen, also 3%; ganz davon zu schweigen, dass einer der Liquidatoren 1911 wegen Veruntreuung von beachtlichen 5 Millionen Francs zu zwölf Jahren Zwangsarbeit verurteilt wurde.[234]

> «Die Kongregationsmilliarde, so sie jemals existiert haben sollte, löste sich in Luft auf, und die Ordensleute waren die ersten Opfer dieser Vergeudung, wenngleich sie es schafften, einen Teil ihres Immobilienbesitzes mittels Strohmänner zu retten, zu verstecken, oder mobile Güter in das Ausland zu bringen.»[235]

Was übrig blieb, was nicht ins Ausland abgezogen wurde, reichte nicht einmal für die im Gesetz von 1901 vorgesehenen Zuwendungen für die oftmals dann danach mittellos verbliebenen Ex-Kongregationsmitglieder. Houte schreibt, die Folgen dieser Politik ausleuchtend: «Die Strasse änderte ihr Erscheinungsbild. Religiöse Gewänder waren hier eher selten geworden, obwohl man die laisierten Kongregationsmitglieder an ihren unmodischen Gewändern und ihrer schlechten Ausrüstung erkannte, mit der sie sich abfinden mussten.»[236] Modernisierungsverlierer also!

---

[234] Vgl. Sorrel, La république contre les congrégations, 142. Freilich musste die Milliarde an Besitztümer und Kapitalien schon im Untersuchungsvorgang im unmittelbaren Nachgang von 1901 auf 260 Millionen hinab revidiert werden.

[235] Sorrel, La république contre les congrégations, 143: «Le ‹milliard des congrégations› s'est évanoui pour autant qu'il ait jamais existé, et les religieux sont les premières victimes d'une immense dilapidation, même s'ils ont réussi à sauver une partie des biens immobiliers grâce à des prête-noms et à cacher ou à faire passer à l'étranger les biens mobiliers.»

[236] Vgl. Houte, Le Triomphe, 267: «La rue change de physionomie: les habits religieux y sont plus rares, même si l'on reconnaît facilement les congréganistes laïcisés aux tenues démodées et mal ajustées qu'ils ont dû adopter.»

A la veille de la vente, annoncée par affiches, des biens qui leur ont été ravis par une injustice violente, MM. Lobbé, Dehon et Legrand protestent contre cet acte de spoliation.

M. Lobbé a acheté sa maison de la rue des Frères-Desains par acte notarié et l'a payée régulièrement. Cette maison est encore garnie avec les meubles de M. Dehon, qui sont également confisqués, quoi qu'ils lui soient absolument personnels et qu'ils proviennent en grande partie de sa famille.

M. Legrand a acheté la maison de Fayet et l'a agrandie, soit avec des ressources provenant de sa famille, soit par le fruit de son industrie.

Ces Messieurs ont protesté déjà à chaque étape de la procédure qui a abouti à cette injuste dépossession. Ils renouvellent aujourd'hui publiquement cette protestation.

Ils sont blessés dans leur patriotisme autant que dans leurs droits personnels.

Il y a des œuvres catholiques en Turquie et en Afrique. Turcs et Nègres les respectent. Et c'est en France qu'on foule aux pieds le droit de propriété et la liberté de conscience!

On abuse de la patience et de la douceur des prêtres pour les spolier. Un ouvrier, conscient de son droit naturel, disait : « On vous prend votre maison ; moi, je n'ai que ma truelle, mais qu'ils y viennent ! »

Souffrir ces violences sans formuler au moins une protestation serait manquer au devoir, à l'honneur, au patriotisme.

Saint-Quentin, le 11 décembre 1905.

LOBBÉ, DEHON, LEGRAND.

Abbildung 13: Ein Protestplakat (aus ADR B 39, 2/E, Inv. Nr. 670.27) im Vorfeld der in St. Quentin anberaumten Zwangsversteigerung der Güter der Abbés Lobbé, Legrand und Dehon. Es ist auf den 11.12.1905 datiert. Der aussergerichtliche, auf einer lokalen Ebene lancierte, öffentliche Einsatz dieser, nennen wir es Medienkampagne, hat sich insofern gelohnt, als keine potentiellen Käufer zur Versteigerung der der Kongregation zugerechneten Gebäude in St. Quentin und in Fayet gekommen sind. Man vermochte später die besagten Objekte selbst zurückzukaufen. Thematisch fixiert der Inhalt des Plakats auf (1) das Privateigentum, das über Familie und Fleiss erworben und hier unrechtmässig beschlagnahmt worden sei, (2) auf patriotische Anspielungen, die jedoch auch kontrastiert werden, weil es anderswo, ja selbst in der Türkei und in Afrika, den katholischen Werken besser ergehe als hier vor Ort in Frankreich, und (3) auf die priesterliche Geduld mit und in dieser Situation. Diese wird mit der eines einfachen Arbeiters ausgedeutet, der sehr wohl um sein Naturrecht wisse und es auch handfest mit der Maurerkelle («truelle») verteidigen würde. Die Enteigneten sehen sich als Opfer der Justiz und der Politik, sie wenden aber keine Gewalt an. Von der Darstellung her dürfte mit der gross gehaltenen Überschrift und den fett gesetzten Unterschriften der drei betroffenen ortsbekannten Kleriker, die das Plakat in Auftrag gegeben haben, schon alles ausgesagt worden sein, sodass das Kleingedruckte zu lesen nicht überflüssig im Wesentlichen unnötig gewesen sein könnte. Auch ein anderes, kleiner gehaltenes Protestplakat findet sich im Archiv der Herz-Jesu-Priester in Rom. Es umfasst nur 3 Sätze: «Der, welcher Kirchengut kauft, ist exkommuniziert. Der, der von einem unrechtmässigen Besitzer kauft, ist ein Hehler. Das in schlechter Weise erworbene Hab und Gut rentiert sich niemals.» (ADR B 39/2 E: «Celui qui achète des biens d'Église est excommunié. Celui qui achète à un possesseur injuste est un recéleur. Le bien mal acquis ne profite jamais.») Albert Claude Lobbé (1856-1933) war von 1893-1903 Generalrat der Kongregation.

Dehon selbst verteidigte sein Eigentum in St. Quentin konsequent und mit Nachdruck auf verschiedenen Ebenen. Auf juridischem Wege tat er dies, aber auch im konkreten Alltagsgeschehen nach dem Prinzip der kleinen Nadelstiche. Er interpretierte sein Handeln grossflächig als einen Kampf gegen das raffgierige Freimaurertum, das Misstrauen gegenüber dem liberal-republikanischen Staat wuchs nochmals. Dehon setzte dabei auf den Weg des juridischen Einspruches, der Reklamation oder mittels retardierender Rekurse vor Gericht, verfasste Protestnoten, aber legte es daneben auch auf anarchistisch-aktivistisch anmutende Protest- und Plakataktionen sowie auf kleine konfrontative Begegnungen an.[237] Der Konflikt wurde nicht gescheut. Nach der Konfiszierung schreckte er Kaufinteressenten wirksam ab, als diese im Rahmen einer Immobilien-Besichtigung widerrechtlich Dehons verbliebenes Gartengrundstück betraten. Dehon drohte mit Rauswurf, «expulsion» benannte er seine Androhung. Spürbar nicht ohne jeden Stolz und ohne ironischen Zynismus erzählt er diese Episode in seinem autobiografischen Werk.

In seinem energischen Eintreten für seinen Besitz verbuchte Dehon zumindest einen kleinen Teilerfolg. Dieser sagt etwas über die lokalen Bezüge und die Verwurzelung Dehons in seiner Heimat aus. Der 1887 erworbene Gartenanteil, von dem wir schon hörten, im Bereich des Mutterhauses wurde ihm vorerst gerichtlich zugestanden, als Besitz mitsamt Gartenhaus verbrieft. Von diesem aus organisierte er seinen «Widerstand». Handelt es sich dabei um einen lokal gefärbten Kompromiss oder/und auch um das Ergebnis des doch vehementen Einsatzes Dehons für die Güter der Kongregation? Wohl beides. Erklärt neben dem symbolischen Datum, dass es sich bei der Maison Sacré-Cœur um das Haupt- bzw. Geburtshaus der Kongregation handelte, auch das Faktum, dass dieser Besitzanteil Dehons in direkter Nachfolge zum aus der Ablöse des familiären Erbvermögens erworbenen Grundstücks steht, den zähen Einsatz Dehons?

Auf jeden Fall gesellte sich zur materiellen Dimension eine höchst symbolische Aufladung. Daher erstand Dehon das restliche Anwesen mitsamt Haus,

---

[237] Vgl. dazu auch die Anzeige eines Protestplakats, das Dehon mitverantwortete, in: La Semaine Religieuse du Diocèse de Soissons, de Laon & de Saint-Quentin, Soissons 1906, 70. Folgender Text sei auf die Mauern St. Quentins plakatiert worden: «*Appel à la conscience publique*. Nos biens vont de nouveau être mis en vente le 2 février au profit du fisc. Nos concitoyens de Saint-Quentin se sont honorés en s'abstenant de toute enchère au premier essai de vente, qui a eu lieu le 22 décembre [1905]. Ils savent que sous le nom trompeur de liquidation se cache une injuste confiscation. Pour toute protestation, aujourd'hui rappelons seulement deux articles de la *Déclaration des droits de l'homme et du citoyen*, qui a été votée par l'Assemblée Nationale les 20, 26 août 1790 et qui forme la base de notre Constitution. Art. 10. – Nul ne peut être inquiété pour ses opinions *même religieuses*, pourvu que leur manifestation ne trouble pas l'ordre public établi par la loi. Art. 17. – La propriété étant *un droit inviolable et sacré*, nul ne peut en être privé, si ce n'est que quand la nécessité publique légalement consultée l'exige évidemment et *sous la condition d'une juste et préalable indemnité*. Ceux qu'on appelle les Grands Ancêtres, comprenaient mieux que leurs successeurs la justice et la liberté. Lobbé, Dehon, Legrand.» In dieser Plakataktion beriefen sich Dehon und Co also auf die Verfassung, die Religionsfreiheit und die Sicherung des Privateigentums; vgl. dazu auch das in Abbildung 13 verwendeten Plakat im Vorfeld der ersten Zwangsversteigerung.

nach einer ersten missglückten Versteigerung – keine Bieter sind zu diesem Gerichtstermin erschienen –, in einem zweiten Anlauf zum «halbierten» Preis, um noch immer stolze 10.500 Francs, zurück. Neben der Beiziehung der Androhung der Exkommunikation beim Griff nach kirchlichen Gütern bediente sich Dehon im Nachgang des 1. Juli 1901 argumentativ vorrangig der Schiene, den Schutz des Privateigentums hervorzustreichen. Dehon zeigte sich äusserst motiviert und einsatzbereit. Das alles wird aber nur teilweise von Erfolg gekrönt sein. Das Schloss in Fourdrain, ein Haus im südfranzösischen Marsanne und das Studienhaus in Lille gingen dem Institut verlustig.

Dehons Blick auf Geld und Eigentum ist in diesem Fall also ziemlich klar und eindeutig: Er weicht hier keinen Millimeter freiwillig zurück, pocht auf die Menschenrechte, das Privateigentum und die Verfassung. Dieses Engagement ist wohl den meisten Betrachtern und Interpreten der Geschichte nachvollziehbar. Selbst dann, wenn man den Geschichtsverlauf in der Gesellschaftsentwicklung «deterministisch» interpretieren wollte, weil ja die Ereignisse um die Jahrhundertwende das Ergebnis eines langwierigen Modernisierungs- und Staatsbildungsprozesses wären, oder für den Fall, dass in dem ganzen Geschehen die Fortschrittsdimension liberaler Errungenschaften betont wird. Beide, oft in eins fliessende Muster können wohl das Unrecht nicht aufwiegen, das hier am Werk war. Dehon würde wohl, wie im späteren römischen Maurras-Prozess, einwenden, dass eine «Politik mit allen Mitteln» verfolgt worden wäre, was der Gerechtigkeit und dem Recht fundamental widerspreche.

Vorliegendes Kapitel ging dem nach, wie Dehon das Geld verstand und es handhabte. Das hat so manche Reibefläche zum Vorschein treten lassen. Waren es einerseits Kräfte, die Wohlstand und ökonomischen Fortschritt als uneigentliche und unwichtige Fragen für das Christentum ansahen, so waren auch rigoristische, asketische Stimmen Dehons Position gegenüber skeptisch. Dies eher implizit als explizit. In der Zinsfrage, in der sich Dehon theoretisch positionierte, wurde auch ein Konflikt mit der Tradition und deontologischen Positionen ausgemacht. Ein zweiter Schritt zeigte uns dann einen in Bezug auf Geld und Vermögen pragmatisch und praktisch veranlagten Ordensgründer, der über seine ökonomisch privilegierte Herkunft durchaus wusste, wie er um seinen Anteil zu kämpfen hatte – ein «Vermögen», das er in seine neue Familie einfliessen liess. In der Zusammenfassung am Schluss des Bandes wird dann nochmals der im Kapitel verhandelte rote Faden aufgenommen und abgeschlossen werden.

Kapitel IV

Patria und Nation bei Dehon – Symbole zwischen französischem Sendungsbewusstsein und der Wahrnehmung von Defiziten

Die politischen, gesellschaftlichen und sozialen Transformationen der III. Französischen Republik (1870-1940) sind für Dehons Aktions- und Wirkradien sowie die Ausbildung seiner politischen und religiösen Einschätzungen zu einem hohen Grad mitentscheidend. Nach der Errichtung der Republik waren ihre ersten Jahre davon geprägt, Wege hin zu einer sich erneut zu etablierenden Monarchie zu eröffnen. Dieses Unterfangen zerschlug sich Ende der 1870er Jahre, als die republikanische Staatsform sich verfestigte und ihren Eigenstand dauerhaft durchzusetzen vermochte. Philip Nord[1] hält fest, dass vieles von dem, was die III. Republik in den ersten Jahrzehnten ihres Bestehens und somit auch in der Zeit, in die Dehons stärkeres «öffentliches Auftreten» in seinem fünften und sechsten Lebensjahrzehnt fällt, politisch umgesetzt hat, sich langfristig bewährte und sogar ihre eigene Zeit bei weitem überlebte. Ähnliches gilt für Dehon, dessen 1878 gegründete Institution auch bis heute weiter besteht. So sind viele in der einen oder anderen Form noch Teil dieser Geschichte. Die III. Republik fand zwar 1940 ein Ende, aber viele der von ihr im Geiste des Republikanismus gesetzten gesellschaftlichen und politischen Planken wirken bis heute nach – weit über die engeren Grenzen Frankreichs hinaus.

In den Korb dieses die Zeit Überdauernden fällt das Faktum, dass die Republik das öffentliche Leben auch für religiöse Minderheiten öffnete. Hier wurde eine Agora geweitet, die schon die Französische Revolution zum ersten Mal und in geradezu abrupter Weise auftat. Protestantische und jüdische französische Mitbürger profitierten in der III. Republik davon. Zweitere, kleinere Minderheit fand andere Möglichkeiten vor als das zur selben Zeit Ende des 19. Jahrhunderts in Deutschland der Fall war, wo es in viel grösserer Zahl jüdische Bürger gab. So hätte etwa ein jüdischer Militär in der preussischen Armee keinen Offiziersrang einnehmen können, wie das für Alfred Dreyfus (1859-1935) der Fall war.[2] Deswegen setzten jüdische Gruppen auch grosse Hoffnungen in die Entwicklungen im französischen Kontext. Daneben sind die Umorientierung im Schul- und Bildungswesen zu nennen, die die katholische Kirche, insbesondere die Kongrega-

---

[1] Vgl. Philip Nord, The Third Republic, in: The French Republic. History, Values, Debates, ed. by Edward Berenson/Vincent Duclert/Christophe Prochasson, Ithaca/London 2011, 44-55.

[2] Vgl. Michael Brenner, Hoffnungen und Enttäuschungen. Frankreich, seine Juden und der Antisemitismus, in: NZZ, 26.01.2015.

tionen, betraf, sowie zentralstaatliche Vereinheitlichungsbestrebungen aller Art. Ebenso schritt die Ausweitung bürgerlicher Freiheiten wie der Rede- und Pressefreiheit in dieser Zeitspanne des 19. Jahrhunderts im republikanischen Frankreich voran. Die nun von der Zensur freie Presse beherrschte zunehmend den öffentlichen Diskurs und wurde zu einer eigenständigen Kraft. Das kann bei Dehon, der dem Mediengeschehen grosse Aufmerksamkeit schenkte, in den uns von ihm erhaltenen Schriften leicht nachvollzogen werden. Er gründete Presseorgane und seine analytischen «Zeitschriftenschauen» etwa sind in den Quellen zu Dehon omnipräsent. Die öffentliche Meinung, die über die Zeitschriften und Zeitungen geformt und transportiert wird, bezeichnete der Kongregationsgründer als «la reine des societés démocratiques».[3]

Abbildung 14: Dehon als «inszenierter Zeitungsleser» in seinem Büro. Er hält die bekannteste und einflussreichste katholische Tageszeitung Frankreichs seiner Zeit in den Händen, die «La Croix». Ihr politischer Einfluss, v.a. bei der Geistlichkeit, war bedeutend. Das gilt auch für die in diesem Kapitel betrachteten Zusammenhänge nationaler Symbolik um die Jahrhundertwende von 1900. Auf im Blatt der Assumptionisten geführte Debatten etwa zur Nationalflagge[4] nimmt Dehon mehrfach Bezug.

Abbildung 15: Für den Herz-Jesu-Freitag am 7. Dez. 1900 etwa ist dem Hauptsignet der Zeitschrift, nämlich dem Kruzifix im Strahlenkranz, eine Herz-Jesu-Trikolore beigefügt.

Unter anderem zählt Nord zu den die Zeit und die Regierungsformen anhaltend überragenden Momenten die Kreierung oder besser wohl die Festlegung eines Sets von politischen und auch spezifisch zivilreligiösen Symbolen, wie sie sich in der ersten Phase der gefestigten III. Republik in den 1880er und 1890er Jahren ausbildete. Diese Symbole vermochten es bis ins 21. Jahrhundert hinein, im französischen Nationalbewusstsein fest verankert zu bleiben, und konnten dabei, wie es sich zeigt, ihre emotionelle Relevanz beibehalten. Die Marseillaise wurde 1879 (nach 1795) erneut als nationale Hymne bestätigt, und 1880, ein Jahr später, folgte die kalendarische Einschreibung des Nationalfeiertags auf den 14. Juli. Was wäre Frankreich ohne diese beiden? Neue nationalreligiöse Riten werden hier am Beginn der Republik infuliert. Eric Hobsbawn spricht von «invented traditions» in den neuen bürgerlichen Massengesellschaften ab 1870. Einheitsnationalstaaten wurden geschaffen und waren dabei auf Traditions- und

---

[3] La barque de Pierre. Discours prononcé par le révérend père Dehon à l'Église de Saint-André de la Vallée, à Rome, le 8 janvier 1901, in: RCJ, 2/1901, hier REV 8031087/16.
[4] Vgl. nur Stéphen Coube, Le XXe siècle au Sacré-Cœur, in: La Croix, 28.01.1900, 1 (Titelblatt).

Ritenbildung angewiesen, gerade um sich vom christlichen Kultursubstrat als allgemeiner Richtschnur abzusetzen. Dieser Prozess wurde vom Katholiken und Priester Dehon kritisch gesehen, teilweise sogar beargwöhnt.

Der 14. Juli war Ausdruck einer einheitsstaatlich orientierten sozialen und geografischen Integration, im Speziellen über die Ablösung lokaler, besonders von im religiösen Kalender verankerter Feste. 1880 konnte sich die Republik so gefestigt fühlen, diesen Tag in den Kalender einzuschreiben, ihm also einen festen Ort im Jahreslauf zuzuweisen. Diese Gegebenheit bezeichnet Henk te Velde als einen «Ausdruck des Sieges der Republik»[5]. Zu diesem Festanlass waren erstmals bewusst religiöse Verantwortungsträger nicht eingeladen. Eine Teilnahme von Seiten des Klerus war wegen des rein «zivilen» Charakters des Feiertages nicht vorgesehen.[6] So zeigte die Initiierung dieses nationalen Feiertages eine neue, laizistische Haltung gegenüber der Kirche an, denn zugleich mit diesem politischen Akt wurde dazu die obligatorische Sonntagsruhe aufgehoben.[7] Zur Einführung des *Quatorze Juillet* notiert Dehon in seinen *Notes Quotidiennes* in aller Deutlichkeit und mit viel Ironie: «Die Abgeordnetenkammer treibt ihre Heldentaten weiter voran und wählt als Nationalfeiertag den 14. Juli, um sich sehr sauber von jeder religiösen Idee zu verabschieden.»[8]

5.1 Die III. Französische Republik und republikanische Symbole

Daneben und im Verbund mit dieser kalendarischen Massnahme setzte sich im republikanischen Frankreich die Trikolore als Staatsflagge mehr und mehr durch. Dieses Nationalsymbol wurde zwar nicht neu «geschaffen», konnte es sich doch auf eine fast 100 Jahre währende, in der Revolution verankerte Tradition berufen. Eine Ausnahme bildete da die nach dem Wiener Kongress folgende Zeitspanne der so genannten Restauration von 1815-1830. Wie auch die anderen beiden symbolischen Normierungen im Bereich der Musik und des Kalenders, also dem «Ton-» und «Zeitraum», knüpfte das Heranziehen der Trikolore im «Bildraum» also direkt an die Französische Revolution an. Die dreigliedrige Fahne der «grande nation» fand dann im Speziellen im militärischen Kontext breite Ver-

---

[5]   Vgl. Henk te Velde, L'origine des fêtes nationales en France et aux Pays-Bas dans les années 1880, in: Pim den Boer/Willem Frijhoff (Hg.), Lieux de mémoire et identités nationales, Amsterdam 1993, 105-109, v.a. 107: «Le 14 juillet était à la fois une expression de la victoire de la République et un effort pour implanter le régime républicain définitivement.»

[6]   Vgl. Olivier Ihl, Des fêtes sans Dieu. L'enjeu de la laïcité dans les célébrations républicaines du début de la Troisième République, in: Pim den Boer/Willem Frijhoff (Hg.), Lieux de mémoire et identités nationales, Amsterdam 1993, 227-235.

[7]   Dehon wird sich sehr engagiert für die Sonntagsruhe einsetzen, vgl. nur den ersten Jahrgang seiner Zeitschrift ‹Le Règne› 1889, z.B. CHR 1889/58, 159, 161, 182.

[8]   NQT 13/121: «La Chambre, continuant ses exploits, choisit pour fête nationale le 14 juillet, pour bien se séparer de toute idée religieuse.» Vgl. dazu Ihl, Des fêtes, 229, im Speziellen Fussnote 6. Anderenorts wird Dehon vermerken, dass ihm der Gedenktag der Jeanne d'Arc als der bessere, geeignetere Nationalfeiertag erschienen wäre.

wendung und erlangte – über Kanäle der Armee – gerade dadurch nachhaltigen Erfolg.[9] 1872/73 hatte der im legitimistischen Verständnis als Thronfolger geltende Henri Comte de Chambord (1820-1883) die Blau-Weiss-Rote Fahne als Standarte und Aushängeschild Frankreichs vehement abgelehnt. Zu sehr hätte sie nach seinem Ermessen eine Einschränkung für die Monarchie bedeutet, die er wieder errichten hätte sollen.

Nach dem deutsch-französischen Krieg 1870/71 und der traumatischen Niederlage Frankreichs wurde eigentlich eine konstitutionell-parlamentarische Monarchie ins Auge gefasst. Aufgrund einer mit Staatssymbolen hantierenden Argumentation – de Chambord als Henri V. wollte die weisse, royale Flagge wieder einführen – und einer daraus resultierenden (Nicht-)Handlung konnte die Monarchie jedoch nicht wiederhergestellt werden. So lautete zumindest die offizielle, auf das zentrale Staatssymbol abzielende, stark symbolische Begründung. Paris war dem Thronprätendenten also eine Trikolore nicht wert. Das schien dann sogar Papst Pius IX. (1792-1878, reg. 1846-1878) eine ein wenig übertriebene, zu idealistische Vorgehensweise, handle es sich bei einer Flagge doch nur um eine «serviette», ein Stofftuch.[10] Sollte deshalb die ideale Staatsform geopfert werden?

De Chambord sah dies sichtlich anders als der Papst. Er machte klar, dass er die Trikolore als revolutionäres Symbol vollumfänglich ablehnte. Diplomatische Vermittlungsversuche, besonders des einflussreichen Bischofs von Orléans, Félix Dupanloup (1802-1878), der darauf verwies, dass doch selbst der Klerus mehrheitlich fest hinter der Trikolore stehe, scheiterten an der Intransigenz Henri de Chambords.[11] Damit sind die Staatssymbole auch im engeren Kontext der Auseinandersetzung um Staats- und Regierungsformen zu verorten und stehen im Hintergrund richtungsweisender Entscheidungen. Sie sind mehr als einfache, oberflächliche Zeichen. Der Thronprätendent bestand noch 1873 von seinem österreichischen Exil aus – wo ihn zehn Jahre früher unter anderem der junge, zu dieser Zeit noch royalistisch gesinnte Dehon besuchte[12] – auf der weissen Flagge (mit den roten Königslilien). Nur sie könne Aushängeschild und Sinnbild eines

---

[9] Vgl. Charles Hacks, Histoire du drapeau français, Toulouse 2010 (1. Auflage 1934. Das Werk steht ganz unter dem Eindruck des gewonnenen Ersten Weltkriegs. «Entre les mains du poilu franc le drapeau tricolore a acquis une gloire immortelle», S. 243).

[10] Vgl. Giacomo Martina, Pio IX (1867-1878) (Miscellana Historiae Pontificiae 58), Rom 1990, 362-364, hier 363: «Tout ça pour une serviette...», soll Pius IX. in diesem Kontext der «vertanen Chance» für die Restauration gesagt haben.

[11] Vgl. Martina, Pio IX, 362: «Ma il principe era insensibile agli inviti alla prudenza ed alla moderazione, e si mostrava privo di ogni senso politico. O il tricolore, o nulla.»

[12] Vgl. NHV 2/115, worin er diesen Besuch in Frohsdorf nähe Wien im November 1863 als 20jähriger in patriotisch-pathetischen Tönen schildert: «Au déjeuner nous étions en face du prince et de la comtesse. On causa surtout de voyages. Le prince était allé récemment en Orient, nous revenions de Norvège. Le ton religieux de la maison, la bonhomie du prince nous charmèrent. La comtesse était solennelle. Après le déjeuner, causerie au salon. Au moment du départ, le prince nous donna son portrait et nous dit avec des larmes dans les yeux: ‹Au revoir, en France›. Je me réjouis maintenant d'avoir connu ce vrai français, si bon, si noble, si chrétien, et si rempli de saintes intentions pour le relèvement de notre patrie.»

wahrhaft königlichen, an alte Traditionen anknüpfenden Frankreichs sein.[13] In eiligen Vermittlungsversuchen auf Initiative französischer Royalisten schlug man dem Thronfolger so etwa eine Trikolore mit roten Lilien im Mittelstreifen der Trikolore vor. Eine weitere Schlichtungs- bzw. Kompromissvariante wollte die Trikolore als Fahne der Nation und des Militärs beibehalten, die weisse Fahne sollte dagegen die persönliche Standarte des Königs sein. Wieder eine andere Kompromissvariante zielte auf eine Fahne, die auf der einen Seite weiss, auf der anderen Seite die Trikolore zeigen sollte; eine letzte, eher unausgegorene und wenig erfolgversprechende Variante dachte an, dass Rot aus der (dann wohl nicht mehr so bezeichnet werden könnenden) Trikolore zu verbannen, um dem ersehnten künftigen König Weiss-Blau schmackhaft zu machen.[14] Alles vergebens. Die restaurative Wiederanknüpfung an das royale Frankreich scheiterte, und die Republik kam zunehmend gefestigt in Schwung. Der institutionellen Kirche fehlte nunmehr ihre traditionelle, in Jahrhunderten eingespielte Absicherung über das Königtum, die andererseits als Rückseite der Medaille durch die Jahrhunderte aber auch immer Kontrolle und Beschränkung bedeutet hatte. Die Allianz von Thron und Altar kam an ein Ende.

Gerade um die neue, alte dreigliedrige Staatsflagge mit inhärentem Rückbezug auf die Französische Revolution als Epochenzensur, mit ihrem bürgerlich-elitären, kühlen Touch, ohne Emblem bzw. Signet, und mit republikanisch-militärischer Aufladung entspannten sich im hochgradig zerklüfteten katholischen Lager Frankreichs einige Diskussionen. An diesen beteiligten sich Dehon und sein politisch bzw. sozial engagiertes Umfeld. Ja, sie mussten sich förmlich darum bemühen, wollten sie am nationalen Diskurs partizipieren und nicht aussen vor bleiben. Und dabei waren dann Widerspruch und Kontestation unvermeidlich. So zeigt sich die weitreichende Bedeutung der Debatte um die Staatsform bis in kleinere Kreise der religiösen Gemeinschaft der katholischen Kirche hinein: Die Figur des sakralen Königtums, in affirmativer Aufnahme einerseits, sowie in zunehmender Ablehnung und Distanzierung andererseits, verstärkt durch den Tod de Chambords 1883, dessen Ableben auch Dehon in starker Weise aufgreift, wirkt in Frankreich lange und in solid gelagerten Tiefenschichten nach – anders als dies etwa nach 1918 in Österreich der Fall sein wird, wo freilich unter anderen Voraussetzungen und später als im hier betrachteten Fall die Kirche eine relativ rasche Abwendung von der Monarchie bewerkstelligte.[15]

---

[13] Vgl. allgemein zu Frohsdorf als «Wallfahrtsort»: Bruno Dumons, Des «blancs» de France à Frohsdorf. Voyages et pèlerinages politiques, in: Politiques du pèlerinage du XVIIe siècle à nos jours, ed. Luc Chantre/Paul D'Hollander/Jérôme Grévy, Rennes 2014, 283-297. Der Besuch Dehons liesse sich in dessen Schilderung ohne grosse Probleme in die vorgelegte Analyse Dumons einschreiben und er diente zugleich als bestens illustrierendes Beispiel für diese Form der «voyages et pèlerinages politiques».

[14] Vgl. dazu instruktiv, insbesondere auch für die weiter unten im Zusammenhang mit Dehon dann herangezogenen Texte, und mit ihnen zeitgleich: L'Ami du Clergé 22 (1900) 497-499, hier 498.

[15] Vgl. Ernst Hanisch, Der lange Schatten des Staates. Österreichische Gesellschaftsgeschichte im 20. Jahrhundert (Österreichische Geschichte 1890-1990, hg. von Herwig Wolfram), Wien 1994,

Das sakrale Königtum war im französischen Umfeld mentalitätsgeschichtlich fest verankert, monarchistische Strömungen wirkten noch lange fort.

Vorliegendes Kapitel hat es sich zur Aufgabe gestellt, an ausgewählten, spezifischen Punkten «Konfliktzonen» zu betreten, mit der Aussicht, eine breiter kontextualisierte Profilierung Dehons vorantreiben zu können. Dehons Biografie(n) wurde(n) ja schon mehrmals geschrieben. Gerade in dieser Auseinandersetzung und konfliktiven Debatte schärft sich Dehons Positionierung, die in dieser Form noch nicht untersucht wurde. In vorliegendem Abschnitt wird mittels eines diachronen, biografischen Längsschnitts der sich zu verschiedenen Zeiten der III. Republik unterschiedlich herauskristallisierende Bezug Dehons zur Nationalflagge, d.h. der Trikolore, herausgestellt. Dabei zeigen sich signifikante Konjunkturen oder Wellenbewegungen auf der Ebene der dem nordfranzösischen Priester und Ordensgründer eigenen Einschätzungen, Urteile und Wahrnehmungen.

Demgegenüber sind aber starke biografische Muster der Kontinuität feststellbar, was Farben, Symbolik und damit zusammenhängende nationale Konstruktion bei Dehon überhaupt betrifft. Nach dem diachronen Durchgang, der von den 1870er Jahren bis in die Zeit nach dem Ersten Weltkrieg reicht, werden anschliessend einige damit im grösseren Zusammenhang stehende Aspekte vertieft. So kann das Feld des «nationalen Engagements», das Dehon sichtlich wichtig war, ihm aber auch von aussen auferlegt wurde, weiter ausgeleuchtet werden: Es wird dabei um die verschränkende Achse Frankreich-Rom, den national gefärbten katholischen Antisemitismus (und seinen spezifischen Umgang mit Minderheiten) und die schillernde Verkettung von Nation(alismus) und Geschichte bzw. Militarismus innerhalb der so bezeichneten «culture of defeat» gehen. Nun aber in einem ersten Schritt zur Trikolore.

5.2 Trikolore im Werden sowie das Herz-Jesu-Symbol

Neben der monarchistischen weissen Flagge mit den sinnigerweise als «Blancs» etikettierten Anhängern[16] stand die im republikanischen Strom parallel zum dreiteiligen nationalideologischen Leitspruch «Liberté, Egalité et Fraternité» interpretierte Trikolore. Sie war im Prozess ihrer zunehmenden Verankerung zur Zeit der III. Republik tendenziell für eine «Weiterentwicklung» oder Fortschreibung offen: Zumindest gilt dies für jene aus dem katholischen Umfeld stammenden Vorstösse, die eine Anbringung des Herz-Jesu-Symbols im Zentrum der Flagge als eines ihrer politisch-religiösen Wunschprojekte vorantreiben. Eine solche Na-

---

263-336, hier v.a. 293: «Die katholische Kirche hatte den Übergang zur Republik anstandslos geleistet, von Ignaz Seipel ideologisch vorsichtig geführt.» Trotzdem gab es nostalgische Stimmen im Episkopat und unter der Priesterschaft. Ignaz Seipel 1876-1932, war in den 1920er Jahren Parteiobmann der Christlich-Sozialen und zweimal Bundeskanzler der I. Republik.

[16] Vgl. Bruno Dumons/Hilaire Multon, «Blancs» et contre-révolutionnaires. Espaces, réseaux, cultures et mémoires (fin XVIIIᵉ-début XXᵉ siècles): France, Italie, Espagne, Portugal (Collection de l'École Française de Rome 454), Rome 2011, 4-7.

tionalfahne würde das je länger je nötiger werdende Postulat jener traditionsreichen Verknüpfung zwischen Frankreich als (bevorzugter und auserwählter) Nation und dem Christentum als (einzig absoluter) Religion gut zum Ausdruck bringen können. Die katholische Religion als Staatsreligion, zumindest als solche mit besonderem Charakter oder als Glaubensbekenntnis der Mehrheit der Franzosen, wie es im Napoleonischen Konkordat hiess, wäre so sichergestellt und in ein anschauliches Bild gegossen – das für heutige Ohren so sperrige Konzept einer «christlichen Nation» wird damit angezeigt. Was Mariano Delgado für Spanien, insbesondere für das Verstehen der «Erwählungsnostalgie des katholischen Traditionalismus» im 19. Jahrhundert à la Juan Donoso Cortés schrieb, gilt wohl in diesem Kontext ohne Abstriche für Frankreich:

> «Für die heutige Geschichtsschreibung mag vieles skurril klingen, denn heute fehlt das Fundament einer solchen Geschichtsschau, nämlich das Selbstverständnis eines Volkes als ‹christliche Nation› vor Gott, von ihm auserwählt für eine besondere historische Bestimmung. Aber auch in unserem säkularen Zeitalter sind geschichtstheologische Denkmuster indirekt wirksam, zumeist unter dem Deckmantel der Geschichtsphilosophie oder der politischen Theorie.»[17]

Unschwer ist es nachzuweisen, dass Dehon das Fundament einer Geschichtsschau «christlicher Nationen» noch präsent war und dass auch heute es im französischen Kontext eine indirekte Wirkung solcher Typologien gibt – man denke nur an die Laizitätsdebatten. Aber zurück ins 19. Jahrhundert: Ein in zahlreichen Initiativen für eine christlich-französische Nation oft Anklang findender historisch-normativer Rückgriff richtete sich auf Margareta Maria Alacoque, einer, wenn nicht der zentralen Figur für die Geschichte der Herz-Jesu-Frömmigkeit. 1864 hatte Pius IX. diese Mystikerin und Ordensfrau selig gesprochen. Sie hatte Ludwig XIV. unter völlig anderen politischen Umständen zwei Jahrhunderte früher ein politisches Anliegen[18] vorgetragen und zwar an den als absolutistischen Monarchen par excellence geltenden Regenten schlechthin: Ein Herz-Jesu-Symbol möge die Staatsflagge zieren, dort, wo sich deren Diagonalen schneiden.

---

[17]   Mariano Delgado, Die katholische Nation. Typologien einer vorsehungstheologischen Deutung der spanischen Geschichte, in: Mariano Delgado/Volker Leppin (Hg.), Gott in der Geschichte. Zum Ringen um das Verständnis von Heil und Unheil in der Geschichte des Christentums, unter Mitarbeit von Séverine Décaillet (Studien zur christlichen Religions- und Kulturgeschichte 18), Fribourg/Stuttgart 2013, 289-307, 307.

[18]   Vgl. dazu instruktiv Luigi Morello SCJ in der Einleitung zur Sammlung und Veröffentlichung von Dehons Artikeln zwischen 1889-1922, wo dieser 1978 schreibt: «Il faut dire que cette idée de consécration des nations au Sacré Cœur a fait sa réapparition, un peu partout, dans les trente dernières années du XIXe siècle; cela était dû surtout aux initiatives partant de Paray où le Baron Alexis de Sarachaga travaillait dans ce sens. De toute manière, il s'agit d'une conception sociale à portée fort limitée, confinée dans le domaine du symbolisme plus que dans la réalité.» (in: REV 8031000/38) Im vorliegenden Kapitel wird gerade auf die von Morello für die soziale Schiene als weniger wichtig erachtete Ebene der Symbolik ein Schwerpunkt gelegt, weil diese, wie sich in der behandelten Frage zeigt, durchaus Relevanz für sich beanspruchen darf. Die im Umfeld von Paray wichtige Gestalt des Alexis' von Sarachaga lebte von 1840-1918.

Diese Wunschbitte wird nun von manchen Seiten, so etwa im Umfeld des einen Wallfahrtsboom erlebenden Paray-le-Monial, am Ende des 19. Jahrhunderts als aktueller und dringender denn je angesehen. Das auch deswegen, weil sich die Republik im Inneren und nach aussen mit vielen Krisenherden konfrontiert sah, und sich allgemein Unsicherheit breit machte, aber auch allein schon, weil eine neue Staatsform sich ausbildete. Daneben fand man neue historische «Beweise» für das ersehnte religiös-politische Unterfangen: So beispielsweise als ein Brief aus dem Jahre 1744 aufgefunden werden konnte, der den diesmal an Ludwig XV. gerichteten Wunsch der Anbringung des Herzens Jesu auf seine Standarten dokumentierte.[19] Damit wird dieses nationale Desiderat aus dem 17. Jahrhundert in eine straffe Traditionslinie eingeschrieben, sozusagen als zeitloses, die Jahrhunderte überdauerndes und dann sogar Regierungsformen übersteigendes Anliegen. Es brauche das Herz-Jesu als öffentliches und nationales Symbol.

François Veuillot (1870-1952), der Neffe des als ultramontan schlechthin geltenden Louis Veuillot und wie jener Publizist, ab 1907 Direktor des *L'Univers* und später dann im Ersten Weltkrieg Propagandist des französischen Anliegens innerhalb der katholischen Welt, war ein wichtiger Exponent jener Gruppe, die einen solchen ikonografischen Zusatz forderte.[20] Handelt es sich dabei um eine Marginalie, um eine religiöse Marotte ohne soziale, politische Bedeutung? Wohl kaum! Für Veuillot hat die Herz-Jesu-Verehrung auch eine bürgerliche und soziale Dimension, «un caractère civique et social», wie Dehon dies einmal für ihn positiv anerkennend festhält.[21]

Auch Pater Joseph Lemius OMI, Superior der Kapläne auf dem Montmartre zwischen 1893 und 1920 und zu gewisser Bekanntheit gekommen, weil er die Enzyklika *Pascendi* Pius' X. mitentworfen hatte,[22] unterstützte dieses Postulat nachdrücklich. Veuillot war zeitweilig Lemius' Sekretär, beide hatten gute Verbindungen nach Rom. 1900 hob Lemius ein Bulletin mit dem Namen *Le drapeau du Sacré Cœur* aus der Taufe. Dieses national orientierte Herz-Jesu-Projekt als eines unter vielen war jedoch keineswegs unumstritten. Nicht nur ausserhalb des Katholizismus im engeren Sinne traf dies zu. «Diese Frage wird viele Debatten zwischen 1890 und 1920 heraufbeschwören und vergiften, weil es Uneinigkeit

---

[19] Vgl. Jacques Benoist, Le Sacré-Cœur de Montmartre de 1870 à nos jours, t. 1, Paris 1992, 582.

[20] Vgl. dazu nur die kurze, aber wohlwollende Besprechung der Broschüre «Au drapeau! Pour la France!» aus der Feder François Veuillots in: L'Ami du clergé 22 (1900) 1015. Veuillot verknüpft in seinem Werk die Forderung nach einer Herz-Jesu-Tricolore mit der Biografie einer Ordensfrau aus Orléans, Marie-Joseph Didier (1876-1900), die sich ganz dieser Aufgabe und Forderung gewidmet habe und «ihr Leben dafür hingab»: «La sœur Marie-Cécile, dans le monde Marie-Joseph Didier, a reçu de Dieu la vocation de s'offrir en victime pour le salut de la France. Au drapeau! Pour la France! C'est la devise qu'elle choisit.» (ebd., 1015).

[21] Le drapeau, in: RCJ, 8/1902, vgl. CHR 1902/123 Wir würden heute dem «Zivilen» und «Sozialen» wohl das Konzept des «Politischen» hinzufügen.

[22] Gerade in der Zeit Pius' X. und in der Sache der ‹Action française› wird Lemius Dehon gegenüber skeptisch ausgerichtet sein – es wurde darauf schon in Kapitel II, Ziffer 3.6.2 aufmerksam gemacht.

unter den Katholiken gab»[23], bringt es Jacques Benoist auf den Punkt. An der Herz-Jesu-Trikolore schieden sich sozusagen in signifikanter Weise die Geister, womit sie es uns auch erlaubt, Charakterisierungen voranzutreiben, die Dehon genauer unter die Lupe zu nehmen vermögen.

Auch Christian Sorrel nahm dieses in politikgeschichtlichen Analysekategorien als *cleavage* zu bezeichnende Moment auf, als er sich jüngst mit dem Männerwallfahrtsboom am Ende des 19. Jahrhunderts beschäftigte. Das Wallfahrtswesen ist eine neben der Prozessionskultur sprichwörtlich «anschauliche», «demonstrative» Form des organisierten (Massen-)Katholizismus: Dabei erfüllte das Mittragen und das Zeigen von Fahnen eine wichtige quasi- bzw. paraliturgische Funktion, die um 1900, wie etwa in der Zeitschrift *L'Ami du clergé* zu ersehen, für diverse Rückfragen sorgte: Dürfen etwa Flaggen für Gottesdienste und Begräbniszüge verwendet werden? Darf der Sarg bei einem katholischen Begräbnis mit einer Nationalflagge geschmückt werden usw.? Sorrel stellt, ähnlich wie Benoist, für unseren hier diskutierten Fall fest: «Das Anbringen des Herzens Jesu an die Trikolore stiess jedoch bei den Katholiken keineswegs auf einhellige Zustimmung.»[24] Keine Einstimmigkeit also, sondern breiter Dissens: Denn die radikalen Monarchisten, von denen sich Dehon mehr und mehr absetzen wird, sollten bis in die Zeit des Ersten Weltkriegs hinein das für sie unmissverständlich revolutionär-republikanische Signum der Trikolore zurückweisen. Dies geschieht analog zur Haltung des dann 1883 verstorbenen Kronprinzen de Chambord und seinem «non possumus». Die Gruppe der Royalisten optierte für die weisse Flagge der Monarchie.

Es ist jedoch damit nicht gesagt, dass nicht auch monarchistische Stimmen für die Anbringung eines Herz-Jesu-Symbols als Teilschritt hin zur Monarchie votieren konnten, im Rahmen des vorläufig möglichen je nächsten Schrittes, wie das z.B. bei Lemius der Fall zu sein scheint, oder dass es daneben auch Monarchisten im Gefolge der Juli-Monarchie (Orlandisten) gab, die gerne die Trikolore anzunehmen bzw. beizubehalten bereit waren. Die Lage präsentierte sich also fragmentiert und von diversen, spitzfindigen Optionen gekennzeichnet, die im Kern die historische Einschätzung und Beurteilung der Revolution als Dreh- und Knackpunkt beinhalteten. Die «Blancs» ihrerseits wurden als konterrevolutionär, rückwärtsgewandt und revanchistisch angesehen.

In der insgesamt politisch sehr inhomogenen und fragmentierten Welt der Katholiken Frankreichs – weshalb hier oft mit einem gewissem Neid über den Rhein nach Deutschland oder über die Alpen gen Italien geblickt wurde – zeigte

---

[23] Benoist, Le Sacré-Cœur, t. 1, 582: «Cette question va cristalliser ou empoisonner bien des débats entre 1890 et 1920 car il y a opposition entre les catholiques.» Es handelt sich gerade um diesen Zeitraum, der hier Betrachtung findet.

[24] Christian Sorrel, Les pèlerinages d'hommes dans la France des années 1890-1900, in: Politiques du pèlerinage du XVIIe siècle à nos jours, ed. Luc Chantre/Paul D'Hollander/Jérôme Grévy, Rennes 2014, 179-188, hier 186: «L'apposition du Cœur de Jésus sur le drapeau tricolore ne fait cependant pas l'unanimité parmi les catholiques.»

sich aber auch eine zerklüftete und fein konturierte Landschaft innerhalb der nicht-(mehr)-monarchistischen und sich wie Dehon allmählich dem Ralliement verschrieben habenden Katholiken. Was die Nationalflagge und das potentielle Anbringen eines Herz-Jesu-Symbols betraf, herrschte bei den katholischen Republikanern Dissens: Ist es denn legitim, dies überhaupt zu fordern, und welche Implikationen und Konsequenzen hätte das dann? So lautete eine Frage. Der schon genannte François Veuillot aus der für die katholisch-französische Welt über ein Jahrhundert wichtigen Familiendynastie der Veuillots sah in der geforderten Collage «ein Symbol, das die Fähigkeit hat, die Gläubigen zu einen und sie im Blick auf die soziale Herrschaft Christi zu mobilisieren»[25], also eine das Individuum übersteigende, auf die katholische Welt abzielende Formierungsfunktion, im Rahmen einer erhofften christlichen oder klerikalen Republik.

Einerseits konnte Veuillot und mit ihm etwa René du Bouays de La Bégassière, der in Paray aktiv war,[26] damit der Tatsache entsprechen, dass die Mehrheit der Franzosen sich mit der Trikolore faktisch angefreundet hatte, wie das schon Dupanloup dem Thronprätendenten mitteilte. Andererseits gebe es mit dem Herz-Jesu-Motiv, das noch angebracht werden müsste, ein eindeutig religiös und emotional konnotiertes Surplus, einen die Trikolore spezifizierenden Zusatz, der das revolutionäre Moment im Prinzip rückbinde. Aber die Stimmenvielfalt im Gefolge der mehr oder weniger realistischen bzw. unrealistischen Fahnenvorschläge für die französische Nation ist damit noch keineswegs ausgeschöpft. Tauchen wir nun ein wenig stärker in die Diskussionen und das Umfeld Dehons ein.

5.2.1 Abbé Jules Lemire und die Trikolore – Trennung von Sphären und Ebenen

In den sich nun während der 1890er Jahren verdichtenden Diskussionen hat ein Zeitgenosse Dehons und wie dieser ein bzw. vielleicht *der* Vertreter der so genannten Zweiten Christlichen Demokratie, nämlich Jules Lemire, zusätzlich auf die Nationalflagge anzubringende bildhafte Epitheta abgelehnt. Gleiches gilt, wie es Sorrel auch notiert, für Männerwallfahrten. Beides stiess bei Lemire, der ab 1893 zuerst mit dem selbstgewählten Etikett als «socialiste chrétien»[27] als Priesterpolitiker und Abgeordneter wirkte, auf wenig Gegenliebe. In der kombi-

---

[25] Sorrel, Les pèlerinages d'hommes, 186: «[...] un symbole capable de réunir les fidèles et de les mobiliser en vue du règne social du Christ».
[26] Vgl. Claudia Schlager, Kult und Krieg. Herz Jesu – Sacré Cœur – Christus Rex, Tübingen 2011, 216, vgl. zu R. Bouays de La Bégassière, dessen Lebensdaten nicht eruiert werden konnten, sein apologetischer Artikel zu: Cœur de Jésus (Culte du), in: Dictionnaire Apologétique de la Foi Catholique, sous la direction de A. d'Alès, Paris 1911, tome 1, 566-587. Bouays de La Bégassières Schriften sind schwer verfügbar, werden aber herangezogen in Jean-Vincent Bainvel, La Dévotion au Sacré-Cœur de Jésus. Doctrine – Histoire, Paris [4]1917, 131, 554, 555 sowie Auguste Hamon, Histoire de la dévotion au Sacré-Cœur de Jésus, Paris 1907ff.
[27] Vgl. Eintrag zu Lemire, Jules, in: Jean-Marie Mayeur/Yves-Marie Hilaire, Dictionnaire du monde religieux dans la France contemporaine, Bd. 4: Lille-Flandres, von André Caudron unter Mitarbeit von Joseph Valynseele, Danielle Delmaire, Françoise Lottin-Triquet, Paris 1990, 317-319, hier 317.

nierenden Feststellung Sorrels ist klar zu erkennen, wie Symbole und öffentlicher Raum sowie deren öffentliche «Bewirtschaftung» im Wallfahrtswesen zusammenhängen. Lemire fand, dass die Trikolore dafür passend sei. Die Nationalflagge sollte nach Lemires Dafürhalten und Absicht keinesfalls verändert werden.[28] Für den nordfranzösischen *abbé démocrate* machte bereits Jean-Marie Mayeur auf dessen «Feindschaft gegenüber der Anbringung des Herzens Jesu auf der Nationalflagge»[29] aufmerksam. Dieser Zugang Lemires kann an dieser Stelle dazu verwendet werden, Dehon komparativ stärker zu profilieren.

Jules Lemire ist 1853 in Nordfrankreich geboren, also zehn Jahre jünger als Dehon, und hat wie dieser das Gymnasium Sankt Franziskus in Hazebrouck besucht. 1878 in Cambrai zum Priester geweiht, kehrte Lemire an diese Schule zurück und wurde im Verlauf des Neubaus eines Teils des Schulhauses mit der prekären Situation der Arbeiterschaft konfrontiert. Die Arbeiterschaft beschäftigte ihn dann ein Leben lang. 1891 widmete er seinem und auch Dehons geschätzten Lehrer Pierre Dehaene (1809-1882)[30] eine Schrift. Ein Exemplar des Bandes Lemires mit einer persönlichen Hommage an Dehon befindet sich bis heute in Dehons Nachlass-Bibliothek in Rom.[31]

1893 setzte sich Lemire schriftstellerisch mit dem 1892 verstorbenen, sozial engagierten Henry Edward Kardinal Manning auseinander. Im selben Jahr kandidierte er dann gegen einen Notablen als Mitbewerber auf katholischer Seite und einen Republikaner, konnte sich in diesem Wahlgang durchsetzen und verblieb bis zu seinem Lebensende auf nationaler Ebene in der Legislative. In dieser politischen Funktion verschrieb er sich vorrangig den sozialen Fragen, ohne in den religiösen Belangen und Disputen seiner Zeit, an denen es nicht fehlte, ganz in den Hintergrund zu treten. Arbeitsruhe, medizinische Versorgung für die Arbeiterschaft, das Versicherungs- und Kreditwesen für die «kleinen» Leute waren ihm ein besonderes realpolitisches Anliegen. Im Speziellen aber war Lemire die

---

[28] Jean-Marie Mayeur, L'Abbé Lemire, 1853-1928, un prêtre démocrate, Paris 1968, 184. Und in der zugehörigen Fussnote verweist Mayeur auf den Gegenspieler in dieser Sache, Léon Gustav Dehon. Mayeur wird der Figur Dehons auch 40 Jahre später kritisch distanziert gegenüber stehen, vgl. Jean-Marie Mayeur, Leone Dehon e l'antisemitismo, in: Yves Ledure (Hg.), Antisemitismo cristiano? Il caso di Leone Dehon, Bologna 2009, 87-91. Das gilt auf jeden Fall dann, wenn der kurze Beitrag Mayeurs im Gesamt des Sammelbandes betrachtet wird, der dann auch positivere Einschätzungen zu Dehon versammelt.

[29] Mayeur, L'Abbé Lemire, 184: «[...] hostilité à l'apposition du Sacré-Cœur sur le drapeau national».

[30] Vgl. Dehons Wertschätzung für diese Priestergestalt NHV 1/27: «Cet homme de Dieu a exercé dans le Nord un vaste apostolat. Sa vie mériterait d'être écrite. C'était une nature d'élite. Il était ardent comme un homme du Midi, correct et digne comme un homme du Nord. Le collège ne suffisait pas à son zèle, il évangélisait la Flandre. Il allait prêchant avec une véritable éloquence en flamand et en français. Il nous donnait au collège la lecture spirituelle quotidienne, le catéchisme du dimanche, des sermons, les confessions.»

[31] Vgl. Jules Lemire, L'abbé Dehaene et la Flandre, Lille 1891 (Inv. Nr. 922.2, DE, L) Deckblatt: «A monsieur Dehon, Supérieur de la Congrégation des Prêtres du Sacré-Cœur | fidèle ami de M. Dehaene | Cet hommage d'auteur est offert en témoignage de reconnaissance | Lemire, Hazebrouck le 4 Jan. (?) 1891.»

Schaffung und Heranbildung von eigenem, noch so kleinem Besitz für die Arbeiter ein Anliegen, versinnbildlicht im Arbeiter- bzw. Schrebergarten. Für dieses konkrete sozialpolitische Postulat rief er als seinen Dachverband das «œuvre des jardins ouvrieres» ins Leben.[32]

Als Pionier und Doyen der christdemokratischen Bewegung lehnte Lemire es ab, Kopf dieser Strömung zu sein, die dann innerkirchlich, sowohl von Rom aus, als auch im lokalen Kontext von Cambrai und Lille ab 1901 in die Zange genommen wurde. Weil er 1914 trotz Ermahnung des Bischofs nochmals zur Wahl angetreten war, wurde ihm schliesslich die Ausübung seiner priesterlichen Vollmachten untersagt. Papst Benedikt XV. nahm diese Einschränkung noch während des Krieges zurück. Lemire war zu dieser Zeit geschätzter Bürgermeister der Stadt Hazebrouck – Beweis für seine Volksnähe. Dass er als Priesterpolitiker stark auf die Trennung von Sphären pochte und seine politische Funktion in erster Linie als die eines republikanischen Volksvertreters verstand, brachte ihm viel Kritik ein – auch von Dehon, mit dem er aber auf den nationalen Klerikerkongressen Ende des 19. Jahrhunderts gut zusammenarbeitete und der Lemire andererseits handfest verteidigte. Also, Lemire war einer Herz-Jesu-Trikolore gegenüber, sagen wir es einmal so, sehr, sehr skeptisch.

Diese dezidiert und unzweideutig «republikanische» Haltung hat Lemire auf den Nationalkongressen des französischen Klerus in St. Quentin, Reims und Bourges eingenommen. Denn ein symbolischer Zusatz auf der Nationalflagge hätte für Lemire nur geheissen, ein Demokrat und Republikaner zu sein, der den Anschein erweckte, lediglich mit Vorbehalten die Republik akzeptieren zu wollen.[33] Somit wäre man als Katholik gleichsam ein halber Republikaner *sub conditione*. Lemire nimmt die Nationalflagge in der Form der Trikolore telquel an, verteidigt sie und schreckt vor etwaigen Modifikationen zurück, «sorgfältig das Spirituelle vom Zeitlichen unterscheidend und auf der Basis gemeinsamer Werte bereit, mit den Nichtglaubenden zusammen zu arbeiten»[34], so Sorrel. Der Blick wird bei Lemire auf die «Anderen» hin gelenkt. Von ihnen ist als Nichtglaubenden bei Sorrel explizit die Rede. Das wird Lemire in der katholischen Kirche seiner Zeit einige Probleme eintragen, wohingegen bei Veuillot in der konfliktiven Frage eher der Binnenblick ausschlaggebend war. Blickrichtung und Adressatenkreis sind also analytisch nicht unerheblich, sie könnten verschiedener

---

[32] Vgl. Béatrice Cabedoce/Philippe Pierson, Cent ans d'histoire des jardins ouvriers 1896-1996. La Ligue Française du Coin de Terre et du Foyer, Grâne 1996, darin v.a. der Beitrag von Jean-Marie Mayeur, 21-26. Auffällig ist, dass auch Dehon dem Garten als solchem eine besondere Bedeutung beimisst, gerade auch rund um das Mutterhaus der Kongregation, die Maison du Sacré-Cœur in St. Quentin. Dehon und Lemire sind sehr naturverbunden.

[33] Ein solches Urteil trifft auf Pater Lemius zu, dem Jacques Prévotat später eine starke Nähe zur die Republik ablehnenden «Action française» zuweist, vgl. Jacques Prévotat, Les milieux catholiques d'Action française, in: Michel Leymarie/Jacques Prévotat (Hg.), L'Action française, culture, société, politique, Villeneuve d'Ascq 2008, 155-172, hier 161.

[34] Sorrel, Les pèlerinages d'hommes, 186: «[...] distinguant bien le spirituel du temporel et prêt à collaborer avec les non-croyants sur la base des valeurs communes».

nicht sein, denn wie könnte etwa – so eine gewiss anachronistische, in dieser Weise zeitgenössisch nicht formulierte, aber implizit doch existente Frage – das französische Judentum und das Herz-Jesu-Motiv als nationales Signet zusammengedacht werden? Damit ist die grobe, bipolare Achse möglicher Orientierungen auf einer Skala zwischen Veuillot und Lemire abgesteckt. Wo finden wir nun Dehon?

Wie Mayeur, der Lemire und Dehon als *abbés démocrates* in dieser Frage stark kontrastiert hat, andeutete, hat Dehon eine (vorerst) andere Position eingenommen, als wir sie bei Lemire antreffen konnten. Dieser Positionsbezug Dehons war einer, der innerhalb katholischer Gruppierungen jedoch eine sehr weite Verbreitung erfahren hatte und auch von Rom aus mit Unterstützung rechnen konnte. Das ist nicht unerheblich. Die eine Papstaudienz förmlich verklärende Kleinschrift von Alphonse Lorain von 1894 bringt das gut zur Geltung: Sie trägt den Titel *Le drapeau national du Sacré-Cœur*[35] und nimmt auf ein Treffen französischer Katholiken rund um die einflussreiche Zeitung *La Croix* mit Ralliement-Papst Leo XIII. und einer durch den Pontifex erfolgten Segnung von Herz-Jesu-Nationalflaggen Bezug: Fahnen, die für die «Zukunft» und für die «Einheit» (der Katholiken) gedacht seien, wie es da heisst.[36]

Wie zeigt sich nun also diese nationalsymbolische Fragestellung und Herausforderung bei Dehon selbst? Auf welche Weise versucht Dehon den Sachverhalt einzuordnen, der für ihn rein vordergründig und quantitativ, dem Umfang der Quellen zufolge, keinen zentralen Topos in der politischen Positionierung darstellt, der aber doch mehr als nur äussere Symbol-Kosmetik ist und aufschlussreich in ein grösseres Ganzes eingeordnet werden kann, ja es illustriert. Greifen wir auf zwei thematisch aussagekräftige Beiträge aus *Le règne du Cœur de Jésus*, der 1889 von Dehon selbst aus der Taufe gehobenen Zeitschrift, zurück. Dieses Publikationsorgan verstand sich unter anderem auch als spezifisches Forum, das 100 Jahre früher vorgefallene Revolutionsgeschehen zu verarbeiten sowie die aktuellen Zeitläufe der III. Republik zu beobachten, zu analysieren und mitzugestalten. Wir treffen dabei Dehon als Publizisten und für seine Zeit modernen «Medienmenschen» an.

---

[35] Alphonse Lorain, Le drapeau du Sacré-Cœur, Lons-le-Saunier 1894.
[36] Lorain, Le drapeau du Sacré-Cœur, 10. Dort findet sich auch die Idee, dass diese Fahne das Aushängeschild der «Démocratie chrétienne» werden solle (S. 10), und dass von den drei durch Papst Leo XIII. gesegneten Fahnen neben dem Eigengebrauch eine für die Basilika von Montmartre und eine für Jerusalem bestimmt sei (S. 8). Eingedenk der Ralliement-Politik des Papstes zeigt sich darin auch, dass das Herz-Jesu auf der Trikolore nicht einfach als simples konterrevolutionäres Projekt gedeutet werden darf.

5.2.2 Dehons doch anderer Akzent – Schutzfunktion religiöser Symbole

Im September 1896 erschien ein Artikel Dehons mit dem für die hier betrachteten Zusammenhänge interessierenden Titel: «Le drapeau». Dehon befindet sich
lebensgeschichtlich in einer Phase starken politischen Engagements, das indirekt
auch im Einsatz für seine noch nicht anerkannte Kongregation gesehen werden
muss. Gleich zu Beginn des Beitrags wird klar, dass Dehon sich angefragt fühlt,
dass er sich in einem gewissen Konfliktfeld vorfindet, sich in der Defensive
wähnt und sich zu rechtfertigen gedrängt fühlt. So heisst es: «Einige Katholiken
gehen soweit sich zu wundern, dass wir das Zeichen des heiligen Herzens auf
unseren Flaggen fordern.»[37] Die Verwunderung bzw. das Erstaunen anderer aus
dem Umkreis der eigenen Konfession über den Herz-Jesu-Zusatz wird statuiert,
nachdem der erste Satz des Editorials, einen Verfall insinuierend, lautete: «Wir
sind der wahren Bedeutung der Nationalflaggen verlustig gegangen.»

Die Suche nach dem «Wahren» ist nicht nur in diesem Kontext für Dehon
Programm. Es gilt mancherorts, das «Wahre» freizulegen – gerade auch in nationalen Diskursen, wo vieles als verschüttet, als wieder neu aus der Geschichte
Hervorzuholendes gesehen wird. Ein geschichtlicher Verweis erklärt im Anschluss, warum denn nun das Herz-Jesu-Symbol beansprucht und als bedeutsam
betrachtet wird: Denn es ginge ja in all den Fahnen, Wappen und nationalen
Zeichen um die symbolische Rückversicherung einer «protection divine». So ist
es bereits bei den Römern und Kaiser Konstantin der Fall gewesen – dessen
Labarum und Leitmotiv «in hoc signo vinces» hat bekanntlich ein enormes Echo
in der Christentumsgeschichte erlebt und scheint zeitlos aktualisierbar. Die Einschätzungen haben sich nun offensichtlich verändert, wo man sich heute, laut
Dehon, doch mit Farben allein begnüge. Eine Farbpalette sei jedoch in ihrer
Banalität wenig darin befähigt, Menschen anzuspornen oder einen motivierenden
Effekt bereitzustellen. Von diesem emotionalen und psychologischen Manko der
einfachen Trikolore war schon bei Veuillot die Rede. Beide sehen also die Ebene
der Wirkungen, den Zweck, als entscheidend an. Darum geht es Veuillot, aber
1896 auch Dehon.

Aber, so heisst es bei Dehon weiter, das Kreuz als im Vergleich zum Herz-
Jesu freilich anders ausgerichtetes und historisch verankertes christliches Symbol
ist noch nicht überall verschwunden. Nicht einmal für Frankreich treffe dies zu,
wo die Marine noch immer eine «belle croix blanche sur fond bleu» benütze.[38]
Dieser subtile Seitenhieb Dehons auf seine eigene Heimat ist erklärbar, weil die

---

[37] Léon Dehon, Le drapeau, in: RCJ, 9/1896, 417-419 (hier EXT 8035086/1). «Quelques catholiques vont jusqu'à s'étonner que nous demandions le signe du Sacré Cœur sur nos drapeaux.» Zu
Beginn des Beitrags hiess es: «Nous avons perdu le sens vrai des étendards nationaux.» Eine
«Verlustgeschichte» wird angedeutet und bedauert.

[38] Im Zweiten Weltkrieg werden die Exilfranzosen von London aus unter General de Gaulle ein so
genanntes Lothringer-Kreuz in den weissen Streifen der Trikolore einbringen.

III. Republik ikonoklastische Züge aufwies. Jacqueline Lalouette[39] sprach für besagten Zeitraum (1879-1914) als eine nach den Religionskriegen und der Französischen Revolution dritten grossen ikonoklastischen Phase in Frankreich. Jener neue Bildersturm formierte sich auf zwei Ebenen: einerseits die Verbannung der christlichen Symbole aus dem öffentlichen Raum nach dem Motto «delenda est crux»[40], andererseits auf der Ebene der in Karikatur und Spott praktizierten hämischen Preisgabe christlicher Bilderwelt. Diese Momente sind stets mit zu bedenken, wenn die Diskussionen zur Herz-Jesu-Trikolore studiert werden.

In «Le drapeau» stellt Dehon die Frage, warum man denn die Häuser Frankreichs neben der Trikolore nicht auch mit dieser Flagge der Marine, also einem weissen Kreuz auf blauem Grund, schmücken sollte? Das würde doch göttlichen Segen einbringen. Der Generalsuperior der Herz-Jesu-Priester führt 1896 diesen seinen Gedankengang so zu Ende: «Wir werden jedoch nicht unsere Marineflagge in Reims hissen. Die schlaue Polizei würde diese als eine Kirchenfahne ansehen und sich anschicken, sie herunterzureissen.»[41] In ironischer, konfrontativer Weise kommt in Dehons Beitrag die bald bevorstehende Klerusversammlung im französischen Erinnerungsort Reims[42] in den Blick: Im Umfeld der Centenar-Feiern des Gedächtnisses und der Erinnerung der Taufe Clodwigs im Vorfeld der siegreichen Schlacht von Tolbiac (496) angesiedelt, vermochte dieser Kongress über eine Initiative Lemires 800 Kleriker zu versammeln. Dehon wohnte den Versammlungen aktiv bei und schätzte diese sehr.[43] Mit dem rhetorisch-ironischen Seitenhieb Dehons auf die Polizei wird der Staatsapparat in ein weniger gutes Licht gestellt. Denn vom Ordnungsdienst dürfe nicht erwartet werden, dass dieser Fahnen zu unterscheiden fähig sei. Wir haben es mit einem subtilen Beispiel unter vielen für die angespannte gesellschaftspolitische Situation im Frankreich des ausgehenden 19. Jahrhunderts zu tun sowie mit einem nicht ganz uncharakteristischen Anflug ironischen Humors, wie ihn Dehon pflegte. In den Staatsapparat hatte Dehon zu dieser Zeit sichtlich wenig Vertrauen.

Es folgt im hier näher betrachteten *Le Règne*-Artikel ein rascher Durchgang von Ländern und Regionen, die das Kreuzeszeichen in welcher Form auch immer führten, die also zu ihrer christlichen Prägung stünden und diese nicht ablegten. Dabei kommt neben Italien (mit dem Wappen Savoyens), Griechen-

---

[39] Vgl. Jacqueline Lalouette, Iconoclastie et caricature dans le combat libre-penseur et anticlérical (1879-1914), in: Stéphane Michaud/Jean-Yves Mollier/Nicole Savy (Hg.), Usages de l'image au XIXe siècle. Avec une préface de Maurice Agulhon, Paris 1992, 51-60.

[40] Lalouette, Iconoclastie et caricature, 51.

[41] Dehon, Le drapeau (EXT 8035086/3). «N'allons pas toutefois arborer notre drapeau marin à Reims, l'intelligente police le prendrait pour une bannière et s'empresserait de le déchirer.»

[42] René Remond, Les deux congrès ecclésiastiques de Reims et de Bourges, 1896-1900, Paris 1964, der das die Klerusversammlung abschliessende Bankett 1896 mit vielen Fahnen («petits drapeaux tricolores») geschmückt beschreibt und erwähnt, dass der Hauptorganisator Abbé Lemire reichlich verdankt wurde: «le personnel lui offre un bouquet orné de rubans tricolores.» (ebd., 76).

[43] Vgl. Martin Simpson, France at Reims: The Fourteenth Centenary of the Baptism of Clovis, 1896, Working Paper 2013, University of the West of England, http://eprints.uwe.ac.uk/22097.

land, Malta, Schweden und Russland der Schweiz – als Nachbarland Frankreichs und neben San Marino die «einzige» Republik in dieser Zeit – eine besondere Auszeichnung zu: «Die Schweiz hat auf allen ihren Flaggen das Kreuz.»[44] Eine helvetische Trikolore konnte sich nach den Revolutionsereignissen hundert Jahre früher in diesem Land nicht durchsetzen.

Auf das zu Beginn festgehaltene Erstaunen kommt Dehon dann über eine Klammer am Schluss nochmals zurück, in der Weise, dass auf einer übergeordneten Ebene die Irritation über ein solches Unverständnis zum Ausdruck gebracht wird: Sogar die Heiden führten doch schon religiöse Symbole! Und das Ganze wird noch dadurch überboten, dass es nun von göttlicher Seite in quasi direkter Art für Frankreich sogar den Vorschlag gibt, das Symbol des Herzens-Jesu zu integrieren: «Ist das nicht ein Zeichen für Bevorzugung?»[45] Auf dieses Angebot sollte, so der publizistisch tätige und sichtlich appellierende Dehon, nicht verzichtet werden, sei es doch, so die dargelegte Logik, von göttlichem Segen und Schutz begleitet. Soweit also die Positionierung und Einschätzung Dehons im Vorfeld der nationalen Klerusversammlung von Reims, die er in seiner eigenen Zeitschrift im Spätsommer 1896 zu Papier brachte. Einer Herz-Jesu-Nationalflagge stand Dehon zu diesem Zeitpunkt keinesfalls abgeneigt gegenüber, ja man könnte sogar sagen, dass er diese zu jenem Zeitpunkt favorisierte. Dehon konnte sich jedenfalls mit dieser Vorstellung gut anfreunden.

5.2.3 Blau, Weiss, Rot – Geschichtliche Einholung eines bestehenden Farbensets

Sechs Jahre später wird die Nationalflagge in der Zeitschrift *Le Règne* erneut thematisiert. Nationalsymbole beschäftigen Dehon also weiterhin, die Sache ist keine Eintagsfliege. Diesmal kommt in einer Art «Symbolarchäologie» stärker die Geschichte und die Farbwahl in den Blick. Auf die dreigliedrige Farbpalette als solche wird eingegangen. Ein doch etwas anderer Ansatz in der Argumentation geht dem Sachverhalt nationaler Symbolik erneut nach, und Dehon bezieht sich auf eine in der – das katholische Frankreich dieser Zeit dominierenden – Zeitung *La Croix* aufgegriffene Debatte. Die 1883 als Wochenzeitschrift gegründete *La Croix* erreichte in den 1890er Jahren als Tagesblatt eine Auflage von 170.000 Exemplaren. Darunter fanden sich neben Dehon (vgl. Abbildung 14)

---

[44]   Der Schweizerische Bundesrat, also die Regierung, hat Anfang der 1890er Jahre das Schweizerkreuz normativ festgelegt, die Normierungsprozesse sind also parallel zu den französischen Vorgängen. Vgl. für die Schweiz: Elio Pellin/Elisabeth Ryter, Das Schweizer Kreuz zwischen nationaler Identität und Corporate Identity, Zürich 2005, 21 (Absatz: «Von der Tricolore zum Kreuz»), aber auch den Beitrag von Georg Kreis, 113-122. Ein Jahrhundert früher war die offizielle Schweiz in der Zeit der Helvetik auch im Besitz einer Trikolore, die sich jedoch nicht durchsetzen konnte, und gerade deshalb für Personen wie Dehon ein «attraktiver Standort» war. Ein Beitrag zu Dehon und die Schweiz bzw. seine Sicht auf diese Alpenrepublik zu verschiedenen Zeiten seines Lebens wäre ein reizvolles Unterfangen.

[45]   Dehon, Le drapeau (EXT 8035086/7). «N'est-un pas une marque de prédilection?». Und vorher hiess es: «La Suisse a la croix sur tous ses pavillons.» Auch das Konzept der Bevorzugung verdiente bei Dehon als Muster einer eingängigeren, philologisch orientierten Untersuchung.

25.000 *abbés* als Abonnenten und Leser.[46] Wiederum gab es also für Dehon einen konkreten Anlass der Bezugnahme, wobei sich der wiederholte Zugriff auf das Thema nunmehr weniger kämpferisch ausnimmt. Der bescheidenere Ton kommt schon dadurch zum Ausdruck, dass Dehon zu Beginn festhält, hier nur einige Reflexionen zur Debatte beisteuern zu wollen.

Zudem äussert sich der weitläufigere Horizont darin, dass über einen biblischen Bezug und denjenigen auf Thomas von Aquin – Étienne Fouilloux sprach vom «Bollwerk des Thomismus» im katholischen Frankreich jener Zeit – vorab ganz allgemein auf den Wert und die Welt der Symbole eingegangen wird. Symbole stellten einen höheren Bezug her und lassen verschiedene Bezugsebenen durchscheinen. Wie der Titel des Beitrags («Bleu, Blanc, Rouge. Les couleurs et les drapeaux») es schon bezeichnet, kommt in der Dezemberausgabe 1902 der *Le Règne* gerade die Farbensymbolik in den Blick, die noch Jahre vorher als wenig motivierend und ohne Zusatz als irgendwie leer und unbestimmt herhalten musste. Es kann und soll hier nicht darum gehen, der bestimmt interessanten symbolischen, quasi sakramentalen Zuordnung von Farben im Detail nachzuspüren, wie sie – abermals über Thomas von Aquin oder über den zeitgenössisch bekannten, am Institut Catholique de Paris lehrenden Bibliker Fulcran Vigouroux (1837-1915) vermittelt – in der Bibel verstanden und von Dehon als plausibel rezipiert wurden. Auffallend ist jedoch, dass in diesem Beitrag von Ende 1902 der farbige Fahnengrund zentrale Aufmerksamkeit erfährt und nicht ein der Nationalflagge eventuell hinzuzufügendes Symbol.[47] Ist das ein Befund im Sinne einer Ergänzung, die Dehon vornehmen wollte, oder doch einer sich abzeichnenden Veränderung bzw. realen Modifikation in Dehons Einstellung?

Wenn zum Schluss des doppelt so umfangreichen Artikels wie im Vergleich zu 1896 wiederum die Kontinuität mit dem vorher behandelten Beitrag dadurch zum Vorschein kommt, dass Dehon abermals die Applikation des Herz-Jesu-Symbols fordert, so trägt der Text aus 1902, wie gesagt, unzweifelhaft einen anderen Charakter: Denn Dehon unternimmt es, die bestehende symbolische, eigentlich ja revolutionäre, Grundlage positiv aufzugreifen und christlich einzuholen. Fühlt Dehon, dass die Umsetzung einer Herz-Jesu-Trikolore nunmehr nicht mehr realistisch ist? Die zur heiligen Schrift hergestellten florilegischen Bezüge spielen in der positiven Aneignung der Farben ebenso eine Rolle wie der Rückbezug auf das Hochmittelalter. Dieses hatte für Dehon in einzigartiger

---

[46] Vgl. Vicki Caron, Catholic Political Mobilization and Antisemitic Violence in Fin de Siècle France: The Case of Union Nationale, in: The Journal of Modern History 81,2 (2009) 294-346, hier 297. Noch heute kann die katholische Tageszeitung an die 100.000 Leser verzeichnen.

[47] Vgl. das auch bei Abbé Garnier und seiner politischen Bewegung so festzustellende Vorgehen, die drei Farben auf die Trinität zu beziehen bei Caron, Catholic Political Mobilization, 315: «Indeed, to testify to their republican credentials, the Union Nationale [Garniers Bewegung im Zuge des Ralliements, bei der auch Dehon eingeschrieben war, DN] even appropriated the chief republican symbol – the tricolor – as a backdrop for innumerable leaflets and broadsides, although they frequently adorned it with the image of the Sacred Heart of Jesus and maintained that it signified the Holy Trinity.»

Weise einen Symbolismus ausgebildet, insbesondere in der Heraldik. Der Verweis Dehons auf Jean de Mathas (1154-1213) Vision, während dieser seine erste Messe in Paris zelebrierte, und in der die drei zur Frage stehenden Farben – eigentlich sind es ja nur zwei, weil Weiss physikalisch gesehen keine Farbe ist – eingebunden waren, stellt einen historisch artikulierten Hauptreferenzpunkt des Textes dar: ein weisser Engel mit einem blau-roten Kreuz. Jean de Matha pilgerte daraufhin, so die von Dehon fortgesetzte Erzählung, am Ende des 12. Jahrhunderts von Paris aus zu Innozenz III. nach Rom, wo sich die vorgenannte Vision bei einer Messe des Papstes für das Kirchenoberhaupt wiederholte. So zeigt sich das Gründungsnarrativ der Trinitarier, die später durch den Sklavenfreikauf Bekanntheit erlangten, dem ein Faible für das Mittelalter entwickelt habenden Dehon. Innozenz III., der Juristenpapst, deutete die drei Farben auf die Trinität hin: Weiss der Vater, Blau der Sohn und Rot der Heilige Geist. Diese Dreiheit als hintergründiger Anklang an die Trinität hätte sich dann, so der historisch argumentierende Verweis Dehons, in Frankreich in vielen Wappen durchgesetzt: drei Lilien, drei Sterne oder etwa, wie in seinem eigenen Familienwappen selbst: drei Amseln[48] – oder eben als «Bleu, Blanc, Rouge».

Warum nun aber diese doch länger referierende Passage mit historischem Anklang? Sie faltet aus, was Dehon im nachfolgenden Zitat gedrängt so zum Ausdruck brachte: «Frankreich war also in einer sehr speziellen Weise der Trinität geweiht.»[49] Der Generalsuperior der Herz-Jesu-Priester, welchem allgemein bescheinigt wird, dass er in seiner späteren Lebensphase sich stärker mit dem Mysterium der Trinität beschäftigte, zeigte damit 1902 an, dass hintergründig und ohne aktives Wissen die kulturgeschichtliche Entwicklung dem Leser/der Leserin den Gedanken erschliessen könne, dass die Trikolore eigentlich die Trinität präsentiert, oder, wie es in einem weiteren Anlauf heisst, Weiss für den Glauben an Gott, Blau für das Vertrauen auf Maria und Rot für die Hingabe an Christus und all die Märtyrer steht, welche Frankreich evangelisiert hätten. Das sei doch für den Christen erfreulich. Zuallererst gab sich Dehon aber damit patriotisch, gerade in einer Phase, wo er für die Kongregation um staatliche Anerkennung angesucht hat. Die zynische Ironie von 1896 fehlt.

Ein komparatistisch orientierter Ausblick, in den ein allgemeiner Wunsch eingebunden ist, schliesst diesen Text Dehons ab: «Als das Piemont die italienische Flagge annahm, setzte es in die Mitte der Flagge das savoyardische Kreuz. Wenn eine Regierung im Geiste der Reparation Frankreich wieder aufrichten wird,

---

[48] Im Familienwappen der Dehons finden sich drei Vögel, «trois merlettes noires sans pied ni bec», vgl. Henri Dorresteijn, Vie et personnalité du père Dehon, Malines 1959, 7, aber auch das Deckblatt des biografisch orientierten Buches mit eingraviertem Familienwappen. Die fehlenden Körperteile der Singvögel weisen nach Dorresteijn darauf hin, dass die Familie De Hon als Adelsgeschlecht in den Kreuzzügen nicht ungeschoren davon gekommen ist.

[49] Léon Dehon, Bleu, Blanc, Rouge. Les couleurs et les drapeaux, in: RCJ, Dezember 1902, hier EXT 8035174/11: «La France était donc vouée tout spécialement à la Trinité.»

dann wird sie in der Mitte der Fahne das Heilige Herz Jesu setzen.»[50] Könnten die italienischen Verhältnisse in dieser Hinsicht nicht ein Vorbild sein? Dehon wird einige Jahre später diese Idee des Transfers und den Vergleich Frankreich-Italien ausweiten, wie noch zu zeigen sein wird. Sollte sich nicht einmal eine künftige christlich-französische Regierung darum annehmen können? Dehon träumte eindeutig von einer anderen Regierung: Diese Zeilen wurden unter anderem niedergeschrieben, als die Ausweisung der religiösen Orden und Kongregationen ihren Lauf nahm und die Trennung von Kirche(n) und Staat greifbarer wurde – ein Prozess der «longue durée», welchen Bruno Dumons jüngst so beschrieben hat: «Diese [die Trennung, DN] stellt sich schlussendlich als ein Endpunkt eines langes Prozesses dar, der unter der Französischen Revolution begann, den Katholiken ihre Freiheit anbot und ein neues Konzept erdachte: das der Laizität.»[51] Dehon hegte hier in der Zeit sichtlich anders geartete Hoffnungen und Wünsche für seine Nation, trotzdem er sich mit der Trikolore quasi aussöhnte.

5.2.4 Klerikerkongress von 1900 – Republik ohne Bedingungen, Nationalflagge ohne Zusatz

Zwischen den beiden Texten Dehons liegen nicht nur fast sechs Jahre, sondern es findet sich auch jede Menge geballter politischer und nationaler Auseinandersetzung. Sie verdichtete sich unter anderem in der Affäre Dreyfus. Jene wurde einfach nur als «die Affäre» bezeichnet und kam nach Zeev Sternhell in der Wahl im Frühjahr 1902 zu einem gewissen politischen Abschluss, als die Antidreyfus-Anhänger und die Nationalisten in der Tradition George Boulangers (1837-1891) eine empfindliche Niederlage einführen.[52] Für die katholische Sache machten sich in dieser Zeit sukzessiv geringer werdende Wahlerfolge bemerkbar. Innerkirchlich stand der etwa von Remond historiografierte Klerikerkongress von Bourges vom 10. bis zum 13. September 1900 auf der Tagesordnung. Er war politisch, aber auch kirchlich umstritten. Von Dehon wurde er je-

---

[50]   Dehon, Bleu, Blanc, Rouge (EXT 8035174/14): «Quand le Piémont prit le drapeau italien, il mit au milieu la Croix de Savoie. Quand un gouvernement réparateur voudra relever la France, il mettra au milieu du drapeau le Sacré Cœur de Jésus.»

[51]   Bruno Dumons, Catholicisme et politique (XIXe siècle), in: Bruno Dumons/Christian Sorrel, Le catholicisme en chantiers (France, XIXe-XXe siècles), Rennes 2013, 19-35, 31: «Elle [la séparation, DN] s'affirme finalement comme l'aboutissement d'un long processus inauguré sous la Révolution Française, offrant aux catholiques leur liberté et inventant un nouveau concept, celui de laïcité.» Dabei verweist Dumons auf Jacqueline Lalouettes und René Remonds Studien im «Jubiläumsjahr» 2005. Es handelt sich um eine positive Interpretation der Dinge, die wohl zeitgenössisch nicht alle so empfunden haben werden, aber z.B. bei Lemire doch in dieser Form ausgedrückt angetroffen werden kann.

[52]   Vgl. Zeev Sternhell, The political culture of nationalism, in: Robert Tombs (Hg.), Nationhood and Nationalism in France. From Boulangism to the Great War 1889-1918, London 1991, 22-38, hier 23, auch mit Sternhells Verweis auf das Begräbnis von Zola im Oktober des Jahres 1902, das als Massenevent anzeigte, dass eine Mobilisierung gegen Dreyfus-Anhänger sich nicht mehr durchführen liess.

doch, nicht zuletzt als Ausdruck des Ralliements, zielstrebig gegen seine Kritiker verteidigt.

Am Kongress selbst wurde der Hauptorganisator Lemire über eine vorangehende Intervention eines gewissen Abbé Castarède aus Gers/Toulouse unerwartet herausgefordert, in Fragen der Trikolore und einer etwaigen Apposition des Herz-Jesu-Motivs Stellung zu beziehen. Castarède sah darin für die Katholiken eine Art geistige Taufe der Republik oder aber so etwas wie eine im Symbol deutlich werdende «Reinigung» dieser von den revolutionären Prinzipien.[53] Die Frage der Herz-Jesu-Trikolore lag also noch immer in der Luft: Lemires Antwort war klar und liess an Deutlichkeit kaum etwas zu wünschen übrig.[54] Zwei je verschiedene, getrennte Ebenen würden ihm zufolge bei dem Anliegen einer Herz-Jesu-Trikolore miteinander verschmolzen, die religiöse und die politische. Weil in einer solchen Forderung nur eine, nämlich die religiöse Ebene, bespielt werden würde, werde die andere, die politisch-republikanische, völlig vernachlässigt und missverstanden. Ein konfessionelles Sondersymbol habe auf der Nationalflagge nichts verloren. 1913 wird Lemire in einem kirchlichen Prozess gerade «wegen seiner Haltung, dass jemandes priesterliche und politische Pflichten auseinander gehalten werden können»[55], verurteilt werden. Die Legitimität der Unterscheidung bzw. der Trennung von Ebenen, die Lemire in Bourges am Beispiel der Nationalflagge durchspielte, wird ihm also zeitweilig in Abrede gestellt – es war (und ist) dies eine grosse Zumutung für religiöse Menschen. Trotz dieses innerkirchlichen Drucks wird Lemire als Priester sein nationales Abgeordneten-Mandat bis zum Lebensende nicht aufgeben. Benedikt XV. wird den nordfranzösischen Abbé, nach einer Verurteilung im Sog des Antimodernismus, aber 1916 rehabilitieren.

Zu dieser prinzipiellen, der ausdifferenzierten Moderne gemässen Unterscheidung fügt Lemire im Jahre 1900 – in diesem Kontext vielleicht sogar noch aussagekräftiger – eine kulturell-theologische Überlegung an:[56] Denn es sei das Kreuz die einzige «katholische Flagge», die er als Priester und Christ anerkenne. Das Kreuz allein führe an das grosse Mysterium der christlichen Erlösung heran,

---

[53] Vgl. René Remond, Religion und Gesellschaft in Europa. Von 1789 bis zur Gegenwart, München 2000, 83, 84, wobei Remond mit dem später 2010 verstorbenen, das II. Vatikanum ablehnenden Abbé Georges de Nantes Bezüge zu politischen Ausdrucksformen der Herz-Jesu-Frömmigkeit bis in die Gegenwart herstellt.

[54] Remond, Les congrès ecclésiastiques, 186-191 («L'incident autour du drapeau du Sacré-Cœur et la mise au point de l'abbé Lemire»). Vgl. dazu auch Dehons kurze Notizen zu diesem Kongress, an dem er die Eröffnungsansprache hielt, in: NQT 16/20. Dehon geht darin nicht auf die oben im Haupttext näher geschilderte Rede von Lemire – parallel zur Tageszeitung «La Croix» – ein, zeigt aber etwas von den Differenzen in der Klerusversammlung auf, wenn er einerseits von liberalen Tendenzen, andererseits auch von refraktären Vertretern spricht.

[55] Oscar L. Arnal, Why French Christian Democrats were condemned, in: Church History 49 (1980) 188-202, hier 197: «In the ecclesiastical trial which had turned against the priest deputy Lémire, he was called a heretic because of his belief that one's priestly and political duties could be separated.»

[56] Die auch schon ähnlich im Sanctum Offizium verhandelt wurde, vgl. Kapitel II, Ziffer 3.2.3.

nichts anderes. Lemire unterscheidet in seinen Ausführungen zwischen Kirchenfahne und Nationalflagge. Als Staatsbürger und Republikaner akzeptiere er nur die letztere, die ihn auch emotionell anspreche und binde. Darin gibt es einen Unterschied zu dem vorher von Veuillot oder aber auch von Dehon Ausgesagten. Wegen der emotionell-patriotischen Dimension der Versammlung hatte Lemire auch die Wände des Kongresses in Bourges mit Nationalfahnen ausstatten lassen, um so das Anhangen an die Französische Republik feierlich zum Ausdruck zu bringen – ein Lemire, der einige Zeit davor folgenden Satz in Sachen Symbolik in seinem Tagebuch notierte: «Es gibt [...] eine Unterweisung über die Dinge, die es nicht zu vernachlässigen gilt.»[57] Nicht nur die auf Kongressen ausgesprochenen Worte seien entscheidend. Sodann in seiner improvisierten, spontanen Kongressrede vorangeschritten schwächte Lemire seinen anfangs getätigten Seitenhieb gegen die (politisch ausgerichtete) Herz-Jesu-Devotion ab. Er ruderte insofern zurück, als er das Herz-Jesu als Zeichen der Zärtlichkeit Gottes pries und dabei auch erwähnte, dass er in Paris gerne und häufig hinauf zur die Stadt überragenden Basilika Sacré-Coeur am Montmartre steige. Die Errichtung der Kirche als nationales Heiligtum hatte der Priesterpolitiker als Deputierter tatkräftig unterstützt und verteidigt.

Aber es handele sich nach Lemire bei der Herz-Jesu-Devotion doch um eine konfessionelle Frömmigkeitsübung. Diese sei in keinster Weise für die Gesamtheit der Christen verpflichtend und könne auch nichts mit der offiziell-politischen Sphäre zu tun haben, zumindest wenn es um die Herz-Jesu-Nationalflagge gehe. Und, so der Abgeordnete weiter, wenn eine Petition für ein solches Symbol es bis in das Parlament schaffen würde, müsste er selbst als katholischer Priester dort gegen ein solches Ansinnen stimmen. Der Blick auf die nationale Einheit und den öffentlichen Frieden lasse dies als geboten erscheinen. Remond hält für diesen Gedankengang kommentierend fest, dass jener in signifikanter Weise, gerade wegen der spontanen Improvisation, das Selbstverständnis Lemires offenbarte.[58] Die Trikolore, so fährt Lemire auf dem französischen Klerikerkongress 1900 fort, solle so wie sie ist und ohne Hintergedanken und Konditionen angenommen werden. Das Gesagte kann gut und gerne als eine Anspielung auf Leo XIII. und die von ihm geforderte Politik des Ralliements ohne Bedingungen und Hintergedanken («sans *conditions déterminées* et sans *réserves expresses*») gesehen werden.[59] Analog würden sich gemäss Lemire die deutschen Katholiken verhalten, die keine eigene Flagge hätten, wie es auch die katholischen Engländer, ja sogar die Iren, handhabten. Die französischen Katholiken

---

[57] Abbé Jules Lemire. Cahiers 1893-1928. Édition établie et annotée par Jean-Pierre Delannoy/Jean-Pascal Vanhove, t. 1 (1893-1915), Hazebrouck 2013, 302, im Rahmen eines Eintrags für Juni 1896 zu einem der vielen Begräbniszüge in Paris, an denen er teilnahm: «Il y a [...] un enseignement par des choses, qu'il ne faut pas négliger». Die Kraft der Inszenierung ist angesprochen.

[58] Remond, Les congrès ecclésiastiques, 190, Fussnote 130.

[59] Vgl. Martin Dumont, Le Saint-Siège et l'organisation politique des catholiques français aux lendemains du Ralliement 1890-1902, Paris 2012, 14.

sollten hier nicht mehr verlangen oder weiter gehen als die vorher aufgezählten Katholiken anderer Nationen.

Bereits 1894[60] hatte Lemire in seinen *Cahiers* die Vorstellung verworfen, innerhalb des französischen Katholizismus über eine Herz-Jesu-Trikolore Einheit herstellen zu können. Er stemmt sich dabei in erster Linie einer damaligen Forderung Théodore Garniers (1850-1920) entgegen, der in besonderer Weise Herz-Jesu-Frömmigkeit und politisches Engagement verband.[61] Die bestehende Flagge, die Trikolore, müsse, so Lemire 1900, gegen wagemutige Angriffe von wem auch immer verteidigt werden. Ein wehrhafter Republikanismus nach Innen und Aussen offenbart sich so bei Lemire und kommt bei ihm auf die Bühne der Inszenierung. Soviel zu Lemires Rede in der Frage des so genannten «Flaggen-Vorfalls», der in und nach Bourges publizistische Kreise zog. Über den *Le Figaro* wurde Pierre Waldeck-Rousseau in der Angelegenheit informiert, die selbst für die breite Öffentlichkeit von grossem Interesse war. Ein Nationalsymbol ist nicht nur ein Feld, das eine spezielle Elite oder einen inneren Kreis bedient, sondern öffnet ein sehr breites Feld der Aushandlung und der Disputation. Folgen wir Lemires eigenen Notizen, so hat er einige Tage nach dem Kongress in Bourges am 19. September 1900 in Paris den «nicht-unzufriedenen» Nuntius Benedetto Lorenzelli (1853-1915) und den «hocherfreuten» Präsidenten Waldeck-Rousseau angetroffen, der ihm gleich zur Begrüssung sagte: «Treten Sie ein, mein Herr Triumphator. Sie haben sich in Bourges wahrlich ausgezeichnet [...] Die Frage der Flagge haben Sie sehr gut gemeistert.»[62]

5.2.5 Kontinuität und Wandel der Positionen Dehons zwischen 1896 und 1902

Kommen wir aber nochmals auf Dehons Text von 1902 zurück, in dem er die Nationalfarben der Trikolore in einen für den *Le Règne*-Leser einfach nachzuvollziehenden Zusammenhang bringt und schmackhaft macht. Nuancierungen und Akzentverschiebungen würzen den historisch-genetischen Zusammenhang bei Dehon, obschon eine grosse Kontinuität der Positionierung ausgemacht werden kann. Ein roter Faden wird sich noch weit über Dehons engeres politisch-soziales Wirken dieser Jahre hinaus ziehen, wie es weiter unten über die Behandlung der Zeit des Ersten Weltkriegs aufgezeigt werden wird. Es ist trotzdem so, dass Dehon 1902 stärker als zuvor mit der «reinen» Trikolore leben kann und dies dem Leserpublikum signalisiert. Schon über die dreifache, grundlegende Farbwahl ist eine christlich annehm- und interpretierbare Zeichensetzung für das *nation building* getroffen. Das Hinzufügen des Herz-Jesu-Icons ist für Dehon

---

[60]   Vgl. auch im Jahre 1894: Lorain, Le drapeau du Sacré-Cœur.
[61]   Vgl. Lemire. Cahiers, t. 1, 163: «Assez de drapeaux, assez des programmes!». Dehon sieht in
       Garnier einen grossen Redner und einen politisch versierten abbé démocrate.
[62]   Lemire. Cahiers, t. 1, 468: «Entrez, M. le triomphateur! Vous avez triomphé à Bourges. [...] Cette
       question du drapeau, vous avez bien traitée.» Die Unterredung Lemires mit Waldeck-Rousseau ist
       von der Frage nach den Kongregationen geprägt, insbesondere in Bezug auf den Welt- und Pfarr-
       klerus, den Lemire in seiner Leistungsfähigkeit (vor Ort) besonders hervorhebt.

zwar weiterhin erstrebenswert, aber nicht mehr absolut notwendig. Eine Optionalität kommt ins Spiel. Denn die Dreiheit der Farben sowie die spezifische Farbauswahl an sich sind bei Dehon unterdessen ein grosses Stück weit theologisch oder aber christlich kulturgeschichtlich interpretiert – ein Symbol mit revolutionärem Hintergrund wird einen Schritt weit kreativ angeeignet. Ein gewisser Spagat aber bleibt bestehen. Denn trotz historischer Zuordnung und Deutung wird in die Zukunft geschielt. Die Hoffnung wird dabei nicht gänzlich fallen gelassen, dass ein Herz-Jesu-Symbol an zentraler Stelle der Trikolore beigefügt werden könne. Aber die Forderung ist wesentlich gedämpft und wird sogleich auf die lange Bank geschoben, sie bleibt Zukunftsmusik.

Das Unverständnis, mit dem Dehon 1896 noch die Mitkatholiken bedachte, die sich in dieser Frage skeptisch gaben, treffen wir 1902 nicht mehr an. Heisst das nun, an der Quellenlage festgemacht, dass sich kurz nach der Jahrhundertwende Dehon stärker mit der Republik resignativ abgefunden oder gar identifiziert hat? Hat er Lemires Gedankenlinien verinnerlicht? Gerade zu einem Zeitpunkt, an dem die religiösen Kongregationen das Land verlassen mussten und die antiklerikale, linke Republik unter Zurückstellung der von ihr selbst postulierten Freiheitsmaximen die kollektiv-kongregationalistische *libertas* aufgehoben hat? Oder müsste das eher so gedeutet werden, dass Dehon sein Engagement in Sachen republikanische (Zusatz-)Symbolik zurückschraubt, weil er mit anderen Problemen und Herausforderungen konfrontiert wird, gerade in Zeiten stetiger Expansion und enormer Dynamik seiner Kongregation? Oder zieht sich Dehon rund um die Vollendung seines sechsten Lebensjahrzehnts insgesamt stärker von der politisch-nationalen Bühne zurück? Alle Fragen können wohl teils mit Ja beantwortet werden.

Dehon leistete auf jeden Fall über Jahre hinweg als engagierter Publizist einen aktiven Beitrag als Staatsbürger, beteiligte sich an einer, wie wir gesehen haben, kontroversen Debatte und stützte Initiativen, die nur auf den ersten Blick oberflächlich, rein zeichenhaft, erscheinen. Denn die genannten Positionierungen sind im Kontext der Grosswetterlage des Ralliement mit der Republik und in der Abkehr von der Monarchie zu verorten, zeichnen sich aber auch in einen grösseren und länger andauernden kulturellen Wandel in der europäischen Geschichte ein, den der Abkehr von vom Christentum her geprägten Sozialformen sowie politischen Strukturen und Selbstverständlichkeiten.

Dabei trifft Dehon, obgleich in der Frage nicht direkt, auch auf Widerspruch. Wenn Dehon die Apposition des Herz-Jesu-Symbols wünscht und das innerhalb eines bestimmten Netzes tut, dann ist verständlich, dass sich hier im antiklerikalen republikanischen Lager eine durchgehende Ablehnung Bahn bricht, die jenes als «Rückfall» deutend hinzunehmen nicht gewillt war. Nicht zuletzt deswegen ging die Republik an der Jahrhundertwende mit harten Strafen gegen die Zurschaustellung solcher in ihren Augen missliebigen Flaggen vor.[63] Das Symbol-Monopol will durchgesetzt sein, die Republik setzt ihren Anspruch auch mit Staatsgewalt durch. Die Ablehnung einer solchen Idee, die Religion politisiert und Politik unter starken religiösen Vorzeichen definiert, ist jedoch auch in einem engeren politischen, für Dehon «heimatlichen» Umfeld erkennbar, und zwar durchaus in dezidierter Art und Weise. Ein Abbé Lemire ist in den Fussstapfen eines Bischofs Dupanloup ein signifikantes, christdemokratisches, Dehon nahestehendes und ihn in der Sache illustrierendes bzw. kontrastierendes Beispiel. Es werden aber noch weitere, grossflächigere ideengeschichtliche Brüche und Schlagseiten offenkundig, die eine neuaufkommende politische Bewegung im Fokus hat, welche eine einzige Farbe in den Mittelpunkt rückte.

5.2.6 Die rote Flagge als drohender Horizont – das Feld der Alternativen

Dehon schrieb im Jahre 1896 unter dem Titel «Le vrai drapeau national», dass Gott gefordert habe, im Sinne einer neuen Allianz auf die Staatsabzeichen das Herz-Jesu-Symbol hinzuzufügen; was freilich die freimaurerisch ausgerichtete Regierung verhindern würde. Trotz dieser Ablehnung gebe es nach Dehon ermutigende Zeichen für neue Koalitionen, und er erwähnte den Fall von katholischen Arbeitern in Brest, die den Staatspräsidenten mit einer solchen «wahren» – ein für Dehons Umfeld und ihn selbst fungierendes Schlüsselkonzept – Flagge begrüsst hatten. Das Kassationsgericht hätte zudem festgehalten, dass der Charakter der Nationalflagge über das Anbringen eines Zusatzes wie das des Herz-Jesu-Motivs nicht beeinträchtigt werde.[64] Dehon meinte also 1896 in diesem, auch juridisch bedeutsamen Zusammenhang, dass man hier am Ball bleiben müsse.

In Richtung der weiterhin monarchistisch ausgerichteten französischen Katholiken, die ja etwas ganz Anderes wollen und somit eine diametral gegenüberstehende, aber trotzdem nahe liegende Reibefläche bieten, führt er ins Felde: «Diese, welche die Obsorge für die weissen Fahne inne hatten, haben es nicht gewollt, das unserem Herrn zuzuschreiben, was er von ihrem Eifer und ihrem Glauben forderte, und die weisse Fahne wurde von den Revolutionen hinweggerafft.»[65] Die Monarchie hatte für Dehon in dieser Hinsicht versagt. Diese von Dehon herausgestellte, geschichtstheologische Deutung von Symbolen und ihrer Abfolge fokussierte wiederum auf Schutz und Schutzlosigkeit. Gerade der fehlende göttliche Beistand habe sich nun auch für die gallikanisch ausgerichtete Monarchie

---

[63]   Vgl. als nur ein Beispiel, das rund um das Herz-Jesu-Fest 1901 satirisch geschildert wird, wo neun Verurteilungen ausgesprochen wurden: La Croix, 27.06.1901, S. 1 und auf der folgenden Seite der Nummer wird der Leser darauf hingewiesen, dass es noch weitere Informationen geben werde, was diese Flagge bei künftigen Wallfahrten anbelange.

[64]   Vgl. Bulletin des arrêts de la cour de cassation. Rendus en matière criminelle, t. 101 (année 1896), Paris 1897, 54-56.

[65]   RCJ, Oktober 1896 (CHR 1896/182): «Ceux qui avaient la garde du drapeau blanc n'ont point voulu accorder à Notre Seigneur ce qu'il réclamait de leur zèle et de leur foi et le drapeau blanc fut emporté par les révolutions.»

bemerkbar gemacht. Die Geschichte spricht ein Machtwort und setzt die Normativität des Faktischen. Hier treffen wir auf einen Dehon, der dem Ralliement und somit einem eigenen, aber auch breiteren Wandel im Katholizismus verpflichtet ist, welchem unter anderem auch Lemire zugeordnet werden kann. Beide haben sich vom Legitimismus verabschiedet. Dehon kann nun diesen Wandel in grossen Zusammenhängen holzschnittartig deuten, auf einer religiösen Ebene nachvollziehen, aber die damit zum Ausdruck kommende Dynamik auch für ihn gegenwärtig anstehende Fragen nutzbringend einordnen. Das Bild einer statischen restaurativen Tendenz der Herz-Jesu-Frömmigkeit, wie es so oft insinuiert wird, ist an diesem Punkt zu hinterfragen.

Abbildung 16: Das interessante Dokument – eine Art Werbeflyer avant la lettre? – aus B 40/6.10 (Inv. Nr. 678.03.1) des ADR: «Les demandes du Roi des rois», wo die Forderungen der Jeanne d'Arc (15. Jh.) mit denen der Margareta Maria, die bis in die Gegenwart Dehons nachwirkten, in strukturelle Beziehung gesetzt werden. Wichtige Frauengestalten in der französischen Geschichte treten hier mit bestimmten Desiderata («trois choses») an ihre Könige heran. Die dritte auf diesem Flugblatt vermerkte Forderung der Margareta Maria (17. Jh.) lautet, das Herz-Jesu-Symbol auf die Standarten aufzutragen und auf den Waffen einzugravieren: «Peindre l'image de ce divin Cœur sur vos étendards et les graver dans vos armes.» Weil dieser Punkt keine Umsetzung erfuhr, konnte ex post auch ein motivisch stimmiger Argumentationsstrang gegen die Monarchie bedient werden. Ein Tun-Ergehen-Zusammenhang wird insinuiert, auf Gehorsam folgt Rettung, auf Ungehorsam eine «Agonie» für das personifizierte Heimatland «La France». Bestand und Signatur dieser Archivalie verweisen nebenbei auf die Kriegszeit.

Die Geschichte geht bei Dehon weiter, sie mündet in die Gegenwart. Der Lauf der Ereignisse endete ja nicht bei der Monarchie, welche in Frankreich nicht wieder hergestellt werden konnte. Neben der Gegenwart kommt die Zukunft in den Blick. Ein drohender Hintergrund tue sich darin auf, und dieser betreffe zentral das Bestehende, die Republik: «Die Trikolore wiederum ist von der roten Flagge bedroht. Sie wird von der revolutionären Standarte bezwungen werden, wenn sie nicht vom göttlichen Zeichen des Heiligen Herzens beschützt wird.»[66] Dieses Los, der Untergang, traf ja die monarchistische Flagge und könnte analog auch die republikanische herausfordern. Denn das Rot droht! Flaggen sind dabei zuallererst Ausdruck von Staatsformen, aber auch Ideologien. Zeitgenössisch

---

[66] CHR 1896/182: «Le drapeau tricolore, à son tour, est menacé par le drapeau rouge. Il sera vaincu par l'étendard révolutionnaire s'il n'est pas protégé par le signe divin du Sacré Cœur.»

entscheidend ist die Erwähnung der roten Flagge als Abgrund nicht nur für die Monarchie, sondern auch für die Republik.[67]

Somit wird also – besonders stark Mitte der 1890er Jahre – ein Schulterschluss gefordert, um die als bürgerlich und patriotisch verstandene Trikolore zu bestärken. Dieser erhoffte Schulterschluss richtete sich gegen eine erstarkende Strömung, die spiegelverkehrt, wie Hacks es 1936 zu bedenken gab, in den drei französischen Farben nur das Abbild einer siegreichen, in enger Weise agierenden nationalen Bourgeoisie erkennen konnte, eine Flagge, die in der klassenkämpferischen Sicht nicht das Ganze des Volkes zum Ausdruck zu bringen vermag.[68] Obwohl für Dehon der Liberalismus das grosse Feindbild schlechthin ist, und der Sozialismus bzw. Kommunismus ein prinzipiell nachgeordnetes Symptom darstellen, so schreckte er doch nicht davor zurück, eine gefühlte Bedrohung anzuzeigen, die den Katholizismus mehr oder weniger im ganzen 20. Jahrhundert umtreiben wird.[69] Der Sozialismus gefährde den Privatbesitz, schaffe kollektive Abhängigkeiten, kreiere verstaatlichte Schulen und höhle die Familie aus, so Dehon in einer Synthese, die er 1894 erstellte und mit «Pourquoi je ne suis pas socialiste» benannte.[70] Am Weihnachtstag 1896 schrieb La Tour du Pin Dehon, dass man in Frankreich nicht so sehr auf die christliche Demokratie zugehe, sondern auf den revolutionären Sozialismus.[71] Die Sache gewann an Dringlichkeit. Ironie der Geschichte ist nun, dass auch diejenigen, die rote Flaggen zur Schau stellten, ebenso wie die, die Herz-Jesu-Fahnen öffentlich mit sich führten und mit jenen Dehon zeitweilig sympathisierte, sich um die Jahrhundertwende

[67] Vgl. Maurice Dommanget, Histoire du drapeau rouge. Des origines à la guerre de 1939, Paris 1966.
[68] Hacks, Histoire du drapeau français, 13: «La patrie peut-être un jour disparaîtra devant l'humanité, avec elle l'emblème particulier. Déjà aussi, quelques-uns s'essaient à anéantir l'idée en lacérant l'emblème, après l'avoir insulté. Pour ceux-là, les trois couleurs françaises ne représentent en aucune façon le peuple entier, mais seulement une caste ennemie qu'il faut détruire, la bourgeoisie victorieuse de la Révolution qu'ils représentent; et brandie par eux, une loque rouge, et plus loin derrière elle un haillon noir, sinistre, nimbé aux lueurs des flammes incendiaires, apparaissent par intervalles comme le futur drapeau.» Das Vokabular der Farben für politische und soziale Identität im 19. Jahrhundert hat für einen bestimmten zentralfranzösischen Raum, das Cher, Michel Pigenet untersucht, vgl. Michel Pigenet, Le vocabulaire des couleurs dans l'identité, politique et sociale, in: Ethnologie française 20 (1990), 4, 400-409.
[69] Vgl. allgemein Wolfgang Wippermann, Heilige Hetzjagd. Eine Ideologiegeschichte des Antikommunismus, Berlin 2012; fokussierter für hier Thomas Brechenmacher, Katholische Kirche und (Anti-)Kommunismus in der frühen Bundesrepublik, in: Stefan Creuzberger/Dierk Hoffmann (Hg.), Geistige Gefahr und Immunisierung der Gesellschaft. Antikommunismus und politische Kultur in der frühen Bundesrepublik, München 2014, 177-197, hier 177-178: «Je mehr sich Sozialismus und Kommunismus als materialistische Ideologien profilierten und in Form internationalistischer Massenbewegungen mit innerweltlichem Heilsversprechen in mobilisierungsgewaltige Konkurrenz zur Kirche traten, desto stärker rückten sie in den Fokus kirchlicher Gegenstrategien.»
[70] Vgl. etwa MSO 241: «Le vrai socialiste veut me donner la vocation et la carrière qui lui plairont. Il veut me faire travailler et me mesurer mon pain. Il veut m'ôter mon Dieu, ma famille et ma liberté. Il veut me jeter à l'eau ou au four crématoire pour débarrasser la société quand j'aurai vieilli et que je ne serai plus apte au travail. Merci. J'aime mieux ma liberté, ma maison, ma famille, ma foi et mes espérances. Voilà pourquoi je ne suis pas et ne veux pas être socialiste.»
[71] Vgl. Brief La Tour du Pins an Dehon, 25.12.1896 (in: B 9/17.A.17, Inv. Nr. 60.17): «[...] ce n'est pas à la République chrétienne que nous marchons mais au socialisme révolutionnaire.»

beklagen werden, dass Jagd auf ihre Abzeichen und Symbole gemacht werde und sie dafür sogar juridisch belangt würden.[72] Der gemeinsame Gegner produzierte nicht automatisch gute Freundschaften, die Gräben waren zu tief.

5.3 Einordnung in das «Ralliement» und das Konzept der christlichen Demokratie bei Dehon

Seit dem I. Vatikanischen Konzil, an dem Dehon als Stenograf teilnahm und die ultramontane Atmosphäre inhalierte, verstärkten sich für Frankreich die päpstlich-politischen Initiativen aus Rom. Unter Leo XIII. akzentuierte sich in diesem Transfergeschehen die Forderung nach einer Aussöhnung mit der Republik, in erster Linie, um die Interessen der katholischen Kirche zu sichern, und dazu gesellte sich die Hoffnung auf eine christlich geprägte Demokratie. Von der Monarchie als aristotelisch bester und einzig zu akzeptierender Staatsform wendet sich das päpstliche Rom notgedrungenermassen mehr oder weniger endgültig ab; obschon dies vorerst noch unter Beteuerung der Indifferenz gegenüber den Staatsformen der Fall ist, und trotz der Tatsache, dass Leo XIII. selbst wohl im Kern immer monarchistisch ausgerichtet bleiben wird.[73] Aber es zeigte sich eine Dynamik, die neu ist. Auch Dehon vollzieht diese top-down-Entwicklung nach. Die Frage, ob er zu einem vollumfänglichen, überzeugten Republikaner geworden ist, ist genauso schwierig zu beantworten wie im Falle von Leo XIII. Manches spricht aber dafür.

Dieser politische Wandel ereignete sich in einem komplexen Umfeld des französischen Katholizismus, dessen von mehreren Seiten erhoffter und angepeilter Schulterschluss über die verschiedenen Gruppierungen am Ende der 1890er Jahre weitgehend ausgeblieben ist. Das Scheitern zeigte sich auch in der Ineffektivität und Auflösung von Wahlbündnissen etwa rund um Etienne Lamy (1845-1919) und seiner *Fédération électorale*. Die politische Einheit der Katholiken – ein sehnlicher Wunsch des Papstes – liess sich nicht herstellen. Die Verschränkungen von Politik und Religion sowie ihre jeweilige Zuordnung gestalteten sich enorm komplex: Sollte die Rolle der Religion etwa immer an erster Stelle stehen und die Frage der Staatsform in den Hintergrund schieben? Solches haben etwa *abbés démocrates* wie Paul Naudet, aber auch Laienvertreter der christlichen Demokratie wie Emmanuel Desgrées (1867-1933) vehement abgelehnt.[74] Reaktionäre Kräfte und Monarchisten waren ihnen suspekt, und sollte es sich auch um engagierte Katholiken handeln.

Politische Schulterschlüsse hätten im Speziellen dann für die institutionelle katholische Kirche von Wichtigkeit sein können, als nach der Dreyfus-Affäre ra-

---

[72] Vgl. Dommanget, Histoire du drapeau rouge, 265.
[73] Vgl. Emiel Lamberts, The Struggle with Leviathan. Social Responses to the Omnipotence of the State, 1815-1965, Leuven 2016, 243: «For him [Leo XIII, DN] all forms of government were acceptable, thought he did have an implicit preference for the monarchist regime.»
[74] Vgl. Arnal, French Christian Democrats, 195.

dikalere Elemente der republikanischen Bewegung in der Regierung die Ober-
hand gewonnen hatten. Das antiklerikale und antireligiöse Moment legte sodann
in Schule, Spital und Militär, um nur drei Bereiche zu nennen, an Bedeutung zu,
und wurde weichenstellend auf der Ebene der Gesetzgebung. Über politische und
rechtliche Schritte wurden Anfang des 20. Jahrhunderts institutionell und strukturell gravierende Richtungsentscheide für die katholische Kirche in Frankreich
vorgenommen – von 1904 bis 1921 waren die diplomatischen Beziehungen des
Heiligen Stuhls mit Frankreich insofern ausgesetzt, als kein Nuntius mehr in
Paris residierte.

Dass in dieser verworrenen politischen Situation im näheren Vorfeld der Trennung von Kirche und Staat Dehon beispielsweise den innerkirchlichen Kampf
der «Pfarrhäuser» gegen die «Schlösser», also der *abbés démocrates* gegenüber
der Gruppe der Notablen und der Hocharistokratie, konsequent und sogar über die
päpstliche Stellungnahme von 1901 *Graves de communi* hinaus unterstützte, hat
Stefan Tertünte in seiner Studie überzeugend dargestellt.[75] Die weisse Fahne kam
für den Generalsuperior der Herz-Jesu-Priester, der im Speziellen, wie wir sahen,
publizistische Initiativen und solche im Verbindungsschacht auf der Linie Frankreich-Rom setzte, nicht mehr in Frage. Nicht nur die Monarchie hatte versagt bzw.
ausgedient, sondern für ihn in erster Linie auch der (Hoch-)Adel.

Dehon wird sich in diesem Zusammenhang zunehmend kantiger und pointierter gegen die so genannten *réfractaires* und ihre Geisteshaltung absetzen. Ein
Grossteil dieser so Bezeichneten ist streng monarchistisch ausgerichtet. Mit dem
schwer zu übersetzenden, schillernden Terminus der *réfractaires* («Widerspens-
tige», «Fahnenflüchtige») belegten die Christdemokraten ihre hartgesottensten
Gegner, insbesondere aus dem legitimistischen, dem Neuen und Fortschritt gegenüber höchst allergischen Lager. Diese Spannung, ja sogar eine Art erbitterter
Gegnerschaft erschliesst sich bei Dehon in Briefen an Jules Tiberghien (1867-
1923) oder auch an den italienischen Dominikaner und päpstlichen Haustheo-
logen Alberto Lepidi. Mit diesen pflegte er in Rom freundschaftliche Kontakte.
Integristische, den *abbés démocrates* abgeneigte und ablehnende Stimmen wie
der in dieser Arbeit schon mehrfach erwähnte Henri Delassus[76] und später Emmanuel Barbier SJ werden dabei von Dehon scharf angegangen. Zumindest lässt
sich das im Schutzraum der privaten Korrespondenz sehr gut nachweisen. Oscar
L. Arnal schreibt gegengleich Delassus und Barbier später bedeutenden Einfluss
für die römische Verurteilung der christlichen Demokratie zu.[77]

Der dem *Sodalitium Pianum* und der *Action Française* nahestehende Delassus
rückte die Christdemokratie gar in die unmittelbare Nähe einer Häresie. Diese

---

[75] Vgl. Stefan Tertünte, Léon Dehon und die Christliche Demokratie. Ein katholischer Versuch ge-
     sellschaftlicher Erneuerung in Frankreich am Ende des 19. Jahrhunderts (Freiburger Theologische
     Studien), Freiburg i. Br. 2007, v.a. Kapitel 9.
[76] Vgl. Louis Medler, Face à la conjuration antichrétienne. Mgr. Henri Delassus (1835-1921). Un
     maître contre-révolutionnaire, Paris 2015.
[77] Vgl. Arnal, French Christian Democrats, 189.

lege zentrale christliche Wahrheiten beiseite, ja noch mehr, sie verleugne das «Kreuz». In *La Démocratie Chrétienne. Parti et École* beklagte Delassus die subtile und zersetzende Vorgangsweise der Christdemokraten:

«Welches Instrument der Verführung könnte so kräftiger angewandt werden als das, welches in unseren Tagen zum Einsatz gekommen ist: Unter dem Deckmantel der päpstlichen Autorität eine Lehre zu präsentieren, die zu nichts Geringerem führt, als das Kreuz Christi zu entleeren (1 Kor 1,17), als den Skandal des Kreuzes wegzunehmen (Gal 5,12), um dann die Herzen für alle Gelüste zu öffnen?»[78]

Im zwar erst 1911 erschienenen Band, der aber frühere Beiträge versammelt, wird gegen die die Einheit zerstörenden Christdemokraten vorgegangen, die eigentliche Neuerer seien und die in ihrem Wirken das Katholische, ja noch schlimmer, wie wir sahen, das Kreuz verschweigen würden.[79] Ihr Hauptprogramm sei darin zu sehen, das Christentum und die Revolution versöhnen zu wollen, was aber doch ein Ding der Unmöglichkeit sei. Auch werden bei den Christdemokraten die amerikanischen Zustände als zu positiv dargestellt. Delassus bringt sie mit dem sogenannten «Amerikanismus» in Verbindung, wogegen sich Dehon schon Jahre davor verwehrte. Mit den Christdemokraten sieht Delassus den Feind ins Innere der Kirche eindringen. Sie seien auch nicht, wie sie es immer vorgeben würden, diejenigen, die die Maximen und Postulate Leos XIII. in richtiger Weise nach aussen getragen haben.[80] Es ist dies ein Vorwurf, der, ohne Namen zu nennen, direkt auf Dehon zielt, welcher doch sichtlich nicht ohne Stolz die päpstlichen Direktiven als Sprachrohr des Papstes in Frankreich umsetzen wollte. Diese vorgebliche päpstliche Unterstützung sei reines Wunschdenken, ein falscher Anspruch.

Die Christdemokratie ist somit nach Delassus eine «Partei» und ein «Schule», die der Kirche mit ihren partikulären Interessen nicht nur Schaden zufüge, sondern sie gänzlich aufzulösen tendiere. Dehon bezeichnete den auch aus Nordfrankreich stammenden Delassus in einem Brief vom 5. Mai 1899 an Lepidi inmitten einer Diffamierungskampagne gegen die christliche Demokratie als einen «réfractaire impénitent», einen, der «den Apostaten Charbonnel und Abbé Lemire in dieselbe Schublade brachte und der alle Christdemokraten zu Vorläufern des Antichristen stempelte.»[81] Victor Charbonnel (1863-1926), vormaliger Pries-

---

[78] Vgl. Henri Delassus, La Démocratie Chrétienne. Parti et École. Vus du diocèse de Cambrai, Paris/Lille 1911, 57: «Quel moyen de séduction pourra être employé alors plus puissant que celui qui a été mis en œuvre de nos jours: présenter sous le couvert de l'autorité pontificale une doctrine qui ne va à rien moins qu'à rendre vaine la croix du Christ (I ad Cor., I, 17), qu'à lever le scandale de la croix (ad Gal., V,12) pour ouvrir les cœurs à toutes les convoitises?»

[79] Vgl. Delassus, La Démocratie Chrétienne, 15, 30, 57.

[80] Vgl. Delassus, La Démocratie Chrétienne, 48.

[81] Vgl. Brief Dehons an Alberto Lepidi OP, 05.05.1899 (in: B 110/3, Inv. Nr. 1170.54): «M. Delassus, rédacteur de la Semaine religieuse de Cambrai et réfractaire impénitent vient d'écrire un livre peu charitable où il met dans le même sac l'apostat Charbonnel et l'abbé Lemire, et il fait de tous les démocrates chrétiens des précurseurs de l'Antéchrist.» In seinem Brief von St. Quentin nach Rom beklagt sich Dehon auch wegen der Zeitschrift «La Vérité», weil sie gegen die Schule von

ter, wird etwa Vorwürfe wegen homosexueller Umtriebe im Vatikan lancieren, den Index heftig kritisieren und die Beschlüsse des Heiligen Offiziums der Lächerlichkeit preisgeben sowie merkantile Machenschaften im Vatikan anprangern.[82] Ihn mit Lemire gleichzustellen, wie es Delassus tue, entbehrt für Dehon jeglicher Grundlage, sei reine Polemik. Hier waren die Fronten also rund um die vorletzte Jahrhundertwende klar abgegrenzt, und die Frage nach Monarchie oder Republik formierte einen garstig breiten Graben.

Sogar einen Bruch mit François René La Tour de Pin, einem wiederum aus derselben Ecke Frankreichs stammenden langjährigen Weggefährten im sozialen Engagement und einem seit Jugendzeiten strammen Legitimisten, musste Dehon hinnehmen. Der soziale Katholizismus vermochte es zeitweilig, die unterschiedlichen politischen Orientierungen der Katholiken in den Hintergrund zu rücken. Aber sie verschwanden damit nicht. La Tour haderte mit der römischen Weisung des Ralliement, hielt sie im Detail für wenig praktikabel, und schrieb Dehon, dass der Papst, Leo XIII., wohl nicht darüber nachdenke, in der Regierung der Kirche das einzuführen, was er für Frankreich forderte. Er sei inkonsequent. Damit weist er Dehon auf einen wunden, die Kirche selbst rück- und anfragenden Punkt des Ralliement-Programms hin. La Tour du Pin, der betonte, dass es ihm vorrangig um die Freiheit der Kirche, «la liberté de l'Église», gehe, liess Dehon seine Prinzipien wissen: «... ich gehe nicht zur Wahl, weil ich nicht an das fundamentale Dogma der Verfassung glaube, nämlich die Volkssouveränität, und so will ich nicht im Geringsten den Anschein erwecken, diese offen zu bekunden oder darin übereinzustimmen.»[83]

Der Bruch zwischen La Tour du Pin und Dehon ist aber nicht vollständig. Zu vieles aus der Vergangenheit vereint sie dann insbesondere im hohen Alter. Aber noch 1914, kurz vor Ausbruch des Krieges, lässt der Adelige Dehon an seinen Reflexionen zu Staats- und Regierungsformen teilhaben, die nun zwar insgesamt bescheidener daher kommen, aber dennoch an Klarheit nichts vermissen lassen sowie seine monarchistische Ausrichtung verdeutlichen. La Tour du Pin wird am Vorabend seines neunten Lebensjahrzehnts zusammenfassen: «Die einzige Sicherheit, die ich beibehalten habe, ist, dass die aktuellen Institutionen und der Geist, aus dem sie geboren worden sind, von Grund auf schädlich sind und dass

---

Liège agiere, und wegen einiger Bischöfe und ihrer Vorwürfe, sowie sich Dehon klar hinter Abbé Gayraud stellt, dessen neuestes Werk nach Ansicht der réfractaires auf dem Index landen sollte. Das von Dehon angesprochene Buch des Verschwörungstheoretikers Delassus lautet: L'Américanisme et la conjuration antichrétien, Paris/Lille 1899, 177, 365 (zu Lemire und Charbonnel).

[82] Vgl. Victor Charbonnel, La Vérité sur le Vatican. Palais et caverne, Paris [1907].

[83] Vgl. dazu die Briefe vom Frühling 1897 von La Tour du Pin an Dehon, hier Zitat aus einem Brief La Tour du Pins an Dehon, 31.03.1897 (in: B 9/17.A.24, Inv. Nr. 60.24): «Et je ne saurais vous en donner de meilleure preuve que l'action que j'y apporte, moi qui ne m'étais de la vie occupé d'élections, et qui ne suis pas électeur, parce que je ne crois pas au dogme fondamental de la constitution, la souveraineté du peuple, et que je ne veux paraître en rien professer ou y consentir.» In diesem Brief spricht La Tour du Pin auch die Freiheit der Kirche an.

es nicht vernünftig ist, sich daran festzuhalten.»[84] Es ist dies wohl der Geist der Revolution und der Volkssouveränität, den schon de Chambord Anfang der 1870er Jahre im Abbild der Trikolore abgelehnt hat, und es ist derselbe Geist, den auch der antirevolutionäre Charles Maurras missbilligte. Dehon selbst wird in diesen Zusammenhängen das Volk betonen, den Blick auf die horizontale Ebene richten – auch eine Konsequenz seines Abschieds von der weissen Flagge: «Le peuple» wird ihm zentral. Dieser Akzent Dehons bildet aber auch eine patriotische Spitze gegenüber den als korrupt und unfranzösisch angesehenen politischen Eliten und Institutionen, geht also dann doch auch ein wenig in die Richtung des bei La Tour du Pin Angeklungenen, der mit dem liberal-republikanischen System nicht zufrieden ist. Feindifferenzierungen durchzuführen ist darin sehr schwierig und komplex.

Wie aber schon aufgezeigt wurde, war Dehons nicht zuletzt seinem Ultramontanismus, also seiner Rom- und Papstbindung, geschuldete Absetzbewegung von den «Blancs» bei weitem nicht die einzige Reibefläche, die sich auftat. Es standen ihm auch andere Optionen zur Distanzierung offen, z.B. gegenüber dem aufkommenden Sozialismus (und seiner roten Flagge). Für Dehon bot sich so die Möglichkeit, sich in eine selbst gewählte Mitte zu bringen – was dem Menschen meist das Gefühl von Sicherheit und Ausgeglichenheit vermittelt. Daher wird Dehon Lemire dementsprechend rückblickend attestieren, dass dieser, den er noch 1899 verteidigte, sich letztlich und auf lange Sicht zu wenig an Rom orientiert hätte und somit der Mitte verlustig gegangen wäre. Wenn sich Dehon eher an den kirchlich-transnationalen Eliten und Umständen orientiert, so tut dies Lemire gegengleich eher in den politischen-französischen Verhältnissen; Lob von Waldeck-Rousseau gegenüber war er so nicht unempfänglich. Im kirchlichen Koordinatensystem unterscheiden sich die beiden französischen Priestergestalten stark.

Innerhalb des Ralliements waren also die Vorstellungen, Ideen und Initiativen vielgestaltig und heterogen. Was Dehon angeht, schien der Ausblick auf eine auch politische Rechristianisierung nicht endgültig ad acta gelegt worden zu sein. Andere dezidiert republikanisch ausgerichtete Priestergestalten wie Lemire und Pierre Dabry trennten hier stärker die Ebenen und setzten mit ihrer klaren republikanischen Haltung einen gewissen Schlussstrich in der Debatte der Herz-Jesu-Trikolore. Der Status quo war ihnen somit nicht in dem Masse veränderungswürdig wie Dehon oder anderen. Einem wichtigen Protagonisten des Kongresses von Reims, Abbé Louis Birot (1863-1936), dessen Rede für Aufsehen sorgte und in Rom an mancher Stelle mit einem Liberalismus-Vorwurf versehen wurde, schrieb Dehon mit Bezug auf diese Rede, die er später als Skript gegenlas: «Seite 6. ‹Man muss sein Land so lieben, wie es ist›, Sie wollten sicherlich

---

[84] Brief La Tour du Pins an Dehon, 11.03.1914 (in: B 21/2.f, Inv. Nr. 350.07): «La seule certitude que j'aie conservée, c'est que les institutions actuelles et l'esprit d'où elles sont nées sont essentiellement délétères, et qu'il n'est pas raisonnable de s'y cramponner.»

sagen: ‹Man muss sein Land 'trotzdem' lieben.›» So Dehons doch vielsagende Anmerkung, die etwas von dieser vorher erwähnten Distanznahme, diesem Unwohlsein bzw. Gefühl, dass etwas fehlt, zeigt.[85]

Gegen eine «verchristlichte Politik» unter kirchlicher Tutelage gab es von
verschiedener Seite Vorbehalte, nicht nur innerhalb demokratischer und liberaler
Strömungen des Katholizismus selbst. Grundsätzlich und häufig zugespitzt offenbarte sich dies in den Bahnen eines radikalen Antiklerikalismus, der nicht nur
ein elitäres, sondern auch ein populäres, also quer durch die Bevölkerungsschichten verbreitetes Phänomen darstellte. Dieser prägte sich mit und nach der
Dreyfus-Affäre in konturierterer, stärkerer Form aus – gerade auch in der Gestalt
eines in Frankreich seit langem gepflegten Antijesuitismus, was an dieser Stelle
deshalb wichtig ist, weil es zwischen Herz-Jesu-Frömmigkeit und Jesuitenorden
einen engen historischen Zusammenhang gibt. Der in Frankreich stark ausgeprägte, dem barocken-bildhaften Katholizismus skeptisch gegenüberstehende Jan-
senismus hinterliess seine Spuren, welche sich mit neuem, laizistischem Substrat
vermengten.

Diese Konstellation veranlasste Dominique Avon und Philippe Rocher von
einem «Kalten Krieg zwischen dem laizistischen und dem katholischen Frankreich» zu sprechen, wobei die eine Seite auf der Basis von Wissenschaftlichkeit
und nationaler Einheit politisierte und die andere Seite, grossteils dem Parlamen-
tarismus gegenüber skeptisch, die Rechte Gottes (auch gegen die Menschenrechte) über die Rechte der Kirche verteidigen wollte.[86] Natürlich war dies kein
rein französisches Modell, sondern ein in Zeiten des Kulturkampfes und des
Antiklerikalismus über verschiedene Länder Europas sich erstreckendes Phänomen, wie es Lisa Dittrich jüngst nochmals bekräftigte.[87] Wie sah diese Dichoto-

---

[85] Brief Dehon an Birot, 19.11.1900 (in: B 108/4, Inv. Nr. 1160.42): «Au fond, on ne peut reprocher
à votre discours aucune erreur manifeste, mais on croit voir dans quelques passage une tendance
au libéralisme. [...] Page 6. ‹Il faut aimer son pays tel qu'il est›, vous vouliez dire sûrement: il
faut aimer son pays 'quand même'. [...]» Dass Dehon aber im Prinzip ganz mit Birot überein-
stimmt, kommt im letzten Satz des Briefes zum Ausdruck: «Laissons les critiques malveillants
aboyer. Ils cherchent beaucoup plus à entraver les directions du Pape qu'à exposer la vérité avec
charité.»

[86] Vgl. Dominique Avon/Philippe Rocher, Les jésuites et la société française (XIXe-XXe siècles).
Préface par Étienne Fouilloux, Toulouse 2001, 82: «Entre 1880 et 1914, une guerre froide oppose
la France laïque et la France catholique, ponctuée d'une courte période de détente [...]. La
stabilité des positions est remarquable. D'un côté du front, se réclamant de l'héritage de la Révolution, les républicains entendent fonder ‹un nouveau pouvoir spirituel, solidement établi sur la
science, destiné à assurer l'unité profonde du corps social›. De l'autre côté, une majorité de catholiques a condamné ce régime parlementaire, arguant du fait que la défense du droite de Dieu
passe par la garantie de ceux de l'Église.» Eine Identifikation von göttlicher und kirchlicher
Ebene lässt sich auch bei Dehon vielerorts ausfindig machen. Die Vorstellung von Stellvertretung
und Repräsentation helfen dabei, die Grenzen verschwimmen zu lassen, und einen Ekklesiozentrismus zu stützen.

[87] Vgl. Lisa Dittrich, Antiklerikalismus in Europa. Öffentlichkeit und Säkularisierung in Frankreich,
Spanien und Deutschland (1848-1914) (Religiöse Kulturen im Europa der Neuzeit 3), Göttingen
2014.

mie nun konkret auf unsere Fragestellung hin, das Emblem des Herzens-Jesu im Blick behaltend, aus?

5.4 Karikatur und Spott – Populäre Gegnerschaft zur Herz-Jesu-Trikolore

Das antiklerikale Blatt *La Calotte* beteiligte sich um 1900 in satirischer, bisweilen zynischer Art an den Diskussionen um die Nationalflagge. Es wurde vorerst in Marseille aufgelegt und vereinigte verschiedene Freidenker-Gruppen. Eine Überbietung eines Antiklerikalismus hin zu einer antireligiösen und antichristlichen Positionierung ist in ihm anzutreffen.[88] In besonderer Weise gehen Autoren, Texter und die die Bildwelt bedienenden Karikaturisten von *La Calotte* gegen die Herz-Jesu-Apposition auf der Nationalflagge vor. Solche Akteure verwehren sich daneben gegen die Inanspruchnahme der Trikolore in kirchlichen Zusammenhängen, und es sind im Blatt auch klare Sympathien für eine rote Flagge als nationales Hauptsymbol auszumachen. Es gelte Religion und Politik auseinanderzuhalten und die kirchlichen Akteure aus dem öffentlichen Bereich zu entfernen sowie jede unstatthafte Vereinnahmung der Nation und ihrer Symbole durch Kleriker zu unterbinden. Dehons Person und Positionierung steht für *La Calotte* freilich nicht direkt zur Debatte. Der Ordenssuperior und Ehrendomherr der Diözese Soissons wurde weder als Fallbeispiel – solche finden so gerne im Tonfall der Entrüstung Nachzeichnung – beansprucht, noch zog Dehon direkt aus seinen Schriften oder Stellungnahmen heraus Aufmerksamkeit auf sich. Dennoch steht sein Anliegen implizit am satirisch-moralischen Pranger jener Zeitschrift, die sich unter die Motti «Ni Dieu, ni Maitre!» (Blanqui) und «Le cléricalisme, voilà l'ennemi!» (Gambetta) stellte und ein vielsagendes Beispiel eines populären Antiklerikalismus jener Zeit abgibt.

Im Juli 1901 zierte wie so oft eine Zeichnung in Schwarz-Weiss das Titelblatt der *La Calotte*. Sie stellte dem Betrachter eine Prozession vor Augen. In ihr führt ein Teilnehmer, wahrscheinlich wohl ein Messdiener, eine Flagge mit sich, bei der es sich ohne Zweifel um eine Trikolore handelt. Somit bezeichnet die Szenerie einen wesentlichen Raum der öffentlichen Präsenz von Flaggen, den der Strasse («la rue»).[89] Der weisse Mittelstreifen der Trikolore ist auf dem Bild mit zwei Herzen versehen und spricht somit unmittelbar die Herz-Jesu-Frömmigkeit an. Neben der ins Bild gesetzten, sich voran wälzenden Prozession findet sich ein Offizier, der aus der Formation der Prozession ausgeschert einen Soldaten zur Rechenschaft zieht. Er bringt diesen in sichtlich aggressiver Pose dazu, zu salutieren, also einen militärischen Gruss zu erweisen. Besagte Ausgabe des

---

[88] Vgl. dazu Guillaume Doizy, De la caricature anticléricale à la farce biblique, in: Archives de sciences sociales des religions 51 (2006), Nr. 134, 63-91, v.a. 75.

[89] Vgl. dazu Brigitte Basdevant-Gaudemet, Les manifestations extérieures du culte en droit français au XIXe siècle (1801-1914), in: Paul D'Hollander (Hg.), L'Eglise dans la rue, Limoges 2001, 69-89, mit einer interessanten Konklusion für den Umschwung 1905, wo das Recht der Autorin zufolge mässigend wirkte und gerade auch den Antiklerikalismus zurückband.

Satireblatts trägt die Überschrift «Sous la défense républicaine» und am unteren Bildrand findet sich der ironisierende Zusatz «Depuis quand ne salue-t-on pas le drapeau...?». Anlass der Zeichnung sei eine Prozession auf der Insel Korsika gewesen, wo eine untere Charge aus der französischen Armee angeblich dazu gezwungen worden sei, «les emblèmes de la stupidité cléricale» zu grüssen.[90] Der Mythos der Verschwörung von Militär und Klerus wird hier in offenkundiger Weise bespielt, dem auf der anderen Seite – wie etwa bei Dehon – komplementärgespiegelt der jüdisch-freimaurerische Komplott entgegen gehalten wird.[91]

Abbildungen 17/18: Ausschnitte aus Titelblättern von Ausgaben der La Calotte mit Herz-Jesu Bezug aus 1901 («Prozession») und 1899 («Kommuniongang»). Es sind dies Karikaturen, die auf die Herz-Jesu-Frömmigkeit abzielen und sie in einem politischen und religiösen Kontext der Lächerlichkeit preisgeben. Beide Bilder werden im Text behandelt, Quellenangaben finden sich in den jeweiligen Fussnoten.

Über die durch Papst Leo XIII. erfolgte Weihe der Welt, des Orbis, an das Herz-Jesu machte sich *La Calotte* ebenso lustig, wie über die Herz-Jesu-Frömmigkeit und die ihr inhärente «Partikularität» ganz allgemein hergezogen wird, «weil es uns unmöglich scheint, dass diese in der Anbetung gewonnene Assoziation, von irgendeinem Eingeweide Schutz und Hilfe zu erbeten, in einen gesunden Kopf hineingehen kann.»[92] Innereien, Organe stünden hier im Zentrum – für

---

[90] La Calotte, 5 (1901), 209, 21.07.1901, Titelblatt und 2 (Notre Dessin). Vgl. dazu Ihl, Des fêtes, 229.
[91] Vgl. Avon/Rocher, Les jésuites, 84: «Au mythe du complot militaro-clérical, répond celui du complot judéo-maçonnique.» In diese dualistisch konzipierte Vorstellungswelt fügt sich auch Dehon ein – eine imaginierte Frontstellung, die sich in seiner Wahrnehmung dann auch in konkreten, feindlichen Vorfällen aktualisiert und somit die erwünschte Bestätigung findet.
[92] Marius Dobenax, Le Sacré-Cœur et le Sacré Kyste, in: La Calotte, 3 (1899), 97, 18.06.1899, 3: «car il nous parait impossible de faire entrer dans un cerveau sain cette combinaison adorative de demander protection et secours à un viscère quelconque». Diese Art der Verehrung von Körperteilen komme einem Fetischismus gleich, der «ne doit rien à celui des nègres de l'Afrique centrale». Hinkünftige Errungenschaften der Wissenschaft würden solche Frömmigkeitsformen der Lächerlichkeit und dem Untergang preisgeben. Auch das Titelbild dieser Ausgabe bietet eine Karikatur mit Bezug auf die Herz-Jesu-Frömmigkeit. Ein Mann empfängt kniend die Kommunion von einem Bischof, im Hintergrund findet sich ein Wimpel, der die Aufschrift trägt: «Sauvez Rome et les Faussaires au nom du S.C.»

nicht ganz klare Köpfe. Anderenorts werden Nationalflaggen mit Herz-Jesu-Motiven als «drapeaux sophistiques» betitelt, die die Integrität der Nationalflagge verletzten, ja noch mehr: sie besudeln – also genau die diametral gegenüberliegende Idee zu der eines Abbé Castarède, der auf der Klerikerversammlung in Bourges das Herz-Jesu als Element der Reinigung betrachtete.[93] Dabei falle, laut *La Calotte*, dem Vergessen anheim, dass der aufklärerische Benedikt XIV. die Herz-Jesu-Verehrung im 18. Jahrhundert noch verurteilt hatte, und dass die Jesuiten, die federführend hinter dieser Art von neuer Frömmigkeit ausgemacht werden, in ihrer Dummheit wohl keine Grenzen kennen.[94] Dass die in Frankreich anzutreffende Rechtsprechung scheinbar nicht für alle gleich sei, wird in der Zeitschrift alsdann laut skandiert. Denn die «Société des artistes peintres» sei dazu angehalten worden, ihren Schriftzug, den sie auf das Weiss der Trikolore anbrachte, zu entfernen, wohingegen das mit dem Herz-Jesu, welches so oft die Nationalflagge beschmutze, nicht geschehe. Die Präfekten werden hier direkt aufgefordert, die Jesuiten den Künstlern gegenüber, also die verschiedenen Gesellschaften, gleich restriktiv zu behandeln.[95]

In vielen Anläufen wird das Thema in unterschiedlichen Tonlagen «geräuschartig» variiert. Es gehe keinesfalls an, ein anatomisch-medizinisches Objekt auf der Nationalflagge anzubringen. Solches sei ja mit einer Tätowierung eines Herzens, das von einem Pfeil durchbohrt werde, vergleichbar – einfach lächerlich. Noch dazu sei diese als «drapeau apostolique» ein Signum für die Abhängigkeit von ausländischen Instanzen. Paul Lamy spricht in *La Calotte* von «leur ridicule, dégoûtante et viscéreuse bannière.»[96] Die Schande, dass die Sacré-Cœur-Basilika auf dem Montmartre in der Metropole der Republik die Stadt überrage, sei schon gross genug. Jetzt solle man, so ein anderer Autor, Charles Olveck – vermutlich wie viele weitere Autorennamen ein Pseudonym –, in der *La Calotte* 1899, allen das Maul stopfen, die die Anbringung des Herzens Jesu auf der Trikolore forderten.[97] Auf den Jesuiten Stanislas Du Lac (1835-1909) gerichtet findet sich in diesem Kontext besonders beissende Kritik. Das ist eher selten, weil da nun ein konkreter Name ins Visier gerät. Du Lac wurde von antiklerikaler Seite beschul-

---

[93] La Calotte, 4 (1900), 162, 16.09.1900, 3-4 («Le drapeau du Sacré-Cœur»), 3.
[94] Den Antijesuitismus bekommt auch Dehon ganz konkret zu spüren. Vgl. dazu in: Documenta secreta B, ausgeschnittener Zeitungsartikel, drei Teile (Titel «Le Déhonté»), mit Archiv-Anmerkung «Articolo ributtante che rivela l'ignoranza e lo spirito settario dell'autore». Gezeichnet ist der Beitrag von ‹L'avant-garde›, März 1896, mit dem Pseudonym «Pitalugue». Die Zeilen, antibürgerlich und antijesuitisch orientiert, insinuieren in polemischer Weise Dehon gegenüber moralische Verfehlungen – «un amour immodéré de l'humanité» –, sprechen sich darin allgemein gegen kirchliche Schulen in Kongregationshand aus. Dabei sind die Jesuiten motivisch ins Zentrum der satirisch-ernsten Zielscheibe gerückt.
[95] La Calotte, 5 (1901), 201, 26.05.1901, 7, vgl. zu den rechtlichen Rahmenbedingungen Basdevant-Gaudemet, Les manifestations extérieures.
[96] Paul Lamy, Leur drapeau, in: La Calotte, 5 (1901), 204, 23.6.1901, 1.
[97] Charles Olveck, Ta bouche!..., in: La Calotte, 3 (1899), 114, 15.10.1899.

digt, hinter den antifreimaurerischen Artikeln des Jules Lemire zu stehen – und
dieser wurde aufgrund seines politischen Gewichts «ernst» genommen.[98]

Henri Turot wiederum widmet dem «Sacré-Cœur» zwei eigene Spalten in
einer Septemberausgabe der *La Calotte* des Jahres 1900 – es ist die Zeit des
Klerikerkongresses in Bourges: Er sei schon viel in der Welt umhergekommen
und habe viele Darstellungen von Gottheiten und Göttern gesehen.

> «Aber niemals, das schwöre ich euch, nicht einmal bei den wildesten Völkern,
> konnte man einen monströseren und verwerflicheren Kult antreffen als jenen der
> blutigen Innereien, den unsere modernen Kleriker den Eingeschüchterten zur Ver-
> ehrung vorschlagen.»[99]

Die Verführung der Schwachen wird dabei moniert und hervorgehoben.
Ebenso hätte allem Anschein nach bei den Christen das Kreuz als Verehrungs-
objekt ausgedient, wie es weiter heisst: «Die Modefrömmigkeit ist nunmehr
unbestritten etabliert, und es handelt sich um das Heilige Herz Jesu, das in be-
stimmender Weise die Gunst der frommen Kohorten von hysterischen Bigotten
und jener der alten unzivilisierten Libertins gewonnen hat.»[100] Wollte man weiter
gehen, könnte hier eine bestimmte Konvergenz von Argumenten eines Lemire,
von Mitgliedern des Heiligen Offiziums bei der Beurteilung des Falles Dehon
und bei den Antiklerikalen ausgemacht werden. Den je eigenen Binnenkontext
verlassend stösst die erstarkte Herz-Jesu-Frömmigkeit auf unterschiedlich formulierte Kritik und Gegnerschaft.

Diese Art der (neuen) Religion wolle man nun, so Turot weiter, Frankreich als
Nationalreligion auferlegen! Montmartre sowie Herz-Jesu-Weihen von Gemein-
den und Regionen stossen bei ihm auf Anklage und deutliche Ablehnung, aber
auch die Tatsache, dass manche meinten, dass die klerikale Gefahr gar nicht
existierte und dass «wir [die Akteure von *La Calotte*, DN] fantasieren, wenn wir
die Gefahr unablässig anklagen. Muss man nun zulassen, dass unser armes Land

---

[98] Vgl. Avon/Rocher, Les jésuites, 85-87. Dehon verweist auf P. Du Lac sowohl in seinen ‹Notes
      Quotidiennes›, wie er auch im ‹Manuel social chrétien› auf ihn Bezug nimmt. Dort wird anekdo-
      tisch, im § 20, auf einen Brief an den Jesuitenpater verwiesen, der eine soziale Anklage artiku-
      liert. Die skandalöse Arbeit der Schneiderinnen, bei Tag und Nacht, wird darin blossgestellt.

[99] Henri Turot, Sacré-Cœur, in: La Calotte, 4 (1900), 161, 09.09.1900, 2. «Mais jamais, je vous jure,
      même chez les peuples les plus sauvages, on ne saurait constater culte plus monstrueux et plus ré-
      pugnant que celui des viscères sanguinolents que nos modernes cléricafards proposent à la véné-
      ration des timides.»

[100] Turot, Sacré-Cœur, 2: «La dévotion à la mode est maintenant incontestablement établie, et c'est
      le Sacré-Cœur de Jésus qui a décidément la faveur des pieuses cohortes de bigotes hystériques et
      de vieux libertins décivilisés.» Wie oben zu sehen war, ist aber die Kritik an dieser Frömmig-
      keitsform auch innerhalb der katholischen Kirche durchaus präsent, und die Zugänge zu ihr sind
      vielgestaltig. Wenn noch dazu bedacht wird, das hier das Kreuz dem Herzen Jesu gegenüberge-
      stellt wird, dann zeigt sich dabei in der Argumentation deutlich, wie eng explizite Kritik von Aus-
      sen und subtilere von Innen zusammenfallen und religiöse und nichtreligiöse Sprache sich inein-
      ander verstricken und aufeinander bezogen kaum voneinander getrennt werden können, wie Lu-
      cian Hölscher dies vielerorts festgehalten hat, vgl. Lucian Hölscher, Religiöse Begriffe im Wider-
      spruch, in: SZRKG 107 (2013) 367-388.

sich in die Schändlichkeit solcher Glaubensvorstellungen hineinbegibt, ohne einen Schrei des Protestes bzw. des Alarms?»[101] Ablehnung nach aussen und Ansporn in das Innere einer Gruppe sind hier deutlich als zwei Seiten einer Medaille auszumachen. Dieser Argumentationsstrang wirkt wie ein Negativ-abdruck des von Dehon in seiner Zeitschrift *Le règne* Dargebotenen. Auch bei ihm wurde, wie wir sahen, die Gefährdung des Landes bzw. der Nation beschworen. Wer von der Gefahr spricht, hat zumeist auch schon ein Gegenmittel bei der Hand.

Für die postulierte Schutzfunktion und den oftmals im Hintergrund der Herz-Jesu-Verehrung stehenden «Reparationsgedanken» gibt es gleichfalls keine Schonung. Dieser hat im Besonderen auch für Dehon seine ideelle, religiöse und emotionale Bedeutung. Weiter oben war das schon in Dehons Wunsch nach einer Regierung zum Ausdruck gekommen, die die «Reparation» für Frankreich betreiben und vollziehen werde. Das antiklerikale Blatt ist spitz herausfordernd und herb zugleich. Solche Devotionsformen, an mehreren Stellen interessanter-weise als «modern» betitelt, werden ironisierend als «providentielle Form der Er-rettung in dieser schwierigen Zeit» und eine «Frucht einer überirdischen Offen-barung» beschrieben. Hier fliesst das Vokabular des Gegenübers ein und wird gewissermassen verdreht. So meint ein Artikel, der mit Paul Parfait gezeichnet ist, dass diese Errettung wohl noch ausgeblieben sei. «Nun gut, das Heilige Herz, das uns retten sollte, ist weit davon entfernt, dieser Aufgabe nachzukommen.» Die Reparationswerke kommen in Parfaits Glosse auch nicht ungeschoren da-von, wie etwa jenes Werk, das die Profanierung des Sonntags (wieder)gutzuma-chen versuchte. Wie gezeigt, wurde ja gerade zugleich mit der Etablierung des Nationalfeiertags die Sonntagsruhe gelockert. Darüber hinaus wird die An-hänglichkeit an Reliquien, die Schutz verhiessen, karikiert: So hätte man die Reste des Hl. Quentin, den man zum Schutz für Frankreich bitten könnte und sollte, selbst aus dem nach ihm benannten Ort bringen müssen, um sie im deutsch-preus-sischen Krieg in Sicherheit zu bringen. «Nicht gerade ein schöner Retter, der am Tag der Gefahr damit beginnt, sich selbst in Rettung zu bringen!»[102]

Wie an diesen erratischen Federstrichen, die ohne Probleme mannigfach er-weitert werden könnten, zu ersehen ist, weht der Herz-Jesu-Frömmigkeit trotz oder gerade wegen ihrer Blüte ein doch eisiger Wind entgegen. Das Werk *Les cordicoles* von Gustave Téry (1870-1928), eines für seinen Pazifismus bekann-ten Journalisten, nimmt einen besonderen Platz in der diesbezüglichen satiri-

---

[101] Turot, Sacré-Cœur, 2: «nous radotons quand nous le [le danger] dénonçons sans cesse. Faut-il donc laisser notre malheureux pays s'écrouler dans l'ignominie de telles croyances sans un cri de protestation et d'alarme?». Analog dazu könnte auch Dehons Agieren in diesem Feld auf der anderen Seite der Reichshälfte in erster Linie als ein Wirken nach Innen angesehen werden.

[102] Paul Parfait, La foire aux miracles. Le Sacré-Cœur, les mains, la paie, in: La Calotte 2 (1898), 61, 09.10.1898, 6-7: «Eh bien, le Sacré-Cœur qui devait nous sauver est loin de suffire à cette tache.»; «Ne voilà-t-il pas le beau sauveur, qui le jour du danger, commence par se sauver lui-même!» Der heilige Quentin spielt für Dehon in seinen persönlichen Aufzeichnungen eine grosse Rolle.

schen Kritik ein.[103] Die in diesem, für Dehon zeitgenössischen Opus vorgetragenen Vorhaltungen reichen von krudem Dolorismus, naivem Providentialismus
bis hin zu übertriebenem Sentimentalismus aus dem Geiste einer barock ange-
hauchten Romantik. Benoist hat diese drei Momente hervorgehoben, als er perspektivisch breit aufgestellt die Kontestation der Herz-Jesu-Verehrung in seinen
Werken ins Auge fasste.[104] Bezeichnend ist, dass die zwei Frankreichs in diesem
Kalten Krieg nicht oder wenig miteinander kommunizierten, es sich also um getrennte, abgeschlossene Welten handelte. So geht auch Dehon auf diese Kritik
inhaltlich nicht näher ein, wenn, dann weist er für seine Leser aus, was mit Kritikern der Herz-Jesu-Frömmigkeit wie etwa mit Émile Zola (1840-1902) geschehen ist, dass diese nämlich umgehend ihren «Lohn» für ihre blasphemische Läs-
terungen erhalten. So sei der frevlerische Zola im Gefängnis gelandet.[105]

Der Gegenwind wird dann spürbarer und in besonderer Weise akzentuiert, als
gerade die Forderung nach der Herz-Jesu-Symbolik auf der Staatsfahne erhoben
worden ist. Das wird Ende der 1890er Jahre der Fall sein. Die Beargwöhner dieser
motivisch-symbolischen Weitung machen geltend, dass die Katholiken anderer
Länder dies ja auch nicht anstrebten. Weder in Deutschland, Österreich, Italien
oder anderswo sei dies der Fall – dieser Gedankengang wird, freilich andersrum
gewendet, nach dem Ersten Weltkrieg auch im Umfeld Dehons auszumachen sein,
als dann nach der grossen Katastrophe der Versuch einer Internationalisierung
religiös konnotierter Flaggen gestartet wird. Das Argument, auf das wir auch schon
bei Lemire stiessen, wird gewendet: Herz-Jesu Flaggen für alle!

In der Forderung nach diesem besonderen Attribut im nationalen Kontext
vollzieht sich zugleich eine exponierte Zur-Schau-Stellung, die dann geharnisch-
te Rückfragen provoziert. Wozu denn diese relativ junge, als modern betitelte
Frömmigkeit wirklich gut sei? So geht es dann nicht nur um die Frage nach dem
Herz-Jesu auf der Staatsflagge, sondern das Ganze einer bestimmten Frömmigkeitskultur wird, im Gegensatz zu den von Lemire positiv hervorgehobenen Aspekten, ohne weitere Differenzierung angefragt und als eine Art revanchistischen
Anschlags wahrgenommen. Die politische Seite von Frömmigkeit kommt dabei

---

[103] Vgl. Gustave Téry, Les cordicoles, Paris 1902. In diesem Werk wird eine breite Palette der Anklage gegen die Herz-Jesu-Verehrung aufgetischt. Téry selbst, zeitlebens und auch während des
Ersten Weltkriegs Pazifist, wendet sich Charles Maurras und einem expressiven Antisemitismus
zu, im Speziellen gegen Marie Curie im Jahre 1911.

[104] Vgl. Benoist, Le Sacré-Cœur, passim.

[105] Vgl. CHR 1898/55: «Le romancier infect [Zola, DN] [...] s'est attaqué en dernier lieu à tout ce
qu'il y a de plus sacré, à la Vierge Marie, au Souverain Pontife, au Sacré Cœur de Jésus. Dans
son roman sur Paris [...] il se complaît à narrer les desseins des anarchistes contre l'église du Vœu
National. Il expose longuement leurs arguments, leurs projets sous une forme suggestive. Il ne
ferait pas autrement s'il voulait exciter ses lecteurs à détruire ce palladium de Paris. Mais la
divine Providence s'est lassée de ses blasphèmes. Elle l'a abandonné aux aberrations de son
orgueil. [...] Et le pauvre romancier y a perdu sa popularité. Il est honni maintenant de toute la
France. Au lieu de l'Académie française, on lui décerne la prison. La jeunesse française lira
moins ses pages malpropres et ce sera un grand profit pour la morale. Les beaux tirages de Zola
sont finis, grâce à Dieu. Le Sacré Cœur du bon Maître est intervenu pour arrêter le scandale.»

ins Spiel. Ein ideelles Konfliktfeld gestaltet sich aus, in dem die Beteiligten zu Argumenten gezwungen sind, aber umso weniger auf die der anderen empathisch einzugehen bereit sind. Vermittelnde Stimmen werden zum Schweigen gebracht oder gehen im polarisierten Konzert unter, es ist eine Kultur des Niederringens und des Sieges.

5.5 Die Zeit nach 1900: Die Trikolore ausserhalb Frankreichs und der Grosse Krieg

Für die Person Dehons lässt sich nach der Jahrhundertwende feststellen, dass die Debatte rund um die Nationalflagge nach der Ausweisung der Kongregationen aus Frankreich, der nachfolgenden strengen Trennung von Staat und Kirche, aber auch der römischen Anerkennung der Kongregation 1906 keine grosse, unmittelbare Bedeutung mehr hat. Keineswegs will hier ausgeschlossen sein, dass Dehon beim Anblick der Trikolore vor seinem geistigen Auge ein Herz-Jesu-Symbol in der Mitte wahrnehmen konnte (und wollte). Aber wir haben keine ausdrücklich davon sprechenden Zeugnisse in diese Richtung. Eine gewisse, erzwungene Loslösung von der Herkunftsnation macht sich bei Dehon breit, weil neue Projekte der Kongregation über Frankreich hinaus auf dem Plan standen.

Die Kongregation überschreitet Grenzen und auch Dehon wird viel unterwegs sein. Mit Sorrel könnte festgehalten werden, dass gerade auch die Ausweisung in ambivalenter Weise neue Horizonte öffnete und neuen Ansporn bedeutete. Für die Herz-Jesu-Priester ist das unbestritten der Fall. Der Diskurs rund um das auch sakral verstandene Frankreich ist damit zwar nicht endgültig verebbt, aber er wird untergründiger, und konnte sich, wie sich dann bei Dehon zeigen wird, in Zeiten der nationalen Gefährdung auf geraden Bahnen der Reaktivierung erneut in den Vordergrund schieben. Es ist festzuhalten, dass Dehon über seine Funktion an der römischen Indexkongregation etwa weiterhin tatkräftig am nationalen Frankreichbild seiner Zeit mitarbeitete. Dies geschah aber auf eine eher subtilere, distanziertere Art und Weise. Aber trotzdem wird die Kraft dieser nationalen Anstrengung, wie die Arbeiten von Jacques Prévotat im Umfeld der von Pius X. verzögerten römischen Verurteilung von Charles Maurras zeigen, bedeutungsvoll sein. In dieses Engagement sind gerade die französischen nationalen Fragen und Auseinandersetzungen tiefgehend eingeschrieben.[106]

5.5.1 Nationale Repräsentanz im (ausser)französischen Kontext – Québec und die «Carillon»

Dehon wird vor Beginn des Ersten Weltkriegs seine Reisetätigkeit nochmals ausdehnen. So besucht er 1906 Brasilien und überquert später ein weiteres Mal den Atlantik, wobei es dabei aber nicht bleibt: Im Rahmen des 21. Eucharisti-

---

[106] Vgl. Kapitel II: Dehon und seine Tätigkeit an der Index-Kongregation, Ziffer 3.6.

schen Kongresses, der im kanadischen Montréal abgehalten wird, unternimmt Dehon mit Jules Tiberghien – einem befreundeten römischen Prälaten aus Tourcoing, dem der Ruf nacheilte, der «grand voyageur de la Sainte Eglise romaine»[107] zu sein – sogar eine Weltumrundung. Der Eucharistische Kongress ist eine Institution, die ausgehend von Frankreich, mit Startschuss in Lille 1881 unter Leo XIII., gerade in diesen Jahren Anfang des 20. Jahrhunderts eine verstärkte Internationalisierung erfährt. Lille war zudem gerade jene Ecke Frankreichs, aus der Dehon und Tiberghien stammten. Seit 1909 sitzt Tiberghien in Rom im ständigen Rat für die internationalen Eucharistischen Kongresse. Der Dehon nahestehende Geistliche hat von Rom aus die christliche Demokratie nicht nur ideell, sondern auch finanziell unterstützt und wird sich unter dem Pontifikat Benedikts XV. – wie Dehon auch – für den Aufbau und die Aufwertung des so genannten indigenen Klerus einsetzen, was in der Missionsenzyklika *Maximum illud* (1919) einen kräftigen Widerhall fand. Diese Erkenntnis scheint auch eine Frucht der Weltreise gewesen zu sein, in deren Verlauf sich deutlich zeigte, dass der französische Einfluss auf dem religiösen Feld zwar weltweit gegeben, aber doch im Sinken begriffen ist. Dehons Weltreise 1910/1911, die er als Generalsuperior innerhalb der Kongregation nicht im grossen Stile ankündigte, kann heute über die von ihm angefertigten Notizen nachvollzogen werden. In sie fliessen vielgestaltige Wahrnehmungen und Einschätzungen ein, die Dehons Herkunftsnation Frankreich betreffen[108] und am Rande auch die Nationalflagge als Symbol berühren. Québec als Austragungsort des Kongresses «erinnert» Dehon auf einer seiner ersten Stationen der «tour du monde» dabei an das vorrevolutionäre Frankreich.[109]

In den *Notes Quotidiennes* widerhallt das für den Pianischen Massenkatholizismus bedeutsame Ereignis vom September 1910: 100.000 Menschen hatten bei der neunstündigen Abschlussprozession teilgenommen, Dehon inbegriffen. Bei diesem Kongress in Montréal spielte auch, wie Claude Langlois zeigt, die Sprachen- und Kulturfrage innerhalb der katholischen Kirche eine wichtige, ja zentrale Rolle. In welcher Sprache sollte der nordamerikanische Kontinent «(neu)-evangelisiert» werden? Französisch oder Englisch, das in der katholischen Kirche zunehmend an Bedeutung gewann, aber «protestantisch» konnotiert

---

[107] Eintrag zu Tiberghien, Jules, in: Jean-Marie Mayeur/Yves-Marie Hilaire, Dictionnaire du monde religieux dans la France contemporaine, Bd. 4: Lille-Flandres, von André Caudron unter Mitarbeit von Joseph Valynseele, Danielle Delmaire, Françoise Lottin-Triquet, Paris 1990, 446-447, hier 447.

[108] Interessant ist darin die Kleiderfrage, die in Dehons Wahrnehmung auf dieser langen Reise mit Frankreich als Raum in einer besonderen Verbindung steht. Nach der halbjährigen Weltumrundung trifft er wieder auf einem Schiff zu Hause, in Marseille, ein und vermerkt: «Je reprends la chère soutane que j'avais quittée à Cherbourg pour le costume de clergyman.» Vgl. NQT 33/ 141.

[109] Vgl. dazu, als «Reiselektüre» Dehons, das Buch des Geographen, Soziologen, Wirtschaftswissenschaftlers und späteren Mitglieds der Académie française, André Siegfried (1875-1959), der sich als Freidenker und Protestant in die in dieser Zeit brennende Schulfrage einmischte: André Siegfried, Le Canada. Les deux races. Problèmes politiques contemporains, Paris ²1907 (¹1906). Das Buch findet sich in der zweiten Auflage in der Bibliothek Dehons unter der Signatur A 177 und ist mit Markierungen (Dehons?) versehen.

war?[110] Das war hier die Frage. 1908 hatte der 19. Eucharistische Kongress in London stattgefunden und wurde für die katholische Kirche, die in katholischen Stammlanden wie Frankreich und Italien mit zahlreichen Problemen konfrontiert war, als voller Erfolg wahrgenommen.[111]

Francis Kardinal Bourne (1861-1935), Erzbischof von Westminster, setzte sich alsdann auch für den ersten transatlantischen Eucharistischen Kongress in Kanada ein; wie er meinte: «le second [...] à se tenir à l'ombre du drapeau anglais».[112] Der katholische Würdenträger, der für den Bereich der katholischen Missionsbestrebungen im Bereich des Commonwealth eine besondere Bedeutung für sich verbuchen konnte – die nach dem Weltkrieg sogar noch wuchs –, sollte sich darin ein wenig täuschen. Auf dem Kongress hielt Bourne dann denn auch eine kontrovers beurteilte Rede in Sachen Sprache und Sprachpolitik. Die Providentialität des Englischen wurde darin behauptet. Daraufhin antwortete Henri Bourassa (1868-1952), eine gewichtige politische und nationale Gestalt Québecs, postwendend. In Gegenwart von mehr als 50 französischen Bischöfen forderte er Rechte für die französische Minderheit in Nordamerika ein und verwies auf deren Bedeutung in der katholischen Kirche. Was hat das nun mit Dehon zu tun? Dieser notierte als Teilnehmer die nicht sehr glückliche Rede des Londoner Kardinals, «il a jeté le froid sur l'auditoire», weil jener eben eine (einheitliche, englische) Sprache für Kanada als ideal insinuierte. Die spontane Replik Bourassas wähnte Dehon dagegen als «un discours superbe» und beurteilte diese Ansprache für die Einwohner Québecs als «le clou du congrès de Montréal».[113]

Die ganze Kraft der Inszenierung und der tätigen Anteilnahme von Organisatoren und Teilnehmern des Eucharistischen Kongresses scheint in Dehons Notizen durch: So glich der Einzug von Vincenzo Kardinal Vannutelli (1836-1930), des päpstlichen Legaten Pius' X., in Montréal einem Triumphzug, und dabei durfte es, neben den oben angedeuteten programmatischen Reden und festlichem Gesang, auch an der dazugehörigen feierlichen Beflaggung als Raum-Staffage nicht fehlen. Dieses die Szene gestaltende, visuelle Moment fordert Dehon zu eigener schriftlichen Reflexion heraus, weil sich Québec und mit ihm Kanada in eine vielschichtige (multi)nationale Matrix einschreibe. Eine solche mache sich dann in der Flaggenwahl bemerkbar und kristallisiere sich im Konflikt heraus,

---

[110] Claude Langlois, Les congrès eucharistiques. Jalons pour une histoire, in: Claude Langlois/ Christian Sorrel, Le catholicisme en congrès (XIXe-XXe siècles) (Chrétiens et Sociétés 8), Lyon 2009, 205-224, hier 217-222.

[111] Vgl. Hugh McLeod/Stewart Mews/Christiane D'Haussy, Histoire religieuse de la Grande-Bretagne XIXe-XXe siècle, Paris 1997, 135, 136.

[112] Langlois, Les congrès eucharistiques, 219.

[113] NQT 26/128, 129, 134. Diese Rede Bourassas wird in den Notizen Dehons fast zur Gänze wiedergegeben und enthält interessante Einschätzungen Dehons (Amerikanismus, Sendungsbewusstsein Québecs usw.). Dehons NQT liefern hier auch einen Puzzlestein zur von Langlois aufgeworfenen Frage, welche Rolle die französischen Teilnehmer auf diesem Kongress in der drängenden Sprachenfrage in Nordamerika spielten.

als etwa der Bürgermeister der Stadt, mit irischer Abstammung, die Trikolore «verbannen» wollte. Diese Aktion, so Dehon, hätte dann für helle Aufregung und Unverständnis in der frankophonen Presse Québecs geführt. Deshalb war der Stadtobere schlussendlich gezwungen, der französischen Nationalflagge doch noch den ihr zustehenden Ehrenplatz im Rahmen dieses multinational-ausgerichteten, aber doch im Hauptspannungsfeld von französischer und englischer Sprachkultur stattfindenden Eucharistischen Festaktes einzuräumen. Das war in ähnlicher Weise, in Worten und nicht in Symbolen, am rhetorischen Schlagabtausch zwischen dem Erzbischof von Westminster und Henri Bourassa ersichtlich geworden.

Dehon notierte zu den Flaggen:

> «Die Kanadier, die Frankreich gegenüber treu geblieben sind, mussten die Flagge wie wir ändern. Wegen ihrer Loyalität nahmen sie die Fahne an, die Frankreich wählte. Heute ist dies die Trikolore. Man sieht sie während des Kongresses überall in Montréal. Viele Kanadier aber sind ihrer alten Fahne treu geblieben [...] Es handelt sich um die blaue Fahne mit einem weissen Kreuz. Und nun fügt man das heilige Herz auf das weisse Kreuz hinzu. Man nennt sie die Carillon.»[114]

Unweigerlich ist in diese Fremdbeobachtung auch einen Eigenwahrnehmung eingezeichnet, wenn von Loyalität, Treue und Wandel die Rede ist. In seiner nachfolgenden Zeitschriften- und Medienschau, die Dehon so gerne vornimmt, bekrittelt Dehon die beim *Le Bulletin* durchscheinende ultraliberale Haltung: Diese werde in der ablehnend-kritischen Haltung gegenüber der Herz-Jesu-Fahne deutlich und schlagend, einer Flagge, die, wie Claude Langlois es nachgezeichnet hat, nach dem Eucharistischen Kongress und seinen sprachenpolitischen Verwerfungen die besondere Unterstützung Roms erfuhr.[115] An dieser Stelle, in einem transatlantischen Kontext fernab Frankreichs respektive Europas, wird also die grosse Linie der Kontinuität in der Flaggenfrage bei Dehon sichtbar. Mit Blick auf die «Anderen», wenn auch innerhalb der Frankophonie, wird die eigene Geschichte sowie der französische Status-Quo reflektiert und diskursiv verarbeitet: Die Frage der Loyalität zu einer Nation, der Jetzt-Zustand, den man hinnimmt bzw. hinnehmen muss, die Situation der Pluralität, und eine Fahne, die «Carillon», der Dehon deutlich Sympathie entgegenbringt, gerade auch weil mit ihr ein eindeutiger Rom-Bezug gegeben ist.

Aber nicht nur bei Grossveranstaltungen wie (Männer-)Wallfahrten, Prozessionen oder eucharistischen bzw. Klerikerkongressen spielten Flaggen in den herkömmlichen, oftmals noch vom Christentum geprägten Räumen eine Rolle. Auch in den für die Kirche «neuen Räumen» der aussereuropäischen Missionen,

---

[114] NQT 26/34: «Les canadiens restés fidèles à la France ont dû changer de drapeau comme nous. Par loyalisme, ils prennent le drapeau que la France choisit. Aujourd'hui, c'est le tricolore. On le voit partout à Montréal pendant le congrès. Beaucoup de canadiens cependant sont restés fidèles au vieux drapeau [...] C'est le drapeau bleu avec une croix blanche. On y ajoute maintenant le Sacré Cœur sur la croix blanche. On l'appelle le drapeau de Carillon».

[115] Langlois, Les congrès eucharistiques, 219.

die wie die vorher genannten Momente in einer Institution, die sich als «acies bene formata» oder als «societas perfecta» verstand, oftmals mit kriegerisch-militärischer Semantik bewirtschaftet wurden, hatte die visuelle Repräsentanz von Nationalsymbolen ihren unumstrittenen Platz. So diente die Trikolore etwa den ersten Missionaren der Kongregation der Herz-Jesu-Priester in Ecuador zu dem Zeitpunkt als Symbol der Kennzeichnung und des Schutzes,[116] als man sich in der im Land ausgebrochenen Revolution wiederfand und sich im Sinne der Selbstverteidigung gegen mobile revolutionäre Banden auch selbst bewaffnen musste. Ein aus dem Kongo eintreffender Brief von Gabriel Grison, der missionarischen Gestalt aus den Reihen der Kongregation in der ersten Zeit schlechthin, erwähnt eine blau-weisse Fahne mit Herz-Jesu-Motiv.[117] Damit bestätigt sich, dass die Frage der Fahne nicht nur Dehon anging, sondern auch in der Kongregation immer wieder Thema war und mit ihr, bewusst oder unbewusst, eine politische Aussage transportiert wurde. Beide vorgenannten Briefe werden auch dem europäisch-französischen Publikum im *Le règne du Sacré-Coeur* dargeboten und verschränken somit Aussen und Innen, äussere mit innerer Mission, einer Mission unter dem Zeichen des Herzens-Jesu.

5.5.2 Reiseaufzeichnungen von P. Bertrand im Herbst 1913 – Frankreich, Rom, Jeanne d'Arc

Dehon kann und soll an dieser Stelle nicht isoliert behandelt werden. Er ist in mehrere Kollektive eingebunden, sei es seiner Familie, sei es der Kongregation. Sein eigentliches Projekt und Lebenswerk ist seit Ende der 1870er Jahre die Kongregation der Herz-Jesu-Priester. Diese ruht als Institution auf mehreren Figuren als Säulen des Anfangs, wie dies schon Charles Kanters in der ersten uns vorliegenden biografischen Skizze zu Dehon einige Jahre nach dessen Ableben hervorhob.[118] Führung und Leitung der Organisation hat Dehon, trotz mancher Widerstände und vieler Bedenken, bis zu seinem Lebensende nicht abgegeben. In dem an Köpfen und Niederlassungen zu seinen Lebzeiten stark anwachsenden Netz hat er sich über sein eigenes Ableben hinaus über aktive Memoria-Bildung eingeschrieben. Die ersten Mitbrüder entstammen wie er dem französischen Umfeld.[119] Mit der Schule St. Jean und dem Mutterhaus Sacré-Cœur, beide in St. Quentin in der Aisne, ist die diözesanrechtliche Institution des Bistums Soissons in einem nordost-französischen Kontext verankert, obwohl auch schon bald Mit-

---

[116] Vgl. ADR B 107/3, Inv. Nr. 1163.82. Brief von Missionaren aus Ecuador, Juni 1895.
[117] Vgl. ADR B 104. Brief von Gabriel Grison aus dem Kongo, 12.12.1900, abgedruckt in RCJ 1900.
[118] Vgl. Charles Kanters, Le T.R.P. Leon Dehon. Fondateur de la Congrégation des Prêtres du Cœur de Jésus. Esquisse biographique, Brugelette ²1932, 74-80, wo direkt in die erstaunlich «kritische» (vgl. ebd., 35) biografische Skizze Dehons die Lebensbilder von Adrian Alphonse Rasset, Germain Blancal, Modeste Roth, Claude Barnabé Charcosset, André Prévot, Vincent Jeanroy und Matthias Joseph Legrand eingebunden sind, vgl. Hinführung, Ziffer 1.2.1.
[119] Vgl. Kanters, T.R.P. Leon Dehon, nochmals 74-80.

glieder aus Südfrankreich hinzukamen. Diese Verwurzelung wird die Kongregation somit auch prägen.

Der gezielte Wille zum «transnationalen Überschritt» jedoch macht sich relativ bald bemerkbar, hin in den deutschsprachigen Raum etwa. Im Sommer 1883 trat eine erste Reihe von Deutschsprachigen in die Kongregation ein.[120] Aber auch die «Zentrale» Rom rückt immer stärker ins Zentrum der Aufmerksamkeit. Die Kongregation musste sich, wollte sie überleben, vom lokalen diözesanen Kontext lösen. Obwohl nach der Ausweisung der Kongregationen 1903 das Mutterhaus nach Brüssel transferiert werden musste, weil die Kurie eine Verlegung der Zentrale in den Süden nicht wünschte, wird Rom als möglicher Hauptsitz und als Ziel immer im Auge behalten. Dieses Anliegen kann unter anderem kriegsbedingt und nach vollumfänglicher Anerkennung der Konstitutionen erst in den 1920er Jahren in der Viale Mazzini verwirklicht werden.[121] Auffällig dabei ist, dass das Mutterhaus in St. Quentin als Wiege der Gemeinschaft eine tragende Bedeutung beibehalten konnte.

Dehon reichte 1901 – im Gegensatz zu der Gesellschaft Jesu – einen Antrag auf Anerkennung der Kongregation bei den politischen Behörden in Frankreich ein. Er war jedoch nicht erfolgreich, konnte aber das enteignete, liquidierte Mutterhaus aus eigenen Mitteln zurückkaufen. Einige Patres erhielten eine Pro-Forma-Säkularisierung aus Rom, sodass sie als Weltpriester vor Ort unter den Fittichen des Diözesanbischofs in verschiedenen Aufgaben der Seelsorge verbleiben konnten. Das deutet auf eine als gewichtig betrachtete Verankerung vor Ort, in Frankreich, hin. Deshalb wurde auch die Option auf Rückkehr nie ganz ausgeschlossen. Die Verankerung in Nordfrankreich ist somit ebenso umschrieben, wie die allmähliche Loslösung von diesem Ursprungskontext – die die Kongregation auch später dynamisch begleiten und beschäftigen wird.

Kurz vor Ausbruch des Weltkriegs besuchte ein französischer Mitbruder Dehons die Stadt Rom. Die Kongregation betrauerte zu diesem Zeitpunkt erst ein verstorbenes Mitglied auf einem Friedhof in der Ewigen Stadt. Aemilius Bertrand (1863-1946), 20 Jahre jünger als Dehon, im Krisenjahr 1883 in die Kongregation eingetreten, später Generalsekretär, dann Generalrat der Kongregation, machte sich von Brüssel aus, wo er zu dieser Zeit als «superior localis» der Kongregation amtete, auf den Weg. Die Reise, einer Pilgerreise gleich, führte ihn über St. Quentin und Paris in den Süden. Die Faszination der ewigen Stadt wird in einem interessanten, über 500-seitigen Tagebuch festgehalten. In Bertrands

---

[120] Vgl. dazu ADR Reg. R. I. 1885-1906. Dieser erste Elenchus bietet für Juli/August 1883 folgende Namen als Eintritte: Oscar Glas, Franz Otto und Joseph Schmitz. Als erster Nichtfranzose wird der Fribourger François Passaplan (August 1882) vermerkt, der dann aber wie Glas nach kurzer Zeit die Kongregation verlassen wird. Ab 1886/1887 häufen sich dann die Eintritte von Nicht-Franzosen, v.a. aus dem Rheinland. Ende der 1880 Jahre ist ein erster grösserer Internationalisierungsschub, was die Herkunft der Mitglieder betrifft, erkennbar.

[121] Es ist zu vermuten, dass Dehon mit dem Strassennamen weniger Freude gehabt haben dürfte, vgl. Zeitungsausschnitt in B 40/4, Inv. Nr. 674.12 «Les débaptisations de rues» und die oftmals bei Dehon geäusserte Entrüstung über die Umbenennung von Strassen.

aufwändigen Notizen, die mit Zeichnungen, Skizzen, Postkarten und Bildern versehen sind, webt sich das antike christliche Rom in die Gegenwart der Päpste Pius IX., Leo XIII. und Pius X. hinein – das Tagebuch soll, so dessen Verfasser, der eigenen späteren Erinnerung an die Reise, aber auch für andere als erbauliche Lektüre dienen: Roms Geschichte, Religion, Kultur und Politik, immer auch durch eine französische Brille betrachtet, werden darin zum Besten gegeben. Dabei bezieht Bertrand Dehons eigene Aufzeichnungen zu Rom ein – im Speziellen dort, wo es um die Herz-Jesu-Frömmigkeit und das Bemühen nach ihrer «Verankerung» am Erinnerungsort Rom geht.[122]

Warum aber wird dieses Werk, diese Quelle, die wir einem Mitbruder Dehons verdanken, hier beigezogen, wo es ja um die französische Nationalflagge geht? Die Aufzeichnungen zur Rom-Wallfahrt reihen sich in nationale französische Befindlichkeiten ein und verwalten diese. Dabei spielen die französischen Nationalfarben und das wahrgenommene päpstliche Agieren eine distinkte Rolle: Der Papst wird als Gottes Repräsentant auf Erden bezeichnet. Daher kommt ihm in der Frage der Symbolik auch eine besondere Wertschätzung und gleichsam eine Deutungs- bzw. Bestätigungshoheit zu, als Vater der Nationen gleichsam. Gerade die somatischen Verhaltensweisen des Papstes, des Papstkörpers sozusagen, in Gegenwart der französischen Fahne werden von Bertrand in seinen Reisenotizen minutiös geschildert. Wenigen Sekunden der beschriebenen Realität kommt darin eine ungemeine Bedeutung zu.[123] Die Zeit wirkt verlangsamt, oder scheint sogar still zu stehen.

Die von Bertrand zeichnerisch selbst dargebotene, im Faltenwurf sich präsentierende französische Fahne ist zwar eine einfache Trikolore ohne Zusatz. Im Text der Reisenotizen jedoch wird eine Trikolore mit einem Jeanne d'Arc-Bild im Zentrum erwähnt. Die lothringische Jungfrau, soeben im April 1909 seliggesprochen, um die desolaten Beziehungen zu Frankreich zu verbessern, wartete zu diesem Zeitpunkt auf ihre Heiligsprechung. Nicht mehr Leo XIII. und dessen Zuwendung zu Frankreich stehen – wie bei Alphonse Lorain 20 Jahre früher –

---

[122] ADR Bestand Bertrand, Tagebuch Romreise, Kapitel II, S. 125: Dort nimmt Bertrand die motivische Einschreibung des Herzens Jesu beim Besuch der Katakomben auf und scheint Dehons NQT aus 1891 gut zu kennen, weil er daraus zitiert (vgl. NQT 5/153). «Mais qu'avons-nous besoin de tant de preuves de détail? Les Catacombes tout entières ne prêchent-elles pas le Sacré Cœur de Jésus?». Bertrand gibt als Quelle «Le Règne de Jésus», 1891, an (S. 126). Am Anfang vermerkt Bertrand, dass er von der Romreise profitiert hätte und seine «saintes émotions» auch weitergeben wolle (S. 1). Am Ende wird von Roms Parfüm gesprochen (S. 514). Die Abwertung von Paris, einer hektisch-egoistischen Grossstadt (S. 16), ist ebenfalls charakteristisch, wie auf italienisch-französisch divergierende Verhaltensweise Bezug genommen wird. Auf den Lourdes-Brunnen (S. 250) und Pius' X. engen Bezug zur Herz-Jesu-Verehrung (S. 261) wird ebenfalls eingegangen, wie auch die charakteristischen Muster in der Haltung zur Frauenfrage («Feminismus») und zum Judentum deutlich hervortreten (S. 318: Fall Mortara, S. 402: Konversion der Brüder Ratisbonne).

[123] Vgl. Jörg Seiler, Somatische Solidarität als Moment ultramontaner Kommunikation. Die Inszenierung der Körperlichkeit Pius' IX in der Rottenburger Bistumszeitung, in: SZRKG 101 (2007) 77-106, v.a. 81.

im Zentrum des Geschehens, sondern der regierende Papst Pius X. reiht sich nun in Bertrands Wahrnehmung in die Geschichte der Nationalsymbolik Frankreichs mit dem pontifex maximus ein: Eine Tagebuchüberschrift Bertrands trägt den Titel «Pie X et le Drapeau français»[124]. Der ideologische Bruch im Frankreich dieser Zeit kommt bei Bertrand dabei umgehend in den Blick, wenn der Herz-Jesu-Priester stereotypisch und pauschal-numerisch darauf hinweist, dass in Frankreich 30 Millionen Katholiken von ca. 30.000 Freimaurern unterdrückt würden, die für ihr Land nur Verachtung und Mitleid empfänden. Jener oligarchischen Minderheit wird also die Fähigkeit eines wahren Patriotismus abgesprochen, ähnlich verhält es sich bei Dehon auch. Aber es gibt laut Bertrand weiterhin verstecktes Potential für die Nation, auch darin ist er seinem Generalsuperior sehr nahe: «Frankreich kann wieder zu dem werden, was es in der Vergangenheit einmal war, und die glorreiche Mission erneut aufnehmen, die ihm die Vorsehung bestimmt hatte.»[125]

Pius X. unterstütze laut Bertrand diese ersehnte Neugeburt aus dem Alten, gleichsam als päpstlicher Katalysator. Dessen Zuwendung zu Frankreich findet neben der Schilderung von Audienzen für verschiedene französische Gruppen, darunter Erstkommunionkinder, auch in der Beschreibung seines inniglichen Umgangs mit der französischen Nationalflagge seine gebührende Dokumentation: Die Nationalflagge, so Bertrand, der einen Bericht von *La Croix* aufgreift, habe der Pontifex in herzlicher Weise behandelt, mittels einer Geste, «so einfach, so berührend, so ausdrucksstark – so französisch – nämlich unsere Flagge zu küssen»[126] So der eingehende, kurze Vermerk von Bertrand, der in seinem Rombericht eine Zeichnung der Trikolore zum Besten gegeben hat und in diesem Kontext auch auf ein national-patriotisches Gedicht zurückgreift, das er dann rezitiert.

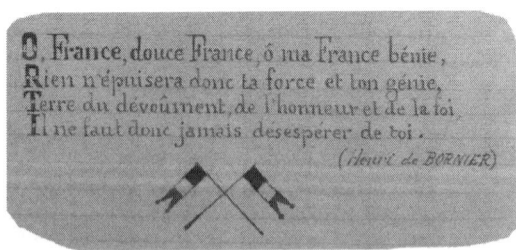

Abbildung 19: Mit den nationalen Farben kolorierter Eintrag in das «Romtagebuch» P. Bertrands, der einen Vierzeiler de Borniers (1825-1901) wiedergibt, eine Eloge auf die französische Nation. Henri de Bornier war Mitglied der Académie française und gelangte als Literat über sein Stück ‹La Fille de

---

[124] Bertrand, Tagebuch, S. 362.
[125] Bertrand, Tagebuch, S. 350. «Elle (La France, DN) peut redevenir ce qu'elle a été dans le passé, et reprendre la glorieuse mission que lui avait confiée la Providence.»
[126] Bertrand, Tagebuch, S. 362: «si simple, si touchant, si expressif – si français – d'embrasser notre drapeau.»

Roland› zu gewisser Bekanntheit, auch Dehon bezieht sich auf ihn. Ausschnitt aus S. 365 der Aufzeichnungen P. Bertrands: «Oh Frankreich, süsses Frankreich, oh mein gesegnetes Frankreich / Nichts wird Deine Kraft und Dein Genie ausschöpfen / Land der Hingabe, der Ehre und des Glaubens / Nie soll man daher an Dir verzweifeln.»

Dazu verweist Bertrand in seinen Notizen auf die Seligsprechung der Jeanne d'Arc von 1909. Er streicht dabei jene Begebenheit hervor, wo sich ein junger Mann im Jubel der Menge «dem Papst nähert und ihm eine Trikolore präsentiert, die mit einem Bild der Jeanne d'Arc versehen ist. Der Papst nimmt den Seidenstoff mit beiden Händen an sich, drückt ihn an seine Lippen und küsst ihn.»[127] Ist es mehr als ein Zufall oder ein anlassbedingter Vorfall, dass hier knapp vor dem Ausbruch des Krieges die Jungfrau von Orléans das Herz-Jesu als mögliches zentrales, katholisch zu interpretierendes Element der Flagge abgelöst hat? Dies bleibt insofern Spekulation, als eine solche symbolische Umsetzung bei Dehon und seinem Umfeld nicht direkt nachgewiesen werden kann. Fakt ist, dass Dehon sich aber in einer für die katholische Kirche signifikanten Weise in die Rezeption der Jeanne d'Arc einfügt: Gerd Krumeich hat festgehalten, dass am Endpunkt der Wirkungsgeschichte Johannas im langen 19. Jahrhundert der Ausspruch Pius' X. steht: «Johanna nostra est».[128] Obgleich dies so, also als katholischer Triumph, gesehen werden kann, präsentiert sich Jeanne d'Arc aber als eine historische Figur mit breiter patriotischer, ja politisch vielfältiger Anschlussfähigkeit: Weit über den katholischen Raum hinaus war sie eine französische Figur, in der sich unterschiedliche Gruppen wiederfinden konnten. Die Herz-Jesu-Frömmigkeit im Unterschied dazu bot in der III. Republik gerade nicht dieses polyvalente Bezugs- und Rezeptionsfeld – es polarisierte viel stärker. Daneben ist Bertrands Tagebuch Beleg für das zuvor historisch-genetisch Herausgeschälte, dass nämlich Dehon und sein Umfeld zu diesem Zeitpunkt auch gut mit der «einfachen» Trikolore leben konnten.

Bertrand beschwört die mögliche Umkehr Frankreichs sowie den besonderen christlichen Charakter der Nation. In diesen national-religiösen Stimmungsraum bettete Bertrand seine Romreise von 1913. Jener dürfte für die frankophone Seite der noch jungen, aber stark expandierenden Kongregation (vgl. Abbildungen 2-4) von besonderer Bedeutung gewesen sein. Dass dies nun auch zu Spannungen geführt hat, wird bis in die Anfänge des Seligsprechungsprozesses von Dehon hinein nachhallen, wo ihm mancherorts ein übertriebener französischer Nationalstolz zugeschrieben wird. Mit dem Ausbruch des Ersten Weltkriegs und der sich anfänglich zeigenden Niederlagen stellt sich für Dehon die Frage nach der nationalen Symbolik neu. Sie erhält grössere Relevanz, denn die Nation ist als solche in Gefahr: War Dehon denn nicht gerade der Schutzaspekt ein immer zentrales

---

[127] Bertrand, Tagebuch, S. 363: «s'approche du Pape et lui présent le drapeau tricolore orné de l'image de Jeanne d'Arc. Le Saint-Père saisit le soie des deux mains, la serre sur ses lèvres et la baise.»

[128] Gerd Krumeich, Joan of Arc between right and left, in: Robert Tombs (Hg.), Nationhood and Nationalism in France. From Boulangism to the Great War 1889-1918, London 1991, 63-73.

Anliegen? Nach dem Krieg dann, in einer Art biografischen Epilogs, schlägt die Frage nach den Nationalflaggen eine neue Bahn ein. Sie wird subtiler und ist weniger politisch artikuliert, sodass gut und gerne bei Dehon von einem Verinnerlichungsprozess gesprochen werden kann.

5.5.3 Der Grosse Krieg und Claire Ferchaud, die Seherin aus der Vendée, sowie nationale Weitung nach dem Krieg

Der Krieg liess keinen Stein auf dem anderen. Dehon wurde dreissig schwierige Monate lang im von deutschen Truppen okkupierten Kriegsgebiet festgehalten. Seine Heimat als einen der Hauptschauplätze des Krieges konnte er erst 1917 verlassen. Später von Belgien aus über die Schweiz und Evian repatriiert kam er schliesslich Ende 1917 in Rom an. Im Krieg wurde er auf Berichte zu Claire Ferchaud (1896-1972) aufmerksam. Diese sprachen ihn an. Die junge Ordensfrau galt als Mystikerin und Visionärin, die nicht allein, sondern mit Unterstützung von Klerikern und Politikern aus der Vendée, mit handfesten symbolischen Forderungen rund um das Herzen Jesu auftrat, die uns schon bekannt sind. Sie waren an die französische Politik und das Militär in diesem Grossen Krieg adressiert, in dem es auch um das Überleben Frankreichs als nationaler Grösse ging. Die Vorstösse der Ordensfrau – die nicht die ersten dieser Art waren, wenn wir etwa an von Veuillot über Marie-Joseph Didier portierten Vorschlag einer Herz-Jesu-Trikolore zurückdenken –, erzeugten ein breites Echo.

Die Verknüpfung von Ordensfrau, Herz-Jesu-Kult und politischer Prophetie lieferte einen weit verbreiteten und anschlussfähigen Typus in der französischen Religionsgeschichte. Die Politik konnte (und wollte) sich dem nicht entziehen und fand einen Weg, damit konstruktiv umzugehen und die nationale Einheit unter der *union sacrée* sicherzustellen: Nichts Geringeres als das Herz-Jesu-Symbol auf der Nationalflagge sowie auf der Kriegsflagge forderte Ferchaud, die somit vor allem in die Fussstapfen Alacoques trat und die Jean-Yves Le Naour als die Jeanne d'Arc des Grossen Krieges gilt.[129] Zugleich sollte ein ebensolches Emblem auf die Uniformen der französischen Soldaten angeheftet werden, um ihnen göttlichen Schutz zu verheissen. Ein Brief Ferchauds an den Staatspräsidenten Raymond Poincaré (1860-1934) im Januar 1917 legte diese Massnahmen

---

[129] In ihren autobiografischen Notizen beschrieb sie, als Visionärin, den Sachverhalt so: «Pour frapper mes sens et me faire mieux comprendre la culpabilité de la France, Jésus prend l'image suivante: Son Cœur est percé, non plus seulement par la blessure traditionnelle, avec laquelle on a coutume de Le représenter, mais avec de multiples coups de canif, et au milieu, une large blessure semble séparer le cœur en deux, d'où le sang coule à flots... Cette plaie, m'explique le Sauveur, signifie l'athéisme officiel de la France; les hordes maçonniques ont lacéré son titre de chrétienne. L'invitation du Maître est pressante, il faut rappeler à la France son désir: peindre, broder ou graver dans les plis de son drapeau Son Cœur Sacré. Si le premier geste du Missionnaire est de planter la Croix sur la terre païenne qu'il foule par la première fois, de même le Signe Sacré sur l'étendard de la France, sera l'acte de foi qui percera la voûte du Ciel, pour une nouvelle Pentecôte sur la France.» Claire Ferchaud, Notes autobiographiques, Tome 1, o.O. 1974, 119.

zum besonderen Schutz der Nation nahe. Im März 1917 wurde die Ordensfrau im Elysee Palast empfangen, wobei nochmals die Forderung nach der Herz-Jesu-Flagge deponiert werden sollte. Der französische Präsident aber antwortete, dass ihm für eine solche Massnahme die Hände gebunden seien. Daraufhin wandte sich Claire Ferchaud in Briefen an die französischen Generäle. Von den 14 adressierten Militärs ist aber keiner direkt der Forderung nachgekommen. Lediglich General Ferdinand Foch (1851-1929) liess in einer privaten Zeremonie seine Einheit dem Herzen-Jesu weihen. Darüber hinaus waren im Krieg Herz-Jesu-Symbole in verschiedenster Form, als Bildchen, Amulette oder für Skapuliere, weit verbreitet, sodass schlussendlich der Oberbefehlshaber Henri Petain (1856-1951) im Sommer 1917 die öffentliche Zurschaustellung dieses Symbols im militärischen Kontext allgemein verbot.[130]

Dehon rezipiert das «Phänomen» Ferchaud, das jüngst in der Frömmigkeitsgeschichte über Annette Becker und Yves Le Naour wieder breitere Behandlung erfuhr, in seinen Notizen dergestalt: «Ich habe eine Broschüre zu Claire Ferchaud gelesen, der Seherin aus der Vendée. Ihre Mission erscheint seriös, 50 Bischöfe haben sie unterstützt.» Diese Beobachtung erhält folgende Einbettung: «Auf jeden Fall gibt es eine generelle Bewegung in der Verehrung des heiligen Herzens in Frankreich: eine grosse Novene in Lyon, Tage des Gebets und der Busse auf dem Montmartre, eine Streuung von Bildern und Skapulieren an der Front, Appelle der Bischöfe und die Herstellung von Fahnen.»[131] Dehon beobachtet im Krieg, wie viele andere mit ihm, einen Aufschwung in der Herz-Jesu-Frömmigkeit und hatte vorher in unmittelbarem Kriegsgebiet in Literatur zur (Frauen-)Mystik und -prophetie nach Hoffnungszeichen für die sich in einer schwierigen Situation befindenden Heimat Ausschau gehalten.[132]

Dehon scheint sich zwar nicht immer ganz so sicher zu sein, wie er die neue Welle der Frömmigkeit, diesen *réveil*, einordnen soll. Denn er hegt auch Zweifel am profunden Tiefgang dieses Frömmigkeitsaufschwungs. Er formuliert klar die Vorstellung, dass es sich bei all den oftmals das Herz-Jesu zeigenden Medaillen, Amuletten, Skapulieren und Bildern um kruden bzw. platten Aberglauben handeln könnte. Den Aufschwung in der Devotion könnte man aber andererseits

---

[130] Vgl. Jean-Yves Le Naour, Claire Ferchaud – La Jeanne d'Arc de la Grande Guerre, Paris 2007. 1920 hat das Hl. Offizium den Beschluss gefasst, dass in den Visionen der Claire Ferchaud sich keine Hinweise auf übernatürliche Offenbarungen fänden und deshalb der Glaube an diese Visionen nicht geteilt werden könne. Vgl zu dieser «Nüchternheit» des Heiligen Offiziums Kapitel II.

[131] NQT 42/30: «J'ai lu une brochure sur Claire Ferchaud, la voyante de la Vendée. Sa mission paraît sérieuse, cinquante évêques l'encouragent. En tout cas il y a un mouvement général de dévotion au Sacré Cœur en France: grande neuvaine à Lyon, journées de prières et de pénitence à Montmartre, distribution d'images et de scapulaires au front, appel des évêques, préparation de drapeaux...».

[132] Vgl. das Archivmaterial, im Speziellen Notizen und Exzerpte Dehons mit Frankreich-Bezug, in: B 15/1.2: «Vues de quelques mystiques anciens ou contemporains sur la France», mit Referenz zu Marie Lataste (1823-1847), Louise Lateau, usw. Zu Lataste vgl. auch NQT 35/126.

doch pastoral nützen, und die schon lang gehegte Idee, wie oben dargestellt, einer spezifischen Nationalflagge zum Schutz der Nation kommt erneut auf. Das Verborgene solle allgemein die Möglichkeit haben, wieder aufzuglühen, im Unglück wird eine Chance ausgemacht: «Eines schönen Tages wird das glimmende Feuer ausbrechen, die heilige Standarte wird von den Kämpfenden gehisst werden und göttlicher Schutz wird die Antwort auf unseren Glauben sein.»[133] Es ist nicht ausdrücklich von der Trikolore mit Herz-Jesu-Motiv die Rede, aber sie hätte hier gut ihren Platz.

Eine diesbezüglich konkretere Initiative, die von Dehon wohl Unterstützung erfahren hätte, geht von jesuitischen Kreisen aus. Sie wurde vorerst in allgemeiner Weise in der Form einer besonderen Weihe an das Herz-Jesu durch Léon Kardinal Amette (1850-1920) im Jahre 1915 aufgegriffen. Nachdem ein Urteil des Kassationsgerichts im Dezember 1915 den Beschluss von Juni 1915 ausformuliert und präzisiert hat, «dass das Symbol des Heiligen Herzens nicht in die Kategorie der verbotenen Symbole auf den Nationalfarben falle»[134], konnte die Herz-Jesu-Trikolore wieder neu ins Spiel gebracht werden – Dehon war in dieser Zeit aber von der französischen Aussenwelt abgeschnitten. Ein belgischer Pater der SCJ-Kongregation, Theodor Lambert, wird 1918 zum Ende des Krieges hin die Siegesgewissheit in Briefen an den Kongregationsoberen Dehon mit der Herz-Jesu-Flagge und mit der Person des General Foch in Verbindung bringen: «Ich habe vor einigen Tagen von einer gut informierten Dame», schreibt da Lambert, «in Erfahrung gebracht, dass Marschall Foch es seit einem Monat allen, die es von ihm fordern, erlaubt, das Emblem des Herz-Jesu auf die Nationalflagge des Regiments anzubringen! Gott sei Dank! Nun also der wahrhaftige Beginn des Grossen Sieges!»[135]

Wie aus Dehons eigenen Notizen eindeutig hervorgeht, stösst dieses – nach den Diskussionen Ende der 1890er Jahre – mittlerweile eher randständige Anliegen der Herz-Jesu-Trikolore, das Dehon nochmals mitträgt, auch innerkirchlich, vor allem bei hierarchischen Instanzen, auf Skepsis oder besser: mehr oder weniger diplomatischen Widerspruch. Papst Benedikt XV. beteuerte dem ihm nahe stehenden Dehon in einer halbstündigen Privataudienz vom 25. April 1918, dass es zu Ferchaud widersprüchliche Signale gebe. Wenn die Visionen sogar als ernsthaft erscheinen könnten, so messen ihre Beichtväter, so der Pontifex, dieser Sache doch zu viel Bedeutung bei. Und es geschehe in der Sache zudem vieles

---

[133] NQT 42/30: «Un beau jour le feu qui couve éclatera, l'étendard sacré sera arboré par les combattants et la protection divine répondra à notre foi.»

[134] Avon/Rocher, Les jésuites, 116: «que le symbole du Sacré-Cœur n'entre pas dans la catégorie des insignes aux couleurs nationales interdits».

[135] Vgl. Brief von Theodor Lambert an Dehon, 12.09.1918: «J'ai appris, il y a quelques jours par une dame qui se dit bien informée, que le maréchal Foch depuis un mois permet à tous ceux qui lui en font la demande de placer l'emblème du Sacré-Cœur sur le drapeau national du régiment! Deo Gratias! Voilà le vrai début de la Grande Victoire!» (B 103/2, Inv. Nr. 1150.82), auch Brief Lamberts am 18.10.1918 (B 103/2, Inv. Nr. 1150.84), wo er die «fanions du sacré-cœur» benennt. Zu Theodor Lambert: geboren 23.11.1867, Kongomissionar 1904-1917, gestorben 1953.

sehr überhastet.[136] Auch Kardinal Amette, den Dehon kurz nach seiner Repatriierung noch in Paris traf, und der ein wichtiges Aushängeschild einer neu gewichteten Herz-Jesu-Frömmigkeit im nationalen Kontext war, zeigte sich reserviert bis skeptisch gegenüber den Beichtvätern von Ferchaud, dieser «Seherin» aus der royalistisch geprägten Vendée. Der Erzbischof von Paris schätzte die Möglichkeit einer Nationalflagge mit Herz-Jesu Dehon gegenüber als äussert gering ein.[137] Die Geschichte wird Amette hier Recht geben. Dehon scheint die Impulse des Erzbischofs von Paris und auch des Papstes, die in seine Aufzeichnungen Eingang fanden und somit für ihn von Bedeutung waren, zu beherzigen.

Als eine Art biografischer Epilog in der Frage der Nationalflagge ist Dehons «Beratertätigkeit» einer Dame anzusehen, die sich nach dem Krieg damit beschäftigte, den verschiedenen Nationalflaggen, innerhalb und ausserhalb von Europa, christliche Symbole anzuheften und diese dann geschäftlich zu vertreiben. Eine gewisse Madame L. de Sainte-Beune (aus Lassigny bei Noyon) machte es sich zur handwerklichen Aufgabe, Herz-Jesu-Nationalflaggen zu produzieren, besonders für jene Länder, die bis anhin noch über keine solchen ikonografischen Umsetzungen verfügten. Hier liegt uns einige Korrespondenz vor, die Dehon als einen gefragten Ideen- und Ratgeber in Sachen Symbole zeigt.[138] Er ist auch selbst unter den Abnehmern solcher Stickarbeiten, die nach den Angaben von Madame Sainte-Beune oftmals und aus unerklärlichen Gründen auf dem Postweg ihre Adressaten nicht fänden. Sie vermutet, dass die Freimaurerei dahinter stehe.[139]

In einem Schreiben an Dehon hält sie fest, dass die Herz-Jesu-Flaggen zwar nur äussere Zeichen seien, sie es aber vermögen, die Menschen zu animieren, emotionell anzusprechen. Wir haben diese Art der Argumentation schon früher

---

[136] Ein Grossteil der Audienz des Markustages von 1918 steht laut Dehon unter dem Vorzeichen der Herz-Jesu-Frömmigkeit. So regt Dehon beim Papst für die Peterskirche ein Mosaik mit Margareta Maria Alacoque an, vgl. NQT 42/63. «Je vois avec plaisir que toutes les églises de Rome ont un autel du Sacré Cœur, excepté Saint-Pierre, mais on y songe. L'image la plus répandue est celle du peintre Battoni [sic! Batoni]. On dit que le peintre a pris pour type un mendiant qui tendait la main. C'est bien, en son image Jésus tend la main droite, c'est un mendiant d'amour, mais je n'aime pas à le voir tenir son Cœur en sa main gauche. Beaucoup de copies du tableau primitif, qui est au Gesù, ont corrigé cela: la main gauche du Christ ne tient pas son Cœur, elle le montre, c'est mieux. Batoni était du XVIIIème siècle, il a fait le Christ un peu mignard. Les peintres et sculpteurs qui s'inspirent de Batoni doivent rendre le Christ plus viril.» Diese Aussage kann in einem stärker werdenden «Männlichkeitsdiskurs» innerhalb der katholischen Kirche und um den Krieg eingeordnet werden. Pompeo Batoni lebte von 1708-1787.

[137] Vgl. NQT 42/6.

[138] Vgl. ADR B 88/3 Dossier «Le drapeau du S. Cœur». Hier liegen nur Briefe von besagter Dame und auch ihrem Cousin Guesnet vor, die aber zeigen, dass Dehon mit ihnen korrespondierte. Er gab Tipps und auch Aufträge, unter anderem für Rom.

[139] Vgl. dazu ADR B 88/3, in einem Brief an Dehon: «Le démon fait tout pour entraver notre œuvre, il est furieux contre nos pauvres étendards et a poussé quelques-uns à nous voler les étoffes, comme chacune de nous à se livrer à d'autres travaux, enfin nous ferons de notre mieux, mais à quelle personne et à quelle adresse faut-il les remettre à Rome? Adieu mon Révérend Père, je recommande à vos prières maman et mes enfants, et mon mari surtout qui ne croit pas aux drapeaux mais ne m'a pourtant jamais défendu d'en faire.»

kennengelernt! Sainte-Beune geht in ihren Briefen an Dehon dazu auf den Widerspruch ein, den sie erfährt und auf den sie sogar innerhalb der Familie in Bezug auf diese ihre vielleicht doch ungewöhnliche handwerkliche Arbeit stösst.

Obwohl Dehon generell auf den Aufschwung der Herz-Jesu-Frömmigkeit im Krieg verwiesen hat, wird er trotzdem nach dem Krieg von seiner Anschauung einen Schritt weit zurücktreten, welche die Anbringung des Symbols im und für den öffentlichen Raum als notwendig erachtet: «Alle unsere Kirchen in Frankreich zeigen die Herz-Jesu-Flagge in der Nähe des Altars. Unser Herr wird sich damit zufrieden geben, er fordert nicht mehr, dass das Symbol des Herzens-Jesu auf alle Fahnen geprägt wird, welche die Strassen schmücken.»[140] Die Papstaudienz und die Unterredung mit dem Erzbischof von Paris könnten ein Stück weit zu dieser differenzierten, die Forderung zurückschraubenden Sichtweise beigetragen haben – ein Ralliement der kleineren Art, zumindest eine Entpolitisierung.

Daneben steht eine Ernüchterung, was den noch in den ersten Kriegsmonaten erhofften Frömmigkeitsaufschwung betrifft. Erzbischof Mignot, ein langjähriger, auch kritischer Weggefährte des Kongregationsgründers, schrieb Dehon Anfang des Jahres 1918, nachdem dieser die Freiheit wieder erlangte:

> «Das, was mich am meisten besorgt, das ist weniger der Krieg mit all seinen Schrecken, als das, was nach dem Krieg folgen wird. Optimisten träumen von einem Zeitalter der Reparation, einer religiösen Erneuerung. Ohne pessimistisch zu sein, glaube ich absolut nicht daran. Nach einem ersten Elan, der sie näher zu Gott brachte, kehrt unsere Bevölkerung immer mehr zu dem zurück, was sie vor dem Krieg gewesen ist.»[141]

Trotz allem eröffnete sich nach dem Krieg eine neue Situation in Frankreich, die eine neue Öffnung der Republik der katholischen Kirche gegenüber mit sich brachte. Die Kirche ihrerseits konnte auf ihre patriotischen «Verdienste» um die französische Nation im Krieg verweisen. Auch die Kongregation selbst, die in ihren Reihen einige Opfer zu verzeichnen hatte, hatte Blutzoll entrichtet. Das alles erleichterte es Dehon, das eingangs als historisch postulierte Desiderat einer Margareta Maria allein schon durch die Präsenz im innerkirchlichen Raum als erfüllt anzusehen. Die bei Frau Sainte-Beune bestellten Fahnen sind denn auch eher für den internen Gebrauch, bei eucharistischen Kongressen oder für die Christkönig-Kirche in Rom bestimmt gewesen, um dort das friedliche Zusammenkommen aller Nationen um das Herz-Jesu in liturgischen, kirchlichen Räumen zu versinnbildlichen.

---

[140] «Toutes nos églises de France arborent le drapeau du Sacré-Cœur auprès de l'autel. Notre Seigneur s'en contentera, il ne demande pas que le symbole du Sacré-Cœur soit marqué sur tous les drapeaux qui traînent dans les rues.» (NQT 43/25).

[141] Vgl. Brief Eudoxe-Irénée Mignots an Dehon, 15.01.1918 (in: B 21/2, Inv. Nr. 357.03): «ce qui me préoccupe surtout c'est moins encore la guerre avec ses horreurs, que les suites de la guerre. Les optimistes rêvent une ère de réparation, de rénovation religieuse. Sans être pessimiste je n'en crois rien. Après un premier élan qui les a approchées de Dieu, nos populations redeviennent ce qu'elles étaient avant la guerre.»

5.6 Zwischenstopp – Dehon im Kontext nationaler Symbolik

Festgehalten werden kann, dass die Herz-Jesu-Frömmigkeit einen unmittelbaren Zugang zum Bildlichen, zur visuellen Umsetzung aufweist. Bestimmt ist sie auch für Spiritualisierung und textliche Ausformulierung offen. Das kann bei Dehon mit seinem überaus reichhaltigen spirituellen Schriftgut bestätigt werden. Aber diese Form von Devotion drängt immer auch zu einer materiellen Konkretisierung, die sich im Bildlichen – immer auch kontrovers beurteilt – Ausdruck verschafft und alsdann im «Her-Zeigen» viele hermeneutische Zugänge bietet. Das Herz-Jesu konnte und kann sich zeigen und sehen lassen! Oder andersrum ausgedrückt: Der Fokus der Frömmigkeit, die im Unterschied zum theozentrisch ausgerichteten 18. Jahrhundert in Frankreich nun eher christozentrische Impulse, wie Liebe statt Furcht,[142] hervorhebt, lässt sich ikonografisch umsetzen und gestalten – und ordnet sich damit in einen tieferliegenden theologiegeschichtlichen Strom der Darstellbarkeit Christi und des Göttlichen ein. Das Herzstück der Frömmigkeit ist in verschiedene Motive umsetzbar, und es lässt sich auch, wie wir sahen, als Epitheton fordern, einsetzen und wegnehmen, sodass ein Sowohl-Als-Auch möglich wird.

Zwei hervorgehobene Phasen eines, wenn auch nicht herausragenden, national-symbolischen Engagements bei Dehon können biografisch bei ihm nachgezeichnet werden: einerseits die späten 1890er Jahre, andererseits die Zeit der unmittelbaren nationalen Gefährdung, die Dehon hautnah in deutscher Okkupation in der zu einem grossen Kriegslazarett umfunktionierten Stadt St. Quentin miterlebte. War die erste Zeit noch geprägt von einer Phase der Organisation und der Neuorientierung im französischen Katholizismus, also einem Zustand möglicher aktiver Mitgestaltung, so war es nach 1905 strukturell schwieriger bis unmöglich, an nationalen symbolischen Prozessen teilzunehmen. Die Position der Defensive machte sich stärker bemerkbar, und Dehon und seine Kongregation wurden nicht zuletzt – trotz nationalpatriotischer Gesinnung – im wahrsten Sinne des Wortes exkludiert.

Im Verlaufe des Kriegs ergab sich dann über den so genannten Schulterschluss der *union sacrée* die Möglichkeit, einen erneuten Anschluss an die Republik zu versuchen, der sich aber, was die nationale Symbolik betraf, als eine Art Strohfeuer oder Schwanengesang erwies, andererseits sich auch irgendwie im Wunderglauben verzehrte und dann nach dem Krieg bei Dehon gleichsam aufgegeben wurde. Der visionären Forderung einer Margareta Maria könne denn auch im Kirchenraum im Plural selbst Genüge getan werden. Im Krieg jedoch wurden alle Kräfte benötigt und im Blick nach vorne, über die Schrecken und Zerstörungen des Krieges hinaus, erhofften sich viele ein neues altes, regeneriertes Frankreich, das auch für die katholische Kirche institutionell einen neuen

---

[142] Vgl. Michael Burleigh, Irdische Mächte, göttliches Heil. Die Geschichte des Kampfes zwischen Politik und Religion von der Französischen Revolution bis in die Gegenwart. Aus dem Englischen von Klaus Binder und Bernd Leineweber, München 2008, 335.

Raum auftun könnte – François Veuillot etwa in seiner Kriegspropaganda, aber auch ein Léon Dehon, der jedoch in seinen Wirkradien im Krieg massiv eingeschränkt war.

Bei unserem Durchgang wurde deutlich, dass die Frage des Herz-Jesu-Motivs auf der Trikolore die Debatten nicht nur im katholischen Raum auf den «symbolischen Punkt» brachte, sondern auch zu Auseinandersetzungen führen konnte. Das war der Fall, obwohl die Einführung einer solchen offiziellen Flagge wohl nie ernsthaft zur Diskussion stand. Dazu hätten zuallererst die Katholiken geschlossen auftreten müssen. Dabei ist die Positionierung eines Lemire aufschlussreich und charakteristisch. Ins Ringen um die Nationalfarben, zwischen Weiss, Rot und Blau-Weiss-Rot, mischt sich ein hinzuzufügendes Motiv, das eindeutig konfessionell, geschichtstheologisch und soteriologisch belegt einen spezifischen Zugang erlaubt, welcher die Nation sakral von ihrer Vergangenheit her denkt und auch für ihre künftigen Aufgaben deutet. Diese Idee aber war nicht mehr mehrheitsfähig und wohl auch anachronistisch.

Bei Dehon sehen wir, dass er nach seiner Zeit als Anhänger der «Blancs» mit der für ihn trinitarisch gedeuteten Farbpalette der Trikolore gut leben kann. Es ist pointierter Ausdruck des viel beschworenen und päpstlich konsequent geforderten Ralliements. Der Monarchie mit ihren gallikanisch-regalistischen Aspirationen wurde nun nicht mehr nachgetrauert, wobei sie andererseits bei Dehon vielleicht auch nie kategorisch ausgeschlossen wurde. Es gibt aber bei Dehon durchaus, zu verschiedenen Phasen, Hoffnung darauf, das ihm liebe und teure Symbol, das die Kongregation prägt, auch als Schutzzeichen auf die nationale Fahne aufzutragen, als Schritt hin zu einem christlicheren Frankreich. Eine alte Forderung soll eingelöst werden, eine Forderung, die grundlegend darauf ausgerichtet ist, im öffentlichen Raum präsent zu sein. Deutungshoheit in diesem Raum sowie politisch-gesellschaftlicher Einfluss werden dabei als zentral erachtet. Wenn Dehon aber seine Verwunderung darüber ausdrückte, dass manche Katholiken mit einem solchen Zusatz nichts anfangen können, so offenbarte sich hier auch die Innenseite der Debatte: Es war das Unverständnis für die Haltung in den «eigenen Reihen».

Für den öffentlichen Raum ist Dehon durchgehend sehr sensibel. Er misst ihm für die Religionsausübung eine besondere Bedeutung bei und erachtet ihn als ein umstrittenes Feld der Auseinandersetzung, das kampflos aufzugeben er nicht bereit ist. So wurde die Umbenennung von christlich geprägten Strassennamen bei ihm ebenso angeklagt, wie er die Präsenz religiöser Symbole in der Öffentlichkeit als legitim und selbstverständlich ansieht. Er spricht sich gegen eine Privatisierung von Religion aus, die es letztlich ja auch nicht geben kann. Dehons Notizen in Bezug auf das Gründungshaus und die Wiege der Kongregation in St. Quentin zu Kriegszeiten sind hierfür ein interessanter und aufschlussreicher Text. Denn die deutsche Okkupation wird hier – in religiösen oder besser religionspolitischen Kategorien – interessanterweise positiv betrachtet, kehre nun doch Gott über Symbole (wie Kreuze) und Räume (wie Kapellen) wieder an Orte zurück, wo er vorher von Republikanern und Sozialisten vertrieben worden war.[143] Zumindest werde die prinzipielle Möglichkeit dazu geboten, die vorher in der französischen Republik nicht mehr gegeben war. Trotz allem sieht Dehon auf der anderen Seite bei den Kräften über dem Rhein neben Luther und Kant letztlich das germanische Heidentum und der preussischen Militarismus am Werk, der die Freiheit erstickt. Diese Ambivalenz in der Betrachtung bleibt bestehen.

Religion in ihrer katholischen Variante ist für den sozial sensibilisierten Dehon keine Sache der Sakristeien, sie drängt nach aussen, es geht ihm um das Volk und die breite Masse. Sozialpolitisches Engagement ist für Dehon unumgänglich, konstitutiv. Das sehen auch Lemire oder La Tour du Pin so. Nur werden unterschiedliche Methoden und Wege, dies umzusetzen, angestrengt und auch unterschiedliche Horizonte in die republikanisch-politische Arbeit hineingewoben. Dabei gehen Lemire, aber auch La Tour du Pin auf seine Art, konsequenter, geradliniger vor. Dehons Sicht zielt eher auf die Binnenmotivation einer Gruppe ab, die trotz aller politischen Zerklüftung im Frankreich jener Zeit zahlenmässig die weitaus grösste Basis für sich beanspruchen konnte. Die Katholiken stellten ja die Mehrheit. Lemire will ein vollumfänglicher Republikaner sein, die Aussensicht ist ihm wichtig; etwas, das für Dehon eher weniger in den Blick kommt. Im Unterschied zu Lemire musste und wollte Dehon sich auch keiner politisch-demokratischen Wahl stellen, er wirkte eher in einer abgeschlossenen Welt, dies aber dynamischer und offener als ein La Tour du Pin.

Der Blick nach vorne, der den Wunsch nach der Anbringung des Herz-Jesu-Motivs begleitet, ist auch ein Blick zurück in die Geschichte des französischen Katholizismus und auf seine spezifischen spirituellen Quellen. Solche Wasser auf nationalen Mühlen lehnen *La Calotte* und Gustave Téry ab. Dehon war gewillt, am nationalen Setting mitzuwirken, obgleich er eher dazu herausgefordert wird, als dass er selbst die Initiative suchte. Das Herz-Jesu-Symbol ist dazu für ihn sehr geeignet, es drückt der Nation noch so etwas wie den Stempel auf, es ist die «Sahnehaube», und wäre geeignetes Zeichen für das «wahre» Frankreich, das eine christliche Sendung für sich beanspruchen kann. Aufgrund einerseits seines als restaurativ etikettierten Charakters, aber auch wegen enger theologischer Erwägungen, z.B. in seiner Verhältnisbestimmung zum bis heute als Hauptsymbol des Christentums geltenden Kreuz, findet das Herz-Jesu Zurückstufung oder auch Ablehnung. Dabei werden im antiklerikalen Bereich im Besonderen die Vorstellungen von göttlichem Schutz und Beistand, aber auch Sühne, Reue und Opfer als zu einfach oder als «unwissenschaftlich» abgetan. Herz gegen Hirn also.

---

[143] Vgl. *La Maison du Sacré-Cœur pendant la guerre* (NTD 9130030); dazu auch David Neuhold, Kriegswahrnehmung inmitten einer Fülle schriftlicher Meditation – Léon G. Dehons Notes Quotidiennes 1914-1918, in: SZRKG 108 (2014) 151-166; ders., Der Grosse Krieg und die von Léon G. Dehon gegründete Kongregation der Herz-Jesu-Priester, in: Lea Herberg/Sebastian Holzbrecher (Hg.), Theologie im Kontext des Ersten Weltkrieges. Aufbrüche und Gefährdungen (Erfurter Theologische Schriften 49), Würzburg 2016, 231-250.

Aber wir haben es keineswegs nur mit einem restaurativen, rückwärtsgewandten Blick nach hinten zu tun. Eine solche Sicht greift nicht. Denn es geht ja nicht um eine Besitzstandswahrung, sondern um einen neuen Ausgriff, der Mitwirken und Partizipation auf dem demokratisch-republikanischen Parkett bedeutet und eine spezifische Sichtweise einbringt, die das Streben nach Verchristlichung als etwas Neuem zum Ausdruck bringt und in diese spezifische Idee von Verchristlichung nicht nur als Nebenprodukt soziale Forderungen für breite Schichten einbringt. Es sollte der hier behandelte Wunsch wohl nicht vorschnell als restaurativ – wie etwa der Forderung nach der weissen Flagge vergleichbar – abgetan werden, sondern er zeigt deutlich auch die Bereitschaft, sich auf das neu sich Entfaltende einzulassen. Das Problem aus heutiger Sicht ist vielmehr darin zu sehen, dass neben der Freiheitsforderung für die Kirche auch das Postulat der Privilegierung stand, das im Speziellen ultramontane Katholiken im 19. Jahrhundert transportierten. Man wollte sich nicht ganz auf diese neue Freiheit einlassen, oder wie Lamberts es kontrastierend und im Vergleich festhält, dass «die Ultramontanen sich an eine privilegierte Freiheit klammerten, wohingegen die liberalen Katholiken entschieden die generelle Freiheit akzeptierten.»[144] Wo die einen Freiheit für die Wahrheit einklagen, ist für die anderen die Freiheit verallgemeinerbar und geht über die Haltung hinaus, den anderen Irrtum zuzuweisen.

Das Ringen um eine etwaige Herz-Jesu-Trikolore wird nicht zuletzt auf juridischer Ebene ausgetragen, einer Ebene, auf der Dehon als promovierter Jurist sattelfest gewesen ist. Wir sahen, dass diese Auseinandersetzung besonders in einem vorjuridischen, also politischen Bereich ausgetragen wurde. Dabei forderte die Bestimmung des Charakters einer solchen Apposition zur Interpretation heraus. Eine Bewertung, die von Besudelung bis hin zu einer «republikanischen Vollendung» in einem milden, herzlichen Christentum reicht.

In vorliegendem Kapitel war ausgeprägt von Symbolik bzw. von Symbolen die Rede. Das soll nun über den kulturwissenschaftlichen Ansatz von Christoph Schneider weiter vertieft werden, der den Symbolen in der Geschichtsschreibung, der Biografie, aber auch dem Bewusstsein von Zeitlichkeit überhaupt grosse funktionelle Bedeutung beimisst.[145] Nach diesem Durchgang soll dann anschliessend Dehons nationaler Bezug weiter vertieft werden.

---

[144] Vgl. Lamberts, The Struggle with Leviathan, passim, hier 133: «[...] their divergent concepts of freedom: the ultramontanes clung to a privileged freedom, while the liberal Catholics resolutely accepted general freedom.»

[145] Vgl. Christoph Schneider, Symbol und Authentizität. Zur Kommunikation von Gefühlen in der Lebenswelt, in: Rudolf Schlögl/Bernhard Giesen/Jürgen Osterhammel, Die Wirklichkeit der Symbole. Grundlagen der Kommunikation in historischen und gegenwärtigen Gesellschaften, unter Mitarbeit von Christine Pflüger, Konstanz 2004, 101-133.

5.7 «Zeitlose Symbole» im Fluss der Zeit – die Geschichte und das «Gefühl»

Symbole sind nach Schneider so etwas wie Ankerhaken oder Marksteine im Fluss der Zeit. Sie sind dazu notwendig, die individuelle oder auch kollektive Geschichte zu strukturieren, sie in einen konstitutiven Zusammenhang zu bringen; das deshalb, weil mit und in Symbolen verarbeitete, erlebte Zeit hervorgehoben, in einen Bezug gesetzt und somit verglichen werden kann. Das gilt neben bildhaften Symbolen auch für symbolische Sprache. Dehon etwa deutet autobiografisch sein Leben immer wieder über Bilder der Passion Christi, die sich in seinem Leben gleichsam aktualisiert und Deutungen bereitstellend tief einschreibt («Tolle!», «Consumatum est!»).[146] Diese «Zeitsymbole» werden dann in eine bestimmte Abfolge gebracht.

Selbst der Geschichtlichkeit unterworfen, aufgrund der Tatsache, dass Symbole auch einer Genese unterliegen und sich als solche zum Beispiel auch auflösen können, antworten sie im Nachvollzug auf konkrete Problemstellungen im Leben und versuchen die in der Antwort anzutreffende «Überzeitlichkeit», oder auch Transzendenz, weiterzureichen. Dabei spielt die Dimension des Gefühls für Schneider eine entscheidende Rolle. Diskursive, rational ausgerichtete Sprache und Symbole stehen deshalb in einem Spannungsverhältnis, insofern sprachliche Rationalität Symbole auflöst, sie «ausschwemmt». Bei einer analytisch-rationalen Herangehensweise in Distanz wird es unmöglich, «mit Symbolen zu reden». Der Aussenblick generiert dann ein «Sprechen über Symbole», was Verneinung und Zweifel zulässt. Schneider betrachtet die Gefühlsdimension als auch für das Kollektiv fundamental, weshalb Symbole gerade auch in ihrer die Vielschichtigkeit integrierenden Kraft für die Identität einer Gruppe eine grosse Rolle spielen. «Kommunikation vermittels Symbolen gleicht damit mehr einem sich im Gefühl erschließenden, von erlebter Unmittelbarkeit geprägten ‹Ahnen›, denn einem rational nachvollziehbaren ‹Wissen›.»[147] Diesen Gedanken auch historisch auf religiöse Personen oder Institutionen anzuwenden scheint reizvoll.

Schneider unterscheidet allgemein zwei Zugänge zum Symbolischen in der Geschichte und Gegenwart. Einerseits werden etwa über Aby Warburg und Erwin Panofsky angeregte Genealogien von Symbolen thematisiert, andererseits wird stärker auf die transportierte Bedeutung und die Kommunikation von Symbolen fokussiert. Diachrone transversale Ansätze stehen horizontalen phänomenologischen Zugängen gegenüber. Oder anders: Eine Archäologie diverser Symbole trifft auf Herangehensweisen, die Akteure und ihre Symbolkommunikation betrachten.

«Seltener sind Konzepte zu finden, die beides – zeitliche Dynamik und Kommunikationslogik – zu verbinden versuchen, d.h. die danach fragen, wie Symbole einerseits von Akteuren aus deren Lebenswelt heraus zur Bearbeitung bestimmter

---

[146] Vgl. dazu etwa Dehons auf den März 1912 datierte Erinnerungen «Souvenirs 1843-1877-1912» (LCC 8090139).

[147] Schneider, Symbol und Authentizität, 107.

Grenzsituationen punktuell verwendet werden und wie andererseits eine solche le-
bensweltlich konkrete und identitätsrelevante Symbolverwendung gleichzeitig in
Zusammenhang mit der spezifischen Geschichte der Akteure steht (die Geschichte
der Akteure und nicht die Geschichte des Symbols).»[148]

An dieser Stelle soll kein grosses Konzept entworfen, sondern eher der über-
kreuzten Fragestellung Schneiders nachgespürt werden. Es zeigt sich nämlich,
dass Dehon mit anderen zusammen gewillt ist, auf Symbole zurückzugreifen, die
schon vorliegen, um hier eine neue Collage einzubringen, welche ihrer Meinung
nach – oder sollte besser von Gefühl gesprochen werden? –, geeignet ist, auf die
spezifische kollektiv nationale Problemstellung in der III. Französischen Republik oder in den Gefährdungen des Kriegs zu antworten. Für Dehon, Lemius,
Veuillot oder Erzbischof Amette ist klar, dass es sich um einen verbesserungs-
bedürftigen nationalen Zustand handelt. Dabei liefert das Herz-Jesu-Icon eine
verdichtete, auch «transzendente» Antwort auf die Situation. Die horizontale
Wirkung dieser Motivik wird zudem angesprochen: So wenn etwa auf die «Motivation» verwiesen wird, die ein solches Signum ausstrahlte. Emotionalität
kommt dabei ins Spiel, die nicht zuletzt in dem oben angesprochenen zweiten
Wellenberg bei Dehon in Zeiten eines neuartig sich gestaltenden Krieges an der
Kriegs- wie auch Heimatfront von zentraler Bedeutung werden wird. Charakteristisch ist die doppelte emotionale Konnotation des Phänomens. Erstens ist das
Symbol nach Schneider schon per se eine mit Affekten versehene Ebene von
Geschichtlichkeit, und zudem verweist das Herz-Jesu-Motiv zweitens auf der
inhaltlichen Ebene auf einen gefühlsmässigen Zusammenhang, der sich in dieser
Zeit in die weite Welt des Ultramontanismus einkerbt, sich aber auch auf Vor-
bilder, besonders des 17. Jahrhunderts, bezieht.

> «Es gibt im Haushalt von Kulturen Symbole, von denen jedermann weiß, dass es
> sich um ein Symbol handelt – so wie das Kreuz, das Herz, bestimmte Zahlen etc.
> Der Punkt ist, dass zwar durchaus gewusst werden kann, dass es sich hierbei um
> Symbole handelt, jedoch bedeutet das noch lange nicht, dass es für ein Individuum
> oder die Gruppe von symbolischer Bedeutung ist.»[149]

Kann Dehon das Symbol «identitär» gebrauchen, «mit ihm» sprechen, tun
dies etwa andere Gruppen, wie wir gesehen haben, weniger oder gar nicht. Sie
sprechen «über das Symbol», distanzieren sich davon und verflüssigen es in
einer je nach Sichtweise mehr oder weniger fraglichen Weise. Ähnlich verfährt
die historisch-kritische Analyse.
    Erhellend ist der dabei von Daniele Menozzi ins Spiel gebrachte Moment,
dass Symbole gerade auch von traditionellen Kreisen im 19. Jahrhundert dazu
verwendet wurden, gegen die wissenschaftliche Dominanz des geschriebenen
Wortes, zuallererst in historischen Kontexten, anzugehen. Ein icon-turn avant la
lettre also? Menozzi bringt das Beispiel des auch Dehon bekannten Barons Ale-

---

[148] Schneider, Symbol und Authentizität, 104.
[149] Schneider, Symbol und Authentizität, 109.

xis de Sarachaga in Paray-le-Monial. Sarachaga, der Geschichte über einen symbolischen Zugang erschliessen wollte, verschrieb sich laut Menozzi aber auch einem bizarren christlichen Esoterismus.[150] Lebensgeschichtlich ist auffallend, dass Dehon mit der Gründung seiner Kongregation Ende der 1870er Jahre in besonderer Weise dem Herz-Jesu-Symbol zuspricht und es aufnimmt. Worauf dieser symbolische Rückgriff biografisch antworten könnte, wäre eine andere, breite, auch psychologische Fragestellung, die hier nur aufgeworfen werden soll.[151] Und zwanzig Jahre später, wie gezeigt, bringt Dehon das Herz-Jesu-Symbol auch in einen politischen-nationalen Diskurs ein. Er übersteigt damit ein genuin religiöses Feld. Einem solchen politischen Feld kann es über Margareta Maria Alacoque ohne Probleme zugeordnet werden. Denn auch ihre Forderung war eine handfest politische. Das Motiv, das Symbol, spielt paradoxerweise gerade einem Wandel wie dem Ralliement in die Hände, da eine Ablösung von monarchischen Regierungsformen über den Bezug auf das Motiv leicht(er) möglich ist. Ähnliches gilt für die Handhabung der nationalen Figur der Jeanne d'Arc in dieser Zeit. Hat nicht gerade die Monarchie historisch gesehen versagt? Als eine Facette unter vielen, aber doch mit Aussagekraft, tritt hier das Herz-Jesu-Symbol auf die engere Bühne des Politischen. Wenn die Frage der Herz-Jesu-Apposition darauffolgend bei Dehon in den Hintergrund rückt und nach einer erneuten Hochphase in bedrohlichen Zeiten, innerkirchlich «im Kirchenraum» rückgebunden wird, dann ist das aussagekräftig.

Das alles vollzieht sich in einem breiteren historischen Kontext, in den Dehon eingezeichnet werden muss. Jener Kontext beinhaltet eine Symbolgenese, die Norbert Busch mentalitätsgeschichtlich für die deutschen Verhältnisse dieser Zeit unter dem Stichwortkonzept «Depressivität, Defensivität bzw. Demonstrativität und Antimodernität»[152] zusammenfasst. Es sind Symbolinhalte, um die aber auch katholischerseits gerungen wird und die hochgradig umstritten sind sowie einer handfesten Polarisierung unterliegen. Und es zeigt sich, dass gerade auch im politischen Prozess Feinjustierungen in der Analyse nötig sind, denn so ist z.B. nicht jede Kritik an bestehenden Verhältnissen ein mentalitätsmässiger Anfall von Depression, Defensivität oder Antimodernität mit lediglich modernen Mitteln. Die Sachlage ist komplizierter, obschon die Eckwerte mit den von Busch auch in starkem Bezug zu Urs Altermatt entwickelten Konzepten[153] nicht zuletzt bei Dehon bestätigt werden können.

---

[150] Daniele Menozzi, Sacro Cuore. Un culto tra devozione interiore e restaurazione cristiana della società, Roma 2001, 186.

[151] Vgl. «Souvenirs 1843-1877-1912», hier LCC 8090139/27, 28.

[152] Norbert Busch, Katholische Frömmigkeit und Moderne. Die Sozial- und Mentalitätsgeschichte des Herz-Jesu-Kultes in Deutschland zwischen christlichem Kulturkampf und Erstem Weltkrieg (Religiöse Kulturen der Moderne 6), Gütersloh 1997, 307.

[153] Vgl. Urs Altermatt, Zum ambivalenten Verhältnis von Katholizismus und Moderne: Epochen, Diskurse, Transformationen, in: Zeitschrift für schweizerische Kirchengeschichte 97 (2003) 165-182, v.a. 170, 172.

Aber kommen wir nun noch einmal auf den nationalen Diskurs zurück, um ihn für Dehon weiter zu füllen. Dem Herz-Jesu-Kult wurde eine starke Rombindung zugeschrieben, und es wird nun im Anschluss gezeigt werden, wie Dehon Räume miteinander in Beziehung bringt, ohne dass dabei ein enger Bezug zur eigenen Nation aufgegeben werden müsste.

Die nachfolgenden Unterkapitel, die (1) den Bezug zwischen Rom und Frankreich bei Dehon ausleuchten, (2) den spezifischen Antisemitismus der allermeisten französischen Katholiken auch in ein «nationalchristliches» Idearium einzeichnen sowie endlich einer (3) spezifischen «culture of defeat» im französischen Nationalismus nachgehen, sind dazu konzipiert, das nun über die Beschäftigung mit der Nationalflagge für Dehon Gewonnene weiter und exemplarisch zu vertiefen. Die stereotypen Figuren bzw. Gestalten «Rom», des «Juden» und der «Niederlage» bilden dabei die analytischen Fokusse.

5.8 Verflechtung zwischen Frankreich und Rom bzw. Italien – ein historisches Zusammenspiel?

1908 gibt Dehon seine Schrift *Le Plan de la Franc-maçonnerie en Italie et en France d'après de nombreux témoignages ou la Clef de l'Histoire depuis 40 ans* heraus.[154] Es ist also gerade die Zeit, in der Dehon, wie vorher beschrieben, sein politisches und nationales Engagement zurücknimmt bzw. zurücknehmen muss. Von Nationalflaggen ist in dieser Schrift nicht die Rede, jedoch von nationalen Stimmungslagen, Wahrnehmungen und Verschränkungen. Dehon vermittelt zwischen geografischen und nationalen Räumen, die ihm lebensgeschichtlich vertraut und lieb sind. Seine Hauptsorge gilt aber in erster Linie den französischen Zuständen, darin im Speziellen den neueren, als drastisch zu bezeichnenden kirchlichen Entwicklungen.

Dieses Werk des als Ordensmann jüngst exilierten Dehon unternimmt insbesondere die Anstrengung, längerfristige Entwicklungen eines, wie er es nennt, juridischen Liberalismus nachzuzeichnen. Warum kam es zur Ausweisung der Kongregationen? Wie konnten sich die Zustände anschliessend zur strikten Trennung zwischen Staat und Kirche aufschaukeln und auswachsen? Die Evolution der Geschehnisse in ihrer Gestuftheit im Rückblick aufzudecken, gleichsam zu enthüllen, und ihre groben und grossen Linien auf dem Kampffeld zwischen einem sich zunehmend totalitärer brüstenden republikanischen Staat, einer «république contre les libertés»[155], und einer Kirche in der Defensive nachzuzeichnen, ist eine erklärte Absicht des kleinen Bandes aus der Feder Dehons.

---

[154] Vgl. Léon G. Dehon, Le Plan de la Franc-maçonnerie en Italie et en France d'après de nombreux témoignages ou la Clef de l'histoire depuis 40 ans, Paris 1908, 107 S. Aufschlussreich ist die Verbreitung des Werkes in den europäischen Bibliotheksbeständen; es findet sich so auch eine ungarische Übersetzung des Werkes. An dieser Stelle wird nach der Ausgabe in den OS zitiert.

[155] Vgl. Jean-Pierre Machelon, La République contre les libertés? Les restrictions aux libertés publiques de 1879 à 1914, Paris 1976, 449-457.

Mit «Plan» und «Clef» sind die Schlüsselwörter bereits im Titel angezeigt. Es geht dem Anspruch nach neben einer sachlichen Analyse, dass nun die laizistische Schulpolitik der Anfangsjahre der III. Republik in den nun anstehenden Wahlen ihre Früchte zeige, um Aufdeckung und Dechiffrierung eines grösseren Gesamtzusammenhangs. Verschwörungstheoretische Nuancen fehlen hier nicht. Innerkirchlich tragen Dehons Ausführungen einen eher antimodernistischen Einschlag.[156] Der Traktat ist beredter Ausdruck einer Sorge um die übernationale und hierarchisch-juridisch-klerikale Verfasstheit der katholischen Kirche. Jene stehe nach der Lex Briand 1905 verstärkt zur Diskussion, mehr noch: Die Kirche sei systematisch vorgespurten Angriffen einer ihr ähnlichen internationalen, sie manchmal neidisch nachahmenden und auch nach Rom schielenden Organisation ausgesetzt.

Überall finden sich kommunizierende Gefässe: Mit der Trennung von Kirche und Staat in Frankreich, also auch der Aufkündigung des Napoleonischen Konkordates, sowie in noch stärkerer Weise über die weiter anstehenden, projektierten Massnahmen, die nun die episkopale Struktur – in der ihr typischen Einheit von Funktion und Benefizium also materieller Grundlage –, in Frage stellen, schwäche sich auch die Position Roms, welche zugleich immer auch für Überregionalität und Internationalität schlechthin stehe. Rom wird dabei zu einer Art Symbol, das gegensätzliche Züge vereint, konkret und allgemein zugleich; einem Raumsymbol, das zur Metapher in der Erklärung von Zuständen der longue durée wird, aber auch die gefühlsmässige Ebene in einem hohen Masse miteinzubeziehen vermag.

Le plan ist nicht zuletzt eine Apologie des Papsttums seit Pius IX. und anlassbedingt auch Pius' X., des regierenden Papstes, unter dem die Herz-Jesu-Priester im Sommer 1906 offiziell anerkannt wurden. Dehons Werk steht im Nachgang von Pius' schroffer Verurteilung des Separationsdekrets in der Enzyklika *Vehementer nos*[157]. Dabei habe der Papst richtig gehandelt, wäre es denn andernfalls, bei einem Schweigen oder einer Anerkennung dieses politischen Schritts, zu einer Art Dammbruch in den romanischen Ländern gekommen. Dehon möchte in seiner Schrift im Besonderen innerkirchlichen Zweifeln und Anfragen, ob denn Pius X. opportun und angemessen gehandelt habe, entgegnen und daneben auch den Vorwurf entkräften, dass das päpstliche Rom in dieser Sache über-

---

[156] So z.B. richtet sich Dehon gegen Antonio Rosmini-Serbati (OS III, 390) oder gegen Antonio Fogazzaro (OS III, 418), allgemein distanziert sich Dehon von der Rede und der Idee von Evolution, Transformation und Reform in der Kirche und im Speziellen gegen die Forderung nach dem Pfarrer- und Bischofswahlrecht, das früher oder später, mit staatlicher Hilfe, sogar die Laien miteinbeziehen würde. Ein gewisses Schreckensbild ist ihm allgemein ein Christentum, das sich abseits der Dogmen diese als überwunden glaubend, als «weitläufig» und «leicht» darstelle: «Les *associations cultuelles* devaient transformer l'Eglise et la renouveler. On aurait abouti à l'élection des bénéficiaires, à la soumission des clercs aux laïcs, à une réforme intellectuelle, dans laquelle les vieux dogmes auraient cédé la place à un christianisme large et facile.» (OS III, 401).

[157] Vgl. dazu Karl-Egon Lönne, Politischer Katholizismus im 19. und 20. Jahrhundert, Frankfurt a. M. 1986, 202.

rascht worden wäre: Rom kenne die französische Situation sehr wohl! So das Fazit von Dehon, der wie schon unter Leo XIII. wenn nicht zum Sprachrohr des Papstes, so doch zu einem Apologeten Pius IX. wird. Von einem Überraschungseffekt könne auch deshalb kaum überzeugend gesprochen werden, weil doch in Italien diese Fragen, zuvorderst die der soeben erlebten einseitig vollzogenen Trennung von Kirche und Staat, schon seit vier Jahrzehnten, als Giuseppe Mazzinis (1805-1872) Einfluss an Fahrt gewann, in staatsrechtlichen Debatten auf der allgemeinen Tagesordnung stehen.

Dehon spricht sich gegen eine drohende und vom Freimaurertum beabsichtigte Tranchierung bzw. Nationalisierung der katholischen Kirche in einer, wie er sagt, neo-protestantischen Form aus und wendet sich zudem gegen eine Demokratisierung ihrer selbst: Eine solche stehe nun in Frankreich über das «Urbild» der Zivilkonstitution des französischen Klerus in gefährlicher Weise an. Denn innerkirchliche Demokratie sei eine der göttlichen Institution der Kirche zuwiderlaufende Angelegenheit.[158] In Italien findet Dehon diese politischen Vorgänge schon in der Mitte des 19. Jahrhunderts in Debatten und Streitschriften präfiguiert: Insofern hätten die französischen Republikaner auch keinen Grund, in patriotischer Weise stolz auf ihre jüngst zurückliegende Errungenschaft zu sein. Es handele sich nicht gerade um eine originelle Novität.

Ironisch wird hier diesen Akteuren der Patriotismus abgesprochen oder zumindest der unterstellte Nationalpathos dekonstruiert. Französische, antiklerikale Akteure führten fremde Pläne aus, seien somit auf ihre Weise ultramontan und von aussen gesteuert unnational. Daneben ist Frankreich ja für das Freimaurertum nur ein dezentraler, abgelegener Ort. Dieses Fakt halte man in Paris aus Scham ein wenig bedeckt. In Italien sei das weniger der Fall, weil sich hier ja die zentrale Leitung der Logen befände. Ebendort wurde katholischerseits, gemäss Dehon, im 19. Jahrhundert auf allen Ebenen der Publizistik und Belletristik tapfer dagegen gehalten. Die Gegenfolie kommt ins Spiel: Dem intransigenten Papsttum ist im Geschehen eine Hauptrolle in der Standhaftigkeit zuzumessen, sodass die Freimaurerei – abseits der Etablierung des schon lange ersehnten italienischen Nationalstaates, das wird zugestanden – nicht hätte reüssieren können. Ähnliches wird nun auch in Analogie für die eigene Heimat erhofft, dass nämlich die Katholiken entgegenhalten könnten. Andererseits wird dieser Gedanke dann in einen pessimistisch gehaltenen Duktus eingebunden: Wahrscheinlich liesse sich die Entwicklung doch nicht aufhalten.[159]

---

[158] Vgl. dazu Tertünte, Léon Dehon, Kapitel 8; oder Dehons anderes Demokratieverständnis auf der politischen Bühne, in einer Ansprache von 1901: «C'est en haute mer qu'il faut aller, c'est vers les flots de la démocratie, pour la gagner au Christ.» La barque de Pierre, vgl. REV 8031087/21.

[159] Da könnte die Frage aufgeworfen werden: Steckt dahinter, in diesem für Dehon etwas defätistisch gehaltenen Zugang, so etwas wie die Einsicht einer historisch-notwendigen Umwälzung, die Dehon aber noch nicht ganz zuzugestehen bereit ist? Kongregationsintern wurde die Schrift Dehons als letzte der sozialen Werke Dehons klassifiziert. Der negative Grundton ist vielleicht auch dem Schock der Umstände zuzuschreiben. Die Vorgänge selbst können nur über eine imaginierte, als verborgen gezeichnete Gemeinschaft, die im Bild gehalten der römischen Kirche nicht ganz

Die Streitschrift ist gerade an französische Katholiken adressiert, die oftmals gespalten seien und sich manchmal sogar klüger als der Papst erachteten.[160] Dehons Zeilen sollen als Exhortation aufweckend nach innen, in den Katholizismus hinein, wirken. «Nous sommes souvent trop naïfs [...]».[161] Die italienischen Zustände geben eine paradigmatische, erhellende Vergleichsfolie ab. Die Verflechtung ist eng: Spricht Dehon in diesem Buch von Italien, dann spricht er auch von Frankreich, wie das in ähnlicher Weise der Fall ist, wenn er vom Freimaurertum schreibt, denn dann bezieht er sich zugleich auf die Kirche. Ein wechselseitiges, symbolisch enges Bezugs- und Referenzsystem ist erkennbar. Einerseits sind die Ausführungen Ausdruck einer Mahnung gegen den Ausverkauf einer hierarchisch strukturierten Kirche, andererseits positiver Ansporn, dass die Auseinandersetzung anderswo, zumindest vorerst, siegreich sich hätte gestalten lassen. Und es ist nicht irgendein Anderswo, sondern eben Italien. Rom als Referenzort ist denn noch nicht untergegangen. «Das katholische Italien ist hier in einem stärkeren Masse wachsam, als wir es hier in Frankreich in vielerlei Hinsicht sind.»[162] Oder an anderer Stelle lesen wir komplementär: «Aber die Gläubigen haben es klar erkannt ... in Italien. In Frankreich ... nicht alle.»[163]

Nicht der Frage der Kirchenorganisation, z.B. die der zur Diskussion stehenden staatskirchenrechtlichen *associations cultuelles*, oder der des als zielstrebig dargestellten Vorgehens eines auf Rom schielenden internationalen Freimaurertums noch der im Buch dargelegten Analyse von auf der Gegenseite zur Anwendung gebrachter Terminologie gilt hier das analytische Hauptaugenmerk. Es wäre reizvoll, dies alles zu behandeln. Jedoch soll hier die nationale Bezugsmatrix behandelt werden, die von Dehon zwischen Italien und Frankreich als komparativen Räumen hergestellt wird: Sie klingt ja schon im Titel an. Beide europäische Nationen fliessen denn in der Wahrnehmung Dehons eng ineinander, wobei Rom in seiner schillernden Form als Stadt des Papstes, als Hauptstadt Italiens und als Zentralort einer ideologischen, manchmal sogar endzeitlichen Form, als Ort einer letzten grossen Auseinandersetzung, im Brennpunkt steht. Das mächtige Freimaurertum mit seinem Bürgermeister Ernesto Nathan (1848-1921) – Giuseppe Mazzinis «Spross» – strebe nach der Erschaffung eines

---

unähnlich ist, verständlich gemacht werden. Oder ist es doch eine, zumindest bescheidene und implizite Kritik am (kirchen-)politischen Regiment des Pontifikats Pius' X., das man hier zu verteidigen sich bemüht und vorgibt? Die Vorgänge betreffen ja nicht nur Frankreich, hier sei einiges in Umwälzung begriffen, oder man stehe kurz davor. Ausserdem könnten im Werk Dehons durchaus Momente ausgemacht werden, die die Entwicklung nicht nur negativ darstellen. War doch die katholische Kirche von der Konkordatspolitik auch massiv eingeschränkt. Das gibt auch Dehon deutlich zu verstehen.

[160] Vgl. dazu allgemein instruktiv Maurice Larkin, Religion, Politics and Preferment in France since 1890. La Belle Époque and its legacy, Cambridge 1995, 53-67, Kapitel: «Raison d'état, raison d'église: the Roman dimension.»

[161] OS III, 416. Es wäre eine interessante Aufgabe, der Frage nachzugehen, ob das apologetische Werk Dehons auch die von ihm intendierte Leserschaft gefunden hat.

[162] OS III, 422: «L'Italie catholique est plus vaillante que nous sous beaucoup de rapports.»

[163] OS III, 401: «Mais les croyants ont vu clair... en Italie. En France... pas tous.»

«Dritten Rom», das den ersten Grundstein für den Aufbau eines neuen Europas der (nicht gerade christlichen) Republiken setzen würde[164], also kein «Europe vaticane», von dem dann Philippe Chenaux nach den Weltkriegen und der Beilegung der römischen Frage sprach.[165]

Italien und Frankreich stehen in einem engen Bezug verschiedenartiger Transfers, aber sie sind in Dehons Denken auch je eigene Identitäten. Die Ebene des Austauschs ist jedoch ein wenig geneigt, um nicht zu sagen: abschüssig. Sie fällt von Rom nach Paris hingehend ab, sei es in der Kirche, sei es für das im Band geschilderte Freimaurertum. Rom ist die für Dehon noch sympathisch ländlich geprägte Stadt auf dem Berge. Paris kommt als Metropole des *fin de siècle*, der Dekadenz, als imaginierter und realer Ort zugleich, auch in den vertraulicheren, spirituell gehaltenen Briefen Dehons weniger gut weg. An eine Ordensoberin schreibt er 1906, nach dem Separationsdekret und der Ausweisung:

> «Diesen Winter hat man sich in Paris auch sehr amüsiert, sogar während der Fastenzeit. Die Pariser Blätter haben eine Kolumne, um die Katastrophen von Courrières,[166] vom Vesuv und von San Francisco zu beschreiben, und eine, um Abendveranstaltungen und Einkäufe zu schildern. Wie doch unsere Welt leichtfertig ist! Der Papst gibt uns gute Bischöfe, aber es braucht ein Jahrhundert, um alles wieder ins Lot zu bringen.»[167]

Ähnlich nimmt dies in jenen Jahren P. Bertrand auf der Durchfahrt durch Paris nach Rom wahr. Paris ist und bleibt problematisch. Einen entscheidenden Knoten- und Bezugspunkt bietet dabei nicht nur im hier betrachteten Werk für Dehon das Papsttum in der Ewigen Stadt: Rom, so könnte man sagen, wird in diesem ideengeschichtlichen Rahmenkonzept zur geistigen Hauptstadt Frankreichs (und von wo aus nun auch die französischen Bischöfe bestellt werden). Es ist ein Frankreich, dessen patriotische, religiöse sowie kirchliche Ressourcen sich für Dehon und sein Umfeld eher im ländlichen Raum finden lassen. Dieses zugleich nahe und ferne Rom hindere nicht daran, die bürgerlich-patriotischen Pflichten zu erfüllen, sondern es sporne im Gegenteil geradewegs dazu an.[168]

---

[164] Vgl. u.v.a. OS III, 428.

[165] Freilich mit Fragezeichen versehen: Philippe Chenaux, Une Europe vaticane? Entre le Plan Marshall et les traités de Rome, Brüssel 1990.

[166] Bei diesem europaweit bis heute grössten Bergwerksunglück in Courrières, unweit Dehons Heimat in Nordfrankreich, sind im März 1906 mehr als 1.100 Personen verunglückt.

[167] Vgl. ADR B 83/1, Inv. Nr. 1110.11, Brief Dehons an Mère Marie Joseph, wahrscheinlich 1906: «A Paris, on s'est encore beaucoup amusé cet hiver même pendant le carême. Les journaux parisiens ont une colonne pour décrire les catastrophes de Courrières, du Vésuve, de San Francisco et une autre pour raconter les soirées et les courses. Comme notre monde est léger! Le Pape nous donne de bons évêques, mais il faudra un siècle pour nous refaire.»

[168] Vgl. dazu den diesen Sachverhalt ausgezeichnet illustrierenden Text Dehons «Romains!», in: La Chronique du Sud-Est, April 1904, 125-127 (REV 8031127). Dabei handelt es sich um eine im Kontext der Polemik stehende Antwort auf einen häufigen Vorwurf, der auch schon weiter oben, bei der Behandlung der «La Calotte», angetroffen wurde: Die Kirche in Frankreich sei nicht unpatriotisch. Diesen Vorwurf müsse man sich nicht gefallen lassen. Der Papst halte die französischen Katholiken zum Patriotismus an. Und überhaupt haben auch andere ideologische Gruppen Erinnerungs- und Gedächtnisorte im Ausland: Wittenberg, Genf, London, Berlin usw. Der Sozialismus mit seiner

Gab es nicht aus Rom auch immer wieder positive Impulse zur Herz-Jesu-Trikolore, wie weiter oben nachgezeichnet? Ist nicht gerade diese eine wahrhaft französische Flagge? Jenes Ideenspektrum einer ausgeprägter Romanität trifft man schon beim jungen Dehon an, in verdichteter Form und in bildreicher, biblisch getränkter Sprache etwa am 2. Oktober 1870 während des deutsch-französischen Krieges im Nachbarort seines Geburtsplatzes La Capelle, also gut vier Jahrzehnte vor dem nun betrachteten Werk *Le plan* und somit zugleich vor der Zeitspanne, welche in Form von vierzig Jahren Dehon in ihm zu analysieren vorgab.

Von zwei Müttern sprach da 1870 der junge Dehon, der gerade erst der Zeitumstände wegen von Rom und dem Konzil herkommend in seine nordfranzösische Heimat zurückgekehrt war und eigentlich selbst unterstützend im Militär tätig sein wollte. Zwei Wochen vor Dehons Rede hatten die Truppen des Risorgimento, am 20. September, das päpstliche Rom eingenommen («Presa di Roma»), wobei es die päpstliche Armee bei symbolischem Widerstand beliess. Nach mehr als tausend Jahren hörte der Kirchenstaat auf zu existieren, so zumindest aus heutiger Sicht. Für die Zeitgenossen war hier noch vieles im Fluss. Dehons Rede im Herbst 1870, *Le pape et Rome*[169], auf Vaterland und Kirche als Mütterfiguren hin orientiert, ist mit metaphorisch spielenden und emotionell schillernden Termini reich bestückt, wobei die römische Kirche als eine wie das Mutterland in diesem Krieg leidende Figur dargestellt wird. Die Herz-Jesu-Devotion fehlte noch ganz. Und der Vater in diesem Zeit- und Weltgeschehen ist der Papst. Um die zeitgenössischen Zustände zu erhellen, wählt der junge Priester Dehon den Zugang über die (Heils-)Geschichte. Dabei unterscheidet er einen präfigurierten göttlichen Plan von einer tatsächlichen Geschichte; obschon sich aber dann zeigt, dass diese beiden Ebenen später zusammenfallen werden, ja müssen.

Das Konzept der biblischen Vorsehung bzw. Präfiguration findet Übernahme, und es wird weit ausgeholt. Der Ankündigung einer vierfachen *translatio imperii* im Alten Testament beim Propheten Daniel folgt die letztgültige Realisation im Neuen Testament: Christus sei der Stein, der vom Berge herabdröhnend die Reiche zertrümmere und sogleich als eine Form des Quintomonarchismus dem Papsttum freie Bahn gibt, um sein zutiefst spirituelles Reich auf Erden weiter zu führen.[170] Nach Daniel, Kapitel 2, wird auf Matthäus, Kapitel 16, Bezug genommen, ein *locus classicus sive communis* in dieser Zeit. Die Kirche habe eine sichtbare Gestalt, bis zum Ende der Zeiten sei das Papsttum als der Stellvertreter Christi auf Erden eingesetzt: «Sein Reich muss darin mehr spirituell denn zeitlich-weltlich sein, aber aufgrund der Bedingungen der menschlichen Natur

«humanitaristischen» Internationalen habe eine spezifische Tendenz, den Patriotismus und die Wehrbereitschaft – beides wird in einem engen Verhältnis zueinander gebracht – aufzulösen.
[169] Vgl. ADR B 6/4.A: «Le pape et Rome», in: 1er cahier «Sermons 1869-1871», 29-34.
[170] Vgl. Mariano Delgado/Klaus Koch/Edgar Marsch (Hg.), Europa, Tausendjähriges Reich und Neue Welt. Zwei Jahrtausende Geschichte und Utopie in der Rezeption des Danielbuches (Studien zur christlichen Religions- und Kulturgeschichte 1), Fribourg/Stuttgart 2003, z.B. 381.

wird seine spirituelle Unabhängigkeit nicht anders garantiert sein können als durch eine Unabhängigkeit im Zeitlichen.» So die auf die menschliche Schwäche und Notwendigkeit hin zielende Begründung für den Kirchenstaat, der sich geschichtlich nur «mit der Hilfe unserer Könige»[171] verwirklichen lassen hätte können. Darin kommt nun die französische Sendung ins Spiel. Das Patrimonium Petri sei eine notwendige Bedingung für die Existenz des Papsttums, und wenn es weiche, dann würde dies dem apokalyptischen Ende der Welt zuvor gehen: das Papsttum als «katechon», als die letzte Etappe des Geschichtsverlaufes zurückhaltendes Moment also. In diesem als Krise wahrgenommenen Geschehen des traumatischen deutsch-französischen Krieges klingt deutlich ein kantiger Millenarismus aber auch ein starker Ekklesiozentrismus an, der diese Phase der Kirchengeschichte und Dehon besonders tief geprägt hat.

Rom als das «neue Jerusalem» hat nach Dehon für Frankreich eine besondere Bedeutung in Geschichte und Gegenwart. Es hätte fast keine «Flecken»[172], und wenn es nun in dieser Epoche der Geschichte einer Prüfung entgegen gehe, dann folge doch bald die Apotheose dieser im Papst selbst verkörperten «majesté royale». Das Ergehen der personifiziert dargestellten Nation Frankreich wird dazu in Parallele gebracht. Auch in einem Wellental angelangt, solle diese im und vom Christentum bevorzugte Nation nicht das Vertrauen verlieren, die Hoffnung aufgeben. Dehon spricht nun das Vaterland als eine seiner metaphorischen Mütter direkt an: «Du hast noch edelmütige und christliche Kämpfer. Du verfügst über Bretonen und Leute aus der Vendée in deinen Reihen. Du besitzt fromme Kinder und Frauen, die überall für dich beten. Du hast Männer des Gebets in Deinen Klöstern und am Fuss der Altäre.»[173] In der Situation der Gefahr finden Frankreich und das päpstliche Rom eine simultan-parallele Interpretation Dehons. Der biblische Befund bereitet dazu den Boden, der historische Rückblick bettet das Jetzige ein, und der Ausblick auf die gute Wendung, welcher bei Dehon beinahe durchgehend angetroffen wird und als charakterliches Grundmerkmal gelten kann, schliesst dann seine Ansprache ab. Auf diese national-religiöse Syntax wird noch zurückzukommen sein.

Mit den zwei nun hauptsächlich behandelten Texten Dehons von 1870 und 1908 wurde versucht, die weiter oben gezeigte Debatte um die Nationalflagge

[171] Vgl. ADR B 6/4.A: «Le pape et Rome», Absatz 2: «Son règne y doit être plus spirituel que temporel, mais à cause des conditions de la nature humaine, son indépendance spirituelle ne pourra y être garantie que par son indépendance temporelle.»; und später: «avec l'aide de nos rois». Vgl. dazu La barque de Pierre, Absatz 12: Nach der Völkerwanderung spricht Dehon in seiner Sicht auf die Geschichte von «Le salut allait venir par les Francs» und dann dies deutend: «L'alliance était scellée pour toujours entre le Saint-Siège le la nation française qui devenait la fille aînée de l'Église.»
[172] Vgl. ADR B 6/4.A: «Le pape et Rome», Absatz 5: «Ô ville bénie, cité sainte, nouvelle Jérusalem! Tu es toute belle et presque sans tâche. Comme tu brilleras au dernier réveil quand les restes des saints revivront dans leur splendeur!»
[173] ADR B 6/4.A: «Tu as encore des guerriers généraux et chrétiens. Tu as des Breton et des Vendéens dans tes armées. Tu as des femmes et des enfants pieux qui prient partout pour toi. Tu as des hommes de prière dans tes cloîtures et au pied des autels.»

vertiefend auszuleuchten, konnte diese doch den Anschein erwecken, nur eine belanglose, eher am Rande stehende Episode zu sein. Ganz im Gegenteil: Die ikonografische Arbeit an der Flagge, das Bemühen um ihre bildlich-symbolische Ausstattung ist in tieferliegende Ansichten hinein verwoben. Ansatzweise kommt darin analytisch das zum Vorschein, was in der Forschung mit Sakralisierung der Nation[174] zum Ausdruck gebracht wird. Ein Herz-Jesu auf der Flagge ist ein Zeichen dafür, die Nation auch in einem religiösen (und hier römischen) Kontext zu interpretieren, sie vielleicht sogar zu einem sakralen Kultobjekt zu stilisieren oder aber die (aus heutiger Sicht verschiedenen) Ebenen gar nicht erst zu stark trennen zu wollen bzw. zu können. *Le plan* von 1908 ist eindeutig nüchterner, abgekühlter, desillusionierter im Vergleich zu Dehons Ansprache von 1870. Der Blick scheint schon ein wenig von Frankreich abgewandt, in Analogie zur Kirchenpolitik unter Pius X., der sich stärker auf Italien ausrichtete.[175] Man befindet sich in einer Phase der neuen, von aussen, d.h. der Republik aufgezwungenen strukturellen Orientierung kirchlicher Verhältnisse. Der Streitpunkt der auch von Dehon wenig innovativ behandelten *associations cultuelles* konnte erst nach dem Ersten Weltkrieg geklärt werden, als unter Pius XI. 1924 die Bildung von durch Bischöfe präsidierten Diözesanverbänden geregelt wurde, «die zu Partnern des Staates bei der Verwaltung des kirchlichen Besitzes und neuer kirchlicher Stiftungen werden konnten».[176] Das war unter Pius X. vor dem ersten Weltkrieg, trotz der wie bei P. Bertrand gezeigten vermeintlichen innigen Zuneigung des Papstes zu Frankreich, nicht möglich, weil er auf eine Politik der Härte und Selbst-Kasteiung setzte.[177] Finanziell war dies für die Kirche eine desaströse Zeit.

Nun aber wagen wir uns nochmals in die Hauptphase des national-politischen Engagements Dehons mit einer spezifischen Perspektive, die für ihn freilich bereits eingehend behandelt und auch schon tiefgreifend geklärt wurde.

---

[174] Vgl. dazu instruktiv Franziska Metzger, Zwischen Sakralisierung und Entfremdung – Zu Transformationen der Sprache des Katholizismus, in: Wilhelm Damberg/Karl-Joseph Hummel (Hg.), Katholizismus in Deutschland. Zeitgeschichte und Gegenwart, Paderborn 2015, 93-111, v.a. 95-100 («Sakralisierung der Sprache»), 99.

[175] Vgl. Larkin, Religion, Politics and Preferment, 58: «Whereas Leo had hoped to use France as an instrument against Italy, the new masters in the Vatican [Pius X. und sein Regiment, DN] wanted to be on better terms with Italy, so as to leave their hands free in dealing with France, and with any other country which adopted a belligerent attitude towards the Church.»

[176] Lönne, Politischer Katholizismus, 249.

[177] Vgl. Larkin, Religion, politics and preferment, 60, 61, wo auf die weitreichenden, fatalen Konsequenzen dieser päpstlichen Politik für die Kirche in Frankreich verwiesen wird, «this costly act of legal suicide» (ebd., 61), auch 67: «[...] the Church in France arguably suffered more at the hands of Rome than at the hands of the French government.»

5.9 Ausgrenzung und Einordnung im nationalen Diskurs –
eine Facette des Antisemitismus Dehons

Wer über das Nationale bestimmt, schliesst auch immer etwas aus. Wer etwas
setzt, und seien es «nur» nationale Farben, setzt anderes nicht. Obwohl einfache
historische Nullsummenspiele in ideellen Gedankenexperimenten nicht immer
greifen, ist es oft so, dass die Kreation einer Norm zum Ausschluss führt. Wir
haben gesehen, dass das auch in der III. Republik der Fall war, die nationale
Symbolik neu formte und zivilreligiös in Ablehnung zum Bestehenden definierte
oder ganz neu setzte. Die Katholiken «hinkten» in einer breiten Masse den ge-
sellschaftspolitischen Veränderungen «hinterher», will man eine modernisie-
rungstheoretisch nicht immer ganz unproblematische und überzeugende Perspektive einnehmen. Zumindest waren sie politisch nicht mehr in der ersten Reihe,
spielten nicht mehr die erste Geige, waren in einer Wettbewerbssituation und ein
eisiger Wind wehte ihnen entgegen. Dazu kam das Verlustgefühl. Katholiken
agierten im Nachvollzug, versperrten sich oftmals Veränderungen, wähnten sich
auch selbst in der Defensive und fühlten sich unwohl. Sie wurden aber auch zur
Aktivität gedrängt, und wirkten innovativ am neuen Geschehen mit. So geschehen etwa im Aufbau von sozialpolitischen Massnahmen und Initiativen, in
der strukturellen Bekämpfung der Armut im 19. Jahrhundert oder in der Errichtung innovativer transnationaler Netzwerke. Im politischen bzw. nationalen Diskurs aber blieb es in Frankreich beim Versuch, um im vorhergehenden Bild zu
bleiben, auf verschiedenste Art und Weise einen «Anschluss» zu bewerkstel-
ligen, den sie einer Interpretationslinie von Pierre Sorlin zu Folge in breiten
Masse aber nicht wirklich finden konnten. Darin bettet Sorlin den von ihm beschriebenen katholischen Antisemitismus ein.

In diesen Vorgängen spielte also die «jüdische Frage» im Prozess des republikanischen *nation building*, nicht erst mit der Dreyfus-Affäre, eine entscheidende Rolle. Denn die Dreyfus-Affäre erlaubte es den katholischen Kräften paradoxerweise, wiederum mitreden zu können und auf der politischen Bühne präsent
zu sein. Vicki Caron zeigte in ihrer Analyse der Bewegung des Abbé Garnier –
der auch ein Verfechter der Herz-Jesu-Trikolore war –, wie die politisch-popu-
lärere, sich der republikanischen Staatsform verschriebene *Union nationale* mit
dem Antisemitismus Hand in Hand ging und ihn bis zu einem gewissen Punkt
sogar neu generierte und aufschaukelte.[178] Für die Republik war die Emanzipation der religiösen Minderheiten ein springender Punkt, weil er vice-versa auch
das System einer Staatskirche oder aber einer über ein Konkordat verbrieften
prädominanten katholischen Kirche in Frage stellte. Katholischer Antisemitismus im Frankreich der III. Republik beruhte laut Sorlin[179] unter anderem auf

---

[178] Vgl. Caron, Catholic Political Mobilization.
[179] Vgl. Pierre Sorlin, Die französischen Katholiken und die Erfindung der «jüdischen Gefahr», in:
Olaf Blaschke/Aram Mattioli (Hg.), Katholischer Antisemitismus im 19. Jahrhundert. Ursachen
und Traditionen im internationalen Vergleich, Zürich 2000, 163-194.

einem gemeinsam geteilten, symbolischen Feindbild, unterfüttert auch mittels religiöser Unterweisung und aus einem unhistorischen biblischen Litteral- und Inspirationsverständnis heraus. So wurde etwa der «Blutruf» aus Matthäus, Kapitel 27, Vers 25 wortwörtlich genommen und das darin eingeflochtene Gottesmordmotiv unreflektiert, z.b. in der Feier des Triduums, immer weiter transportiert und stetig liturgisch sowie in Übungen der Frömmigkeit aktualisiert.[180]

Der in der Zeit selbst im «eigenen Milieu» – als Ausnahme wird Léon Bloy (1846-1917) genannt oder auch Joseph Brugerette, auf den wir in einem anderen Kapitel zu sprechen kamen[181] – kaum hinterfragte Antisemitismus erlaubte den innerkatholisch fragilen Zusammenhalt zu beschwören; auch denjenigen von Bürgern aus der Oberschicht und solchen aus der Unterschicht. Diese Anti-Haltung war zudem über den Katholizismus hinaus sozial – über sozio-psychologische Faktoren wie Neid und Missgunst – vermittelbar, sodass auf der politisch-nationalen Bühne man sich zumindest teilweise ernst genommen fühlen konnte. Gewiss, dies galt nicht für die Gruppen, die den Antisemitismus als eine lediglich andere Form des Klerikalismus betrachteten und die dann als Sieger aus dem politischen Konflikt hervorgingen. Der Antisemitismus ist jedoch bei weitem nicht nur ein innerkatholisches Phänomen. Das ideologische Geschehen des Unbehagens ist eingebettet in eine tiefe Krise des Nationalismus der jungen, sich noch behaupten müssenden Republik.[182] Das wurde an der «Oberfläche» schon an den Debatten um die Nationalflagge verhandelt, die III. Republik wurde denn als alles andere als gefestigt wahrgenommen: Die soziale Frage im Rahmen der aufstrebenden Arbeiterschaft und der rasch voranschreitenden Industrialisierung war drängend, der politische, «rote» Anarchismus war bedrohlich, der autoritäre Boulangismus gerade erst im Zaum gehalten, und die militärische Niederlage von 1870/71 wirkte hintergründig, auch in «der Affäre», als veritables Trauma nach. Denn Frankreich wusste, dass es gegenüber der neuen Macht Deutschland nicht mehr aus eigenen Kräften geopolitisch bestehen konnte. Dazu gesellten sich ungeklärte Fragen der aussereuropäischen Expansion bzw. des Kolonialismus.

Dem katholischen Versuch, Anschluss an die Republik zu finden, attestiert Sorlin im Ganzen eine an den Tag tretende Unfähigkeit zur sachlichen und politischen Arbeit. Einkapselung sowie ein starker auch im Erziehungssystem sich artikulierender klassischer, rückwärtsgewandter Blick sind festzuhalten – eine Perspektive, die auf eine «alte Ordnung» in der Gesellschaft abhebt. Wie etwa

---

[180] Caron ist hier kritischer, weil sie der These eines immerwährenden Antisemitismus entgegentreten möchte, vgl. Caron, Catholic Political Mobilization, z.B. 334.

[181] Vgl. John Connelly, From Enemy to Brother: The Revolution in Catholic Teaching on the Jews, 1933-1965, Cambridge/MA 2012; Philippe Chenaux, Léon Bloy et sa postérité, in: Juifs et chrétiens: Entre Ignorance, hostilité et rapprochement (1898-1998), hg. von Annette Becker/Danielle Delmaire/Frédéric Gugelot, Villeneuve d'Ascq 2002, 47-57, zu J. Brugerette vgl. Kapitel II, Ziffer 3.6.1.

[182] Vgl. Robert Tombs, The Political Trajectory of Nationalism in Nineteenth-Century France, in: Ulrike v. Hirschhausen/Jörn Leonhard (Hg.), Nationalismen in Europa. West- und Osteuropa im Vergleich, Göttingen 2001, 133-153, hier v.a. 140, 141.

das mittelalterliche und frühneuzeitliche Kirchenrecht dies zu Grunde legte oder das Konzept einer «christlichen Nation» insinuierte, das sich über historische Rückgriffe definierte. So tolerierte man Juden, aber stand ihrer Emanzipation ablehnend gegenüber. Ihr scheinbarer oder auch wirklicher sozialer Aufstieg wurde beargwöhnt. Scheinbar war der Aufstieg vielerorts deshalb, weil von den ca. 100.000 jüdischen Einwohnern im Land nur die wenigsten ein Leben in Wohlstand führen konnten. Aber ein Beispiel à la Rothschild war immer zur Hand, auch bei Dehon. Ihr Platz sollte «unten» sein, wohin sie auch die göttliche Providenz bzw. die Heilsgeschichte verweise, eine Integration und ein Aufstieg aber könnte über Konversion erreicht werden. Einem solchen «legalen», auf Toleranz ausgelegten Antijudaismus innerhalb christlicher Nationen hing auch Dehon an, und inmitten des katholischen Mainstreams vertrat er die Ablehnung eines sich in konkreter Gewalt manifestierenden Antisemitismus.

Daneben gesellt sich im katholischen Denken das unangenehme, breit artikulierte Gefühl, dass die eigene Gruppe nicht homogen aufzutreten vermag, sowie darüber hinaus, noch schlimmer, kleine Teile der eigenen Schar sogar die Interessen der Revolution zu vertreten vollumfänglich gewillt waren. Diese Facette, der politische Pluralismus der Katholiken, wird von Karl-Egon Lönne als «hervorstechende Eigenheit des französischen politischen Katholizismus» bezeichnet, und gilt auch für das ganze 20. Jahrhundert als einfach nachzuzeichnende Konstante: Der politische Katholizismus «schloß sich nicht zu einer einheitlichen Bewegung zusammen, sondern ordnete sich den verschiedenen politischen Gruppen des französischen Parteienspektrums zu.»[183] Es lag so im Umfeld Dehons nahe, für dieses eigentlich nicht Erklärbare und Unvorhergesehene im Rahmen einer ultramontan strikt konzipierten Kircheneinheit eine Antwort zu finden. In eine solche Richtung geht auch die Semantik von den «judaïsantes», oder aber die Idee, dass hinter den Freimaurern, die irgendwie noch zu «uns» gehören, aber die freilich nichts Gutes wollten, doch das Judentum steht.[184] Die Uneinigkeit musste plausibel erklärt werden. Nichts eignete sich besser für eine diffuse Erklärung, so Sorlin, als eine imaginierte, aber damit zugleich nicht weniger reale «Wahnvorstellung», ein mit mannigfachen Gefühlen beladenes Symbol – nicht über das, sondern mit dem man spricht –, dass die Juden den Christen, die nun ihrerseits sich im politisch-nationalen Exil wähnten und ihre eigene Schwäche fühlten, Übles wollten, auch indem sie selbst das christliche Gegenüber zu einer Art Aufsplitterung in der Interessenvertretung brächten. Ein symbolischer Antisemitismus sozusagen.

---

[183] Lönne, Politischer Katholizismus, 250.

[184] Vgl. etwa bei Dehon UTP 64. Überhaupt ist es sehr aufschlussreich, im Schriftgut Dehons im Wortgebrauch den «Juden und ...»- Konzepten nachzugehen. Die Zuordnung auf der zweiten Stelle in Verknüpfung und Beziehung mit dem Judentum ist vielsagend, weil Feindbilder aller Art dem Konzept des Judentums zugeordnet werden: Neben Häretikern, Protestanten, Freimaurern finden sich in der Und-Verknüpfung dann auch, wenn auch seltener, die «schlechten» Christen.

In «L'école du Ghetto», einer 1902 erfolgten schriftlichen Adresse an französische Rompilger als Information zum Besuch der «urbs», stellte Dehon die
letztlich rhetorische Frage, ob Juden gute Staatsbürger sein können. Er spiegelt
somit eine Anfrage, mit der sich die Katholiken in wohl halb Europa zu dieser
Zeit konfrontiert sahen: Konnten denn römisch-katholische Christen gute Staatsbürger sein? Waren diese nicht irgendwie ferngesteuert und dem nationalen Gedanken fern? Wir sahen das weiter oben bei Lemire, der die Trikolore ohne
Hintergedanken anzunehmen bereit war, weil er, wie er sagte, als Katholik ein
guter Republikaner und Franzose sein wollte. Dahinter steht eine Anfrage, eine
Verunsicherung. Dehon machte in seinem Beitrag aber zugleich klar, dass er
weder die Ausweisung noch die Zwangsenteignung von Juden fordern würde
und verwendet dabei den Terminus «Antisemitismus»: «Wir sind in dieser Angelegenheit nicht Anhänger eines übertriebenen Antisemitismus. Wir fordern weder die Vertreibung noch die Enteignung der Juden.»[185] Solche menschliche Ent-
gleisungen hält Dehon der Figur der Reformation schlechthin, nämlich Martin
Luther vor, von dem er sich zeitlebens auf religiösen, ideologischen und nationalen Folien abzuheben versucht. Daneben grenzt sich Dehon nicht zuletzt auch
gegen einen sich dem kruden Populismus verschrieben habenden, für ihn zeitgenössischen Edouard Drumont (1844-1917) ab, dem gegenüber er sich insgesamt
freilich ambivalent zeigt.[186] Gewiss, die Aussage zu Vertreibung und Enteignung
kann auch auf dem Hintergrund der eigenen misslichen Situation und der der
Kongregation gesehen werden. Nichtsdestotrotz gilt für Dehon, dass er, der am
Prinzip der «Einheit des Menschengeschlechts» festhielt, sich der Logik einer
direkten, gewalttätigen Exklusion felsenfest versagte.

Dehon forderte vielmehr eine restriktive Gesetzgebung gegenüber dem Judentum. Es geht ihm um Einordnung. Der Staat wird um Hilfe gerufen. Juden hätten
einen bestimmten Platz in der Geschichte, und dieser müsse auch in der französischen Gesetzgebung seinen Widerhall und Niederschlag finden. Das fordere er
nicht aufgrund religiöser Überzeugungen, sondern «par motif patriotique», denn
wohl 9/10 von ihnen seien wohl nie gute Staatsbürger: «Die Juden sind denn
nicht freiwillig zu Emigranten geworden, sie sind eine gewaltsam verstreute Nation, und daran erinnern sie sich auch.»[187] Die Beständigkeit ihrer Erinnerungs-
kultur findet dabei Erwähnung, die wie anderenorts ausführlicher und als für die
Christen potenziell bedrohlich geschildert, auch leicht in einen – menschlich
nachvollziehbaren – Revanchismus einmünden könne. Der Mensch ist nachtragend. Gerade deshalb sei eine Politik der Emanzipation bedenklich. Warum aber
sollen Juden denn keine guten Staatsbürger sein?

---

[185] Dehon, L'école du Ghetto, vgl. REV 8031111/4: «Nous ne sommes pas partisans d'un antisémitisme outré. Nous ne demandons ni l'expulsion, ni la spoliation du juifs.» An anderer Stelle verwehrt er sich auch gegen den harschen, bei Luther zum Vorschein kommenden Antijudaismus.

[186] Vgl. dazu auch Caron, Catholic Political Mobilization, 340 und passim.

[187] Dehon, L'école du Ghetto, vgl. REV 8031111/4: «Les juifs ne sont pas des émigrants volontaires,
c'est une nation dispersée violemment et qui s'en souvient.»

«Die einen träumen immerzu von ihrer Rückkehr nach Palästina, wie es die zionistischen Kongresse aufzeigen. Die anderen sind überzeugte Kosmopoliten. Sie lieben *in vorübergehender Weise* die Nation, an der sie sich bereichern, wie es auch ihre unablässigen Wanderbewegungen beweisen. Zu einem Grossteil sind sie also nicht zu einem echten Patriotismus fähig, und es ist ein Betrug, ihnen die Direktion der Presse und den Zugang zu hohen Ämtern im Staatsdienst, der Armee und der Verwaltung zu gewähren.»[188]

Die Stossrichtung bei Dehon, dass Juden niemals gute Staatsbürger sein konnten, gab schon 1956 einem theologischen Zensor im Seligsprechungsprozess zu denken. Nicht dass es diesem grundlegend bedenklich erschien, aber trotzdem ein wenig zu kategorisch.[189]

Dehon schreckte im dargelegten Duktus, der aus heutiger Sicht Stereotypen bündelte und an diesem Punkt dann eine emotionelle Schlagseite gewann, nicht davor zurück, die Juden der Undankbarkeit zu bezichtigen, hätten doch etwa die Päpste in ihrer Rechtsprechung immer gut und väterlich für die Juden gesorgt. Nun aber würde diese Toleranz unter umgekehrten Vorzeichen nicht mehr zu finden sein. Dehon stellte an die Adresse der Juden die Frage, richtete an sie das Lamento: «Warum verweigert ihr uns die Toleranz, welche wir euch gegenüber immer angewandt haben?»[190] In staatsrechtlichen Kategorien ist Dehons Denken einem speziellen Konzept der Religionsfreiheit verschrieben, die die katholische Kirche in Kategorien eines politischen Augustinismus als Institution und ihren kollektiv-institutionellen Anspruch im Fokus hat, und nach dem – Dehon bekannten – Bischof Dupanloup[191] formulierten Prinzip von «These» und «Hypothese» funktioniert, dort Freiheit zu fordern, wo man selbst in der Minderheit oder der Position der Schwäche ist, aber die Freiheit des so bezeichneten Irrtums einzuschränken, wo die Machtverhältnisse es zulassen. Es ist die Forderung nach

---

[188] Dehon, L'école du Ghetto, vgl. REV 8031111/5: «Les uns rêvent toujours leurs retour en Palestine, comme le prouvent leurs congrès sionistes. Les autres sont cordialement cosmopolites. Ils aiment *provisoirement* la nation chez laquelle ils s'enrichissent, comme le prouvent leurs migrations incessantes. Ils ne sont donc pas capables pour la plupart d'avoir un vrai patriotisme, et c'est une duperie de leur laisser la direction de la presse et l'accès aux charges élevées de la magistrature, de l'armée et de l'administration.»

[189] Congregatio de Causis Sanctorum, Mechlinien. Seu Suessionen. Canonizationis Servi Dei Leonis Ioannis a S. Corde Iesu Dehon Sacerdotis Fundatoris Congregationis Sacerdotum a S. Corde Iesu (1843-1925). Positio super Fama Sanctitatis et super Virtutibus, Voll II. Summarium, Roma 1990, darin: Votum alterius Censoris Theologi super scriptis rem tantum socialem spectantibus, 30: «Nell'opera ‹La Rénovation Sociale Chrétienne› si afferma che i giudei sono cosmopoliti e non possono in nessuna parte divenire sinceramente patrioti. – Il carattere e categorico di tali proposizioni non risponde a verità certe.»

[190] Dehon, L'école du Ghetto, REV 8031111/6: «Pourquoi nous refusez-vous la tolérance que nous avons toujours pratiquée envers vous?»

[191] Vgl. NHV 1/120, wo der Bischof von Orléans Dehon das Studium in Rom nicht gerade schmackhaft zu machen scheint. Vgl. Blick Dehons auf Dupanloup bei seinem Tod, NHV 13/122: «Il avait été bon pour moi. C'était une nature ardente. Ses premiers succès lui avaient peut-être donné quelque vanité. Il eut trop confiance en son sentiment au Concile, et il batailla sans courtoisie et sans mesure. Il a toujours eu une activiste dévorante et il a montré un grand zèle pour l'éducation chrétienne de la jeunesse.»

«privilegierter Freiheit für die Kirche» (Emiel Lamberts), die auch Dehons Denken durchzieht. Der Irrtum wiederum kann und darf in einer «christlichen Nation» kein Recht für sich beanspruchen. Das Judentum ist eine, und zwar alte Form dieses Irrtums.

Sorlin ist bestimmt recht zu geben, wenn er meint, dass es nicht weiter führt, alle Stereotypen im französischen Antisemitismus auszubreiten. Es sei dies ein wenig gewinnbringendes Verfahren, diesen mit dem Nudelholz auszuwalken; weil doch eine emotionale, gefühlsmässige und eher der Mentalitätsgeschichte zuzuschreibende Matrix diesem Geist zugrunde liegt. Und diese als selbstverständlich gepflegten und irrationalen, tief liegenden Muster treffen wir, wie bei unzähligen seiner Zeitgenossen und den *abbés démocrates* sowieso – um hier nur Hippolyte Gayraud (1856-1911), Garnier, oder aber Lemire[192] zu nennen – auch bei Dehon an. Sie in verschiedene Klassifizierungen (religiös/wirtschaftlich/ethnisch) einzuteilen, wurde schon von unterschiedlicher Seite überzeugend unternommen. Insbesondere geschah dies auch dann, wenn eine diachrone Entwicklung nachgezeichnet werden sollte, die Dehon tendenziell in eine Entwicklung weg von den ruppigen Aussagen seiner römischen Konferenzen von 1897[193] einschreibt, die jüngst als Brennpunkt seines zur Schau gestellten Antisemitismus galten und den Seligsprechungsprozess verhinderten. Dabei, bei dieser Sezierübung, könnte dann aber das Ganzheitliche des Phänomens verloren gehen, das Vor-Rationale, der Habitus im Gesamten. Dehon und andere sind ja keine theoretischen, ein System entwerfende Antisemiten, die dieses Thema zu ihrem Haupt- und Lieblingsthema machten. Aber es ist als im Frankreich der III. Republik besonders virulentes Phänomen hintergründig da. Und dieses bricht dann noch zu Kriegszeiten wie aus tiefer liegenden Schichten hervor, als es um Konfiszierung von Kultgegenständen durch deutsche Truppen – darunter jüdische Soldaten – im besetzten St. Quentin geht.[194]

Der Antisemitismus ist wie ein Symbol, die Welt im Kampf zu erklären, und ist in zentraler Weise ein nationaler Faktor, der eng mit der als Patriotismus bezeichneten Disposition einhergeht. Insofern ist er auch ein moderner, neuer Antisemitismus inmitten des *nation building*. Dehon wollte in Fragen des Patriotismus und der Nation seinen «Beitrag» leisten, es war ihm wichtig, dazu etwas zu sagen. Die Nationalflagge mit Herz zeigt das. Die zentrale Frage lautet, wer denn letztendlich dazu gehört, und wenn ja, dann in welcher Form. Bei Dehon ist nicht der Ausschluss, die platte Exklusion ausschlaggebend, sondern die eindeutige Zuweisung eines Ortes für das Judentum, was Angehörige dieser Glaubens-

---

[192] Vgl. Kevin Passmore, The Right in France from the Third Republic to Vichy, Oxford 2013, 90. Wobei Passmore einen ökonomischen Antisemitismus, der bei Lemire anzutreffen ist, von einem biologischen Rassismus scheidet, den der abbé démocrate ablehnt. Im politischen Umfeld meinte Lemire, dass der Antisemitismus als Programm nicht fähig sei, die anstehenden Probleme zu lösen. Auch ein Dehon glaubt das nicht.

[193] Vgl. OS III, 217-241.

[194] Vgl. La Maison du Sacré-Cœur pendant la guerre [NTD 9130030], Absatz 61.

gemeinschaft als nicht anders denn als platte Diskriminierung auffassen konnten. Ein Perspektivenwechsel wird hier noch nicht aufgefunden, ebenso wenig eine Pluralismusfähigkeit. Die Kirche tritt als Ordnungssystem und -instanz mit Anspruch hervor.

Weil die Frage des Antisemitismus bei Dehon schon breit behandelt wurde, war es Absicht, an dieser Stelle den vermeintlich patriotischen, nationalen, modernen Aspekt hervorzukehren.[195] Er spielte in der III. Republik eine grosse Rolle. Die *Action française* wird später den nationalen Antisemitismus in neuen, autokratischen und intellektuellen Gefässen aufgreifen, und sie feierte damit Erfolge. Dagegen wird Dehon sich dann vehement positionieren. Einerseits unterstützte er den jungen Christdemokraten Marc Sangnier rund um den *Sillon*, andererseits wirkte Dehon an der römischen Indizierung Maurras massgeblich mit,[196] leistete also einen stärker innerkirchlich ausgerichteten Beitrag gegen eine neue, nicht-christliche Form der Monarchie mit einer bewussten, «paganen» Vereinnahmung des Katholizismus und einem prononcierten Antisemitismus.

5.10 Nationale Erzählung, «culture of defeat» – Dehon und ein historisch orientierter Nationalismus

Die aus der Nationalismusforschung stammende Feststellung einer für das 19. Jahrhundert (und darüber hinaus) genuin französischen Kultur der Niederlage («culture of defeat»)[197] ist für die Beschäftigung mit Dehon und seiner eigenen Sicht auf die Heimatnation erhellend. Der politisch und religiös engagierte Priester und Ordensmann teilte auf seine Art und Weise Muster dieses national-historischen Erzählungs- und Denkstranges, der Pessimismus mit Optimismus verknüpft. Die Narration geht von einer glorreichen, zumindest aber je «besseren» Vergangenheit aus, sieht das Jetzt in einem Wellental («Dekadenz», «Niederlage») angelangt und verbindet diese beiden Interpretationen mit einem positiven Ausblick für die Zukunft. Für Dehon ist dies etwa in soteriologischen religiösen Kategorien der Errettung oder der Versöhnung gegeben. Abschwächend muss dabei hinzugefügt werden, dass Dehon, wie in dieser Arbeit deutlich wird, die Vergangenheit (z.B. die Monarchie in politischer Hinsicht bzw. das *ancien régime* in wirtschaftlichen Fragen) zu bestimmten Zeitpunkten durchaus kritisch sieht und seine Gegenwart auch positiv zu deuten vermag. Aber der Tendenz nach stimmt diese grosse Figur der als historische Wellenbewegung wahr-

---

[195] Vgl. Yves Ledure (Hg.) Antisemitismo cristiano? Il caso di Leone Dehon, Bologna 2009. Auch wäre es unter Umständen interessant, den juridisch vorgetragenen Gesichtspunkten näher nachzugehen.

[196] Vgl. Dehons Brief an J. Tiberghien, 15.06.1914, ADR B 108/4, Inv. Nr. 116845: «Maurras et son groupe sont des hypocrites qui essaient de tromper tout le monde, même le Pape, comme faisait Voltaire. A Rome, les intégristes s'y laissent prendre [...] Le pape ajourne la condamnation pour un sentiment de miséricorde.»

[197] Tombs, The Political Trajectory of Nationalism, 140.

genommenen nationalen Geschichte für die «Biografie Frankreichs» (wie auch an bestimmten Punkten für die eigene Lebensgeschichte Dehons) dann doch.

Das kulturelle Schema ist in einer teils martialischen Semantik des Kampfes eingebettet, worin nicht nur Fahnen, sondern auch der Einsatz, die Hingabe und in spezieller Weise das für Dehon in religiösen Kategorien bedeutsame Selbstopfer bzw. die Selbsthingabe eine Rolle spielen. Diese Kultur der Niederlage machte sich dann an grossen Schlachten fest. Sie reichen im 19. Jahrhundert von Waterloo bis hin zu Sedan. Der als Tugend gesehene vollumfängliche Selbsteinsatz, das Opfer des eigenen Lebens (für die anderen) sowie der Ausblick des dennoch irgendwie überlebenden, siegreichen Frankreichs als eines eigenen geschichtlichen Organismus und mit seiner besonderen nationalen, ja «kosmischen» Sendung sind darin bestimmende Elemente.[198] Dehon bezieht sich in seinen Schriften des Öfteren auf Louis-Gaston de Sonis (1825-1887), dem «Helden» der (verlorenen) Schlacht von Loigny,[199] oder – in einer grösseren zeitlichen Distanz zu seiner Biografie – schon mehr als Symbol und geschichtlich fernes Echo, auf Waterloo, als eine für die französische Geschichte apodiktische und symptomatische militärisch-nationale Niederlage. Auch die Schlacht an der Marne nach dem Ausbruch des Ersten Weltkriegs wäre hier zu nennen, die in Dehons Interpretationen in sein Kriegstagebuch einfliesst – eine Schlacht, die dann freilich, wie die «Ursprungsschlacht» des christlichen Frankreichs unter Clodwig bei Tolbiac 496, im Ersten Weltkrieg vor Paris einen Umschwung herbeiführt und somit nicht als Niederlage eingestuft werden kann.

Aber legen wir im Duktus dieses Kapitels einen Schwerpunkt auf die verlorene Schlacht von Loigny Anfang Dezember 1870, die Dehon aus der Nähe miterlebte. In ihrer Deutung und im Blick auf sie nehmen sowohl die Herz-Jesu-Frömmigkeit als auch die Achse Rom-Frankreich eine materiell anschauliche, ja tragende Rolle ein. Nach dem Fall des päpstlichen Rom vermochte es die kuriale Diplomatie es im Kapitulationsvertrag so einzurichten, dass die Zuaven französischer Herkunft unter Athanase de Charette (1832-1911) nach Marseille ausschiffen konnten, um dann als ehemalige päpstliche Soldaten[200] als Freiwilligenverband an der Seite ihrer französischen Kompatrioten am preussisch-französischen Krieg einzugreifen. Die Zuaven als internationale Söldnertruppe des Papstes halfen davor mit, die letzten Jahre des Kirchenstaates, welche Dehon unter Pius IX. vor Ort miterlebte, sicherzustellen, obgleich die Hauptlast der Ver-

---

[198] Vgl. dazu auch Wolfgang Schivelbusch, Die Kultur der Niederlage. Der amerikanische Süden 1865, Frankreich 1871, Deutschland 1918, Berlin 2001.

[199] Vgl. in der Novemberausgabe des ‹Le Règne› 1892, CHR 1892/150-151, wo Loigny als Wallfahrtsort einer verlorenen Schlacht beschrieben wird; aber auch Dehons «Discours sur l'éducation du caractère», der 1891 in St. Quentin gedruckt wurde, vgl. DRD 6. Darin werden Aufopferung und Selbstverneinung besonders erwähnt.

[200] Vgl. Jean Guenel, La dernière guerre du pape. Les Zouaves pontificaux au secours du Saint-Siège 1860-1870, Rennes 1998, v.a. 167-176.

teidigung und Sicherung des päpstlichen Territorialanspruchs durch reguläre französische Truppen getragen wurde.

Ein gewichtiger, wenn auch nicht der grösste Teil der Freiwilligen aus aller Herren Länder im Dienste des Papstes, also der Zuaven, stammte aus Frankreich. Diese kehrten nun nach dem Fall Roms in ihre Heimat zurück, wo sie wiederum zugleich in eine kriegerische Auseinandersetzung involviert waren. Dabei ist es am 2. Dezember 1870 zur folgenschweren, für die Zeit besonders verlustreichen Schlacht bei Loigny gekommen. In deren Nachgang musste ein Bein des zum Befehlshabers der Zuaven bestellten de Sonis amputiert werden, ein pars pro toto, ein «corps manquant», für die verlorene Schlacht und später auch den verlorenen Krieg. Fast 200 der zum Einsatz gekommenen Zuaven, die als besonders mutig galten, mussten dabei ihr Leben lassen. De Sonis hatte die Freiwilligeneinheit der Heimkehrer aus dem Kirchenstaat als *Volontaires de l'Ouest* als «milites Christi» und unter dem Banner der Herzens Jesu befehligt, freilich ohne auf den «revolutionären» Fahnenhintergrund der Trikolore zurückzugreifen, die zu dieser Zeit am Beginn der III. Republik, wie wir sahen, noch keine gefestigte Grösse darstellte.

Das militärische Scheitern passte sich für manche Kreise in eine religiös interpretierte Kultur der Niederlage ein und verstärkte diese zugleich, weil der Untergang des Kirchenstaates und die im Frühling 1871 unterzeichnete französische Kapitulation (mit der für Frankreich schmerzhaften Abtrennung Elsass-Lothringens und grosse Reparationszahlungen verbunden) in Eins gesehen wurden. Dehon zeichnet in seiner Zeitschrift de Sonis als letzten Ritter und als einen unter dem Signum des Herz-Jesu stehenden Helden der jüngeren Vergangenheit, preist ihn aber in seinem 1891 veröffentlichten *Discours sur l'éducation du caractère* seinen Schülern zuallererst wegen seiner doch vorzüglichen Charaktereigenschaften an.[201]

Abbildung 20: Die Herz-Jesu Standarte, wie sie für die Schlacht von Loigny rekonstruiert wurde. Abbildung aus dem «hagiografischen», verklärenden Bändchen: Le Drapeau du Sacré-Cœur et les Zouaves, par M. S... A..., ³1889, 8. «Cœur de Jésus – Sauvez la France» als soteriologische Parole geht auf Margareta Maria zurück (ebd., 14). Die Beschreibung der militärischen Hoheitszeichen in Worten lautet wie folgt: «C'était une longue bande de soie blanche brodée d'or, échancrée par le bas; le Sacré-Cœur y était brodé en rouge, enserré par une couronne d'épines de couleur verte et surmonté d'une croix qui se dégage en couleur sombre du milieu des flammes. La devise: ‹Cœur de Jésus, sauvez la France!› était en rouge.» (ebd., 19).

---

[201] Vgl. Leon Dehon, Discours sur l'éducation du caractère, Saint-Quentin 1891 (vgl. DRD 6).

LE DRAPEAU FRANÇAIS

AU XX SIÈCLE*

Abbildung 21: Eine Nationalflagge, wie sie sich einige Katholiken, zeitweilig auch Dehon, für das kommende Frankreich im 20. Jahrhundert («Le drapeau français au XXe siècle») erhofften. Abbildung aus der Kleinschrift «Au drapeau» aus 1899, vgl. Au drapeau!, par un Pioupiou, Merville/Paris 1899. Das Herz Jesu ist dabei in die mittlere, weisse Bahn der Fahne eingearbeitet, von einem Dornenkranz umgeben, sowie zuoberst in einem Flammenbündel mit einem Kreuz versehen, steht also in einer motivischen und ikonografischen Kontinuität mit der in der vorherigen Abbildung gezeigten Variante des Herz-Jesu-Banners von Loigny.

De Sonis wie auch De Charette waren glühende Legitimisten, ihre abenteuerlichen militärischen Biografien regten zur (romantischen) Rezeption an, auch und gerade dort, wo in ihren Lebensläufen eine «Kultur der Niederlage» zum Vorschein kam – die die breite kirchliche Stimmungslage schlechterdings veranschaulichte.[202] 1893 lesen wir in Dehons Zeitschrift *Le règne* für den der ehemals päpstliche Truppe zentralen französischen Erinnerungsort Loigny:

> «Die Kirche von Loigny ist ein Heiligtum des Herzens Jesu. Sie ist wie ein Mausoleum der Herz-Jesu-Märtyrer, de Sonis, und der tapferen Soldaten von Charette, die im Umfeld von Loigny den Tod fanden [...] Monsignore d'Hulst hat hier eine Rede gehalten, welche wie eine erneute Totenrede auf unsere modernen Makkabäer zu verstehen ist. Inspiration spriesst hervor aus diesem Landstrich, Zeugnis der Verheissungen der Jeanne d'Arc, von de Sonis [...] Mit Monsignore d'Hulst grüssen wir ‹diese Helden von Loigny, die man mit ihrem richtigen Namen Märtyrer nennen könnte; diese wertvollen Soldaten, ohne auf den Sieg zu hoffen kämpften sie, um zu sterben, weil der Tod ihnen als Beigabe der Ehre erschien; diese Helden eines christlichen Epos, welche sterbend zwei Müttern zur Ehre gereichten, der Kirche und auch Frankreich, und die mit ihrem Blut zwei Fahnen rot färbten, diejenige ihres Vaterlands und diejenige des Herzens Jesu›.»[203]

Von Makkabäern ist da die Rede und von Märtyrern, wie sie der erste Rektor des *Institut catholique de Paris* und Priesterpolitiker des Ralliement, Maurice

---

[202] Vgl. Tine van Osselaer, «Ce merveilleux ensemble d'héroïsme, de dévouement, et de vertu.» L'héroïsation des zouaves pontificaux dans les publications concernant la dévotion au Sacré-Cœur, in: Bruno Dumons/Jean-Philippe Warren (Hg.), Les zouaves pontificaux en France, en Belgique et au Québec. La mise en récit d'une expérience historique transnationale (XIXe-XXe siècles), Bern/Brüssel 2015, 111-124.

[203] Vgl. CHR 1893/177: «L'Église de Loigny est un sanctuaire du Sacré Cœur. Elle est comme le mausolée des martyrs du Sacré Cœur, de Sonis, et les braves soldats de Charette, tués auprès de Loigny [...] Monseigneur d'Hulst qui a prononcé un discours qui est une nouvelle oraison funèbre de nos modernes Macchabées. Les inspirations jaillissent du sol dans ce pays, témoin des promesses de Jeanne d'Arc, de Sonis [...]. Avec Monseigneur d'Hulst, nous saluons ‹ces héros de Loigny qu'on peut appeler de leur vrai nom des martyrs; ces valeureux soldats qui ne pouvant espérer la victoire combattaient pour mourir, parce que la mort leur paraissait la rançon de l'honneur; ces héros d'une épopée chrétienne qui ont glorifié en mourant leurs deux mères, l'Église et la France, et qui ont empourpré de leur sang deux étendards, celui de la patrie et celui du Sacré Cœur›.»

d'Hulst (1841-1896), bezeichnete: Männer, die sich selbst für ihre Heimat und die Kirche zugleich geopfert haben – ein Blut, zwei Fahnen.

Zentrale Themen dieses nationalen Diskurses, der sich für Robert Tombs unter sehr verschiedenen, ja sogar wechselnden politischen Vorzeichen durch das 19. Jahrhundert zieht, sind «die Suche nach inneren Feinden als Sündenböcken, die Angst vor dem Verfall, welche sogar die Behauptung französischer Superiorität dazu brachte, dass ihr dringende Warnungen in Bezug auf ungenützte Möglichkeiten beigesellt wurden, Klagen über den sich dahinziehenden Verfall und ernste Rufe nach einer moralischen Regeneration.»[204] So sich auch das Vokabular geändert habe, so blieb die nationale Syntax, nach Tombs, erstaunlicherweise über lange Zeiträume stabil und zeigte sich anpassungsfähig oder für viele, auch wie in unserem Fall religiös interpretierte Füllungen offen.

Hier könnte noch die über Tombs hinausgehende Frage gestellt werden, ob es sich dabei nicht doch um ein biblisches, an alttestamentliche Bilder angelehntes Muster handeln könnte. Die Logik, die Anordnung von Ideen und von Phrasen sind es, die diesen nationalen Diskurs, der eine Einzigartigkeit, eine subtile Superiorität und eine spezifische Sendung der Französischen Nation behauptet, auszeichneten.[205] Dehon benutzte für seinen nationalen Diskurs religiöse Bilder, er zeichnete ein Auf und Ab, vom Heidentum zum Christentum, vom nunmehr bestimmenden Neo-Heidentum zu einem Christentum, das sich in Zukunft, trotz aktueller Niederlagen, mit Gottes Hilfe als siegreich erweisen wird. Dieses Gedankengut streckt sich bei ihm bis in den Ersten Weltkrieg hinein: Frankreich ist für ihn eine zutiefst christliche Grösse, die von Gott als «fille ainée de l'Église» – trotz allem – nicht aufgegeben werden wird.

Die von Tombs nachgezeichneten nationalen Erzählungen sind vorerst in den 1840er Jahren noch eng an die Revolution angebunden. Die Nation wird über die Revolution verstanden, woraufhin sich dann erst später eine Antwort von restaurativer Seite ausbildete, die die katholische französische, dezentrale Monarchie in den Mittelpunkt einer eigenen nationalen Narration setzt. Zwei diametrale Ansichten des Nationalismus also, weil letztere aussagt, dass die Revolution fern davon sei, die Sendung der Nation begründet zu haben, vielmehr stelle sie als (erinnertes) Ereignis eine Art Bedrohung für diese dar. Tombs zeichnet nun nach, wie später zu Ende des 19. Jahrhunderts hin, in der Zeit des politischen Wirkens Dehons, versucht wurde, die beiden nationalen Muster, Geschichte zu konzipieren, in eins zu bringen, zu versöhnen. Sie sollten in eine einzige geschichtliche Kontinuitätslinie verschweisst und somit vielfältig anschlussfähig gemacht werden – ausser natürlich für die, die die Revolution wie ein Delassus oder ein Tour de la Pin prinzipiell ablehnten.

---

[204] Tombs, The Political Trajectory of Nationalism, 141: «the search for internal enemies as scapegoats, and the fear of decadence, which caused even assertions of French superiority to be associated with urgent warnings of lost opportunities, lamentations of looming decline, and earnest calls for moral regeneration.»

[205] Vgl. Tombs, The Political Trajectory of Nationalism, 146.

In diesem Vorgang spielte der von Dehon zur Zeit des Ersten Weltkriegs positiv rezipierte nationalistische Schriftsteller Maurice Barrès eine Schlüsselrolle; und auch Dehon selbst ist in diesem Prozess auszumachen, wenn er in seinem Kriegstagebuch Schritte auf die «Werte der Revolution» hin setzt, indem er die französische Freiheit hervorstreicht. Er tut dies freilich schon früher, als er sich erstens von einem starren Legitimismus absetzt und gegengleich auch differenziert auf die Revolution zurückgreift und sie sich aneignet. Eine fundamentale Opposition bzw. Ablehnung zur Revolution ist bei ihm nicht auszumachen, sonst hätte er auch nicht das Herz-Jesu auf der Tricolore, die ja ein revolutionäres Signum darstellt, einfordern können.

Wenn von «Kultur der Niederlage» gesprochen wird, ist auch das Militärische angesprochen. Die Armee und die Wehrhaftigkeit waren und sind für den französischen Nationalismus ein konstitutiver Faktor. Denken wir nur an den zu den Waffen rufenden Text der unter der III. Republik zur Nationalhymne gewordenen *Marseillaise*. «Das Militär, der Mikrokosmos der Nation unter Waffen, vereint, diszipliniert, brüderlich und männlich konnte dabei als die höchste Verkörperung der Nation angesehen werden.»[206] Es besitzt einen hohen Stellenwert und ist Ort der Identität. Dem Rekurs auf grosse Schlachten kommt dabei, wie wir schon sahen, eine wichtige Rolle zu, Loigny etwa wird zum Erinnerungsort. Die Erinnerung an die Schlachten ist aber zugleich ein sehr bestimmter Zugriff auf die Geschichte. Tombs hält nun, diesen Gedanken weitend, fest, dass der französische Nationalismus sich nicht dadurch hervortue, dass er in erster Linie ein kultureller sei: Auch wenn die Schönheit von Sprache, von Land und Kultur mit Stolz belegt wird, «die reale Essenz des Nationskonzepts liegt in der universellen Bedeutung seiner kollektiven Handlungen in der menschlichen Geschichte (‹gesta Dei per Francos›)»[207]. La Tour du Pin schrieb einmal «methodisch» reflektiert an Dehon, dass Beurteilungskriterien, so sie nicht im Evangelium enthalten sind, in der Geschichte zu suchen seien – für Frankreich sei die Geschichte Frankreichs massgebend.[208] Was La Tour du Pin hier ausführte, prak-

---

[206] Tombs, The Political Trajectory of Nationalism, 145: «The army, the microcosm of the nation in arms, united, disciplined, fraternal and masculine could therefore be seen as the highest manifestation of the Nation.»

[207] Tombs, The Political Trajectory of Nationalism, 152: «the real essence of the concept of nation lies in the universal significance of its collective actions in human history (‹gesta Dei per Francos›)».

[208] La Tour du Pin an Dehon, 11.03.1914 (in: B 21/2.f, Inv. Nr. 350.07), in seiner Reflexion über die Staats- und Regierungsformen Frankreichs, die der Geschichte einen wichtigen Platz einräumt: «Du moment où ce n'est pas dans l'Evangile qu'il faut chercher le jugement sur le gouvernement démocratique, c'est dans l'histoire; et s'il s'agit de la question pour nous Français, c'est dans l'histoire de France. Le gouvernement monarchique a fait ses preuves; le gouvernement démocratique aussi; et il les continue. Le vrai, le seul gouvernement infaillible, «Celui de qui relèvent les Empires», a permis à cette double expérience de se produire: ce n'est sans doute pas sans dessein. Mais quel est ce dessein, je ne le prévois pas plus que vous; ou plutôt, clair comme il apparaît, je ne prévois pas plus que vous comment il y sera correspondu. La seule certitude que j'aie conservée, c'est que les institutions actuelles et l'esprit d'où elles sont nées sont essentiellement délétères, et qu'il n'est pas raisonnable de s'y cramponner.»

tizierte Dehon, ohne vielleicht seine *loci theologici* streng zu reflektieren, auf
seine Weise. Dieser Art von historischem Nationalismus konnte sich kaum jemand entziehen, nicht einmal die Gebildeten. Es vermochten sich nach Tombs
nur unterschiedliche Muster ausformen, sich in diese omnipräsente Variante einzufügen. Dehons Zugang ist einer von vielen, in der eben vorher gezeigten Vielschichtigkeit und Komplexität – sein normativer Bezug auf Geschichte evident.

Abschliessende Linien

Die hier gebotene Zusammenfassung schliesst nochmals an die vier Hauptkapitel der vorgelegten Schrift an. Sie nimmt die roten Fäden der so bezeichneten «Tiefenbohrungen» zu «Mission und Kongregation», «Kirche», «Geld» sowie «Nation» auf und bringt das Opus zum Ordensgründer Dehon zu einem Abschluss. Sind die vier nun folgenden kurzen Textteile einerseits resümierend, so können sie doch die Lektüre der Kernkapitel der Arbeit nicht ersetzen. Die die Arbeit abschliessenden Linien bieten an der einen oder anderen Stelle zugleich ergänzende Perspektiven sowie auch einen Ausblick für weitere Forschungen.

6.1 Dehon im Rahmen seiner Kongregation – Nähe und Ferne

Eine Hauptthese des ersten Kapitels sowie der Arbeit insgesamt ist, dass Dehons Lebensprojekt, also worin er sich selbst entfaltete und verwirklichte, in der Errichtung der Kongregation der Herz-Jesu-Priester zu suchen ist. Diesem Ziel hat er vieles untergeordnet und so manches geopfert. War das kirchliche Zielgefäss in Form und Struktur ab einem bestimmten Zeitpunkt klar, nämlich einen neuen Orden zu errichten, so war die inhaltliche Ausrichtung zwischen Mystik und Politik polyphoner situiert. Die Herz-Jesu-Frömmigkeit schillerte in vielen Farbnuancen. Nicht nur, dass Dehon kein eigentlicher Programmatiker und Systematiker war und den Geist des Instituts selbst vielfältig, offen und dynamisch interpretierte, auch die ersten Mitbrüder brachten ihre sehr heterogenen Vorstellungen mit. Jene erwiesen sich dann als besonders konfliktreich und problemfördernd, als Dehon Mitte bzw. Ende der 1890er Jahre in eine regelrechte Führungskrise schlitterte.

Wie auch das zweite Kapitel ist das erste von einer institutionengeschichtlichen Perspektive geprägt. Wenn in der Folge die Kirche als grösserer Lebens- und Wirkungsraum Dehons in den Blick kam, so war es zu Beginn die Kongregation – in einer Phase ihrer ersten tastenden Schritte, nicht als konsolidiertes Unterfangen. Einige Personen in den Mittelpunkt stellend wurde eine bewusste, vielleicht gewagte Verschränkung vorgenommen, wobei die Missionstätigkeiten der Kongregation unter dem Aspekt der Weiterentwicklung des eigenen Instituts im Inneren in den Blick kamen. Dabei fällt auf, dass neue Unternehmungen nach Aussen im betrachteten Fall eng mit internen, personellen Spannungen verknüpft waren. Das führte im Fall von Tunis dann wohl auch zum diagnostizierten Scheitern. Alle vier in Tunis tätigen Patres werden die Kongregation verlassen. Zumindest zwei von ihnen waren vor der Abreise aus Nordfrankreich harsche Kritiker Dehons und vertraten von ihm abweichende Vorstellungen, wie das Institut geführt werden müsse, wie es zu orientieren sei und zu welchem Zwecke es seine Daseinsberechtigung hätte.

An jener spezifischen «Missionsstation» im Maghreb, das als ein afrikanisches Türöffner-Projekt auf halbem Weg in den Kongo angesehen wurde und vorrangig einem pfarreilichen Zweck diente, orientierte sich das Eingangskapitel aus mehreren Gründen: Ist es auf der einen Seite ein hoffnungsvolles Projekt, welches für Dehon ideell mit dem ihm wichtigen Kirchenvater Augustinus verknüpft ist, so handelt es sich auch um einen Ort, den Dehon kurz vor der beabsichtigten Niederlassungsgründung selbst besuchte. Im Nachgang einer Kurzreise vor Ostern 1894 hinterliess Dehon reichhaltige Notizen, die später auch eigens publiziert wurden. Dehon und seine Kongregation verschliessen sich dem allgemeinen europäischen Ausgriff auf Afrika nicht. Der so genannte Wettlauf um Afrika ab den 1880er Jahren ging auch die Kongregation an, eröffnete ihr in einer Aufbauphase neue Optionen. Es bestätigt sich jedoch das, was Klaus Schatz festhält; dass die katholischen Missionen des 19. Jahrhunderts aus eigenen Quellen schöpfen und sich nicht nur dem Kolonialismus verdanken. Für Dehon und seine Kongregation gilt das Eins zu Eins. In erster Linie lebte und wirkte man aus seiner blühenden Frömmigkeitskultur heraus. 1899 war das Jahr, in dem Leo XIII. die Welt dem Herzen-Jesu weihte. Es ist zugleich jenes der Pfarreigründung in Tunis. Nicht aus kolonialistischen Ideen und Vorstellungen schürfte man also – ohne aber diesen dann ganz abhold zu sein. In erster Linie geht es Dehon um ein kirchliches Projekt, das im Unterschied zur Position Saurins, die im ersten Kapitel beleuchtet wurde, ein nicht durchgehend nationales, sich in einem europäischen Wettstreit einzeichnendes Unternehmen darstellt. Freilich bleibt bestehen, dass es viele Gemeinsamkeiten von Mission und Kolonialismus gibt, handelte es sich beim Tunis-Projekt doch um eines für die Ausländerseelsorge. Ausgewanderte Sizilianer, Malteser und Franzosen bildeten den Hauptteil der Gläubigen der Herz-Jesu-Pfarrei in Tunis. Es galt, die religiösen Bedürfnisse der grossteils europäischen Katholiken abzudecken.

Das bewusst kreativ-fragmentarische Kapitel verknüpfte verschiedene Fäden sowie Problemstellungen und nahm gezielt kein «erfolgreiches» Missionsunterfangen in den Blick. Es waren so gerade Patres, die später in die Mission gehen, welche Dehon im Sommer 1897 Schwäche in der Personalführung, Abweichung vom Ursprungscharisma, Aktivismus und Orientierungslosigkeit unterstellten. So tut sich sofort folgender Fragekomplex auf: Wurden diese Patres bewusst fortgeschickt oder haben sie ihrerseits gezielt das Weite gesucht? Wenn das so gewesen wäre, dann müsste dieser Schritt als eine wenig erfolgreiche Konfliktlösungsstrategie erachtet werden. Denn die Probleme wurden nicht nur nicht aus der Welt geschafft, sondern mündeten für die Kongregation in ein kleines Fiasko. Dies ist auch der Fall, weil in einer kritischen Phase des Anerkennungsprozederes in Rom ein kirchenrechtlicher Prozess gegen das Erzbistum von Karthago/Tunis verloren ging – eine sensible Sache und nicht gerade ein Pluspunkt im römischen Betrieb. Gewiss, die Episode darf nicht überbewertet werden. Tunis ist ein winzig-kleiner Mosaikstein in einer Phase der Kongregationsgründung, welche als besonders heikel zu bezeichnen ist. In mehrfacher Hinsicht handelte es sich um ein Minenfeld: Unterschiedliche Akteure mit festen Absichten und Vorstellungen, schwierige finanzielle und kirchenrechtlich-strukturelle Rahmenbedingungen sowie eine eigentlich euphorische Grundstimmung auf breiter Front, die irgendwann der Ernüchterung weichen musste. All das in Kombination machte das Projekt zu einem nicht ganz einfachen Unterfangen.

Im Unterschied zur relativ zeitgleich gestarteten Kongomission, die Dehon in hohem Alter als rettenden Anker der Kongregation überhaupt ansieht, hatte Dehon einen persönlichen Bezug und eine konkrete Anschauung im Vorfeld der Hausgründung im Maghreb. Diese Ego-Quellen Dehons wurden ins erste Kapitel hineinverflochten – Dehons Reiseliteratur fand tiefergehende Analyse: Als spannend und ambivalent erweist sich einerseits Dehons Islamwahrnehmung, die in der Sekundärliteratur bis anhin ein Nebenschauplatz war. Dazu ersehen wir eine erkennbare Kluft zwischen Dehons eigener, grossteils positiver Erfahrung und von ihm in einem negativeren Umfeld wiedergekäuter Ideologie. Denn die auf Dehons Tunis-Aufenthalt folgenden, sie verarbeitenden Notizen sind von einer seltsamen Spannung geprägt: Auf der einen Seite stehen sehr aufbauende Alltagserfahrungen sowie eine Bewunderung der angetroffenen religiösen Praxis der Muslime, wobei gerade der öffentlichen Religionskultur eine sehr positive Wertschätzung zuteilwird. Auf der anderen Seite gibt es bei Dehon eben dann kolonialistische Denkfiguren, die sich eurozentristisch artikulieren. Von einem vermeintlich zeitlosen Kampfeszustand zwischen Europa und Afrika reicht das Denken hin bis zu restriktiv-kulturalistischen Konzepten à la Fournel. So stossen wir auf eine eigenartige, ja reichhaltige und recht unverbundene Bandbreite in Dehons Denken und Fühlen. Reisewahrnehmungen und -notizen zeichnen sich ja dadurch aus, dass sie viel über den Reisenden und zugleich über die kulturellen Konzepte des Beobachters aussagen. Dehons Brillen sind in erster Linie die eines religiös-kirchlichen Menschen, der das Gebet und die Korporationen hochhält, religiöse Alltagskultur schätzt sowie religiöse Orte aufsucht, aber auch religionspolitisch «tickt».

Dazu gesellen sich Dehons aus Frankreich bzw. aus Europa mitgebrachte Ideen, die ihren Sitz im Leben inmitten des virulenten Klerikalismus-Antiklerikalismus der Zeit haben.[1] So etwa zu finden in der Vorstellung der «deux Frances», d.h. der in einen republikanisch-antiklerikalen und in einen restaurativen-katholischen Teil gespaltenen Nation. Es ist auffällig, wie Dehon diese Kluft im Maghreb wieder findet und erneut ausfaltet. Neben der religiösen Brille zeigt sich hier die national-politische. Beide Gläser lassen sich zu diesem Zeitpunkt bei Dehon nicht wirklich trennen. Wir sahen es nochmals und eingehender im vierten Ka-

---

[1] Vgl. Lisa Dittrich, Antiklerikalismus in Europa. Öffentlichkeit und Säkularisierung in Frankreich, Spanien und Deutschland (1848–1914), Göttingen 2014.

pitel, welches grossteils wiederum in den 1890er Jahre situiert ist. Insbesondere in der Frage nach der so genannten Herz-Jesu-Trikolore offenbart sich diese Spannung. Die Konflikte im Mutterland sah Dehon also zugleich im französischen Protektorat am Werke. Sein Positionsbezug wird dort sperrig, wo er teils eine Achse der Religiösen gegen die französische Gottlosigkeit formuliert, teils aber an die französische Kolonialmacht appelliert, die christliche Religion besonders zu fördern, um z.B. gegen den Islam vorgehen und bestehen zu können. Eine solche Diskrepanz hätte Dehon sicher in Abrede gestellt, die historische Distanz muss eine solche aber konstatieren. Der Ablösungsvorgang von Konzeptionen einer staatlich zu privilegierenden Religion ist harzig und steinig, gerade auch für Dehon.

Eindeutig ist aber, dass es Dehon in seinen Reisenotizen um eine Rechristianisierungsabsicht in Frankreich selbst geht. Das ist der Kontext, aus dem er stammt, von dem er geprägt ist, der ihn antreibt und in den hinein er zur Feder greift. Dass Dehon weder eigentlicher Missionar noch Missionstheoretiker war, ist zu diesem Zeitpunkt evident. So interessiert ihn im hier betrachteten Kontext von Tunesien die Problematik der «deux Frances» deutlich mehr als die Mission in muslimischen Gebieten. Gewiss, ausserhalb des Korpus der Reisenotizen finden sich Ideen bei Dehon, dass nun die Zeit des Islam, zuallererst in der Form des Osmanischen Reiches, epochal an ein Ende kommen würde. Millenaristische Funken blitzen da auf, die den Anbruch eines Endkampfes zwischen Christus und Mohammed insinuieren. Aber eine brennende Frage ist das für Dehon im Vorfeld der Afrikaprojekte nicht wirklich. Da kehrt Dehon lieber vor der eigenen Haustüre bzw. fegt den Boden der eigenen vier Wände: Dehons Hauptaugenmerk ist das nicht-mehr-katholische Frankreich, das das eigentliche Missionsfeld für ihn abgibt. In diesem Koordinatensystem dreht sich für Dehon die grosse Auseinandersetzung seiner Zeit, bis ihm und seiner Kongregation dieses Arbeitsfeld, kirchlich gesprochen: Apostolat, dann mehr und mehr versagt wird.

Dass die Kongregation nicht harmonisch, linear und stetig wuchs, das zeigt die Dynamik der Niederlassung Tunis ebenso – und gerade deshalb ist der Blick auf diese Niederlassung wichtig: Da gehen Patres eigene Wege schon in der Aufgleisung des Projekts, später dann andere in der Durchführung. Die Kongregation war zu dieser Zeit noch keine geformte Masse, eher ein loses Netzwerk. Dass die finanziellen Zuständigkeiten immer wieder auf den Schultern einzelner und nicht auf der Gemeinschaft als gesamter ruhten, machte die Sache noch schwieriger. Nochmals erschwerend kommt hinzu, dass persönliche Ressentiments nicht fehlten. Ein P. Delgoffe etwa schrieb P. Dehon eine exorbitante Sturheit zu. Ohne dieses Statement zu stark machen zu wollen, ist es so, dass das Ringen um Vormachtstellungen und Deutungshoheiten in der Kongregation rund um die Generalkapitel von 1893 und 1896 sehr ausgeprägt war. Knapp über 100 Mitglieder umfassend war die Kongregation eine fragile Grösse, ja ein zarter Pflänzling. Kollektive Identität und Gemeinschaftsgeist mussten sich erst ausbilden. Im Sommer 1897 erhielt Dehon einen Brief, der die innere Lage der Kongregation in drastischen Bildern aufzeigt. Sie steht sichtlich kurz vor der Aufspaltung, vielleicht sogar vor einer Auflösung. Der Doyen des Aufstandes ist mit P. Blancal ein Kongregationsmitglied, das deutlich älter als Dehon noch zu Zeiten der Restauration in den 1820er-Jahren geboren wurde. Aus einem anderen Teil Frankreichs stammend ist P. Blancal einer spezifischen Form von Herz-Jesu-Frömmigkeit verpflichtet, die deren restaurativ-monarchistische Ausrichtung betonte. Dehon hatte sich davon eher wegentwickelt. Dazu wurde Blancal vom Ortsbischof und Akteuren aus den der Kongregation befreundeten Frauenorden gestützt. Dehon musste intensiv um seinen Führungsanspruch ringen. Keine lineare «Siegergeschichte» providentieller Art ist da für die Kongregation zu erkennen. Das Feld war nicht gemacht, aber Dehon konnte sich schlussendlich halten.

Die Mission Tunis und die Vorgänge um sie sind ein starker Reflex dieser inneren Vorgänge und Reibungen. Das «innere Scheitern», das seine oberflächlichen Wurzelgründe in Besitzfragen hat, reicht tief: Die Ausrichtung der Kongregation, politische Optionen und insbesondere die Führungskapazitäten Dehons standen zur Diskussion. Man könnte also sagen, ohne zu stark spekulativ zu werden: Die Probleme von zu Hause holen Dehon in der Ferne ein, Tunis ist also irgendwie zugleich St. Quentin. Das alles steht noch dazu in einem kolonialen und expansiven kirchlichen Kontext, in dem bischöfliche Ansprüche wie in Dehons Heimatdiözese Soissons selbst sich mit der initiativen und dynamischen Welt der Kongregationen harzend reiben. Die Kongregationsmitglieder, die hier im Fokus standen, sind sehr eigenständige und oft eigenwillige Akteure und selbstbewusste Figuren. Pfarreiprojekte, die an der Grenze zwischen mehreren Einflusssphären liegen, erscheinen zudem für die Kongregation als eine besondere Herausforderung – das gilt über das betrachtete Beispiel Tunis' hinaus.

Wie geht nun Dehon mit dem Konflikt um? Er kämpft und ficht die Probleme aus, durchaus mit Nachdruck. Dies tut er in einer Weise, die seinen Mitbrüdern nicht immer gefällt. So pocht er darauf, dass die Liegenschaften der Pfarreistiftung in Tunis der Kongregation gehörten und dass dies dem Stifterwillen entspräche. Unterdessen hatte sich Abbé Boucher, der Gönner der ersten Stunde, aber anders orientiert, und mit ihm Erzbischof Combes. Der Erzdiözese Tunis wurden von Rom die Titel der Besitzrechte zugeschrieben, was zur Folge hatte, dass Dehon, welcher seinerseits der Meinung war, dass er vor einem zivilen Gericht Recht bekommen hätte, sich reichlich düpiert sah. Wohl nicht ganz zu unrecht. Im Vorfeld des Prozesses beschwerte sich P. Miquet über Dehons Härte, über die von ihm getätigten Anschuldigungen, allgemein über das Vorgehen und Verhalten des Superiors. Nicht nur in der näher betrachteten Angelegenheit ist jedoch augenfällig, dass sich Dehon trotz kurzfristigen Ärgers und Unmut nicht zu sehr in Konflikte hineinverstricken lässt. Dehon behält sich immer wieder den freien Blick auf Neues, auf «Zufälliges» vor; er ist nicht nachtragend. Das trifft auf den «Fall» Blancal ebenso wie den «Unterfall» Miquet zu. Findet sich einerseits eine manchmal etwas inszenierte, aber deswegen nicht abzustreitende Aussöhnung mit P. Blancal an dessen Lebensabend und unter den drückenden Bedingungen der Enteignung der Kongregation in Frankreich selbst, so wird Dehon später auch Miquet gegenüber eine Distanz ohne Groll pflegen. Es ist jedoch nicht Absicht dieser Studie, ein psychologisches Profil Dehons zu erarbeiten. Daher kann es bei diesen Andeutungen bleiben. Vielmehr geht es um strukturelle Fragen und Muster. In der Expansion konsolidierte sich die Kongregation, trotzdem jene mit Schwierigkeiten und Unabwägbarkeiten verknüpft war.

Die Säkularisierungen P. Miquets und P. Blancs, also ihre spätere Inkardination in das Bistum Tunis, erfolgten in einer Zeit, in der diese Austritte sich allgemein häuften und an die Substanz des Instituts gingen. Hat das auch mit der unsicheren Gründungsphase zu tun, in welche hinein sich eine schnelle, etwas ungeordnete Expansion einzeichnete? Spielt es eine Rolle, dass es schwierig war, so etwas wie einen kollektiven Corps-Geist bzw. eine stringente Corporate-Identity auszubilden, weil die Kongregation weder innerlich gefestigt noch eine klar distinguierte Ausrichtung von Dehon her besass? Dehon selber pochte in diesem Umfeld auf bessere Ausbildung und profunderes Noviziat. Wie auch immer dem sei: Die Anfragen vieler Patres der ersten Generation sind happig und fundamental. Obschon sie in einer Minderheit waren, kann man sich nicht vorstellen, dass viele der Kongregationsmitglieder der ersten Zeit ein Seligsprechungsverfahren initiiert hätten, wie dies dann 50 Jahre später getan wurde.

6.2 Dehon im Getriebe des «römischen Betriebs» – Normen und Rahmen

Wurden im zweiten Kapitel «römische Blicke» auf Dehon nachgezeichnet, die wegen des geschützten Raums viel Konfliktträchtiges zum Vorschein kommen liessen, so gab es darin auch Platz für den «römischen Dehon» selbst. Denn nicht zuletzt agierte Dehon im Inneren der Kirchenspitze seiner Zeit. Die Welt des päpstlichen Hofes war dem nordfranzösischen Priester und Ordensmann vertraut. Ab 1897 ist er enger in die lehramtlichen Mühlen integriert: Dehon hatte es als Gutachter am Index zumindest nominell 20 Jahre lang mit als problematisch angesehenen Büchern und Druckwerken zu tun. Es war die Zensur eine Aufgabe im Rahmen einer sich stärker zentralistisch verstehenden, internationalen Institution – obwohl von Dehon fast ausschliesslich französische Fälle verhandelt wurden und Rom darin den Charakter eines «ausgelagerten Frankreichs» einnahm. «Verstiess» einerseits Dehon in jungen Jahren und im euphorischen Engagement des Beginns seines Instituts gegen kirchliche Normen – jedenfalls wurde ihm solches auf mehreren Ebenen angelastet, was er selbst stets zurückwies –, so versuchte Dehon andererseits in späterer Folge, kirchliche Vorstellungen in seiner Position als Zensor einzufordern und somit einen grossen institutionellen Ordnungsrahmen zu stützen.

Es ist dies ein spannender lebensgeschichtlicher Kontrast, aber kein Gegensatz. Denn jede Funktion, Position und Stellung hat ihre eigene innere Logik. Diese Logik faltete sich bei Dehon lebensgeschichtlich nacheinander aus; das eine folgte dem anderen: Gerade der römische Prozess vor dem Heiligen Offizium 1883/84 hatte den in Rom verliebten Dehon nicht «ausgespuckt», sondern stärker in das kirchliche Zahnradwerk hineingezogen; ein System, das er in seiner Studienzeit und am Konzil kennen und schätzen lernte und das ab 1870 zentral mit der so genannten «Römischen Frage» rang. In der Phase von 1870-1929 war das Papsttum «ortlos» geworden, nicht zuletzt deswegen, weil die traditionelle Schutzmacht Frankreich dem Kirchenstaat die politische und militärische Unterstützung entzog. Viele Optionen schwirrten in der Zeit umher, die soweit reichten, dass Leo XIII. «sein» Rom zurückforderte und Florenz als Hauptstadt Italiens sehen wollte, bis dahin, dass die Mittelmächte rund um den Ersten Weltkrieg den Vorschlag unterbreiteten, das Fürstentum Liechtenstein dem Papsttum zu übertragen, um ihm so ein Territorium bzw. einen Staat als Grundlage seiner Herrschaft anzubieten. Dehon war davon überzeugt, dass der Papst, damit er (materiell) unabhängig sein könnte, einen eigenen Staat benötigte.

Obwohl die «Römische Frage» erst 1929 geklärt werden konnte, erwies sich die katholische Kirche schon vor diesem Datum als anpassungsfähig, von hoher Mobilisierungskraft und extrem vital; sei es, dass sie nach dem I. Vatikanum einen internen gerade für das Ordensleben wichtigen Strukturierungs- und Verrechtlichungsprozess verfolgte, der 1917 im Codex Iuris Canonici mündete, sei es, dass sie den Weg einer Internationalisierung mit Rom im Zentrum einschlug, der sich am Bedeutungsgewinn der *Propaganda Fide* und in der Publikation der Missionsenzyklika *Maximum illud* 1919 festmachen lässt. Das römische Zentrum transformierte sich aber nicht nur in das aussereuropäische Missionsgeschehen hinein, indem es in einer Aufteilung und Vermessung der Welt Missionsbestrebungen favorisierte, ermunterte und lenkte, sondern investierte auch in die Ausbildung transnationaler Netzwerke – wie in die Veranstaltung von in dieser Zeit wegen der sich ausweitenden Mobilität aufkommenden Kongressen oder auch die Gründung religiöser Institute, Verbände und Vereine. Diese rückten häufig die Figur des päpstlichen Monarchen als Person und internationale Orientierungsfigur in ihr Zentrum. Eine dieser unzähligen neuen Gesellschaften waren und sind die Herz-Jesu-Priester, die mit einem anfänglichen Schwerpunkt in Frankreich eine Verlagerung hin zu Belgien und vor allem den Niederlanden durchmachten, und ursprünglich nicht als Missionsgesellschaft konzipiert sanft dorthin gelenkt wurden.

1883 noch wurde die (erste) Kongregationsgründung Dehons empfindlich in Frage gestellt. Das Werk des Vierzigjährigen, das erst seit einigen Jahren, genauer seit 1878, auf diözesaner Ebene bestand, galt als unsolide, abgehoben und kaum überlebensfähig. Dehon selbst, dem persönlich zwar oft hohe Wertschätzung wegen seiner Fähigkeiten und auch Möglichkeiten zugekommen ist, wurde

an den Pranger gestellt, weil ihm und seinem Institut zweifelhafte Theologie und
mangelnde Disziplin unterstellt wurden. Eine komplexe und äusserst komplizierte
Sachlage offenbart sich, wenn näher auf den gut dokumentierten Prozessfortgang
und die in ihm zum Ausdruck kommenden Motivationen und Stimmungslagen
geblickt wird. Dass der Prozess einen tiefen Einschnitt für die Kongregation wie
auch für Dehon als Person bedeutete, kann ohne Abstriche behauptet werden:
Der Vorwurf des Mystizismus wog schwer und hallte lange nach. Noch 1906
schrieb Dehon, deutlich (an)klagend: «Seit 23 Jahren bin ich in den Fängen der
Inquisition.»[2] Die anfänglich fordernde, für den Bischof nervende, aktivistische
Anspruchshaltung Dehons wurde zurückgebunden, sodass wir wohl mit 1884
von einer Neugründung des Instituts sprechen müssen. Nicht wie befürchtet die
antiklerikale Republik, sondern «paradoxerweise» der Heilige Stuhl stoppte das
Unternehmen. Ein durchaus joachimitisches Projekt eines Ordens, welcher einen
neuen, quasi endzeitlichen Typus einer religiös auserwählten Gemeinschaft darstellen würde und sich daneben auf einen speziellen Draht hin zum Übernatürlichen berufen könne – primär aufgrund einer besonderen Nähe zum wegen der
Verfehlungen der Menschen leidenden Christus –, wurde auf den kühlen und
nüchternen Boden kirchlichen Daseins rückgeführt, geerdet und eingerahmt zugleich. Insgesamt wohnte Dehons Stiftung eine dezidierte Reformidee inne, sowohl für die Welt, in der sich das Reich des Herzens-Jesu ausbreiten sollte, als
auch für die Kirche selbst. Das wurde nicht überall gut aufgenommen, die damit
«implizite Relativierung kirchlicher Vermittlungsinstanzen»[3] wurde beargwöhnt.
Man stiess sich am «Neuen», aber auch an Form und Inhalt dieser Vorstellung.

Das zweite Kapitel liess viele Sichtweisen auf Dehon als Person zum Vorschein kommen. Es legte uns dar, dass Dehon, obschon er nicht anecken wollte,
für viele ein rotes Tuch war, sogar als «krank» angesehen wurde. Bruchlinien
zeigten sich zwischen Welt- und Ordensklerus, aber auch und in besonderer
Weise innerhalb der weiten Welt des vielfältigen Ordenslebens. Entwuchs Dehon geflissentlich dem Klerus vor Ort, indem er ein religiös-kontemplatives Leben für sich und andere anstrebte, und deswegen von manch einem – nicht nur
von den Bischöfen – als deviant und überheblich angesehen werden mochte, so
stellte die Gründung inmitten des so genannten Kongregationsfrühlings einige
Verunsicherung für Mitglieder etablierter Orden bereit: War denn die Idee einer
«Priesterreparationsbewegung» nicht gerade mit der Anschauung verbunden,
dass der Weltpriesterstand erhebliche Mängel aufwies? Fehlten nicht gerade jene
priesterlichen Kräfte in dem ärmlichen Bistum Soissons schmerzlich, die sich der
Kongregation angeschlossen hatten bzw. dies wollten? Solche Gedanken kamen
vielleicht dem Presbyterium rund um den manchmal unentschlossenen Ortsordi-

---

[2]   «Il y a vingt-trois ans que je suis sous les griffes de l'inquisition», Brief P. Dehons an Kard. Fer-
      rata, 03.05.1906 (in: ADR B 36/13.7, Inv. Nr. 637.07).
[3]   Simon Peng-Keller, Zur Herkunft des Spiritualitätsbegriffs. Begriffs- und spiritualitätsgeschicht-
      liche Erkundungen mit Blick auf das Selbstverständnis von Spiritual Care, in: Spiritual Care 3
      (2014), Heft 1, 36-47, hier 43.

narius, wobei die anderen, d.h. die Ordensleute, fragen konnten: Hätte denn nicht ein schon etabliertes Institut für das Projekt ausgewählt werden können, anstelle eines neu aus der Taufe zu heben und vorerst auf so wackelige Füsse zu stellen? Musste es denn unbedingt eine Neugründung sein, die noch dazu z.B. in der Forderung nach einem vierten Gelübde – analog zur Societas Jesu – in ihren Ansprüchen nicht gerade bescheiden auftrat? In beiden Gruppen des geweihten Standes gab es den Vorwurf des Proselytismus, der vermeintlich unsauberen Abwerbung von Mitgliedern. Dass dies im Gutachten von P. Cormier OP auf Ordensseite subtil und umfassend angeklungen ist, wollte das zweite Kapitel veranschaulichen.

Von den Wegen und dem rund um den Prozess betrachteten Koordinatensystem her ist auffallend, dass der Gang nach Rom in dieser Zeit eine neue Qualität gewann. Rom wurde aufgewertet, die Bischöfe mussten verstärkt damit rechnen, dass Rom als Appellationsinstanz wichtig wurde. Wie schon Jahrhunderte davor, versuchten katholische Institute ihre Unabhängigkeit dadurch zu erreichen, dass sie direkt an Rom sich wandten und mit dem Papst kommunizierten. Im Gegenzug wurde durch dieses wüstenväterliche «Fliehe den Bischof»-Prinzip[4] gerade das Papsttum neu gewichtet und wichtig: Letztlich lag das Anerkennungsverfahren von neuen Instituten ja in seiner Hand. Im Prozessverlauf 1883/1884 agierte Dehons Heimatbischof Thibaudier unentschlossen, andererseits aber auch bestimmt: Er wollte eine klare Handreichung aus Rom, die sein Vorgehen untermauern und seine Autorität sichern sollte. Unsicherheit ist daraus abzulesen, dass er den Fall nicht selbst in die Hand nahm und abschloss, sondern einen römischen Schiedsspruch herausforderte, zu dem er selbst sich nicht durchringen konnte. Die Entscheidung des im Rückblick wenig ergebnisoffenen Inquisitionsprozesses ging dann sogar ihm zu weit. Ganz wollte Thibaudier, der sich Dehon gegenüber als väterliche Figur begriff, dann auf Dehon und seine Schule, die als Zwillingsschwester der und als Faustpfand für die Kongregation gelten konnte, nicht verzichten.

Wie Thibaudier nahm das Heilige Offizium einen «aufgeklärten», rationalistischen, modern institutionellen Standpunkt ein: Religiöse Forderungen und Ansprüche werden da abgekühlt, entdramatisiert, Spitzen abgeschliffen sowie kirchlicher Gehorsam angemahnt und strukturelle Einordnung eingefordert. Besonders gut lässt sich das dort ablesen, wo Dehons Institutsgründung einen speziellen, herausgehobenen Charakter der Erwählung für sich beansprucht. Dieser wird vor allem von Ordensleuten anderer Provenienz, die als theologische Zensoren im Heiligen Offizium – allesamt Nichtfranzosen – arbeiteten, und nicht nur aus dem Predigerorden, scharf und dezidiert zurückgewiesen. Die Massregelungen sind so gestaltet, dass viel Auslegungsspielraum verblieb – was später sowohl zu Kritik an Dehons Gehorsamsverständnis als auch an den zu laschen Massnahmen des Ortsbischofs sowie der römischen Aufsichtstätigkeit führen wird.

---

[4] Hans Conrad Zander, Als die Religion noch nicht langweilig war. Die Geschichte der Wüstenväter, Köln 2001, Teil I «Antonius», Kapitel 8: Fliehe den Bischof und die Frau!, 81-97.

Eine Neigung Dehons hin zum Übernatürlichen kann nicht in Abrede gestellt werden. Das muss auch als Statement im Angesicht des Rationalismus, des Szientismus und des Materialismus der bürgerlichen Kultur jener Zeit verstanden werden. Dehon hatte hier ein offenes Ohr für einen sich in der Geschichte offenbarenden Gott, war in diesem Bereich äusserst «empfänglich» und pflegte Frömmigkeitsformen, die einen antirationalistischen und romantischen Einschlag zugleich zeitigten. Dass die eucharistische Frömmigkeit – im Zeitalter der aufkommenden nationalen und internationalen eucharistischen Kongresse – bisweilen magisch-kultische Züge annehmen konnte, zeigte sich an der Dehon sehr präsenten Vorstellung der Praktizierung des Hostienfrevels: Diesen beklagte er in der Geschichte und Gegenwart als Profanierung, zuletzt nochmals im Kontext des Krieges. Aber auch schon in jüngeren Jahren in der geistigen Kampfes- und Verteidigungshaltung gegen das internationale Freimaurertum, wo solches praktiziert werden würde, findet sich dieses Moment der Anklage. Im zweiten Kapitel wurde aber nicht darauf, sondern eher auf das für das 19. Jahrhundert spezifische Feld der blühenden Frauenmystik abgestellt: Darin standen mit Prophezeiungen, Offenbarungen und der physisch erlebten und erlebbaren Imitatio Christi (Phänomen der Stigmata und anderer Passionserfahrungen) religiöse Phänomene im Zentrum, sodass der Opferthematik und einem alttestamentlich präfigurierten Tun-Ergehen-Zusammenhang eine wichtige ideelle Rolle zukam. Auffallend ist dabei im Falle Dehons, wie vieles davon sich in franziskanischem Umfeld, im Speziellen dem Franziskanischen Drittorden, abspielte.

Diese Felder heute zu behandeln, entbehrt nicht einer gewissen Komplexität und Brisanz: Es ging in der Arbeit nicht darum, solche Phänomene als abseitig oder verquer hinzustellen – wie das (zu) oft getan wird –, sondern sie als institutionelle Drehmomente ernst zu nehmen, besonders deshalb, weil sie institutionenkritische Aspekte aufweisen. Wenn die Gutachter des Heiligen Offiziums im 19. Jahrhundert für den untersuchten Fall aus St. Quentin keine göttlichen Privatoffenbarungen erkennen können, so sind ihnen solche prinzipiell keine Unmöglichkeit: Sie gehen nur sehr restriktiv damit um, und sehen im konkreten Fall der Dehon nahestehenden Schwester Maria Ignatia die nötigen Kriterien für Privatoffenbarung als nicht erfüllt. Die theologischen Gutachten sind für Dehon, seine Kongregation und die Herz-Jesu-Frömmigkeit des Weiteren insofern von Belang, als dass die dort geäusserte Kritik interessanterweise mit solcher von ausserhalb der Kirche, ja sogar im antiklerikalen Segment einer neu entstandenen publizistischen Öffentlichkeit, erstaunlicherweise konvergiert. Wird einerseits der «moderne», noch nie dagewesene Partikularismus in der Fokussierung der Herz-Jesu-Devotion beanstandet, unter anderem weil er das Kreuz verdränge, so andererseits sein spezifischer kultureller, bildlicher wie auch (kirchen)politischer Anspruch – asketisch jansenistischen Rigoristen wie konsequent vorgehenden Akteuren unterschiedlicher Couleur ist das ein Dorn im Auge. Die Herz-Jesu-Frömmigkeit schied die Geister.

Dehon aber blieb konsequent am Ball, er verfolgte sein selbst gestecktes Ziel einer Kongregationsgründung unablässig, ursprünglich als Oblaten zum Hl. Herzen Jesu; trotzdem es mehrfach hiess «Zurück an den Start!» oder aber diplomatischer, dass die Dinge noch reifen müssten. Ein Gutachter meinte 1906, dass die Reifung bestenfalls sogar so lange zu dauern habe, bis der Kongregationsgründer nicht mehr am Leben sei. Dann werde sich die Qualität des Werkes zeigen... Eine Konfliktperspektive durchzog diese Arbeit, wie daran leicht zu ersehen ist, und es lässt sich bestimmt gut damit argumentieren, dass der Prozess 1883/1884 einen solchen Konflikt offen zu Tage brachte und bewirtschaftete. Dabei darf nicht vergessen werden, dass gerade ein Quellenfundus wie in unserem Fall schon mit einem deutlichen Vorzeichen versehen ist: Es geht da ja schon ganz prinzipiell um Problematisches. Nicht ohne Grund gibt es Archivsperrfristen. So darf der Prozess von 1883/1884 in Bezug auf Dehon, will man eine biografische Konturierung vornehmen, nicht verabsolutiert oder aber isoliert werden. Trotzdem ist es so, dass der Inquisitionsprozess für die Institution und für Dehon hohe Aussagekraft besitzt – man denke nur an Dehons etwas steilen Brief an seinen Bischof vom 25.11.1882. Und der Prozess hatte selbst eine längerfristige, lebensgeschichtliche Bedeutung: Das «Oszillierende» am Konflikt reicht sogar weit über den Tod Dehons hinaus. Es ist zumindest bis 1906 (offizielle Anerkennung der Kongregation) und 1913/4 (umstrittene Aufgabenzuteilung P. Dehons als Gutachter in der Indizierung von Maurras' Werken) lebensgeschichtlich feststellbar und relevant – ganz abgesehen davon, dass Dehon in seinen autobiografischen Schriften und in der Korrespondenz wiederholt darauf zu sprechen kam und ihm wohl auch öfter ein unliebsamer Spiegel vorgehalten wurde. In den 1950er Jahren wurde der Akt nochmals ausgegraben: Für den startenden Seligsprechungsprozess kamen die Patres Garrigou-Lagrange aus dem Predigerorden und Jean Rambaud (Philippe de la Trinité) aus dem Karmel zu unterschiedlichen Schlüssen, was Dehon betrifft – nur letzterer plädierte für ein *Nihil obstat* zugunsten Dehons.

Mit dem späteren Ordensmagister der Dominikaner und dem Gründervater des Angelicums fand Dehon in P. Cormier im Heiligen Offizium um 1900 einen renommierten Zensor, der unterdessen selig gesprochen wurde. In aller Härte und mit Liebe zum Detail formulierte jener Einschätzungen zu seinem Landsmann. Sie zeichnen ein ambivalentes Bild von Dehon – letztlich aber auch seiner selbst. Alles hat ja zumindest immer zwei Seiten: Wenn man etwas über andere aussagt, sagt man manchmal genauso viel über sich selbst. Dass Cormier Dehon eines sozialen Modernismus bezichtigte und ihm insgesamt die Qualität des Ordenslebens absprach, ist ebenso aufschlussreich wie, dass er dafür plädierte, der jungen Kongregation ja kein eigenes Missionsgebiet zuzuweisen. Aus heutiger Perspektive mag bedauert werden, dass die Verfahren rund um 1900 nicht transparent verliefen. Dehon wusste wenig von diesen Vorgängen. Faktum ist, dass Dehon später selbst bei diesem «Spiel», das bisweilen sehr ernst wurde und bis heute (z.B. in Bibliothekskatalogen) nachwirkt, mitgemacht hat. Eher milden Zensuren der ersten Zeit folgten harschere Töne rund um 1907, als Dehon dann im sicheren Sattel sass und die Antimodernismuskrise auf ihren Höhepunkt zusteuerte. Wir sahen dies an der kirchlichen Abkanzelung von Abbé Brugerette und seines liberalen, kritischen und offenen Katholizismus' ebenso wie an der klaren, aber differenzierten Zensur der *Opera Omnia* Charles Maurras'. Diesem brachte Dehon deutlich weniger Vertrauen entgegen als ein Pius X. und viele andere – nicht nur französische Prälaten – in Rom: Maurras' Instrumentalisierung und Vereinnahmung der Kirche konnte Dehon, der christdemokratisch eingestellt war, nicht hinnehmen. Ebenso störte sich Dehon an Maurras' elitärem Zynismus und der blanken Vergottung von Nation und Stärke.

Schliesslich sei festgehalten, dass trotz des bürokratischen «Eintrags» von 1883/1884 – gleichsam als Hemmschuh oder institutioneller Rucksack – es Dehon vermochte, sein zentrales Lebenswerk umzusetzen. Hätte er sich vollumfänglich gehorsam dem Urteil gefügt, würde es die Kongregation und wohl auch diese Zeilen nicht geben. Der Entscheid war zumindest so weich und formbar, dass er eine Entwicklung zuliess, sowohl persönlich für Dehon als auch institutionell für die Kongregation. Dehon hinterfragte (und entschuldigte) seinen jugendlichen Eifer in späterer Folge, ohne sich grundlegend zu wandeln. Sein mit anderen ins Leben gerufenes Werk erlebte einen enormen Aufschwung (vgl. Abbildungen 2-4), obgleich dies nicht annähernd so linear und harmonisch verlief, wie im Nachgang vermutet werden hätte können. Der etwa Thibaudier nachfolgende Bischof Duval war Dehon gegenüber noch ein Stück weit skeptischer gesonnen, die französische Heimat entledigte sich später – wenig liberal gesinnt – der religiös-juridischen Organisationsform der Kongregation. Ein regelrechtes System des Misstrauens formte sich aus. So war es ein sehr steiniger Weg für Dehon: Sein innerkirchliches, bisweilen als geschickt zu nennendes Agieren mit viel Disziplin und Taktik sowie seine Vernetzung in Rom spielten diesem Unterfangen und seinem Glücken letztlich genauso zu wie sein ihm von allen Seiten zugestandener Optimismus und sein nimmermüdes Engagement auf unterschiedlichen Ebenen.

6.3 Dehons Blick auf das Geld und sein Gebrauch –
Zins, Reichtum, Besitz

Wenn Dehon näher in Bezug auf seinen eigenen Blick auf das Geld und seinen Umgang mit ihm befragt wurde, kann als Resümee Folgendes festgehalten werden: Keine Faszination wird da bei ihm wahrnehmbar oder vermittelt. Von den Besitzverhältnissen entstammt Dehon einer altehrwürdigen, Sicherheit und Stabilität verströmenden, ländlich geprägten Kultur. Dehon ist keiner, der sich nach sozial-materiellem, in bürgerlichen Bahnen sich vollziehendem Aufstieg sehnt, wie es sich etwa sein Vater gewünscht hätte. Von diesen gibt es in der Zeit genug und mit ihnen als neuem Phänomen hatte im Speziellen die «ordnungs-liebende» Kirche in der Zeit ihre liebe Not, ja ein Problem.[5] Die Möglichkeit zum Aufstieg wäre als Jurist, später als Universitätsprofessor oder über eine kirchliche Laufbahn im Konkordatssystem durchaus möglich gewesen. Diesen Weg schlug Dehon nicht ein. Jedoch ist bei Dehon andererseits als Ordensmann auch keine Ablehnung oder Abwertung von Besitz und Geld – beispielsweise über rigide, antiliberale bzw. antikapitalistische «Gesetzesstrenge» in Sachen Zins – feststellbar. Er wollte kein Aufleben des rigorosen mittelalterlichen Zins-verbots. Keine Verteufelung des Geldes als Mittel im menschlichen Zusammen-leben ist beim Kongregationsgründer ersichtlich, nicht einmal eine Gleichgültig-keit. Ganz im Gegenteil: Dehon entwickelt auf der Basis einer ihm gegebenen materiellen Sicherheit ein Bewusstsein für die neuen Möglichkeiten des Geldka-pitals und des Wohlstands, z.b. im Bereich der Mobilität.

Er vollzieht diesen Schritt in die Moderne des 19. Jahrhunderts auch theoretisch mit. Vom mittelalterlichen, deontologischen Zinsverbot zur Eindämmung des Pau-perismus hält Dehon nichts bis wenig, wobei er biblische Befunde gegenüber aristotelisch-thomistischen geltend macht. Es sei politisch als Kampf- und Heilmit-tel gegenüber dem Sozialismus ungeeignet. Das Zinsverbot ist illusorisch, nicht praktikabel in dieser neuen Umgebung, in der man stehe, letztlich unbrauchbar: Sind die «Armen» heute nicht gerade auf der anderen Seite, sprich als Kleinaktio-näre, als Gläubiger zu finden?, fragte Dehon. Hat dies nicht die Affäre rund um den Bau des Panamakanals gezeigt? Steht nicht eher der Investitionskredit als der Konsumkredit im Mittelpunkt modernen Wirtschaftens? Die Zeiten und Umstände haben sich geändert. Es offenbaren sich längerfristige Entwicklungen und Umwäl-zungen, nicht erst seit dem sich mit der Revolution vollziehenden Liberalisierungs-schub. Beachtenswert ist, dass sich Dehon im französischen Sozialkatholizismus seiner Zeit mit der Geld-Frage auch theoretisch, d.h. prinzipiell in Bezug auf die Begründungen rund um den Geldzins (Zinstitel) in einer moraltheologischen Tra-ditionslinie auseinandersetzt; wobei die Beichtstuhlsituation als Ort des Gesche-hens, auf den hin gesprochen wird, zentral bleibt, weil noch im Wesentlichen lehr-amtlich ungeklärt ist, ob es denn erlaubt sei, Zinsen zu nehmen.

Dehons Antworten finden Gehör. Er wird nicht nur von einem Studien-kollegen und Zeitgenossen in der Sache befragt, sondern verbreitet seine Thesen und findet in der Literatur, nicht eingehend, aber doch, Rezeption im sozialen Katholizismus, von Pierre Tiberghien bis Henri du Passage. Alles in allem stellte Dehon sich dabei in ein weites Konfliktfeld: Er ist mit biografischer Konstanz einem eher zinsfeindlichen «Dominikanismus» skeptisch gegenüber ausgerichtet. Die seine Zeit interessierende, den Katholizismus herausfordernde Angelegen-heit schien ihm sogar einen kleinen Traktat wert. Er wollte die Moraltheologie in

---

5   Vgl. noch immer interessant: Bernhard Groethuysen, Die Entstehung der bürgerlichen Welt- und Lebensanschauung in Frankreich. Bd. II: Die Soziallehren der katholischen Kirche und das Bür-gertum, Halle/Saale 1930, z.B. 125-129.

diesem Punkt weiter treiben, wobei er eine teleologische und mit dem Blick auf die Armen zugleich biblische Perspektive in den Vordergrund rückte. Dazu wurde der Wucherbegriff (sehr) weit eingefasst und verstanden.

Dehon sah insgesamt das Spannungsgefüge zwischen Geld und Religion, aber er tut dies auf der Ebene der gegenseitigen, integralen «Verwiesenheit». Denn Welt und Himmel lassen sich für ihn als Sozialkatholiken bzw. als Christdemokraten[6] nicht gegenseitig ausspielen, die Bibel ist nicht nur ein frommes Erbauungsbuch. Sie bietet soziale Impulse. Die Bereiche gehören trotz der bei ihm anderenorts gepflegten Zwei-Stockwerks-Lehre, fassbar etwa in der ausgeprägten Rede von der «surnaturalité», zusammen. Eine Vertröstung auf das Jenseits verfängt für ihn genauso wenig, so wie man dem Materiellen gegenüber nicht gleichgültig sein kann: Dem Christentum muss es um das Wohl und den Wohlstand der Menschen sowie den sozialen Reichtum gehen. Hierin ist der Stimme des Volkes Recht zu geben, wenn sie danach verlangt. Einem Verzichtsdiskurs gegenüber ist Dehon, so könnte man sagen, skeptisch: Wohlstand ist ihm ein entscheidender Faktor, nicht zuletzt auch für die Religion – damit eckte Dehon bei seinen zeitgenössischen katholischen Glaubenskollegen massiv an, in einer Weise, die heute erstaunen mag. Zugleich aber mutet die Debatte aktuell an, wie die eher asketisch gegen Wachstum orientierte Suffizienz-Debatte von heute zeigt.

Die handfeste innerkirchliche Gegnerschaft speist sich aus mehreren Quellen, sei es von (wirtschafts)liberaler Seite, sei es aus konservativen, dem *ancien régime* gegenüber verpflichteten Kreisen – beide Richtungen schliessen sich wohl auch nicht aus und gehen oft zusammen. Diese Konfliktkonstellationen strahlen von Frankreich aus bis in die römischen Anerkennungsprozesse der Kongregation hinein –, als der wohl zentralsten und entscheidendsten Auseinandersetzung in Dehons Biografie, so eine These dieser Schrift. In diesem zentralen Raum hallen diverse Anschuldigungen detektierbar nach. Den sozialen, nicht in erster Linie individuellen, Wohlstand sieht Dehon mit Lapeyre positiv. Ebensolches gilt auch für dessen Wachstum, so dieser nicht als Selbstzweck angestrebt wird, wie für dessen Weitergabe im familiären Erbe, das Dehon hoch hält. Evangelische Armut dagegen ist für Dehon eine Sache der religiösen Eliten. Mittelmass ist unangebracht, auch Bescheidung, weil diese ja immer schon als Rahmenbedingung äusserlich gegeben da ist: Das Christentum ist eine Religion für die breite Masse und nicht eine für Spezialisten und Auserwählte. Das Materielle abzuwerten stellt für Dehon eine verlogene Angelegenheit dar. Diese Vorhaltung gilt katholischen Denkern wie Ordensleuten gegenüber gleichermassen.

Trotz klaren, katholischen Lehrsystems könnte in diesem Kontext die Frage gestellt werden, ob Dehon wirklich ein integral-integristischer Katholik war, für den er anderswo gehalten wird und als den er sich auch selbst sieht. Finden sich

---

[6] Vgl. zu den Begrifflichkeiten von liberalem, sozialem Katholizismus und christlicher Demokratie für Frankreich: Hans Maier, Revolution und Kirche. Zur Frühgeschichte der Christlichen Demokratie, Freiburg i. Br. [5]1990, 307-313.

bei ihm, in der Frage des Geldzinses nicht gerade auch Säkularisierungs- bzw. Autonomietendenzen, wenn er da dem Staat die Erlaubnis zur Etablierung des Zinses (titulus legalis) und die rechtliche Bestimmung der Zinshöhe zuweist? Wird die Wirtschaft hier nicht gerade vom Korsett religiöser Bevormundung und Deutung etwas ungewollt emanzipiert? Und dazu: War Dehon, der durchaus auch mehrere genus- und adressatenbezogene Diskurse in der Frage bediente, also schon recht zielgerichtet schrieb, wie wir im dritten Kapitel sahen, nicht doch im Letzten eher kapitalistisch orientiert oder zumindest einer, der nicht nur die Republik, sondern auch den Kapitalismus, sagen wir es so, verchristlichen, verbessern wollte, ohne beide grundlegend umzustürzen? Wollte Dehon auch der Wirtschaft das Herz-Jesu-Bild aufprägen, wie er es zumindest zeitweilig mit der Nationalflagge vorhatte?

Dehon hat ein starkes Freiheitsbewusstsein, und sein Vertrauen auf solide staatliche Regelwerke besitzt Grenzen. Sein Einsatz kommt einem Zahnrad im Kampf gegen einen zu stark aufgeblähten, «ganzheitlichen» Fürsorgestaat gleich, ohne den Staat wie die Schule von Angers dies tut, gänzlich von seinen Aufgaben zu entpflichten oder ihn zu einem hohlen Rahmen zu degradieren. Dabei ist der Briefwechsel mit dem Jesuiten Guilhen interessant, weil er einen sehr ehrlichen, geradlinigen Dehon zeigt, und ein innerkirchliches Minenfeld darin sehr deutlich abgesteckt wird: Ewig gestrige Lösungen, die noch dazu unpraktisch sind, werden dort verworfen. Dehon ist in der von ihm gepflegten und ihm wichtigen Reich-Gottes-/Reich des Heiligen-Herzen-Jesu-Idee weder ein Alternativer noch ein Aussteiger, nicht einmal einer, der vehemente, drastische Kurskorrekturen einfordert. Eher zeigt er sich uns als ein konservativer, sanfter Reformer; ein massvoller Sozialpolitiker stärker denn drastischer Lebensreformer.

Die *caisses rurales* scheinen ihm, wie vielen anderen Klerikern der Zeit auch, ein geeignetes Mittel, das kirchliche Zinsverbot unter kirchlich-klerikaler Tutelage in das Heute zu übersetzen. So kann es zu niedrigen Zinsen auf dem Land kommen, die einen Fortschritt im Wohlstand bewirken und die Arbeit lohnenswert und fruchtbar werden lassen. Die Betonung der «geheiligten Arbeit», die über dem Kapital und seinen Möglichkeiten zu stehen hat, es aber nicht überflüssig macht, zeigt Einiges von diesem gedanklichen Ansatz. Dieses Denken beschäftigte Dehon in einer spezifischen, kreativen Phase seines Lebens, die als «französische» um 1900 eher abrupt zum Abbruch kam.

Es wurde festgehalten, dass Dehon kein Alternativer gewesen ist: Seine Welt war die Kirche. Ein Ekklesiozentrismus durchdringt ihn, stellt ein manchmal enges und schmalspuriges Koordinatensystem für ihn dar – Kontakte nach aussen sind da für Dehon selten. Aber andererseits, und um auf die Frage nach dem «Reformgrad» in Dehons Anschauungen zurückzukommen: Hat nicht Dehon auch gerade gewisse Sympathie für alternative Konzepte? Es ist schon erstaunlich, wie oft er sich etwa auf Proudhon bezieht, und dessen Diktum, dass Besitz

Diebstahl sei. Irgendwie scheint ihn das dann doch anzusprechen.[7] Gewiss steht fest: Dehon ist kein Umstürzler, Revolutionär oder Anarchist.

Geld ist für den Kongregationsgründer eindeutig Mittel zum Zweck, nie purer Selbstzweck. Aber er war auch ein «Kalkulator» («ein Denar bleibt *ein* Denar»), ein dem Defätismus abholder Realist bzw. christlicher Optimist und ein zwischen Geldgebern und Gläubigern agierender Stratege; indes einer, der sein eigenes reiches Vermögen (300.000 Francs, also ca. 20 Jahreslöhne eines in Augen Dehons doch zu reichen Bergbaudirektors) in eine andere Struktur als die einer bürgerlichen Familie einfliessen lässt, gegen massive Bedenken seiner Kernfamilie. So könnte nun gesagt werden, dass die Kongregation auch «sein Kind» ist, «seine Stiftung», nicht nur in spiritueller, sondern auch in materieller, oder wie es in den Quellen und der Zeit hiess, «temporärer» Hinsicht. Nicht nur die Bischöfe, die in erster Linie immer auch das sahen, was bei Dehons Engagement für sie als vorteilhaft sich herausstellte, sondern sogar zentrale Akteure der Kongregation, wie etwa der in Rom wirkende, Dehon gegenüber distanzierte Prokurator der Kongregation, P. Dessons, waren sich dessen bewusst und notierten dieses Faktum in internen Papieren: Dehon war finanziell potent.

Die Generierung von Mitteln für die Kongregation wurde im lokalen Umfeld systematisch und zielstrebig betrieben. Wir sehen einen über weite Strecken seines Lebens in dieser Sache sehr aktiven und initiativen Dehon. Sobald es ums Geld geht, kommt Aktivität ins Spiel, Möglichkeiten werden ausgelotet, Schnittstellen und Kontakte aktiviert, Pläne entworfen. Im Briefwechsel mit dem langjährigen Ökonomen Falleur zeigt sich, dass sich das in einem geschützten, engen Raum abspielte. Lust an Projekten (bis zum Schluss, z.B. der Bau der Kirche Cristo Re in Rom), Unruhe im Aufbau, jedoch auch eine generelle Zielstrebigkeit, das Am-Ball-Bleiben durch alle Rückschläge hindurch, bei einer «Fahrt auf Sicht» ohne langfristige Strategien sind Kennzeichen dieses Weges, der auch in einer Sackgasse hätte enden können – der Historiker muss dies betonen: Es gab mehrere Situationen, wo die Kongregation wohl knapp vor dem Aus stand. Das darf nicht vergessen werden, das «rosige» *decretum laudis* eines Leo XIII. hin oder her. Denn die Geschichte wird oft zu linear konzipiert, was sich beim näheren Hinsehen als einfacher Trugschluss oder als einebnende, gut gemeinte Memoria zeigt.

Ein herber Rückschlag in materieller Hinsicht war die Ausweisung der Kongregation(en) aus Frankreich, der Verlust der für die Kongregation(en) zentralen Häuser und die Verlegung des Generalats nach Brüssel (weil der Weg nach Rom noch nicht erlaubt wurde); Vorgänge, in denen gerade der materielle Aspekt eine zentrale Rolle einnahm – oft spielt sich die Religionsgeschichte im ökonomiefreien Raum ab. Das Vertrauen in den antiklerikalen französischen

---

[7] Vgl. NQT 34/149 oder NQT 40/43. Damit soll nicht eine Nähe Dehons zu Proudhon ausgesagt sein, aber doch eine konkrete Bereitschaft, sich mit alternativem Denken auseinanderzusetzen, auch ähnlich im Fall des Fourieristen Godin.

Staat ging gänzlich verloren: Die eigenen Häuser mussten zurückgekauft, die Prozesskosten getragen werden. Geld floss ins Ausland ab. Daneben wurde auch eine ganze soziale und politische Entwicklungslinie innerhalb des Katholizismus abrupt abgebrochen, was Dehon ins Knochenmark traf und die Kirche ein Stück weit «rückwärtsgewandter», «konservativer» oder «weltfremder» machte.[8]

Jean-Pierre Moisset hat für kirchliche Organisationsformen in Frankreich auf das interessante Faktum aufmerksam gemacht, dass diese traumatischen Vorgänge um die Jahrhundertwende von 1900 im Verbund mit den schon weiter zurückliegenden ökonomischen Umwälzungen der Französischen Revolution, mit der es zum grössten Besitztransfer in der Weltgeschichte kam, nicht gerade dazu beigetragen haben, dass finanzielle Transparenz im kirchlichen Sektor attraktiv und erstrebenswert wurden.[9] Es ist dies nur zu verständlich, wird aber oft vergessen. Da ist erst in den 1970er Jahren über einen Impuls aus dem Konzil ein Umschwung zu verzeichnen. Freilich nennt Moisson noch andere Faktoren, die eine solche, aus heutiger Sicht, bedeutsame Entwicklung lange Zeit behindert und «le silence sur l'argent» als Tabu aufrechterhalten haben: Finanzen seien so (1) nicht die Angelegenheit aller. Es sei ein innerer Kern, dem es über Finanzfragen zu entscheiden obliege. (2) Das Leben-Können mit Ungleichheit und Ungerechtigkeit, die nicht hinterfragt werden. (3) Die Tatsache, dass man vermeiden wollte, sich in materiellen Angelegenheiten im Streit befindlich zu zeigen (im Hintergrund stand die Idee der «societas perfecta», einer Kirche ohne Runzeln und Falten). (4) Der Ausschluss von in der Sache kompetenten Laien, aber auch (5) der durchaus noch bestehende Reichtum, die trotz Defensive vorhandene materielle «Suffizienz», die es nicht erforderte, «offen» um Geld zu bitten und auszuweisen, was damit geschieht. Und last but not least (6), wie schon eingangs erwähnt, die Angst vor einem «spoliateur»-Staat.

Vertrauen und Wirtschaft, Vertrauen und Geld hängen eng zusammen. Diese sechs Punkte in einer separaten Monografie auf Dehon und die entstehende Kongregation anzuwenden, wäre reizvoll – obwohl die Transparenz-Frage, wenn sie mit einer Art (moralischer) Anforderung und Urteil verbunden wäre, unbestritten anachronistisch ist. Spricht Dehon breit vom Geld? Mehr im *forum internum*, im engsten Kreis. Ist Dehon in Geldsachen transparent? Wohl eher nicht, auch zum Schutz der Institution. Und wie steht es etwa um den bei Moisson als vierter Facette gewonnenen Aspekt, die Mitarbeit von Laien: In seiner Schrift *Le Plan de la Franc-Maçonnerie* wendet Dehon sich auch gegen die diözesanen

---

[8] Vgl. André Lanfrey, Expatriations et sécularisations congréganistes, in: Patrick Cabanel/Jean-Dominique Durand, Le grand exil des congrégations françaises 1901-1914, Paris 2005, 197: «Même si règne aujourd'hui un consensus qui considère que ces événements ont été bénéfiques à la République, à l'Église et même aux congrégations, il convient de rappeler que la politique de Waldeck-Rousseau et de Combes a ruiné la politique de conciliation de Léon XIII, donné raison aux catholiques les plus antirépublicaines, favorisé l'intransigeance de Pie X et durablement radicalisé la guerre scolaire.»

[9] Vgl. Jean-Pierre Moisset, Quand l'église catholique se résout à parler de son argent: L'exemple de cinq périodiques (1951-2008), in: Revue d'histoire de l'église de France 95 (2009) 253-279.

Kultuskörperschaften, bei denen die Laien Mitspracherecht bei kirchlichem Vermögen und in Finanzfragen besessen hätten. Das könne nicht sein. Eine solche Haltung führte die Kirche in Frankreich bis in die 1920er Jahre hinein, als dann eine Lösung gefunden wurde, in eine veritable Krise.

Das Moment des Moralisierens (Jean-Dominique Durand) ist Dehon nicht fremd: Gegen Spekulation, gegen Auswüchse à la Rothschild, gegen Wucher in allen Facetten tritt er an, gegen «anonyme Gesellschaften» – denen man sich dann als Kongregation aber systemisch konsequent auch selbst nicht ganz versagen kann und will. Die Spekulationsverluste Falleurs vor dem Ausbruch des Weltkriegs sprechen hier Bände. Einschränkend gilt, dass Dehon dabei wohl zurückhaltender agiert hätte. Es sind also Auswüchse eines Systems, die mit einer Breitseite bekämpft daneben dazu verwendet werden, sie in Feindbildkonstruktionen zu verweben, sie aber auch einer «Pädagogisierung» zuzuführen, wenn z.B. die mediale Betörung in Finanzblättern beklagt wird und der Ruf nach Aufklärung ertönt. Houte spricht für diese Zeit bei allen politischen Exponenten in Frankreich von einem Hang zur Pädagogik, zur moralischen-politischen Führung und Hegemonie – nicht ohne Grund war die Schulfrage zentral.[10] Die Kritik an den ökonomischen Exzessen, so berechtigt sie sein mochte, verleitete aber dazu, die «Problematik» gleichsam auszulagern, sich selbst zu bestätigen und damit einen breiteren innerkirchlichen Konsens zu ermöglichen. Das ist mit Moralisieren gemeint. Für alle diese Punkte böte der sich im Antiliberalismus abspielende, so genannte «ökonomische Antisemitismus» Anschauungsmaterial.

Schwierig ist es dagegen auszumachen, ob Dehon im Laufe der Zeit eine veränderte Sichtweise auf das Geld einnimmt; wohl eher nicht. Wollte man gewagter sein, könnte gefragt werden: Gibt es bei ihm vielleicht so was wie eine Ablösung vom ruralen Kontext (von Grund und Boden), die sich auch schon in seiner Analyse des Kapitals/Zinses/Geldes Ende der 1890er Jahre und später ausserhalb Frankreichs, im Kontext eines kolonialen Belgiens und eines internationalen Roms, zeigt? Löst Dehon sich vom «heimatlichen Boden», den er ja auch ganz konkret «kapitalisiert»? Denn das ländliche Frankreich verblasst zeitgleich, als seine Horizonte der Internationalität sich öffnen. Es ist gut möglich, dass Dehon nach seiner sozial engagierten Phase (im Frankreich der III. Republik) und gerade mit dem Aufblühen der Kongregation in Stabilität und Prosperität kurz vor dem Ersten Weltkrieg, die zugleich auch eine Phase des allgemein wirtschaftlichen Aufstiegs ist, seine Kapitalismuskritik zurückfährt. Aber der Vergleich ist schwierig, weil Dehon in dieser Zeit keinen weiteren Zinstraktat vorlegt, der uns hier weiterhelfen könnte. Es ist eher ein atmosphärischer Befund, mit einer gewissen Plausibilität.

Ein kurzer Blick auf die Kriegswahrnehmung bei Dehon macht jedoch klar, dass darin auch nur der Ansatz einer ökonomischen Analyse fehlt – ausgenom-

---

[10] Arnaud-Dominique Houte, Le Triomphe de la République, 1871-1914 (Histoire de la France contemporaine 4), Paris 2014, passim.

men vielleicht das Lamento, das die durch die deutsche Besatzungsmacht vollzogene Demontage von Industriebetrieben in Nordfrankreich und Belgien beklagt!
Krieg wird als Strafe Gottes gedeutet,[11] nicht als materielles Begehren der Nationen, Gruppen und Individuen, nicht als Konsequenz eines expansiven Wirtschafts-
systems. Freilich brachten nur wenige christliche Exponenten in dieser Zeit Krieg,
Kapitalismus, Zins und nationales Besitzdenken zueinander in ein Verhältnis,
oder wurden in Ausnahmefällen sogar Pazifisten. Dehon zog da eine spirituell-
ideologische Deutung vor, die ja, folgte man seiner Analyse in der Zeit seines
christdemokratischen Engagements, gerade eine materielle nicht ausschliesst.
Schliesst man sich bei und für Dehon dieser Interpretation an, dann zeigt sich in
einem weiteren Fall die regressive Macht des Krieges und der Zerstörung, andererseits eine biografische Konstanz gerade in den spirituellen Deutungsmustern,
die bei Dehon stärker als die ökonomischen Interpretamente gewichtet sind.

Die Finanzierung und das Wachstum der Kongregation ruhten von Anfang an
auf mehreren Pfeilern und Füssen. Sie wurde von vielen Menschen und ihrer Arbeitskraft plus Selbstbescheidung innert eines Kollektivs getragen: «Ein religiöses gemeinschaftliches Zusammenleben, streng organisiert, mit begrenztem Konsum, die charakteristisch für das Leben in einem Konvent sind, trugen dazu bei,
die Ausgaben zu verringern. Dieser in rationeller Hinsicht asketische Charakter
hat paradoxerweise als einen sekundären Effekt eine Anhäufung von Reichtum
zur Folge gehabt»[12], so De Maeyer und Van Dijk, in ihrer Einführung in die oftmals erfolgreiche Wirtschaftsgeschichte der Kongregationen des 19. und 20. Jahrhunderts. Neben diesem gemeinschaftlichen Element benennen die beiden Autoren weitere Erfolgsfaktoren: die vom sozialen Apostolat herrührende Attraktivi-
tät der Kongregationen für Spender und Wohltäter, ihre Nicht-Profitorientierung
sowie die Klarheit des eingeschlagenen Weges mitsamt religiös-existentieller
Deutungsmöglichkeit der Entwicklungen. Die Kongregation der Herz-Jesu-Priester galt jedenfalls um 1900 als vermögend.

In dieser Arbeit wird Dehons Beitrag für dieses Kollektiv als substantiell eingeschätzt, er schulterte auch ökonomisch einen grossen Brocken. Dehons Grosszügigkeit ist auffällig, nicht nur im Grossen, Strukturellen, sondern auch im
Kleinen, im Detail, so etwa in Geldzuwendungen an jüngere Kongregationsmitglieder in Kriegszeiten oder im Militärdienst. Mit dem Aspekt der Grosszügigkeit ist zugleich ein gewisser Paternalismus angesprochen, ein Muster, von einer
erhöhten Position aus zu agieren, das Dehon inmitten seiner an seine Adresse ge-

---

[11] David Neuhold, Kriegswahrnehmung inmitten einer Fülle schriftlicher Meditation – Léon G. Dehons Notes Quotidiennes 1914–1918, in: SZRKG 108 (2014), 151-166.
[12] Maarten Van Dijck/Jan De Maeyer, The Economics of Providence. An Introduction to the economic history of orders and congregations, 1773-1930, in: Maarten Van Dijck/Jan De Maeyer/Jeffrey
Tyssens/Jimmy Koppen (Eds.), The Economics of Providence/L'économie de la Providence,
Leuven 2012, 7-25, 43: «Une vie religieuse communautaire, strictement organisée, et une consommation limitée, caractéristiques de la vie de couvent, contribuaient à réduire les dépenses. Cet
caractère rationnellement ascétique avait paradoxalement comme effet secondaire l'accumulation
de richesses.»

richtete Anrede T.B.P. («Très Bon Père») wohl nicht ganz abzusprechen ist. Wir haben dies exemplarisch in dem Schutz- und Schirm-Diskurs beobachtet, den Dehon im ökonomischen Umfeld bedient. Der christliche «peuple» brauche hier geeignete Institutionen, vom Papsttum zum Staat hin zur *caisse rurale*. Relativierend ist hinzuzufügen, dass es sich natürlich um eine heutige Perspektive handelt, dass jüngst auch sehr fortschrittlichen und liberal-sozialistischen Protagonisten und Zeitgenossen wie dem Sozialreformer und Fabrikbesitzer Godin Paternalismus beigestellt wird und dass das «Väterliche» zudem als Selbstbezeichnung positiv gesehen wurde und manchmal noch immer wird. Er könnte ja auch als nötige Vorstufe zur Mündigkeit, zu einem horizontalten Christentum (Francis Corvaisier) etwa, angesehen werden. Bedenken bleiben, schon bei Mitbrüdern war das der Fall.

Zweifelsohne ist der Paternalismus niemals ganz verschwunden, aber als Ideal im Politischen heute in unseren Breiten eben eher von dem der Partizipation abgelöst worden: Fürchteten sich früher Wähler wie Dehon vor Politikern wie Combes, fürchten sich heute die Politiker eher vor den Wählern. Die Frage ist, wie lange es noch mit diesem idealtypischen Bild seine Bewandtnis haben wird: Ist Partizipation die Signatur der Zukunft? Wenn dann noch, für unseren Fall, der vorher betrachtete Aspekt der Freiheitsbetonung bei Dehon gegenüber rigoristischen Vorschriftskonzeptionen bedacht wird, sehen wir die durchgängige Ambivalenz in der Sache. Dehon ist da eine schillernde, nicht leicht fassbare Figur. Bei stetigen Liquiditätsproblemen, Geldsorgen und verwirrenden Transaktionsgeschäften kann doch gesagt werden, dass das Personal Dehon als Generalsuperior noch mehr Sorgen bereitete als das liebe Geld! Der Mensch war Dehon wichtiger. Viele junge Menschen wollte er für die Kongregation gewinnen, manchmal baute er in den Briefen einen gewissen Druck auf sie auf, respektierte aber deren Entscheidungen. Der Primat für das «Personal» gilt besonders für neuralgische Phasen, z.B. der vorher breiter betrachteten Vertreibung der Kongregation, aber auch im ersten Kapitel zum Haus in Tunis. Gerade dass aus wirtschaftlichen Gründen und solchen, in der Heimat oder stabil verbleiben zu wollen, Mitglieder der Kongregation sie verlassen, sich «säkularisieren», um Kost und Logis in einer Pfarrei zu haben, stimmte Dehon traurig; mehr als es beim eintretenden materiellen Verlust der Fall war. Den Novizenmeister André Prévot forderte er in diesem Kontext zu besserer Ausbildung und Disziplin auf.

Im Laufe der Zeit kann eine Professionalisierungstendenz in der Kongregation in Sachen Geld festgestellt werden, die mit der römischen Approbation und den Triennalrapporten einhergeht: Buchführung, Geldrekrutierung, Missionsorganisation, überall ist ein verstärkter Zug zur Professionalisierung zu beobachten, der sich dann mit der Zeit auch von der Gründergestalt Dehon ablöst. Dieser Prozess der Normalisierung von etwas «Neuen», das zuerst tastend sich fortbewegte, hat mit der von der Zentrale aus verbrieften «Lebensfähigkeit» zu tun, dazu mit Dehons zunehmendem Alter, seinem In-den-Hintergrund-Treten und seinem Tod.

6.4 Dehon und die französische Nation – zwischen Niedergang und Hoffnung

Der Nationalismus durchzieht das nachrevolutionäre Europa des 19. Jahrhunderts als mächtiger, omnipräsenter Strom. «Wegen der Kraft dieser nationalistischen Ideen waren alle politischen Strömungen in einem bestimmten Ausmass verpflichtet, sich diesen anzupassen»,[13] schreibt Tombs. Das kann auf Dehon umgelegt werden, der zwar im engeren Sinne nicht Politiker war, aber sich in vielfältigen Zusammenhängen in den nationalen und politischen Diskursen der Zeit einbrachte. Er wurde dazu wohl eher herausgefordert, als dass er solche Überlegungen von sich aus profund entwickelt hätte. Andererseits brachte die ihm wichtige Herz-Jesu-Frömmigkeit eine bedeutsame nationale Signatur und politische Färbung ins Spiel: Es ging um nichts weniger als um Frankreich als «die älteste Tochter der Christenheit» selbst, um ihren Bezug zu Gott und ihre anstehende Umkehr. Die zeithistorischen Umstände brachten Dehon in Verbund mit einer sich stark ausformenden katholischen Nationserzählung dazu, Frankreich als zweites Israel zu verstehen und es eng an die katholische und römische Kirche und die historisch erfolgte «christliche Taufe» anzubinden. Reims 1896 ist dafür Sinnbild und Ausdruck. Analog zur Figur der revolutionären Marianne wurde die christliche Nation personifiziert und gerade über den «kollektiven» Taufgedanken im Chor der Völker individualisiert. Dazu gesellte sich bei Dehon die Vorstellung, dass Rom eine wichtige Rolle im nationalen Geschehen spiele – Rom wird so, wie im vierten Kapitel ausgefaltet, nicht nur zu einer Muttergestalt, sondern auch zu Frankreichs heimlicher Hauptstadt, zu einer Stadt, in der sich, folgen wir Dehons Schrift von 1908, ein quasi eschatologischer, zumindest europäischer (End-)Kampf abspiele. Die Frage der Nationalflagge, die vom Beginn der III. Französischen Republik bis zum Ersten Weltkrieg intensiv verhandelt wurde, illustriert nationales Ringen. Dehon konnte sich dem Kraftfeld nationaler Überlegungen, Empfindungen und Auseinandersetzungen nicht entziehen und steuerte gerade mit seiner Zeitschrift *Le Règne* in diesem Umfeld Beiträge zum *nation-building* bei.

Hat Abbé Lemire in der Frage der Herz-Jesu-Trikolore eher eine Aussensicht in Erwägung gezogen, also als Katholik die Perspektive der anderen in seinen Überlegungen berücksichtigt – und sich so nach dem Klerikerkongress in Bourges von Waldeck-Rousseau anerkennende Worte eingeheimst –, so war Dehon ein eher ins Innere des Katholizismus gerichteter Akteur, der sich etwa in Rom beim Pecci-Papst rückversicherte. Wenn wir so wollen und grossen Folien nicht zu sehr misstrauen, stehen sich hier schematisch Gallikanismus und Ultramontanismus gegenüber. Leo XIII. stiess zwar das Ralliement, die Aussöhnung der Kirche mit der Republik, an, aber hinter der Indifferenz zu den verschiedenen

---

[13] Vgl. Robert Tombs, The Political Trajectory of Nationalism in Nineteenth-Century France, in: Ulrike v. Hirschhausen/Jörn Leonhard (Hg.), Nationalismen in Europa. West- und Osteuropa im Vergleich, Göttingen 2001, 133-153, 152: «Because of the power of these nationalist ideas, all political tendencies were obliged to some extent to accommodate themselves to them.»

Staatsformen verbarg sich doch, folgt man Lamberts, eine grundlegende Sympathie für die monarchische, pyramidale Staatsform. Auch Dehon agierte pragmatisch, den Umständen angepasst; er, der sich ganz in den Dienst dieses Papstes und seiner Politik stellen wollte. Dies wurde Akteuren wie ihm, die solches von sich behaupteten, dann auch zum Vorwurf gemacht, weil entweder der Papst falsch rezipiert oder aber unredlich als Schutzschild eigener Interessen verwendet worden sei. Kanonikus Delassus wäre hier als ein Gegenüber Dehons anzusprechen, wie es etwa für den Bereich des im dritten Kapitel in analoger Weise Angesprochenen ein P. de Martigné gewesen ist. Dehons dem Fundamentalismus abholde Pragmatik, die in der hybriden Herz-Jesu-Trikolore zum Vorschein kommt, stiess sich oder rieb sich zumindest an stärker prinzipiell, dogmatisch orientierten klar formulierten Positionen, sei es monarchistischer, sei es republikanischer Natur.

Ein wesentlicher Hintergrund der meisten im vierten und letzten Kapitel betrachteten Debatten und Diskurse sind die Epochenzäsur der Französischen Revolution und die durch sie eingeleiteten Prozesse, die gezielt religiöse Symbole aus der Öffentlichkeit zu verdrängen sich ansagten. Von vielen Katholikinnen und Katholiken wurden diese als Entchristlichungsprozesse und als frevlerische Absage an Gott gedeutet. Demgegenüber wäre das Herz-Jesu-Motiv auf der französischen Nationalflagge – unabhängig von der Diskussion rund um die Staatsform – ein Gegenakzent gewesen. Es hätte als konfessionelles Motiv jedoch gewisse Exklusionsmechanismen bedient, womit ein sich auch national bzw. patriotisch ausformulierter Antisemitismus wie Antiprotestantismus angesprochen sind. Bei Dehon ist, trotz verschiedener Konjunkturen und einem klaren Nachlassen dieses Bestrebens in späterer Zeit, ein Bemühen feststellbar, dieses Zeichen in den politischen, öffentlichen Raum hinein zu tragen. Das stiess auf Widerspruch, das Bildprogramm wurde zum Konfliktstoff. Ein Parteigänger Dehons aus den Reihen der christlichen Demokratie, Abbé Lemire, wies darauf hin, dass es sich beim Herz-Jesu-Kult nur um *eine* der Devotionsformen im Katholizismus handle, um darauf hinzuzielen, dass dieses Symbol nicht dazu angetan sei, den Katholizismus als Ganzen zu versinnbildlichen, geschweige denn eine ganze Nation zu repräsentieren. Lemire ist die einfache Trikolore mehr als recht, als überzeugter Republikaner ist er mit der Staatsflagge telquel zufrieden. Er trat somit in die Fussstapfen des Bischofs von Orléans, Dupanloup, der nach dem deutsch-französischen Krieg dem legitimistischen Thronfolger de Chambord die drei Farben – vergeblich – schmackhaft machen wollte, damals mit dem Argument, dass der weitaus grösste Teil des Klerus hinter der Trikolore stehe.

Zugleich wurden gerade Strömungen, die die Herz-Jesu-Frömmigkeit in einen politischen wie sozialen Bereich hineinmanövrierten, von der Republik exkludiert: Die Ausweisung der Kongregationen aus Frankreich ist ein Beleg dafür, dass diese Gruppen – auf der Zielscheibe eines Antijesuitismus – als wenig patriotisch galten. Einige Ausgaben aus *La Calotte* gaben uns hier im vierten Kapitel reichhaltiges Anschauungsmaterial für diesen erbitterten, emotionellen Kulturkampf. Der Herz-Jesu-Frömmigkeit wurden «weiblicher» Sentimentalismus, unwissenschaftlicher Providentialismus, Dolorismus und Rückständigkeit vorgehalten. Sie wurde der Lächerlichkeit anheimgestellt. Diesen Kulturkampf bezeichnete Jacqueline Lalouette als spezifischen Ikonoklasmus, der neben der Entfernung von Symbolen bewusst Bilder mit Bildern, sprich Karikaturen bekämpfte. Dehon setzte hier insofern Gegensteuer, als er darauf pochte, dass es kein Widerspruch sei, für sich einzufordern, Katholik und Franzose zu sein. Er ging zu Zeiten, in denen noch eine christliche bzw. klerikale Republik erhofft werden konnte, im Gefolge eines Nationalkatholizismus noch weiter: Das «wahre» Frankreich ist ohne Rom, Papst, Christentum, seine christlichen Heiligen und Märtyrer nicht zu denken – die Nation ist seit der Schlacht von Tolbiac (496) als eine christliche Nation zu denken und könne nur als solche Bestand haben.

Wie das vierte Kapitel es «illustrierte», waren die Diskussionen um die Trikolore als Staatsflagge eng an die nach der Staatsform geknüpft. Hier hatten die Katholiken divergierende Anschauungen, die sehr tief reichten und Spaltungen hervorriefen – selbst in die Welt der Kleriker und Ordensleute hinein. Eine nicht weiter verfolgte Vermutung wäre, dass das politische Moment innerhalb der Kongregation und der daraus resultierenden Verwerfungen eine gewichtige Rolle spielte. So wäre die Frage zu stellen, inwiefern die wogenden Auseinandersetzungen der 1890er Jahre innerhalb der Kongregation neben divergierenden lokalkirchlichen Ambitionen nicht auch ungleiche politische Optionen im Hintergrund umfassten: Die vom Superior des Instituts geforderte und praktizierte Aussöhnung mit der Demokratie wurde nicht von allen geteilt, im Speziellen von Kräften, die aus dem Süden Frankreichs stammten, nicht. Vielen wäre die weisse Flagge der Monarchie wohl lieber gewesen. Dass die Kongregation ihrem ursprünglichen Zweck nicht mehr vollumfänglich nachkomme, wie es in einem schon im ersten Kapitel behandelten Schreiben an die Adresse Dehons heisst,[14] welches seinerseits eine friedliche Aufspaltung des Instituts vorschlug, dieses Argument könnte sehr wohl unterschiedliche politische Visionen im Hintergrund zum Ausdruck bringen. Darin, dass diese Gruppe Dehons soziales und aktives Engagement bemängelte, sass wahrscheinlich Dehons doch auch klare Abkehr von der Monarchie auf der Anklagebank.

Basierten die Kapitel eins bis drei auf unedierten (aus dem Sanctum Officium oder dem Generalarchiv der Dehonianer in Rom) oder schon gedruckten Quellen (zur Frage des materiellen Reichtums sowie zu Geld und Zins), also auf Textmaterial, so stellte das vierte Kapitel bewusst das Symbol des Herzens-Jesu in den Fokus, also ein Bild. Die Welt der Bilder und Symbole beschäftigte auch

---

[14] Ausführlicher Brief einer Gruppe von sechs Herz-Jesu-Priestern an P. Dehon, 06.07.1897, in: B 48/4, Inv. Nr. 787.11: «... nous sommes séparés par un abîme; nos manières de voir sont totalement opposées. [...] Nous pouvons nous dire comme les deux patriarches: ‹La même terre ne peut plus nous contenir; si vous allez à droite, je choisirai la gauche, et réciproquement›.»

zentral das 19. Jahrhundert. Das für Dehon wichtige Herz-Jesu-Motiv exponierte jene sichtlich, die es auf ihre Fahnen hefteten, es schuf Identität und bot emotionalen, «transzendenten» Zusammenhalt und liess sich, wie es etwa Veuillot oder Lemius gezielt taten, sogar in den nationalen wie politischen Prozess hinein tragen: Dabei stiess es auf harten Widerspruch und konnte sich historisch gesehen nicht allgemein durchsetzen, weil es als revanchistisches und restauratives Motiv angesehen, ja bekämpft wurde. Trotzdem behielt es als Symbol für Personen aus dieser Frömmigkeitskultur starke, «erklärende» Kraft: Die politische Geschichte konnte beispielsweise mit der nicht erfüllten Forderung nach dem Herz-Jesu-Symbol auf den Staatsinsignien quasi nachvollzogen werden, und wie bei Dehon zu sehen, konnte dies eine gerade nicht restaurative Folgerung hervorrufen: Die Monarchie hatte versagt, indem sie die Forderung der Herz-Jesu-Apposition nicht aufgenommen hatte. Sie ist also zu Recht und erklärbar unter die Räder gekommen, ihre Zeit ist abgelaufen. Freilich hoffte man im gleichen Atemzug darauf, dass die junge Republik sich nun dieses Symbols als Schutzzeichens annehme. Es wäre dies zu ihrem eigenen Vorteil, denn gerade die bürgerliche Trikolore sei durch die rote Flagge des Sozialismus in einen drohenden, dunklen Horizont eingeschrieben.

Die Forderung nach einer Herz-Jesu-Trikolore wurde zunehmend unrealistisch, weil sie schon innerhalb der Kirche auf grossen Widerstand stiess. Als Signum der Christlichen Demokratie, wie es ein Abbé Garnier vorhatte, vermochte sie nicht zu reüssieren. Dehon konnte deshalb schon 1902 gut mit der «reinen» Trikolore leben, die er dann christlich interpretierte und über einen trinitarischen Zugang einholte. Das Herz-Jesu-Symbol war also ein Signum, das herausforderte und quasi als Symbol des Kulturkampfes zu stark aneckte und dies indirekt noch heute tut, wenn nur an Norbert Buschs theoretisches Stichwortkonzept zur Herz-Jesu-Frömmigkeit gedacht wird: «Depressivität, Defensivität bzw. Demonstrativität und Antimodernität».[15] Jahre später wurde die Figur der Jeanne d'Arc zu einem Symbol, das über die verschiedenen Gräben im Frankreich dieser Zeit hinaus Akzeptanz gewann: Die Jungfrau von Orléans, die kirchlicherseits rehabilitiert und nach dem Ersten Weltkrieg sogar heiliggesprochen wurde, war dazu angetan, das Nationale für die katholische Welt und weit darüber hinaus versöhnlich zu versinnbildlichen. Genauso wenig wie das altehrwürdige Kreuz jedoch wurde Jeanne d'Arc zu einem staatlichen, französischen Emblem. Ein Nationalfeiertag zu ihren Ehren konnte nicht durchgesetzt werden, die Heiligsprechung jedoch fand in einem Kontext der Aussöhnung von Frankreich und dem Heiligen Stuhl statt. Dehon nahm diese Entwicklung positiv entgegen.

Die Narrationen um die Nation und ihre Symbole sind in Sprachbilder des Kampfes und der Auseinandersetzung eingebunden. Fahnen sind ein gutes Bei-

---

[15] Norbert Busch, Katholische Frömmigkeit und Moderne. Die Sozial- und Mentalitätsgeschichte des Herz-Jesu-Kultes in Deutschland zwischen Kulturkampf und Erstem Weltkrieg (Religiöse Kulturen der Moderne 6), Gütersloh 1997, 307.

spiel dafür bzw. ein Element davon. Die Fahnenstangen in den Abbildungen zur Herz-Jesu-Standarte der päpstlichen Zuaven und der erhofften Nationalflagge für das 20. Jahrhundert sind nicht ohne Grund in der Form von Lanzen oder Speeren mit spitzem Ende ausgeführt (Abbildungen 20/21). Das Sprachbild der Fahne ist umgekehrt auch in der religiösen und spirituellen Literatur der Zeit ein häufig wiederkehrendes Motiv, einer Zeit, die, wenn auch nicht von totalen Kriegen wie der Urkatastrophe des 20. Jahrhunderts, so doch stark von kriegerischen Auseinandersetzungen und Konfrontationen geprägt war. Dehon lebte in einer unruhigen Zeit, das gilt besonders für den Zeitraum nach seiner Rückkehr aus Rom für die III. Republik, die auf der Suche nach sich selbst und dazu einer neuen, stimmigen zivilreligiösen Prägung war und diese letztlich in der Laizität fand.

Der Rückbezug auf grosse Schlachten spielte in der französischen Kultur ebenso eine Rolle wie die herausfordernde, paränetische Deutung von nationalen Niederlagen. Nach Tombs nahm diese «culture of defeat» im französischen Kontext eine konstitutive Rolle ein, die historische Deutung mit einem positiven Zukunftsausblick verband: «Il ne faut donc jamais désespérer de toi», heisst es in einem von P. Bertrand in seinem Romtagebuch notierten Vers über Frankreich (Abbildung 19) – niemals ist die Hoffnung auf ein christliches Frankreich aufzugeben, das je eine spezifische Sendung in der Welt innehat.

War nun Dehon von einem Nationalismus oder einfach von einem gesunden Patriotismus durchdrungen? Das ist eine Frage der Sichtweise, gestern wie heute. Sie beschäftigte auch die Historiografie innerhalb der Kongregation. Klar ist: Die Frage nach seiner Patria liess Dehon nicht kalt, einem Chauvinismus aber war er abhold, gerade weil zu viele «Defizite» ausgemacht wurden. Seine heimatliche Scholle war ihm andererseits als religiöse Kategorie wichtig, sie war immer in eine religiöse Frage eingeschrieben. Das kommt besonders dort gut zum Ausdruck, wo Stimmen aus der Frauenmystik mit dem Geschichtsverlauf des christlichen Frankreichs in Beziehung gesetzt werden: Von Jeanne d'Arc bis hin zu Margareta Maria Alacoque, Louise Lateau und Claire Ferchaud liessen sich die Beispiele bei Dehon fast beliebig vervielfältigen. Muster von nationaler Apostasie und kollektiver Umkehr sowie Rekonversion mit Verheissungszusage wirkten attraktiv auf Dehon, der sich davon überzeugt zeigte, dass Gott seine Heimat zu einer speziellen Mission auserwählt hatte und sie niemals ganz verlassen würde. In der Behandlung der Seherin aus der Vendée, Claire Ferchaud, sahen wir aber auch, wie die Akzente sich bei Dehon verschoben. Dehons päpstlicher Freund Benedikt XV. und der Erzbischof von Paris kühlten hier etwas ab, was der Krieg vorgängig nochmals aktivierte.

Die nationale Abkühlung Dehons war eigentlich schon früher bemerkbar, als Dehon – sei es über die Nichtanerkennung der Kongregationen, sei es in seiner Reisetätigkeit – die Koppelung von Frankreich und Christentum zusehends schwächer ausgestalten wird: So war evident, dass der Schutzmachtstatus Frankreichs in den Missionen nicht mehr von langer Dauer sein würde, was zum Aufbau einheimischer kirchlicher Strukturen gemahnte. Daneben machte der Eucharistische Kongress 1910 in Montréal etwa klar, dass der englischsprachige Kulturraum, dem Dehon einiges an Sympathie zukommen liess, an Bedeutung gewann. In diesen Punkten war Dehon keinesfalls ein eng gestrickter französischer Spross mit Scheuklappen, sondern er erwies sich im wahrsten Sinne des Wortes als katholisch.

Dehon neigte dazu, im Rahmen eines sehr menschlichen Gottesbildes religiöse Symbolik als apotropäisch zu betrachten und im Gegenzug fehlende oder nicht mehr vorhandene religiöse Symbole als Akt der Blasphemie zu werten. Desgleichen legte Dehon viel Wert auf den öffentlichen Raum wie auch auf das Icon des Herzens Jesu. Dabei zeigt sich, dass der ultramontane integrale Katholizismus die Bereiche nicht immer «in ihrer relativen Autonomie» so auseinander halten konnte, wie später dann das II. Vatikanum oder der moderne Rechtsstaat dies als Laizität einfordern werden. Der Sachverhalt ist jedoch bei Dehon, der letztlich als integraler Katholik gesehen werden kann, komplexer gelagert: Als Dehon eine Art kleine Restauration erlebt, die ihm eigentlich entgegenkommen müsste, ist er dann doch auch skeptisch. Mit der deutschen Okkupation kommen 1914 in St. Quentin wieder die religiösen Zeichen in den öffentlichen Raum zurück: Kreuze, Prozessionen, Ordensgewänder usw. Das freute Dehon zwar. Als er aber die öffentlichen Gottesdienste der deutschen Armee genauer unter die Lupe nahm, stellte er die Frage, ob da nicht doch viel sozialer Zwang und banale Routine dahintersteckten. Sagen wir es kurz: Die französische «Freiheit» und «Innerlichkeit» fehlten ihm in diesem Geschehen dann irgendwie. Religion war ihm dabei zu stark kollektive Kultur.

Dehon war sich in vielen Fragen nicht sicher, er changierte: Er hatte in Fragen, die Religion und Politik gemeinsam betrafen, keine durchdachte und gefestigte Position – wie sie anderenorts im sozialen Engagement zu ersehen ist, wo er in ein Lehrgebäude eindringt und dieses sogar weiterentwickelt. Die festgestellten Kontinuitäten in seinen Anschauungen können nicht darüber hinwegtäuschen, dass Dehon wohl keine eigene, starke (national-)politische Konzeption erarbeitete. Er benutzte die Bilder eher spontan, emotional, apologetisch. Spätestens als seine Kongregation Grenzen überschritt und dies viele Herausforderungen mit sich brachte, die es zu meistern galt, musste Dehon transnationale und internationale Konfliktlösungsstrategien aufgleisen – die Kongregation stand so rund um die Kriegszeit vor einer Zerreissprobe, auch auf dem Generalkapitel 1919. Die spezifisch französischen Debatten der 1890er Jahre spielten dann nur mehr eine geringe Rolle: Dehons «symbolisches» Engagement endete in der näher besehenen Frage damit, dass er für liturgische und innerkirchliche Zwecke sich darum bemühte, das Herz-Jesu auf die unterschiedlichen Nationalflaggen zu positionieren – der Traum einer christlichen französischen Nation war somit irgendwie ausgeträumt.

So hat diese Arbeit vier historisch-kritische Blicke auf Dehon geworfen, der eine faszinierende, ambivalente und wirkmächtige Persönlichkeit seiner Zeit war und sich über sein Institut bleibend in die Geschichte zumindest seiner Glaubensgemeinschaft bzw. Kirche eingeschrieben hat. Mit den vier thematisierten Perspektiven wurden aktuelle Fragestellungen aufgegriffen, die sich (1) mit der geografischen Expansion einer jungen Kongregation und den damit zusammenhängenden Schwierigkeiten auseinandersetzen; (2) mit der Dynamik einer inneren Struktur und den jeweiligen Normen einer Institution beschäftigen, welche ihrerseits mit neuen Initiativen und Ideen konfrontiert wird; die (3) materielle und ökonomische Grundlagen der Kirchengeschichte als entscheidende, nicht «separierbare» Faktoren behandeln und die schliesslich (4) in einem ikonografischen Zugang Symbole und das Ringen um sie im öffentlichen Raum in den Mittelpunkt rücken. Mit diesen vier Zugängen wurden die Persönlichkeit und das Leben des Léon Gustave Dehon ein wenig ausgeleuchtet. Sie explizieren das mit dem Titelbild à la Andy Warhol angedeutete Polyptychon. Das war selbstgestecktes Ziel der Arbeit. Einer weiteren Bearbeitung Dehons Biografie und seiner Zeit sei damit neu Tür und Tor geöffnet.

Abkürzungsverzeichnis

ACDF	Archivio della Congregazione per la Dottrina della Fede
ADR	Archivio Dehoniano Roma
AG	Archivio Generale (SCJ)
ASV	Archivio Segreto Vaticano
a. M.	am Main
B	Boite/Archivschachtel
Bd.	Band
BE	Belgien
CIC	Codex Iuris Canonici
CSSR	Congregatio Sanctissimi Redemptoris (Redemptoristen)
ca.	circa
DN	Autor
FR	Frankreich
f.	folgende
Hg.	Herausgeber
Hl./hl	Heiliges/heilig
i. Br.	im Breisgau
i. Ue.	im Uechtland
Inv. Nr.	Inventarnummer
IT	Italien
LThK	Lexikon für Theologie und Kirche
MSC	Missionarii Sacratissimi Cordis Jesu (Herz-Jesu-Missionare)
NHV	Notes de l'histoire de ma vie
NL	Niederlande
NQT	Notes Quotidiennes
NZZ	Neue Zürcher Zeitung
Nr.	Nummer
OCD	Ordo Carmelitarum Discalceatorum (Unbeschuhte Karmeliten)
OFMCap	Ordo Fratrum Minorum Capuccinorum (Kapuziner)
OFMConv	Ordo Fratrum Minorum Conventualium (Minoriten)
OMI	Congregatio Missionariorum Oblatorum Sanctissimae et Immaculatae Virginis Mariae (Oblaten Mariens)
OP	Ordo Predicatorum (Dominikaner)
P.	Pater
RCJ	Règne du Cœur de Jésus (Zeitschrift Dehons)
RGG	Religion in Geschichte und Gegenwart
SCJ/SCI	Congregatio Sacerdotum a Corde Jesu (Herz-Jesu-Priester)
SJ	Societas Jesu (Jesuiten)
SZRKG	Schweizerische Zeitschrift für Religions- und Kulturgeschichte
SZG/RSH/RSS	Schweizerische Zeitschrift für Geschichte
t.	tome/Band
v.a.	vor allem
Vgl./vgl.	Vergleiche/vergleiche
usw.	und so weiter
u.ä.	und ähnliches
z.B.	zum Beispiel
ZMR	Zeitschrift für Missionswissenschaft und Religionswissenschaft

Abbildungsverzeichnis

Bilder

Abbildung 1: Die acht Generalkapitel zur Zeit Dehons, erstellt von David Neuhold und Tobias Loder-Neuhold.

Abbildung 2-4: Mitgliederstatistik von 1878-2015, erstellt von David Neuhold und Tobias Loder-Neuhold, auf Basis von Daten von P. Rosinski und neuester Jahresberichte SCJ.

Abbildung 5-6: Herz-Jesu-Kirche Tunis (alte Postkarte/Eigenbestand, neuere Ansicht auf google.maps.ch).

Abbildung 7-8: Titelblätter der Relationen/Berichte P. Salluas 1883 (aus ACDF).

Abbildung 9: Visitenkarte P. Cormiers im Archiv Dehons (ADR B 23, Inv. Nr. 483.25.1).

Abbildung 10: Haupteinlagebild der versammelten Akten zum Drittordenskongress von Nîmes, in: Actes du Quatrième Congrès du Tiers-Ordre Franciscain, tenu à Nîmes, 1897, Brive 1898.

Abbildung 11: Skizze Dehons in Sachen Wucherzins, Dossier «L'usure», in: ADR B 9/18.1 (Inv. Nr. 74.01.3).

Abbildung 12: Auszug aus dem im Sommer 1906 an Kard. Ferrata gerichteten Bericht (Punkt II), in: ADR B 105/3 (Inv. Nr. 1157.27.5).

Abbildung 13: Ein Protestplakat (aus ADR B 39, 2/E, Inv. Nr. 670.27) im Vorfeld der in St. Quentin anberaumten Zwangsversteigerung.

Abbildung 14: Dehon als «inszenierter Zeitungsleser». Fotoarchiv Dehon Rom.

Abbildung 15: *La Croix*-Ausgabe mit Herz-Jesu-Trikolore vom 7. Dezember 1900.

Abbildung 16: «Les demandes du Roi des rois» aus B 40/6.10 (Inv. Nr. 678.03.1) des ADR.

Abbildung 17/18: Ausschnitte aus Titelblättern von Ausgaben der *La Calotte* mit Herz-Jesu Bezug aus 1901 («Prozession») und 1899 («Kommuniongang»).

Abbildung 19: Mit Farben kolorierter Eintrag in das «Romtagebuch» P. Bertrands aus dem ADR.

Abbildung 20: Herz-Jesu Standarte, aus: Le Drapeau du Sacré-Coeur et les Zouaves, par M. S... A..., [3]1889, 8. «Cœur de Jésus - Sauvez la France».

Abbildung 21: Abbildung aus der Kleinschrift «Au drapeau» aus 1899, vgl. Au drapeau!, par un Pioupiou, Merville/Paris 1899.

Schemata

Schema 1: Missionsländer/-gebiete der SCJ, erstellt von David Neuhold über Daten von P. Borst.

Schema 2: Der Ablauf des Geschehens 1883/1884, erstellt von DN und Tobias Loder-Neuhold.

Schema 3: Beteiligte Akteure Prozess 1883/1884, erstellt von DN und Tobias Loder-Neuhold.

Schema 4: Die 10 Gutachten Dehons bei der Index-Kongregation, erstellt von David Neuhold.

Zeitstrahl

14.03.1843 Geburt P. Dehons in La Capelle

Schule in Hazebrouck, Studien in Paris, dann in Rom, ab 1865 an der Gregoriana

19.12.1868 Priesterweihe in Rom, später Konzilsstenograph (1869/1870)

1871 Dehon wird Vikar in St. Quentin/Nordfrankreich

1878 Start der Kongregation

1882 Tod des Vaters

1883 Tod der Mutter

1883/1884 Prozess in Rom am Heiligen Offizium (Vgl. Kapitel II)

1886 Erstes Generalkapitel / 1888 decretum laudis

1895 *Schrift* «L'Usure au temps présent» (Vgl. Kapitel III)

1897 Dehons Römische Konferenzen, *Schrift* «La Sicile, l'Afrique du Nord et les Calabres» (Vgl. Kapitel I), Dehon wird Konsultor am Index (Vgl. Kapitel II)

1899 *Schrift* «Richesse, médiocrité ou pauvreté» (Vgl. Kapitel III)

1903 Transfer des Mutterhauses nach Brüssel

04.07.1906 Definitive Anerkennung der Kongregation

1908 *Schrift* «Le plan de la Franc-Maçonnerie» (Vgl. Kapitel IV)

1910/11 Weltreise

1914-1918 Weltkrieg (Vgl. Kapitel IV)

05.12.1923 Definitive Anerkennung der Konstitutionen

12.08.1925 Tod P. Dehons in Brüssel

Nur einige für dieses Opus wichtige Daten,
detailreichere und übersichtlichere Informationen unter:
www.dehondocsoriginals.org/timeline

Quellen- und Literaturverzeichnis

I. Quellen

A. Ungedruckte bzw. unveröffentlichte Bestände

ACDF RV 1884
Dossier «Rerum Variarum» 1884, N. 5
[in Klammern finden sich die internen Angaben der gescannten Dokumente/Bildnummern, wie sie 2016 an das Archiv der Herz-Jesu-Priester in Rom übergeben wurden; die Briefe sind oftmals transkribiert, aber auch für den internen Gebrauch gedruckt in Relationen/Berichte eingeflossen].

Teil I: Brief Kard. Ledóchowskis an Bf. Thibaudier, 26.03.1882
[pars I, nr. 0041-0042 sowie 0104-0105].

Teil I: Brief P. Dehons an Bf. Thibaudier, 25.11.1882
[pars I, nr. 0035-0037].

Teil I: «Extrait de la relation des faits qui se sont passés à Saint-Clément (diocèse de Soissons) dans la nuit du 15 janvier et les jours suivants 1883.» (Bf. Thibaudier)
[pars I, nr. 0044-0047 sowie 0108-0120].

Teil I: «Notice sur Sr. Marie Ignace et prédictions (Reçue de Monsieur Dehon)» (Bf. Thibaudier)
[pars I, nr. 0150-0175].

Teil I: Brief Bf. Thibaudiers an Papst Leo XIII., 04.04.1883
[pars I, nr. 0128-0131].

Teil I: «Relazione e Voto con Sommario» des P. Sallua OP [30.05.1883]
[pars I, nr. 0006-0091: gedrucktes Votum sowie vorgängiges Manuskript; daraus Abbildung 7].

Teil I: Brief Bf. Thibaudiers an Mgr. Sallua, 25.06.1883
[pars I, nr. 0242-0243, 0252-0253].

Teil I: Brief Bf. Thibaudiers an Mgr. Sallua, 26.06.1883
[pars I, nr. 0244-0245, 0250-0251].

Teil I: Brief Bf. Langénieux' an Kard. Bilio, 21.01.1884
[innerhalb der «Breve Relazione» P. Salluas vom März 1884]
[pars I, nr. 0310-0312].

Teil I: Brief Bf. Thibaudiers' an Assessor des Hl Offiziums, 01.02.1884
[innerhalb der «Breve Relazione» P. Salluas vom März 1884]
[pars I, nr. 0296-0300].

Teil II: «Relazione con Sommario» des P. Sallua OP, Oktober 1883 [28.09.1883]
[pars II, nr. 0003-0064: gedrucktes Votum, darin auch Abschnitt:
«Esami del sacerdote Leone Dehon», sowie zusammengefasste Zensuren; daraus Abbildung 8].

Teil II: «IV Cahier 1879-1880», Gutachten des Konsultors P. Molza SJ [1883]
[pars II, nr. 0115, 0128].

Teil II: Brief Bf. Thibaudiers an Kard. Ledóchowski, 18.03.1882
[pars II, nr. 0337-0340].

Teil II: «Rapport de la Commission nommée par Mgr l'Archev. de Reims...» [12.02.1883]
[pars II, nr. 0125-0127, 0070-0078].

Teil III: Dokument 23 («Se debba approvarsi dalla S. Sede l'Istituto fondato dal Sac. Dehon», Gutachten P. Luigi Avellas OFMConv vom 14.01.1906)
[pars III, nr. 0111-0120, 0135-0148].

Teil III: Dokument 24: Brief P. Dehons an P. Pie de Langogne OFMCap, 10.02.1906
[pars III, nr. 0151-0153].

Teil III: Dokument 27: Brief P. Cormiers, 10.03.1906
[pars III, nr. 0177].

Teil IV: Dokument 6: Gutachten P. Cormiers [Dezember 1900]
[pars IV, nr. 0027-0043, auch B 199/1, Inv. Nr. 1184.10].

Teil IV: Dokumente/Notizen Nrr. 7-9: (Nicht-)Beförderung Dehons zum Gutachter des Heiligen Offiziums, keine eigenständige Mission usw. [lose Blätter, Januar-Mai 1901]
[pars IV, nr. 0045-0052].

Teil IV: Dokument 13: Brief Van Rossums [ohne namentliche Anrede des Adressaten], 06.03.1901
[pars IV, nr. 0061-0063].

Teil IV: Dokument 18: Brief P. Dessons an das Heilige Offizium, 01.06.1901
[pars IV, nr. 0075-0083].

Teil V: Dokument 2: Gutachten von P. de Langogne OFMCap, 25.01.1907
[hier zitiert aus B 119/1, Inv. Nr. 1184.12].

Teil VIa: Dokument Nr. 5, Einschätzung des P. Garrigou-Lagrange OP vom 18.01.1952.

Teil VIa: Dokument Nr. 25, Einschätzung des P. Philippe de la Trinité OCD, vom 05.08.1955.

ADR B (=Boite)

B 6/4.A («Le pape et Rome», in: 1er cahier «Sermons 1869-1871», 29-34).
B 9/17.A.7, Inv. Nr. 60.07 (Brief P. Flemings OFM an Léon Harmel vom 08.09.1897).
B 9/17.A.17, Inv. Nr. 60.17 (Brief La Tour du Pins an P. Dehon, 25.12.1896).
B 9/17.A.24, Inv. Nr. 60.24 (Brief La Tour du Pins an Dehon, 31.03.1897).
B 9/18.1, Inv. Nr. 74.01.3 (Dossier «L'usure», Titelblatt vgl. Abbildung 11, dazu auch B 9/18.1, Inv. Nr. 74.01.09 und 74.01.13).
B 9/20, Inv. Nr. 76.00 (Brief P. Dehons an P. Jules du Sacré-Cœur, September 1897).
B 13/11, Inv. Nr. 94.25-94.27 (Dokumente zur Lebensversicherung Dehons).
B 13/11, Inv. Nr. 94.43 (Testament P. Eugène Paris').
B 14/5, Inv. Nr. 99.00 («Associations pieuses»).
B 15/1.2 («Vues de quelques mystiques anciens ou contemporains sur la France»).
B 16/1, Inv. Nr. 114.06 (Brief P. Dehons an Kardinal Mercier, 13.07.1904).
B 16/6bis.4, Inv. Nr. 122.04 (Brief P. Dehons an P. Falleur).
B 17/6.12.25, Inv. Nr. 158.25 (Brief von Kanonikus Demiselle an Dehon, 25.04.1873).
B 17/6.23, Inv. Nr. 170.00 (Brief von P. Guilhen SJ an P. Dehon, 09.08.1872).
B 18/6.9, Inv. Nr. 211.00 (Brief P. Delgoffes an P. Dehon, 06.01.1920).
B 19/9, Inv. Nr. 280.02 (Brief P. Dehons an Fr. Bodin, im Juni 1909).
B 20/2, Inv. Nr. 290.41 (Brief P. Dehons an P. Falleur, 01.04.1897).
B 20/2, Inv. Nr. 291.37 (Brief P. Dehons an P. Falleur, 09.05.1898).
B 20/2, Inv. Nr. 291.61 (Brief P. Dehons an P. Falleur, 17.02.1899).
B 20/3, Inv. Nr. 292.2 (Brief P. Dehons an P. Falleur, 13.03.1894).
B 20/3.2, Inv. Nr. 293.17 (Brief P. Dehons an P. Falleur, 15.04.1897).
B 20/3.2, Inv. Nr. 293.28 (Brief P. Dehons an P. Falleur, 10.10.1897).

B 20/3.2, Inv. Nr. 293.30 (Brief P. Dehons an P. Falleur, 13.10.1897).
B 20/4.1, Inv. Nr. 294.21 (Brief P. Dehons an P. Falleur, 16.01.1901).
B 20/4.1, Inv. Nr. 294.35 (Brief P. Dehons an P. Falleur, 24.03.1904).
B 20.7.12, Inv. Nr. 308.18 (Brief P. Dehons an Abbé Brochard, 13.02.1920).
B 20/12, Inv. Nr. 326.12 (Brief P. Dehons an P. Falleur, 20.09.1883).
B 21/2, Inv. Nr. 357.03 (Brief Bf. Mignots an P. Dehon, 15.01.1918).
B 21/2.f, Inv. Nr. 350.13 (Brief Georges Goyaus an P. Dehon, 27.04.1908).
B 21/2.f, Inv. Nr. 350.07 (Brief La Tour du Pins an Dehon, 11.03.1914).
B 21/3.G, Inv. Nr. 364.05 (Brief Bf. Mignots an P. Dehon, 16.04.1897).
B 21/3.R, Inv. Nr. 373.02 (Brief Bf. Thibaudiers an Abbé Mathieu, 05.07.1881).
B 21/6.1, Inv. Nr. 423.39 (Brief Georges Goyaus an P. Dehon, 07.07.1913).
B 22/8, Inv. Nr. 458. 01 (Brief P. Dehons an P. Govaart, 22.05.1921).
B 22/10.D, Inv. Nr. 464.01(Brief P. Dehons an P. Chevalier MSC, 10.11.1890).
B 22/10.D, Inv. Nr. 464.02 (Brief P. Dehons an P. Jouët MSC vom 25.07.1892).
B 22/10.D, Inv. Nr. 464.04 (Brief P. Dehons an P. Chevalier MSC, 12.11.1890).
B 23, Inv. Nr. 483.25.1 (Visitenkarte P. Cormiers, zugleich Abbildung 9).
B 24, Inv. Nr. 487.04.21 («Aller au peuple»).
B 24/2, Inv. Nr. 489.09 (Brief P. Dehons an Romolo Murri, 30.03.1903).
B 24/15.3, Inv. Nr. 515.54 (Brief P. Dehons an Bf. Péchenard, 31.08.1911).
B 24/12, Inv. Nr. 507.03 (Brief P. Dehons an die Propaganda Fide, 07.10.1897).
B 24/15.3, Inv. Nr. 515.13 (Brief P. Dehons an Bf. Duval, 16.06.1892).
B 24/15.3, Inv. Nr. 515.36 (Brief P. Dehons an Bf. Deramecourt, 15.03.1899).
B 33/3.6, Inv. Nr. 548.06 (Brief von Abbé Wallemacq an P. Dehon, 13.03.1909).
B 34/9A: ‹Notes sur les lumières que Sœur Ignace reçut de Notre Seigneur
pour la fondation de l'Œuvre en 1878-1880›.
B 39/1, Inv. Nr. 669.00.15 (Dehons «Demande d'autorisation», 02.11.1901).
B 39 2/D, Inv. Nr. 670.18 (Brief Jules Dollés an P. Dehons, 16.04.1903).
B 39, 2/E, Inv. Nr. 670.27 (Protestplakat, vgl. Abbildung 13).
B 40/4, Inv. Nr. 674.12 («Les débaptisations de rues»).
B 40/6.10, Inv. Nr. 678.03.1 («Les demandes du Roi des rois», zugleich Abbildung 16).
B 44/4, Inv. Nr. 741.57 (Postkarte P. Lehmkuhls SJ an P. Dehon, 30.01.1896).
B 48/4, Inv. Nr. 787.11 (Brief einer Gruppe von 6 Patres an P. Dehon, 06.07.1897).
B 62/1, Inv. Nr. 857.12 (Rundbrief an die Scholastiker des Ordens, 1919).
B 62/10, Inv. Nr. 868.01 (Brief Dehons an den Bf. von Basel, 25.07.1891).
B 74/1, Inv. Nr. 969.06 (Brief P. Dehons an P. Kusters, 05.01.1919).
B 74/3, Inv. Nr. 971.46 (Brief P. Dehons an P. Kusters, 1912?).
B 82/1, Inv. Nr. 1102.01 (Brief P. Dehons an P. Guilhen SJ, 18.10.1872).
B 82/1, Inv. Nr. 1102.02 (Brief P. Dehons an P. Guilhen SJ, 21.10.1881).
B 82/1, Inv. Nr. 1102.04 (Brief P. Dehons an P. Guilhen SJ, 20.05.1882).
B 82/1, Inv. Nr. 1102.05.1 (Brief P. Dehons an P. Guilhen SJ, 04.10.1896).
B 82/1, Inv. Nr. 1102.06 (Brief P. Dehons an P. Guilhen SJ, 18.12.1903).
B 82/1, Inv. Nr. 1102.07 (Brief P. Dehons an P. Guilhen SJ, 1905).
B 82/1, Inv. Nr. 1102.09 (Brief P. Dehons an P. Guilhen SJ, 06.04.1921).
B 82/6, Inv. Nr. 1107.00 («Conservateurs et Démocrates»).
B 83, Inv. Nr. 1110.75 (Brief P. Dehons an Sr. Marie Agathe, 07.05.1924).
B 83/1, Inv. Nr. 1110.11 (Brief P. Dehons an Mère Marie Joseph, wahrscheinlich 1906).
B 88/3, Dossier «Le drapeau du S. Cœur».
B 96/1, Inv. Nr. 1132.01/02 (Traktate Abbé Tartelins und Abbé Dehons 1899).
B 98/2: Briefe P. Ottavio Gasparris an Dehon im März/April 1923.
B 99/3A, Überblick des Archivars zur Niederlassung in Tunis, 18.03.1977.
B 99/3A, Inv. Nr. 1139.57 (Brief P. Blancs an P. Dehon, 06.12.1898).
B 99/3A, Inv. Nr. 1139.60 (Brief P. Blancs an P. Dehon, 16.12.1898).
B 99/3A, Inv. Nr. 1139.65 (Brief P. Blancs an P. Dehon, 31.12.1898).
B 99/3A, Inv. Nr. 1139.99 («Carthaginen. Iurium, Ziffer 20.895/14, Anno 1900»).
B 99/3, Inv. Nr. 1139.71 (Brief P. Miquets an P. Dehon, 19.03.1899).
B 99/3, Inv. Nr. 1139.78 (Brief P. Miquets an P. Dehon, 15.11.1899).

B 99/3, Inv. Nr. 1139.82 (Brief P. Miquets an P. Dehon, 13.01.1900).

B 99/3B, Dossier «Nazareth».

B 102/3, Brief an Dehon, vom 21.02.1912, Verfasser unbekannt.

B 103/2, Inv. Nr. 1150.82 (Brief von P. Lambert an P. Dehon, 12.09.1918).

B 103/2, Inv. Nr. 1150.84 (Brief von P. Lambert an P. Dehon, 18.10.1918).

B 104/3, Inv. Nr. 1153.55 (Brief von P. Miquet an P. Dehon, 10.12.1889).

B 104/3, Inv. Nr. 1153.74 (Brief des Erzbischofs von Karthago, Combes an P. Dehon, 01.05.1899).

B 105/1, Inv. Nr. 1155.44 (Brief P. Daums an P. Dehon, April 1882).

B 105/3, Inv. Nr. 1157.27.5 (Bericht P. Dehons an Kard. Ferrata).

B 105/3.2, Inv. Nr. 01157.25 (Brief P. Dehons an Kard. Ferrata, 06.05.1906).

B 107/3, Inv. Nr. 1163.82 (Brief von Missionaren aus Ecuador, Juni 1895).

B 107/4, Inv. Nr. 1164.19 (Skizze Orte/Regionen Maghreb-Aufenthalt 1894).

B 108/4, Inv. Nr. 1160.42 (Brief P. Dehons an Abbé Birot, 19.11.1900).

B 108/4, Inv. Nr. 1168.45 (Brief P. Dehons an J. Tiberghien, 15.06.1914).

B 109/2, Inv. Nr. 1169.48 (Brief P. Dehons an Abbé Desaire, 13.07.1881).

B 109/2, Inv. Nr. 1169.52 (Brief P. Dehons an Abbé Desaire, 19.02.1883).

B 110/3, Inv. Nr. 1170.54 (Brief P. Dehons an P. Lepidi OP, 05.05.1899).

B 118: Quellen unter dieser Signatur sind ursprünglich aus ACDF, alle mittlerweile fast durchgängig publiziert auf www.dehondocsoriginals.org, Sigle ACD).

B 118, Inv. Nr. 1183.02 (Gutachten P. Dehons zu Albert Jounet).

B 118, Inv. Nr. 1183.03 (Gutachten P. Dehons zu Louis Poulin und Edmond Loutil).

B 118, Inv. Nr. 1183.04-6 (Schriftstücke P. Dehons zu Anselm Réan).

B 118, Inv. Nr. 1183.07 (Gutachten P. Dehons zu Jean Le Morin).

B 118, Inv. Nr. 1183.08 (Gutachten P. Dehons zu Albert Houtin).

B 118, Inv. Nr. 1183.12 (Gutachten P. Dehons zu Pierre Saintyves [= Émile Nourry]).

B 118, Inv. Nr. 1183.15 (Gutachten P. Dehons zu Ferdinand Hamelin).

B 118, Inv. Nr. 1183.16 (Gutachten P. Dehons zu Jehan de Bonnefoy [= Joseph Brugerette]).

B 118, Inv. Nr. 1183.17 (Schreiben P. Dehons zu Abbé Dolonne [= Abbé Doussier], Le clergé contemporain et le célibat).

B 118, Inv. Nr. 1183.18 (Gutachten P. Dehons zu Jules Claraz).

B 118, Inv. Nr. 1183.20 (Brief P. Dehons an P. Esser OP, 25.07.1912).

B 118, Inv. Nr. 1183.23 (Gutachten P. Dehons zu Charles Maurras).

B 119/1, Inv. Nr. 1184.03 (Brief P. Dehons an Mgr. Sallua, 31.10.1883).

B 119/1, Inv. Nr. 1184.10 (Gutachten P. Cormiers für Heiliges Offizium).

B 119/1, Inv. Nr. 1184.12 (Gutachten P. de Langognes für Heiliges Offizium).

ADR - AG

Personaldossier «Dahler, Alfredus, Provinz AP 110 (03)».

Personaldossier «Ducamp, Augustinus 1882».

Briefbestände Falleur, Aufschrift «Falleur, Stanislas, 1857/81/82 Corrispondenza economica».

Cap. Gen. I-IX, 1886-1926, Acta originalia, Signatur 3-D-1, Inv. Nr. 800ff.

ADR Bestand Bertrand, Tagebuch Romreise, 1913.

ADR Reg. R. I. 1885-1906.

ADR - CG

CG 26: Unterlagen zur CIRIS-Untersuchung 1970-1972.

Archiv des Postulators SCJ

Documenta Secreta B: Berichte P. Julien Jacques', interne Nummerierung 3 und 4.

Documenta Secreta B: Oranges Kuvert mit Aufschrift «Inchiesta del Rev. P. Jacques sul venerato Padre Dehon», eigene Kollektion, Ordnungspunkt 4.

Documenta secreta B, ausgeschnittener Zeitungsartikel, drei Teile (Titel «Le Déhonté»), mit Archiv-Anmerkung «Articolo ributtante che rivela l'ignoranza e lo spirito settario dell'autore». Gezeichnet ist der Beitrag von ‹L'avant-garde›, März 1896, mit dem Pseudonym «Pitalugue».

ASV (= Archivium Secretum Vaticanum)

Arch. Part. Pius X., b. 116 (Briefkorrespondenz Pius' X. Januar 1914), 1014r-1019v, 1022r-1024v.

B. Gedruckte bzw. digital greifbare Quellenbestände

Soweit möglich und der Einfachheit bzw. Nachvollziehbarkeit halber wurde in der Arbeit auf die digitale Plattform *www.dehondocsoriginals.org* zurückgegriffen, die eine reichhaltige historische Fundgrube darstellt. Um in den Fussnoten oder Bildbeschreibungen nicht jedes Mal eine URL-Adresse anzugeben, was ästhetisch weniger schön wäre, wurden an betreffenden Stellen die im Dehondocs-Projekt verwendeten Siglen hinzugezogen. Diese sind stabil und können in einfacher Weise unter: *www.dehondocsoriginals.org/ricerca* (citation SCJ) gefunden und eingesehen werden. Nach der Angabe des Dokuments und einer Zahl folgt – nach einem Slash – der zitierte Absatz.

ACD
9020020 (Gutachten zu Albert Jounet, 01.05.1897).
9020021 (Gutachten zu Louis Poulin und Edmond Loutil, 18.01.1899).
9020022 (Gutachten zu Anselme Réan, 18.11.1901).
9020025 (Gutachten zu Abbé Jean Le Morin, 1907/1908).
9020026 (Gutachten zu Albert Houtin, 1907).
9020030 (Gutachten zu Ferdinand Hamelin, 03.12.1907/8).
9020031 (Gutachten zu Pierre Saintyves, 08.12.1907).
9020032 (Gutachten zu Jéhan de Bonnefoy 1908/1909).
9020034 (Rezension zu Abbé Dolonne, 1910/1911).
9020035 (Gutachten zu Abbé Jules Claraz, 19.01.1912).
9020037 (Brief P. Dehons an P. Esser OP, 25.07.1912).
9020040 (Gutachten zu Charles Maurras, 25.05.1913).

ASC
2/195-205 («L'Année avec le Sacré Cœur - Février»).

CHR
«Chroniques», publiziert in der Zeitschrift Dehons «Le Règne du Cœur de Jésus dans les âmes et dans les sociétés», mit Angabe von Jahr und Absatz.
1889/7 ; 1889/58; 1889/159; 1889/161; 1889/182; 1893/177; 1894/182; 1896/12; 1896/166; 1896/182; 1898/55; 1898/108; 1899/168-184; 1890/108-110; 1901/181; 1901/182; 1902/123; 1903/174.

DIS
90500088 («Le Christ conquiert les nations ou le christianisme propagé et conservé»).

DRD 6 («Discours sur l'éducation du caractère»).

EXT
8035086 (Léon Dehon, Le drapeau, in: Le Règne, 8 [1896], 9, 417-419, Editorial).
8035174 (Léon Dehon, Bleu, Blanc, Rouge. Les couleurs et les drapeaux, in: Le Règne 14 [1902], 12, 594-599).
8035191 (Léon Dehon, Dieu ne meurt pas).

LCC
8090139 («Souvenirs 1843-1877-1912»).

MSC
168; 234; 480.

MSO
241.

NHV
1/27; 1/120; 2/115; 3/88; 5/69; 6/83, 6/84; 9/2; 9/14; 9/77; 10/17; 12/82; 13/57; 13/122; 14/67; 14/68; 14/127; 14/159; 14/174; 15/61.

NTD
9130030 («La Maison du Sacré-Cœur pendant la guerre»).

NQT
2/137; 3/388; 4/290; 5/113; 5/153; 5/195; 5/209; 6/83; 7/4; 7/6; 7/70; 7/83; 7/86; 7/88; 7/90; 7/95; 7/105; 7/106; 7/109; 7/110; 7/113; 7/121; 7/124; 7/127; 8/1; 8/3; 8/3-6; 8/6; 8/10; 8/12; 8/16; 8/17; 8/36; 8/38; 8/45; 8/55; 8/67; 8/68; 8/75; 8/82; 8/113; 8/114; 11/109; 12/12; 13/121; 16/11-12; 16/81; 20/20; 20/30; 24/17; 24/58; 24/59; 26/34; 26/81; 26/128; 26/129; 26/134; 29/60; 32/155; 33/141; 34/79; 34/149; 34/201; 35/126; 37/79; 40/43; 41/66; 42/6; 42/30; 42/35; 42/63; 43/25; 44/155.

RSO
1/64; 7/61; 7/76; 10/44; 10/45.

REV
5703 («L'idéalisme dans les œuvres», in: Chronique des Comités du Sud-Est, Juli 1900).
8031000 («Les articles, de 1889 à 1922», Einleitung).
8031011 («État lamentable», in: Le Règne, Juni 1894).
8031014 («L'association du capital et du travail», in: Le Règne 1896/1897 in mehreren Ausgaben).
8031017 («Armée de l'Antéchrist», in: Le Règne, März 1895).
8031034 («Le rôle de la richesse dans la vie sociale», in: Le Règne 1896/1897 in mehreren Ausgaben).
8031087 («La barque de Pierre», in: Le Règne, Februar 1901).
8031127 («Romains!», in: Chronique des Comités du Sud-Est, April 1904).
87102 («L'association du capital et du travail», in: La Démocratie Chrétienne 1894/1895 in mehreren Ausgaben).

UTP
«L'usure au temps présent. Etude sur l'usure au double point de vue de la morale et de l'économie sociale» (1895).

Physische, ältere Editionen mit Texten Dehons, die in der Arbeit herangezogen wurden:

OS I
Léon Dehon, Œuvres Sociales I. Les articles, de 1889 à 1922, Napoli 1978.

OS III
Léon Dehon, Œuvres Sociales III. 1898-1908 (Catéchisme social 1898, Richesse, médiocrité ou pauvreté 1899, La rénovation sociale chrétienne 1900, Le plan de la franc-maçonnerie 1908), Napoli 1976.

OS IV
Léon Dehon, Œuvres Sociales IV. Thèses et Discours 1862-1901 (Thèses pour la licence et pour le doctorat, 1862&1864, Discours pour l'éducation de la jeunesse 1877-1892; Discours, rapports et débats aux Congrès, de 1875 à 1901), Neudruck, Rom 1993.

II. Primär- und Sekundärliteratur (mit Kurzzitation in Klammern)

A. Primärliteratur (als zeitgenössische Literatur oder solche mit Quellencharakter)

-A-

Abbé Jules Lemire. Cahiers 1893-1928. Édition établie et annotée par Jean-Pierre Delannoy/Jean-Pascal Vanhove, t. 1 (1893-1915), Hazebrouck 2013 (= Lemire. Cahiers, t. 1).

Actes du Quatrième Congrès du Tiers-Ordre Franciscain, tenu à Nîmes, du 23 au 27 août 1897, Brive 1898 (= Actes du Quatrième Congrès du Tiers-Ordre Franciscain).

Au drapeau!, par un Pioupiou, Merville/Paris 1899.

-B-

Jean-Vincent Bainvel, La Dévotion au Sacré-Cœur de Jésus. Doctrine – Histoire, Paris [4]1917.

Emmanuel Barbier, Histoire du catholicisme libéral et du catholicisme social en France. Du Concile du Vatican à l'avènement de S.S. Benoît XV (1870-1914), Bordeaux 1924 (= Barbier, Histoire du catholicisme libéral).

Emmanuel Barbier, Les Démocrates Chrétiens et le Modernisme. Histoire documentaire, Nancy/Paris 1908.

René Bouays de La Bégassière, Art. Cœur de Jésus (Culte du), in: Dictionnaire Apologétique de la Foi Catholique, sous la direction de A. d'Alès, Paris 1911, tome 1, 566-587.

Joseph Brugerette, Grégoire VII et la Réforme du XIe Siècle, Paris [4]1908.

Joseph Brugerette, Innocent III et l'Apogée du Pouvoir Pontifical, Paris [4]1908.

Joseph Brugerette (= L'Abbé Henri de Saint-Poli), L'affaire Dreyfus et la Mentalité Catholique en France, Paris 1904.

Joseph Brugerette, Le Prêtre Français et la Société Contemporaine, Bd. 1: La Restauration catholique (1815-1871), Paris 1933; Bd. 2: Vers la Séparation de l'Église et de l'État (1871-1908), Paris 1935; Bd. 3: Sous le régime de la Séparation. La reconstitution catholique (1908-1936), Paris 1938.

Joseph Brugerette, Les Enfants que l'on pleure. Consolations pour ceux qui restent, Paris [6]1932.

Bulletin des arrêts de la cour de cassation. Rendus en matière criminelle, t. 101 (année 1896), Paris 1897.

-C-

Victor Charbonnel, La Vérité sur le Vatican. Palais et caverne, Paris [1907].

Congregatio de Causis Sanctorum, Mechlinien. Seu Suessionen. Canonizationis Servi Dei Leonis Ioannis a S. Corde Iesu Dehon Sacerdotis Fundatoris Congregationis Sacerdotum a S. Corde Iesu (1843-1925). Positio super Fama Sanctitatis et super Virtutibus, Voll II. Summarium, Roma 1990 (= Positio II. Summarium).

Stéphen Coube, Le XXe siècle au Sacré-Cœur, in: La Croix, 28.11.1900, 1.

Hyacinthe-Marie Cormier, Lettre à un Etudiant en Ecriture-Sainte, Rom/Paris/Fribourg 1907.

-D-

Pierre Dabry, Les Catholiques républicains, histoire et souvenirs, 1890-1903, Paris 1905 (= Dabry, Les Catholiques républicains).

Léon Dehon, La Sicile, l'Afrique du Nord et les Calabres. Autrefois et Aujourd'hui, Paris/Tournai 1897.

Léon G. Dehon, Le Plan de la Franc-maçonnerie en Italie et en France d'après de nombreux témoignages ou la Clef de l'histoire depuis 40 ans, Paris 1908.

Henri Delassus, La Démocratie chrétienne. Partie et Ecole. Vus du diocèse de Cambrai, Paris/Lille 1911 (= Delassus, La Démocratie Chrétienne).

Henri Delassus, L'Américanisme et la conjuration antichrétienne, Paris/Lille 1899.

Prosper de Martigné, La pénitence et ses adversaires d'aujourd'hui, in: Études franciscaines 1899, t. 2, 612-623.

Prosper de Martigné, La scolastique et les traditions franciscaines, Paris 1888.

Prosper de Martigné, Quelques réflexions sur le programme du futur congrès de Nîmes, Le Mans 1897.

Prosper de Martigné, Quelques réflexions sur les actes du congrès de Nîmes, Paris 1898 (= de Martigné, Quelques réflexions sur les actes).

Maurice Dommanget, Histoire du drapeau rouge. Des origines à la guerre de 1939, Paris 1966 (= Dommanget, Histoire du drapeau rouge).

Henri du Passage, Art. Usure. A Partir du XVIe siècle, in: Dictionnaire de Théologie Catholique, t. 15, Paris 1950, 2372-2390 (= du Passage, Art. Usure).

Henri du Passage, Morale et Capitalisme, Paris 1935.

-F-

Claire Ferchaud, Notes autobiographiques, Tome 1, o.O. 1974.

Marc Fournel, La Tunisie. Le Christianisme & L'Islam dans l'Afrique septentrionale, Paris 1886.

-G-

Louis Garriguet, Prêt. Intérêt. Usure (Questions de Sociologie), Paris 1907.

Jean-Baptiste-André Godin, La richesse au service du peuple: Le Familistère de Guise, Paris 1874 (= Godin, Richesse).

-H-

Johannes Haas, P. Leo Dehon. Sein soziales Wirken. Sein Sühnen, Freiburg i. Br. 1954 (= Haas, Dehon).

Charles Hacks, Histoire du drapeau français, Toulouse 2010 (1. Auflage 1934) (= Hacks, Histoire du drapeau français).

Auguste Hamon, Histoire de la dévotion au Sacré-Cœur de Jésus, Paris 1907ff.

Heimat und Mission (Missionszeitschrift)

Georges Hoog, Histoire du catholicisme social en France, 1871-1931. De l'encyclique «Rerum Novarum» à l'encyclique «Quadragesimo anno», Paris 1946.

-K-

Charles Kanters, Le T.R.P. Leon Dehon. Fondateur de la Congrégation des Prêtres du Cœur de Jésus. Esquisse biographique, Brugelette 1930 (2. Auflage 1932) (= Kanters, Dehon).

-L-

La Calotte 2 (1898), 09.10.1898; La Calotte 3 (1899), 18.06.1899; La Calotte 3 (1899), 15.10.1899, La Calotte 4 (1900), 09.09.1900; La Calotte 4 (1900), 16.09.1900; La Calotte 5 (1901), 26.05.1901; La Calotte 5 (1901), 23.06.1901; La Calotte 5 (1901), 21.07.1901 (diverse Autoren, wohl oft Pseudonyme, aus: gallica.bnf.fr).

La Croix, 27.06.1901.

L'Ami du Clergé 22 (1900) 497-499; L'Ami du clergé 22 (1900) 1015.

Paul Lapeyre, L'Action du Clergé dans la Réforme Sociale, Paris 1901 (= Lapeyre, L'Action du Clergé).

Paul Lapeyre, Le Catholicisme social. T. 2.: Les remèdes amers, Paris o.J. [1896], 125-150 (= Lapeyre, Le Catholicisme social).

Augustinus Lehmkuhl, Theologia Moralis, Vol. I., Freiburg i. Br. [12]1914.

Le Drapeau du Sacré-Cœur et les Zouaves, par M. S... A..., [3]1889.

La Semaine Religieuse du Diocèse de Soissons, de Laon & de Saint-Quentin, Soissons 1906.

Lettre pastorale de sa grandeur Mgr. Doutreloux, évêque de Liège, au clergé de son diocèse sur la question ouvrière, Liège 1894.

Jules Lemire, L'abbé Dehaene et la Flandre, Lille 1891 (= SCJ Bibliothek-Rom, Inv. Nr. 922.2, DE, L).

Alphonse Lorain, Le drapeau du Sacré-Cœur, Lons-le-Saunier 1894 (= Lorain, Le drapeau du Sacré-Cœur).

Le rapport Rabier: la République et ses congrégations. Précédé d'une lettre-préface de M. Henri Brisson, Paris 1903.

Lo spirito delle casse rurali secondo Federigo Guglielmo Raiffeisen, in: Civiltà Cattolica 47 (1896), Vol. VII, 37-50 (= Lo spirito delle casse rurali).

-M-

Victor Modeste, Le prêt à intérêt. Dernière forme de l'esclavage, Paris 1889.

Jules Morel, La question économique du prêt à intérêt ou des causes théologiques du socialisme, Paris 1873.

-O-

Oraison funèbre, prononcée en l'église paroissiale Saint Christophe, Tourcoing, le 19 Janvier 1923, par Mgr. Louis Glorieux, Tourcoing 1923 (= SCJ-Bibliothek-Rom B 372).

-P-

Robert Prélot, L'œuvre sociale du chanoine Dehon, Paris 1936 (= Prélot, L'œuvre sociale).

Eugène Portalié, Le Congrès antimaçonnique de Trente et la fin d'une mystification, in: Études 33 (1896), t. 69, 381-398.

-R-

Salomon Reinach, Orpheus. Histoire générale des religions, Paris 1909, Neudruck 2002 (= Reinach, Orpheus).

-S-

Paul Seippel, Les deux Frances et leurs Origines historiques, Lausanne/Paris 1905.

André Siegfried, Le Canada. Les deux races. Problèmes politiques contemporains, Paris ^{2}1907 (= SCJ-Bibliothek-Rom A 177).

-T-

Gustave Téry, Les cordicoles, Paris 1902.

Pierre Tiberghien, Intérêt et Usure. Encyclique «Vix pervenit» de Benoit XIV (1745). Texte latin, traduction française avec introduction, commentaires et notes, Tourcoing 1914.

Max Turmann, Le développement du catholicisme social depuis l'encyclique Rerum Novarum, Paris 1909.

-V-

Adolf von Harnack, Die Aufgabe der theologischen Fakultäten und die allgemeine Religionsgeschichte, Rektoratsrede vom 3. August 1901, in: Adolf von Harnack, Reden und Aufsätze, 2. Band, Giessen 1904 (= Von Harnack, Aufgabe).

B. Sekundärliteratur bzw. Forschungsliteratur

-A-

Paul Airiau, Le fonti testuali del pensiero giudeofobico di p. Dehon, in: Yves Ledure (Hg.), Antisemitismo cristiano? Il caso di Leone Dehon, Bologna 2009, 93-106.

Urs Altermatt, Zum ambivalenten Verhältnis von Katholizismus und Moderne: Epochen, Diskurse, Transformationen, in: Zeitschrift für schweizerische Kirchengeschichte 97 (2003) 165-182.

Oscar L. Arnal, Why French Christian Democrats were condemned, in: Church History 49 (1980) 188-202 (= Arnal, French Christian Democrats).

Claus Arnold, Art. Modernismus, II. Im Katholizismus, in: RGG^4, Bd. 5, 1386-1387.

Claus Arnold, Der Antimodernismus unter Pius X. Von Alfred Loisy zu Charles Maurras, in: Historisches Jahrbuch 125 (2005) 153-168 (= Arnold, Der Antimodernismus).

Mariano Artigas/Thomas F. Glick/Rafael A. Martínez, Negotiating Darwin. The Vatican Confronts Evolution, Baltimore 2006 (= Artigas/Glick/Martínez, Negotiating Darwin).

Dominique Avon/Philippe Rocher, Les jésuites et la société française (XIXe-XXe siècles). Préface par Étienne Fouilloux, Toulouse 2001 (= Avon/Rocher, Les jésuites).

-B-

Dominique Barjot, L'économie, 1851-1914, in: Dominique Barjot/Jean-Pierre Chaline/André Encrevé (Hg.), La France au XIXe siècle, Paris 1995, 377-405 (= Barjot, L'économie).

Brigitte Basdevant-Gaudemet, Les manifestations extérieures du culte en droit français au XIXe siècle (1801-1914), in: Paul D'Hollander (Hg.), L'Eglise dans la rue, Limoges 2001.

Jacques Benoist, Le Sacré-Cœur de Montmartre de 1870 à nos jours, t. 1, Paris 1992 (= Benoist, Le Sacré-Cœur).

Peter J. Bernardi, French Jesuits and Action Française, in: «The Tragic Couple». Encounters between Jews and Jesuits, hg. von James Bernauer/Robert A. Maryks (Studies in the History of Christian Traditions 169), Leiden/Boston 2014, 183-202 (= Bernardi, French Jesuits and Action Française).

Franz Xaver Bischof/Thomas Brenner/Giancarlo Collet/Alfons Fürst, Einführung in die Geschichte des Christentums, Freiburg i. Br. 2012.

Christopher F. Black, The Italian Inquisition, New Haven/London 2009.

Olaf Blaschke, Antikapitalismus und Antisemitismus. Die Wirtschaftsmentalität der Katholiken im Wilhelminischen Deutschland, in: Johannes Heil/Bernd Wacker (Hg.), Shylock? Zinsverbot und Geldverleih in jüdischer und christlicher Tradition, München 1997, 113-146.

Olaf Blaschke, Das 19. Jahrhundert: Ein Zweites Konfessionelles Zeitalter? in: Geschichte und Gesellschaft 26 (2000) 38-75.

Rafe Blaufarb, The Great Demarcation. The French Revolution and the Invention of Modern Property, Oxford 2016.

Adrian Borst, Storia delle missioni Dehoniane, in: Documenta XX, Septima Conferentia Generalis, Rom 2007 (= Borst, Storia delle missioni Dehoniane).

Patrick Braun, Einleitung. Die religiösen Kongregationen im 19. und 20. Jahrhundert, in: Helvetia Sacra. Abteilung 8, Band 2, Basel 1998, 32-42.

Le Père Cormier. Être à Dieu. Textes présentés et annotés par Gilles Berceville OP, précédés d'une biographie du P. Cormier par Guy Bedouelle OP, Paris 1994 (= Le Père Cormier).

Thomas Brechenmacher, Katholische Kirche und (Anti-)Kommunismus in der frühen Bundesrepublik, in: Stefan Creuzberger/Dierk Hoffmann (Hg.), Geistige Gefahr und Immunisierung der Gesellschaft. Antikommunismus und politische Kultur in der frühen Bundesrepublik, München 2014, 177-197.

Michael Brenner, Hoffnungen und Enttäuschungen. Frankreich, seine Juden und der Antisemitismus, in: NZZ, 26.01.2015.

Michael Burleigh, Irdische Mächte, göttliches Heil. Die Geschichte des Kampfes zwischen Politik und Religion von der Französischen Revolution bis in die Gegenwart. Aus dem Englischen von Klaus Binder und Bernd Leineweber, München 2008.

Jean Marie Burnod, Le Mouvement social franciscain en France à la suite de Rerum Novarum (1893-1901), Paris 1991 (= Burnod, Le Mouvement social franciscain).

Norbert Busch, Katholische Frömmigkeit und Moderne. Die Sozial- und Mentalitätsgeschichte des Herz-Jesu-Kultes in Deutschland zwischen Kulturkampf und Erstem Weltkrieg (Religiöse Kulturen der Moderne 6), Gütersloh 1997.

-C-

Patrick Cabanel/Jean-Dominique Durand, Le grand exil des congrégations françaises 1901-1914, Paris 2005.

Patrick Cabanel, La violence républicaine: Les intellectuels face à la politique anticongréganiste de la troisième république (1875-1904), in: Michel Bertrand/Natacha Laurent/Michel Taillefer, Violence et pouvoir politiques, Toulouse 1996, 31-51.

Béatrice Cabedoce/Philippe Pierson, Cent ans d'histoire des jardins ouvriers 1896-1996. La Ligue Française du Coin de Terre et du Foyer, Grâne 1996.

Vicki Caron, Catholic Political Mobilization and Antisemitic Violence in Fin de Siècle France: The Case of Union Nationale, in: The Journal of Modern History 81,2 (2009) 294-346 (= Caron, Catholic Political Mobilization).

André Caudron unter Mitarbeit von Joseph Valynseele, Danielle Delmaire, Françoise Lottin-Triquet, Art. Lemire, Jules, in: Jean-Marie Mayeur/Yves-Marie Hilaire, Dictionnaire du monde religieux dans la France contemporaine, Bd. 4: Lille-Flandres, Paris 1990, 317-319.

André Caudron unter Mitarbeit von Joseph Valynseele, Danielle Delmaire, Françoise Lottin-Triquet Art. Tiberghien, Jules, in: Jean-Marie Mayeur/Yves-Marie Hilaire, Dictionnaire du monde religieux dans la France contemporaine, Bd. 4: Lille-Flandres, Paris 1990, 446-447.

Philippe Chenaux, Léon Bloy et sa postérité, in: Juifs et chrétiens: Entre Ignorance, hostilité et rapprochement (1898-1998), hg. von Annette Becker/Danielle Delmaire/Frédéric Gugelot, Villeneuve d'Ascq 2002.

Philippe Chenaux, Une Europe vaticane? Entre le Plan Marshall et les traités de Rome, Brüssel 1990.

John Connelly, From Enemy to Brother: The Revolution in Catholic Teaching on the Jews, 1933-1965, Cambridge/MA 2012.

Victor Conzemius, Art. Lachat, Eugène, in: Historisches Lexikon der Schweiz, Bd. 7, 543-544.

Victor Conzemius, Eugène Lachat (1863-1884), in: Die Bischöfe von Basel 1794-1995, hg. v. Urban Fink/Stefan Leimgruber/Markus Ries, Freiburg i. Ue. 1996, 131-159.

Marc Court, Eléments nouveaux sur l'affaire de La Salette: contexte politique, métamorphose du secret et statut de l'apparition, in: Politica Hermetica 18 (2004) 137-162.

Francis Corvaisier, Les abbés démocrates: Église et émancipation paysanne en Bretagne au début du XXe siècle. Préface d'Émile Poulat, Rennes 2003.

Maria Chiara Cugusi, Una testimonianza silenziosa. Storia della Chiesa cattolica in Tunisia dal Trattato del Bardo alla «rivoluzione dei gelsomini». Prefazione di Patrizia Manduchi, Ariccia 2016 (= Cugusi, Una testimonianza silenziosa).

-D-

Damien de Blic, Cent ans de scandales financiers en France. Investissement et désinvestissement d'une forme politique, in: Luc Boltanski/Élisabeth Claverie/Nicolas Offenstadt/Stéphane Van Damme, Affaires, scandales et grandes causes: de Socrate à Pinochet, Paris 2007, 231-247.

Rainer Decker, Hexenverfolgungen in katholischen Territorien, in: Mariano Delgado/Volker Leppin/David Neuhold (Hg.), Schwierige Toleranz. Der Umgang mit Andersdenkenden und Andersgläubigen in der Christentumsgeschichte (Studien zur christlichen Religions- und Kulturgeschichte 17), Fribourg/Stuttgart 2012, 143-165.

Mariano Delgado, Die katholische Nation. Typologien einer vorsehungstheologischen Deutung der spanischen Geschichte, in: Mariano Delgado/Volker Leppin (Hg.), Gott in der Geschichte. Zum Ringen um das Verständnis von Heil und Unheil in der Geschichte des Christentums, unter Mitarbeit von Séverine Décaillet (Studien zur christlichen Religions- und Kulturgeschichte 18), Fribourg/Stuttgart 2013, 289-307.

Mariano Delgado, Missionstheologische und anthropologische Gemeinsamkeiten und Unterschiede zwischen Katholiken und Protestanten im Entdeckungszeitalter, in: ZMR 87 (2003) 93-111.

Mariano Delgado/Klaus Koch/Edgar Marsch (Hg.), Europa, Tausendjähriges Reich und Neue Welt. Zwei Jahrtausende Geschichte und Utopie in der Rezeption des Danielbuches (Studien zur christlichen Religions- und Kulturgeschichte 1), Fribourg/Stuttgart 2003.

Jean-Pierre Delville, Antoine Pottier (1849-1923), le «docteur de la démocratie chrétienne»: ses relations internationales jusqu'à son refuge à Rome en 1902, in: Guy Zelis/Luc Courtois/Jean-Pierre Delville/Françoise Rosart, Les intellectuels catholiques en Belgique francophone aux 19e et 20e siècles, Louvain 2009, 209-260.

Marcel Denis, Costituzioni SCJ e Capitoli Generali durante la vita del P. Fondatore, in: Dehoniana 1 (1972), Nr. 1, 35-40; 1 (1972), Nr. 2, 45-54; 1 (1972), Nr. 3, 21-33.

Patrick Diemling, Neuoffenbarungen. Religionswissenschaftliche Perspektiven auf Texte und Medien des 19. und 20. Jahrhunderts, Potsdam 2012.

Felix Dirsch, Solidarismus und Sozialethik. Ansätze zur Neuinterpretation einer modernen Strömung der katholischen Sozialphilosophie (ICS 55), München 2006.

Lisa Dittrich, Antiklerikalismus in Europa. Öffentlichkeit und Säkularisierung in Frankreich, Spanien und Deutschland (1848–1914), Göttingen 2014.

Guillaume Doizy, De la caricature anticléricale à la farce biblique, in: Archives de sciences sociales des religions 51 (2006), Nr. 134, 63-91.

Jessica Dos Santos, La politique sociale dans une coopérative ouvrière de production: le cas du Familistère de Guise 1888 à 1939, in: Michel-Pierre Chélini/Pierre Tilly (Hg.), Travail et entreprises en Europe du Nord-Ouest XVIIIᵉ-XXᵉ siècle. La dimension sociale au cœur de l'efficacité entrepreneuriale, Villeneuve d'Ascq 2011, 63-76.

Henri Dorresteijn, Vie et Personnalité du Père Dehon, Malines 1959 (= Dorresteijn, Vie).

H. Drouot, L'abbé Alphonse Tartelin, in: Les Annales de Bourgogne 23 (1951) 324-326.

Augustin Ducamp, Le Père Dehon et son œuvre, Paris/Bruges 1936 (= Ducamp, Le père Dehon).

Bruno Dumons/Hilaire Multon, «Blancs» et contre-révolutionnaires. Espaces, réseaux, cultures et mémoires (fin XVIIIᵉ-début XXᵉ siècles): France, Italie, Espagne, Portugal (Collection de l'École Française de Rome 454), Rome 2011.

Bruno Dumons, Catholicisme et politique (XIXe siècle), in: Bruno Dumons/Christian Sorrel, Le catholicisme en chantiers (France, XIXe-XXe siècles), Rennes 2013.

Martin Dumont, Le Saint-Siège et l'organisation politique des catholiques français aux lendemains du Ralliement 1890-1902, Paris 2012.

Jean-Dominique Durand, L'État dans la pensée du père Léon Dehon, in: Yves Ledure (Hg.), Rerum Novarum en France. Le père Dehon et l'engagement social de l'Église, Paris 1991, 91-97.

Jean-Paul Durand, Une situation métamorphosée? Droit français des congrégations religieuses et droit canonique de l'état de vie consacrée, t. 1, Paris 1999, 369-413.

-F-

Reinhard Farkas, Johannes Ude und die Amtskirche: Chronologie und Analyse eines Konflikts, in: Mitteilungen des Steiermärkischen Landesarchivs 47 (1997) 253-276.

-G-

Jacques Gadille, Theologie und Spiritualität in der katholischen Welt, in: Die Geschichte des Christentums, Bd. 11 (Liberalismus, Industrialisierung, Expansion Europas), Freiburg i. Br. 1997, 335-352 (= Gadille, Theologie und Spiritualität).

Jacques Gadille, Der Höhepunkt des Antiklerikalismus – Die Strategien Leos XIII. und Pius' X., in: Die Geschichte des Christentums, Bd. 11 (Liberalismus, Industrialisierung, Expansion Europas), Freiburg i. Br. 1997, 459-473.

Sabine Garnier, L'Expulsion des congrégations, un cas de conscience pour l'armée: les événements de Ploërmel, 1904, Paris 2010.

Burkhard Gladigow, Religion in der Kultur – Kultur in der Religion, in: Friedrich Jäger/Jörn Rüsen (Hg.), Handbuch der Kulturwissenschaften, Bd. 3: Themen und Tendenzen, Stuttgart 2004, 21-33.

Erving Goffman, Interaktionsrituale. Über Verhalten in direkter Kommunikation, Frankfurt a. M. 1986.

Fulvio Grazzini, L'Église en Tunisie, in: Henri Teissier, Histoire des chrétiens d'Afrique du Nord. Libye, Tunisie, Algérie, Maroc, Paris 1991, 139-142.

Bernhard Groethuysen, Die Entstehung der bürgerlichen Welt- und Lebensanschauung in Frankreich. Bd. II: Die Soziallehren der katholischen Kirche und das Bürgertum, Halle/Saale 1930.

Pierre Guelff, Curieuse histoire d'une stigmatisée. Louise Lateau, un de plus grands mystères de l'Église, Waterloo 2011.

Jean Guenel, La dernière guerre du pape. Les Zouaves pontificaux au secours du Saint-Siège 1860-1870, Rennes 1998.

André Gueslin, Louis Durand, fondateur du Crédit Mutuel. Entre libéralisme social et catholicisme intégral, in: Jean-Dominique Durand/Bernard Comte/Bernard Delpal/Régis Ladous/Claude Prudhomme (Hg.), Cent ans de catholicisme social à Lyon et en Rhône-Alpes, Paris 1992 (= Gueslin, Louis Durand, fondateur du Crédit Mutuel).

-H-

Ernst Hanisch, Der lange Schatten des Staates. Österreichische Gesellschaftsgeschichte im 20. Jahrhundert (Österreichische Geschichte 1890-1990, hg. von Herwig Wolfram), Wien 1994.

Klaus Hildebrand, Europäisches Zentrum, überseeische Peripherie und neue Welt. Über den Wandel des Staatensystems. Zwischen dem Berliner Kongress (1878) und dem Pariser Frieden (1919/20), in: Historische Zeitschrift 249/1 (1989) 53-94.

Sibylle Hofer, Art. Wucher, Rechtliche Bestimmungen, in: Enzyklopädie der Neuzeit, Stuttgart 2012, Bd. 15, 255-258.

Alexander Hollerbach, Die neuere Entwicklung des Konkordatsrechts, in: Jahrbuch des öffentlichen Rechts der Gegenwart, Neue Folge 17 (1968) 118-163 (= Hollerbach, Die neuere Entwicklung).

Lucian Hölscher, Religiöse Begriffe im Widerspruch, in: SZRKG 107 (2013) 367-388.

Arnaud-Dominique Houte, Le Triomphe de la République, 1871-1914 (Histoire de la France contemporaine 4), Paris 2014 (= Houte, Le Triomphe).

Arnaud-Dominique Houte, Rez. zu Sabine Garnier, L'Expulsion des congrégations…, in: Vingtième Siècle. Revue d'histoire 113 (2012) 247-248.

Henri Hours, L'abbé Noirot 1793-1880, in: Église à Lyon, 1997, n. 6.

-I-

Olivier Ihl, Des fêtes sans Dieu. L'enjeu de la laïcité dans les célébrations républicaines du début de la Troisième République, in: Pim den Boer/Willem Frijhoff (Hg.), Lieux de mémoire et identités nationales, Amsterdam 1993, 227-235 (= Ihl, Des fêtes).

Internationale Theologische Kommission, Erinnern und Versöhnen. Die Kirche und die Verfehlungen in ihrer Vergangenheit (Neue Kriterien 2), ins Deutsche übertragen und herausgegeben von Gerhard Ludwig Müller, Einsiedeln ²2000.

-J-

Bernard Joassart, Art. Bollandisten, in: LThK³, Bd. 2 (Sonderausgabe 2009), 561-562.

-K-

Paula M. Kane, «She Offered Herself up»: The Victim Soul and Victim Spirituality in Catholicism, in: Church History 71/1 (2002) 80-119.

Paula M. Kane, Stigmatic Cults and Pilgrimage. The Convergence of Private and Public Faith, in: Tine Van Osselaer/Patrick Pasture (Ed.), Christian Homes. Religion, Family and Domesticity in the 19th and 20th Centuries, Leuven 2014, 105-125 (= Kane, Stigmatic Cults and Pilgrimage).

Christof Karner, Katholizismus und Freiwirtschaft. Das Lebensreformprogramm des Johannes Ude, Frankfurt a M. 2002.

Gabor Klaniczay, Louise Lateau et les stigmatisées de XIXième siècle, in: Archivio italiano per la storia della pietà 26 (2013) 279-319.

August M. Knoll, Der Zins in der Scholastik, Innsbruck 1933 (= Knoll, Der Zins in der Scholastik).

Klaus Koschorke/Frieder Ludwig/Mariano Delgado (Hg.), Aussereuropäische Christentumsgeschichte. Asien, Afrika, Lateinamerika (Kirchen- und Theologiegeschichte in Quellen 6), Neukirchen ²2006.

Gerd Krumeich, Joan of Arc between right and left, in: Robert Tombs (Hg.), Nationhood and Nationalism in France. From Boulangism to the Great War 1889-1918, London 1991.

Joseph Kuate, La théologie missionnaire chez le Père Dehon, unveröffentlichtes Dokument (= Kuate, La théologie missionnaire chez le Père Dehon).

-L-

L'église en Tunisie, in: Annuaire de l'Afrique du Nord 1964 3 (1965) 63-71.

Michel Lallemant, Une expérience fouriériste de communauté de travail: le Familistère de Guise, in: Isabelle Berrebi-Hoffmann, Politique de l'intime. Des utopies sociales d'hier aux mondes du travail d'aujourd'hui (Recherches), Paris 2009.

Jacqueline Lalouette, Iconoclastie et caricature dans le combat libre-penseur et anticlérical (1879-1914), in: Stéphane Michaud/Jean-Yves Mollier/Nicole Savy (Hg.), Usages de l'image au XIXe siècle. Avec une préface de Maurice Agulhon, Paris 1992, 51-60 (= Lalouette, Iconoclastie et caricature).

Emiel Lamberts, The Struggle with Leviathan. Social Responses to the Omnipotence of the State, 1815-1965, Leuven 2016 (= Lamberts, The Struggle with Leviathan).

André Lanfrey, Expatriations et sécularisations congréganistes, in: Patrick Cabanel/Jean-Dominique Durand, Le grand exil des congrégations françaises 1901-1914, Paris 2005, 183-197 (= Lanfrey, Expatriations et sécularisations).

Claude Langlois, Les congrès eucharistiques. Jalons pour une histoire, in: Claude Langlois/Christian Sorrel, Le catholicisme en congrès (XIXe-XXe siècles) (Chrétiens et Sociétés 8), Lyon 2009, 205-224 (= Langlois, Les congrès eucharistiques).

Maurice Larkin, Religion, Politics and Preferment in France since 1890. La Belle Époque and its legacy, Cambridge 1995 (= Larkin, Religion, Politics and Preferment).

Yves Ledure, Antisemitismo cristiano? Il caso di Leone Dehon, Bologna 2009.

Yves Ledure, Le Père Léon Dehon, 1843-1925. Entre mystique et catholicisme social, Paris 2005.

Yves Ledure, Un prete con la penna in mano, Bologna 2005.

Yves Ledure, Pensée sociale et projet fondateur chez Léon Dehon, in: Revue de sciences religieuses 84 (2010), Nr. 3, 325-340.

Denis Lefèvre, Marc Sangnier. L'aventure du catholicisme social, Paris 2008.

Leonhard Lehmann, Art. Terziaren, Terziarinnen, in: LThK³, Bd. 9, 1349-1350 (= Lehmann, Art. Terziaren, Terziarinnen).

Jean-Yves Le Naour, Claire Ferchaud – La Jeanne d'Arc de la Grande Guerre, Paris 2007.

Martin Lengwiler, Praxisbuch Geschichte. Einführung in die historischen Methoden (UTB 3393), Zürich 2011.

Sofie Leplae, «La Belgique envahie»: L'immigration des religieux français en Belgique 1900-1914, in: Patrick Cabanel/Jean-Dominique Durand, Le grand exil des congrégations françaises 1901-1914, Paris 2005, 244-256.

J. Letaconnoux, Rez. zu Jules Saurin. Le peuplement français en Tunisie, 1910, in: Revue d'histoire moderne et contemporaine 15 (1911) 3, 371-372.

Lexicon Capuccinum. Promptuarium Historico-Bibliographicum Ordinis Fratrum Minorum Capuccinorum (1525-1950), Romae 1951.

Gerhard Lindemann, Von der Novemberrevolution bis zum Zweiten Vatikanischen Konzil (1918-1962), in: Joachim Schmiedl (Hg.), Geschichte der Sächsischen Franziskanerprovinz, Band 3: Vom Kulturkampf bis zum Anfang des 21. Jahrhunderts. Redaktion und Register Gunhild Roth, Paderborn 2010, 289-619.

Manfred Linz, Suffizienz als politische Praxis. Ein Katalog (Wuppertal Spezial 49), Wuppertal 2015.

Céline Lison, Canal de Panamá. Rêve français, réalité américaine, in: National Geographic France, Nr. 2 (1999) 87-91 (= Lison, Canal de Panamá).

Jacques-Charles Lemaire, Le thème du complot judéo-maçonnique dans le roman français (1870-1900), in: Ilana Y. Zinguer/Sam W. Bloom, L'antisémitisme éclairé. Inclusion et exclusion depuis l'Epoque des Lumières jusqu'à l'affaire Dreyfus, Leiden/Boston 2003, 221-247.

Isabelle Lespinet-Moret, La Question sociale, in: Vincent Duclert/Christophe Prochasson (Hg.), Dictionnaire critique de la République, Paris 2002, 237-242.

Karl-Egon Lönne, Politischer Katholizismus im 19. und 20. Jahrhundert, Frankfurt a. M. 1986 (= Lönne, Politischer Katholizismus).

Maria Pia Lorenz-Filograno, Das Inquisitionsverfahren beim Heiligen Offizium. Juristische Aspekte und Analyseperspektiven, in: Zeitschrift der Savigny-Stiftung für Rechtsgeschichte, Kanonistische Abteilung 101 (2015) 317-372 (= Lorenz-Filograno, Inquisitionsverfahren).

Frieder Ludwig, Islamwahrnehmungen in Kirche und Mission, in: Christliche Theologie und Welt-religionen: Grundlagen, Chancen und Schwierigkeiten des Dialogs heute, hg. von Hans J. Münk/ Michael Durst, Freiburg i. Ue. 2003 (= Ludwig, Islamwahrnehmungen in Kirche und Mission).

-*M*-

Jean-Pierre Machelon, La République contre les libertés? Les restrictions aux libertés publiques de 1879 à 1914, Paris 1976.

Hugh McLeod/Stewart Mews/Christiane D'Haussy, Histoire religieuse de la Grande-Bretagne XIXe-XXe siècle, Paris 1997.

Giuseppe Manzoni, Leone Dehon e il suo messaggio, con una prefazione di Benedetta Papasogli, Bologna 1989 (= Manzoni, Leone Dehon).

Hans Maier, Revolution und Kirche. Zur Frühgeschichte der Christlichen Demokratie, Freiburg i. Br. [5]1990.

Giacomo Martina, Pio IX (1867-1878) (Miscellana Historiae Pontificiae 58), Rom 1990 (= Martina, Pio IX).

Jean-Marie Mayeur, L'Abbé Lemire, 1853-1928, un prêtre démocrate, Paris 1968 (= Mayeur, L'Abbé Lemire).

Jean-Marie Mayeur, Leone Dehon e l'antisemitismo, in: Yves Ledure (Hg.), Antisemitismo cristia-no? Il caso di Leone Dehon, Bologna 2009, 87-91.

Jean-Marie Mayeur (Hg.), Le Sillon de Marc Sangnier et la démocratie sociale, Besançon 2006.

Jean-Marie Mayeur, Tiers-Ordre Franciscain et catholicisme social en France à la fin du XIXe siècle, in: André Vauchez (Hg.), Mouvements Franciscains et Société Française XIIe-XXe siècles, Paris 1984, 181-194.

Giacomo Martina, Rez. zu Daniele Menozzi, Sacro Cuore. Un culto tra devozione interiore e restau-razione cristiana della società, in: Rivista di storia della Chiesa in Italia 56 (2002), Nr. 1, 204-207.

Louis Medler, Mgr Delassus (1836-1921). Face à la conjuration antichrétienne, un maître contre-ré-volutionnaire, Avrillé 2005.

Daniele Menozzi, Sacro Cuore. Un culto tra devozione interiore e restaurazione cristiana della so-cietà, Roma 2001 (= Menozzi, Sacro Cuore. Un culto).

Franziska Metzger, Zwischen Sakralisierung und Entfremdung – Zu Transformationen der Sprache des Katholizismus, in: Wilhelm Damberg/Karl-Joseph Hummel (Hg.), Katholizismus in Deutschland. Zeitgeschichte und Gegenwart, Paderborn 2015, 93-111.

Josef Metzler, Präfekten und Sekretäre der Kongregation im Zeitalter der neuen Missionsära (1818-1918), in: Sacrae Congregationis de Propaganda Fide Memoria Rerum. 350 Anni a Servizio delle Missioni, Vol. III/1, Rom o.J. [1979], 30-66.

Constant J. Mews/Ibrahim Abraham, Usury und Just Compensation: Religious and Financial Ethics in Historical Perspective, in: Journal of Business Ethics 72 (2007) 1-15.

Bernd Moeller, Geschichte des Christentums in Grundzügen (UTB 905), Göttingen [10]2011.

Jean-Pierre Moisset, Quand l'église catholique se résout à parler de son argent: L'exemple de cinq périodiques (1951-2008), in: Revue d'histoire de l'église de France 95 (2009) 253-279.

Bernard Montagnes, Exégèse et Obéissance. Correspondance Cormier-Lagrange (1904-1916), Paris 1989 (= Montagnes, Exégèse et Obéissance).

Segundo E. Moreno-Yánez/Thomas Schreijäck, Ecuador, in: Kirche und Katholizismus seit 1945, Bd. 6: Lateinamerika und Karibik, hg. von Johannes Meier/Veit Straßner, Paderborn 2009, 323-338

Daniel Moulinet, Mgr Odon Thibaudier (1823-1892), in: Revue de l'Université Catholique de Lyon 22 (2012) 71-73 (= Moulinet, Odon Thibaudier).

Hilaire Multon, Catholicisme intransigeant et culture prophétique: l'apport des archives du Saint-Office et de l'Index, in: Revue historique 1003/1 (2001) 109-137 (= Multon, Catholicisme intransigeant et culture prophétique).

-N-

David Neuhold, Der Grosse Krieg und die von Léon G. Dehon gegründete Kongregation der Herz-Jesu-Priester, in: Lea Herberg/Sebastian Holzbrecher (Hg.), Theologie im Kontext des Ersten Weltkrieges. Aufbrüche und Gefährdungen (Erfurter Theologische Schriften 49), Würzburg 2016, 231-250.

David Neuhold, Eine Debatte um legitimen Geldzins: Kaplan Viktor Pfluger (1879-1958) an einer konfliktiven Schnittstelle in der Zwischenkriegszeit, in: SZG/RSH/RSS 65 (2015), Nr. 2, 311-321.

David Neuhold, «Enthüllung» und «Leichtgläubigkeit». Seitenblicke auf die so genannte Taxil-Affäre 1885-1897, in: SZRKG 110 (2016) 85-97.

David Neuhold, Kriegswahrnehmung inmitten einer Fülle schriftlicher Meditation – Leon G. Dehons Notes Quotidiennes 1914–1918, in: SZRKG 108 (2014) 151-166.

David Neuhold/Andreas Behr, Wahrnehmung Chinas zur Unterhaltung des Königs. Alonso Sanchez' dritter Bericht über die Angelegenheiten Chinas (1588), in: SZRKG 105 (2011), 57-76.

David Neuhold/Stefan Tertünte, Mission als Konsolidierungs- und Profilierungsfaktor einer jungen Kongregation. Zu den Anfängen der Missionstätigkeit der Herz-Jesu-Priester, in: Michael Sievernich/Mariano Delgado/Klaus Vellguth (Hg.), Transformationen der Missionswissenschaft. Festschrift zum 100. Jahrgang der ZMR, St. Ottilien 2016, 256-267 (= Neuhold/Tertünte, Mission).

Ernst Nolte, Die Action française 1899-1944, in: Vierteljahrshefte für Zeitgeschichte 9 (1961), Heft 2, 124-165 (= Nolte, Die Action française).

Philip Nord, The Third Republic, in: The French Republic. History, Values, Debates, ed. by Edward Berenson/Vincent Duclert/Christophe Prochasson, Ithaca/London 2011, 44-55.

-O-

Armin Owzar, Das Deutsche Reich – offizieller «Träger der mohammedanischen Kultur»? Katholische, protestantische und staatliche Schulpolitik in Deutsch-Ostafrika, in: Tobias Sarx/Rajah Scheepers/Michael Stahl (Hg.), Protestantismus und Gesellschaft. Beiträge zur Geschichte von Kirche und Diakonie im 19. und 20. Jahrhundert, Stuttgart 2013, 353-365

-P-

Elke Pahud de Mortanges, Irre – Gauklerin – Heilige? Inszenierung und Instrumentalisierung frommer Frauen im Katholizismus des 19. Jahrhunderts, in: SZRKG 100 (2006) 203-225 (= Pahud de Mortanges, Irre – Gauklerin – Heilige).

Elke Pahud de Mortanges, Philosophie und kirchliche Autorität. Der Fall Jakob Frohschammer vor der römischen Indexkongregation (1855-1864), Paderborn 2005.

Elke Pahud de Mortanges, «Wie halten Sie es mit Privatoffenbarungen?» Vermessungen im Geviert der theologischen Erkenntnislehre, in: Hubert Wolf (Hg.), «Wahre» und «falsche» Heiligkeit. Mystik, Macht und Geschlechterrollen im Katholizismus des 19. Jahrhunderts (Schriften des Historischen Kollegs 90), München 2013, 127-148 (= Pahud de Mortanges, «Privatoffenbarungen»).

Kevin Passmore, The Right in France from the Third Republic to Vichy, Oxford 2013.

Marta Peguera Poch, Le droit français et les vœux religieux (1790-1905), in: Revue de Droit Canonique 65/1 (2015) 109-142.

Denis Pelletier, La République des catholiques, in: Vincent Duclert/Christophe Prochasson (Hg.), Dictionnaire critique de la République, Paris 2002, 313-318.

Elio Pellin/Elisabeth Ryter, Das Schweizer Kreuz zwischen nationaler Identität und Corporate Identity, Zürich 2005.

Simon Peng-Keller, Zur Herkunft des Spiritualitätsbegriffs. Begriffs- und spiritualitätsgeschichtliche Erkundungen mit Blick auf das Selbstverständnis von Spiritual Care, in: Spiritual Care 3 (2014), Heft 1, 36-47.

Vincent Petit, Le clergé et la naissance des caisses rurales en Franche-Comté (1893-1914), in: Florent Quellier/Georges Provost (Hg.), Du ciel à la terre. Clergé et agriculture, XVIe-XIXe siècle, Rennes 2008, 335-346 (= Petit, Le clergé).

Laura Pettinaroli, Mgr Michel D'Herbigny. Parcours d'un prélat français dans la curie romaine (1922-1939), in: Jacques Prévotat (Hg.), Pie XI et la France. L'apport des archives du pontificat de Pie XI à la connaissance des rapports entre le Saint-Siège et la France (Collection de l'école française de Rome 438), Rom 2010, 103-131.

Michel Pigenet, Le vocabulaire des couleurs dans l'identité, politique et sociale, in: Ethnologie française 20 (1990), 4, 400-409.

Pierre Pierrard, Les Chrétiens et l'affaire Dreyfus, Paris 1998 (= Pierrard, Les Chrétiens).

Yves Poncelet, Pierre l'Ermite (1863-1959). Prêtre journaliste à «La Croix» et romancier. Présence catholique à la culture de masse, Paris 2011 (= Poncelet, Pierre l'Ermite).

Emil Poulat, Rez. zu Œuvres Sociales, in: Archives de Sciences Sociales des Religions 26 (1981), Nr. 52/2, 220.

Jacques Prévotat, Leone Dehon e la questione ebraica. Attraverso gli Archivi dell'Indice (1897-1917), in: Yves Ledure (Hg.), Antisemitismo cristiano? Il caso di Leone Dehon, Bologna 2009, 107-125 (= Prévotat, Leone Dehon e la questione ebraica).

Jacques Prévotat, Les milieux catholiques d'Action française, in: Michel Leymarie/Jacques Prévotat (Hg.), L'Action française, culture, société, politique, Villeneuve d'Ascq 2008.

Jacques Prévotat, Les Catholiques et l'Action française. Histoire d'une condamnation 1899-1939, Paris 2001 (= Prévotat, Les Catholiques et l'Action française).

Claude Prudhomme, Mission chrétiennes et colonisation (XVIe-XXe siècle), Paris 2004.

-R-

René Remond, Les deux congrès ecclésiastiques de Reims et de Bourges, 1896-1900, Paris 1964 (= Remond, Les congrès ecclésiastiques).

René Remond, Religion und Gesellschaft in Europa. Von 1789 bis zur Gegenwart, München 2000.

François Renault, Le Cardinal Lavigerie. 1825-1892. L'Église, l'Afrique et la France, Paris 1992.

Amalia Ribi Forclaz, Humanitarian Imperialism. The Politics of Anti-Slavery Activism, 1880-1940, Oxford 2015.

Pierre Rimbault, Histoire politique des Congrégations religieuses françaises (1790-1914), Paris 1926.

Bernard J. Rosinski, The First 125 Years: A Statistical Study of SCJ Membership (1878-2003), in: Dehoniana 36 (2007) 67-86.

Michael Rüegg, Krise der Freiheit. Religion und westliche Welt. Plädoyer für ein gelassenes Verhältnis, Basel 2016.

-S-

Luca Sandoni, Dall'ultramontanismo alla romanità. Il percorso romano di Léon Dehon tra Pio IX e Leone XIII, in: Rivista di storia e letteratura religiosa 53/1 (2017), 137-170.

Henri Sanson, Statut de l'église catholique au Maghreb, in: Annuaire de l'Afrique du Nord 1979 18 (1980) 381-390.

Louis-Pierre Sardella, L'abbé Brugerette, du publiciste à l'historien. Parcours d'un moderniste repenti ou d'un réaliste pragmatique, in: Annette Becker/Frédéric Gugelot/Denis Pelletier/Nathalie Viet-Depaule (Hg.), Écrire l'histoire du christianisme contemporain, Paris 2013, 77-88 (= Sardella, L'abbé Brugerette).

Vgl. Jules Saurin, L'invasion sicilienne et le peuplement français de la Tunisie. Conférence faite par M. Jules Saurin en Mars et Avril 1900 à Marseille, Lyon, Lille, Roubaix, Nancy, Le Havre, Amiens et St-Quentin, Paris/Lille, o.J. [1900]. (= Saurin, L'invasion sicilienne).

Claude Savart, Essai de description du tiers ordre franciscain en France dans la seconde moitié du XIX siècle, in: Revue d'histoire de l'Eglise de France 70 (1984) 167-180 (= Savart, Essai de description du tiers-ordre franciscain).

Johannes Schasching, Art. Rerum novarum, in: LThK[3], Bd. 8, 1118-1119.

Klaus Schatz, Kirchengeschichte der Neuzeit (Leitfaden Theologie 20), Düsseldorf 1989 (= Schatz, Kirchengeschichte).

Paul Sebag, Histoire des Juifs de Tunisie: des origines à nos jours, Paris 1991.

Claude Siebenaler, Il Processo di Beatificazione del Padre Dehon. Prospetto storico sullo svolgimento della causa, in: Dehoniana 33 (2004), Nr. 1, 73-81.

Wolfgang Schivelbusch, Die Kultur der Niederlage. Der amerikanische Süden 1865, Frankreich 1871, Deutschland 1918, Berlin 2001.

Claudia Schlager, Kult und Krieg. Herz Jesu – Sacré Cœur – Christus Rex, Tübingen 2011.

Christoph Schneider, Symbol und Authentizität. Zur Kommunikation von Gefühlen in der Lebenswelt, in: Rudolf Schlögl/Bernhard Giesen/Jürgen Osterhammel, Die Wirklichkeit der Symbole. Grundlagen der Kommunikation in historischen und gegenwärtigen Gesellschaften, unter Mitarbeit von Christine Pflüger, Konstanz 2004, 101-133 (= Schneider, Symbol und Authentizität).

Hans Schneider, Art. Quietismus, in: RGG[4], Bd. 6, 1685-1868.

Herman H. Schwedt/Tobias Lagatz, Prosopografie von Römischer Inquisition und Indexkongregation, A-K, hg. v. Hubert Wolf (Römische Inquisition und Indexkongregation, Grundlagenforschung III: 1814-1917), Paderborn 2005 (= PRII, 1).

Herman H. Schwedt/Tobias Lagatz, Prosopografie von Römischer Inquisition und Indexkongregation, L-Z, hg. v. Hubert Wolf (Römische Inquisition und Indexkongregation, Grundlagenforschung III: 1814-1917), Paderborn 2005 (= PRII, 2).

Herman H. Schwedt, Lectori benevolo, in: Prosopographie von Römischer Inquisition und Indexkongregation 1814-1917 A-K. Grundlagenforschung III: 1814-1917, hg. v. Hubert Wolf (Römische Inquisition und Indexkongregation, Grundlagenforschung III: 1814-1917) (= Schwedt, Lectori benevolo).

Jean Séguy, Le thème apocalyptique dans les ordres religieux, in: Jean Séguy, Conflit et utopie, ou réformer l'Eglise. Parcours wébérien en douze essais, Paris 1999, 185-207.

Jörg Seiler, Somatische Solidarität als Moment ultramontaner Kommunikation. Die Inszenierung der Körperlichkeit Pius' IX in der Rottenburger Bistumszeitung, in: SZRKG 101 (2007) 77-106.

Jean-Marie Seillan, Huysmans: politique et religion, Paris 2009.

Fritz B. Simon, Einführung in die Systemtheorie des Konflikts, Heidelberg 2010 (= Simon, Systemtheorie des Konflikts).

Martin Simpson, France at Reims: The Fourteenth Centenary of the Baptism of Clovis, 1896, Working Paper 2013, University of the West of England, http://eprints.uwe.ac.uk/22097.

Bernhard Stasiewski, Ledóchowski Mieczyslaw, in: Neue Deutsche Biografie, 14, Berlin 1985, 45-46.

Pierre Sorlin, Die französischen Katholiken und die Erfindung der «jüdischen Gefahr», in: Olaf Blaschke/Aram Mattioli (Hg.), Katholischer Antisemitismus im 19. Jahrhundert. Ursachen und Traditionen im internationalen Vergleich, Zürich 2000, 163-194.

Christian Sorrel, La république contre les congrégations. Histoire d'une passion française 1899-1904, Paris 2003 (= Sorrel, La république contre les congrégations).

Christian Sorrel, Les pèlerinages d'hommes dans la France des années 1890-1900, in: Politiques du pèlerinage du XVIIe siècle à nos jours, ed. Luc Chantre/Paul D'Hollander/Jérôme Grévy, Rennes 2014, 179-188 (= Sorrel, Les pèlerinages d'hommes).

Christian Sorrel, Libéralisme et modernisme. Mgr Lacroix (1855-1922). Enquête sur un suspect, Paris 2003 (= Sorrel, Libéralisme et modernisme).

Zeev Sternhell, The political culture of nationalism, in: Robert Tombs (Hg.), Nationhood and Nationalism in France. From Boulangism to the Great War 1889-1918, London 1991.

Francis A. Sullivan, Vatican II and the Postconciliar Magisterium on the Salvation of the Adherents of Other Religions, in: James L. Heft/John O'Malley, After Vatican II. Trajectories and Hermeneutics, Grand Rapids 2012, 68-95

-T-

Andrea Tessarolo, Art. Dehon, Léon-Gustave, in: Dizionario degli Istituti di Perfezione, Vol. III, 410-416.

Henk te Velde, L'origine des fêtes nationales en France et aux Pays-Bas dans les années 1880, in: Pim den Boer/Willem Frijhoff (Hg.), Lieux de mémoire et identités nationales, Amsterdam 1993, 105-109.

Stefan Tertünte, Léon Dehon und die Christliche Demokratie. Ein katholischer Versuch gesellschaftlicher Erneuerung in Frankreich am Ende des 19. Jahrhunderts, Freiburg i. Br. 2007 (= Tertünte, Léon Dehon).

Tine van Osselaer, «Ce merveilleux ensemble d'héroïsme, de dévouement, et de vertu.» L'héroïsation des zouaves pontificaux dans les publications concernant la dévotion au Sacré-Cœur, in: Bruno Dumons/Jean-Philippe Warren (Hg.), Les zouaves pontificaux en France, en Belgique et au Québec. La mise en récit d'une expérience historique transnationale (XIXe-XXe siècles), Bern/Brüssel 2015, 111-124.

Robert Tombs, The Political Trajectory of Nationalism in Nineteenth-Century France, in: Ulrike v. Hirschhausen/Jörn Leonhard (Hg.), Nationalismen in Europa. West- und Osteuropa im Vergleich, Göttingen 2001, 133-153 (= Tombs, The Political Trajectory of Nationalism).

J. Torres, Oblati di San Carlo Borromeo, in: Dizionario degli Istituti di Perfezione, Vol. VI, Milan 1980, 641-642.

-V-

John van den Hengel, André Prévot and Léon Dehon, in: Dehoniana 43 (2014), Nr. 2, 53-92 (= Van den Hengel, André Prévot and Léon Dehon).

John van den Hengel, Crisis within Modernity. Léon Dehon and the Social Reign of the Sacred Heart, in: SZRKG 110 (2016) 53-83.

Maarten Van Dijck/Jan De Maeyer, The Economics of Providence. An Introduction to the economic history of orders and congregations, 1773-1930, in: Maarten Van Dijk/Jan De Maeyer/Jeffrey Tyssens/Jimmy Koppen (Eds.), The Economics of Providence/L'économie de la Providence, Leuven 2012, 7-25 (= Van Dijck/De Maeyer, The Economics of Providence).

Jeannine Verdès, La presse devant le krach d'une banque catholique: 1882, in: Archives de sociologie des religions 10 (1965), Nr. 19, 125-156.

-W-

Marion Wagner, Visionen: Werk Gottes oder Produkt des Menschen? Theologie und Humanwissenschaft im Gespräch, Regensburg 2005.

Siegfried Weichlein, Zwischenkriegszeit bis 1933, in: Volkhard Krech/Lucian Hölscher (Hg.), 20. Jahrhundert – Epochen und Themen (Handbuch der Religionsgeschichte im deutschsprachigen Raum 6/1), Paderborn 2015, 61-112.

Andreas Michael Weiß, Zinsen und Wucher. Das kirchliche Zinsverbot und die Hindernisse auf dem Weg zu seiner Korrektur, in: Ulrike Aichhorn (Hg.), Geld- und Kreditwesen im Spiegel der Wissenschaft, Wien 2005, 123-156 (= Weiß, Zinsen und Wucher).

Otto Weiß, Der Glaubenswächter Van Rossum. Willem Marinus van Rossum im Heiligen Offizium und in der Indexkongregation, in: Spicilegium Historicum CSSR 58 (2010) 85-138.

Otto Weiß, Weisungen aus dem Jenseits? Der Einfluss mystizistischer Phänomene auf Ordens- und Kirchenleitungen im 19. Jahrhundert, Regensburg 2011.

Heiner Wilmer, L'attualità inattesa di André Prévot. Gesuita verso il mondo, certosino interiormente, in: Dehoniana 43 (2014), Nr. 2, 11-52. (= Wilmer, L'attualità inattesa di André Prévot).

Wolfgang Wippermann, Heilige Hetzjagd. Eine Ideologiegeschichte des Antikommunismus, Berlin 2012.

Hubert Wolf, Inquisition und Buchzensur, in: Mariano Delgado/Volker Leppin/David Neuhold (Hg.), Schwierige Toleranz. Der Umgang mit Andersdenkenden und Andersgläubigen in der Christentumsgeschichte (Studien zur christlichen Religions- und Kulturgeschichte 17), Fribourg 2012, 323-338.

Hubert Wolf, Simul censuratus et censor. Augustin Theiner und die Römische Indexkongregation, in: Peter Walter/Hermann-Josef Reudenbach (Hg.), Bücherzensur – Kurie – Katholizismus und Moderne. Festschrift für Herman H. Schwedt, Frankfurt a. M. 2000, 27-59.

-Z-

Hans Conrad Zander, Als die Religion noch nicht langweilig war. Die Geschichte der Wüstenväter, Köln 2001.

Valentin Zsifkovits, Die Kirche, eine Demokratie eigener Art? (Schriften des Instituts für Christliche Sozialwissenschaften 37), Münster 1997.

Personen-, Orts- und Bibelstellenregister

Personen

Orte

Bibelstellen

Das Signet des 1488 gegründeten
Druck- und Verlagshauses Schwabe
reicht zurück in die Anfänge der
Buchdruckerkunst und stammt aus
dem Umkreis von Hans Holbein.
Es ist die Druckermarke der Petri;
sie illustriert die Bibelstelle
Jeremia 23,29: «Ist nicht mein Wort
wie Feuer, spricht der Herr,
und wie ein Hammer, der Felsen
zerschmettert?»